최신판

상속·증여·기부 및 유언과 보험과의 연계 등
자산승계 전략수립의 길라잡이

사례와 함께하는
자산승계신탁·서비스

세무사 신관식 저

SAMIL | 삼일인포마인

중국의 고사(故事) 중에서 '사람은 높은 산에 걸려 넘어지는 것이 아니라, 작은 돌부리에 걸려 넘어진다.'라는 말이 있습니다. 이 책이 일반 고객들께는 돌부리에 걸려 넘어지지 않게 하는 '자산승계의 길라잡이'가 되었으면 합니다.

우선, 이 책의 목적은 상속, 증여, 기부, 사회환원 등을 통해 고객의 소중한 자산을 가족, 사회, 공익법인 등에게 승계하려고 할 때 유언 및 보험, 기타 금융상품들과 연계하여 다양한 측면에서 '자산승계신탁·서비스'의 장점을 안내하는 데 있습니다.

이 책의 구성은 다음과 같습니다.

1. '자산승계신탁·서비스'를 효율적으로 이해하기 위해서는 신탁의 역사·의의·법적 구조·형태 및 자산승계신탁·서비스의 종류·특장점·유의사항 등을 선행적으로 숙지할 필요가 있습니다. 따라서 제1편부터 제3편까지는 고객 뿐만 아니라 신탁회사, 신탁업무담당자를 위해 신탁 이론 및 실무적인 업무 프로세스를 담았습니다.

2. 이 책의 핵심은 단연코, '제4편. 자산승계신탁·서비스와 컨설팅 사례'입니다. 제4편은 유언대용신탁을 비롯한 수익자연속신탁, 통제형 증여신탁, 이익증여신탁, 장애인신탁, 유언서 보관 서비스 등을 활용하여 재건축, 농지, 치매, 비상장기업의 가업승계, 일반상속, 세대를 건너 뛴 상속, 이혼, 유류분, 기여분, 장애인, 선(先) 증여, 후(後) 증여, 조건부증여 및 증여해제, 상속포기, 인지, 대습상속, 유언 등 고객의 현실적 고민에 대한 최선의 해결 방안을 마련하는 과정을 다루고 있습니다.

3. '제5편. 새로운 자산승계신탁·서비스 컨셉 및 아이디어'는 더욱 풍부한 내용을 넣고 싶었으나 신탁회사에 소속되어 있는 저자로서는 정보공개에 한계가 있었다는 점을 먼저 말씀드립니다. 다만, 뜬 구름 잡는 내용이 아니라 현행 법령 내에서 할 수 있는 새로운 신탁 및 서비스 아이디어를 담고자 노력하였고 이 책을 보시는 신탁전문가들께서는 기탄없이 의견을 내주시면 좋겠습니다.

4. '제6편. 국세 및 지방세 통계로 본 자산승계신탁·서비스 시장의 성장 가능성'은 해당 신탁 사업을 검토 및 도입, 추진하려고 하는 금융기관, 단체, 전문가(변호사, 회계사, 세무사, 보험 담당자 등)를 위한 근거 자료로 활용되기를 희망하면서 기술하였습니다.

5. 글로는 좀처럼 이해하기 어려운 신탁 구조, 계약내용 및 특약 구성, 유의사항, 세금 및 비용 예상액, 신탁계약 시 필요 서류 등은 최대한 이해하시기 용이하도록 그림, 도표, 서식, 통계자료를 활용하여 설명하였고, 마지막으로 자산승계신탁·서비스관련 법령을 별첨하였습니다.

6. 이 책은 수탁자와 신탁회사를 혼용하여 기술하고 있습니다. 수탁자가 의미 전달에 적확한 내용에서는 수탁자로 기재하였고, 신탁계약의 당사자로서 수탁자를 언급할 때는 주로 신탁회사로 기술하였다는 점을 인지(認知)하여 주시기 바라며, 신탁회사가 수탁자가 되는 영리신탁(상사신탁)과 행위능력자인 국내 거주자의 수익자신탁을 중심으로 책이 구성되어 있다는 점을 양지(諒知)하여 주시기 바랍니다.

저자

우선 아버지, 어머니, 장인어른, 장모님, 두 처남 부부에게 감사드립니다.

책을 출간하는 데 있어서 적극적으로 지지해주신 이원덕 은행장님을 비롯한 송현주 그룹장님, 김홍익 부장님, 함문형 팀장님, 이상희 차장님, 정소영 과장님, 백승연 계장님, 황지영 변호사님, 유민석 변호사님, 권재환 부위원장님, 신동신 국장님, 이정희 국장님, 황철중 세무사님, 호지영 세무사님께 감사드립니다.

직장 생활과 신탁 업무를 하면서 만난 훌륭한 선배이자 동료인 손관호 형님, 최준오 형님, 백일순 형님, 정승조 세무사님, 김두환 차장님, 이지연 반장님, 김지훈 변호사님, 이은성 변호사님, 김균기 변호사님, 한지민 대리님께 고맙다는 말씀드리고 삼일인포마인 이희태 대표이사님, 조원오 전무님, 김동원 부장님, 임연혁 차장님 등 직원분들께도 감사 말씀 올립니다.

두 아들 신지후, 신서후에게는 아빠가 잘 놀아주지 못해 미안하다는 마음을 전하고,

자연인 '신관식'이 하고 싶은 일에는 모든 지원을 아끼지 않는, 내무부장관이자 아내인 '정유경' 씨에게 이 책을 바칩니다.

별첨 | 자산승계신탁 · 서비스 관련 법령 / 315

제**1**편

신탁의 History

1 신탁(Trust)의 기원

신탁[1]이 언제 어떻게 어떤 형태로 탄생했는지 명확하지 않습니다. 먼저, 중국에서는 당 (唐)·송(宋)시대에 기진(寄進)이라는 것으로 발달하여 명(明)·청(淸)시대까지 계속되 었고, 일본에서는 헤이안왕조(平安朝) 중기에서 말기(10세기~12세기)까지 근왕신탁제도 (勤王信託)가 성행하였으며, 조선시대 제18대 현종(1660년~1674년)때에는 지방 토지소유 자들이 지방 관료들의 폭압과 갈취를 피하고자 만들어진 투탁(投託)이라는 제도가 있었습 니다.

그러나 신탁의 뿌리는 12세기~13세기에 영국에서 탄생했다고 보는 것이 현재 다수 학설 입니다. 먼저 ① 십자군 전쟁에 출정하는 병사가 믿고 맡길 수 있는 타인에게 본인의 재산 관리를 위탁했던 것이 신탁의 시초라는 설이 있고, ② 12세기~13세기 중세 영주들이 토지 를 제3자인 수탁자에게 이전하고 그로부터 발생하는 수익을 교회가 지급받도록 하는 '유스 (USE)'라는 제도가 신탁(Trust)으로 발전했다는 설이 있습니다.

타인을 위하여 재산을 관리하는 것은 오래 전부터 모든 사회에서 이루어져 온 바이지만 특히, 1796년 영국에서 수탁자에 관한 성문법이 최초로 제정되었고, 이후 1925년에 민사신 탁과 공익신탁을 주영역으로 하여 포괄적 법리를 다룬 신탁법(수탁자법)이 제정된 것을 기 점으로 현재의 신탁(Trust)구조가 형성되었다고 생각합니다.

그러나 그 결과 신탁법은 채권법도 아니고 물권법도 아닌 제3의 법 체계로서 확립 및 발 전해 왔기 때문에 일반인들이 신탁의 특징, 구조, 권리 관계 등을 쉽게 이해하기 어려운 것 또한 분명한 사실입니다.

---

1) [출처] 네이버지식백과 부동산신탁의 역사(부동산용어사전, 장희순/김성진, 2020년), 신탁의 역사 중 영국 신탁(네이버블로그 앞서가는 부자들의 모임, 정철우 교수)

1945년 해방 이후 조선신탁은행, 한국신탁은행, 한국흥업은행을 거쳐 우리은행의 전신인 한일은행은 1961년 군사정부 시작 전까지 은행업과 신탁업을 겸영했던 유일한 국내 은행이었습니다. 1961년 12월 신탁법 및 신탁업법이 제정된 후 한동안 군사정부가 설립한 한국신탁은행만이 은행 중에서 유일하게 신탁업을 전담해 오다가 1984년 금융정책의 수정으로 모든 은행들이 신탁업을 겸영할 수 있게 되어 오늘날까지 이르게 되었습니다.[2]

2007년 '자본시장과 금융투자업에 관한 법률(이하, 자본시장법)'이 제정되면서 신탁업은 금융투자업의 일종으로 편입되어 관리되고 있고, 2011년 신탁법 개정을 거쳐 이듬해 2012년부터 유언대용신탁, 수익자연속신탁, 종합재산신탁 등 자산승계신탁 · 서비스가 본격적으로 보급되기 시작하였습니다.

자산운용 및 투자 중심의 특정금전신탁, 자산관리 및 자금유동화 중심의 재산신탁과 더불어 고객의 고령화 및 100세 시대로의 전환, 부동산 등 자산 가격의 상승 기조에 힘입어 가족 및 사회공동체로의 효율적 자산승계을 희망하는 사람이 많아지게 됨에 따라 자산승계신탁 · 서비스가 최근 각광을 받고 있습니다.

최근 국내 유명 컨설팅 그룹에서는 신탁시장의 발전단계를 인당 GDP 수준, 규제 기조, 총 GDP 대비 신탁 수탁고 비율 등을 고려하여 총 4단계(태동기, 개화기, 성장기, 성숙기)로 구분하고 있습니다.

특히, 이 그룹은 현재 국내 신탁시장을 2단계(개화기)로 보고 있고, 앞으로 솔루션형 종합 재산관리 및 가문의 자산관리를 주로 담당하는 자산승계신탁 · 서비스 시장이 점점 커져 향후 일본 및 미국 수준으로 신탁사업이 진화할 것으로 예상하고 있습니다.

---

2) 주석 신탁법 제3판(무궁화 · 광장신탁법연구회, 2021년)

| 국내 유명 컨설팅 그룹이 바라보는 신탁사업의 진화 Path |

저자는 자산승계신탁·서비스를 전문적으로 하고 있는 국내 신탁회사의 역사, 목표, 장점, 단점, 조직 구성, 상품 라인업, 시스템을 깊이 알지 못합니다. 다만, 국내 신탁회사가 내건 자산승계신탁·서비스 브랜드(네임)의 의미와 방향성 정도는 논할 수 있을 것 같습니다.

국내 첫번째 자산승계신탁·서비스 브랜드인 '리빙트러스트(Living Trust)'는 개인의 유언(Will)과는 별개로, 신탁회사가 위탁자의 자산을 관리하고, 위탁자 사후 신탁계약에 명시된 귀속권리자에게 재산을 이전하는 미국의 생전신탁(Living Trust)[3]의 명칭을 벤치마킹한 브랜드입니다. 이 자산승계신탁·서비스 브랜드에 복속된 신탁상품 라인업과 업무범위, 마케팅 전략, 조직, 업계 리더로서의 영향력 등은 상당한 수준입니다.

2020년 하반기부터 TV 광고를 지속적으로 하고 있는 '패밀리헤리티지서비스(Family Heritage Service)'는 브랜드 네임에서 알 수 있듯 가족 단위 재산의 효율적 승계에 중점을 두고, 가족들 간에 발생할 수 있는 법률 문제, 세금 문제에 대한 솔루션을 제시하는 형태로 신탁·서비스를 제공하고 있습니다.

---

3) 미국의 리빙트러스트(Living Trust)는 (중략) 서류상의 회사를 만들어서 내 자산의 명목상 소유권을 옮겨놓고, 자산의 운용 방식 등을 미리 지정해 놓음으로써 사망 등의 이유로 더는 자산을 관리하지 못하는 상황이 왔을 때 본인의 생전 의지에 따라 자산을 처리하는 장치[출처 : JC&Company, '존청의 U.S. Tax/Wealth Creation – 리빙트러스트를 설립해야 하는 이유'에서 발췌]

최근 시중은행에서 오픈한 '내리사랑신탁서비스'는 '내리사랑'이라는 단어 속에 자녀나 손주 등 가족에 대한 사랑, 가족 이외 공동체, 다음 세대를 위한 사랑을 내포함으로써 상속, 증여, 기부, 사회환원 등 자산승계의 포괄적인 개념이 담겨있고, 해당 부문의 상품 라인업을 갖추고 있습니다.

신탁은 금융투자 및 자산운용, 자금유동화만을 위한 도구가 아닙니다. 고객의 자산승계에 있어서 최선의 도구이자 최상의 솔루션입니다. 최근 60대 이상의 고객들이 자산승계의 도구로써 신탁이 유용하다는 점을 점차 인식하고 있습니다. 만약, 자산승계신탁·서비스가 신탁업계의 새로운 트렌드라는 점을 인식하지 않고 있거나, 당장 성과가 나오지 않는다고 해서 무시하고 있는 신탁회사가 있다면, 머지 않아 신탁업계에서 뒤쳐질 수도 있음을 조심스럽게 예견합니다.

제**2**편

신탁의 개요

1 신탁이란 무엇인가?

신탁법 제2조에서 '신탁이란 신탁을 설정하는 자(이하, 위탁자)와 신탁을 인수하는 자(이하, 수탁자) 간의 신임관계에 기하여 위탁자가 수탁자에게 특정의 재산을 이전하거나 담보권의 설정 또는 그 밖의 처분을 하고, 수탁자로 하여금 일정한 자(이하, 수익자)의 이익 또는 특정의 목적을 위하여 재산의 관리, 처분, 운용, 개발, 그 밖에 신탁 목적 달성에 필요한 행위를 하게 하는 사법적 법률 관계'라고 정의하고 있습니다.

학계와 신탁업계에서는 ① '신탁은 재산을 가공하는 공장'[4], ② '신탁은 위탁자가 특정의 재산권을 수탁자에게 이전하거나 기타의 처분을 하고 수탁자로 하여금 수익자의 이익을 위하여 또는 특정 목적을 위하여 그 재산권을 관리, 처분하게 하는 것'[5], ③ '신탁은 가장 완성된 타인을 위한 재산관리제도'[6]라고 일컫는 등 신탁을 다양하고 유익하게 설명하고 있습니다.

저자는 '신탁이란 위탁자가 믿고 맡길 수 있는 수탁자에게 재산을 이전하면서 임무를 부여하고, 수탁자는 위탁자가 지정한 수익자의 이익 또는 특정 목적을 위해 그 임무를 충실히 수행하는 일련의 과정'을 의미한다고 생각합니다.

---

4) 신탁법 제1판(오영걸, 2021년, 9페이지)
5) 주석 신탁법 제3판(무궁화·광장신탁법연구회, 2021년, 14페이지)
6) 신탁법 제3판(전남대학교 출판부, 2011년, 123페이지)

| 신탁의 구조 |

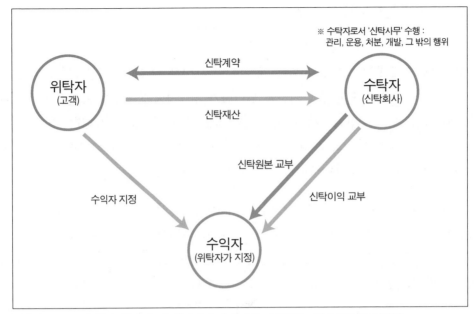

※ 상기구조는 영리(상사)신탁 및 위탁자가 수익자를 지정하는 확정신탁을 표현함.
※ 확정신탁 : 위탁자가 수익자를 지정 및 변경할 수 있는 권한을 가진 신탁

2 위탁자의 자격과 신탁

신탁법에 따르면 위탁자란 신탁을 설정하는 자이고, 동시에 수탁자에게 특정 재산을 이전하며, 수익자의 이익 또는 특정 목적 등 신탁 목적 달성을 위하여 수탁자로 하여금 관리, 운용, 처분 등 신탁사무를 하게끔 하는 자입니다.

위탁자는 신탁을 설정할 수 있는 행위능력[7]이 필요하고, 특정 재산의 재산권을 소유해야 하며, 수탁자의 신탁사무를 관리, 감독할 수 있는 능력이 있는 자이어야 합니다. 그러면서도 신탁법 이외 법률에 저촉 및 제한되지 않아야 합니다.

실무적으로 신탁회사는 위탁자와 신탁계약을 체결할 때 '전문 의사의 소견서 또는 진단서'를 통해 위탁자의 정신적 건강상태를 확인하고 있으며, 일부 신탁회사에서는 가정법원 등에서 발급이 가능한 '후견 등기사항부존재증명서'를 필수서류로 제출받기도 합니다.

---

7) 행위능력 : 단독으로 완전히 유효한 법률행위를 할 수 있는 지위 또는 자격

후견 등기사항부존재증명서(전부)

구 분	신청대상자
성 명	
주민등록번호	―********

위 사람에 대하여 현재 효력이 있는 성년후견, 한정후견, 특정후견, 임의후견, 사전 처분에 관한 후견등기사항이 전부 부존재함을 증명합니다.

서기

법원행정처 등기정보중앙관리소 전산운영책임관

발행번호

발급확인번호   1 / 1   발행일시

* 본 증명서는 인터넷으로 발급되었으며, 전자후견등기시스템(https://egdrs.scourt.go.kr)의 증명서전
  위확인 메뉴를 통해 위·변조 여부를 확인할 수 있습니다. (발급일부터 90일까지)

우리나라 민법, 세법, 부동산 거래 신고 등에 관한 법률, 자본시장법 등에서는 제한능력자와 그렇지 않은 자, 국내 거주자와 비거주자, 유언을 할 수 있는 자와 그렇지 않은 자를 구분하고 있고, 이에 따라 위탁자의 자격은 신탁의 구조, 효력의 발생, 실무 적용에 있어서 상당한 차이를 발생시킵니다.

우선, 민법에서는 미성년자, 피성년후견인, 피한정후견인 등 행위능력이 제한된 사람(이하, 제한능력자)을 규정하고 있고 제한능력자[8]의 경우에는 법정대리인이 대리하거나 그의 동의를 얻어 신탁을 설정할 수 있습니다. 따라서 제한능력자와 그렇지 않은 자를 위한 신탁이 각각 필요합니다. 뿐만 아니라 유언으로도 신탁(이하, 유언신탁)을 설정할 수 있는데 민법 제1061조에 따라 유언을 할 수 있는 나이는 만 17세 이상입니다.

두번째, 소득세법, 상속세 및 증여세법, 조세특례제한법에서 거주자와 비거주자는 공제금액, 세율, 각종 세액 감면 규정 등이 상이한 경우가 많고, 자산승계신탁ㆍ서비스 중에서 장애인신탁(자익신탁[9])의 경우 세법에서 정한 장애인 외에는 위탁자가 될 수 없으며, 직전 3개 년도 중 1개 년도라도 금융소득종합과세에 해당되었던 사람은 신탁형 ISA를 가입할 수 없습니다.

세번째, 부동산 거래신고 등에 관한 법률[10]에서는 국가 간 상호주의 원칙에 따라 외국인

---

8) 제한능력자제도 : 2011년 3월에 개정되어 2013년 7월부터 시행된 현행 민법은 획일적으로 행위능력을 제한하는 문제점을 내포한 종전의 행위무능력자제도를 폐지하고, 행위능력의 일부를 제한하는 제한능력자제도를 도입하였다. 제한능력자란 의사능력이 없거나 만약 있더라도 불완전하여 단독으로 권리를 행사하거나 의무를 부담하는 데 손해를 당할 우려가 있어 행위능력의 일부를 제한한 자를 일컫는다. 개정 민법에서 규정한 제한능력자는 미성년자(종전 만 20세에서 만 19세로 하향), 피성년후견인, 피한정후견인 등이다.

9) 자익신탁 : 위탁자와 수익자가 동일한 신탁으로 신탁재산에서 생기는 원금과 이익을 위탁자 자신이 취득하는 신탁

10) 부동산 거래신고 등에 관한 법률 [제3장 외국인등의 부동산 취득 등에 관한 특례]

　부동산 거래신고 등에 관한 법률 제7조(상호주의)

　국토교통부장관은 대한민국국민, 대한민국의 법령에 따라 설립된 법인 또는 단체나 대한민국정부에 대하여 자국(自國) 안의 토지의 취득 또는 양도를 금지하거나 제한하는 국가의 개인ㆍ법인ㆍ단체 또는 정부에 대하여 대통령령으로 정하는 바에 따라 대한민국 안의 토지의 취득 또는 양도를 금지하거나 제한할 수 있다. 다만, 헌법과 법률에 따라 체결된 조약의 이행에 필요한 경우에는 그러하지 아니하다.

　부동산 거래신고 등에 관한 법률 제8조(외국인등의 부동산 취득ㆍ보유 신고)

　① 외국인등이 대한민국 안의 부동산등을 취득하는 계약(제3조 제1항 각 호에 따른 계약은 제외한다)을 체결하였을 때에는 계약체결일부터 60일 이내에 대통령령으로 정하는 바에 따라 신고관청에 신고하여야 한다.

　② 외국인등이 상속ㆍ경매, 그 밖에 대통령령으로 정하는 계약 외의 원인으로 대한민국 안의 부동산등을 취득한 때에는 부동산등을 취득한 날부터 6개월 이내에 대통령령으로 정하는 바에 따라 신고관청에 신고하여야 한다.

　③ 대한민국 안의 부동산등을 가지고 있는 대한민국국민이나 대한민국의 법령에 따라 설립된 법인 또는 단체가 외국인등으로 변경된 경우 그 외국인등이 해당 부동산등을 계속보유하려는 경우에는 외국인등으

의 국내 토지 취득과 양도를 제한하고 있고, 외국환거래법은 비거주자의 자본거래규정을 별도로 마련해놓고 있으며, 자본시장법[11]에서 비거주자는 증권 및 장내파생상품 등의 거래에 있어서 상당한 제한 요소가 따릅니다.

실무적으로 비거주자는 신탁계약을 할 때 국내 주민등록번호, 주소 등이 없으므로 외국인등록번호, 외국 주소, 가족관계를 확인할 수 서류를 본국(또는 국내 소재 영사관 등)으로부터 발급받아 신탁회사에 제출해야 할 것이고, 신탁회사의 신탁업무담당자들은 비거주자와의 신탁계약과 관련하여 특정금융거래정보의 보고 및 이용에 관한 법률 및 내부 수신 업무규정, 신탁업무지침 등을 꼼꼼히 살펴 업무를 처리해야 할 것입니다.

따라서 ① 위탁자의 정신적 건강상태와 나이 등 민법 규정을 기준으로 '행위능력자신탁', '제한능력자신탁', '유언신탁'으로 구분해야 할 것이고, ② 국내 거주 여부 및 세법 등을 기준으로 '국내거주자신탁', '비거주자신탁', '법적제한신탁'으로 분류해야 할 것입니다. 이에 따라 신탁회사는 각각의 신탁계약서 및 설명서, 고객 안내자료를 마련하고, 원천징수 등 세무처리 프로세스 및 전산시스템을 별도로 갖춰야 할 것입니다.

| 위탁자 자격에 따른 신탁 분류 |

구분	기준	신탁 구분(분류)
민법	정신적 건강상태 또는 나이	① 행위능력자신탁
		② 제한능력자신탁 ex. 후견신탁 등
		③ 유언신탁(만 17세 이상만)

로 변경된 날부터 6개월 이내에 대통령령으로 정하는 바에 따라 신고관청에 신고하여야 한다.

11) 자본시장법 제168조(외국인의 증권 또는 장내파생상품 거래의 제한)

① 외국인(국내에 6개월 이상 주소 또는 거소를 두지 아니한 개인을 말한다. 이하 이 조에서 같다) 또는 외국법인등에 의한 증권 또는 장내파생상품의 매매, 그 밖의 거래에 관하여는 대통령령으로 정하는 기준 및 방법에 따라 그 취득한도 등을 제한할 수 있다.

② 외국인 또는 외국법인등에 의한 공공적 법인의 주식 취득에 관하여는 제1항에 따른 제한에 추가하여 그 공공적 법인의 정관이 정하는 바에 따라 따로 이를 제한할 수 있다.

③ 제1항 또는 제2항을 위반하여 주식을 취득한 자는 그 주식에 대한 의결권을 행사할 수 없으며, 금융위원회는 제1항 또는 제2항을 위반하여 증권 또는 장내파생상품을 매매한 자에게 6개월 이내의 기간을 정하여 그 시정을 명할 수 있다.

④ 그 밖에 외국인 또는 외국법인등에 의한 증권 또는 장내파생상품의 매매, 그 밖의 거래와 관련하여 투자자 보호 및 건전한 거래질서를 위하여 필요한 사항은 대통령령으로 정한다.

구분	기준	신탁 구분(분류)
세법 등	국내 거주 또는 세제 특례	① 국내거주자신탁 ② 비거주자신탁 ③ 법적제한신탁 　ex. 장애인신탁 : 위탁자 겸 수익자 또는 수익자가 장애인 　　　신탁형 ISA : 직전 3개 년도 금융소득종합과세 대상자 가입 불가

※ 이 책에서 '일반신탁 또는 일반적 신탁'이라고 함은 행위능력자신탁이면서 국내거주자신탁을 의미함.

위탁자는 수탁자에게 특정 재산을 이전하거나 담보권을 설정하거나 그 밖의 처분을 할 수 있는 자이어야 합니다. 이를 두고 학계에서는 '위탁자는 재산권의 소유자로서 수탁자에게 해당 재산을 출연할 수 있는 능력(처분권)'을 갖추어야 한다고 말하고 있습니다. 뿐만 아니라 실무적으로 신탁회사와 신탁계약을 체결하려는 위탁자는 신탁재산의 '실질 및 형식 상 소유자'여야 한다는 점입니다.

예를 들어 신탁재산이 부동산인 경우, 제3자에게 대항력을 갖추기 위해서는 소유권 이전 및 신탁등기[12]를 통해 소유권이 신탁회사(수탁자)로 변경[13]되어야 합니다. 이 때 등기의 무자는 위탁자로서 등기사항전부증명서 상에 부동산 소유자여야 합니다.

즉, 명의신탁된 부동산으로 밝혀진 것, 소유권보존등기[14] 또는 소유권이전등기가 이행

---

12) 신탁법 제4조(신탁의 공시와 대항)
　① 등기 또는 등록할 수 있는 재산권에 관하여는 신탁의 등기 또는 등록을 함으로써 그 재산이 신탁재산에 속한 것임을 제3자에게 대항할 수 있다.
13) 신탁법 제37조(수탁자의 분별관리의무)
　① 수탁자는 신탁재산을 수탁자의 고유재산과 분별하여 관리하고 신탁재산임을 표시하여야 한다.
14) 부동산등기특별조치법 제2조(소유권이전등기등 신청의무)
　① 부동산의 소유권이전을 내용으로 하는 계약을 체결한 자는 다음 각호의 1에 정하여진 날부터 60일 이내에 소유권이전등기를 신청하여야 한다. 다만, 그 계약이 취소·해제되거나 무효인 경우에는 그러하지 아니하다.
　　1. 계약의 당사자가 서로 대가적인 채무를 부담하는 경우에는 반대급부의 이행이 완료된 날
　　2. 계약당사자의 일방만이 채무를 부담하는 경우에는 그 계약의 효력이 발생한 날
　② 제1항의 경우에 부동산의 소유권을 이전받을 것을 내용으로 하는 계약을 체결한 자가 제1항 각호에 정하여진 날 이후 그 부동산에 대하여 다시 제3자와 소유권이전을 내용으로 하는 계약이나 제3자에게 계약당사자의 지위를 이전하는 계약을 체결하고자 할 때에는 그 제3자와 계약을 체결하기 전에 먼저 체결된 계약에 따라 소유권이전등기를 신청하여야 한다.
　③ 제1항의 경우에 부동산의 소유권을 이전받을 것을 내용으로 하는 계약을 체결한 자가 제1항 각호에 정하여진 날 전에 그 부동산에 대하여 다시 제3자와 소유권이전을 내용으로 하는 계약을 체결한 때에는 먼저 체결된 계약의 반대급부의 이행이 완료되거나 계약의 효력이 발생한 날부터 60일 이내에 먼저 체결된 계약에 따라 소유권이전등기를 신청하여야 한다. (중략)
　⑤ 소유권보존등기가 되어 있지 아니한 부동산에 대하여 소유권이전을 내용으로 하는 계약을 체결한 자는 다음 각호의 1에 정하여진 날부터 60일 이내에 소유권보존등기를 신청하여야 한다.

되지 않은 부동산, 위반건축물, 건축물대장과 등기사항전부증명서의 용도가 미일치하는 부동산의 경우 ① 신탁을 설정할 수 없거나, ② 설정된 신탁계약이 무효가 될 수도 있고, ③ 징역형 또는 벌금형[15](과태료 포함[16])에 처해질 수 도 있으며, ④ 부동산 신탁등기가 각하[17]될 수 있습니다.

 ## 신탁행위와 수탁자

신탁을 설정하기 위한 법률행위를 신탁행위라고 하고, 신탁법 제3조[18]에서는 신탁행위

---

    1. 「부동산등기법」 제65조에 따라 소유권보존등기를 신청할 수 있음에도 이를 하지 아니한 채 계약을 체결한 경우에는 그 계약을 체결한 날

    2. 계약을 체결한 후에 「부동산등기법」 제65조에 따라 소유권보존등기를 신청할 수 있게 된 경우에는 소유권보존등기를 신청할 수 있게 된 날

15) 부동산등기특별조치법 제8조(벌칙)

다음 각호의 1에 해당하는 자는 3년 이하의 징역이나 1억원 이하의 벌금에 처한다.

1. 조세부과를 면하려 하거나 다른 시점간의 가격변동에 따른 이득을 얻으려 하거나 소유권등 권리변동을 규제하는 법령의 제한을 회피할 목적으로 제2조 제2항 또는 제3항의 규정에 위반한 때

16) 부동산등기특별조치법 제11조(과태료)

① 등기권리자가 상당한 사유없이 제2조 각항의 규정에 의한 등기신청을 해태한 때에는 그 해태한 날 당시의 부동산에 대하여 「지방세법」 제10조 및 제10조의2부터 제10조의6까지의 과세표준에 같은 법 제11조 제1항의 표준세율(같은 법 제14조에 따라 조례로 세율을 달리 정하는 경우에는 그 세율을 말한다)에서 1천분의 20을 뺀 세율(같은 법 제11조 제1항 제8호의 경우에는 1천분의 20의 세율)을 적용하여 산출한 금액(같은 법 제13조 제2항·제3항·제6항 또는 제7항에 해당하는 경우에는 그 금액의 100분의 300)의 5배 이하에 상당하는 금액의 과태료에 처한다. 다만, 부동산실권리자명의등기에 관한법률 제10조 제1항의 규정에 의하여 과징금을 부과한 경우에는 그러하지 아니하다. (중략)

17) 부동산등기법 제29조(신청의 각하)

등기관은 다음 각 호의 어느 하나에 해당하는 경우에만 이유를 적은 결정으로 신청을 각하하여야 한다. 다만, 신청의 잘못된 부분이 보정(補正)될 수 있는 경우로서 신청인이 등기관이 보정을 명한 날의 다음 날까지 그 잘못된 부분을 보정하였을 때에는 그렇지 아니하다.

(중략)

6. 신청정보의 부동산 또는 등기의 목적인 권리의 표시가 등기기록과 일치하지 아니한 경우

(중략)

11. 신청정보 또는 등기기록의 부동산의 표시가 토지대장·임야대장 또는 건축물대장과 일치하지 아니한 경우

18) 신탁법 제3조(신탁의 설정)

① 신탁은 다음 각 호의 어느 하나에 해당하는 방법으로 설정할 수 있다. 다만, 수익자가 없는 특정의 목적을 위한 신탁(이하 "목적신탁"이라 한다)은 「공익신탁법」에 따른 공익신탁을 제외하고는 제3호의 방법으로 설정할 수 없다.

1. 위탁자와 수탁자 간의 계약, 2. 위탁자의 유언, 3. 신탁의 목적, 신탁재산, 수익자(「공익신탁법」에 따른

방식을 신탁계약, 유언신탁, 자기선언으로 정하고 있습니다. 신탁계약은 위탁자와 수탁자간의 계약을 통해 신탁이 설정되는 것이고, 유언신탁이란 위탁자가 민법에서 정한 유언을 남김으로써 신탁이 설정되는 것이며, 자기선언은 공정증서를 작성하는 방법을 통해 위탁자 본인이 수탁자가 되는 신탁을 말합니다. 이 책에서 주로 다룰 신탁행위는 신탁계약에 의한 신탁의 설정입니다.

뿐만 아니라 위탁자가 신탁을 설정하기 위해서는 반드시 '수탁자'가 있어야 합니다. 수탁자는 신탁법에 따르면 '신탁을 인수하는 자'이고 신탁행위로 제한하지 않는 이상 '신탁재산에 대한 권리와 의무의 귀속주체로서 신탁의 목적 달성을 위하여 신탁재산에 대해 관리, 운용, 처분 등 필요한 모든 행위를 할 권한[19]을 가진 자'입니다.

즉, 수탁자는 신탁재산의 대내외적 소유권자로서 위탁자로부터 관리권 등을 위임받은 자이기 때문에 엄격한 자격을 요구받습니다. 우선 신탁법에 따르면 미성년자, 금치산자, 한정치산자 및 파산선고를 받은 자는 수탁자가 될 수 없습니다. 뿐만 아니라 자본시장법[20], [21]에 따라 신탁업을 영업으로 하려는 자(이하, 신탁회사)는 금융위원회부터 신탁업 인가를 받아야 합니다.

금융위원회로부터 신탁업 인가(겸영 인가 포함)를 받은 신탁회사는 영리목적의 수탁자로서 영업활동을 할 수 있고, 신탁사무 수행의 대가로 신탁보수[22]를 받을 수 있습니다. 종국적으로 신탁회사가 수탁자가 되는 신탁을 '영리신탁 또는 상사신탁'[23]이라고 하고, 수탁능력을 갖춘 일반 개인 또는 법인이 수탁자되는 신탁을 '비영리신탁 또는 민사신탁'이라고

공익신탁의 경우에는 제67조 제1항의 신탁관리인을 말한다) 등을 특정하고 자신을 수탁자로 정한 위탁자의 선언(이하, 중략)

19) 신탁법 제31조(수탁자의 권한)

20) 자본시장법 제6조(금융투자업)
　① 이 법에서 "금융투자업"이란 이익을 얻을 목적으로 계속적이거나 반복적인 방법으로 행하는 행위로서 다음 각 호의 어느 하나에 해당하는 업(業)을 말한다.
　　1. 투자매매업 2. 투자중개업 3. 집합투자업 4. 투자자문업 5. 투자일임업 6. 신탁업

21) 자본시장법 제12조(금융투자업의 인가)
　① 금융투자업을 영위하려는 자는 다음 각 호의 사항을 구성요소로 하여 대통령령으로 정하는 업무 단위(이하 "인가업무 단위"라 한다)의 전부나 일부를 선택하여 금융위원회로부터 하나의 금융투자업인가를 받아야 한다

22) 신탁법 제47조(보수청구권)
　① 수탁자는 신탁행위에 정함이 있는 경우에만 보수를 받을 수 있다. 다만, 신탁을 영업으로 하는 수탁자의 경우에는 신탁행위에 정함이 없는 경우에도 보수를 받을 수 있다.

23) 주석 신탁법 제3판(무궁화·광장신탁법연구회, 16페이지)

합니다. 이 책에서는 수탁자가 신탁회사인 영리(상사)신탁만을 다룹니다.

수익자와 특정목적

수익자[24]는 신탁행위로 정한 일정한 자로서 이익을 얻는 자 또는 수익권[25]을 취득하는 자를 말합니다. 세부적으로 보면 수익자는 신탁의 이익을 향유하는 주체이자, 신탁재산에 대해 급부를 청구할 수 있는 권리를 가진 존재이고, 수탁자의 신탁사무를 관리 감독할 수 있는 권능이 부여된 존재[26]입니다.

실무적으로 수익자는 원본수익자와 이익수익자로 구분되고, 유언대용신탁에서는 사후수익자, 수익자연속신탁에서는 연속수익자가 추가되기도 하며, 부동산담보신탁에서는 순위별 수익자 개념이 적용되기도 합니다.

수익자는 신탁행위로도 제한할 수 없는 권리를 보유하게 됩니다. 법원에 대한 청구권, 강제집행 또는 체납처분에 대한 이의제기권, 장부 열람 복사 청구권, 원상회복 및 손해배상 청구권, 수익권 포기권, 신탁 위반에 따른 법률행위 취소권, 수탁자가 위법 행위를 할 우려가 있을 때 유지청구권, 수익권 매수청구권 등이 그것입니다.

이를 토대로 장애인신탁과 같은 법적제한신탁을 제외하고, 신탁법에서는 수익자에게 일정한 자격을 요구하지 않고 있으나 보통 사람이 가지는 정상적인 판단 능력 또는 정신 능력이라고 일컬어 지는 '의사능력'은 수익자에게 필요할 것으로 보입니다.

신탁행위를 통해 수익자가 지정된 신탁을 통상적으로 '수익자신탁'이라고 하고, 반대로 수익자를 지정하지 않는 신탁도 설정될 수 있는데 이를 '목적신탁(특정목적신탁)'이라고 합니다. 공익신탁이 대표적인 '목적신탁(특정목적신탁)'이고, 공익신탁은 공익신탁법에 따

---

24) 신탁법 제2조(신탁의 정의) (중략)
　　수탁자로 하여금 일정한 자(이하 "수익자"라 한다)의 이익 또는 특정의 목적을 위하여 그 재산의 관리, 처분, 운용, 개발 그 밖의 신탁 목적의 달성을 위하여 필요한 행위를 하게 하는 법률관계를 말한다.
25) 신탁법 제56조(수익권의 취득)
　　① 신탁행위로 정한 바에 따라 수익자로 지정된 자(제58조 제1항 및 제2항에 따라 수익자로 지정된 자를 포함한다)는 당연히 수익권을 취득한다. (이후 생략)
26) 신탁법(이중기, 446페이지), 주석 신탁법 제3판(무궁화·광장신탁법연구회, 254페이지)

라 법무부장관의 인가를 받아야 합니다. 이 책에서는 '수익자신탁'을 중심으로 기술하되 '공익신탁'에 대해서도 일부 다룰 것입니다.

⑤ 신탁재산

신탁법에서는 위탁자가 수탁자에게 이전하는 신탁재산을 제한하는 조항은 없습니다. 그러나 자본시장법 제103조에 따라 신탁회사가 수탁받을 수 있는 신탁재산은 크게 7가지로만 한정됩니다. ① 금전, ② 증권, ③ 금전채권, ④ 동산, ⑤ 부동산, ⑥ 지상권 등 부동산 관련 권리, ⑦ 무체재산권(지식재산권)이 그것입니다. 다만, 담보부사채에 관한 신탁업과 저작권신탁관리업은 자본시장법상 신탁업으로 보지 않습니다.

이를 바탕으로 신탁회사는 신탁재산의 종류에 따라 '금전신탁'과 '재산신탁'(유가증권신탁, 금전채권신탁, 동산신탁, 부동산신탁, 부동산 관련 권리에 관한 신탁, 무체재산권신탁)으로 구분하고 있고, 신탁회사는 각 신탁재산별로 신탁계약서를 별도로 마련해 놓고 있습니다. 뿐만 아니라 신탁회사는 상기 7가지 재산 중에서 둘 이상의 재산을 함께 수탁하기도 하는 데 이를 종합재산신탁[27]이라고 합니다.

그렇다면 자본시장법 제103조에서 규정한 '7가지 재산이라면 모두 신탁이 가능한 것일까?'라는 의문이 듭니다. 답은 '꼭 그렇지 않습니다'라고 말씀드리고 싶습니다. 이와 관련한 사항은 '제4편. 자산승계신탁·서비스와 컨설팅 사례'에서 자세히 기술할 예정입니다.

---

27) 자본시장법 제103조(신탁재산의 제한 등)
　　① (중략)
　　② 신탁회사는 하나의 신탁계약에 의하여 위탁자로부터 제1항 각 호의 재산 중 둘 이상의 재산을 종합하여 수탁할 수 있다. → 이를 일컬어 종합재산신탁이라고 신탁업계에서는 통칭하고 있음.

6 신탁보수와 기타 비용

신탁업계에 종사하면서 고객이 신탁계약을 고려하면서 가장 많이 하는 질문이 '신탁보수는 어떻게 됩니까?' 입니다. 신탁법[28]에 따르면 신탁회사는 신탁행위에서 정함이 없는 경우에도 보수를 받을 수 있도록 허용하고 있습니다.

그러나 신탁회사는 자본시장법 시행령 제104조[29]에 의거하여 신탁계약이 정하는 바에 따라 신탁보수를 받고 있습니다. 특히 자본시장법 제3조 제1항 제2호에 따른 관리형 신탁이 아닌 금융투자상품(투자성 상품)에 속하는 신탁은 금융소비자보호에 관한 법률[30], [31]에 따라 정당한 사유 없이 성별·학력·장애·사회적 신분 등을 이유로 위탁자를 부당하게 차별하여 보수를 책정할 수 없고, 신탁회사 및 신탁업무담당자는 신탁보수 및 수수료를 위탁자 등에게 구체적으로 설명해야 합니다.

따라서 각 신탁회사별, 신탁종류별로 보수의 구체적 명칭, 보수금액 계산방식, 보수 수취 시점 등은 차이가 있습니다. 그러나 일반적으로 신탁보수의 종류로는 ① 신탁계약 체결에 따른 '기본보수', ② 신탁재산 관리 또는 운용 등 '개별보수(운용보수)', ③ 신탁재산을 사후 수익자 등에게 이전 함에 따른 '집행보수(이전보수)', ④ 운용성과 초과 달성시 발생할 수

---

28) 신탁법 제47조(보수청구권)
　① 수탁자는 신탁행위에 정함이 있는 경우에만 보수를 받을 수 있다. 다만, 신탁을 영업으로 하는 수탁자의 경우에는 신탁행위에 정함이 없는 경우에도 보수를 받을 수 있다. (이하, 생략)
29) 자본시장법 시행령 제104조(신탁업무의 방법 등)
　(중략)
　⑤ 신탁회사는 신탁계약이 정하는 바에 따라 신탁보수를 받을 수 있다.
30) 금융소비자 보호에 관한 법률 제15조(차별금지)
　금융상품판매업자등은 금융상품 또는 금융상품자문에 관한 계약을 체결하는 경우 정당한 사유 없이 성별·학력·장애·사회적 신분 등을 이유로 계약조건에 관하여 금융소비자를 부당하게 차별해서는 아니 된다.
31) 금융소비자 보호에 관한 법률 제19조(설명의무)
　① 금융상품판매업자등은 일반금융소비자에게 계약 체결을 권유(금융상품자문업자가 자문에 응하는 것을 포함한다)하는 경우 및 일반금융소비자가 설명을 요청하는 경우에는 다음 각 호의 금융상품에 관한 중요한 사항(일반금융소비자가 특정 사항에 대한 설명만을 원하는 경우 해당 사항으로 한정한다)을 일반금융소비자가 이해할 수 있도록 설명하여야 한다.
　　1. 다음 각 목의 구분에 따른 사항 (중략)
　　　나. 투자성 상품
　　　　1) 투자성 상품의 내용 2) 투자에 따른 위험 3) 대통령령으로 정하는 투자성 상품의 경우 대통령령으로 정하는 기준에 따라 금융상품직접판매업자가 정하는 위험등급 4) 그 밖에 금융소비자가 **부담해야 하는 수수료** 등 투자성 상품에 관한 중요한 사항으로서 대통령령으로 정하는 사항

있는 '성과보수', ⑤ 신탁원부 변경계약 등에 따른 실비적 성격을 띠는 '계약변경보수', ⑥ 신탁계약 중도해지에 따른 '중도해지수수료' 등이 있습니다.

뿐만 아니라 신탁계약을 체결할 경우 신탁보수 외에 세금 및 기타 비용이 발생할 수도 있습니다. 예를 들어 신탁등기·등록에 따른 제반 비용이 발생할 수 있고, 각 신탁보수에 부가가치세가 붙는 경우도 있으며, 신탁계약 전·신탁계약 시점·신탁기간 이내·신탁 종료 시점에 세금과 비용을 부담하는 경우도 있습니다. 이와 관련한 자세한 사항은 '제4편. 자산승계신탁·서비스와 컨설팅 사례'에서 다루도록 하겠습니다.

⑦ 신탁의 장점 요약(Feat. 자산승계신탁·서비스)

1) 신탁재산은 거의 완벽에 가까운 '독립성'을 갖습니다. 위탁자의 고유재산으로부터 독립되어 있고, 신탁법 상 일부 예외를 제외하고 신탁재산에 대해 강제집행, 담보권 실행 등을 위한 경매, 보전처분, 국세 등 체납처분을 할 수 없습니다. 뿐만 아니라 신탁회사의 고유재산으로부터 독립되어 있기 때문에 신탁회사가 회생절차에 들어가거나 파산하더라도 수익자는 안전하게 신탁재산을 찾아갈 수 있습니다.

2) 위탁자는 재산의 소유권을 신탁회사에게 이전하면서 본인의 의도대로 신탁 설계가 가능합니다. 신탁계약을 유지하는 동안에는 본인의 가치와 신탁재산을 승계할 후계자를 언제든지 지목하거나 변경할 수 있습니다. 이를 두고 서울대학교 법학전문대학원 오영걸 교수는 '신탁은 사익목적의 독립된 재단'이라고 까지 설명하고 있습니다.

3) 신탁을 옷에 비유하면 신탁은 기성복이 아니라 원자재(신탁재산), 고객의 체형(위탁자의 자산규모, 투자성향, 연령, 가족관계 등), 선호하는 형태(신탁목적, 운용 및 관리 형태, 수익자 지정 및 변경 등), 제작기간(신탁기간) 등이 제각각인 그야말로 '맞춤복'입니다. 즉, 신탁은 다양하고, 독창적이며, 유익하고, 선진적인 구조로 새롭게 만들어질 수 있습니다.

4) 자산승계신탁·서비스를 계약한 고객은 가성비 높은 보수와 비용 구조로 금융투자의 전문가인 신탁회사의 관리·운용 서비스를 이용할 수 있을 뿐만 아니라, 자산승계신

탁·서비스 업계에 종사하는 법률·세무 전문가들로부터 양질의 컨설팅 서비스를 받을 수 있습니다.

5) 특히, 자산승계신탁·서비스를 담당하는 부서는 그 어떠한 금융상품이나, 그 어떠한 자산승계제도와 시스템보다도 '더 신속하고, 더 효율적으로 신탁재산을 가족이나 제3자, 공익법인 등에 이전'할 수 있는 프로세스와 노하우를 보유하고 있습니다.

제3편

자산승계신탁·서비스의 의의와 종류

자산승계신탁 · 서비스란 무엇인가?

자산승계신탁 · 서비스의 철학적 바탕은 개인이 일생 동안 축적한 재산과 관련하여 직 · 간접적으로 영향을 끼친 가족과 사회에 대한 '공정한 보상'에 근거합니다. '공정한 보상' 체계가 무너진 가족, 기업, 사회는 어떠한 형태로든 지속 불가능합니다.

자산승계신탁 · 서비스를 실무적으로 정의하면 '법적으로 자격을 갖춘 위탁자가 신임관계에 따라 상속, 증여, 기부, 사회 환원 등의 목적으로 신탁사무에 전문화된 신탁회사에게 재산을 이전하며, 신탁회사는 신탁계약 조건에 따라 수익자에게 신탁재산의 권리, 이익 등을 승계하는 신탁 · 서비스'라고 할 수 있습니다.

먼저 정의된 내용에서 세부적으로 해석하면 신임관계는 위탁자가 수탁자를 믿고 재산을 맡기는 관계를 통칭하고, 신탁사무란 신탁법 제2조에 규정한 '관리, 운용, 처분, 개발, 그밖의 행위'를 의미합니다. 수익자는 의사능력이 있는 개인 또는 법인, 단체 누구나 가능하며, 신탁재산의 권리는 원본수익(권)을 신탁재산의 이익은 이익수익(권)을 의미합니다.

자산승계신탁 · 서비스에는 ① 위탁자 사후 효율적 재산 분할 및 이전을 목적으로 하는 유언대용신탁, 수익자연속신탁, 유언신탁, 유언서 보관 서비스 등 **'상속목적형 신탁 · 서비스'**가 있고, ② 신탁계약 전후로 증여 등 재산의 무상이전이 결합된 형태인 **'증여목적형 신탁**(이익증여신탁, 장애인신탁, 통제형 증여신탁 등)**'**이 있으며, ③ 공익신탁 또는 갹출된 후원금이 직원유가족들에게 지급되거나, 사회복지단체가 추천한 개인에게 신탁재산이 지급되는 등의 **'복지형 신탁'**이 있습니다.

목적	세부적인 신탁 및 서비스	
상속목적형 신탁 · 서비스	① 유언대용신탁 ② 수익자연속신탁 ③ 유언신탁(만 17세 이상만) ④ 유언서 보관 서비스(유언서 보관 및 집행 서비스)	
증여목적형 신탁	신탁 구조별	① 이익증여신탁 ② 장애인신탁 ③ 통제형 증여신탁 : 증여자가 신탁계약 및 유지에 일정 기간 동 안 관여
	증여 시점 기준	① 증여 후 신탁계약 : 선(先) 증여신탁 ② 신탁계약 후 증여 : 후(後) 증여신탁
복지형 신탁	① 공익신탁 ② 非 공익신탁 ※ 직원유가족신탁, 기부대상자 지정형 신탁 등	

※ 직원유가족신탁, 기부대상자 지정형 신탁은 '제5편. 새로운 자산승계신탁 · 서비스 컨셉 및 아이디어'에서
다루고 있음

2 유언대용신탁

1 유언대용신탁의 개요

유언대용신탁[32]이란 ① 위탁자가 신탁재산을 신탁회사에 맡기면서 생전에는 수익자를
겸하고, 제3자를 사후수익자로 두어, 위탁자 사망시 신탁재산을 사후수익자에게 이전 · 승
계하는 신탁을 의미합니다. 다만, 신탁법에 따라 ② 위탁자 생전에도 위탁자 본인이 아닌
제3자를 수익자로 지정하지만, 수익자는 위탁자 사망시에만 수익권에 기한 급부를 받을 수
있는 신탁으로도 설계할 수 있습니다.

---

32) 신탁법 제59조(유언대용신탁)
　① 다음 각 호의 어느 하나에 해당하는 신탁의 경우에는 위탁자가 수익자를 변경할 권리를 갖는다. 다만,
　　신탁행위로 달리 정한 경우에는 그에 따른다.
　　1. 수익자가 될 자로 지정된 자가 위탁자의 사망 시에 수익권을 취득하는 신탁
　　2. 수익자가 위탁자의 사망 이후에 신탁재산에 기한 급부를 받는 신탁
　② 제1항 제2호의 수익자는 위탁자가 사망할 때까지 수익자로서의 권리를 행사하지 못한다. 다만, 신탁행위
　　로 달리 정한 경우에는 그에 따른다.

유언대용신탁에서 위탁자는 '수익자를 지정하고 변경할 수 있는 권리'를 갖습니다. 유언대용신탁 이외에 일반적인 신탁에서 ① 위탁자는 신탁행위로써 별도로 정하지 않은 한 수익자의 동의 없이 수익권을 변경하거나 소멸시킬 수 없고, ② 수익자의 변경은 수익자 지정 및 변경 권한이 있는 자만 가능합니다.

뿐만 아니라 신탁법 제56조 제1항에 따르면 신탁행위로 달리 정하지 않을 경우 수익자는 수익자로 지정된 즉시 수익권을 취득하고 행사할 수 있는데 반해 유언대용신탁에서 수익자는 위탁자의 사망 이후에만 수익권을 행사할 수 있습니다.

실무적으로 '유언대용신탁은 자산승계신탁·서비스의 꽃'이라고 할 수 있습니다. 위탁자 생전에는 본인이 신탁재산에 대해 운용, 관리, 처분 등의 업무를 신탁회사에게 지시하거나 맡길 수 있고, 신탁사무에 전문화된 신탁회사를 통해 위탁자 본인은 맞춤형 자산관리·자산운용서비스를 받을 수 있을 뿐만 아니라, 본인이 위탁자 겸 수익자로서 수익권을 행사하여 이익 등을 수취할 수도 있습니다. 게다가 위탁자는 언제든지 신탁재산 및 사후수익자를 변경할 수 있고, 위탁자 본인 사망시 신탁회사는 신탁재산을 사후수익자에게 신속하게 이전·승계합니다.

| 유언대용신탁 구조 |

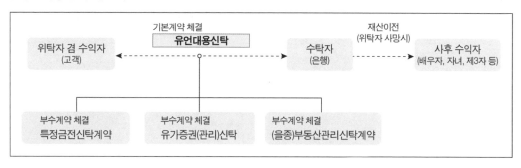

유언대용신탁의 위탁자는 일반적으로 만 19세 이상의 개인(국내 거주자)이 되고, 신탁재산은 금전, 부동산, 유가증권이 대부분을 차지합니다. 신탁가액은 약관 또는 각 신탁회사와의 계약 등에 따라 정해지고, 신탁기간은 최대 30년, 위탁자 나이 100세까지 등 다양하게 설정이 가능합니다. 신탁보수는 일반적으로 기본보수, 개별보수(운용보수), 집행보수로 구성되고, 신탁기간 내에 합의에 의한 신탁종료시에는 중도해지수수료가 부과될 수도 있습니다. 만약, 위탁자가 신탁기간 중에 신탁계약을 변경하고자 할 때에는 실비적 성격의 계약변경보수를 받는 경우도 있습니다.

실무적으로 고객들은 유언대용신탁과 민법상 공정증서 유언[33], [34]을 비교하는 경우가 많습니다. 공정증서 유언의 유언대용신탁 대비 장점은 ① 재산가액이 큰 경우 비용 측면에서 유리할 수 있고(최대 300만원), ② 신탁과 달리 등기 및 등록을 요하지 않으므로 비밀성 유지에 효과적이며, ③ 토지 지목상 농지와 재개발 및 재건축이 추진되고 있는 부동산 등 신탁이 불가능하거나 제한적인 재산도 유언이 가능하다는 점입니다. 다만, 유언대용신탁 대비 미흡한 점도 많습니다.

| 유언대용신탁과 공정증서유언 비교 |

구분	유언대용신탁(신탁재산)	공정증서 유언(유증관련 재산)
강제집행 등	일부 예외를 제외하고 신탁재산은 강제집행, 보전처분, 체납처분 불가[35]	채권자들에 의해 강제집행 가능
유류분	위탁자 사망일 기준 1년 이전에 신탁한 재산은 유류분 산정 재산에 포함되지 않는다는 1심 판례 존재	피상속인이 사망시 보유한 재산으로 당연 포함
금전 운용	전문적인 신탁회사가 관리 및 운용	유언자 본인이 직접 관리 및 운용
증인	불필요	증인 2명 필요
재산집행자	신탁회사	유언집행자
위탁자·유언자 사망시	사후수익자의 청구에 의해 원하는 기간 이내에 신탁재산 이전	유언집행자 또는 수증자가 유언자의 공정증서 유언을 찾지 못하는 경우 상당한 시일 소요

---

33) 공정증서 유언 : 유언자가 증인 두 명이 참여한 상태에서 변호사 등 공증인에게 유언의 취지를 말하고 공증인이 이를 공정증서 형태로 작성하는 유언 방식
34) 민법상 유언 방식 : 자필증서, 녹음, 공정증서, 비밀증서, 구수증서
35) 신탁법 제22조(강제집행 등의 금지)
　　① 신탁재산에 대하여는 강제집행, 담보권 실행 등을 위한 경매, 보전처분(이하 "강제집행등"이라 한다) 또는 국세 등 체납처분을 할 수 없다. 다만, 신탁 전의 원인으로 발생한 권리 또는 신탁사무의 처리상 발생한 권리에 기한 경우에는 그러하지 아니하다.
　　② 위탁자, 수익자나 수탁자는 제1항을 위반한 강제집행등에 대하여 이의를 제기할 수 있다. 이 경우 「민사집행법」 제48조를 준용한다.
　　③ 위탁자, 수익자나 수탁자는 제1항을 위반한 국세 등 체납처분에 대하여 이의를 제기할 수 있다. 이 경우 국세 등 체납처분에 대한 불복절차를 준용한다.

구분	유언대용신탁	공정증서 유언
예금 등 현금성자산	신탁회사가 사후수익자 계좌로 신탁재산 이전 및 집행	• 금융기관 관행 : 상속인 전원 합의서 (동의서) 요구 • 일부 시중은행 : 공정증서 유언서 및 사망진단서, 사망자 제적등본 등을 제출한 '유언집행자'에게만 재산 이전 * 수증자에게는 일반 관행과 동일하게 상속인 전원 합의서 요구
기타사항	위탁자와 신탁회사가 합의한 신탁계약 내용에만 충실	공정증서 유언 이후 유언자가 유언에 배치되는 언행을 하거나 추가 유언 진행시 효력 상실
보수 (수수료)	기본보수, 개별보수(운용보수), 집행보수, 변경보수 등	재산가액의 0.15% 수준 (최대 300만원)
등기·등록	• 부동산 : 신탁회사로 소유권 이전 및 신탁등기 • 증 권 : 신탁회사로 명의개서, 주주명부 변경 등 * 제3자가 알 수 있음	불필요
제한 사항	• 전/답/과수원 등 농지 불가 • 가압류, 가등기된 부동산 제한 • 재개발/재건축 물건 제한 • 주택임대사업자로 등록된 아파트 제한	제한 없음

② 상속재산분할 방식과 유류분

　피상속인(사망자)은 생전에 유증, 사인증여, 유언대용신탁을 통해 본인 사후 자기 재산을 받을 자를 특정할 수 있고, 금액과 비율 등을 정할 수 있습니다(지정분할방식). 피상속인[36]이 생전에 아무 준비 없이 돌아가신 경우에도 상속인은 피상속인의 재산에 관해 일신전속권을 제외하고 포괄적으로 권리와 의무를 승계합니다. 만약 상속인[37]이 여러 명일 경

---

36) 민법 제1005조(상속과 포괄적 권리의무의 승계)
　　상속인은 상속개시된 때(피상속인이 사망한 때)로부터 피상속인의 재산에 관한 포괄적 권리의무를 승계한다. 그러나 피상속인의 일신에 전속한 것은 그러하지 아니하다.

37) 민법 제1006조(공동상속과 재산의 공유)
　　상속인이 수인인 때에는 상속재산은 그 공유로 한다.
　　민법 제268조(공유물의 분할청구)
　　① 공유자는 공유물의 분할을 청구할 수 있다. 그러나 5년내의 기간으로 분할하지 아니할 것을 약정할 수

우 공동상속인들은 피상속인 재산의 공유자들이 되고 전원이 모여 협의(합의)하여 재산을 분할할 수 있습니다(협의·합의분할방식). 만약 공동상속인들끼리 합의가 되지 않을 경우 공동상속인들은 법원에 상속재산분할[38]을 청구할 수 있습니다(법정분할방식).

| 상속재산분할 방식 |

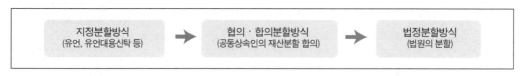

그럼에도 불구하고 유류분이란 피상속인의 의사와는 관계없이 피상속인의 재산 중에서 법정상속인[39]들이 받을 수 있는 최소한의 비율을 말하고, 법정상속인들은 법정상속분 중에서 일정 비율[40]에 미치지 못하는 부분에 대해 법원에 그 반환을 청구할 수 있습니다. 이를 유류분반환청구(소송)라고 합니다.

조선시대부터 1970년대 말까지 장자 상속 관행이 이어져오자 사회적으로 많은 폐해가 발생하였고, 장자가 아닌 다른 공동상속인들의 재산권을 보전해주고자 1977년 민법에 유류분 조항이 신설되었으며 현재까지 유지되고 있습니다.

만약, 위탁자(피상속인)가 생전에 미리 유언대용신탁을 체결한 후 사망하였다면 신탁된 재산은 피상속인이 사망시점에 소유한 재산에 해당하지 않습니다. 왜냐하면 신탁재산은 대

있다.

38) 민법 제269조(분할의 방법)
  ① 분할의 방법에 관하여 협의가 성립되지 아니한 때에는 공유자는 법원에 그 분할을 청구할 수 있다.
  ② 현물로 분할할 수 없거나 분할로 인하여 현저히 그 가액이 감손될 염려가 있는 때에는 법원은 물건의 경매를 명할 수 있다.

39) 민법 제1000조(상속의 순위)
  ① 상속에 있어서는 다음 순위로 상속인이 된다.
  1. 피상속인의 직계비속
  2. 피상속인의 직계존속
  3. 피상속인의 형제자매
  4. 피상속인의 4촌 이내의 방계혈족

40) 민법 제1112조(유류분의 권리자와 유류분)
  상속인의 유류분은 다음 각호에 의한다.
  1. 피상속인의 직계비속은 그 법정상속분의 2분의 1
  2. 피상속인의 배우자는 그 법정상속분의 2분의 1
  3. 피상속인의 직계존속은 그 법정상속분의 3분의 1
  4. 피상속인의 형제자매는 그 법정상속분의 3분의 1

내외적으로 신탁회사 명의의 재산이고, 동시에 피상속인 및 신탁회사의 고유재산과 구분되는 독립된 재산이기 때문입니다.

뿐만 아니라 위탁자인 피상속인이 사망하면 사후수익자는 신탁재산에 대해 수익권을 기초로 급부를 청구할 수 있는 권리를 가집니다. 따라서 아직 명확한 판례는 없으나 신탁재산은 사후수익자의 고유재산으로도 볼 수 있습니다(보험계약에서 피보험자 사망시 받는 사망보험금이 보험수익자의 고유재산이라는 대법원 판례[41] 존재).

그렇지만 신탁재산을 유류분 산정[42] 재산에서 무조건 뺄 경우에는 민법상 유류분제도를 형해화[43]시킬 수 있다는 우려하에, 법조계에서는 신탁재산을 위탁자(피상속인)가 신탁회사에 무상이전(증여)한 재산[44]으로 보고 있고, 민법 제1114조[45]에 의거하여 일정한 조건을 만족하는 신탁재산은 유류분 산정 재산에 포함시키는 것이 타당하다고 말하고 있습니다.

저자는 민법의 유류분 조항이 개인의 '재산 처분의 자유'를 침해한다고 생각하고 있고, 2020년 헌법재판소에 위헌법률심판에 제청된 상황도 이해합니다. 그러나 헌법재판소에서 위헌 또는 헌법불합치 판결을 하지 않는 이상, 민법 제1114조에 따라 신탁재산이 유류분 산정 재산에 포함되는 것에 동의합니다.

왜냐하면, 헌법[46]에서도 개인의 자유를 법률로써 제한할 수 있다고 설명하고 있고, 신탁재산을 사후수익자의 고유재산으로 보는 문제와 유류분은 별개의 사항이며, 절대적으로 비교가 될 수는 없지만 상속세 및 증여세법[47]에서도 신탁재산은 위탁자(피상속인)의 상속재

---

41) 대법원 2004. 7. 9. 선고 2003다29463 판결 : 보험금을 보험수익자의 고유재산으로 본 판례

42) 민법 제1113조(유류분의 산정)
  ① 유류분은 피상속인의 상속개시시에 있어서 가진 재산의 가액에 증여재산의 가액을 가산하고 채무의 전액을 공제하여 이를 산정한다.
  ② 조건부의 권리 또는 존속기간이 불확정한 권리는 가정법원이 선임한 감정인의 평가에 의하여 그 가격을 정한다.

43) 형해화 : 내용은 없이 뼈대만 있게 된다는 뜻으로, 형식만 있고 가치나 의미가 없게 됨을 이르는 말

44) 주석 신탁법 제3판(무궁화·광장신탁법연구회, 271페이지)

45) 민법 제1114조(산입될 증여) 증여는 상속개시전의 1년간에 행한 것에 한하여 제1113조의 규정에 의하여 그 가액을 산정한다. 당사자 쌍방이 유류분권리자에 손해를 가할 것을 알고 증여를 한 때에는 1년전에 한 것도 같다

46) 헌법 제37조 (중략)
  ② 국민의 모든 자유와 권리는 국가안전보장·질서유지 또는 공공복리를 위하여 필요한 경우에 한하여 법률로써 제한할 수 있으며, 제한하는 경우에도 자유와 권리의 본질적인 내용을 침해할 수 없다.

산으로 간주되어 상속세를 계산하기 때문입니다.

③ 유언대용신탁과 유류분(1심 판결)

최근 유언대용신탁과 관련한 『수원지방법원 성남지원 2020. 1. 10. 선고 2017가합408489』 판결이 신탁계약과 유류분과의 관계를 보여주는 판례라고 생각되고 해당 소송 사건의 배경은 이렇습니다. 『아버지 홍길동씨가 있었고 홍길동씨 슬하에 자녀가 여러 명이 있었습니다. 그 중에서 큰 아들이 홍길동씨 보다 먼저 세상을 떠났고, 큰 아들에게는 배우자 및 자녀(대습상속인)가 있었습니다. 홍길동씨는 2015년 ○○은행을 통해 본인 재산을 신탁하고, 두 명의 자녀(홍영민, 홍영미)를 수익자로 지정하였으며, 신탁계약을 한 후 약 2년 뒤 2017년에 사망하였습니다. 그러자 큰 아들의 배우자와 자녀(대습상속인)가 본인들은 홍길동씨로부터 받은 상속재산이 적다며 유류분 반환 청구 소송을 진행한 것』입니다.

해당 소송의 1심 판결의 요지는 이렇습니다. 『신탁계약의 수탁자(○○은행)는 상속인이 아니므로, 이 사건의 신탁재산이 민법 제1114조에 의하여 증여재산에 산입될 수 있는지 보건대, 이 사건의 신탁계약 및 그에 따른 소유권의 이전은 상속이 개시된 2017. 11. 11.보다 1년 전에 이루어졌으며, 이 사건 기록에 의할 때 수탁자인 ○○은행이 이 사건 신탁계약으로 인하여 유류분 부족액이 발생하리라는 점을 알았다고 볼 증거가 없으므로, 이 사건의 신탁재산은 민법 제1114조에 따라 산입될 증여에 해당하지 않아 유류분 산정의 기초가 될 수 없다』입니다.

즉, 이 판결의 요지를 실무적으로 해석하면 먼저 ① 신탁재산은 피상속인이 신탁회사에게 무상이전(증여)한 재산이어야 하고, ② 신탁회사가 피상속인의 상속인이 아니어야 하며, ③ 피상속인이 사망한 날을 기점으로 1년 이전에 신탁회사와 신탁계약을 체결하고, ④ 신탁회사가 유류분 부족액이 발생하리라고 알지 못했을 때만 신탁재산이 유류분 산정 재산에서 제외될 수 있을 것입니다.

---

47) 상속세 및 증여세법 제9조(상속재산으로 보는 신탁재산)
　① 피상속인이 신탁한 재산은 상속재산으로 본다. 다만, 제33조 제1항에 따라 수익자의 증여재산가액으로 하는 해당 신탁의 이익을 받을 권리의 가액(價額)은 상속재산으로 보지 아니한다.
　② 피상속인이 신탁으로 인하여 타인으로부터 신탁의 이익을 받을 권리를 소유하고 있는 경우에는 그 이익에 상당하는 가액을 상속재산에 포함한다.
　③ 수익자연속신탁의 수익자가 사망함으로써 타인이 새로 신탁의 수익권을 취득하는 경우 그 타인이 취득한 신탁의 이익을 받을 권리의 가액은 사망한 수익자의 상속재산에 포함한다.

다만, 이 판례가 1심(하급심) 판결이라는 점에 유념할 필요가 있겠고, 2심에서는 신탁재산 문제를 깊게 다루지 않고 원고(대습상속인) 패소 판결이 났으며, 원고가 대법원에 상고하지 않아 해당 사건은 종결되었습니다. 따라서 대법원 판결을 기준으로 판례를 정립하는 학계, 법조계, 신탁업계에서 볼 때는 다소 실망스러운 부분이 없진 않습니다만 유언대용신탁과 유류분과의 관계를 말해주는 첫번째 판례로써 매우 의미가 크다고 할 수 있겠습니다.

④ 유언대용신탁과 종신보험

유언대용신탁과 생명보험사의 종신보험은 유사한 측면이 있습니다. 우선 종신보험은 고객이 계약자로서 보험료를 보험회사에 납부하고, 각종 사업비, 수수료를 제외한 순보험료를 예정이율, 공시이율 등으로 적립하거나 펀드에 투자하며, 이후 피보험자가 사망하면 사망보험금을 사망시 수익자(배우자, 자녀 등)에게 지급하는 보험상품입니다.

| 유언대용신탁과 종신보험 구조도 |

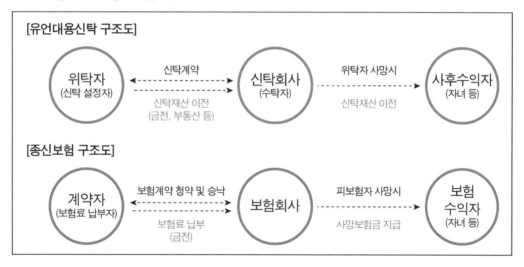

유언대용신탁은 고객 사망시 신탁재산의 권리 및 이익 자체가 사후수익자에게 이전·승계되는데 반해서, 종신보험은 고객이 납부한 보험료의 총액보다 피보험자 사망시 사망보험금이 더 많이 지급된다는 점이 다릅니다. 세부적인 사항은 아래 '유언대용신탁과 종신보험 비교'를 참고하시기 바랍니다.

| 유언대용신탁과 종신보험 비교 |

구분	유언대용신탁	종신보험
신탁재산 (기초재산)	금전, 유가증권, 금전채권, 부동산, 부동산에 관한 권리, 동산, 무체재산권	금전(보험료)
위탁자 사망시 (피보험자 死)	실적배당원칙에 의거하여 사망시점의 신탁재산과 이익을 수익자에게 지급	사망보험금 지급
금전의 운용	MMF, RP, 정기예금, 펀드, ETF, ELS, 채권 등 매우 다양함	예정이율, 공시이율(금리형), 펀드(실적배당형)
계약체결보수 (기본보수)	종신보험 대비 매우 저렴	유언대용신탁 대비 매우 비쌈 ※ 60세 男·10년납 기준·기본형·1년 시점 해지환급률 : 총 납입보험료의 60% 미만
위탁자 (피보험자)의 자격	정신적 건강상태, 후견인 존재 확인 (행위능력자 또는 제한능력자 확인)	연령, 신체적 건강상태, 정신적 건강상태 확인(언더라이팅)
계약 목적	위탁자가 지정한 사후수익자에게 신속하고 효율적인 신탁재산 이전 및 승계	사망보험금을 통한 유가족의 생계 유지 및 상속세 마련
공통점	신탁재산은 강제집행, 보전처분, 체납처분 대상에서 제외(단, 신탁 전 원인, 신탁사무시 발생한 채권 제외)	사망보험금은 수익자의 고유재산으로 강제집행 등 금지

저자는 유언대용신탁과 종신보험은 상호 보완재적 성격이 있다고 생각합니다. 우선, 종신보험의 계약자는 보험료라는 금전만을 납부하고 보험회사는 해당 금전만을 관리, 운용할 수 있는데 반하여, 유언대용신탁에서 신탁재산은 금전 뿐만 아니라 유가증권, 부동산 등 총 7가지 종류이고 다양한 형태로 운용될 수 있습니다.

반면, 만약 위탁자가 유언대용신탁에 부동산만 맡겼다면 위탁자 사망시 사후수익자는 신탁재산인 부동산을 이전·승계받겠으나 상속세 등 각 종 비용이 발생합니다. 만약, 사후수익자가 상속세 등을 납부할 현금이 부족할 경우 부동산을 매각해야하는 상황이 발생할 수도 있는데 이러한 때에 종신보험의 사망보험금으로 비용을 충당하면 매우 효과적입니다.

③ 수익자연속신탁

① 수익자연속신탁 개념

신탁법 제60조에서 수익자연속신탁은 '사망한 수익자는 수익권이 소멸하고, 타인이 새로 수익권을 취득하도록 하는 신탁. 이 경우 수익자의 사망에 의하여 차례로 타인이 수익권을 취득하는 경우를 포함하는 신탁'이라고 정의하고 있습니다.

일반적인 신탁은 위탁자 및 수익자가 사망할 때, 신탁재산의 잔여재산 수익자, 귀속권리자 또는 위탁자 및 그의 상속인, 국가로 신탁재산이 귀속되는데 반해, 수익자연속신탁은 1차 연속수익자가 사망한 후에도 신탁계약으로 지정된 타인이 차례대로 수익권을 취득함으로써 여러 세대를 잇는 자산승계가 가능한 신탁입니다.

| 수익자연속신탁 구조도[48] |

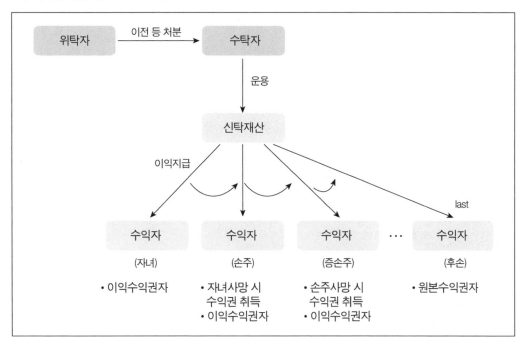

---

48) 신탁법 제1판(오영걸, 2021년, 38페이지) 구조도 참조

② 수익자연속신탁 활용과 보완할 점

수익자연속신탁은 자산가들이, 가문의 재산(ex. 대형 빌딩, 선산, 한옥 가옥 등)을 대대로 물려주고 싶을 때, 뿐만 아니라 가문의 전통(ex. 가훈, 유훈) 등을 대를 이어 전하고 싶을 때 활용할 수 있는 최적의 신탁입니다.

반면, 수익자연속신탁이 많은 장점이 있음에도 불구하고, '언제까지 수익권이 연속될 것인가?'라는 첫번째 문제가 발생합니다. 국내 신탁법에서는 수익자연속신탁의 신탁기간을 제한하지 않습니다. 그러나 영국의 경우에는 영구구속금지원칙에 입각하여 125년으로 제한하고 있고, 일본은 신탁계약일로부터 원칙적으로 30년이며, 프랑스는 최대 99년을 적용하고 있다고 합니다.[49]

따라서 해외사례를 참고하여 국내 신탁법도 개정할 필요성이 있고, 실무적으로는 위탁자, 수익자, 연속수익자, 신탁회사의 합의를 통해 신탁기간을 정해놓는 방법도 가능할 것으로 판단됩니다.

두번째로 보완할 사항은 수익자가 사망할 경우에는 다음의 연속수익자로 수익권이 이전되는 데 반해 '위탁자가 사망할 경우에는 어떻게 할 것인가?'의 문제에 봉착합니다. 만약 ① 신탁계약에 있어서 위탁자 지위 이전[50]에 관한 사항을 정하지 않고 위탁자가 사망하거나, ② 신탁회사와 수익자가 합의하여 새로운 위탁자를 지정한다고 하더라도 새로운 위탁자로 지정된 자가 위탁자 지위를 거부할 경우에 신탁계약은 오직 수탁자와 수익자만 남은 상태로 존속[51]하게 됩니다.

만약, 위탁자가 부재한 상황에서 신탁재산이 '부동산'인 경우 취득세,[52] 재산세,[53] 종합

---

49) 신탁법 제1판(오영걸, 2021년, 38페이지)

50) 신탁법 제10조(위탁자 지위의 이전)
   ① 위탁자의 지위는 신탁행위로 정한 방법에 따라 제3자에게 이전할 수 있다.
   ② 제1항에 따른 이전 방법이 정하여지지 아니한 경우 위탁자의 지위는 수탁자와 수익자의 동의를 받아 제3자에게 이전할 수 있다. 이 경우 위탁자가 여럿일 때에는 다른 위탁자의 동의도 받아야 한다.
   ③ 제3조 제1항 제2호에 따라 신탁이 설정된 경우 위탁자의 상속인은 위탁자의 지위를 승계하지 아니한다. 다만, 신탁행위로 달리 정한 경우에는 그에 따른다.

51) 신탁법 제1판(오영걸, 2021년, 134페이지, 136페이지)

52) 지방세법 제2장 취득세 - 제7조(납세의무자 등) (중략)
   ⑦ 상속(피상속인이 상속인에게 한 유증 및 포괄유증과 신탁재산의 상속을 포함한다. 이하 이 장과 제3장에서 같다)으로 인하여 취득하는 경우에는 상속인 각자가 상속받는 취득물건(지분을 취득하는 경우에는

부동산세[54] 등 납세의무자가 모호하거나 부재한 상태가 지속될 수 있습니다. 뿐만 아니라 위탁자 부재로 세금 미납시 신탁회사는 물적납세의무[55]를 부담할 수 있습니다.

세번째, 수익자연속신탁에서 종전 수익자의 사망에 의하여 차례로 수익권을 취득하는 연속수익자는 '원본수익자'인지 '이익수익자' 또는 '원본 및 이익수익자'인지 불명확합니다. 신탁행위로 정할 수 있지만 신탁계약에 별도의 정함이 없다면 저자는 연속수익자는 '이익수익자'를 전제로 해야한다고 생각합니다.

왜냐하면, 수익자연속신탁에서 신탁재산이 '부동산'인 경우 '위탁자 지위 이전'에 관한 등기기록례처럼 종전수익자가 사망해도 다음의 연속수익자가 신탁원부에 기재되어 있는 이상 등기사항전부증명서의 소유권(갑구) 내용에는 전혀 변동이 없습니다. 소유권 이전이 발생하지 않기 때문입니다.

그 지분에 해당하는 취득물건을 말한다)을 취득한 것으로 본다.

⑮ 「신탁법」 제10조에 따라 신탁재산의 **위탁자 지위의 이전이 있는 경우에는 새로운 위탁자가 해당 신탁재산을 취득한 것**으로 본다. 다만, 위탁자 지위의 이전에도 불구하고 신탁재산에 대한 실질적인 소유권 변동이 있다고 보기 어려운 경우로서 대통령령으로 정하는 경우에는 그러하지 아니하다.

53) 지방세법 제9장 재산세 – 제107조(납세의무자) (중략)

② 제1항에도 불구하고 재산세 과세기준일 현재 다음 각 호의 어느 하나에 해당하는 자는 재산세를 납부할 의무가 있다. (중략)

5. 「신탁법」 제2조에 따른 수탁자(이하 이 장에서 "수탁자"라 한다)의 명의로 등기 또는 등록된 신탁재산의 경우에는 제1항에도 불구하고 같은 조에 따른 위탁자(「주택법」 제2조 제11호 가목에 따른 지역주택조합 및 같은 호 나목에 따른 직장주택조합이 조합원이 납부한 금전으로 매수하여 소유하고 있는 신탁재산의 경우에는 해당 지역주택조합 및 직장주택조합을 말하며, 이하 이 장에서 "위탁자"라 한다). 이 경우 **위탁자가 신탁재산을 소유한 것**으로 본다.

54) 종합부동산세법 제7조(납세의무자)

(중략)

② 「신탁법」 제2조에 따른 수탁자(이하 "수탁자"라 한다)의 명의로 등기 또는 등록된 신탁재산으로서 주택(이하 "신탁주택"이라 한다)의 경우에는 제1항에도 불구하고 같은 조에 따른 위탁자(「주택법」 제2조 제11호 가목에 따른 지역주택조합 및 같은 호 나목에 따른 직장주택조합이 조합원이 납부한 금전으로 매수하여 소유하고 있는 신탁주택의 경우에는 해당 지역주택조합 및 직장주택조합을 말한다. 이하 "위탁자"라 한다)가 종합부동산세를 납부할 의무가 있다. 이 경우 **위탁자가 신탁주택을 소유한 것**으로 본다.

55) 지방세법 제119조의2(신탁재산 수탁자의 물적납세의무)

① 신탁재산의 위탁자가 다음 각 호의 어느 하나에 해당하는 재산세·가산금 또는 체납처분비(이하 이 조에서 "재산세등"이라 한다)를 체납한 경우로서 그 위탁자의 다른 재산에 대하여 체납처분을 하여도 징수할 금액에 미치지 못할 때에는 해당 신탁재산의 수탁자는 그 신탁재산으로써 위탁자의 재산세 등을 납부할 의무가 있다.

【갑 구】(소유권에 관한 사항)				
순위 번호	등기목적	접수	등기원인	권리자 및 기타사항
2	소유권이전	2019년 1월 9일 제670호	2019년 1월 8일 매매	소유자 김위탁 ○○○○○○ - ○○○○○○○ 서울특별시 서초구 서초로 111 거래가액 금 200,000,000원
3	소유권이전	2022년 3월 4일 제1004호	2022년 3월 3일 신탁	수탁자 ○○은행 ○○○○○○ - ○○○○○○○ 서울특별시 중구 소공로 222
	신탁			신탁원부 제2022 - 25호

(주) 위탁자 지위의 이전이 있는 경우에는 수탁자가 위탁자 지위의 이전을 원인으로 하여 신탁원부기
  록의 변경등기를 신청하므로, 등기기록에는 변경사항이 없다.
※ 신탁등기사무처리에 관한 예규 별지 등기기록례 6 참조

또한, 위탁자가 본인의 자녀를 1차 연속수익자, 손주를 2차 연속수익자, 증손주를 3차 연속수익자로 신탁계약을 한 후 사망하는 경우, 1차 연속수익자 자녀가 만약 원본수익자라면 신탁재산의 원본인 부동산 자체를 신탁회사에 청구하여 급부로 받을 수 있고, 신탁계약은 종료될 수 밖에 없습니다. 즉, 위탁자는 신탁계약을 통해 2차 연속수익자, 3차 연속수익자에게까지 이어지는 가문의 재산이 되길 바랐으나 1차 연속수익자인 자녀가 원본(부동산)을 받아 처분한다면, 본래 위탁자가 계획했던 신탁목적은 달성되지 못합니다.

위탁자, 수익자, 연속수익자, 신탁회사는 수익자연속신탁을 설정할 때 우선 ① 신탁계약 기간(신탁종료일)을 명확히 해야할 것이고, ② 위탁자 사망시 누가 어떤 절차로 위탁자 지위를 이전받을 것인지 정해 놓아야 할 것이며, ③ 최종연속수익자를 제외한 연속수익자는 '이익수익자'로 명확히 해놓는 것이 바람직해 보이고, ④ 만약 연속수익자가 원본수익자로 지정된다면 원본 청구 가능 금액(비율) 한도를 정해 놓아야 할 것입니다.

● 수익자연속신탁을 설정할 때 반드시 고려해야 하는 사항

1. 수익자연속신탁의 신탁 종료일을 명확히 할 것!
2. 신탁을 설정한 위탁자 사망시 위탁자 지위 이전의 절차와 대상을 명확히 할 것!
3. 최종 연속수익자 이외 연속수익자는 이익수익자가 바람직!

4. 최종 연속수익자 이외 연속수익자가 원본수익자가 될 경우, 원본 청구 가능 금액(비율) 한도를 반드시 정해놓을 것!

③ 수익자연속신탁과 연금보험의 콜라보

유언대용신탁은 종신보험과 서로 보완재적 성격을 갖고 있다고 앞서 설명을 드렸습니다. 뿐만 아니라 수익자연속신탁은 연금보험(종신연금형 또는 상속연금형)과 유사한 측면이 있고, 서로 상생적 관계라고 설명드리고 싶습니다.

우선, 연금보험의 연금형태는 종신연금형, 확정연금형, 상속연금형 등이 있습니다. 일반적으로 종신연금형은 피보험자가 사망할 때까지 연금이 지급되지만 만약, 보증지급기간 내에 피보험자가 사망할 경우 보증지급기간 만료까지는 유가족들에게 연금이 지급되고, 부부종신연금형은 피보험자인 남편이 연금을 받다가 사망하더라도 부인이 살아있다면 동일한 연금액을 부인이 사망할 때까지 받는 형태입니다. 상속연금형은 피보험자인 본인이 이자에 해당하는 금액만큼만 연금으로 받다가, 사망하면 남아있는 적립금을 상속인들에게 지급하는 구조의 연금 형태입니다.

| 연금보험의 연금형태 구조도 |

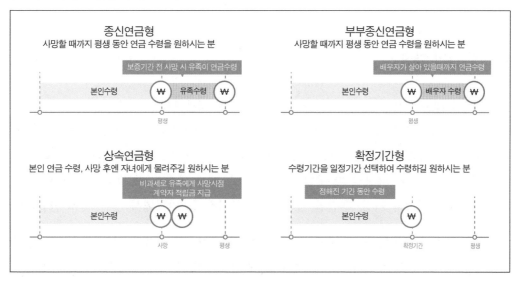

종신연금형(부부종신연금형 포함)과 상속연금형은 본인 사망 이후에도 배우자, 자녀 등에게 연속적으로 연금 또는 적립금이 지급되는 구조의 연금형태로서 수익자연속신탁과 그 맥을 같이한다고 볼 수 있습니다.

다만, 금전에 한해서는 연금보험을 통해 연속되는 구조의 자산승계가 가능합니다. 만약 금전 이외의 자산(유가증권, 부동산, 동산 등)을 보유한 고객은 연속되는 구조의 자산승계를 고민할 수 밖에 없는데 이를 수익자연속신탁이 담당하는 것입니다.

뿐만 아니라 연금보험에서 연금을 받기 위해서는 피보험자 나이가 최소 만 45세 이상이 되어야 하지만, 수익자연속신탁에서 연속수익자는 연령의 제한이 없고 누구나 수익권에 따른 급부를 수령할 수 있습니다.

연금보험은 공시이율이 적용되는 금리형 연금보험과 펀드에 투자되는 변액연금보험으로만 나뉘나, 수익자연속신탁(특정금전신탁)의 운용자산은 정기예금, RP, MMF, 펀드, ELS, ETF, 파생금융상품, KRX 금 현물 등으로 매우 다양하고, 금융투자에 전문성을 가진 신탁회사가 신탁재산을 운용합니다.

4 유언과 유언신탁, 유언서 관련 서비스

1 유언의 개요

유언이란 재산의 분할, 상속 등 사후의 법률관계 및 재산관계를 유언자의 사망으로 인하여 효력이 발생하도록 하는 의사표시입니다. 자손에게 앞으로 유의할 일을 당부하는 등 법률효과를 목적으로 하지 않는 것은 법률상의 유언이 아니라고 합니다. 유언으로 남길 수 있는 것은 유증, 상속 재산 분할 방법의 지정, 상속 재산 분할 금지, 인지, 재단법인 설립, 친생부인, 유언집행자 지정, 후견인 지정, 신탁의 설정 등 민법에서 정한 것에 한합니다.

유언을 하려면 보통의 행위능력을 필요로 하지 않으며, 만 17세에 이르면 유언을 할 수 있습니다. 즉, 17세 이상의 미성년자, 피한정후견인도 유언이 가능하고, 피성년후견인은 의사능력이 회복된 때에 한하여 유언을 할 수 있습니다. 유언은 유언자가 사망한 때(유언에 정지조건이 있는 경우에는 그 조건이 성취된 때) 효력이 발생하며, 법정 상속비율에 우선하여 유언자의 뜻대로 재산이 상속됩니다.

유언은 민법 제1065조[56]에서 정한 방식이 아니면 효력이 발생하지 않습니다. 민법상 유언의 방식은 총 5가지이며 자필증서, 녹음, 공정증서, 비밀증서, 구수증서입니다.

먼저, 일반적인 '자필증서에 의한 유언'은 증인이 필요없으나 유언자가 그 전문과 연월일, 주소, 성명을 자서하고 날인하여야 합니다. 문자의 삽입, 삭제 또는 변경을 함에 있어서 유언자가 이를 직접 자서하고 날인하여야 합니다.

둘째, 녹음에 의한 유언은 증인이 필요하고, 유언자가 유언의 취지, 그 성명과 연월일을 구술하고 이에 참여한 증인이 유언의 정확함과 그 성명을 구술하여야 합니다.

셋째, 비밀증서에 의한 유언은 유언자가 필자의 성명을 기입한 증서를 봉인하여 날인하고, 이를 2인 이상의 증인의 면전에 제출하여 자기의 유언서임을 표시한 후 그 봉서 표면에 제출연월일을 기재하고, 유언자와 증인이 각자 서명 또는 기명날인하여야 합니다. 유언봉서는 그 표면에 기재된 날로부터 5일 내에 공증인 또는 법원서기에게 제출하여 그 봉인상에 확정일자인을 받아야 합니다.

넷째, 공정증서에 의한 유언은 유언자가 증인 2인이 참여한 공증인의 면전에서 유언의 취지를 말하고, 공증인이 이를 작성하여 유언자와 증인이 그 정확함을 승인한 후 각자 서명 또는 기명날인하여야 합니다. 공정증서 유언은 2부(원본, 정본)가 작성되는데 원본은 공증인 등 공증인가법인에서 법적 기한까지 보관하고, 정본은 유언자가 보관하는 형태입니다. 뿐만 아니라 유언서의 효력에 관한 법원의 검인[57] 절차가 필요없습니다.

다섯째, 구수증서에 의한 유언은 질병 그 밖에 급박한 사유로 인하여 다른 방식에 의할 수 없는 경우 유언자가 2인 이상의 증인의 참여로 그 1인에게 유언의 내용을 말하고, 그 말을 들은 자가 이를 작성하여 유언자와 증인이 그 정확함을 승인한 후 각자 서명·기명날인하여야 합니다. 이 방식의 유언은 그 증인 또는 이해관계인이 급박한 사유의 종료일로부터 7일내에 법원에 그 검인을 신청하여야 합니다.

추가적으로, 유언을 통해 상속인(수증자)들에게 본인 재산을 분할·승계하는 행위를 유증이라고 합니다. 유증의 종류로는 포괄유증[58]과 특정유증[59]이 있습니다. 만약, 고객이 공

---

56) 민법 제1065조(유언의 보통방식)
　유언의 방식은 자필증서, 녹음, 공정증서, 비밀증서와 구수증서의 5종으로 한다.
57) 검인 : 유언을 법원에 유언서의 원본을 제출하고, 재판부가 유언의 형태와 내용을 확인하는 절차

정증서 유언을 통해 유증하고 싶을 때는 공증인 등 공증인가법인으로부터 도움을 받고 진행하는 것이 바람직합니다.

② 유언신탁이란?

유언신탁[60]이란 위탁자(유언자)가 유언으로 수탁자, 신탁재산, 수익자 등을 확정하여 신탁을 설정하는 것을 말하고, 유언은 앞서 설명한 민법상 정해진 5가지 방식으로 해야 효력이 발생하며, 유언신탁의 효력은 '위탁자가 사망한 때'로부터 발생합니다. 만약 수탁자로 지정된 자가 수탁자 선임[61]을 승낙하지 않거나, 신탁사무를 수행할 수 없는 경우 수익자 등의 이해관계인은 법원에 새로운 수탁자의 선임을 청구할 수 있습니다.

유언신탁을 설정하려고 하는 위탁자는 급박한 상황이 아니라면 구수증서를 제외한 민법상 유언방식을 취할 수도 있겠으나, 유언서에 민법상 효력 발생에 필요한 필수 기재사항을 포함하여 수탁자, 신탁재산, 신탁의 목적, 수익자가 반드시 기재되어야 하기 때문에 공정증서 유언 형태로 이뤄지는 것이 실무상 바람직해 보입니다.

만약 위탁자가 수탁자를 신탁회사로 정하고자 할 때에는 실무적으로 ① 공정증서 유언서에 신탁회사를 수탁자 겸 유언집행자[62]로 설정하는 것이 바람직해 보이고, ② 위탁자 사망시 신탁회사에게 사망 사실을 알리는 사망통지인을 정해두는 것이 효과적이며, ③ 유언서를 신탁회사에 보관하는 것을 약정하는 등 일련의 형식적 절차를 거칠 때 위탁자 사망시 신탁회사가 수탁자 겸 유언집행자로서 유언자(위탁자)의 유언의 취지대로 신탁재산을 수탁하고, 수증자에게 신탁재산을 이전하는 데에 있어서 효율적일 수 있습니다.

---

58) 포괄유증 : 재산을 수증자별로 특정하지 않은 일반적인 유산 승계를 말한다. 유언자가 유언으로 수증자에게 재산을 무상으로 증여하는 단독행위를 유증이라 한다. 증여한 재산의 전부 또는 일부를 그 비율액(2분의 1이라든가 3분의 1이라든가)으로 증여하는 것을 포괄유증이라 한다.
[네이버 지식백과] 포괄유증[包括遺贈](부동산용어사전, 2020. 09. 10., 장희순, 김성진)

59) 특정유증 : 특정유증이란 상속재산 중 특정재산을 유증하는 것이다. 유증의 목적물이 특정물이거나 불특정물이거나 상관없이 구체적인 재산이면 된다. 따라서 특정수유자는 유증계약에 있어서의 수증자와 같은 지위에 있게 된다.
[네이버 지식백과] 특정유증[特定遺贈](회계 · 세무 용어사전, 2006. 8. 25., 고성삼)

60) 주석 신탁법 제3판(무궁화 · 광장신탁법연구회, 2021년, 37페이지)

61) 신탁법 제21조 제3항

62) 유언집행자 : 유언의 내용을 실현하기 위한 집행임무의 권한을 가지는 자

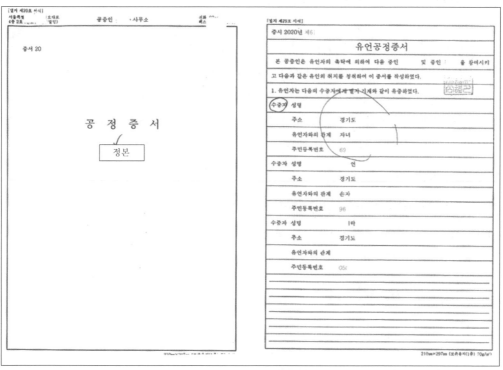

❸ 유언서 관련 신탁회사의 서비스

신탁회사는 유언신탁을 잘 취급하지 않습니다. 왜냐하면 유언신탁은 ① 유언자의 사망 전까지는 유언자의 고유재산이기 때문에 강제집행, 보전처분, 체납처분의 대상이 되고, ② 유언신탁의 본래 취지와는 별개로 유언자는 신탁회사를 단순 유언집행자로 인식하고 있으며, ③ 유언자가 사망하기 전에 신탁회사가 파산 등 신탁업무를 못하게 될 경우 수증자 등 이해관계인은 법원에 새로운 수탁자 선임을 청구하는 등의 신탁재산 집행·이전에 있어 장애 및 지연이 발생할 수 있기 때문입니다.

따라서 신탁회사는 유언대용신탁 대비 강점이 적은 유언신탁보다는 금융위원회(금융감독원)에 부수업무 신고를 통해 '유언서 보관 및 집행 서비스 업무'를 이미 하고 있거나, 새로운 형태로 '공정증서 유언서 보관 및 전달 서비스'를 출시하려고 하고 있습니다.

| '유언서 보관 및 유언 집행 업무'를 부수업무로 신고한 신탁회사 예시 |

目 전체 14건 [1/2페이지]

번호	공고일	구분	부수업무 내용	금융회사
14	2017-06-27	신고	유언서 보관 및 유언 집행 업무	미래에셋증권 주식회사
13	2017-01-09	신고	유언서 보관 및 유언 집행 업무	대신증권주식회사
12	2013-08-06	신고	신탁업에 부수하는 업무	삼성생명보험주식회사
11	2012-07-06	신고	신탁업에 부수하는 업무	NH투자증권

※ 금융감독원(https://www.fss.or.kr, 업무자료〉금융투자〉부수업무〉내용 기준 '유언서'로 검색) 참조

5 이익증여신탁

1 이익증여신탁의 구조와 세금

이익증여신탁[63]이란 위탁자가 신탁회사에게 맡긴 신탁재산과 관련하여 신탁재산 원본
(원본수익)은 위탁자에게 지급하고, 신탁재산에서 발생한 이익(이하, 이익수익)은 주소가
다르거나 생계를 달리하는 자녀나 손주 등에게 증여할 때 신탁의 구조적 특성을 활용하여
위탁자의 소득세 절세를 도모할 수 있는 증여신탁입니다.

| 이익증여신탁 구조도 |

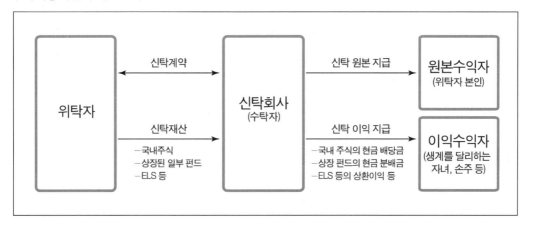

우리나라에서 개인은 개인 단위로 종합소득(이자, 배당, 사업, 근로, 연금, 기타)을 매년
합산하여 소득세를 신고·납부하고, 소득세는 소득이 높을수록 세율이 높아지는 누진세 구
조입니다. 특히, 이자소득과 배당소득을 합산한 금융소득이 연간 2,000만원을 초과할 경우
에 다른 종합소득과 합산하여 신고하고, 만약 금융소득이 2,000만원 이하일 경우에는 일반
적으로 14%(지방소득세 포함 15.4%)의 세율을 적용하여 원천징수로써 납세의무가 종결됩
니다.

---

63) [네이버 지식백과] 이익증여신탁(한경 경제용어사전)

(단위 : 원)

과세표준	세율	누진공제
12,000,000 이하	6%	−
12,000,000 초과 46,000,000 이하	15%	1,080,000
46,000,000 초과 88,000,000 이하	24%	5,220,000
88,000,000 초과 150,000,000 이하	35%	14,900,000
150,000,000 초과 300,000,000 이하	38%	19,400,000
300,000,000 초과 500,000,000 이하	40%	25,400,000
500,000,000 초과	42%	35,400,000

특히, 신탁 관련 소득세법[64] 및 시행령[65]을 분석하면 원칙적으로 신탁재산에 귀속되는 소득은 그 신탁의 수익을 받을 권리를 가진 '수익자의 소득'입니다. 다만, 예외적으로 '위탁자가 신탁을 실질적으로 지배 및 통제하면서, 위탁자 본인을 원본수익자로 하고, 이익수익자를 위탁자의 배우자 또는 위탁자와 생계를 같이 하는 직계존비속(배우자의 직계존비속 포함)'으로 할 때만 신탁재산에서 발생하는 이익을 '위탁자의 소득'으로 간주합니다. 즉, 예외 사항에 해당되지 않을 경우에는 '수익자의 소득'이라는 점입니다.

② 이익증여신탁의 활용과 유의할 점

이익증여신탁은 모든 고객에게 유리하지 않습니다. 상황에 맞는 고객에게만 유리할 수 있는데 ① 위탁자가 신탁에서 발생할 수 있는 금융소득을 포함하여 매년 금융소득이 2천만

---

64) 소득세법 제2조의3(신탁재산 귀속 소득에 대한 납세의무의 범위)
　　① 신탁재산에 귀속되는 소득은 그 신탁의 이익을 받을 수익자(수익자가 사망하는 경우에는 그 상속인)에게 귀속되는 것으로 본다.
　　② 제1항에도 불구하고 수익자가 특별히 정하여지지 아니하거나 존재하지 아니하는 신탁 또는 위탁자가 신탁재산을 실질적으로 통제하는 등 대통령령으로 정하는 요건을 충족하는 신탁의 경우에는 그 신탁재산에 귀속되는 소득은 위탁자에게 귀속되는 것으로 본다.
65) 소득세법 시행령 제4조의2(신탁소득금액의 계산) (중략)
　　④ 법 제2조의3 제2항에서 "대통령령으로 정하는 요건을 충족하는 신탁"이란 다음 각 호의 요건을 모두 갖춘 신탁을 말한다.
　　　　1. 위탁자가 신탁을 해지할 수 있는 권리, 수익자를 지정하거나 변경할 수 있는 권리, 신탁 종료 후 잔여 재산을 귀속받을 권리를 보유하는 등 신탁재산을 실질적으로 지배·통제할 것
　　　　2. 신탁재산 원본을 받을 권리에 대한 수익자는 위탁자로, 수익을 받을 권리에 대한 수익자는 그 배우자 또는 같은 주소 또는 거소에서 생계를 같이 하는 직계존비속(배우자의 직계존비속을 포함한다)으로 설정했을 것

원을 넘고, ② 금융소득 뿐만 아니라 종합소득이 많아 세율이 높으며, ③ 주소 및 거소가 다른 자녀 또는 손주가 소득이 많지 않은 경우로서, ④ 기존에 위탁자가 이익수익자에게 증여한 재산이 없어서 소액 증여시 증여세가 부과되지 않거나 저율로 부담하는 경우라면 이익증여신탁을 고려해 봄직 합니다.

다만, 이익수익자는 이익수익을 받으면서 소득세 뿐만 아니라 증여세,[66] 건강보험료 등을 추가적으로 납부하게 될 수도 있으므로 위탁자의 소득세, 수증자인 이익수익자가 부담하는 소득세 및 증여세, 건강보험료, 신탁보수 등을 종합적으로 고려하여 위탁자와 이익수익자는 이익증여신탁을 설정할지 말지 신중히 검토해야 할 것입니다.

| 이익증여신탁 관련 검토 프로세스 |

위탁자 절약 금액	이익수익자 부담 금액	신탁 설정 유무
소득세 절감액 + 건강보험료 절감액	소득세 부담액 + 증여세 부담액 + 건강보험료 부담액 + 신탁보수	① 위탁자 절약 금액 〉이익수익자 부담 금액 → 신탁 설정 ○ ② 위탁자 절약 금액 〈 이익수익자 부담 금액 → 신탁 설정 ×

6 장애인신탁

1 장애인신탁의 개요와 증여세 신고

장애인신탁은 증여와 신탁계약이 필수적으로 결합된 법적제한신탁의 대표적 신탁입니다. 장애인신탁이 법적제한신탁인 이유는 장애인신탁(자익신탁)에서 위탁자는 반드시 세법상 장애인[67](이하, 장애인)이어야 하기 때문입니다. 뿐만 아니라 장애인신탁(타익신탁)

---

66) 상속세 및 증여세법 제33조(신탁이익의 증여)
　① 신탁계약에 의하여 위탁자가 타인을 신탁의 이익의 전부 또는 일부를 받을 수익자(受益者)로 지정한 경우로서 다음 각 호의 어느 하나에 해당하는 경우에는 원본(元本) 또는 수익(收益)이 수익자에게 실제 지급되는 날 등 대통령령으로 정하는 날을 증여일로 하여 해당 신탁의 이익을 받을 권리의 가액을 수익자의 증여재산가액으로 한다.
　1. 원본을 받을 권리를 소유하게 한 경우에는 수익자가 그 원본을 받은 경우
　2. 수익을 받을 권리를 소유하게 한 경우에는 수익자가 그 수익을 받은 경우 (이하, 생략)
67) 세법상 장애인(소득세법 시행령 제107조의 장애인) : 장애인, 장애아동, 국가유공자 등 中 상이자, 항시 치

은 수익자가 반드시 세법상 장애인이어야 합니다.

뿐만 아니라, 증여세 혜택을 받기 위해서는 반드시 금융위원회로부터 신탁업 인가를 받은 신탁회사와 신탁계약을 체결해야 하고, 신고기한(증여일이 속하는 달의 말일로부터 3개월 이내)까지 증여세 신고를 마쳐야 합니다.

| 장애인신탁 '자익신탁' 구조 |

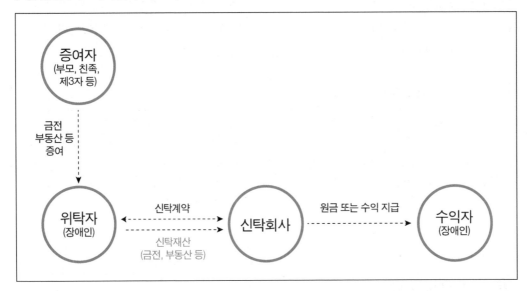

| 장애인신탁 '타익신탁' 구조 |

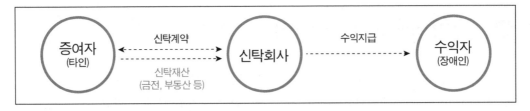

장애인신탁의 장점은 상속세 및 증여세법[68]상 요건을 갖출 경우 ① 장애인이 타인으로

료를 요하는 중증환자

68) 상속세 및 증여세법 제52조의2(장애인이 증여받은 재산의 과세가액 불산입) 요약 정리
　① 자본시장법에 따른 신탁회사(금융위원회로부터 신탁업을 인가받은 자)에게 신탁되어 있을 것
　② 장애인이 신탁의 이익 전부를 받는 수익자일 것
　③ 신탁기간 : 장애인이 사망할 때까지로 되어 있을 것(장애인이 사망하기 전에 신탁기간이 끝날 경우 장애인 사망할 때까지 계속 연장)
　④ 아래의 사유 중에서 하나에 해당하면 '증여세를 즉시 부과(증여세 과세가액에 산입하여 증여세를 재계산)'한다

부터 부동산, 금전, 유가증권 등 증여받은 재산 중에서 신탁회사에 신탁한 재산 최대 5억 원[69])까지는 증여세 재산가액에 포함되지 않기 때문에 증여세를 절세할 수 있습니다. 뿐만 아니라 ② 증여자인 타인이 재산을 장애인에게 증여한 후 사망할 경우, 증여일 기준 경과 기간에 상관없이 신탁되어 있는 증여재산은 타인의 상속재산가액에 포함되지 않습니다.[70])

－장애인이 사망하기 전에 신탁이 해지 또는 만료된 경우(단, 아래 조건 中 하나에 해당될 경우 제외)
  • 해지일 또는 만료일로부터 1개월 이내에 신탁에 재가입하는 경우
  • 신탁회사의 영업정지 등의 사유로 해지 후 해지일로부터 2개월 이내에 신탁에 재가입하는 경우
  • 재개발/재건축/소규모재건축사업 등으로 신탁을 해지하고 '준공인가일'로부터 2개월 이내 신탁에 재가입하는 경우
－신탁기간 중 수익자를 변경한 경우
－신탁의 이익 전부 또는 일부가 해당 장애인이 아닌 자에게 귀속되는 것으로 확인된 경우
－신탁 원본이 감소한 경우(단, 아래 사유로 감소한 경우에는 제외한다)
  • '중증장애인의 '의료비, 간병비, 특수목적교육비 또는 생활비(월 150만원 이하)' → 의료비 등 상기 금액을 인출한(할) 경우 장애인은 신탁회사에게 원금인출신청서 및 인출일 전후 3개월 내에 증빙서류를 제출해야 함.
  • 신탁회사가 증여재산을 운용하는 중에 재산가액이 감소한 경우
⑤ 타익신탁의 경우 : 장애인이 사망하기 전에 위탁자가 사망하는 경우 신탁의 위탁자 지위가 장애인에게 이전될 것
69) 상속세 및 증여세법 제52조의2(장애인이 증여받은 재산의 과세가액 불산입) (중략)
  ③ 제1항에 따른 그 증여받은 재산가액(그 장애인이 살아 있는 동안 증여받은 재산가액을 합친 금액을 말한다) 및 타익신탁 원본의 가액(그 장애인이 살아 있는 동안 그 장애인을 수익자로 하여 설정된 타익신탁의 설정 당시 원본가액을 합친 금액을 말한다)을 합산한 금액은 5억원을 한도로 한다
  〈계산 예시〉
  1. 증여재산가액 3억 － 장애인신탁 증여세과세가액 불산입액 3억 → 증여세 없음.
  2. 증여재산가액 7억 － 장애인신탁 증여세과세가액 불산입액 5억 → 2억에 대해서 증여세 과세
70) 상속세 및 증여세법 제13조(상속세 과세가액) (중략)
  ③ 제46조, 제48조 제1항, 제52조 및 제52조의2 제1항에 따른 재산의 가액과 제47조 제1항에 따른 합산배제 증여재산의 가액은 제1항에 따라 상속세 과세가액에 가산하는 증여재산가액에 포함하지 아니한다.
  상속세 및 증여세 집행기준 13-0-4(상속세 과세가액에 합산하지 않는 증여재산)

상속세 과세가액에 불산입되는 재산	• 공익법인 등에 출연한 재산	상증법 §48①
	• 공익신탁한 재산	상증법 §52
	• 장애인이 증여받은 재산	상증법 §52의2①

■ 상속세 및 증여세법 시행규칙 [별지 제10호 서식] (2020. 3. 13. 개정)

관리번호	-

증여세과세표준신고 및 자진납부계산서

(기본세율 적용 증여재산 신고용)

[ ]기한 내 신고 [ ]수정신고 [ ]기한 후 신고

※ 뒤쪽의 작성방법을 읽고 작성하시기 바랍니다. (앞쪽)

수증자	① 성 명		② 주민등록번호		③ 거주 구분	[ ]거주자 [ ]비거주자
	④ 주 소				⑤ 전자우편주소	
	⑥ 전화번호	(자 택)	(휴대전화)		⑦ 증여자와의 관계	
증여자	⑧ 성 명		⑨ 주민등록번호		⑩ 증여일자	
	⑪ 주 소				⑫ 전화번호	(자 택) (휴대전화)
세무대리인	⑬ 성 명		⑭ 사업자등록번호		⑮ 관리번호	
	⑯ 전화번호	(사무실)	(휴대전화)			

구 분		금 액	구 분		금 액
⑰ 증여재산가액			세액공제	㊲ 세액공제 합계 (㊳ + ㊴ + ㊵ + ㊶)	
⑱ 비과세재산가액				㊳ 기납부세액 (「상속세 및 증여세법」 제58조)	
과세가액 불산입	⑲ 공익법인 출연재산가액 (「상속세 및 증여세법」 제48조)			㊴ 외국납부세액공제 (「상속세 및 증여세법」 제59조)	
	⑳ 공익신탁 재산가액 (「상속세 및 증여세법」 제52조)			㊵ 신고세액공제 (「상속세 및 증여세법」 제69조)	
	㉑ 장애인 신탁 재산가액 (「상속세 및 증여세법」 제52조의2)			㊶ 그 밖의 공제·감면세액	
㉒ 채무액			㊷ 신고불성실가산세		
㉓ 증여재산가산액 (「상속세 및 증여세법」 제47조 제2항)			㊸ 납부지연가산세		
㉔ 증여세과세가액 (⑰ - ⑱ - ⑲ - ⑳ - ㉑ - ㉒ + ㉓)			㊹ 공익법인 등 관련 가산세 (「상속세 및 증여세법」 제78조)		
증여재산공제	㉕ 배 우 자		㊺ 자진납부할 세액(합계액) (㉞ + ㉟ - ㊱ - ㊲ + ㊷ + ㊸ + ㊹)		
	㉖ 직계존비속		납부방법	납부 및 신청일	
	㉗ 그 밖의 친족		㊻ 연부연납		
㉘ 재해손실공제 (「상속세 및 증여세법」 제54조)			현금	㊼ 분납	
㉙ 감정평가수수료				㊽ 신고납부	
㉚ 과세표준(㉔ - ㉕ - ㉖ - ㉗ - ㉘ - ㉙)					
㉛ 세율					
㉜ 산출세액					
㉝ 세대생략가산액 (「상속세 및 증여세법」 제57조)					
㉞ 산출세액계(㉜ + ㉝)					
㉟ 이자상당액					
㊱ 박물관자료 등 징수유예세액					

「상속세 및 증여세법」 제68조 및 같은 법 시행령 제65조 제1항에 따라 증여세의 과세가액 및 과세표준을 신고하며, 위 내용을 충분히 검토하였고 신고인이 알고 있는 사실을 그대로 적었음을 확인합니다.

년 월 일

신고인 (서명 또는 인)

세무대리인은 조세전문자격자로서 위 신고서를 성실하고 공정하게 작성하였음을 확인합니다.

세무대리인 (서명 또는 인)

세무서장 귀하

신청(신고)인 제출서류	1. 증여재산 및 평가명세서(부표) 1부 2. 채무사실 등 그 밖의 입증서류 1부	수수료 없음
담당공무원 확인사항	1. 주민등록표등본 2. 증여자 및 수증자의 관계를 알 수 있는 가족관계등록부	

행정정보 공동이용 동의서

본인은 이 건 업무처리와 관련하여 담당 공무원이 「전자정부법」 제36조 제1항에 따른 행정정보의 공동이용을 통하여 위의 담당 공무원 확인 사항을 확인하는 것에 동의합니다. * 동의하지 않는 경우에는 신청인이 직접 관련 서류를 제출하여야 합니다.

신청인 (서명 또는 인)

210mm×297mm[백상지 80g/㎡]

장애인신탁은 법적제한신탁이므로 여러 세법상 요건을 충족하지 못할 경우 증여세가 추징될 수 있습니다. 추징되는 사유로는 ① 신탁이 해지되거나 장애인이 사망하기 전에 신탁이 종료되는 경우(단, 해지 이후 1개월 내 재가입하는 경우 등 제외), ② 신탁기간 중에 장애인인 수익자가 타인으로 변경되는 경우, ③ 신탁의 이익 전부 또는 일부가 장애인 아닌 자에게 귀속되는 경우, ④ 신탁의 원본이 감소되는 경우 입니다(단, 중증장애인[71]에게 지급되는 의료비, 간병비, 특수목적교육비, 생활비 월 150만원 이하는 제외).

② 중증장애인과 원금 인출

2020년초까지 장애인신탁은 신탁재산에서 발생하는 이익(ex. 이자, 배당금, 임대료)만을 장애인이 쓸 수 있었고, 신탁재산 원본(원금)인출을 엄격히 제한해 왔습니다. 그 사유로는 장애인이 사망할 때까지 신탁계약을 유지하는 조건에서 세제혜택을 부여했는데 장애인이 원본인출을 지나치게 활용할 경우 신탁계약이 형해화될 수 있고 또한 신탁재산이 장애인이 아닌 다른 사람에게 실질적으로 귀속될 수 있는 우려를 원천적으로 차단하기 위해서였습니다.

그러나 2020년 2월 11일 이후부터 중증장애인에 한하여 중증장애인 본인의 ① 의료비, ② 간병비, ③ 특수목적교육비, ④ 월 생활비 150만원 이하 금액의 원본인출을 허용하게 되었습니다. 이는 저금리, 저성장시대에 신탁계약에서 발생하는 이자 등의 이익만을 가지고는 장애인으로서 기본적인 삶을 누릴 수 없는 사회 현실을 반영한 결과라고 생각합니다.

먼저 중증장애인이란 ① '장애인고용촉진 및 직업재활법 제2조 제2호'에 따른 중증장애인, ② '5·18민주화운동 관련자 보상 등에 관한 법률'에 따른 장해등급 3급 이상으로 판정된 사람, ③ '고엽제후유의증 등 환자지원 및 단체설립에 관한 법률'에 따른 고엽제후유의증 환자로서 장애등급 판정을 받은 사람을 의미합니다.

특히, 보통의 장애인증명서는 시군구청 또는 정부24민원 홈페이지에서 발급받을 수 있고, 중증장애인 확인서의 경우에는 등록장애인으로서 구비서류를 지참하고 한국장애인고용공단 또는 읍면동 주민센터에 방문하여 신청서를 제출하고 발급받아야 합니다.

---

71) 상속세 및 증여세법 시행령 제45조의2(장애인이 증여받은 재산의 과세가액불산입) – '중증장애인'
   1. 「5·18민주화운동 관련자 보상 등에 관한 법률」에 따라 장해등급 3급 이상으로 판정된 사람
   2. 「고엽제후유의증 등 환자지원 및 단체설립에 관한 법률」에 따른 고엽제후유의증환자로서 장애등급 판정을 받은 사람
   3. 「장애인고용촉진 및 직업재활법」 제2조 제2호에 따른 중증장애인(장애 정도가 심한 장애인)

뿐만 아니라, 원금을 인출받으려는 중증장애인은 원금인출신청서 및 증빙서류를 신탁회사에 제출해야 하고, 신탁회사는 원금인출내역서를 인출일이 속하는 연도의 말일로부터 3개월 이내에 관할 세무서에 제출하며 인출일로부터 5년간 관련 서류를 보관해야 합니다.

장애인신탁에 대해 일반 실무를 다른 자산승계신탁들 보다 더 자세히 기술하는 이유는 우선, 신탁계약의 당사자가 사회적 약자인 장애인이기 때문이고, 신탁회사의 영업점에서는 장애인신탁을 자주 접할 수 없으며, 동시에 여러 사후관리 요소들 때문에 매우 어려워하는 신탁이기 때문입니다.

■ 장애인복지법 시행규칙 [별지 제9호 서식] (2019. 6. 4. 개정)

제 호				
	장애인증명서			
장애인	성명	주민등록번호(외국인등록번호 또는 국내거소신고번호)		사진 3.5㎝×4.5㎝
	영문명			
	주소			
	보호자(필요시 기재)		보호자와의 관계(필요시 기재)	
주장애 및 장애 정도 장애의 정도가 심한 장애인		부장애 및 장애 정도		
등록번호				
종합 장애 정도				
제출처 및 용도				

→ 경증장애인의 경우 '장애의 정도가 심하지 않은 장애인'으로 기재되어 있음

위 사람은 「장애인복지법」 제2조에 따른 장애인임을 증명합니다.

년 월 일

시장·군수·구청장 [직인]

210㎜×297㎜[백상지(80g/㎡) 또는 중질지(80g/㎡)]

[별지 제2호 서식]   (앞면)

제   호

「장애인고용촉진 및 직업재활법」에 따른 중증장애인 확인서

장애인	성명	주민등록번호(외국인등록번호 또는 국내거소신고번호)	
	주소		

장애유형	주된 장애	차상위 장애
중증장애인 해당여부	예 [ ]	아니오 [ ]
「장애인복지법」에 따른 최초등록일자		

　　「장애인고용촉진 및 직업재활법」 제2조 제2호에 따른 중증장애인에 해당하는지 위
와 같이 확인합니다.

                              년   월   일

                    ○ ○ ○ ○ ○ ○   [직인]

* 위 확인서 내용에 관한 문의사항은 뒷면에 표기된 가까운 한국장애인고용공단으로 문의하시
기 바랍니다.

■ 소득세법 시행규칙 [별지 제38호 서식] (2020. 3. 13. 개정) : 국가유공자, 중증환자용

장 애 인 증 명 서

1. 증명서 발급기관

① 상 호		②사업자등록번호			－			－				
③ 대표자(성명)												
④ 소 재 지												

2. 소득자 (또는 증명서 발급 요구자)

⑤ 성 명		⑥ 주민등록번호				－					
⑦ 주 소											

3. 장애인

⑧ 성 명		⑨ 주민등록번호				－					
⑩ 소득자와의 관계	의	⑪ 장애예상기간 (또는 장애기간)	[ ] 영구 (. . .부터) [ ] 비영구(. . .부터 . . .까지)
⑫ 장애내용	제 호	⑬ 용도	소득공제 신청용

　　위 사람은 「소득세법」 제51조 제1항 제2호 및 같은 법 시행령 제107조 제1항에 따른 장애인에 해당함(또는 소득공제받으려는 과세기간 중에 장애인이었으나 치유가 되었음)을 증명합니다.

년   월   일

진 료 자　　　　　　　　　　　(서명 또는 인)

발 행 자　　　　　　　　　　　(서명 또는 인)

　　　　귀 하

작 성 방 법

⑪ 장애예상기간(또는 장애기간)란을 작성할 때 비영구적 장애로서 장애예상기간을 예측하기 어려운 경우에는 소득공제를 받으려는 과세기간의 말일을 장애예상기간의 종료일로 적습니다.

⑫ 장애내용란에는 다음의 해당 번호를 적습니다.

　1. 「장애인복지법」에 따른 장애인 및 「장애아동 복지지원법」에 따른 장애아동 중 발달재활서비스를 지원받고 있는 사람 : 1

　2. 「국가유공자 등 예우 및 지원에 관한 법률」에 따른 상이자 및 이와 유사한 자로서 근로능력이 없는 자 : 2

　3. 그 밖에 항시 치료를 요하는 중증환자 : 3

210mm×297mm[백상지80g/㎡ 또는 중질지80g/㎡]

「장애인고용촉진 및 직업재활법」에 따른 중증장애인 확인 신청서

※ 색상이 어두운 란은 신청인이 적지 않습니다.

접수번호	접수일	처리기한 : 3일 이내

신청인 (장애인)	성 명		주민등록번호 (외국인등록번호 또는 국내거소신고번호)		–
	주 소			연락처	전화번호 : 휴대전화 :
사용용도					

　　「장애인고용촉진 및 직업재활법」 제2조 제2호에 따라 위 사람이 중증장애인에 해당하는지 확인하여 주시기 바랍니다.

년　　　월　　　일

신청인 :　　　　　　　　　　(서명 또는 날인)

○○○○○○○○ 귀하

(자격 등 확인) 본인은 「장애인고용촉진 및 직업재활법」에 따른 중증장애인 확인 관련하여 「장애인복지법」 제32조에 따른 장애인 등록 정보 등에 대하여 해당기관으로부터 관련 정보통신망 또는 기타의 방법으로 제공받아 확인하는 것에 [ ] 동의합니다. [ ] 동의하지 않습니다.

신청인 확인서류	주민등록증, 운전면허증, 장애인등록증 등 본인 확인이 가능한 서류 1부	수수료
		없음

■ 상속세 및 증여세법 시행규칙 [별지 제33호 서식] (2020. 3. 13. 개정)

장애인신탁 원금 인출신청서

① 신청자 인적사항	성 명		주민등록번호 (또는 외국인등록번호)	
② 의료비・교육비・생활비 인출계좌	계좌 취급기관명		계좌번호	

의료비・교육비 지급명세

③ 의료・교육기관 명칭	④ 사업자등록번호	⑤ 지급일자	⑥ 본인부담금액	⑦ 인출신청금액
	⑧ 합 계			

생활비 지급 명세

⑨ 이체계좌번호	⑩ 이체계좌주명	⑪ 이체일자	⑫ 월생활비(150만원 이하)	⑬ 인출신청금액(⑫×월수)
	⑭ 합 계			

⑮ 총인출신청금액(⑧ + ⑭)	

「상속세 및 증여세법 시행령」 제45조의2 제7항에 따라 장애인 본인의 의료비 등의 용도로 신탁재산을 인출하기 위하여 장애인신탁 원금 인출신청서를 제출합니다.

년 월 일

제출자   (서명 또는 인)

귀하

첨부서류	의료비・교육비・생활비 관련 증빙자료 ( )매 (의료비・교육비・생활비 지급명세 순서와 일치되도록 편철합니다.)

작성방법

1. 의료비・교육비・생활비 지급명세란이 부족할 때에는 별지로 작성합니다.
   ※ 의료비・교육비・생활비 인출은 「상속세 및 증여세법 시행령」 제45조의2 제5항 각 호에 따른 장애인이 제45조의2 제6항 각 호에 따른 장애인 본인의 의료비 및 간병인 비용, 특수교육비, 생활비(월 150만원 이하 금액으로 한정)에 대하여 인출일 전 3개월부터 인출일 후 3개월까지의 기간 이내에 신청할 수 있습니다. 의료비・교육비・생활비 인출 대상이 아닌 것이나, 인출일로부터 3개월이 초과한 의료비・교육비・생활비를 착오 또는 허위로 기재할 경우 세금이 부과될 수 있습니다.
2. ⑤ 지급일자란은 장애인이 의료비(「상속세 및 증여세법 시행령」 제45조의2 제6항 제1호에 따른 장애인 본인의 의료비 및 간병인 비용), 교육비(「상속세 및 증여세법 시행령」 제45조의2 제6항 제2호에 따른 장애인 본인의 특수교육비)를 의료기관 또는 교육기관 등에 지급한 날을 적습니다.
3. ⑦ 인출신청금액은 ⑥ 본인부담금액을 초과할 수 없습니다.
4. ⑫ 월생활비는 장애인 본인의 생활비에 사용하는 금액을 적습니다(월 150만원 한도).

210mm×297mm[백상지 80g/㎡]

제3편

진료비 납부 확인서

등록번호 : 01!

용 도 : 은행제출용

환자성명		일		주민등록번호		66(	
진료일지	진료과목		총진료비	비급여		급여부담금	부담금총액
2021.04.26 - 2021.04.30	순환기내과		11,913,988	2,680,260		498,650	3,178,910
2021.05.17	순환기내과		128,377	0		83,100	83,100
2021.07.12	순환기내과		102,676	0		67,700	67,700
2021.08.26	순환기내과		42,830	20,000		19,800	39,800
합 계			12,187,871	2,700,260		669,250	3,369,510

상기 금액을 진료비로 납부하였음을 확인합니다.

사업자등록번호 : 203-i
서울시 · 102
l 병원 이

발행일자   2021.0l   담당자확인 |

*담당자 확인이 없는 것은 무효임.

■ 상속세 및 증여세법 시행규칙 [별지 제34호 서식] (2020. 3. 13. 개정)

장애인신탁 원금 인출내역서

① 계좌 취급자	법인명		대표자(성명)	
	사업자등록번호		소재지(주소)	
② 원금 인출년도	년 (1월 1일 ~ 12월 31일)			

원금 인출내역

③ 일련 번호	④ 성명	⑤ 주민등록 번호	⑥ 계약일	⑦ 계좌 번호	⑧ 인출 일자	⑨ 인출전 원본가액	⑩ 원금 인출가액	⑪ 인출유형
합 계								

위의 계좌 취급자는 「상속세 및 증여세법 시행령」 제45조의2 제8항에 따라 장애인신탁 원금 인출내역서를 제출합니다.

년 월 일

계좌 취급자 (서명 또는 인)

세무서장 귀하

작성방법

1. 계좌 취급자는 「상속세 및 증여세법 시행령」 제45조의2 제8항에 따라 장애인신탁 원금 인출내역서를 인출일이 속하는 연도의 말일부터 3개월 이내에 관할 세무서장에게 제출합니다.
2. ⑨인출전 원본가액은 장애인신탁 원금 인출 직전의 원본가액을 적습니다.
3. ⑪인출유형은 의료비(「상속세 및 증여세법 시행령」 제45조의2 제6항 제1호에 따른 장애인 본인의 의료비 및 간병인 비용), 교육비(「상속세 및 증여세법 시행령」 제45조의2 제6항 제2호에 따른 장애인 본인의 특수교육비), 생활비[「상속세 및 증여세법 시행령」 제45조의2 제6항 제3호에 따른 장애인 본인의 생활비(월 150만원 이하)]로 구분하여 적습니다.

210mm×297mm[백상지 80g/㎡]

장애인신탁과 보험계약 비교(Feat. 과세 당국에 제언)

먼저 보험과 관련하여 상속세 및 증여세법 제34조 및 제46조[72]에 의해 보험료 납부자와 보험금 수익자가 다를 경우, 보험금 수익자는 수령한 보험금에 대해서 증여세를 신고·납부해야 합니다. 이때 보험금 수익자가 장애인[73]일 경우 장애인이 받은 보험금 중에서 연간 4,000만원까지는 증여세가 비과세됩니다.

| 보험금 수익자가 장애인인 보험 관련 |

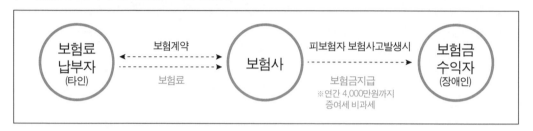

---

72) 상속세 및 증여세법 제34조(보험금의 증여)
　① 생명보험이나 손해보험에서 보험사고(만기보험금 지급의 경우를 포함한다)가 발생한 경우 해당 보험사고가 발생한 날을 증여일로 하여 다음 각 호의 구분에 따른 금액을 보험금 수령인의 증여재산가액으로 한다.
　　1. 보험금 수령인과 보험료 납부자가 다른 경우(보험금 수령인이 아닌 자가 보험료의 일부를 납부한 경우를 포함한다) : 보험금 수령인이 아닌 자가 납부한 보험료 납부액에 대한 보험금 상당액

　상속세 및 증여세법 제46조(비과세되는 증여재산)
　다음 각 호의 어느 하나에 해당하는 금액에 대해서는 증여세를 부과하지 아니한다. (중략)
　　8. 장애인을 보험금 수령인으로 하는 보험으로서 대통령령으로 정하는 보험의 보험금

　상속세 및 증여세법 시행령 제35조(비과세되는 증여재산의 범위등) (중략)
　⑥ 법 제46조 제8호에서 "대통령령으로 정하는 보험의 보험금"이란 「소득세법 시행령」 제107조 제1항 각 호의 어느 하나에 해당하는 자를 수익자로 한 보험의 보험금을 말한다. 이 경우 비과세되는 보험금은 연간 4천만원을 한도로 한다.

73) 소득세법 시행령 제107조(장애인의 범위)
　① 법 제51조 제1항 제2호에 따른 장애인은 다음 각 호의 어느 하나에 해당하는 자로 한다.
　　1. 「장애인복지법」에 따른 장애인 및 「장애아동 복지지원법」에 따른 장애아동 중 기획재정부령으로 정하는 사람
　　2. 「국가유공자 등 예우 및 지원에 관한 법률」에 의한 상이자 및 이와 유사한 사람으로서 근로능력이 없는 사람
　　4. 제1호 및 제2호 외에 항시 치료를 요하는 중증환자

| 장애인신탁 '타익신탁' 구조 |

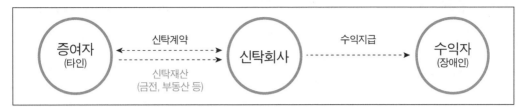

반면, 장애인신탁은 보험과 유사한 구조임에도 불구하고 증여세 추징이 없으려면 중증장애인에 한해서만 장애인 본인의 의료비, 간병비, 특수목적교육비 또는 월 150만원 이하의 생활비로 원금인출이 가능하고, 경증장애인은 신탁원본에서 발생한 이익만을 수령할 수 있습니다.

게다가, 예를 들어 보험금 수익자인 장애인이 연간 4,000만원을 30년 동안 정기적으로 보험금을 수령할 경우 최대 12억원까지 증여세가 비과세됩니다. 그런데 장애인신탁의 경우에는 증여세 과세가액 불산입의 최대 한도는 5억원에 그칩니다. 뿐만 아니라 보험계약은 중도 해지하여도 보험금 수익자에게 증여세를 추징하지 않지만 신탁계약은 수익자 사망시까지 계약을 유지해야 하는 사후관리 요건도 존재합니다.

신탁업무담당자로서 감히 과세당국에 제언을 드리면 장애인신탁도 보험계약처럼 ① 상속세 및 증여세법 제52조의2(장애인이 증여받은 재산의 과세가액 불산입)를 동법 제46조(비과세되는 증여재산)의 조항으로 편입하여 연간 4,000만원까지 비과세하고, ② 장애 정도와 상관없이 원금을 인출할 수 있도록 허용하며, ③ 신탁을 중도에 종료(해지)할 경우에도 증여세를 추징하지 않는 방향으로 개선하는 것이 업권별 상품들간의 과세 형평성 차원에서 바람직해 보입니다.

| 장애인 신탁과 보험과의 비교 |

구분	장애인 신탁	보험계약 (보험금 수익자 : 장애인)
세법 적용	상속세 및 증여세법 제52조의2 (증여재산의 과세가액 불산입)	상속세 및 증여세법 제46조 (비과세 증여재산)
과세가액 불산입 / 비과세	최대 5억원까지 (증여재산에 산입하지 않음)	보험금 연간 4,000만원까지 (증여세 비과세)
경증장애인	원금 인출 불가 (이익만 수령 가능)	제한 사항 없음

구분	장애인 신탁	보험계약 (보험금 수익자 : 장애인)
중도해지 시	증여세 추징	제한 사항 없음
사후 요건 (증여세 추징)	있음	없음

④ 장애인신탁 계약시 유의해야 할 사항 : 국민기초생활보장수급권, 장애인 연금 등

장애인이 증여자로부터 재산을 증여받아 위탁자 겸 수익자로서 장애인신탁을 체결할 경우에 신탁재산(증여받은 재산)에 대해 장애인은 취득세 등 세금을 부담할 수 있고, 국민기초생활보장수급권, 장애인연금 등 수급권을 판정할 때 신탁재산(증여받은 재산)은 소득인정액 계산시 포함됩니다.

즉, 장애인신탁을 하게 될 경우 ① 국민기초생활보장수급자 또는 차상위계층에서 제외되어 국가 등으로부터 지급받는 급여, 보조금이 없어지거나 줄어들 수 있고, ② 중증장애인이 받게 되는 장애인연금이 없어지거나 줄어들 수도 있으며, ③ 국민건강보험료 피부양자에서 제외되어 지역가입자로 전환되거나 건강보험료 등을 추가로 납부할 수도 있고, ④ 주택을 증여받을 경우 무주택자에서 제외되고, 재산세 및 종합부동산세를 추가로 납부할 수도 있으며, ⑤ 근로장려금 신청자격 기준에서 탈락할 수도 있습니다.

| 장애인이 증여받은 재산 금액별 '국민기초생활보장급여 수급' 여부 예시 |

구분		1억원	2억원	3억원	4억원	5억원
금융재산 (현금)	소득인정액	163만원	789만원	1,415만원	2,041만원	2,667만원
	의료급여 소득인정액	257만원	883만원	1,509만원	2,135만원	2,761만원
	모의 결과(예상값)	의료/주거/교육급여 지원대상 아님	의료/주거/교육급여 지원대상 아님	의료/주거/교육급여 지원대상 아님	의료/주거/교육급여 지원대상 아님	의료/주거/교육급여 지원대상 아님
일반재산 (주거용 주택)	소득인정액	32만원	387만원	804만원	1,221만원	1,638만원
	의료급여 소득인정액	48만원	465만원	882만원	1,299만원	1,716만원
	모의 결과(예상값)	생계/의료/주거/교육급여 수급대상자로 선정 가능	의료/주거/교육급여 지원대상 아님	의료/주거/교육급여 지원대상 아님	의료/주거/교육급여 지원대상 아님	의료/주거/교육급여 지원대상 아님

※ 일반재산 : 시가표준액(개별공시지가, 공시가격) 기준
※ 복지로 사이트(https://www.bokjiro.go.kr/ssis-teu/twatbz/mkclAsis/mkclinsertNblgPage.do) : 복지서비스 모의계산 참조(2022년 3월 기준으로 정확한 사항은 읍면동 주민센터 방문 및 상담 필요)
※ 기본가정 : 1인 가구, 대도시 거주, 장애정도가 심한 장애인(중증장애인), 65세 미만, 한부모가정 아님, 시설입소 아님, 부채 없음, 소득 없음, 월평균의료비 지출액 50만원, 차량 없음, 부양의무자 없음 가정

| 장애인이 증여받은 재산 금액별 '장애인연금 수급' 여부 예시 |

구분		1억원	2억원	3억원	4억원	5억원
금융재산 (현금)	소득인정액	27만원	60만원	93만원	127만원	160만원
	단독가구 소득인정액 기준	122만원	122만원	122만원	122만원	122만원
	모의 결과(예상값)	장애인연금 수급 가능	장애인연금 수급 가능	장애인연금 수급 가능	지원대상 아님	지원대상 아님
일반재산 (주거용 주택)	소득인정액	0만원	22만원	55만원	88만원	122만원
	단독가구 소득인정액 기준	122만원	122만원	122만원	122만원	122만원
	모의 결과(예상값)	장애인연금 수급 가능	장애인연금 수급 가능	장애인연금 수급 가능	장애인연금 수급 가능	장애인연금 수급 가능 (단, 시가표준액 인상시 제외 가능성도 높음)

※ 일반재산 : 시가표준액(개별공시지가, 공시가격) 기준
※ 복지로 사이트(https://www.bokjiro.go.kr/ssis-teu/twatbz/mkclAsis/mkclinsertNblgPage.do) : 복지서비스 모의계산 참조(2022년 3월 기준으로 정확한 사항은 읍면동 주민센터 방문 및 상담 필요)
※ 기본가정 : 단독 가구, 대도시 거주, 장애정도가 심한 장애인(중증장애인), 65세 미만, 한부모가정 아님, 시설입소 아님, 부채 없음, 소득 없음, 차량 없음 가정

따라서, 장애인신탁을 고려하는 증여자 또는 장애인이 있을 경우 반드시 신탁 전문가들과 면밀히 의논하여 신중하게 장애인신탁 계약을 검토하시기 바랍니다. 또한, 장애인신탁을 취급하는 신탁회사 및 신탁업무담당자는 장애인 관련 복지제도, 국민건강보험 등 사회보험, 세금 등에 대한 깊은 이해와 전문가로서의 소양을 지니고 있어야 합니다.

⑤ 장애인 사망시 신탁재산의 귀속

고객과 장애인 신탁을 상담하면서 가장 많이 듣는 질문 중에 한가지는 '장애인신탁을 하면 장애인이 사망할 때까지 신탁계약이 유지되어야 하는데, 만약 '장애인이 사망하는 경우 신탁재산은 누구한테 지급·이전됩니까?'입니다.

수익자인 장애인이 사망할 경우 신탁재산은 신탁법 제101조[74]에 의거하여 신탁행위로써 신탁재산의 잔여재산이 귀속될 자를 설정해 놓았거나 잔여재산 수익자를 지정해 놨다면 '① 귀속권리자 또는 잔여재산수익자'에게 신탁재산이 지급·이전되고, 만약, 수익자와 귀속권리자가 수익권을 포기한다면 '② 위탁자와 그 상속인'에게 귀속되며, 위탁자와 그 상속인마저 존재하지 않는다면 '③ 국가'가 수익권을 취득합니다. 따라서 장애인신탁을 계약할 때 위탁자와 수익자는 '귀속권리자 설정(특약)'을 고려해야 할 것입니다.

| 장애인 사망시 신탁재산의 귀속 순위 |

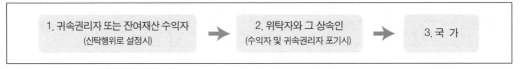

---

74) 신탁법 제101조(신탁종료 후의 신탁재산의 귀속)

　① 제98조 제1호, 제4호부터 제6호까지, 제99조 또는 제100조에 따라 신탁이 종료된 경우 신탁재산은 수익자(잔여재산수익자를 정한 경우에는 그 잔여재산수익자를 말한다)에게 귀속한다. 다만, 신탁행위로 신탁재산의 잔여재산이 귀속될 자(이하 "귀속권리자"라 한다)를 정한 경우에는 그 귀속권리자에게 귀속한다.

　② 수익자와 귀속권리자로 지정된 자가 신탁의 잔여재산에 대한 권리를 포기한 경우 잔여재산은 위탁자와 그 상속인에게 귀속한다. (중략)

　⑤ 제1항 및 제2항에 따라 잔여재산의 귀속이 정하여지지 아니하는 경우 잔여재산은 국가에 귀속된다.

특약 제○○조(신탁재산의 귀속)

① 신탁계약의 수익자는 본 계약 제○조에 따라 장애인 ○○○이다.

② 신탁계약이 종료되기 전에 수익자가 사망하는 경우에 수탁자는 특약 제○조 제○항에 따라 사망통지인의 통지를 받고, 다음의 귀속권리자의 신청에 따라 수탁자는 신탁재산을 아래의 귀속권리자에게 귀속하여야 한다.

- 귀속권리자 -

성　　　명 :

생년월일 :

주　　　소 :

수익권 비율(원본 및 이익) :

수익자와 관계 :

전화번호 : 010-

다만, 수익권은 신탁회사(수탁자)에 대한 수익채권으로서 채권적 청구권의 일종[75]이기 때문에 신탁회사는 수익권을 보유한 권리자에게 자동적으로 신탁재산을 지급하는 것이 아니라 권리자가 신탁회사에 수익권에 기한 급부를 청구하는 경우에만 신탁재산이 지급·이전된다는 점은 참고하시기 바랍니다.

6 장애인신탁 종료 및 재계약 관련

장애인신탁에서 ① 신탁을 해지하거나 신탁기간이 만료된 경우, ② 신탁기간 중 수익자를 변경한 경우, ③ 신탁의 이익 전부 또는 일부가 해당 장애인이 아닌 자에게 귀속되는 것으로 확인된 경우, ④ 신탁원본이 감소한 경우에 즉시 증여세를 추징합니다.

다만, ① 해지일 또는 만료일로부터 1개월 이내에 신탁을 재계약하거나, ② 신탁회사가 신탁재산을 운용하는 중에 손실이 발생하여 원본이 감소하거나, ③ 중증장애인이 본인의 의료비, 간병비, 특수목적교육비, 월 150만원 이하의 생활비로 원본을 인출하거나, ④ 신탁회사가 영업정지, 영업폐쇄, 허가취소되거나 수용 등의 사유로 신탁재산이 처분된 경우 해지일로부터 2개월 이내 신탁을 재계약하거나, '도시 및 주거환경정비법'에 따른 재개발사업·재건축사업 또는 '빈집 및 소규모주택 정비에 관한 특례법'에 따른 소규모재건축사업

---

75) 주석 신탁법 제3판(무궁화·광장신탁법연구회, 280페이지)

으로 인해 종전의 신탁을 중도해지하고, 준공인가일부터 2개월 이내에 신탁을 재계약할 때는 증여세를 추징하지 않습니다.

그런데, 장애인신탁을 최초 계약한 시점에 신탁가액이 5억원이었는데 그 신탁계약을 해지한 시점에서 가액이 10억원이 되었고, 세법에 근거하여 신탁해지일로부터 1개월 이내 신탁을 재계약할 때 5억원을 입금해야 하는지, 10억원을 입금해야 하는지 질문이 많습니다.

장애인이 증여받은 재산의 증여세 과세가액 불산입[76]관련 '수용 사례'이긴 하지만 아래의 〈서면회신 : 상속증여 - 562(2013. 9. 27.)〉를 참고하면 해지한 시점의 가액 '10억원'으로 1개월 이내 신탁을 재계약해야 증여세를 추징당하지 않을 것으로 파악됩니다. 이 부분은 계약관계자, 신탁회사, 신탁업무담당자 모두 유념해야 할 사항으로 보입니다.

---

76) 상속세 및 증여세법 제52조의2(장애인이 증여받은 재산의 과세가액 불산입) (중략)
　④ 세무서장등은 제1항에 따라 재산을 증여받아 자익신탁을 설정한 장애인이 다음 각 호의 어느 하나에 해당하면 대통령령으로 정하는 날에 해당 재산가액을 증여받은 것으로 보아 즉시 증여세를 부과한다. 다만, 대통령령으로 정하는 부득이한 사유가 있거나 장애인 중 대통령령으로 정하는 장애인이 본인의 의료비 등 대통령령으로 정하는 용도로 신탁원본을 인출하여 원본이 감소한 경우에는 그러하지 아니하다.
　　1. 신탁이 해지 또는 만료된 경우. 다만, 해지일 또는 만료일부터 1개월 이내에 신탁에 다시 가입한 경우는 제외한다.
　　2. 신탁기간 중 수익자를 변경한 경우
　　3. 신탁의 이익 전부 또는 일부가 해당 장애인이 아닌 자에게 귀속되는 것으로 확인된 경우
　　4. 신탁원본이 감소한 경우
　상속세 및 증여세법 시행령 제45조의2(장애인이 증여받은 재산의 과세가액불산입) (중략)
　④ 법 제52조의2 제4항 각 호 외의 부분 본문에서 "대통령령으로 정하는 날"이란 다음 각 호의 날을 말한다.
　　1. 법 제52조의2 제4항 제1호의 경우에는 그 신탁해지일 또는 신탁기간의 만료일
　　2. 신탁의 수익자를 변경한 경우에는 수익자를 변경한 날
　　3. 신탁의 이익의 전부 또는 일부가 장애인외의 자에게 귀속되는 것으로 확인된 경우 그 확인된 날
　　4. 신탁의 원본이 감소한 경우에는 신탁재산을 인출하거나 처분한 날
　⑨ 법 제52조의2 제4항 각 호 외의 부분 단서에서 "대통령령으로 정하는 부득이한 사유"란 다음 각 호의 어느 하나에 해당하는 때를 말한다.
　　1. 신탁회사가 관계법령 또는 감독기관의 지시ㆍ명령 등에 의하여 영업정지ㆍ영업폐쇄ㆍ허가취소 기타 기획재정부령이 정하는 사유로 신탁을 중도해지하고 신탁해지일부터 2개월 이내에 신탁에 다시 가입한 경우
　　2. 신탁회사가 증여재산을 신탁받아 운영하는 중에 그 재산가액이 감소한 경우
　　3. 「도시 및 주거환경정비법」에 따른 재개발사업ㆍ재건축사업 또는 「빈집 및 소규모주택 정비에 관한 특례법」에 따른 소규모재건축사업으로 인해 종전의 신탁을 중도해지하고, 준공인가일부터 2개월 이내에 신탁에 다시 가입한 경우
　상속세 및 증여세법 시행규칙 제14조의3(신탁재산의 변경)
　영 제45조의2 제9항 제1호에서 "기타 기획재정부령이 정하는 사유"란 「자본시장과 금융투자업에 관한 법률」에 따른 신탁회사에게 신탁된 재산이 수용 등의 사유로 처분된 경우를 말한다.

〈사실관계〉

[갑]은 장애인으로서 부친으로부터 증여받은 토지(당초 증여재산가액 7억원)를 신탁하여 증여세 과세가액불산입 받았음

〈질의내용〉

1. 위와같이 과세가액불산입 받은 후 신탁된 토지가 **수용**으로 처분되어 20억원의 보상금을 수령하게 되는 경우로서, 보상받은 20억원 전액을 새로운 장애인신탁에 예치하는 경우 상증법 시행령 제45조의2 제5항에서 규정한 "동일한 종류의 신탁"으로 보아 증여세가 추징되지 않는지?

2. 보상금 20억원 중 당초 증여세 혜택을 받은 5억원만 새로운 장애인 신탁에 예치하고 15억원은 출금하여 장애인이 병원비, 생활비 등으로 사용하는 경우 15억원은 신탁에 가입하지 않아도 증여세가 추징되지 않는지? (중략)

〈회신〉

1. 귀 질의 "1. 2."의 경우, 장애인이 증여받은 토지 전부를 「자본시장과 금융투자업에 관한 법률」에 따른 신탁회사에게 신탁하여 「상속세 및 증여세법」 제52조의2 제1항에 따라 증여받은 토지가액(5억원 한도)을 증여세 과세가액에 산입하지 아니한 경우로서 신탁한 토지가 수용되어 보상금을 지급받은 경우 그 **보상금 전부를** 신탁해지일부터 2월 내에 동일한 종류의 **신탁에 가입한 때에는 증여세를 부과하지 않는 것입니다.** (중략)

제
3
편

머니투데이 2020년 3월 27일 자 인터넷 기사 - 머니디렉터 신관식 세무사, 장애인 신탁 제도 개선으로 세제 혜택↑

2018년말 기준 우리나라 보건복지부에 등록된 장애인 인구는 259만5876명으로, 우리나라 전체 인구의 약 5.0%에 이른다. 특히, 인구 고령화가 가속화됨에 따라 만 65세 고령층 장애인 인구는 120만6482명으로 절반에 육박한다.

성별로 살펴보면 남성은 150만명으로, 여성 109만명보다 약 40만명이 더 많은 것으로 집계됐다. 중증 장애인은 98만3769명, 경증 장애인은 160만2107명으로 파악됐다.

1989년부터 장애 정도에 따라 1급에서 6급으로 적용했던 장애등급제는 2019년 7월 폐지됐다. 장애 판정 기준에 따라 행정적 등급을 부여해 사람에게 장애라는 낙인을 찍고, 장애 정도 및 장애 유형별 특성을 고려하지 않고 획일화된 복지 서비스만을 제공한다는 비판을 받았기 때문이다.

장애등급제가 폐지되면서 장애인 복지 제도는 많은 부분이 바뀌었다. 장애인 활동 지원·보조 서비스와 장애인 콜택시 이용이 기존에는 행정관청의 종합조사 후 기존엔 장애 1~3등급에게만 제한적으로 적용됐으나, 이제는 등급에 상관없이 신청 가능할 수 있게 됐다. 장애인 연금도 1급, 2급 및 3급 중복장애인에게만 한정적으로 지급됐으나, 2022년부터는 장애 특성, 장애인의 소득 수준에 따라 지급될 수 있도록 개정됐다.

장애인 신탁 관련 세제도 일정 부분 개선됐다. 우리나라 상속세 및 증여세법에서는 장애인이 부모 등으로부터 증여받은 재산을 증여세 신고기한(증여일에 해당하는 달의 말일로부터 3개월) 내에 신탁회사에서 수탁할 경우 5억원을 한도로 증여재산가액 불산입을 해주어 세제상 혜택을 주고 있다.

세법이 개정되기 전에는 재산을 신탁한 중증장애인이 필요한 자금이 있어도 의료비(간병비 포함) 및 특수목적교육비에 한하여 원금 인출이 제한적으로 허용됐다. 그러나 법 개정 후에는 원금과 이자를 합쳐 월 최대 150만원까지 자금 인출이 가능해져 중증장애인의 생활비 일부를 신탁으로 해결할 수 있도록 개선됐다.

뿐만 아니라 기존에는 재산을 증여받은 장애인 본인이 직접 신탁회사와 신탁 계약을 설정해야 했기 때문에 정신 장애 등 후견인이 필요한 장애인은 현실적으로 신탁 계약이 어려웠다. 그러나 법 개정 후에는 장애인에게 재산을 증여하고 싶은 부모 등이 신탁 계약을 설정하고 수익자를 장애인으로 하여 관리할 수 있게 하는 등 편의성을 높였다.

앞으로 장애인 자녀나 손주를 두고 있는 사람은 장애인 신탁을 전문적으로 취급하는 금융기관을 찾아 장애인 복지 제도의 변경 내용과 신탁에 관한 설명을 꼭 들어보기를 바란다.

① 통제형 증여신탁의 의미

통제형 증여신탁이란 사전증여신탁, 타익신탁을 포괄하는 개념으로서 신탁계약을 통해 증여자[77] 또는 증여예정자(이하, 증여자)가 신탁행위로 지정된 신탁관리인[78] 또는 위탁자로서 증여하였거나 증여할 재산을 지속적으로 관리·감독하는 신탁을 의미합니다.

우선, 신탁계약 내에서 의미와 권한, 의무 등이 유사함에도 불구하고 신탁업계에서 신탁재산운용지시권자, 신탁운용지시권자, 신탁재산보호자라는 외국의 법률 용어를 쓰고 있어서 앞으로는 국내 신탁법의 명칭인 '신탁관리인'을 활용하는 것이 바람직해 보입니다.

신탁관리인은 신탁계약(신탁행위)으로 지정할 수 있으며 수익자의 이익을 위해서는 모든 행위를 할 권한을 가집니다. 뿐만 아니라 신탁관리인은 일부 예외를 제외하고, 수익자[79]와 동일한 지위를 가지는 것으로 봅니다.

예를 들어, 증여자는 수증자에게 재산을 증여하고, 수증자가 위탁자 겸 수익자로서 신탁계약을 설정할 때, 증여자는 신탁관리인으로 지정될 수 있습니다. 신탁관리인인 증여자는 신탁계약 종료의 동의권, 신탁재산 권리 변경의 이의제기권 등의 권한을 가질 수 있습니다. 이를 통해 위탁자가 신탁기간 중에 신탁재산에 ① 담보를 설정하거나 처분하려고 할 때, ② 임의로 신탁계약을 종료하려고 할 때 신탁관리인으로서 이의를 제기하거나 동의하지 않

---

77) 증여자 : 재산이나 물품 따위를 다른 사람이나 단체 및 기관에 무상으로 주는 사람
78) 신탁관리인 관련 신탁법 조항
　　1. 신탁법 제67조(신탁관리인의 선임)
　　　① 수익자가 특정되어 있지 아니하거나 존재하지 아니하는 경우 법원은 위탁자나 그 밖의 이해관계인의 청구에 의하여 또는 직권으로 신탁관리인을 선임할 수 있다. 다만, **신탁행위로 신탁관리인을 지정한 경우에는 그에 따른다.** (중략)
　　2. 신탁법 제68조(신탁관리인의 권한)
　　　① 신탁관리인은 수익자의 이익이나 목적신탁의 목적 달성을 위하여 자기의 명의로 수익자의 권리에 관한 재판상 또는 재판 외의 모든 행위를 할 권한이 있다 (중략)
　　　② 신탁관리인은 신탁에 관하여 수익자와 동일한 지위를 가지는 것으로 본다.
79) 법무부 해설(520~521페이지)
　　신탁관리인은 수익자의 권한 전부를 대신 행사할 수 있는 것은 아니고 ① 신탁재산에서 급부를 수령할 권한(신탁법 제56조), ② 신탁의 종료명령 청구권(신탁법 제100조), ③ 신탁 종료시 신탁재산의 귀속권한(신탁법 제101조 제1항) 등은 행사할 수 없다.

음[80]으로써 신탁재산의 권리 변경 및 신탁의 종료를 막을 수 있습니다.

뿐만 아니라, 증여자는 특약을 통해 위탁자로부터 신탁재산에 대한 운용지시권한(관리, 감독 권한 포함)을 지정받을 수 있습니다. 이를 통해 수증자인 위탁자가 재산관리능력이 일정 수준에 도달하기 전까지 증여자는 신탁회사에게 신탁재산관련 운용지시를 할 수도 있습니다.

| 통제형 증여신탁 구조도 |

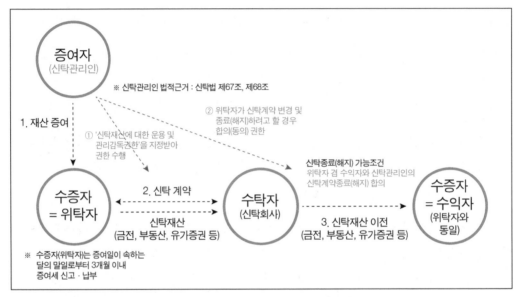

※ 상기 통제형 증여신탁 구조도는 '선(先) 증여신탁 구조'를 의미함

② 통제형 증여신탁의 분류와 특징

(1) 증여시기 따른 통제형 증여신탁 분류

신탁계약일을 기준으로 언제 증여가 일어나느냐에 따라 재산을 증여받은 수증자가 신탁계약의 위탁자 겸 수익자가 되는 '① 선(先) 증여신탁'과, 위탁자는 증여자로 하고 수익자는 수증자가 되어 신탁계약일 이후 증여가 일어나는 '② 후(後) 증여신탁'으로 구분할 수 있습니다.

---

80) 신탁법 제99조(합의에 의한 신탁의 종료)
　　① 위탁자와 수익자는 합의하여 언제든지 신탁을 종료할 수 있다. (중략)
　　④ 제1항부터 제3항까지의 규정에도 불구하고 신탁행위로 달리 정한 경우에는 그에 따른다.

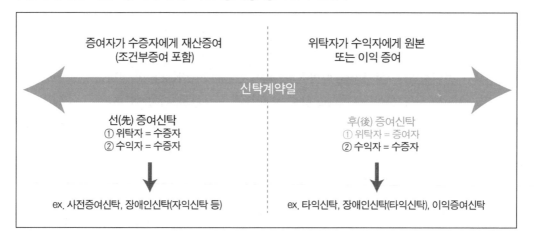

(2) 선(先) 증여신탁의 효익과 부담

'선(先) 증여신탁'은 증여자가 수증자에게 재산을 증여한 이후 수증자가 신탁계약을 해야하기 때문에 ① 조건부증여(신탁 계약 체결, 부모 봉양 등의 조건)를 한 후 수증자가 위탁자로서 신탁회사와 신탁계약을 체결하거나, ② 증여계약과 신탁계약을 신탁회사의 영업점에서 동시에 진행하는 방법으로 선(先) 증여신탁이 설정될 수 있을 것입니다.

일반 증여에 있어서 증여자는 재산을 수증자에게 증여한 이후 아무런 권한을 행사할 수 없습니다. 그러나 증여와 신탁계약을 결합한 '선(先) 증여신탁'에서 증여자는 신탁관리인으로 지정되거나, 신탁재산에 대한 운용지시권한을 위임받아 일정 범위 내에서 신탁계약을 관리·감독할 수 있습니다.

그렇지만, 신탁계약 전에 재산의 증여가 발생하므로 수증자(위탁자)는 반드시 증여일이 속하는 달의 말일로부터 3개월 이내 증여세 과세표준 신고서를 부속서류 등과 함께 세무서에 제출해야 하고(세무사 등에게 신고 업무 위임시 세무대리 수수료 발생), 증여세 뿐만 아니라 증여받은 재산이 부동산일 경우에는 취득세 및 지방교육세, 농어촌특별세, 채권매입할인부담액, 증지대 등이 발생할 수 있으며, 법무사 등에게 증여 등기신청 위임에 따른 등기대행수수료를 추가로 부담할 수도 있습니다.

신탁계약을 체결하면서 수증자(위탁자)는 신탁보수를 부담해야 하고, 만약 신탁재산이 등기·등록이 필요하다면 신탁회사에게 소유권을 이전시켜야 하므로 신탁등기에 관한 필수 제세공과금 및 법무사 등에게 신탁등기 위임에 따른 등기대행수수료를 지불할 수도 있습니다.

따라서 증여자와 수증자는 ① 증여 및 신탁계약 시 부담해야하는 각종 세금과 보수, 비용과, '선(先) 증여신탁'을 설정함에 따라 얻게 되는 ② 위탁자의 보유세 절감액, ③ 만족도 등 효용의 가치, ④ 지금 증여하지 않고 향후 자산가치가 상승한 뒤 증여 또는 상속했을 때의 세금 및 비용 예상액 등을 전체적으로 비교하여 신탁계약을 신중히 결정해야 할 것입니다.

| 선(先) 증여신탁 계약관련 검토 프로세스 |

① 효익	② 부담	선(先) 증여신탁 설정 유무
• 보유세 및 보유 비용 절감액 • 미래 : 발생 예정 비용 (세금 및 비용 예상액) • 증여 및 신탁 설정에 따른 수증자 및 증여자의 만족도 등 효용	• 현재 : 증여세 등 세금 부담액 • 현재 : 신탁보수 등 각종 비용 • 증여와 신탁계약 등 각종 업무처리에 따른 스트레스와 교통비 등 실비 소요액	① 효익 > ② 부담 : 신탁 설정 ○
		① 효익 < ② 부담 : 신탁 설정 × 또는 일반 증여 또는 상속 검토

(3) 후(後) 증여신탁의 구조와 장단점

'후(後) 증여신탁'은 신탁기간 중에 증여가 이뤄지는 형태로서 반드시 위탁자와 수익자가 다른 타익신탁[81] 구조로 신탁관계인이 구성됩니다.

불과 몇 년 전 '후(後) 증여신탁'으로서 위탁자와 수익자가 다른 타익신탁을 구성하고, 신탁재산인 금전으로 국고채·통안채 등 스트립채권을 매수하여 원금과 이자를 수익자에게 지급하는 특정금전신탁이 있었습니다. 이 신탁은 향후 발생할 원금과 이자에 대해서 세법이 정한 할인율(10%)[82]을 적용한 금액을 증여재산가액으로 평가하여 증여세 절세가 가능한 상품이었고, 자산가들로부터 각광을 받았습니다. 그럼에도 불구하고 몇몇 신탁회사들은 타익신탁 계약 프로세스(전산시스템 포함)를 갖추지 못하여 고객들로부터 선택받지 못했습니다.

따라서 신탁회사가 '후(後) 증여신탁'을 제대로 취급하기 위해서는 타익신탁 계약 프로세스(전산시스템) 및 소득의 귀속과 관련한 세무처리 프로세스(원천징수 포함)를 완벽하게 갖추고 있어야 할 것입니다.

---

81) 타익신탁 : 위탁자와 수익자가 다른 신탁
82) 상속세 및 증여세법 시행령 제61조 제1항 및 동법 시행규칙 : 현재 할인율 3%(~17년 2월 23일까지 : 10%)

'후(後) 증여신탁'은 위탁자와 수익자가 채권채무관계로 설정된 부동산담보신탁, 에스크로신탁 등을 제외하고 위탁자와 수익자(원본, 이익, 원본 및 이익)가 다른 타익신탁 구조로 설계가 가능한 대부분의 신탁이 해당될 수 있습니다. 특히, 이익증여신탁, 장애인신탁(타익신탁) 등이 대표적이고, 일부 신탁회사에서는 한국거래소시장을 이용하여 '금(Gold) 현물'로 투자·운용하고 수익자에게 현금 또는 금(GOLD) 현물을 지급하는 구조의 신탁도 존재합니다.

'후(後) 증여신탁'의 장점은 위탁자(증여자)가 신탁계약(특약)을 통해 수익자의 지정 및 변경에 대한 권한[83], [84]을 부여받아 ① 수익자(수증자)를 언제든지 지정·변경할 수 있고, ② 수익자를 원본수익자, 이익수익자, 원본 및 이익수익자로 나눠 여러 형태로 증여할 수도 있으며, ③ 위탁자 본인을 수익자로 변경하는 등 증여가 원천적으로 일어나지 않게 할 수도 있습니다.

'후(後) 증여신탁'의 단점은 ① 재산가치 상승에 따라 선(先) 증여신탁 대비 세금 및 비용이 추가적으로 발생할 수 있고, ② 위탁자가 치매 등 정신상태가 불온전해질 경우 수익자의 급부 청구 등으로 인해 원하지 않는 시기에 증여가 이뤄질 수도 있으며, ③ 수익자를 여러 자녀들로 구성하여 차등으로 증여할 경우 가족 분쟁의 요소로 작동되기도 합니다.

뿐만 아니라, 불규칙한 금액과 짧은 주기 단위로 수익자(수증자)가 원금과 이자를 수령할 경우 매번 증여세를 신고 및 납부해야 하는 상황이 발생할 수 있고, 특히, 신탁회사는 수익자에게 지급명세서 등 세무신고에 필요한 근거서류 등을 수시로 제공해야 하며, 관할세무서에 정기적으로 '타인신탁재산수탁명세서(분기별)'와 '수익자명부 변동상황명세서(1년 마다)' 등을 제출해야 합니다.

---

83) 신탁법 제58조(수익자지정권등)
　　① 신탁행위로 수익자를 지정하거나 변경할 수 있는 권한(이하 "수익자지정권등"이라 한다)을 갖는 자를 정할 수 있다. (중략)
　　④ 수익자를 변경하는 권한이 행사되어 수익자가 그 수익권을 상실한 경우 수탁자는 지체 없이 수익권을 상실한 자에게 그 사실을 통지하여야 한다. 다만, 신탁행위로 달리 정한 경우에는 그에 따른다.
　　⑤ 수익자지정권등은 신탁행위로 달리 정한 바가 없으면 상속되지 아니한다.
84) 대법원 2007. 5. 31. 선고 2007다13312 판결
　　(중략) 신탁계약에서 위탁자에게 일방적인 변경권을 부여하는 취지의 특약을 하지 않은 한 수탁자의 동의없이 위탁자가 일방적으로 수익자를 변경할 수는 없다.

■ 상속세 및 증여세법 시행규칙 [별지 제21호 서식] (2020. 3. 13. 개정)

타인신탁재산수탁명세서

(앞쪽)

일련번호	제출유형	신탁재산내역													위탁·수익자 인적사항					
		신탁재산 기본사항				변경(해지) 사항			수익 배당사항						위탁자			수익자		
		상품종류	계약일	계좌번호	원본가액	변경일	유형	변경계좌	수익구분	지급방법	배당방법	최종지급일	지급금액	성명	주민등록번호	주소	성명	주민등록번호	주소
									원본										
									수익										
									원본										
									수익										
									원본										
									수익										
									원본										
									수익										
									원본										
									수익										
									원본										
									수익										
									원본										
									수익										
									원본										
									수익										

「상속세 및 증여세법」 제82조 제4항 및 같은 법 시행령 제84조 제4항에 따라 주권 등의 명의개서 또는 변경내역을 위와 같이 확인하여 제출합니다.

년   월   일

제출자(신탁업무를 취급하는 자)
주소
상호
사업자등록번호
성명   (서명 또는 인)

210mm×297mm[백상지 80g/㎡]

■ 소득세법 시행규칙 [별지 제107호 서식] (2022. 3. 18. 개정)

수익자명부 변동상황명세서

1. 수탁자 기본사항

① 수탁자명		② 주민등록번호 또는 사업자등록번호		③ 법인과세 신탁재산의 수탁자 해당여부	
④ 주소		⑤ 과세기간(사업연도)	. . . ~ . . .		

2. 신탁 계약 내용

⑥ 신탁명 (상호)		⑦ 신탁계약번호 (사업자등록번호)		⑧ 신탁설정일		⑨ 신탁원본금액(담보신탁의 경우 채권최고액)	
						⑩ 담보신탁여부	

3. 위탁자 기본사항 및 수익자 변동 세부사항

⑪ 일련번호	위 탁 자			신탁재산 및 수익권 또는 수익증권					수 익 자					기초	수익권(수익증권) 변동상황										기말
	⑫ 성명(법인명)	⑬ 주민등록번호(사업자등록번호)	⑭ 주소	신탁재산		수익권 또는 수익증권			⑲ 구분	⑳ 변동일자	㉑ 성명(법인명)	㉒ 주민등록번호(사업자등록번호)	㉓ 종류	㉔ 수익권의 보유(수익분배비율)	증가 수익권(수익증권)					감소 수익권(수익증권)					㉟ 수익권의 보유(수익분배비율)
				⑮ 종류	⑯ 내용	⑰ 구분	⑱ 내용								㉕ 지정	㉖ 양수	㉗ 상속	㉘ 증여	㉙ 기타	㉚ 지정해지	㉛ 양도	㉜ 상속	㉝ 증여	㉞ 기타	
01				01 금전																				
02				02 증권																				
03				03 채권																				
04				04 동산																				
05	홍길동	080101-3		05 부동산	서울 종로구 종로 104	02과실	임대료 수입	01 개인	21.2.1.	홍길동	080101-3	02	60							5				55
06						02과실	임대료 수입	01 개인	21.2.1.	홍길서	120101-3	02	40		5									45
07						03원본 +과실		02 영리	21.2.1.	○○은행	123-45-67890	01	100											
08																								
09																								
10																								

「소득세법」 제115조의2, 같은 법 시행령 제177조의3에 따라 위와 같이 수익자명부 변동상황명세서를 제출합니다.

년   월   일

수탁자   (서명 또는 인)

세무서장 귀하

3 증여의 종류에 따른 통제형 증여신탁 적용 및 유의사항

(1) 증여의 종류

통제형 증여신탁의 증여는 ① 일반 증여, ② 부담부 증여, ③ 해제조건부 증여를 포괄하는 개념입니다. 우선 ① 일반증여[85]란 증여자와 수증자가 증여 의사 표시와 승낙이라는 절차를 통해 증여자가 수증자에게 유무형의 재산 또는 이익을 무상으로 이전하는 것을 의미합니다.

② 부담부증여[86]는 증여자가 수증자에게 재산을 증여할 때 전세보증금이나 주택담보대출 등과 같은 채무를 포함하여 물려주는 것을 의미하고 증여세를 계산할 때 채무액을 뺀 증여가액을 기준으로 세금을 계산하기 때문에 증여세 절세 수단으로 활용되어 왔습니다(단, 증여자는 채무를 수증자에게 넘기기 때문에 채무액만큼 수증자에게 재산을 판 것으로 보아 양도소득세를 부담할 수 있음).

증여계약서[87]상 증여자와 수증자가 합의한 조건을 수증자가 이행하지 않을 경우 특히, 부모 봉양을 조건으로 재산을 증여했는데 아들이 부모를 봉양하지 않으면 부모는 증여계약을 해제[88]할 수 있는데 이를 ③ 해제조건부 증여라고 합니다.

---

85) 상속세 및 증여세법 제2조(정의) (중략)
    6. "증여"란 그 행위 또는 거래의 명칭·형식·목적 등과 관계없이 직접 또는 간접적인 방법으로 타인에게 무상으로 유형·무형의 재산 또는 이익을 이전(현저히 낮은 대가를 받고 이전하는 경우를 포함한다)하거나 타인의 재산가치를 증가시키는 것을 말한다. 다만, 유증, 사인증여, 유언대용신탁 및 수익자연속신탁은 제외한다.

    민법 제554조(증여의 의의)
    증여는 당사자 일방이 무상으로 재산을 상대방에 수여하는 의사를 표시하고 상대방이 이를 승낙함으로써 그 효력이 생긴다.

    상속세 및 증여세법 제47조(증여세 과세가액)
    ① 증여세 과세가액은 증여일 현재 이 법에 따른 증여재산가액을 합친 금액[제31조 제1항 제3호, 제40조 제1항 제2호·제3호, 제41조의3, 제41조의5, 제42조의3, 제45조 및 제45조의2부터 제45조의4까지의 규정에 따른 증여재산(이하 "합산배제증여재산"이라 한다)의 가액은 제외한다]에서 그 증여재산에 담보된 채무(그 증여재산에 관련된 채무 등 대통령령으로 정하는 채무를 포함한다)로서 수증자가 인수한 금액을 뺀 금액으로 한다.

86) 민법 제561조(부담부증여)
    상대부담있는 증여에 대하여는 본절의 규정외에 쌍무계약에 관한 규정을 적용한다.

87) 민법 제555조(서면에 의하지 아니한 증여와 해제)
    증여의 의사가 서면으로 표시되지 아니한 경우에는 각 당사자는 이를 해제할 수 있다.

88) 민법 제556조(수증자의 행위와 증여의 해제)
    ① 수증자가 증여자에 대하여 다음 각호의 사유가 있는 때에는 증여자는 그 증여를 해제할 수 있다.

증 여 계 약 서 (세법상 부담부 증여계약 예시)

1. 부동산 물건의 표시 (증여재산명세)
   1동의 건물의 표시
   경기도 성남시 XX아파트 제XX동
   도로명 주소) 경기도 성남시 중앙로 xx
   전유부분의 건물의 표시
   건물의 번호 : 제XXX동 제XX층 제xx호
   구조 및 면적 : 철근콘크리트조 58.71㎡
   대지권의 표시
   토지의 표시 : 1. 경기도 성남시 0000 대 000.0
   대지권 종류 : 1 소유권대지권
   대지권 비율 : 6000.8분의 30.50

2. 위 부동산은 증여자 _____ 소유인 바 증여자는 이를 수증자 _____ 에게 증여할 것을 약정하고 수증자는 이를 수락한다. 이를 증빙하기 위해 증여자와 수증자는 본 증여계약서를 작성하고 각자 기명날인한다.

3. 증여자가 본 부동산의 임대인으로서 임차인 000과 체결한 임대차계약에 따른 임대보증금 반환 의무는 수증자가 승계 및 부담한다.
   [임대보증금 : 금 _____ 원 (₩ _____)]
   ※ 별첨 : 임대차계약서 1부

4. 금번 증여의 증여재산명세서는 본 증여계약서로 갈음한다. 수증자는 금번 증여일의 말일로부터 3개월 이내에 증여세 신고를 해야 한다.

5. 이 증서는 2부를 작성하여 증여자, 수증자가 각각 교부, 보관한다.
   (증여세 과세표준 신고 등 필요한 목적에 따라 추가로 작성할 수 있다.)

   증여계약일 :   년   월   일

   증 여 자 :   (서명 또는 날인)
   주민등록번호 :   -
   주   소 :

   수 증 자 :   (서명 또는 날인)
   주민등록번호 :   -
   주   소 :

해제조건부 증여계약서 예시

증여자[***](이하 "증여자"라 한다)와 수증자[***](이하 "수증자"라 한다)는 별지 기재부동산(이하 "증여부동산"이라고 한다)에 관하여 다음과 같이 증여계약(이하 "이 증여계약"이라 한다)을 체결한다.

제1조【목적】증여자는 증여자 소유 증여부동산을 수증자에게 증여하고, 수증자는 이를 승낙한다.

제2조【조건】수증자는 증여부동산에 대하여 이 증여계약과 함께 체결되는 부동산관리신탁계약을 체결하고 유지할 의무를 부담한다.

제3조【계약의 해제】① 다음 각 호에 해당하는 사유가 발생할 경우, 증여자는 이 증여계약을 해제할 수 있다
   1. 제2조의 부동산관리신탁계약 유지의무를 이행하지 아니한 때
   2. 수증자나 수증자의 배우자가 증여자나 증여자의 직계혈족에 대한 범죄행위 및 이에 준하는 행위를 한 때
   ② 증여자가 제1항에 따라 이 증여계약을 해제하는 경우, 수증자는 즉시 증여자 또는 증여자가 지정하는 자에게 증여부동산에 대한 소유권이전등기 및 인도를 완료하여야 한다.

제4조【비용 및 제세공과금의 부담】증여부동산의 소유권이전과 관련한 제반 비용 및 조세 공과금 등은 수증자가 부담한다.

제5조【담보책임】증여부동산의 증여는 이 증여계약 체결일의 현상태를 기준으로 하며, 증여자는 증여부동산의 하자, 멸실, 훼손에 대하여 책임을 지지 아니한다.

이 계약을 증명하기 위하여 계약서 2통을 작성하여 증여자와 수증자 사이에 서명·날인한 후 각각 1통씩 보관한다. 다만, 증여재산의 공시, 증여재산의 신탁 등을 위해 유관기관 또는 유관회사에 이 계약서의 원본을 제출해야 하는 경우에는 1부 이상을 추가로 작성할 수 있다.

[****]년[*]월[*]일

증여자 : [***](인)
   주민등록번호 :
   주소 :

수증자 : [***](인)
   주민등록번호 :
   주소 :

(2) 해제조건부 증여신탁 활용 및 유의사항

'해제조건부 증여신탁'은 증여 조건이 '금전적 부담'[90] 외에 증여자(ex. 부모)에 대한 봉양, 효도 이행 등의 조건[91]이 가장 중요한 부분이고, 조건 미이행시 증여해제를 전제로 하

---

1. 증여자 또는 그 배우자나 직계혈족에 대한 범죄행위가 있는 때
2. 증여자에 대하여 부양의무있는 경우에 이를 이행하지 아니하는 때

89) 해제조건부 증여계약서 예시(오영표, 가족신탁과 이론과 실무, 201페이지)

90) 부담부증여(세법) : 임대차보증금, 담보대출 등 '금전적 부담'을 수증자에게 이전하면서 증여

91) 부담부증여(민법)
   - 민법 제561조(부담부증여) : 상대부담있는 증여에 대하여는 본절의 규정 외에 쌍무계약에 관한 규정을 적용한다.
   - 판례(대법원 1996. 1. 26. 선고 95다43358 판결)
   민법 제556조 제1항 제2호에 규정되어 있는 '부양의무'라 함은 민법 제974조에 규정되어 있는 직계혈족 및 그 배우자 또는 생계를 같이 하는 친족간의 부양의무를 가리키는 것으로서, 친족간이 아닌 당사자 사이의 약정에 의한 부양의무는 이에 해당하지 아니하여 민법 제556조 제2항이나 민법 제558조가 적용되지 않는다. (중략)
   부담부증여에는 민법 제561조에 의하여 쌍무계약에 관한 규정이 준용되므로, 상대방이 부담의 내용인 의무를 이행하지 아니한 경우에는 부담부증여를 해제할 수 있는바 (중략)

기 때문에 증여자, 수증자, 신탁회사와 신탁업무담당자는 신탁계약 및 특약 구성을 짜임새 있게 설계해야 합니다.

즉, '해제조건부 증여신탁' 계약 설정을 다음과 같이 할 필요가 있습니다. ① 증여해제조건과 신탁종료조건을 맞춰 신탁계약(특약)을 설정하거나 ② 신탁계약시 수익자의 지정 및 변경권한[92]을 증여자가 갖도록 하고, 증여해제조건[93]과 위탁자 지위 이전[94](前위탁자 : 수증자, 後위탁자 : 증여자) 조건을 동일하게 구성하여 증여해제사유 발생시 증여자가 새로운 위탁자 겸 수익자로 계약이 변경되는 구조로 설계해야 할 것입니다.

| 해제조건부 증여신탁 설계 구조 |

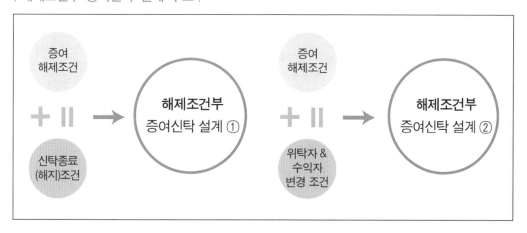

민법의 부담부증여는 '부양의무' 등 금전적 가치로 환산할 수 없는 무형의 부담도 인정됨.
－판례(대법원 1997. 7. 8. 선고 97다2177 판결)
상대부담 있는 증여에 대하여는 민법 제562조에 의하여 쌍무계약에 관한 규정이 준용되어 부담의무 있는 상대방이 자신의 의무를 이행하지 아니할 때는 비록 증여계약이 이미 이행되어 있다 하더라도 증여자는 계약을 해제할 수 있고, 그 경우 민법 제555조와 제558조는 적용되지 아니한다.

92) 신탁법 제58조(수익자 지정권 등)
  ① 신탁행위로 수익자를 지정하거나 변경할 수 있는 권한을 갖는 자를 정할 수 있다. (이하, 생략)
93) 해제조건부증여(민법) : 민법 제556조(수증자의 행위와 증여의 해제)
  ① 수증자가 증여자에 대하여 다음 각호의 사유가 있는 때에는 증여자는 그 증여를 해제할 수 있다.
    1. 증여자 또는 그 배우자나 직계혈족에 대한 범죄행위가 있는 때
    2. 증여자에 대하여 부양의무있는 경우에 이를 이행하지 아니하는 때
  ② 전항의 해제권은 해제원인있음을 안 날로부터 6월을 경과하거나 증여자가 수증자에 대하여 용서의 의사를 표시한 때에는 소멸한다.
94) 신탁법 제10조(위탁자 지위의 이전)
  ① 위탁자의 지위는 신탁행위로 정한 방법에 따라 제3자에게 이전할 수 있다. (이하, 생략)

뿐만 아니라 금전을 증여하게 되면 증여해제기간에 상관없이 증여자에게서 수증자로 현금을 증여할 때 증여세가 발생하고, 뿐만 아니라 증여해제시 수증자에게서 증여자로 증여해제된 금액이 반환(원복)될 때에도 증여세가 발생합니다.

그러나 금전 외의 증여재산인 경우에는 ① 증여세 신고기한 내에 증여해제시(당초 증여일의 말일로부터 3개월 이내 해제시), ② 증여세 신고기한 경과 후 3개월 이내 해제시, ③ 증여세 신고기한 경과 후 3개월 이후에 증여해제시에 해제기간별로 나눠서 증여자, 수증자가 각각 부담해야 하는 증여세 및 취득세 등 세금과 신탁 등기 등에 따른 부수 비용을 신탁회사 및 신탁업무담당자는 필히 증여자 및 수증자에게 안내해야 할 것입니다.

| 증여해제 시기별 세금 요약[95] |

구분	당초 증여세 신고 기한 이내 해제	당초 증여세 신고기한 후 3개월 이내 해제	당초 증여세 신고기한 후 3개월 후 해제
당초 증여세 과세 (증여자 → 수증자)	× (증여세 없음)	○ (증여세 부담)	○ (증여세 부담)
증여해제시 증여세 과세 (수증자 → 증여자)	× (증여세 없음)	× (증여세 없음)	○ (증여세 부담)
취득세 등 과세 (부동산 등)	① 등기·등록하지 않고 & 취득일로부터 60일 이내 : × (취득세 등 환불) ② 등기·등록했거나 or 취득일로부터 60일 경과 : ○ (증여에 따른 취득세 등 부담)	○ (증여에 따른 취득세 등 부담)	○ (증여에 따른 취득세 등 부담)

※ 금전(현금) 제외[96]

---

95) 소득세 집행기준 98-162-21(증여 후 증여계약의 해제로 반환 받은 경우) 참조
96) 현금증여의 경우 당초 증여와 반환 모두 과세대상임.

8 자산승계신탁 · 서비스로서 부동산관리신탁

1 부동산신탁의 의미와 분류

부동산신탁[97]이란 개인 또는 법인이 소유한 부동산을 소유권 이전 등을 통해 수탁자인 신탁회사에게 맡기고, 신탁회사는 일정액의 신탁보수 또는 수수료를 받아 부동산 개발, 관리, 처분, 담보 등 신탁사무를 수행하는 부동산 관련 종합 서비스 신탁의 총칭입니다.

| 부동산신탁의 구조 |

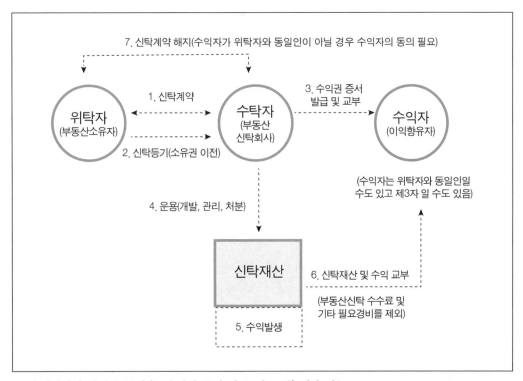

※ 수익자와의 합의를 통해 '3. 수익권 증서 발급 및 교부' 생략 가능

수탁자인 신탁회사는 부동산 개발을 의뢰한 소유주의 토지에 오피스빌딩, 연립주택 등 건축물을 짓거나 택지조성 등의 사업을 시행한 후 이를 분양, 임대해 이익을 남기는 '토지

---

97) 한경 경제용어 사전(https://dic.hankyung.com/)에서 부동산신탁, 토지개발신탁, 부동산관리신탁, 부동산 처분신탁, 부동산담보신탁의 정의와 의미를 발췌하고 저자가 일부 내용을 보강하였음.

(개발)신탁'이 대표적인 부동산신탁입니다.

부동산신탁에는 부동산 소유자인 위탁자로부터 부동산을 수탁받아 신탁회사가 부동산 소유권 만을 관리하거나 또는 소유권 뿐만 아니라 임대차, 시설유지, 회계 및 세무, 수익금 등 부동산 관련 일체의 관리를 책임지는 '관리신탁'이 있습니다.

채무자인 위탁자가 부동산의 관리와 채무불이행시 부동산의 처분 권한을 수탁자인 신탁회사에 맡기고 신탁회사가 발급하는 수익권 증서를 금융기관 등 채권자(우선수익자)에게 제출하여 자금을 대출받는 '담보신탁' 뿐만 아니라 상가건물 또는 공공청사부지, 연수원부지 등 대형 부동산을 수탁자인 신탁회사가 처분해주는 '처분신탁' 등이 부동산신탁에 속합니다.

| 부동산신탁의 분류 |

종류	목적	내용
토지(개발) 신탁	개발	토지소유자가 소유권을 신탁회사에 이전하고, 신탁회사가 개발하는 신탁 1) 차입형 토지신탁 : 신탁회사가 직접 자금을 조달하여 개발 2) 관리형 토지신탁 : 시행사가 자금을 조달하여 개발
담보신탁	담보	근저당 대체 용도로 소유주는 부동산을 신탁회사에 신탁하고 금융기관을 우선수익자로 지정하여 대출을 받는 형태(채무불이행 사유로 처분 가능)
관리신탁	관리	신탁회사가 소유주를 대신하여 부동산을 종합적으로 관리, 운용하거나 소유권의 명의를 관리 1) 갑종관리신탁 : 임대차관리, 시설유지, 세무, 법률, 회계 등 종합관리 2) 을종관리신탁 : 부동산 소유권만 관리
처분신탁	처분	대형, 고가, 권리관계가 복잡한 부동산을 신탁회사가 이전받아 처분
분양관리신탁	선분양	상가, 오피스텔 개발시 수분양자를 보호하고 사업수행을 지원하기 위해 신탁회사가 소유권과 분양대금을 보전, 관리

② 부동산관리신탁의 의의와 분류

부동산의 소유자가 ① 고령 또는 신체적 건강상태가 좋지 않게 되거나 ② 해외 이주 등의 국내에 거주하지 않게 되거나 ③ 부동산 관련 전문지식이나 경험 등이 부족하여 부동산을 직접 관리하는데 어려움을 겪을 경우 수탁자인 신탁회사에게 부동산 소유권을 이전하면서 소유권 또는 임대차, 시설유지, 회계 및 세무처리, 수익금 등 일체의 관리 권한을 맡기는 신탁을 '부동산관리신탁'이라고 합니다.

특히, ① 부동산 소유자가 신탁회사에 부동산 '소유권'만을 맡기고 소유권 이외의 부동산 관리는 위탁자가 직접 수행하는 신탁을 '을종부동산관리신탁'이라고 하고, ② 부동산 소유자가 부동산에 대한 소유권 관리 뿐만 아니라 임대차 관리, 시설유지 관리, 회계 및 세무처리 관리, 수익금 관리 중 일부 관리 권한을 신탁회사에 추가적으로 부여하거나 모든 관리행위를 신탁회사에 맡기는 신탁을 '갑종부동산관리신탁' 이라고 합니다.

우선 '갑종부동산관리신탁'은 신탁회사가 부동산관련 종합관리기능에 특화되어 있지 않다면 일반적인 부동산관리업체에 관리 업무를 위탁하는 것이 더욱 효율적이고 가성비 측면에서도 효과적일 수도 있기 때문에 이 책에서는 '자산승계신탁·서비스로서 을종부동산관리신탁'의 효용성과 활용방안을 중심으로 기술하였습니다.

③ 유언대용신탁 등에서의 을종부동산관리신탁 활용

(1) 을종부동산신탁의 의의와 장점

을종부동산관리신탁은 위탁자가 부동산의 소유권을 신탁회사에게 이전하면서 수탁자인 신탁회사가 부동산의 '소유권'만을 관리, 보존하는 것을 신탁목적으로 합니다.

먼저, 대법원은 "부동산신탁은 (위탁자가 소유한 부동산에 대해) 수탁자 앞으로 소유권 이전등기를 마치게 되면 대외적으로 소유권이 수탁자에게 완전히 이전되고, 위탁자와의 내부 관계에 있어서 소유권이 위탁자에게 유보되어 있는 것이 아니다. 이와 같은 신탁 효력으로서 신탁재산의 소유권이 수탁자에게 이전되는 결과 수탁자는 대내외적으로 신탁재산에 대한 관리권을 갖는 것이고, 다만 수탁자는 신탁의 목적 범위 내에서 신탁계약에 정하여진 바에 따라 신탁재산을 관리하게 된다(대법원 2002.4.12. 선고 20000다70460 판결, 대법원 2002.3.15. 선고 2000다52141 판결)"로 판시하였습니다. 즉, 위탁자가 수탁자에게 맡긴 부동산은 위탁자의 고유재산과 완전히 분리됨을 확고하게 인정하고 있습니다.

이는 신탁법 제22조와 제24조가 반영된 결과로서 우선 신탁재산에 대해서는 강제집행(ex. 압류, 공매, 매각 등), 담보권 실행 등을 위한 경매, 보전처분(ex. 가압류, 가처분) 또는 국세 등 체납처분을 할 수 없고(다만, 신탁 전 원인으로 발생한 권리 또는 신탁사무의 처리상 발생한 권리는 제외), 신탁재산은 신탁회사의 파산·부도 등의 도산 위험으로부터도 격리되어 있는 재산입니다.

따라서, 금전, 유가증권, 동산 등 그 어떠한 재산보다도 물권(점유권과 소유권, 제한물권 등)의 종류가 많고, 특히 담보물권(유치권, 저당권 등)이 설정될 가능성이 높은 부동산을 신탁하게 되면 위탁자와 수탁자의 고유재산으로부터 분리되어 신탁재산으로서의 독립성이 더욱 빛을 발하게 된다고 생각합니다.

(2) 유언대용신탁 등과의 결합 및 독립계약으로서 활용

위탁자는 ① 본인이 가진 부동산을 신탁하여 생전에는 본인이 사용·수익하다가 본인 사후 배우자, 자녀, 제3자에게 물려주려고 할 때(유언대용신탁과 결합), ② 부동산을 자녀 등에게 증여한 이후 자녀 등이 재산관리능력이 부족할 때(장애인신탁 및 통제형 증여신탁과 결합), ③ 나이가 들어 부동산에 대한 관리가 어렵거나, 치매 등 건강상태가 나빠질 우려가 있거나, 불효 자녀나 제3자가 본인 재산을 침탈하려고 할 때(독립적인 계약으로서 을종부동산관리신탁) 을종부동산관리신탁을 적극적으로 활용할 수 있습니다.

| 유언대용신탁과 을종부동산관리신탁 |

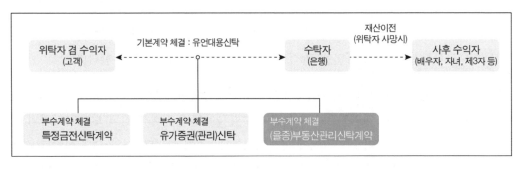

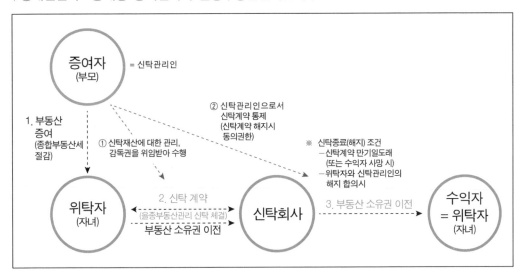

(3) 을종부동산관리신탁과 신탁등기

가. 설정시 등기

위탁자가 신탁회사와 유언대용신탁이나 장애인신탁과 결합한 계약 형태나 독립적인 계약으로 을종부동산관리신탁을 하게 될 경우에 신탁된 부동산은 신탁회사의 고유재산과 구분하여 분별 관리해야 하고(신탁법 제37조), 제3자에게 대항하고자(신탁법 제4조) 신탁회사로 부동산 소유권 이전 및 신탁등기를 해야합니다.

소유권 이전 및 신탁등기는 동시에 이뤄져야 하고 신탁등기는 위탁자(등기의무자)와 수탁자(등기권리자)가 공동으로 신청해야 하며, 신청방법은 등기소를 방문하여 신청하거나 전자신청을 통해 가능합니다.

다만, 법무사 등에게 신탁등기 신청업무를 위임하는 것이 일반적이고, 법무사 등에게 위임장을 작성해줄 때 위탁자(등기의무자)[98]는 반드시 인감도장으로 날인해야 하며 인감증명서를 첨부합니다. 뿐만 아니라 신탁등기 신청 업무 위임에 따른 수수료는 위탁자(등기의무자)가 부담하는 것이 통상적입니다.

---

98) 신탁 설정에 따른 신탁 등기시 수탁자(등기권리자)의 경우는 인감도장이 아니어도 됨.

위 임 장

부 동 산 의 표 시	1. 서울특별시 서초구 서초동　　555　　　대 23241.2m² 2. 동　소　　　　　　　　　　555－1　대 35748.2m² 　　　　[등록문서번호 : 25368456번] 　　　　　　　이　상
등기원인과 그 연월일	20○○년 ○월 ○일 신탁
등기의 목적	소유권 이전 및 신탁

위임인　→ 인감도장	대리인
등기의무자　김위탁 (인) 　　서울시 서초구 서초로 111 등기권리자 　　주식회사 ○○은행 　　　서울시 중구 소공로 222 　　　　대표이사 ○○○ (인)	법무사　김법무 　　서울 서초구 서초로 ○○○ 　위 사람을 대리인으로 정하고 위 부동산 등기신청 및 취하에 관한 모든 행위를 위 임한다. 또한 복대리인 선임을 허락한다. 　　　20○○년 ○월 ○일

신탁등기에 필요한 서류로는 1. 검인된 신탁계약서, 2. 등기의무자의 인감증명서, 3. 토지대장(또는 건축물대장), 4. 주민등록초본, 5. 신탁회사의 법인등기부등본, 6. 가족관계증명서, 7. 기본증명서, 8. 신탁원부, 9. 취득세(등록면허세)영수필 확인서, 10. 지방세납세증명서, 11. 부동산이 농지인 경우 농지취득자격증명서, 12. 등기위임시 위임장이 필요합니다.

　　구체적으로 살펴보면 신탁계약서는 시군구청 부동산정보과 등에 검인절차[99]를 거쳐 신탁 등기시 첨부되어야 합니다. 참고로 신탁 등기 신청을 위임할 경우 검인 절차도 법무사 등이 대행합니다.

---

99) 검인절차 : 등기권리자(수탁자) 기준으로 등록면허세, 지방교육세, 채권할인액 등을 미리 납부하고 시군구청 부동산정보과 등에 방문하여 신탁계약서 검인을 진행함.

95

유언대용신탁계약서

<table>
<tr><td colspan="2">검인</td></tr>
<tr><td colspan="2">접수번호 :</td></tr>
<tr><td colspan="2">부동산등기특별조치법
제3조 규정에 따라 검
인함</td></tr>
<tr><td colspan="2" style="text-align:right">· · · ·
○시장</td></tr>
</table>

위탁자 : 김위탁 (○○○○○○ – ○○○○○○○)

수탁자 : 주식회사 ○○은행 (○○○○○ – ○○○○○○○)

생전수익자 : 김위탁(위탁자와 같음)

사후수익자 : 1. 김수익

검인신청인 : 법무사 ○○○

　　　　　　 서울시 서초구 서초로 ○○○

　　　　　　 전화 : ○○○ – ○○○○　　팩스 : ○○○ – ○○○○

---

100) 위임장, 신탁계약서 : 유언대용신탁과 등기실무 증보판(이남우, 2021년)

두번째로, 신탁 설정에 따른 등기시 '인감증명서'는 ① 위탁자(등기의무자)의 인감증명서가 필요하고, ② 인감증명서는 위탁자 본인이 직접 발급하는 것이 원칙이나 불법 등의 목적이 아닐 경우 위탁자가 동의한 경우라면 타인이 신청하여 발급받아도 무방합니다. 그러나 신탁등기는 부동산 매매계약에 따른 소유권 이전이 아니기 때문에 ③ 용도는 반드시 '일반용'이며(매도용 아님), 일반용 기재란에 공란 상태로 발급하면 됩니다.

■ 인감증명법 시행령 [별지 제14호 서식] (2016. 7. 5. 개정)

인감증명서 발급사실 확인용 번호	1598-2	
신청인: 김 (생년월일: 19), 담당자: 유 (전화: 031)		

※ 이 용지는 위조식별표시가 되어 있음

주민등록번호	3 1 -	**인감증명서**		본인	대리인
				○	

성명 (한자)	김 (金)	인감	
국적			
주소	서울특별시		

용도	매도용	[ ] 부동산 매수자, [ ] 자동차 매수자			
		성 명 (법인명)		주민등록번호 (법인등록번호)	-
		주 소 (법인·사업장 소재지)			
		위의 기재사항을 확인합니다. 　　　　　　　　(발급신청자)　　　　　　　　(서명)			
	일반용				
비고					

1. 인감증명서 발급사실통보서비스를 신청하면 발급 사실을 휴대폰 문자로 즉시 통보받을 수 있습니다.
2. 인감증명서 발급 신청인이 본인인 경우에는 본인란에, 대리인이 신청하는 경우에는 대리인란에 ○표시됩니다.
3. 주민등록번호란에는 미주민등록 재외국민의 경우 여권번호, 국내거소신고자의 경우에는 국내거소신고번호, 외국인의 경우에는 외국인등록번호를 기재하며, 주민등록번호가 있는 경우 그 아래에 ( )를 하고 주민등록번호를 기재할 수 있습니다.
4. 민원인이 요청하는 경우 주소이동사항을 포함하여 발급합니다.
5. 부동산 또는 자동차(「자동차관리법」제5조에 따라 등록된 자동차를 말합니다) 매도용으로 인감증명서를 발급받으려면 매수자의 성명, 주민등록번호, 주소를 확인하고 서명하여야 합니다. 다만, 부동산 또는 자동차 매도용 이외의 경우에는 "빈칸"으로 표시됩니다.
6. 용도의 일반용란은 '은행제출용', '○○은행의 대출용으로만 사용'등 자유롭게 기재할 수 있습니다. 다만, 피한정후견인의 인감증명서를 발급하는 경우에는 담당 공무원이 신청인에게 구체적인 용도를 확인하여 직접 기재하여 발급하여야 합니다.
7. 매수자가 개인사업자인 경우 대표자의 성명, 주민등록번호를 작성하되, 주소는 사업장소재지를 기재합니다.
8. 미성년자, 피한정후견인, 피성년후견인의 표시와 미성년자의 법정대리인, 한정후견인, 성년후견인의 성명 및 주민등록번호의 기재는 비고란에 합니다.
   비고란은 개명한 사람인 경우 개명 전 성명 등 민원인 요청사항을 기재하면 됩니다.
9. 인감증명서의 발급사실은 전자민원창구(www.minwon.go.kr)를 통하여 「발급일, 인감증명 발급사실 확인용 번호, 주민등록번호, 발급기관」으로 확인할 수 있습니다.
10. 인감증명서와 동일한 효력이 있는 본인서명사실확인서는 미리 신고해야 하는 불편없이 전국 읍면사무소 및 동주민센터에서 바로 발급이 가능한 편리한 제도입니다.

발급번호		위 인감은 신고되어 있는 인감임을 증명합니다.

2021년 　 월 　 일

○○시·군·구·읍·면·동장 또는 출장소장 　[직인]

발급기관 고유코드: 주소지 증명청: ○○○

210mm×297mm[특수용지(80g/㎡)]

세번째로, '지방세납세증명서'는 납세자인 ① 위탁자를 기준으로 발급해야 하고, ② 증명서의 사용목적은 반드시 '부동산 신탁등기'에 체크하고, ③ 신탁 부동산의 표시에 '부동산 신탁 물건의 소재지, 건물 명칭 및 정보가 기재'되어야 합니다.

■ 지방세징수법 시행규칙 [별지 제1호 서식] (2022. 3. 18. 개정)　　정부24(www.gov.kr)에서도 신청할 수 있습니다.
(앞쪽)

지방세 납세증명(신청)서
Local Tax Payment Certificate(Application)

발급번호 Issuance Number	2021-2	접수일시 Time and Date of receipt	2021	처리기간 Processing period	즉시 Immediately

납세자 Taxpayer	성명(법인명)　김 Name(Name of Corporation)		주민(법인·외국인)등록번호　3　　　-1 Resident(Corporation·Foreign) Registration Number		
	주소(영업소) Address(Business Office)　경기도				
	전화번호(휴대전화) Phone number(Cellular phone number)				

증명서의 사용 목적 Purpose of Certificate	[ ] 대금수령 Receipt of payment	대금 지급자 Payer			
	[ ] 해외이주 Emigration	이주번호 Emigration No.	해외이주 신고일 Date of the Report	년 yyyy	월　일 mm　dd
	[ ] 부동산 신탁등기 Registration for real estate trust	신탁 부동산의 표시 (소재지, 건물명칭 및 번호) Information of real estate trust (Location, Building name and number)　경기도			
	[ ] 그 밖의 목적 Others				

증명서 신청부수 Copies of Certificate Needed	2 부 Copy(Copies)

「지방세징수법」 제5조 및 같은 법 시행령 제6조 제1항에 따라 발급일 현재 징수유예 등 또는 체납처분유예액을 제외하고는 다른 체납액이 없음을 증명하여 주시기 바랍니다.

I request to certify that I have no delinquent taxes except for the above-mentioned suspension of tax collection or suspension of disposition of delinquent tax as of the issued date of this certificate, in accordance with the provision of the Article 5 of Collection Act for Local Taxes and Article 6(1) of the Enforcement Decree of Collection Act for Local Taxes.

2021 년(yyyy)　　월(mm)　　일(dd)

신청인(납세자)　김　　　　　　　　　　　(서명 또는 인)
Applicant(Taxpayer)　　　　　　　　　　　(Signature or Stamp)

징수유예등 또는 체납처분유예의 명세
Suspension of Tax Collection or Suspension of Disposition of Delinquent Tax

유예종류 Type of taxes suspended	유예기간 Period of taxes suspended	과세연도 Tax Year	세목 Tax items	납부기한 Due date for payment	지방세 Tax Amount	가산금 Penalties

「지방세징수법」 제5조 및 같은 법 시행령 제6조 제2항에 따라 발급일 현재 위의 징수유예 등 또는 체납처분유예액을 제외하고는 다른 체납액이 없음을 증명합니다.

I hereby certify that I have no delinquent taxes except for the above-mentioned suspension of tax collection or suspension of disposition of delinquent tax as of the issued date of this certificate, in accordance with the provision of the Article 5 of Collection Act for Local Taxes and Article 6(2) of the Enforcement Decree of Collection Act for Local Taxes.

1. 증명서 유효기간:　　　2021 년(yyyy)　　　월(mm)　　　일(dd)
　 Period of Validity:

2. 유효기간을 정한 사유:
　 Reason for determining the validity date:

2021 년(yyyy)　　월(mm)　　일(dd)

지방자치단체의 장　　[직인]

Mayor · County chief · District chief

210mm×297mm[백상지 80g/㎡(재활용품)]

뿐만 아니라 가족관계증명서, 기본증명서, 주민등록초본(주민등록등본)은 위탁자를 기준으로 발급하되 ① 위탁자의 주민번호 13자리가 모두 기재되어야 하고, ② 특히, 주민등록초본은 과거부터 현재까지 주소 변경 사항이 모두 기재되어야 합니다.

만약, 신탁할 부동산이 전, 답, 과수원 목장용지 등 '농지'일 경우에는 수탁자인 신탁회사는 농지취득자격증명을 발급받아 신탁 등기 신청시 제출해야 합니다. 그러나 일반적으로 수탁자인 신탁회사는 금융기관으로서 '농지를 자기의 농업경영에 이용하거나 이용할 자가 아니여서 소유할 수 없기 때문에(농지법 제6조 제1항)' 증명서를 발급받을 수 없으며 해당 농지를 신탁할 수 없습니다.

제
3
편

■ 농지법 시행규칙 [별지 제5호 서식] (2012. 7. 18. 개정)

제 2018 호

농지취득자격증명

농지 취득자 (신청인)	성명(명칭)		주민등록번호 (법인등록번호)	
	주소	충청남도		
	전화번호	010		

취득 농지의 표시	소재지	지번	지목	면적(㎡)
	충청남도		답	

취득목적	주말체험영농

귀하의 농지취득자격증명신청에 대하여 「농지법」 제8조, 같은 법 시행령 제7조 제2항 및 같은 법 시행규칙 제7조 제4항에 따라 위와 같이 농지취득자격증명을 발급합니다.

2018 년   월   일

시장 · 구청장 · 읍장 · 면장   [직인]

유 의 사 항

1. 귀하께서 해당 농지의 취득과 관련하여 허위 그 밖에 부정한 방법에 따라 이 증명서를 발급받은 사실이 판명되면 「농지법」 제59조에 따라 3년 이하의 징역이나 1천만원 이하의 벌금에 처해질 수 있습니다.
2. 귀하께서 취득한 해당 농지를 취득목적대로 이용하지 아니할 경우에는 「농지법」 제11조 제1항 및 제62조에 따라 해당 농지의 처분명령 및 이행강제금이 부과될 수 있습니다.

210mm×297mm[백상지 120g/㎡]

---

101) 농지법 제6조(농지 소유 제한)
　① 농지는 자기의 농업경영에 이용하거나 이용할 자가 아니면 소유하지 못한다.
　② 제1항에도 불구하고 다음 각 호의 어느 하나에 해당하는 경우에는 농지를 소유할 수 있다. 다만, 소유 농지는 농업경영에 이용되도록 하여야 한다(제2호 및 제3호는 제외한다).
　　1. 국가나 지방자치단체가 농지를 소유하는 경우 (중략)
　　4. 상속[상속인에게 한 유증(遺贈)을 포함한다. 이하 같다]으로 농지를 취득하여 소유하는 경우

등기에 필요한 필수 서류 등을 검토한 후 등기소의 등기관은 등기소에 제공된 문서에 번호를 부여하고 이를 신탁원부로서 전산정보처리조직에 등록합니다.

| 신탁원부[102] |

신 탁 원 부

신탁원부 제25호

위탁자   김위탁
수탁자   주식회사 ○○ 은행

| 제   호 |

신청대리인 법무사 김법무 서울시 서초구 서초로 ○○○

신청서접수	20○○년 ○월 ○일
	제 호

1	위탁자의 성명, 주소	김위탁(○○○○○○-○○○○○○○)	
		서울시 서초구 서초로 111	
2	수탁자의 성명, 주소	주식회사 ○○ 은행(○○○○○-○○○○○○○)	
		서울시 중구 소공로 222	
3	수익자의 성명, 주소	원수익자 (생전수익자)	위탁자와 같음
		수익자 1 (사후수익자)	김수익(○○○○○○-○○○○○○○) 서울시 서초구 서초로 333
		수익자 2 (사후수익자)	
		수익자 3 (사후수익자)	
4	신탁조항	별첨 유언대용신탁계약서와 같음	
5	부동산의 표시	1. 서울특별시 서초구 서초동 555 대 23241.2㎡ 2. 동 소 555-1 대 35748.2㎡ 이 상	

---

102) 신탁원부, 소유권 이전 및 신탁등기 신청 예시 : 유언대용신탁과 등기실무 증보판(이남우, 2021년)

검인된 계약서 및 필수 부속서류, 취득세(등록면허세)영수필 확인서 등을 첨부하여 등기를 신청하게 되는데 유언대용신탁에 따른 소유권이전 및 신탁등기 신청서는 아래와 같습니다. 이것 또한 신탁 등기 신청을 위임할 경우 법무사 등이 해당 신청 업무를 수행합니다.

| 소유권 이전 및 신탁등기 신청 예시 |

소유권이전 및 신탁 등기신청				
접수	년 월 일	처리인	등기관확인	각종통지
	제 호			

부동산의 표시
1. 서울특별시 서초구 서초동 555　　 대 23241.2㎡ 2. 동 소　　　　　　　　　555-1　 대 35748.2㎡ [등록문서번호 : 25368456번] 이　　　　상

등기원인과 그 연월일	20○○년 ○월 ○일 신탁
등기의 목적	소유권 이전 및 신탁

구분	성명 (상호명칭)	주민등록번호 (등기용등록번호)	주소(소재지)	지분
등기 의무자	김위탁	○○○○-○○○	서울시 서초구 서초로 111	
등기 권리자	주식회사 ○○은행 대표이사 ○○○	○○○○-○○○	서울시 중구 소공로 222	

시가표준액 및 국민주택 채권 매입금액		
부동산표시	부동산별 시가표준액	부동산별 국민주택채권매입금액
1. 토지	금　　　　원	금　　　　원
2.	금　　　　원	금　　　　원
국민주택채권매입총액		채권 매입면제(주택도시기금법 시행령 별표1 제8조 제2항 관련 부표)
국민주택채권발행번호		
취득세(등록면허세) 금 6,000원		지방교육세　금　1,200원 농어촌특별세　금　　　원
세액합계		금　7,200원
등기신청수수료		금 30,000원
		은행수납번호 :

등기의무자의 등기필 정보		
부동산 고유번호	1102-2006-002095	
성명(명칭)	일련번호	비밀번호
	Q77C-LO7I-35J5	40-4636

첨부서면	
1. 신탁계약서　　　　　　　　　1통	1. 가족관계증명서　　　　　　　1통
1. 인감증명서(전자본인서명명의)　1통	1. 신탁회사의 신탁업 인가서류 1통
1. 토지대장(건축물대장)　　　　1통	1. 등기신청수수료영수필확인서 1통
1. 주민등록초본　　　　　　　　1통	1. 취득세(등록면허세)영수필확인서 1통
1. 신탁원부　　　　　　　　　　1통	1. 위임장　　　　　　　　　　　1통

20○○년 ○월 ○일
위 신청인　　　　　　　㉑　(전화：　　　)
(또는) 위 대리인 법무사 김법무　㉑　(전화：　　　)
서울 서초구 서초로 ○○○
서울중앙 지방법원　서초 등기소 귀 중

신탁 등기 신청 및 등기소 접수가 완료되면 등기접수일 3~4일 경과 후 등기사항전부증명서를 통해 확인 및 발급이 가능하고, 등기사항전부증명서 [갑구]에 수탁자인 신탁회사는 위탁자(소유자)로부터 소유권을 이전받게 되지만 소유자가 아니라 '**수탁자**'로 명시되며, 신탁계약서 내용을 별지 기재 사항으로 하는 신탁원부 및 신탁원부 번호가 생성됩니다. 누구든지 등기소에 방문하여 신탁원부를 발급받을 수 있습니다.

【갑 구】 (소유권에 관한 사항)				
순위번호	등기목적	접수	등기원인	권리자 및 기타사항
2	소유권 이전	2012년 3월 6일 제204호	2012년 3월 5일 매매	소유자 김위탁 ○○○○○○ - ○○○○○○○ 서울시 서초구 서초로 111 거래가액 금 300,000,000원
3	소유권 이전	2022년 3월 4일 제1004호	2022년 3월 3일 신탁	수탁자 주식회사 ○○은행 ○○○○○○ - ○○○○○○○ 서울시 중구 소공로 222
				신탁 신탁원부 제2022-25호

나. 신탁계약 변경시 등기

을종부동산신탁계약에 있어서 신탁법 제88조[103]에 따르면 위탁자, 수익자(신탁관리인이 선임 또는 지정된 경우 신탁관리인 포함), 신탁회사의 합의를 통해 신탁계약의 내용이 변경될 수 있습니다. 다만, 목적신탁(ex. 공익신탁 등)에서 수익자 신탁으로 또는 수익자 신탁에서 목적신탁으로의 변경은 금지됩니다.

을종부동산신탁계약에 있어서 신탁계약 내용이 변경되는 경우 소유권 이전 및 변동은 일어나지 않고 '신탁원부기록의 변경'으로서 '신탁원부 변경등기신청 절차'를 거칩니다. 등기원인은 '신탁원부 변경 또는 신탁원부 변경계약'으로 하고, 등기의 목적은 '신탁원부 기재사항의 변경'으로 처리하며, 변경된 내용은 별지 기재로 확인할 수 있고, 신탁원부 변경등기신청은 신탁회사가 등기신청인로서 진행해야 합니다.

---

103) 신탁법 제88조(신탁당사자의 합의 등에 의한 신탁변경)
① 신탁은 위탁자, 수탁자 및 수익자의 합의로 변경할 수 있다. 다만, 신탁행위로 달리 정한 경우에는 그에 따른다.
② 제1항에 따른 신탁의 변경은 제3자의 정당한 이익을 해치지 못한다.
③ 신탁행위 당시에 예견하지 못한 특별한 사정이 발생한 경우 위탁자, 수익자 또는 수탁자는 신탁의 변경을 법원에 청구할 수 있다.
④ 목적신탁에서 수익자의 이익을 위한 신탁으로, 수익자의 이익을 위한 신탁에서 목적신탁으로 변경할 수 없다.

■ **신탁재산의 표시 : 별지 참조**

위탁자 ○○○(이하 "위탁자"라 함)은 「별지 1. 신탁부동산 목록」에 기재한 신탁부동산(이하 "신탁부동산"이라 함)을 신탁회사(○○ 은행, 이하 "수탁자"라 함)과 20 년 월 일 을종부동산관리신탁 계약을 체결하고 신탁등기를 필하였습니다.

본 건 신탁계약의 제○조(수익자, 연속수익자 지정 및 신탁재산의 배분 등)의 제1연속수익자 및 제○○조(사망통지인의 지정 등)의 사망통지인, 특약 제3조(수익자, 연속수익자 지정 및 신탁재산의 배분 등)를 아래와 같이 신탁계약을 변경하며, 아래의 변경사항 이외의 계약내용은 종전 원계약서에 의한 신탁원부를 준용합니다.

위탁자, 신탁회사(수탁자)를 위해 3부를 작성하여 각 1부씩 보관하고 이외 1부는 신탁계약 변경등기(신탁원부 변경)에 사용키로 합니다.

- 다   음-

■ **신탁원부 변경 내용**

변경 전	변경 후
○○○○ 신탁 계약서 제○조(수익자, 연속수익자 지정 및 신탁재산의 배분 등)	○○○○ 신탁 계약서 제○조(수익자, 연속수익자 지정 및 신탁재산의 배분 등)

별지

신탁부동산의 표시

- 서울특별시 서초구 서초동 555   대 23241.2㎡
- 서울특별시 서초구 서초동 555-1 대 35748.2㎡

우선, 신탁원부에는 신탁계약 내용을 토대로 ① 위탁자, 신탁회사, 수익자의 성명과 주소, 법인인 경우 그 명칭과 사무소, ② 신탁관리인이 있는 경우에는 그 성명 또는 명칭과 주소 또는 사무소 소재지, ③ 신탁의 목적, ④ 신탁재산의 관리, 처분, 운용, 개발, 그 밖에 신탁 목적의 달성을 위하여 필요한 방법, ⑤ 신탁의 종료 사유, ⑥ 그 밖의 신탁조항을 기재[104]해

---

104) 부동산등기법 제81조(신탁등기의 등기사항)
① 등기관이 신탁등기를 할 때에는 다음 각 호의 사항을 기록한 신탁원부(信託原簿)를 작성하고, 등기기록에는 제48조에서 규정한 사항 외에 그 신탁원부의 번호를 기록하여야 한다.
1. 위탁자(委託者), 수탁자 및 수익자(受益者)의 성명 및 주소(법인인 경우에는 그 명칭 및 사무소 소재지를 말한다)

야 하고 이는 신탁법 제4조의 공시 규정을 반영하는 것이며, 선의의 제3자가 신탁재산임을 알지 못하고 거래하였을 때 발생할 수 있는 손해 등을 미연에 방지하기 위함입니다.

다만, 신탁계약 내용이 변경되어 신탁원부를 변경할 때에도 '신탁의 목적'에 반하는 내용으로 변경할 수 없을 것입니다. 신탁등기사무처리에 관한 예규에 따라 등기관은 그 등기신청을 심사하여 신탁목적에 반하는 등기신청[105]은 수리하지 않습니다.

수익자 또는 신탁관리인이 변경된 경우나 위탁자, 수익자 및 신탁관리인의 성명(명칭), 주소(사무소 소재지)가 변경이 되거나, 수익자를 지정하거나 변경할 수 있는 권한이 있는 자의 성명(명칭)이 변경되는 등 부동산등기법 제81조 제1항 각호 사항이 변경되는 경우 신탁회사는 즉시 등기원인을 '신탁원부 변경계약'으로 하여 신탁원부 변경 신청[106]을 해야 합니다.

다만, 위탁자의 지위 이전에 따른 신탁원부의 기록의 변경은 등기원인이 '위탁자 지위 이전'이고, 위탁자 지위 이전 방법을 증명하는 정보 또는 신탁회사와 수익자의 동의가 있음을

---

2. 수익자를 지정하거나 변경할 수 있는 권한을 갖는 자를 정한 경우에는 그 자의 성명 및 주소(법인인 경우에는 그 명칭 및 사무소 소재지를 말한다)
3. 수익자를 지정하거나 변경할 방법을 정한 경우에는 그 방법
4. 수익권의 발생 또는 소멸에 관한 조건이 있는 경우에는 그 조건
5. 신탁관리인이 선임된 경우에는 신탁관리인의 성명 및 주소(법인인 경우에는 그 명칭 및 사무소 소재지를 말한다)
6. 수익자가 없는 특정의 목적을 위한 신탁인 경우에는 그 뜻
7. 「신탁법」 제3조 제5항에 따라 수탁자가 타인에게 신탁을 설정하는 경우에는 그 뜻
8. 「신탁법」 제59조 제1항에 따른 유언대용신탁인 경우에는 그 뜻
9. 「신탁법」 제60조에 따른 수익자연속신탁인 경우에는 그 뜻
10. 「신탁법」 제78조에 따른 수익증권발행신탁인 경우에는 그 뜻
11. 「공익신탁법」에 따른 공익신탁인 경우에는 그 뜻
12. 「신탁법」 제114조 제1항에 따른 유한책임신탁인 경우에는 그 뜻
13. 신탁의 목적
14. 신탁재산의 관리, 처분, 운용, 개발, 그 밖에 신탁 목적의 달성을 위하여 필요한 방법
15. 신탁종료의 사유
16. 그 밖의 신탁 조항
② 제1항 제5호, 제6호, 제10호 및 제11호의 사항에 관하여 등기를 할 때에는 수익자의 성명 및 주소를 기재하지 아니할 수 있다.
③ 제1항의 신탁원부는 등기기록의 일부로 본다.
105) 신탁등기사무처리에 관한 예규 제1726호(2021. 6. 4. 개정) 6. 가. 신탁목적에 반하는 등기 신청
106) 부동산등기법 제86조(신탁변경등기의 신청)
   수탁자는 제85조 및 제85조의2에 해당하는 경우를 제외하고 제81조 제1항 각 호의 사항이 변경되었을 때에는 지체 없이 신탁원부 기록의 변경등기를 신청하여야 한다.

증명하는 정보(인감증명 포함)를 첨부정보로 등기관에게 제공해야 합니다. 이러한 신탁원부 변경 신청 업무를 법무사 등에게 맡길 경우 원부 변경 업무 대행 수수료 및 소액의 등록면허세 등이 발생할 수 있으며 신탁회사는 신탁계약에 근거하여 계약변경보수를 요구하기도 합니다.

| 신탁원부변경등기신청 예시 |

신탁원부변경등기신청

접수	년 월 일	처리인	등기관확인	각종통지
	제 호			

부동산의 표시
1. 서울특별시 서초구 서초동   555 대 23241.2㎡ 2. 서울특별시 서초구 서초동 555-1 대 35748.2㎡ 이   상

등기원인과 그 연월일	20○○년 ○월 ○일 신탁원부 변경계약
등기의 목적	신탁원부 기재사항변경
변경할 사항	별지기재와 같음

구분	성명(상호명칭)	주민등록번호 (법인등록번호)	주 소(소재지)	지분
신청인	주식회사 ○○은행 대표이사 ○○○	○○○○○○-○○○○○○○	서울시 중구 소공로 222	

주) 유언대용신탁과 등기실무 증보판(이남우, 2021년) 참고

다. 신탁계약 종료시 등기

신탁계약은 ① 신탁의 목적이 달성, ② 신탁의 목적 달성이 불가능, ③ 신탁의 합병, ④ 유한책임신탁에서 신탁재산에 파산선고, ⑤ 신수탁자 취임 및 목적신탁의 신탁관리인 취임이 1년간 이뤄지지 않거나, ⑥ 신탁계약으로 정한 종료 사유가 발생할 경우에 종료할 수 있습니다. 흔히, 신탁업계에서는 민법 제543조(해지, 해지권)에 따라 신탁계약의 종료를 해지라고도 합니다.

예를 들어 유언대용신탁의 목적(위탁자 사망시 사후수익자에게 신탁재산을 이전하는 목적)으로 을종부동산관리신탁이 체결된 경우 '위탁자가 사망했다면'을 신탁의 종료 사유(신탁의 목적이 달성)가 발생한 것이고, 사후수익자는 신탁의 종료 사유 발생 및 수익권에 기해 급부를 청구하며, 신탁회사는 신탁된 부동산의 소유권을 사후수익자에게 이전해야 합니다. 참고로 신탁회사가 신탁된 부동산을 사후수익자에게 소유권이전등기를 한 때까지 신탁은 존속한 것(법정신탁)으로 봅니다.

위탁자 사망으로 사후수익자의 수익권 급부 청구를 받은 신탁회사는 등기의무자로서 사후수익자를 등기권리자로 하여 '소유권이전 및 신탁등기말소 신청'을 동시에 진행해야 합니다. 우선, ① 신탁 종료에 따른 근거 서류로 신탁회사와 수익자는 '신탁재산귀속증서'를 서로 교부하고 신탁등기말소신청에 필요한 서류 등과 함께 등기소에 제출합니다. 소유권이전 및 신탁등기말소 신청의 ② 등기원인은 '신탁재산귀속'이며, ③ 말소의 원인은 '신탁의 종료'입니다. 이에 따른 신청서 및 그 결과가 반영된 등기사항전부증명서 내용은 이하 표를 참고하시기 바랍니다.

신탁 종료에 따라 위탁자와 동일인이 아닌 수익자가 부동산을 취득할 경우에는 취득세, 등록면허세, 지방교육세 등이 발생하고, 수익자는 신탁계약 종료에 따라 신탁회사에게 집행보수를 납부해야 하며, 신탁등기 말소 신청에 따라 소액의 등록면허세, 지방교육세, 등기신청수수료가 발생하고, 이러한 소유권이전 및 신탁등기말소 업무를 법무사 등에게 맡길 경우 말소 등기 업무 대행 수수료가 발생할 수 있습니다.

신탁재산귀속증서

> * 목적 예시 : 위탁자 사망 등
> * '신탁 종료 합의(해지) 등' 문구로 변경 가능

부동산의 표시

별지와 같음

위 부동산에 대하여 위탁자 ○○○과 수탁자 ○○신탁주식회사(이하 "갑"이라 한다) 간에 체결한 부동산신탁계약 및 신탁법에서 규정하고 있는 신탁 종료 사유인 "신탁의 목적을 달성하였을 때"에 해당하여 잔여재산전부를 다음과 같이 수익자(이하 "을"이라 함)에게 귀속하기로 한다.

제1조 위탁자 ○○○이 "갑"에게 신탁한 위 부동산을 "을"명의로 소유권 이전등기를 회복하는데 그 목적이 있다.

제2조 "갑"은 신탁에 의한 소유권을 "을"에게 귀속하며, "갑"은 위 부동산을 현상태로 "을"에게 이전한다.

제3조 위 부동산에 대하여 이미 발생한 제세공과금은 "을"이 부담한다.

이 약정을 증명하기 위하여 귀속증서 3통을 작성하여 "갑"과 "을"이 각각 1통씩 보관하고 1통은 등기소 제출용으로 하기로 한다.

2000년 ○월 ○일

수탁자(갑)

성 명(상호) : 주식회사 ○○은행

주민등록번호(법인등록번호) : ○○○○○○ - ○○○○○○○

주소(사업장 소재지) : 서울시 중구 소공로 222

수익자(을) : 김수익

주민등록번호(법인등록번호) : ○○○○○○ - ○○○○○○○

주소(사업장 소재지) : 서울시 서초구 서초로 333

검인신청자 법무사 ○○○

주) 유언대용신탁과 등기실무 증보판(이남우, 2021년) 참고

소유권이전 및 신탁등기말소신청

접수	년 월 일	처리인	등기관확인	각종통지
	제 호			

부동산의 표시
1. 서울특별시 서초구 서초동   555 대 23241.2㎡ 2. 서울특별시 서초구 서초동 555-1 대 35748.2㎡ 이   상

등기원인과 그 연월일	20○○년 ○월 ○일 신탁재산귀속
등기의 목적	소유권이전 및 신탁등기말소
말소의 원인	신탁의 종료

주) 유언대용신탁과 등기실무 증보판(이남우, 2021년) 참고

| 신탁 종료에 따른 '등기사항전부증명서(갑구)' 예시 |

【갑 구】 (소유권에 관한 사항)				
순위 번호	등기목적	접수	등기원인	권리자 및 기타사항
2	소유권 이전	2012년 3월 6일 제204호	2012년 3월 5일 매매	소유자 김위탁 ○○○○○○ - ○○○○○○○ 서울시 서초구 서초로 111 거래가액 금 300,000,000원
3	소유권 이전	2022년 3월 4일 제1004호	2022년 3월 3일 신탁	수탁자 주식회사 ○○은행 ○○○○○○ - ○○○○○○○ 서울시 중구 소공로 222
				~~신탁~~ ~~신탁원부 제2022-25호~~
4	소유권 이전	2024년 9월 13일 제3004호	2024년 8월 30일 신탁재산의 귀속	소유자 김수익 ○○○○○○ - ○○○○○○○ 서울시 서초구 서초로 333
				3번 신탁등기 말소 원인 신탁재산의 귀속

신탁재산(부동산) 임대차계약에 대한 확인서

신탁회사(○○은행)는 임대인과 임차인이 아래 조건으로 임대차계약을 체결하는 것에 대해 동의합니다.

-아 래-

1. 신탁부동산

2. 임대차 상세내역
   - 임대인 :
   - 임차인 :
   - 계약기간 : 20　년　월　일 부터 20　년　월　일까지
   - 임대보증금 및 월임차료
     - 임대보증금 :　　　　　원정 / 월임차료 :　　　　원정

3. 신탁회사(○○은행)은 신탁계약의 수탁자로서 신탁등기에도 불구하고 위탁자 겸 수익자인 임대인이 신탁부동산에 관한 임대차계약의 체결, 임대보증금 및 임차료 수령, 관리 등 그에 따른 수익권을 보유하고 있음을 확인하며 해당 임대차계약 체결에 동의함.　　　　신탁회사(○○은행) 지배인　　　　　(인)

4. 임차인은 임차목적물에 대한 신탁원부(신탁계약)에 대하여 충분한 설명을 듣고 이해하였음.

5. 을종부동산관리신탁계약서 제○○조 또는 특약 제○○조에 의거 임대차보증금 반환의무를 포함한 임대인의 의무는 신탁계약의 위탁자 겸 수익자인 [임대인]에게 있음을 인지함.

6. 총 3부를 작성하여 임대인, 임차인, 신탁회사가 보관한다.

20　년　월　일

임대인 (신탁계약상 위탁자 겸 수익자)	성　명 :　　　　　　　(인) 전화번호 : 생년월일 : 주　소:
임차인	성　명 :　　　　　　　(인) 전화번호 : 생년월일 : 주　소:

【갑 구】(소유권에 관한 사항)				
순위 번호	등기목적	접수	등기원인	권리자 및 기타사항
2	소유권 이전	2012년 3월 6일 제204호	2012년 3월 5일 매매	소유자 김위탁 ○○○○○○-○○○○○○○ 서울시 서초구 서초로 111 거래가액 금 300,000,000원
3	소유권 이전	2022년 3월 4일 제1003호	2022년 3월 3일 증여	소유자 김수익 ○○○○○○-○○○○○○○ 서울시 서초구 서초로 333
4	소유권 이전	2022년 3월 4일 제1004호	2022년 3월 3일 신탁	수탁자 ○○ 은행 ○○○○○○-○○○○○○○ 서울시 중구 소공로 222 신탁 신탁원부 제2022-25호

9 공익신탁

1 공익신탁[107]이란

공익신탁이란 기부를 하려는 사람(위탁자)이 기부재산을 일정한 개인이나 신탁회사(수탁자)에게 맡겨 관리하게 하면서 그 원금과 수익을 기부자가 지정하는 공익적 용도로 사용하게 하는 제도(신탁)를 말합니다. 수익자가 구체적으로 지정되지 않은 '목적신탁'의 대표적인 신탁이며 신탁법이 아닌 '공익신탁법'의 규율을 적용 받습니다.

공익신탁은 기부자(위탁자)와 수탁자간에 신탁계약을 체결하고 법무부의 인가만 받으면 즉시 설정할 수 있고, 공익법인 또는 공익재단 등 별도의 조직을 운영할 필요가 없어서 공익법인 또는 공익재산 설립에 비해 상대적으로 적은 관리 비용이 들고, 인가 신청부터 3개

---

107) 공익신탁 : '법무부 공익신탁 시스템 홈페이지'의 공익신탁 소개, 공시서류 열람, 정보마당, 참여마당안내 글과 자료를 그대로 옮겨 기재하였으며 문구와 용어를 일부 저자가 수정하였습니다.

제 3 편

월 이내에 인가 여부가 결정됩니다.

공익신탁은 신탁의 특성상 수탁자의 고유재산과는 별개로 분별하여 관리되고, 수탁자가 파산하더라도 영향을 받지 않고, 기부재산을 신탁계약에서 정한 목적으로만 사용할 수 있으므로 위탁자의 의지대로 신탁재산이 관리, 사용됩니다.

뿐만 아니라 법무부가 공익신탁의 운영 및 회계에 대해 수탁자를 관리 및 감독하고 공익신탁의 주요 현황을 법무부 공익신탁 시스템 홈페이지(trust.go.kr)에 공시하므로 기부자(위탁자) 및 일반인들이 쉽게 공익신탁 현황을 파악할 수 있으므로 투명성이 보장됩니다.

| 공익신탁 구조 요약 |

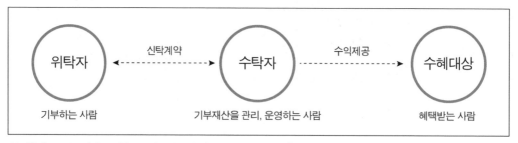

※ 상기 도표 : https://www.trust.go.kr/introduction.do 참조

② 공익신탁의 장점

공익신탁은 누구나 손쉽게 이용가능하다는 점입니다. 공익신탁은 위탁자(기부자)와 수탁자(기부재산을 관리 및 운용하는 개인 또는 신탁회사 등) 간의 신탁계약을 체결하고 법무부 인가만 받으면 즉시 설정할 수 있습니다. 공익법인 설립은 허가나 등기 등 절차를 완료하려면 통상 수개월이 소요되고, 설립 이후에도 공익사업 외에 법인 조직을 유지하기 위해 많은 비용이 추가로 필요한데 반해 공익신탁은 별도의 조직을 운영할 필요가 없어 상대적으로 적은 관리 비용이 소요됩니다.

공익신탁은 다양한 공익 목적으로 사용할 수 있습니다. 장학, 복지, 문화, 스포츠, 환경보호 등 공익신탁법에서 규정한 다양한 공익사업을 목적으로 할 수 있고, 신탁계약에서 정한 대로 본인이 원하는 특정한 목적에만 신탁재산이 사용되도록 설정할 수 있습니다.

공익신탁은 건전하고 투명하게 운영됩니다. 인가와 취소에 관한 사항, 사업계획서, 사업보고서 등 공익신탁의 관리와 운용에 관한 활동내역이 '법무부 공익신탁 시스템(trust.go.kr)'에 공시되어 누구나 언제든지 확인할 수 있습니다. 아울러 기부자(위탁자) 뿐만 아니라 기부자가 선정한 신탁관리인을 비롯하여 법무부가 공익신탁을 관리 및 감독합니다.

공익신탁은 기부자(위탁자)의 의지대로 사용됩니다. 공익신탁은 신탁의 특성상 기부자 및 수탁자의 고유재산과 분리되고, 분별 관리되며, 수탁자가 파산하더라도 영향을 받지 않고, 신탁계약에서 정한 목적으로만 사용되므로 기부자의 의지대로 기부한 재산이 사용됩니다. 뿐만 아니라 기부자(위탁자)의 상속재산에서 제외되는 비과세 재산입니다.

③ 공익신탁의 구조 및 업무절차

기부자는 우선 기부금의 관리와 운용, 집행을 믿고 맡길 수 있는 수탁자(개인 또는 신탁회사)를 선정하여 신탁계약을 체결합니다. 신탁계약에는 반드시 ① 목적사업 및 명칭이 기재(장학, 복지, 통일, 아동보호 등 공익신탁법에서 규정된 공익성 있는 사업, 신탁명칭에는 반드시 '공익신탁'임이 표시되어야 함)해야 하고, ② 기부자의 범위 결정 및 수탁자를 선정(공익신탁법에서 기부자와 기부금의 제한은 없으며, 수탁자는 공익신탁법 제4조 제3호에서 정한 결격 사유만 없다면 개인, 신탁회사, 공익단체 누구든지 가능)해야 하며, ③ 신탁재산 확보 방법(단독 위탁 또는 공동 위탁 등의 결정 등)이 명시되고, ④ 지원시기 및 방법(수혜대상자에 대한 지원 시기 및 방법, 수혜대상자를 지정할 때 해당 분야 전문성이 있는 공익단체에 자문을 받는 것도 고려 필요)이 지정되어야 합니다.

공익신탁 계약 이후 수탁자(신청인)는 상기 ①~④까지의 사항이 반영된 인가신청 서류를 작성하여 법무부에 인가를 신청해야 하고, 법무부는 인가 신청 후 90일 이내 수탁자(신청인)에게 인가 결과를 통보하게 됩니다.

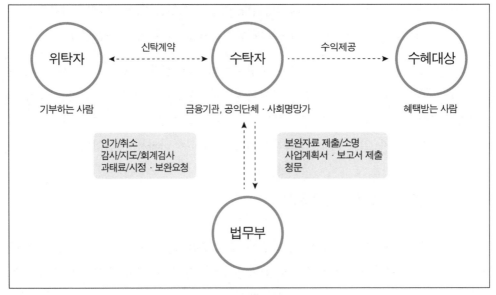

※ 상기 도표 : https://www.trust.go.kr/process.do 참조

| 공익신탁 업무절차 개요 |

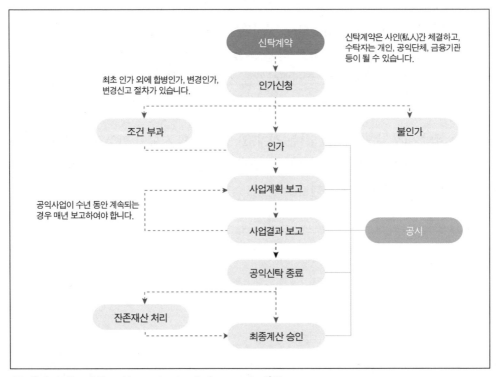

※ 상기 도표 : https://www.trust.go.kr/process.do 참조

4 공익신탁 현황

2021년말 현재 공익신탁은 33개 신탁이 설정되었고, 2020년 이후 최신으로 추가된 공익신탁은 아래 표와 같습니다.

| 2020년 이후 설정된 공익신탁 |

순번	명칭	공익사업유형	수탁자	인가일
33	KB Green Wave 1.5℃ 공익신탁	환경보호와 정비를…	주식회사 KB 국민	2021.5.14.
32	장애청소년의 복리를 위한 공익신탁	장애인·노인, 재정이 …	주식회사 신영증권	2020.12.29.
31	KB 순천愛 생활 SOC 공익신탁	지역사회의 건전한…	주식회사 국민은행	2020.7.9.
30	KB 창원愛 생활 SOC 공익신탁	지역사회의 건전한…	주식회사 국민은행	2020.7.9.
29	KB 은평愛 생활 SOC 공익신탁	지역사회의 건전한…	주식회사 국민은행	2020.7.9.
28	KB 맑은바다 공익신탁	환경보호와 정비를…	주식회사 국민은행	2020.6.18.
27	KB The 맑은하늘 공익신탁	환경보호와 정비를…	주식회사 국민은행	2020.2.27.

| 참고. '우리 삶에 꼭 필요한 신탁'관련 칼럼 |

우리 삶에 꼭 필요한 신탁들 – 머니투데이, 머니디렉터, 2020년 12월 17일, 신관식 세무사

신탁이란 문자 그대로 '믿고 맡긴다'는 의미다. 고객이 신탁계약의 위탁자가 되어 본인의 재산을 수탁자인 신탁회사에 맡기고, 그 재산에 대해 관리, 운용, 처분, 개발 등을 신탁회사에 지시하며, 고객이 지정한 수익자가 해당 신탁계약의 이익을 받도록 하는 자산관리 도구다.

신탁은 더 나아가 고객의 재산, 소득, 가족관계에 따라 다양한 재무설계 및 자산승계 전략 수립 등이 가능한 종합 금융서비스로 발전하고 있다.

2012년 신탁법의 개정으로 '유언대용신탁(상속신탁)'이 도입됐다. 유언대용신탁이란 고객 본인이 신탁회사에 재산을 맡기고 생전에는 안전한 재산 보관 및 재산 증식의 수단으로 활용하면서 신탁계약에서 발생되는 수익은 본인이 가져가는 신탁이다.

그리고 사후에는 신탁계약에 따라 배우자나 자녀, 제3자 등을 수익자로 해 원활한 재산 배분을 목적으로 한다. 즉, 유언대용신탁을 하게 되면 민법상 허용되고 있는 유언을 대용할 수 있는 장점이 있고, 고객의 의사를 전적으로 반영해 신속한 상속재산 배분이 이뤄지는 선진화된 자산승계 서비스라고 할 수 있다.

고객 본인의 막대한 재산이 자녀나 손자녀에게 무상으로 이전될 경우 자칫 자녀 등은 학업이나 근로를 소홀히 할 수도 있고 재산을 낭비하거나 탕진할 수도 있다. 이 때 필요한 전략이 '인센티브(Incentive, 성과조건부) 신탁'이다.

신탁계약시 고객이 수익자인 자녀 등에게 여러 조건을 걸게 되고 조건이 달성되면 자녀 등에게 신탁재산이 지급되는 것이다. 조건의 예로는 학위, 취업, 결혼, 특정 종교 유지 등이 있다. 즉, 부모가 자녀나 손자녀들의 바람직한 삶을 유도할 수 있는 방법으로 매우 유익하다.

우리나라 보건복지부 발표 자료에 따르면 2018년말 기준으로 우리나라 치매인구가 75만명을 넘어섰다. 2024년에는 100만명, 2041년에는 약 200만명을 초과할 것으로 예상하고 있다. 따라서 치매를 준비하는 여러 금융상품 중에서 신탁을 고려해보는 것도 바람직하다. 미리 신탁을 준비하면 향후 치매가 발병할 경우에 의료비, 생활자금을 본인이나 간병인이 정기적으로 지급받을 수 있도록 설계할 수 있다. 동시에 본인 사후 재산 분배 기준을 미리 마련해 가족 간의 재산 분쟁 요소를 막을 수도 있다.

우리나라 상속세 및 증여세법에서는 장애인이 부모 등으로 증여받은 재산을 증여세 신고 기한(증여일이 속하는 달의 말일로부터 3개월) 내에 신탁회사에 수탁할 경우 최대 5억원을 한도로 증여재산에 포함시키지 않는 세제상 혜택을 부여하고 있다. 특히, 올해 세법이 개정되면서 재산을 맡기는 사람이 장애인이 아니어도 신탁재산을 받는 수익자가 장애인이기만 한다면 동일한 혜택을 받을 수 있다. 중증장애인이라면 의료비, 특수목적교육비 뿐만 아니라 원금 중에서 매월 최대 150만원까지는 인출할 수 있다.

재산 중 전부 또는 일부가 장학, 사회복지, 문화, 환경 등 공익목적으로 활용될 수 있도록 기부를 생각하는 고객은 '공익신탁'이 매우 유용하다. 공익법인 설립과 달리 공익신탁은 법인 설립 허가시 등기 등이 필요 없고, 신탁회사와의 계약만으로 설정이 가능하기 때문에 공익법인 대비 시간과 각종 비용을 줄일 수 있다. 특히, 법무부가 공익신탁을 인가하고 지속적으로 관리 감독하며 각종 세제상 혜택(기부금 관련 손금 및 세액공제, 상속재산에서 제외)을 누리는 장점도 있다.

제**4**편

자산승계신탁·서비스와
컨설팅 사례

사례 **1**

[재건축, 재개발] 재건축정비사업이 진행되고 있는 노후된 아파트

① 고객 상황

　김○희 고객은 75세(女)이며, 남편 박○수씨는 2년 전 작고하였습니다. 슬하에 자녀 3명의 자식을 두었습니다(맏딸 52세, 맏아들 49세, 둘째아들 44세). 2년 전 작고한 남편 재산에 대해 두 아들간의 분쟁으로 상속재산분할협의가 이뤄지지 않은 상태였으며, 둘째 아들이 법원에 소를 제기하려고 하는 중이었습니다.

② 고객 자산과 특이사항

　김○희 고객은 50년간 약사(藥師)로서 소득활동을 해왔으나 자녀 교육 및 맏아들에게 사업자금 지원(약 50억원) 등으로 인해, 현재 거주 중인 반포동 아파트(공동주택공시가격 15.5억, 유사매매사례가 평균액 28억, 취득일 1998년)와 경기도 부천시에 빌라(주거용, 공동주택공시가격 2억, 유사매매사례가 평균액 4.5억, 취득일 2005년), 입출금통장 2억, 종신보험을 보유하고 있었습니다. 특히, 반포동 아파트는 2013년에 재건축정비사업조합이 조합설립인가되었으며(김○희 고객은 조합원) 현재 관리처분계획인가 완료 상태로 조합원의 이주 및 철거를 앞둔 상태였습니다. 뿐만 아니라 조합원의 이주 및 철거시 김○희 고객 본인은 부천시에 있는 빌라로 거주를 옮길 예정을 하고 있었습니다.

③ 고객 니즈

　김○희 고객은 남편이 작고하고 나서 남편의 재산을 가지고 자식들끼리 2년간 싸우는 모습을 보고, 본인을 봉양하고 있는 맏딸에게 반포동 아파트를, 둘째 아들에게는 부천시에 있는 빌라와 입출금 통장에 있는 2억을 유언대용신탁으로 하여 물려주려고 했습니다. 공정증서 유언도 생각했으나 신탁회사(○○은행)가 맡아서 정리해 주면 좋겠다고 했습니다.

④ 결론

도시 및 주거환경정비법(이하, 도정법) 제39조[108]에 따라 투기과열지구로 지정된 서울시에서 재건축정비사업을 시행하는 경우 조합설립인가 후 해당 정비사업의 건축물 또는 토지를 양수(매매, 증여, 그 밖의 권리의 변동을 수반하는 행위를 포함하되, 상속 또는 이혼으로 인한 양도, 양수하는 경우는 제외함)한 자는 조합원이 될 수 없습니다.

만약 신탁계약시 김○희 고객의 반포동 아파트의 소유권은 신탁회사로 이전되어야 합니다. 반포동 아파트의 경우 현재 재건축정비사업이 진행되고 있는 단계였기 때문에 신탁회사로 소유권 이전이 일어나게 될 경우 신탁회사 또는 원소유자인 김○희 고객이 조합원 자격을 유지할 수 있을 지 서초구청 도시정비과 및 재건축조합에 문의하였으나 법률 및 조합 정관상 조합원 자격이 박탈되며 현금청산 대상자(대상물건)가 된다고 안내를 받았습니다.

그 이유로는 신탁계약을 통해 ① 소유권 이전이 일어난다면 조합설립인가 후 그 밖의 권리 변동으로 볼 수 있고(신탁계약으로 인한 소유권 이전은 상속 또는 이혼으로 인한 양도, 양수가 아니므로 예외사항이 될 수 없음), ② 현재 김○희 고객은 1세대 1주택자가 아닐 뿐만 아니라, ③ 법에서 정한 '그 밖의 불가피한 사정'을 적용하기도 힘들다는 점 때문이었습니다.

---

108) 도시 및 주거환경정비법 제39조(조합원의 자격 등) (중략)
　② 「주택법」 제63조 제1항에 따른 투기과열지구(이하 "투기과열지구"라 한다)로 지정된 지역에서 재건축사업을 시행하는 경우에는 조합설립인가 후, 재개발사업을 시행하는 경우에는 제74조에 따른 관리처분계획의 인가 후 해당 정비사업의 건축물 또는 토지를 양수(매매·증여, 그 밖의 권리의 변동을 수반하는 모든 행위를 포함하되, 상속·이혼으로 인한 양도·양수의 경우는 제외한다. 이하 이 조에서 같다)한 자는 제1항에도 불구하고 조합원이 될 수 없다. 다만, 양도인이 다음 각 호의 어느 하나에 해당하는 경우 그 양도인으로부터 그 건축물 또는 토지를 양수한 자는 그러하지 아니하다.
　　1. 세대원(세대주가 포함된 세대의 구성원을 말한다. 이하 이 조에서 같다)의 근무상 또는 생업상의 사정이나 질병치료(「의료법」 제3조에 따른 의료기관의 장이 1년 이상의 치료나 요양이 필요하다고 인정하는 경우로 한정한다)·취학·결혼으로 세대원이 모두 해당 사업구역에 위치하지 아니한 특별시·광역시·특별자치시·특별자치도·시 또는 군으로 이전하는 경우
　　2. 상속으로 취득한 주택으로 세대원 모두 이전하는 경우
　　3. 세대원 모두 해외로 이주하거나 세대원 모두 2년 이상 해외에 체류하려는 경우
　　4. 1세대(제1항 제2호에 따라 1세대에 속하는 때를 말한다) 1주택자로서 양도하는 주택에 대한 소유기간 및 거주기간이 대통령령으로 정하는 기간 이상인 경우
　　5. 제80조에 따른 지분형주택을 공급받기 위하여 건축물 또는 토지를 토지주택공사등과 공유하려는 경우
　　6. 공공임대주택, 「공공주택 특별법」에 따른 공공분양주택의 공급 및 대통령령으로 정하는 사업을 목적으로 건축물 또는 토지를 양수하려는 공공재개발사업 시행자에게 양도하려는 경우
　　7. 그 밖에 불가피한 사정으로 양도하는 경우로서 대통령령으로 정하는 경우

하지만, 재건축정비조합도 조합원 이주 및 기존 건축물의 철거를 진행하기 위해서는 조합원으로부터 토지 및 건축물의 소유권을 이전받아 조합이 재건축사업을 진행하는 방식이었는데 신탁회사가 부동산관리신탁형태로 먼저 조합원의 부동산 소유권을 관리하고 있다가 ① 재신탁 또는 ② 수탁자 경질[109] 방식으로 진행해도 된다고 생각했으나 법률의 엄격해석 원칙 및 선례가 없는 관계로 소송 등의 문제가 발생할 수 있어 반포동 아파트는 유언대용신탁을 설정하지 못했습니다.

혹자들은, 김ㅇ희 고객이 가진 반포동 아파트 소유권(대지권 포함) 전부를 신탁하지 말고 일부만 신탁을 해서, 공유형태로 하고, 대표조합원을 김ㅇ희 고객으로 하면 신규 아파트를 받을 수 있다고 합니다. 맞는 설명이지만 대표조합원만이 조합을 상대로 분양신청 등 법률행위를 할 수 있다고 해서 대표조합원만이 입주권을 단독으로 갖는 것이 아니라 토지지분 비율대로 대표조합원을 포함한 공유자들이 입주권을 갖습니다. 특히, 중요한 점은 신규 아파트 보존 등기 전까지 '조합'이 토지 등을 소유하게 되고, 신탁된 기존 아파트는 멸실되므로 신탁이 종료될 수 밖에 없습니다.

결국 김ㅇ희 고객이 보유한 자산 중에서 반포동 아파트는 재건축정비사업이 완료되고 신규 아파트를 받고 난 후 신탁계약을 검토하기로 하였고, 이외 부천시 빌라와 입출금 통장의 2억은 맏딸을 사후수익자로 하여 유언대용신탁(을종부동산관리신탁, 특정금전신탁)을 설정하였습니다.

 Tip

> 신탁예정인 부동산이 '재건축정비사업 또는 재개발정비사업'이 진행되고 있는 토지 및 아파트 등 건축물이라면 반드시 고객과 신탁회사는 사업진행단계를 확인하고, 시군구청 및 해당 조합에 문의 등을 통해 신탁계약 설정 유무를 꼼꼼히 점검해야 할 것입니다.

---

109) 수탁자 경질 : 대법원 2007. 6. 1. 선고 2005다5812,5829,5836 판결
　　[판시사항] (중략)
　　[6] 신탁행위의 정함에 따라 전수탁자가 임무를 종료하고 신수탁자가 선임된 경우, 신수탁자가 전수탁자의 지위를 포괄적으로 승계하는지 여부(적극) 및 제3자가 수탁자의 경질 이전에 이미 발생한 채권을 신수탁자에 대하여 행사할 수 있는 범위
　　[판결요지] (중략)
　　[6] 신탁행위의 정함에 따라 전수탁자가 임무를 종료하고 신수탁자가 선임됨으로써 수탁자가 변경된 경우에도 신수탁자는 신탁법 제26조, 제48조 등이 정하는 수탁자 경질의 법리에 따라 수탁자의 지위를 포괄적으로 승계하게 되고, 이 때 제3자는 수탁자의 경질 이전에 이미 발생한 채권에 관하여 계약의 당사자인 전수탁자에게 이를 행사할 수 있음은 물론, 신탁법 제48조 제3항에 의하여 신탁재산의 범위 내에서 신수탁자에 대하여도 행사할 수 있다.

▶▶ [별첨] 재개발·재건축의 개요 및 프로세스와 신탁

☐ 재개발·재건축의 개요

- 보통의 재개발·재건축 지역 : 주택이 노후되어 주거환경개선이 필요한 곳
- 재개발·재건축 사업의 진행 기간 : 통상적으로 15년 이상 소요
- 방법 : 조합설립방식, 공공 재개발, 신속통합기획(일명 : 신통기획)개발 등

☐ 재개발·재건축의 프로세스

1. 정비구역지정과 추진위원회 설립

1) 정비구역지정 : 지정 요건이 제각각, 재건축의 경우 **주택이 지어진지 30년 이상**

2) 정비구역지정의 선행 절차

    2-1) 아파트 등의 '**안전진단절차**'를 거쳐 재건축 여부 판단

        ※ 안전진단 : 서울의 경우 1차, 2차, 3차 안전진단 등 여러 차례 실시 中

    2-2) **재개발** : 노후 및 불량건축물이 정비구역예정지 건축물의 **3분의 2 이상** 필요

    2-3) 추가 고려 요소 : 주민동의율, 도로접도율, 세대밀도, 필지 수 등

        ※ 서울시 : '**주거정비지수제**' 도입(2015년부터, 70점 이상 시 정비구역지정 가능)
          → 최근, '주거정비지수제' 폐지(단, 면적 1만제곱미터 이상 및 노후 및 불량건축물 비율 3분
           의 2 이상으로 단순화)

3) 추진위원회 설립

    3-1) 정비구역으로 지정된 후 **구역 내 토지소유자들의 과반수 이상의 동의시**

    3-2) 유의할 점 : 구역 내에서 여러 '추진위원회 준비 단체 난립' → 사업 지연

    3-3) 추진위원회 임무 : **조합 설립 추진**

2. 조합설립인가와 시공사 선정

1) 조합설립의 필요한 '동의 요건' : 동의서 징구 기간에 따라 사업속도가 판가름

    1-1) **재개발** : 토지 등 소유자 4분의 3 이상 & 토지면적 2분의 1 이상 토지 등 소유
        자 동의 시

    1-2) **재건축** : 토지 등 소유자 4분의 3 이상 & 토지면적 4분의 3 이상 토지 등 소유
        자 & 각 동별 토지 등 소유자 과반수 이상 동의 시

2) 조합설립 후 '시공사 선정'

　　2-1) 시공사의 역할 : '아파트 공사' + '(관행)조합에 운영자금 또는 사업자금 대여'

　　　　→ 조합원 & 조합 : 대형 건설사 선호(신뢰도 상승 & 안정적 자금 수급 가능)

　　2-2) 시공사 선정 : **경쟁입찰방식을 통해 조합원 총회에서 결정**

3. 사업시행인가

1) 사업시행계획

　　1-1) 사업시행계획에 포함되는 계획 : 건축물 구조(높이 등)·용적률 등 건축계획,
　　　　정비기반시설 설치계획, 임대주택/소형주택 건설계획 등

　　　　→ 해당 시점에서 '전체 세대 수, 층수, 평형의 종류, 평형별 세대 수 결정'

2) '조합원의 분양신청' : 분양을 신청하지 않은 조합원은 '**현금청산자**'가 됨.

4. 관리처분계획 및 관리처분계획인가

1) 조합원의 분양 내역 확정(단, 조합의 사정으로 분양 내역이 일부 조정될 수 있음)

2) 조합원 입장 : 해당 단계에서 '**아파트 평형과 예상 분양가액**' 확인 가능

　　→ 이에 불만이 있는 조합원은 관리처분인가일로부터 90일 이내 조합을 상대로 소송
　　　가능

5. 착공 및 준공, 이전 고시

1) 이주/철거 : 관리처분인가 후 '조합원, 세입자, 현금청산대상자 등' 이주 실시

　　→ 미이주시 : 조합은 이주대상자를 상대로 소송(사업 지연 요소) → 철거

2) 조합원 : 동, 호수 추첨

3) 조합원 외 : 일반 분양 진행 → 분양 계약

4) 착공 및 준공 : 대략 3년 전후 소요

5) 준공 인가 및 이전 고시 → 조합 해산

　　5-1) 일반

　　　　－수분양자 : 준공 인가 → 입주 → '이전 고시' 및 수분양자로 소유권보존등기

　　　　－이외 : 현금청산

　　5-2) 예외 : '이전 고시' 지연으로 수분양자들이 소유권을 확보 못하는 사례 발생

제4편

□ 신탁 관련

※ 아래 내용은 일반적인 사항으로 예외가 있을 수 있음.

−재개발 : '**관리처분계획인가**' 이후 소유권 전부를 '**신탁**'할 경우 → '**현금청산**' 대상 가능(단, 2018년 1월 24일 전에 **사업시행인가**된 건은 **제한 없음**)

−재건축 : '**조합설립인가**' 이후 소유권 전부를 '**신탁**'할 경우 → '**현금청산**' 대상 가능(단, 2003년 12월 30일 전에 **조합설립인가**된 건은 **제한 없음**)

　※ 근거 조항 : **도시 및 주거환경정비법 제39조(조합원의 자격 등)** (중략)

　　② 「주택법」 제63조 제1항에 따른 투기과열지구(이하 "투기과열지구"라 한다)로 지정된 지역에서 재건축사업을 시행하는 경우에는 조합설립인가 후, 재개발사업을 시행하는 경우에는 제74조에 따른 관리처분계획의 인가 후 해당 정비사업의 건축물 또는 토지를 양수(매매·증여, 그 밖의 권리의 변동을 수반하는 모든 행위를 포함하되, 상속·이혼으로 인한 양도·양수의 경우는 제외한다. 이하 이 조에서 같다)한 자는 제1항에도 불구하고 조합원이 될 수 없다. (이하, 생략)

〈참고문헌〉 재개발 재건축 권리와 세금 뽀개기(김예림/안수남/장보원, 2022년 개정판, 02파트)

[농지] 시골 농부의 '논, 밭, 과수원, 선산, 주택'

① 고객 상황

신○호 고객은 72세(남)이며, 배우자 김○숙씨(68세), 아들 신○동씨(43세) 한 명을 두고 있었습니다. 결혼 할 때부터 충남 당진에서 배우자와 함께 농사를 짓고 있었으며 아들은 서울에 있는 대기업에 다니고 있었습니다. 4년 전 위암으로 인해 수술을 받았으며 항암치료를 정기적으로 받고 있는 상황이고 때마침 3년 전에 옆집에 홍○민(48세)씨 부부가 귀농하여 신○호 고객의 농사일을 적극적으로 도와주고 있는 상황이었습니다.

② 고객 자산과 특이사항

신○호 고객은 논, 밭, 과수원 등 농지(개별공시지가 합산 1억), 아버지로부터 물려받은 선산(증조할아버지, 할아버지, 아버지의 묘소가 있음, 개별공시지가 0.8억) 및 거주하고 있는 주택(개별공시지가 0.3억, 개별주택공시가격 0.2억)을 소유하고 있었으며 이외 금융자산은 배우자 김○숙씨가 보유하고 있었습니다.

③ 고객 니즈

신○호 고객은 본인의 건강도 우려되는 상황에서 아들도 서울에서 생활을 하고 있고 본인 사망시 배우자 혼자 농사 일을 할 수 없다고 판단하여 1년 전 본인이 소유한 논, 밭, 과수원 등 농지를 이웃인 홍○민씨에게 증여하려고 하였으나 배우자와 아들의 반대로 무산되었습니다.

그럼에도 불구하고 신○호 고객은 라디오를 통해 유언대용신탁이라는 제도 및 신탁상품이 있다는 것을 접하고, 가까운 ○○은행에 문의하였고 본인 사후 농지는 이웃인 홍○민씨에게 유언대용신탁을 통해 이전하고, 선산과 거주 중인 주택은 본인 사후 배우자, 배우자 사망시에는 아들, 아들 사망시에는 손자에게 이전되기를 희망하였습니다.

제 4 편

결론

　농지법 제6조[110] 및 등기선례[111]에 따라 신○호 고객의 논, 밭, 과수원 등 농지에 대하여 일반적인 신탁회사(금융기관)는 수탁자로서 농지에 관한 소유권을 이전받을 수 없습니다. 결국 신○호 고객은 배우자와 아들, 이웃인 홍○민씨와의 분쟁을 우려하여 해당 농지를 '공정증서 유언' 형태로 본인 사후 홍○민씨에게 유증하기로 하였습니다.

　이외의 선산과 거주 중인 주택은 신○호 고객의 의지대로 본인 생전에는 본인을 위탁자 겸 수익자로 하고, 본인 사후 1차 연속수익자는 배우자, 2차 연속수익자는 아들, 3차연속수익자는 손자로 하며, 본인 사망시 위탁자의 지위는 연속수익자들이 차례로 이전받도록 설계하였고, 3차 연속수익자(마지막 연속수익자)가 원본수익권을 갖는 형태로 수익자연속신탁(을종부동산관리신탁) 계약을 진행하였습니다.

> **Tip**
>
> 현재 전, 답, 과수원 등 토지 지목상 '농지'는 농지법 및 부동산신탁 등기선례에 따라 농지취득 자격증명을 갖추지 못한 일반 신탁회사는 수탁자로서 소유권을 이전받을 수 없고, 따라서 신탁할 수 없는 물건은 유언을 활용할 수 있습니다.

---

110) 농지법 제6조(농지 소유 제한)
　① 농지는 자기의 농업경영에 이용하거나 이용할 자가 아니면 소유하지 못한다.
　② 제1항에도 불구하고 다음 각 호의 어느 하나에 해당하는 경우에는 농지를 소유할 수 있다. 다만, 소유 농지는 농업경영에 이용되도록 하여야 한다
　　1. 국가나 지방자치단체가 농지를 소유하는 경우
　　2. 「초·중등교육법」 및 「고등교육법」에 따른 학교, 농림축산식품부령으로 정하는 공공단체·농업연구 기관·농업생산자단체 또는 종묘나 그 밖의 농업 기자재 생산자가 그 목적사업을 수행하기 위하여 필요한 시험지·연구지·실습지·종묘생산지 또는 과수 인공수분용 꽃가루 생산지로 쓰기 위하여 농림축산식품부령으로 정하는 바에 따라 농지를 취득하여 소유하는 경우
　　3. 주말·체험영농을 하려고 제28조에 따른 농업진흥지역 외의 농지를 소유하는 경우
　　4. 상속[상속인에게 한 유증(遺贈)을 포함한다. 이하 같다]으로 농지를 취득하여 소유하는 경우 (이하, 생략)
111) 등기선례 제7-465호
　농지에 대하여 신탁을 원인으로 하여 소유권이전등기를 신청하는 경우에는 관리신탁, 처분신탁, 담보신탁 등 신탁의 목적에 관계없이 농지취득자격증명을 첨부하여야 한다.

| 유언과 신탁을 활용한 자산승계 예시 |

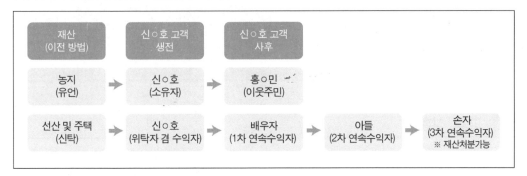

추가적으로 ① 위탁자와 수익자(위탁자, 사후수익자, 연속수익자 포함)가 농지취득자격을 갖추고, ② 을종부동산관리신탁과 같이 수탁자가 농지의 소유권만 관리하는 형태라면 일반 신탁회사가 농지를 수탁한다고 해도 위탁자 본인 생존시 뿐만 아니라 본인 사후수익자도 농업경영을 할 수 있는 조건이 갖춰지기 때문에 농지법의 농지 소유 제한 취지에도 어긋나지 않을 것으로 판단되며, 관련 법령, 예규 등의 개정이 필요할 것으로 생각됩니다.

제 4 편

① 고객 상황

박○명 고객(92세)은 배우자 부인을 3년 전에 여의고, 슬하에 4명의 자식을 둔 ○○기업의 회장이었습니다. 부인을 먼저 떠나 보내기 전까지는 골프, 낚시, 등산 등 취미활동을 즐기셨으나, 2년 전에 무릎 관절 수술을 받은 후부터는 주로 집에서만 생활하고 있었고, 8개월 전 강동○○병원에서 치매등급(CDR 1[112]) 판정받았고, 국민건강보험에 노인장기요양인정신청시 장기요양등급[113] 3등급을 받은 상태였습니다.

| 임상치매척도(CDR) 단계 요약 |

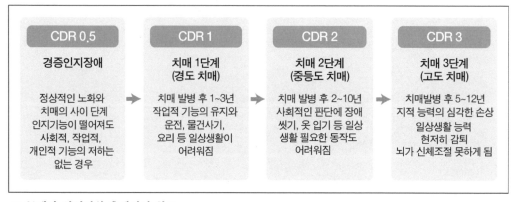

※ 21세기 한일병원 홈페이지 참조

---

112) CDR 척도 : Clinical Dementia Rating의 약자로 임상치매척도
113) 장기요양등급 : 국민건강보험공단에서 만 65세 이상 또는 만 65세 미만의 노인성 질병(치매, 뇌혈관성질환, 파킨슨 병 등 대통령령으로 정하는 질병)을 가진 자의 정도를 장기요양인정점수로 측정하여 등급별 장기요양급여 이용계약 및 장기요양급여를 제공하기 위한 척도

등급판정 기준

등급판정은 "건강이 매우 안좋다". "큰 병에 걸렸다." 등과 같은 주관적인 개념이 아닌 "심신의 기능상태에 따라 일상생활에서 도움(장기요양)이 얼마나 필요한가?"를 지표화한 장기요양인정점수를 기준으로 합니다. 장기요양인정점수를 기준으로 다음과 같은 6개 등급으로 등급판정을 합니다.

장기요양 등급	심신의 기능상태
1등급	심신의 기능상태 장애로 일상생활에서 전적으로 다른 사람의 도움이 필요한 자로서 장기요양인정 점수가 95점 이상인 자
2등급	심신의 기능상태 장애로 일상생활에서 상당 부분 다른 사람의 도움이 필요한 자로서 장기요양인정 점수가 75점 이상 95점 미만인 자
3등급	심신의 기능상태 장애로 일상생활에서 부분적으로 다른 사람의 도움이 필요한 자로서 장기요양인정 점수가 60점 이상 75점 미만인 자
4등급	심신의 기능상태 장애로 일상생활에서 일정 부분 다른 사람의 도움이 필요한 자로서 장기요양인정 점수가 51점 이상 60점 미만인 자
5등급	치매환자로서(노인장기요양보험법 시행령 제2조에 따른 노인성 질병으로 한정) 장기요양인정 점수가 45점 이상 51점 미만인 자
인지지원등급	치매환자로서(노인장기요양보험법 시행령 제2조에 따른 노인성 질병으로 한정) 장기요양인정 점수가 45점 미만인 자

※ 국민건강보험 홈페이지 : 장기요양 등급판정 및 기준 및 절차 참조

② 고객 자산과 특이사항

박○명 고객은 ○○기업의 명예회장으로 현역에서는 은퇴하였지만 자산가로서 ○○기업 주식 51,000주(비상장기업주식으로 지분율 51.0%, 액면가 기준 5.1억, 상속세 및 증여세법상 보충적 평가액 약 364억)을 보유하고 있었고, 서울 청담동 본인 거주 아파트(공동주택공시가격 24억, 유사매매사례가 평균액 50억)와 빌딩(토지 포함 감정평가액 기준 425억), 역삼동의 토지(개별공시지가 175억), 경기도 양평 토지(개별공시지가 41억), 제주도의 나대지(개별공시지가 12억)를 소유하고 있었습니다.

③ 고객 니즈

박○명 고객은 4명의 자식이 있었는데 위로 3명(이하, 갑을병)은 코로나 사태가 발발하기 전까지 모두 해외에서 유학 및 거주했고, 유일하게 막내 딸(박○선)만이 국내에 거주하면서 본인이 설립한 ○○기업의 재무이사로 근무 중에 있었습니다.

따라서 박○명 고객 본인이 가진 주식은 막내 딸(박○선)에게만 주기로 하고(기업의 일부 지분 30%를 막내 딸(박○선)에게 2년 전에 증여하였음), 부동산은 4명의 자식이 공평하게 나눠 갖기를 희망하였으며 박○명 고객의 생각은 변함이 없었고 유언대용신탁을 통해 처리하려고 생각하고 있었습니다.

그러나 코로나 사태가 장기화되자 1년 전에 갑을병은 모두 국내로 들어와 살게 되었고, 박○명 고객이 막내 딸(박○선)에게 가업과 재산을 물려주려고 하는 것을 눈치챈 갑을병은 박○명 고객의 CDR등급 및 장기요양상태를 기준으로 박○명 고객을 피성년후견인으로 하는 성년후견개시심판청구[114]를 진행하고 있고 박○명 고객은 본인이 피성년후견인이 될 필요가 없다며 주장하고 있습니다.

④ 결론

박○수 고객이 현재 행위능력제한자(피성년후견인)는 아니지만 ① 박○수 고객의 연령, ② 치매 CDR1 등급 및 장기요양등급 3등급 상태, ③ 성년후견개시심판청구가 진행되는 상황이므로 그 결과가 나온 후, 치매 전문 의사의 진단서 및 소견서를 참고로 하여 신탁계약 가능 유무를 판단하기로 하였습니다.

> **Tip**
>
> 유언대용신탁과 같은 자산승계신탁·서비스는 위탁자 본인이 심신이 온전한 때 즉, 빠르면 빠를수록 본인의 의지대로 계획, 실행될 수 있으며 가족 분쟁을 최소화할 수 있습니다.

---

114) 성년후견개시심판청구 : 정신적 제약으로 인해 사무를 처리할 능력이 지속적으로 결여되어 재산 관리 및 일상생활에 대한 보호 및 지원이 필요할 때 청구권자(본인, 배우자, 4촌 이내의 친족, 검사, 지방자치단체장)가 가정법원에 피성년후견인 지정 및 성년 후견인 선임 등 성년후견개시를 청구하는 절차

노후 지키는 치매안심신탁
— 2021.2.18.일자 인터넷 기사 머니투데이 머니디렉터 신관식 세무사

국립중앙의료원 중앙치매센터의 '대한민국 치매현황 2019' 보고서에 따르면 2018년말 기준으로 65세 이상 치매 질환을 겪고 있는 사람은 75만명이다. 보고서는 또 노인인구 증가에 따라 2024년에는 치매인구가 100만명을 넘을 것으로 예상하고 있다.

의학적으로 치매(Dementia)란 여러 가지 원인으로 인해 후천적으로 기억, 언어, 학습, 판단력 등의 여러 기능의 인지 기능이 감소해 일상생활을 제대로 하지 못하게 되는 증후군을 의미한다. '알츠하이머병'이라고 불리는 '노인성 치매'와 중풍 등으로 인해 생기는 '혈관성 치매'가 대표적이다.

치매는 심장병, 암, 뇌졸중 등 뇌혈관 질환과 더불어 최근 100세 시대를 위협하는 4대 질환으로 주로 노년기에 생기는 주요한 신경 질환이다. 치매가 진행됨에 따라 환자는 기억장애는 물론 언어장애, 일상생활 장애 더 나아가 가족과 배우자도 알아보지 못할 정도로 이르게 된다. 치매는 치매를 앓고 있는 본인 뿐만 아니라 가족들의 삶 전반에 영향을 미친다는 점에서 사회 문제로 대두되고 있다.

치매를 대비하는 전통적인 금융상품은 생명보험사의 치매보험(간병보험)이 있다. 치매보험은 치매 발병 전 해당 보험에 매월 보험료를 내고 치매 발병시 통상적으로 CDR(Clinical Dementia Rating scale, 의학적 치매 등급) 등급에 따라 보험금을 받는 구조의 상품이다. 일반적으로 중증치매로 등급받아야 연금형태로 보험금이 지급된다. 또, 연금형태로 지급되는 경우라도 10년 또는 15년간만 지급되는 예도 있다.

이처럼 치매보험은 많은 장점에도 불구하고 보험료를 매월 정기적으로 낼 수 있는 경제적인 능력이 있어야 하며, 금전 이외에 부동산이나 유가증권으로 자산을 보유한 사람은 활용할 수 없다는 단점이 있다.

이러한 관점에서 치매안심신탁에 관심을 가져볼 만하다. 치매안심신탁은 신탁계약을 한 위탁자가 치매 등 질병이 발생해 누군가의 도움이 필요한 상황이 생겼을 때, 신탁회사가 병원비나 간병비, 생활비 등을 수탁받은 재산에서 처리해주는 신탁을 말한다.

부모의 치매 발병 후에 부모가 가진 부동산, 유가증권 등의 재산 상속 문제로 가족간 분쟁이 해마다 늘어나고 있다는 점에서 주목할 만하다.

위탁자는 신탁회사와 신탁계약을 체결하면서 향후 필요한 자금을 책정해놓고 치매와 같은 질환이 발생했을 때 해당 자금을 정기적으로 지급받을 수 있도록 설계할 수 있다. 또한 위탁자의 신탁재산을 배우자나 특정 자녀가 상속받을 수 있도록 할 수도 있다.

치매가 걱정되는 사람들은 치매안심신탁을 통해 치매에 걸리더라도 여생을 무탈하게 보낼 수 있도록 지원받고, 재산도 자신이 원하는 대로 승계할 수 있는 노후전략을 수립하는 것이 바람직해 보인다.

[비상장기업의 주식] 공동창업자들의 현명한 선택

1 고객 상황

경기도 안산의 ○○기업은 5명(갑, 을, 병, 정, 무)의 공동창업자들이 IMF사태로 1998년에 다니고 있던 ##기업을 같이 퇴사하면서 자본금 3억으로 만든 자동화기계 생산업체입니다. 처음에는 우여곡절도 많았지만 5명의 공동창업자들은 경영, 재무, 생산, 연구, 마케팅 부문의 대표로 있으면서 20년 넘게 회사를 이끌어왔으며 2020년기준 매출액 250억, 영업이익 55억, 당기순이익 30억, 총자산(95억) 대비 부채율 15% 미만, 종업원수 75명으로 연 평균 6% 이상의 성장률을 보인 중소기업이었습니다. 다만, 5명의 공동창업자들은 65세 전후로 5년 내 은퇴를 준비하고 있었습니다.

2 고객 자산

법인 등기부등본 상 대표이사를 역임하고 있는 갑은 ○○기업 주식 12,000주(지분율 20%, 액면가 6천만원, 상속세 및 증여세법 보충적 평가 적용시 주당 22만원으로 총 26.4억)와 상암동 소재 본인 명의의 주택 1채(공동주택공시가격 10.2억, 최근 유사매매거래가액 18억), 채권 2억을 보유하고 있었습니다. 그리고 갑의 아들(이하, 정○훈 33세)은 2015년부터 갑이 창업한 ○○기업의 자재부 차장으로 일하고 있었습니다.

재무이사인 을은 ○○기업 12,000주(지분율 20%, 액면가 6천만원, 상속세 및 증여세법 보충적 평가 적용시 주당 22만원으로 총 26.4억)와 인천 부평구의 주택 2채(공동주택공시가격 합산 8.5억, 최근 유사매매 사례가액 합산 15.5억)를 보유하고 있었습니다. 슬하의 딸 2명이 있는데 결혼했으며 두 딸 모두 공무원으로 일하고 있다고 합니다.

생산부문 관리 책임자 병은 ○○기업 12,000주(지분율 20%, 액면가 6천만원, 상속세 및 증여세법 보충적 평가 적용시 주당 22만원으로 총 26.4억)와 송도 아파트 1채(공동주택공시가격 9억, 유사매매 사례가액 15억), 예금 1억을 보유하고 있었으며 슬하에 1남 1녀를 두고 있는데 아들은 일본에서 생활하고 있고, 딸은 음악을 전공하여 ○○대학 강사로 일하고 있었습니다.

연구, 마케팅 부문의 대표인 정, 무도 동일한 지분율을 보유하고 있었고, 서울시 구로구에 같은 단지 아파트에 살고 있으며 슬하에 1명씩 자녀(아들, 딸)를 두고 있는데 3년 전 사돈 관계가 되었습니다.

③ 고객 니즈

대표이사를 역임하고 있는 갑의 아들 정○훈은 2015년부터 ○○기업에 근무하면서 공동 창업자들이 생각하는 것 이상으로 애사심과 회사를 성장시키려는 의지와 열정을 보였다고 합니다. 갑, 을, 병, 정, 무는 본인들이 생존해 있을 때는 본인들이 지분을 보유하지만 본인들이 사망한 후에는 지분의 일부 또는 전부를 정○훈에게 물려주려고 마음을 먹었습니다.

왜냐하면 공동창업자들이 각자의 자녀들에게 주식을 증여할 경우 ① 회사의 지분관계가 복잡해 질 수 있고, ② 현재 ○○기업이 비상장기업인데다가 비상장주식 평가금액이 높은 관계로 각 자녀들이 증여세를 납부할 현금이 부족했기 때문이었습니다.

이와 더불어 공동창업자들은 해당 기업의 비상장주식(주권미발행주식)을 '통일규격증권[115](통상적으로 '통일주권'이라고 불림)'으로 전환하고 명의개서 대행을 한국예탁결제원에 맡기려고도 하였지만 자본금 10억을 맞추기 위해 유상증자를 단행하는 것을 공동창업자들 모두 거부하였고, 외감법인으로 선정되기 위해 무리하게 매출액 및 종업원 수 를 늘리는 것에 부담을 느꼈기 때문에 해당 절차를 진행하지 못했습니다.

---

115) 한국예탁결제원 증권대행업무안내 자료 참조
    1) 주식을 유가증권, 코스닥, 코넥스, K-OTC 시장에 상장을 추진하고자 하는 법인은 관련 규정 등에 의해 반드시 명의개서대리인을 선임하여 '통일주권'을 발행하여야 하고, 한국예탁결제원으로부터 예탁지정을 받아야 함.
    2) 명의개서대리인을 선임하기 위한 법인의 조건(아래 사항 모두 충족)
      ① 회사설립일로부터 1년 이상 경과하였을 것
      ② 명의개서대행회사를 선임하였을 것
      ③ 자본금이 10억원 이상일 것(예외 사항 아래 3) 참조)
    3) 자본금이 10억 미만인 법인이 명의개서대리인을 선임하기 위해서는 ① 중소기업청장으로부터 벤처기업 또는 기술혁신/경영혁신형 중소기업으로 지정될 것, ② 외부감사인의 감사의견이 적정 또는 한정의견인 법인일 것, ③ 회사채담보부유동화증권(프라이머리CBO) 발행계약을 체결한 법인일 것, ④ 주주수가 50인 이상인 법인으로 한국예탁결제원이 인정한 법인일 것(한가지만 충족되면 가능)

| 한국예탁결제원의 '통일규격증권(통일주권)' 발행 관련 프로세스 |

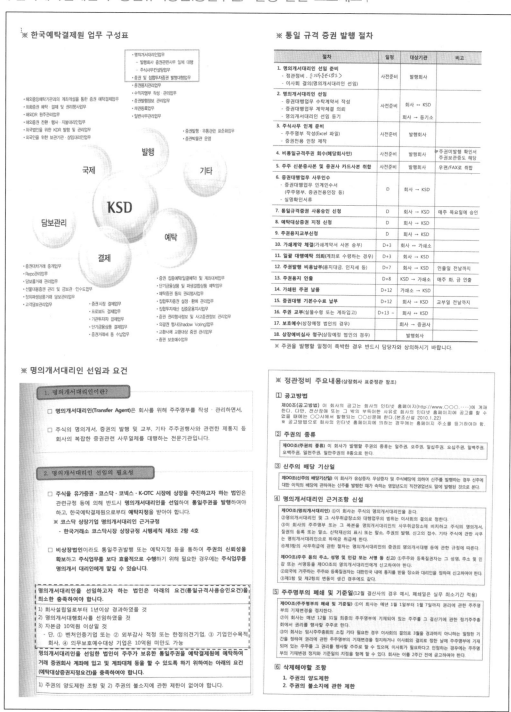

※ 한국예탁결제원 업무 구성표

발행
국제
기타
KSD
담보관리
예탁
결제

※ 통일 규격 증권 발행 절차

절차	일정	대상기관	비고
1. 명의개서대리인 선임 준비 - 정관정비 (표준정관 참조) - 이사회 결의(명의개서대리인 선임)	사전준비	발행회사	
2. 명의개서대리인 선임 - 증권대행업무 수탁계약서 작성 - 증권대행업무 계약체결 의뢰 - 명의개서대리인 선임 등기	사전준비	회사 ↔ KSD 회사 → 등기소	
3. 주식사무 인계 준비 - 주주명부 작성(Excel 파일) - 증권전용 인장 제작	사전준비	발행회사	
4. 비통일규격주권 회수(해당시사항)	사전준비	발행회사	주권미발행 확인서 주권보관증도 해당
5. 주주 신분증사본 및 증권사 카드사본 취합	사전준비	발행회사	우편/FAX로 취합
6. 증권대행업무 사무인수 - 증권대행업무 인계인수서 (주주명부, 증권전용인장 등) - 실명확인서류	D	회사 → KSD	
7. 통일규격증권 사용승인 신청	D	회사 → KSD	매주 목요일에 승인
8. 예탁대상증권 지정 신청	D	회사 → KSD	
9. 주권용지교부신청	D	회사 → KSD	
10. 가쇄계약 체결(가쇄계약서 사본 송부)	D+3	회사 → 가쇄소	
11. 일괄 대행예탁 의뢰(계좌로 수령하는 경우)	D+3	회사 → KSD	
12. 주권발행 비용납부(용지대금, 인지세 등)	D+7	회사 → KSD	인출일 전날까지
13. 주권용지 인출	D+8	KSD → 가쇄소	매주 화, 금 인출
14. 가쇄된 주권 납품	D+12	가쇄소 → KSD	
15. 증권대행 기본수수료 납부	D+12	회사 → KSD	교부일 전날까지
16. 주권 교부(실물수령 또는 계좌입고)	D+13 ~	회사 → 주주	
17. 보호예수(상장예정 법인의 경우)		회사 → 증권사	
18. 상장예비심사 청구(상장예정 법인의 경우)		발행회사	

※ 주권을 발행할 일정이 촉박한 경우 반드시 담당자와 상의하시기 바랍니다.

※ 명의개서대리인 선임과 요건

1. 명의개서대리인이란?

□ 명의개서대리인(Transfer Agent)은 회사를 위해 주주명부를 작성·관리하면서,

□ 주식의 명의개서, 증권의 발행 및 교부, 기타 주주권행사와 관련한 제통지 등 회사의 복잡한 증권관련 사무일체를 대행하는 전문기관입니다.

2. 명의개서대리인 선임의 필요성

□ 주식을 유가증권·코스닥·코넥스·K-OTC 시장에 상장을 추진하고자 하는 법인은 관련규정에 의해 반드시 명의개서대리인을 선임하여 통일주권을 발행하여야 하고, 한국예탁결제원으로부터 예탁지정을 받아야 합니다.

※ 코스닥 상장기업 명의개서대리인 근거규정
- 한국거래소 코스닥시장 상장규정 시행세칙 제3조 2항 4호

□ 비상장법인이라도 통일주권발행 또는 예탁지정 등을 통하여 주권의 신뢰성을 확보하고 주식업무를 보다 효율적으로 수행하기 위해 필요한 경우에는 주식업무를 명의개서 대리인에게 맡길 수 있습니다.

> 명의개서대리인을 선임하고자 하는 법인은 아래의 요건(통일규격사용승인요건)을 최소한 충족하여야 합니다.
>
> 1) 회사설립일로부터 1년이상 경과하였을 것
> 2) 명의개서대리회사를 선임하였을 것
> 3) 자본금 10억원 이상일 것
> - 단, ① 벤처인증기업 또는 ② 외부감사 적정 또는 한정의견기업, ③ 기업인수목적 회사, ④ 의무보호예수대상 기업은 10억원 미만도 가능

> 명의개서대리인을 선임한 법인이 주주가 보유한 통일주권을 예탁결제원에 예탁하여 거래 증권회사 계좌에 입고 및 계좌대체 등을 할 수 있도록 하기 위하여는 아래의 요건 (예탁대상증권지정요건)을 충족하여야 합니다.
>
> 1) 주권의 양도제한 조항 및 2) 주권의 불소지에 관한 제한이 없어야 합니다.

※ 정관정비 주요내용(상장회사 표준정관 참조)

① 공고방법

제00조(공고방법) 이 회사의 공고는 회사의 인터넷 홈페이지(http://www.○○○.·····)에 게재한다. 다만, 전산장애 또는 그 밖의 부득이한 사유로 회사의 인터넷 홈페이지에 공고를 할 수 없을 때에는 ○○시에서 발행되는 ○○신문에 한다.(본조신설 2010.1.22)
※ 공고방법으로 회사의 인터넷 홈페이지에 의하는 경우에는 홈페이지 주소를 등기하여야 함.

② 주권의 종류

제00조(주권의 종류) 이 회사가 발행할 주권의 종류는 일주권, 오주권, 일십주권, 오십주권, 일백주권, 오백주권, 일천주권, 일만주권의 8종으로 한다.

③ 신주의 배당 기산일

제00조(신주의 배당기산일) 이 회사가 유상증자, 무상증자 및 주식배당에 의하여 신주를 발행하는 경우 신주에 대한 이익의 배당에 관하여는 신주를 발행한 때가 속하는 영업년도의 직전영업년도 말에 발행한 것으로 본다.

④ 명의개서대리인 근거조항 신설

제00조(명의개서대리인) ①이 회사는 주식의 명의개서대리인을 둔다.
②명의개서대리인 및 그 사무취급장소와 대행업무의 범위는 이사회의 결의로 정한다.
③이 회사의 주주명부 또는 그 복본을 명의개서대리인의 사무취급장소에 비치하고 주식의 명의개서, 질권의 등록 또는 말소, 신탁재산의 표시 또는 말소, 주권의 발행, 신고의 접수, 기타 주식에 관한 사무는 명의개서대리인으로 하여금 취급케 한다.
④제3항의 사무취급에 관한 절차는 명의개서대리인의 증권의 명의개서업무 등에 관한 규정에 따른다.

제00조(주주 등의 주소, 성명 및 인감 또는 서명 등 신고) ①주주와 등록질권자는 그 성명, 주소 및 인감 또는 서명등을 제00조의 명의개서대리인에게 신고하여야 한다.
②외국에 거주하는 주주와 등록질권자는 대한민국 내에 통지를 받을 장소와 대리인을 정하여 신고하여야 한다.
③제1항 및 제2항의 변동이 생긴 경우에도 같다.

⑤ 주주명부의 폐쇄 및 기준일(12월 결산의 경우 예시, 폐쇄일은 실무 최소기간 적용)

제00조(주주명부의 폐쇄 및 기준일) ①이 회사는 매년 1월 1일부터 1월 7일까지 권리에 관한 주주명부의 기재변경을 정지한다.
②이 회사는 매년 12월 31일 최종의 주주명부에 기재되어 있는 주주를 그 결산기에 관한 정기주주총회에서 권리를 행사할 주주로 한다.
③이 회사는 임시주주총회의 소집 기타 필요한 경우 이사회의 결의로 3월을 경과하지 아니하는 일정한 기간을 정하여 권리에 관한 주주명부의 기재변경을 정지하거나 이사회의 결의로 정한 날에 주주명부에 기재되어 있는 주주를 그 권리를 행사할 주주로 할 수 있으며, 이사회가 필요하다고 인정하는 경우에는 주주명부의 기재변경 정지와 기준일의 지정을 함께 할 수 있다. 회사는 이를 2주간 전에 공고하여야 한다.

⑥ 삭제해야할 조항

1. 주권의 양도제한
2. 주권의 불소지에 관한 제한

※ 한국예탁결제원 증권대행업무 안내 참조(2페이지, 5페이지, 11페이지, 16페이지)

④ 결론

먼저, 신탁회사는 법인의 최근 '주주명부, 법인등기사항전부증명서, 3년간의 주주총회 및 이사회 의사록, 3년간의 법인세 세무조정계산서 및 주식등변동상황명세서'를 참조로 공동 창업자들이 실제 주주임을 확인하였습니다.

| 주식등변동상황명세서 |

■ 법인세법 시행규칙 [별지 제54호 서식] (2021. 3. 16. 개정)

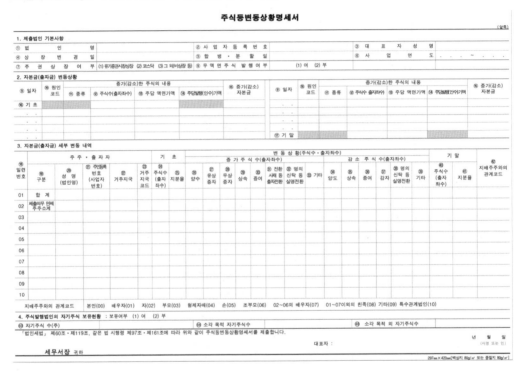

이후, 공동창업자들은 ○○기업으로부터 '주권 미발행 확인서(주식 종류, 주주명, 주주의 주민등록번호, 회사의 총주식수, 주주의 주식수(지분율), 주당 액면가, 발급 법인의 법인 인감 날인)'와 '법인인감증명서'를 발급받아 신탁회사에 제출하고 유언대용신탁계약을 체결하였습니다.

이후, 공동창업자들은 본인 주식을 신탁회사에 신탁했다는 사실에 대한 서류 즉, '주식신탁사실확인서'와 '신탁계약서 사본', '주식 명의개서 신청서(기존 주주명 → 신탁회사로 주주명 변경)', '신탁회사의 신탁업 인가 서류', '신탁회사의 법인등기부등본' 등을 해당 ○○

기업에 내용증명으로 발송(전달)하였습니다.

신탁회사는 ○○기업으로부터 '신탁회사로 주주명이 바뀐(명의개서 된) 주주명부'를 받아 '주권 미발행 확인서' 및 '신탁계약서'와 함께 보관하여 신탁계약의 효력 발생 요건을 완비하였습니다. 또한 향후 주주총회 소집 및 배당금 지급 처리 절차, 자본시장법上 신탁회사의 의결권 제한(15% Rule)[116]등 사무처리 프로세스에 대해서 상법, 자본시장법 요건에 근거하여 ○○기업에 안내 자료를 발송하였습니다.

| '주권 미발행 확인서' 및 '주식 명의개서 신청서' 샘플 |

주권 미발행 확인서

☐ 주식수 : 100,000주
☐ 주식 1주의 액면가액 : 1주당 1,000원
　　　　　　　　 (총 액면가액 100,000,000원)
☐ 주식의 종류 : 보통주
☐ 주주명 : 월화수(주민등록번호 앞자리 : ○○○○○○)

　 상기 주식에 대하여 현재 당사는 주식(주권)을 미발행하고 있음을 확인하며, 상기 주식에 대해 주권이 발행될 경우 상기 주주님께 교부하여 드릴 것을 확인합니다.

2019년 3월 10일

주식회사 말그릇
대표이사 달리자 (인)
법인등록번호 : ○○○○○○ - ○○○○○○○

주식명의개서 신청서

1. 신 주주에 관한 사항
　 신탁회사명 :
　 신탁회사 본점 소재지 :
　 사업자등록번호 :
　 법인등록번호 :
2. 주식 관련 사항
　 구 주주　주소 :
　　　　　 주민번호 :
　　　　　 성명 :
　　　　　 주식수 :　　　　　 주
　　　　　 신탁계약일 :

　 상기 사항은 사실과 틀림없으며 별첨 서류와 같이 첨부하여 주식(주주명부)의 명의개서를 신청합니다.

첨부 : 신탁계약서 사본 1부, 신탁회사 법인등기부등본 1부, 신탁회사 법인인감증명서 1부, 신탁회사 신탁업 인가 서류 사본 1부

2019년 3월 10일

구 주주명 :　　　　 (인)
신 주주명 :　　　　 (인)

※ 네이버블로그 '쿠우의 스타트업과 재무', '피플라이프 나무사업단 김동규 '에서 참조

종국적으로 유언대용신탁을 통해 갑은 본인 사망시 사후수익자 정○훈에게 본인의 지분의 100%(지분율 20%)를 넘기고, 이외 공동창업자(을, 병, 정, 무)는 본인들 사망시 사후수

---

116) 자본시장법 제112조(의결권등) (중략)
　　③ 신탁회사는 신탁재산에 속하는 주식이 다음 각 호의 어느 하나에 해당하는 경우에는 그 주식의 의결권을 행사할 수 없다.
　　　1. 동일법인 발행한 주식 총수의 100분의 15를 초과하여 주식을 취득한 경우 그 초과하는 주식 (이하, 생략)

익자 정○훈에게 본인들의 지분 50%(정○훈에게 각각 10%, 본인들 자녀들에게 각각 10%)를 넘기는데 합의하였습니다. 그러면서도 정○훈에게 본인들 사후 ○○기업을 잘 유지, 발전시켜 달라고 당부의 글도 남겨놓았습니다.

| 유언대용신탁을 활용한 공동창업자들의 자산승계 · 가업승계 예시 |

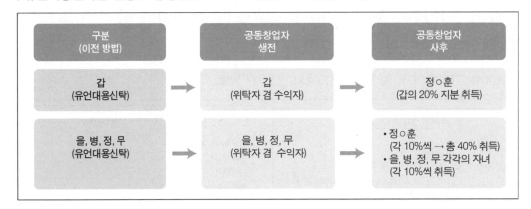

Tip

발기인이 여러 명인 법인의 창업자들은 본인들의 은퇴, 퇴직 등 향후 계획에 따라 미리 후계자를 협의 및 선정하여 신탁을 통해 자산승계하는 것이 현명한 가업승계 전략으로 보입니다.

[세대생략 상속] 세대를 생략한 상속과 신탁

① 고객 상황

경기도 평택에 사는 윤○협 고객이 있었습니다. 윤○협 고객(남, 80세)의 부인은 1년 전부터 평택에 있는 요양병원에 있었고, 윤○협 고객에게는 아들 1명(55세)과 며느리, 손자 1명(26세)을 두고 있었습니다. 윤○협 고객은 청각장애가 있는 경증장애인이었으나(보청기 착용) 세금 계산 등 사리 판단과 신탁에 대한 이해능력이 탁월하였습니다.

② 고객 자산

윤○협 고객은 평택의 소형 상가(1년 전 감정평가액 30억), 경기도 평택 아파트(본인 거주, 공동주택공시가격 6.5억, 유사매매사례가 10억), 서울시 신도림동 아파트(아들 거주, 공동주택 공시가격 6.6억, 유사매매사례가 10억), 정기예금 3억 등 시가 약 53억원 상당의 재산을 보유하고 있었습니다.

③ 고객 니즈

윤○협 고객은 본인이 요양병원에 있는 부인을 1년 전부터 간병하고 있음에도 불구하고 아들과 며느리가 관심을 갖지도 않고 본인 재산에만 욕심을 갖는 것 같고 그나마 손자가 한달에 2번씩 본인을 찾아온다면서 아들보다는 손자에게 본인의 재산을 물려주고 싶다고 하셨습니다.

그러면서 정기예금 3억은 부인 간병비와 본인 생활비로 사용할 예정이므로 본인 사망시 아들한테는 현재 살고있는 신도림동 아파트만 물려주고, 손자에게는 평택에 있는 상가와 아파트를 물려주고 싶다고 했으며 특히, ① 아들한테 50억을 줄 때와 ② 아들한테 10억(신도림동 아파트), 손주한테 40억(평택 상가, 아파트)을 나눠서 물려 줄 때 세금 차이를 계산

제 4 편

해달라고 했습니다.

　세대를 생략하여 상속재산이 이전될 경우 손자는 상속세 산출세액에 30%가 할증된 금액을 추가로 더 부담한다고 말씀드렸음에도 불구하고 아들한테 물려준다고 해도 향후 아들이 사망할 때도 손자가 상속세를 부담해야 하기 때문에 유언대용신탁(을종부동산관리신탁)을 통해 확실히 정리해 두고 싶다고 재차 강조하였습니다.

④ 결론

　① 아들한테만 50억을 상속하고 이를 손자가 재상속받았을 때 총 상속세는 약 23.6억이 발생할 수 있고, 반면 ② 아들한테 10억 및 손자한테 40억을 상속했을 때 상속세는 세대생략 할증과세액을 포함하더라도 약 19.1억이 발생할 것으로 예상되었습니다. 즉, 세대를 생략한 상속플랜이 약 4.54억원 정도 세금 측면에서 유리했습니다.

│ 아들에게 상속 vs 아들 및 손자에게 상속 │

(단위 : 원)

구분	아들에게만 상속	손자에게 일부 상속	비고
ㄱ. 총 상속재산	5,000,000,000	5,000,000,000	=ⓐ+ⓑ
ⓐ 아들에게 상속	5,000,000,000	1,000,000,000	
ⓑ 손자에게 상속	–	4,000,000,000	
ㄴ. 상속공제	1,000,000,000	1,000,000,000	=MIN(①+②, ③)
① 기타의 인적공제	500,000,000	500,000,000	증여재산공제무시
② 배우자상속공제	500,000,000	500,000,000	
③ 상속공제종합한도	5,000,000,000	1,000,000,000	=ㄱ-ⓑ
ㄷ. 과세표준	4,000,000,000	4,000,000,000	=ㄱ-ㄴ
ㄹ. 산출세액	1,540,000,000	1,540,000,000	10~50%
ㅁ. 할증과세	–	369,600,000	=ㄹ×ⓑ/ㄱ×30%
ㅂ. 납부세액	1,540,000,000	1,909,600,000	=ㄹ+ㅁ
ㅅ. 재상속 시 상속세	824,000,000	–	1차 상속세 차감된 재산
ㅇ. 두 세대 총 상속세	2,364,000,000	1,909,600,000	=ㅂ+ㅅ

※ 스토리텔링 상속·증여세(한종희, 2019년, 144페이지 참조)에서 발췌

　세금 계산 금액을 토대로 윤○협 고객은 유언대용신탁(을종부동산관리신탁)을 체결하였고 특약으로 아들이 사후수익자로 이전받게 될 신도림동 아파트는 윤○협 고객 사후 5

년[117]간은 신탁회사가 소유권을 관리하다가 사후 5년 되는 시점에 아들에게 소유권을 이전하는 방식으로 설계하였습니다.

| 유언대용신탁을 활용한 세대 생략 상속 예시 |

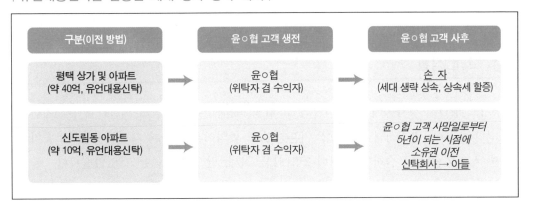

 Tip

유언대용신탁은 세대를 생략한 상속플랜을 설계할 때에 매우 효과적입니다(다만, 위탁자와 신탁회사, 신탁업무담당자는 법정상속인들에게 상속할 때의 상속세와 세대를 생략하여 상속할 때의 상속세를 반드시 비교·검토하여 신탁계약 설정 유무를 판단해야 할 것임).

---

117) 민법 제1012조(유언에 의한 분할방법의 지정, 분할금지)
피상속인은 유언으로 상속재산의 분할방법을 정하거나 이를 정할 것을 제삼자에게 위탁할 수 있고, 상속개시의 날로부터 5년을 초과하지 아니하는 기간 내에 그 분할을 금지할 수 있다.

수익채권(신탁의 수익권)의 소멸시효
- 민사신탁의 경우 수익채권의 소멸시효 기간 일반적으로 10년(민법 제162조 제1항)
  ① 채권은 10년간 행사하지 아니하면 소멸시효가 완성한다. (이하, 생략)
- 상사신탁의 경우 수익채권의 소멸시효 기간 일반적으로 5년(상법 제64조 상사시효)
  상행위로 인한 채권은 본법에 다른 규정이 없는 때에는 5년간 행사하지 아니하면 소멸시효가 완성한다. 그러나 다른 법령에 이보다 단기의 시효의 규정이 있는 때에는 그 규정에 의한다.

[이혼] 이혼과 재산분할청구소송, 신탁

1 고객 상황

경기도 성남시 정자동에 사는 김○익 고객(남, 52세)은 20년 넘게 혼인관계를 유지한 부인(최○선, 50세)과 6개월 전에 협의이혼하였고, 협의이혼에 따른 재산분할청구소송이 진행 중에 있었습니다. 슬하에는 자녀 2명(아들 24세, 딸 20세)을 두고 있었습니다.

● 이혼으로 인한 재산분할청구권 관련

민법 제839조의2(재산분할청구권)
① 협의상 이혼한 자의 일방은 다른 일방에 대하여 재산분할을 청구할 수 있다.
② 제1항의 재산분할에 관하여 협의가 되지 아니하거나 협의할 수 없는 때에는 가정법원은 당사자의 청구에 의하여 당사자 쌍방의 협력으로 이룩한 재산의 액수, 기타 사정을 참작하여 분할의 액수와 방법을 정한다.
③ 제1항의 재산분할청구권은 이혼한 날부터 2년을 경과한 때에는 소멸한다.
* 협의이혼 성립일 또는 이혼소송판결(이혼 청구 인용)의 확정일로부터 2년

2 고객 자산

김○익 고객은 경기도 성남시에 위치한 IT ○○기업의 임원으로 ○○기업 주식 40,000주(지분율 2%, 상장주식으로 주당 최근 2개월 종가 평균 50,000원, 시가 20억), 성남시 정자동 아파트 2채(공동주택공시가격 합산 22억, 유사매매사례가 36억), 전환사채 10억(액면가 기준), 주식형 펀드 5억 등 시가 60억원 상당의 재산을 소유하고 있었습니다.

3 고객 니즈

김○익 고객은 이혼 이후 재산분할청구소송의 피고로서 소송 중에 있었음에도 불구하고

신탁을 설정하게 되면 본인의 고유재산에서 분리되어 신탁재산은 채권자 들의 강제집행(압류 등) 및 체납처분(가압류, 가처분 등)에서 벗어날 수 있다는 정보를 입수하고 자녀 2명을 사후수익자로 하는 유언대용신탁을 설정하려고 하였습니다.

그리고 김○익 고객은 재산분할이 결정 나더라도 신탁회사가 수탁자[118]로서 신탁의 목적 달성을 위하여 모든 행위를 할 수 있는 권한이 있음을 강조하면서 강제집행[119] 및 체납처분에 대한 이의청구권 등을 행사하길 바랬습니다.

④ 결론

신탁회사와 신탁업무담당자인 저자는 3가지를 이유로 해당 신탁계약을 거부하였습니다.

첫번째, 김○익 고객은 재산분할청구소송의 피고로서 소송 중에 있었고, 소송 결과에 따라 재산분할이 일어날 수 있음을 알고도 신탁계약을 한 때는 사해신탁으로서 민법 및 신탁법에 따라 해당 계약이 취소될 수 있으며 위탁자와 신탁회사는 연대하여 원상회복 또는 손해배상 책임을 질 수 있습니다.

┌─● 사해행위 또는 사해신탁 관련 법률 규정

민법 제839조의3(재산분할청구권 보전을 위한 사해행위취소권)
① 부부의 일방이 다른 일방의 재산분할청구권 행사를 해함을 알면서도 재산권을 목적으로 하는 법률행위를 한 때에는 다른 일방은 제406조 제1항을 준용하여 그 취소 및 원상회복을 가정법원에 청구할 수 있다.
② 제1항의 소는 제406조 제2항의 기간 내에 제기하여야 한다.

---

118) 신탁법 제31조(수탁자의 권한)
　　수탁자는 신탁재산에 대한 권리와 의무의 귀속주체로서 신탁재산의 관리, 처분 등을 하고 신탁 목적의 달성을 위하여 필요한 모든 행위를 할 권한이 있다. 다만 신탁행위로 이를 제한할 수 있다.
119) 신탁법 제22조(강제집행 등의 금지)
　　① 신탁재산에 대하여는 강제집행, 담보권 실행 등을 위한 경매, 보전처분(이하 "강제집행등"이라 한다) 또는 국세 등 체납처분을 할 수 없다. 다만, 신탁 전의 원인으로 발생한 권리 또는 신탁사무의 처리상 발생한 권리에 기한 경우에는 그러하지 아니하다.
　　② 위탁자, 수익자나 수탁자는 제1항을 위반한 강제집행 등에 대하여 이의를 제기할 수 있다. 이 경우 민사집행법 제48조를 준용한다. (이하, 생략)

신탁법 제8조(사해신탁)

① 채무자가 채권자를 해함을 알면서 신탁을 설정한 경우 채권자는 수탁자가 선의일지라도 수탁자나 수익자에게 「민법」 제406조 제1항의 취소 및 원상회복을 청구할 수 있다. 다만, 수익자가 수익권을 취득할 당시 채권자를 해함을 알지 못한 경우에는 그러하지 아니하다.

② 제1항 단서의 경우에 여러 명의 수익자 중 일부가 수익권을 취득할 당시 채권자를 해함을 알지 못한 경우에는 악의의 수익자만을 상대로 제1항 본문의 취소 및 원상회복을 청구할 수 있다.

③ 제1항 본문의 경우에 채권자는 선의의 수탁자에게 현존하는 신탁재산의 범위 내에서 원상회복을 청구할 수 있다.

④ 신탁이 취소되어 신탁재산이 원상회복된 경우 위탁자는 취소된 신탁과 관련하여 그 신탁의 수탁자와 거래한 선의의 제3자에 대하여 원상회복된 신탁재산의 한도 내에서 책임을 진다.

⑤ 채권자는 악의의 수익자에게 그가 취득한 수익권을 위탁자에게 양도할 것을 청구할 수 있다. 이때 「민법」 제406조 제2항을 준용한다.

⑥ 제1항의 경우 위탁자와 사해신탁(詐害信託)의 설정을 공모하거나 위탁자에게 사해신탁의 설정을 교사·방조한 수익자 또는 수탁자는 위탁자와 연대하여 이로 인하여 채권자가 받은 손해를 배상할 책임을 진다.

민법 제406조(채권자취소권)

① 채무자가 채권자를 해함을 알고 재산권을 목적으로 한 법률행위를 한 때에는 채권자는 그 취소 및 원상회복을 법원에 청구할 수 있다. 그러나 그 행위로 인하여 이익을 받은 자나 전득한 자가 그 행위 또는 전득당시에 채권자를 해함을 알지 못한 경우에는 그러하지 아니하다.

② 전항의 소는 채권자가 취소원인을 안 날로부터 1년, 법률행위있은 날로부터 5년내에 제기하여야 한다.

두번째로는 김○익 고객은 향후 재산분할청구소송에 따른 판결 결정이 본인에게 불리하게 나오더라도 수탁자인 신탁회사가 신탁법 제22조 제2항에 근거하여 신탁회사가 강제집행 등의 이의제기권을 행사하여 소송을 진행해주기를 바랬으나 신탁법 제6조에 따르면 신탁회사(수탁자)로 하여금 소송행위를 하게 하는 것을 주된 목적으로 하는 신탁은 무효가 됩니다.

마지막으로는 만약 신탁계약을 고려한다고 하더라도 ① 실질 목적(이혼으로 인한 재산분할 방어 및 지연 유도)이 불능인 신탁은 무효로 처리될 수 있고, ② 재판 결과에 따라 부인 최○선이 권리자(채권자)로서 갖게 되는 재산은 신탁 목적 달성이 불가능함으로 신탁이 종료될 수 밖에 없으며, 이에 따른 원상회복 또는 신탁사무 처리 중에 발생한 손해는 신탁회사가 배상 책임을 질 수 있습니다. 또한 이를 알고도 신탁계약을 체결한 신탁회사와 신탁업무담당자는 형사처벌[120]의 대상이 될 수도 있습니다.

● 신탁법 ┆ 신탁의 무효 및 신탁의 종료

신탁법 제5조(목적의 제한)
① 선량한 풍속이나 그 밖의 사회질서에 위반하는 사항을 목적으로 하는 신탁은 무효로 한다.
② 목적이 위법하거나 불능인 신탁은 무효로 한다.
③ 신탁 목적의 일부가 제1항 또는 제2항에 해당하는 경우 그 신탁은 제1항 또는 제2항에 해당하지 아니한 나머지 목적을 위하여 유효하게 성립한다. 다만, 제1항 또는 제2항에 해당하는 목적과 그렇지 아니한 목적을 분리하는 것이 불가능하거나 분리할 수 있더라도 제1항 또는 제2항에 해당하지 아니한 나머지 목적만을 위하여 신탁을 유지하는 것이 위탁자의 의사에 명백히 반하는 경우에는 그 전부를 무효로 한다.

신탁법 제6조(소송을 목적으로 하는 신탁의 금지)
수탁자로 하여금 소송행위를 하게 하는 것을 주된 목적으로 하는 신탁은 무효로 한다.

신탁법 제98조(신탁의 종료 사유)
신탁은 다음 각 호의 어느 하나에 해당하는 경우 종료한다.
1. 신탁의 목적을 달성하였거나 달성할 수 없게 된 경우 (이하, 생략)

---

120) 네이버블로그 [법무법인 새강] : '이혼재산분할, 이혼 전 재산 빼돌린 경우 대처 방법' 자료에서 발췌
제목 : 공모하여 재산 은닉했다면 강제집행면탈죄로 형사 처벌
먼저 재산분할 판결금을 지급하지 않으려 허위로 매매계약을 체결하고, 허위 채무를 발생시킨 남편의 행위는 형법 제327조 강제집행면탈죄에 해당하며, 이러한 행위는 3년 이하의 징역 또는 1,000만원 이하의 벌금형이 처해질 수 있습니다. (중략) 불륜을 저지른 남편. 아내가 그 사실을 알게 되어 다투던 중 남편은 아내의 뺨을 때리는 등 폭행했고, 이에 아내가 "더 이상은 못 살겠다. 이혼 소송을 제기할 것이다. 위자료 2억원을 달라."라고 말하자 재산분할청구권이나 손해배상청구권에 근거한 강제집행을 당할 우려가 있다고 생각해 이를 면탈할 목적으로 친누나에게 채무가 있는 것으로 가장해 자신의 부동산에 근저당권을 설정하였습니다. 그리고 남편과 친누나는 남편의 부동산에 관해 '채무자 남편, 채권자 친누나, 채권채고액 1억 8,500만원'으로 하는 근저당권 설정등기를 경료했습니다. 이로써 두 사람은 공모해 강제집행을 면탈할 목적으로 허위채무를 부담하게 된 것입니다. 법정에서 두 사람은 범죄사실을 부인하면서 실제 대여금채권이 있어 이를 담보하기 위해 부동산에 근저당권을 설정한 것이므로 강제집행면탈죄가 성립할 수 없다고 주장했습니다. 하지만 법원의 판단은 달랐습니다. 법원은 "두 사람은 소명자료로 제출한 증거들 중 수첩 및 장부 사본 등은 실제 작성 시기나 작성 주체가 불분명하고 그 기재 내용만으로 대여금 채권 존재를 인정하기 어렵고, 차용증, 공정증서 등 대여금 채권의 존재를 명확히 인정할 수 있는 처분문서는 존재하지 않는다."라며 두 사람의 주장을 배척, 징역형을 선고한 것입니다.

신탁회사와 신탁업무담당자는 고객의 사해행위(사해신탁)로 인해 신탁계약이 취소될 수 있는지 또는 신탁 목적이 무효 사유인지 신탁계약 체결 이전에 미리 확인하는 절차를 반드시 거쳐야 할 것입니다.

[위반건축물] 위반건축물의 '이행강제금 등'과 신탁

① 고객 상황

서울시 영등포구 신길동에 사는 정○경 고객(여, 67세)은 근린생활시설(1층~4층 : 상가건물로 임대)과 주거시설(5층~6층)이 결합된 백○빌딩의 소유자로 남편 홍○동씨(71세)와 같이 백○빌딩 6층(601호)에 거주하고 있었으며, 큰아들 부부는 동 빌딩 501호에서, 큰딸 부부는 502호에서 거주하고 있었고, 작은 딸은 미국에서 생활하고 있었습니다.

정○경 고객과 남편 홍○동씨 모두 공무원으로 40년간 근무하고 은퇴하여 현재는 연금소득과 빌딩에서 나오는 임대소득으로 생활을 영위하고 있었습니다.

② 고객 자산

정○경 고객의 자산은 2014년에 준공한 신길동의 백○빌딩(감정평가액 약 27억), 경기도 고양시 장항동의 토지(개별공시지가 7.5억), 경기도 화성시 동탄의 아파트 1채(공동주택공시가격 8.5억, 유사매매사례가 평균액 13.5억), 즉시연금보험(보험료 3억, 2012년 가입, 연금수령 중)을 재산으로 보유하고 있었습니다.

③ 고객 니즈

최근 TV광고에 나온 유언대용신탁을 본 이후 자식들에게 미리 본인들의 자산승계계획을 말하는 게 좋겠다고 생각했고, 지난 해 추석 즈음에 막내 딸까지도 국내에 들어올 기회가 생겨서 가족회의를 했다고 합니다.

가족회의를 통해 유언대용신탁계약 시 본인 사후 자산승계계획을 미리 설계해두었고 자식들도 이에 동의하였다고 했습니다. 본인 사후 맏아들에게는 백○빌딩 501호 및 1층~3층까지의 상가 부분을 이전하고, 맏딸에게는 백○빌딩 502호 및 601호와 경기도 고양시 장항

제 4 편

동의 토지를 이전하며, 작은 딸에게는 경기도 화성시 동탄 아파트 1채를 물려주기로 하였습니다.

뿐만 아니라 유언대용신탁 계약체결 및 유지시 발생하는 보수와 비용(등기대행신청에 따른 법무사 비용 등)을 계산하여 직계존속에 대한 증여세 공제한도(10년간 5천만원) 이내에서 사후수익자인 자식들이 부담하기로 결정까지 해둔 상황이었고, 본인 부부에게 자식들이 봉양하는 정도에 따라 이전할 재산과 금액이 달라질 수 있다라고 공언까지 해두었다고 합니다.

④ 결론

우선 신길동 백○빌딩은 건축물대장을 통해 확인해본 결과 위반건축물인 상태로 건물 옥상에 창고 및 샷시를 무단으로 증축한 건축물이었습니다.

위반건축물 상태로 신탁계약을 할 경우 신탁회사는 건축법 제79조[121] 및 제80조에 따라

---

121) 건축법 제79조(위반건축물 등에 대한 조치 등)
　① 허가권자는 이 법 또는 이 법에 따른 명령이나 처분에 위반되는 대지나 건축물에 대하여 이 법에 따른 허가 또는 승인을 취소하거나 그 건축물의 건축주·공사시공자·현장관리인·소유자·관리자 또는 점유자(이하 "건축주등"이라 한다)에게 공사의 중지를 명하거나 상당한 기간을 정하여 그 건축물의 해체·개축·증축·수선·용도변경·사용금지·사용제한, 그 밖에 필요한 조치를 명할 수 있다.
　② 허가권자는 제1항에 따라 허가나 승인이 취소된 건축물 또는 제1항에 따른 시정명령을 받고 이행하지 아니한 건축물에 대하여는 다른 법령에 따른 영업이나 그 밖의 행위를 허가·면허·인가·등록·지정 등을 하지 아니하도록 요청할 수 있다. 다만, 허가권자가 기간을 정하여 그 사용 또는 영업, 그 밖의 행위를 허용한 주택과 대통령령으로 정하는 경우에는 그러하지 아니하다.
　③ 제2항에 따른 요청을 받은 자는 특별한 이유가 없으면 요청에 따라야 한다.
　④ 허가권자는 제1항에 따른 시정명령을 하는 경우 국토교통부령으로 정하는 바에 따라 건축물대장에 위반내용을 적어야 한다. (이하, 생략)

건축법 제80조(이행강제금)
　① 허가권자는 제79조 제1항에 따라 시정명령을 받은 후 시정기간 내에 시정명령을 이행하지 아니한 건축주등에 대하여는 그 시정명령의 이행에 필요한 상당한 이행기한을 정하여 그 기한까지 시정명령을 이행하지 아니하면 다음 각 호의 이행강제금을 부과한다. 다만, 연면적(공동주택의 경우에는 세대 면적을 기준으로 한다)이 60제곱미터 이하인 주거용 건축물과 제2호 중 주거용 건축물로서 대통령령으로 정하는 경우에는 다음 각 호의 어느 하나에 해당하는 금액의 2분의 1의 범위에서 해당 지방자치단체의 조례로 정하는 금액을 부과한다.
　　1. 건축물이 제55조와 제56조에 따른 건폐율이나 용적률을 초과하여 건축된 경우 또는 허가를 받지 아니하거나 신고를 하지 아니하고 건축된 경우에는 「지방세법」에 따라 해당 건축물에 적용되는 1제곱미터의 시가표준액의 100분의 50에 해당하는 금액에 위반면적을 곱한 금액 이하의 범위에서 위반내용에 따라 대통령령으로 정하는 비율을 곱한 금액
　　2. 건축물이 제1호 외의 위반건축물에 해당하는 경우에는 「지방세법」에 따라 그 건축물에 적용되는 시

허가권자의 명령과 처분에 의해 ① 증축 부분의 해체 의무를 이행할 수도 있고, ② 불필요한 '이행강제금 등'을 부담할 수 있습니다.

추가적으로 부동산관련 신탁계약을 하면서 일부 위탁자는 건축물대장의 표시 내용, 부동산 등기에 관한 사항을 가볍게 여긴다는 점입니다. 만약 건물을 신축하거나 매수한 후 ① 소유권 보존 및 소유권 등기를 법령에 정한 시기 이내에 하지 않을 경우 부동산등기특별조치법[122]에 따라 징역형 또는 벌금형에 처해질 수도 있고, 과태료를 부과받을 수도 있으며

가표준액에 해당하는 금액의 100분의 10의 범위에서 위반내용에 따라 대통령령으로 정하는 금액 (이하, 생략)

122) 부동산등기특별조치법 제2조(소유권이전등기등 신청의무)
　① 부동산의 소유권이전을 내용으로 하는 계약을 체결한 자는 다음 각호의 1에 정하여진 날부터 60일 이내에 소유권이전등기를 신청하여야 한다. 다만, 그 계약이 취소·해제되거나 무효인 경우에는 그러하지 아니하다.
　　1. 계약의 당사자가 서로 대가적인 채무를 부담하는 경우에는 반대급부의 이행이 완료된 날
　　2. 계약당사자의 일방만이 채무를 부담하는 경우에는 그 계약의 효력이 발생한 날
　② 제1항의 경우에 부동산의 소유권을 이전받을 것을 내용으로 하는 계약을 체결한 자가 제1항 각호에 정하여진 날 이후 그 부동산에 대하여 다시 제3자와 소유권이전을 내용으로 하는 계약이나 제3자에게 계약당사자의 지위를 이전하는 계약을 체결하고자 할 때에는 그 제3자와 계약을 체결하기 전에 먼저 체결된 계약에 따라 소유권이전등기를 신청하여야 한다.
　③ 제1항의 경우에 부동산의 소유권을 이전받을 것을 내용으로 하는 계약을 체결한 자가 제1항 각호에 정하여진 날 전에 그 부동산에 대하여 다시 제3자와 소유권이전을 내용으로 하는 계약을 체결한 때에는 먼저 체결된 계약의 반대급부의 이행이 완료되거나 계약의 효력이 발생한 날부터 60일 이내에 먼저 체결된 계약에 따라 소유권이전등기를 신청하여야 한다.
　④ 국가·지방자치단체·한국토지주택공사·한국수자원공사 또는 토지구획정리조합(1999년 5월 1일 전에 조합설립의 인가를 받아 토지구획정리사업의 시행자인 토지구획정리사업법에 의한 토지구획정리조합에 한한다)이 택지개발촉진법에 의한 택지개발사업, 토지구획정리사업법에 의한 토지구획정리사업 또는 산업입지및개발에관한법률에 의한 특수지역개발사업(주거시설용 토지에 한한다)의 시행자인 경우에 당해시행자와 부동산의 소유권을 이전받을 것을 내용으로 하는 계약을 최초로 체결한 자가 파산 기타 이와 유사한 사유로 소유권이전등기를 할 수 없는 때에는 지방자치단체의 조례로 정하는 자에 대하여 제2항 및 제3항의 규정을 적용하지 아니한다.
　⑤ 소유권보존등기가 되어 있지 아니한 부동산에 대하여 소유권이전을 내용으로 하는 계약을 체결한 자는 다음 각호의 1에 정하여진 날부터 60일 이내에 소유권보존등기를 신청하여야 한다.
　　1. 「부동산등기법」 제65조에 따라 소유권보존등기를 신청할 수 있음에도 이를 하지 아니한 채 계약을 체결한 경우에는 그 계약을 체결한 날
　　2. 계약을 체결한 후에 「부동산등기법」 제65조에 따라 소유권보존등기를 신청할 수 있게 된 경우에는 소유권보존등기를 신청할 수 있게 된 날

부동산등기특별조치법 제8조(벌칙)
다음 각호의 1에 해당하는 자는 3년 이하의 징역이나 1억원 이하의 벌금에 처한다.
1. 조세부과를 면하려 하거나 다른 시점간의 가격변동에 따른 이득을 얻으려 하거나 소유권등 권리변동을 규제하는 법령의 제한을 회피할 목적으로 제2조 제2항 또는 제3항의 규정에 위반한 때 (중략)

부동산등기특별조치법 제11조(과태료)
① 등기권리자가 상당한 사유없이 제2조 각항의 규정에 의한 등기신청을 해태한 때에는 그 해태한 날 당시

151

② 건축물대장과 등기사항전부증명서상의 용도가 다를 경우 신탁등기 신청시 등기관에 의해 등기신청이 각하[123]되고 변경 미조치에 따른 벌금 또는 과태료가 발생할 수도 있습니다.

| 위반건축물 관련 건축물대장 및 위반 내용 예시 |

■ 건축물대장의 기재 및 관리 등에 관한 규칙 [별지 제1호 서식] (2018. 12. 4. 개정)　　　　　　　　(3쪽 중 제1쪽)

일반건축물대장(갑)　[위반건축물]

고유번호						명칭		호수/가구수/세대수	
대지위치				지번		도로명주소			
※대지면적　　㎡		연면적　　㎡		※지역 일반주거지역		※지구		※구역	
건축면적　　㎡		용적률 산정용 연면적　㎡		주구조 철근콘크리트		주용도 근린생활시설, 주택		층수 지하: 층, 지상: 층	
※건폐율　　%		※용적률　　%		높이　　m		지붕 스리브		부속건축물　　동 ㎡	
※조경면적　　㎡		※공개 공지·공간 면적　㎡		※건축선 후퇴면적　㎡		※건축선 후퇴거리　　m			

건축물 현황					소유자 현황				
구분	층별	구조	용도	면적 (㎡)	성명(명칭) 주민(법인)등록번호 (부동산등기용등록번호)		주소	소유권 지분	변동일 변동원인
주1		철근콘크리트	근린생활시설		정○○		서울특별시		
주1	층	철근콘크리트	근린생활시설						
주1	층	철근콘크리트	제2종 근린생활		정○○		서울특별시		
주1	층	철근콘크리트	근린생활시설						

이 등(초)본은 건축물대장의 원본내용과 틀림없음을 증명합니다.

발급일: 20　　년　　월　　일

담당자: 부동산정보라
전　화: 02 -

특별자치시장·특별자치도지사 또는 시장·군수·구청장　　[인]

※ 표시 항목은 총괄표제부가 있는 경우에는 적지 않을 수 있습니다.

297㎜×210㎜[백상지 80g/㎡]

의 부동산에 대하여 「지방세법」 제10조 및 제10조의2부터 제10조의6까지의 과세표준에 같은 법 제11조 제1항의 표준세율(같은 법 제14조에 따라 조례로 세율을 달리 정하는 경우에는 그 세율을 말한다)에서 1천분의 20을 뺀 세율(같은 법 제11조 제1항 제8호의 경우에는 1천분의 20의 세율)을 적용하여 산출한 금액(같은 법 제13조 제2항·제3항·제6항 또는 제7항에 해당하는 경우에는 그 금액의 100분의 300)의 5배 이하에 상당하는 금액의 과태료에 처한다. 다만, 부동산실권리자명의등기에관한법률 제10조 제1항의 규정에 의하여 과징금을 부과한 경우에는 그러하지 아니하다.
② 제1항의 규정에 의한 과태료의 금액을 정함에 있어서 해태기간, 해태사유, 목적부동산의 가액등을 참작하여야 한다.

123) 부동산등기법 제29조(신청의 각하)
등기관은 다음 각 호의 어느 하나에 해당하는 경우에만 이유를 적은 결정으로 신청을 각하(却下)하여야 한다. 다만, 신청의 잘못된 부분이 보정(補正)될 수 있는 경우로서 신청인이 등기관이 보정을 명한 날의 다음 날까지 그 잘못된 부분을 보정하였을 때에는 그렇지 아니하다.

변동일	변동내용 및 원인	변동일	변동내용 및 원인
		2017	주택과-9660(2017.3.14.)호에 의거 위반건축물표기 [옥상창고 넥산/샤시 8㎡(우측) 및 10㎡(좌측) 무단증축]
			이하 여백

　　최초 신탁계약이 불발된 후 정○경 고객은 신길동 백○빌딩 옥상 무단 증축 창고와 샷시를 철거하여 위반건축물의 위반 사항을 해소하였고 당초 가족회의 결론에 따라 유언대용신탁계약을 체결하였습니다.

| 위반건축물 관련 위반 사유 해소 이후 유언대용신탁 계약 예시 |

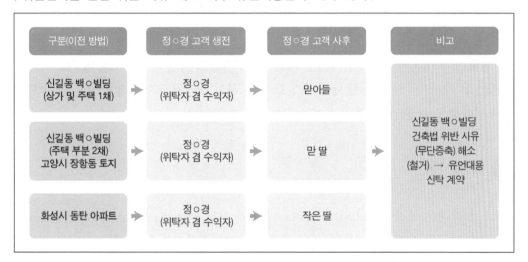

   Tip

　　건축법 상 위반 사유가 있는 '위반건축물'을 신탁회사가 소유권을 이전받을 경우 신탁회사는 불필요한 ① 위반 사유 해소 의무 또는 ② 이행강제금 등을 부과받을 수 있으므로 주의를 요하며, 신탁계약을 희망하는 고객은 신탁할 재산에 대한 법령 위반 사유 등을 먼저 해소·해결하려는 노력이 필요합니다.

(중략)

6. 신청정보의 부동산 또는 등기의 목적인 권리의 표시가 등기기록과 일치하지 아니한 경우

(중략)

11. 신청정보 또는 등기기록의 부동산의 표시가 토지대장·임야대장 또는 건축물대장과 일치하지 아니한 경우

[유류분 ①] 쉰 일곱·쉰 살에 낳은 막내 늦둥이를 위한 유언대용신탁

① 고객 상황

백○은 고객(男, 77세)은 1988년에 前부인과 이혼하고, 현재 부인인 정○영 고객(女, 70세)와 1990년에 재혼하였습니다. 백○은 고객은 이혼한 前부인 사이에서 두 명의 자녀(큰 딸 50세, 작은 딸 48세)를 두었고, 정○영 고객과의 사이에 아들 1명(백○철, 20세, 소아마비로 인한 지체장애, 중증장애인(舊 2급), 대학생)을 두고 있었습니다.

재혼한 이후에도 가족관계가 나쁘지 않았으나 백○은 고객이 2017년 본인의 서울시 관악구 봉천동 3층 상가 및 토지(당시 감정가 23억)를 부인 정○영 고객에게 증여한 후 두 딸은 이에 불만을 품고 왕래가 줄고 사이가 나빠졌다고 합니다.

② 고객 자산

백○은 고객은 정기예금(20억)과 송파구 잠실에 아파트(공동주택공시가격 19억, 유사매매사례가 평균액 30억), 경기도 안성의 공장부지(개별공시지가 10억)를 보유하고 있었으며, 정○영 고객은 남편으로부터 증여받은 관악구 봉천동 상가 및 토지(현재 감정평가액 30억)를 소유하고 있었습니다.

③ 고객 니즈

백○은 고객은 부인 정○영 고객에게 봉천동 상가 및 토지를 증여하기 전까지는 두 딸을 본인이 통제 및 관리할 수 있다고 믿었고 두 딸들이 본인 재산에 대해서 욕심이 없다고 생각했었습니다.

그러나 정○영 고객에게 상가를 증여한 이후 두 딸들은 아버지인 백○은 고객을 찾아올 때마다 정기예금과 송파구 잠실의 아파트, 경기도 안성의 공장부지를 본인들에게 물려달라고 독촉하는 상황이 지속되었고, 두 딸들은 특히 막내 동생 백○철은 계모인 정○영 고객이 돌아가시게 되면 봉천동 상가만 물려받으면 된다고 주장했다고 합니다.

이에 백○은, 정○영 고객은 본인들 사후에 ① 형제간에 법정 소송(유류분 소송[124])이 진행되면 안된다는 확고한 의지를 갖고 있었고, 특히 ② 지체장애를 안고 살아가는 늦둥이 막내 아들 백○철을 위한 최소한의 울타리(재산)를 남겨주고 싶어했습니다.

④ 결론

(1) 사전증여재산관련 '세법'과 '민법상 유류분'과 비교

세법의 상속재산가액 평가와 민법상 유류분 계산시 피상속인의 재산가액(이하, 유류분산정재산) 평가의 차이를 살펴볼 필요가 있습니다.

먼저, 세법에서는 상속재산가액 계산시 ① 피상속인(사망자)이 상속인에게 증여한 재산은 피상속인의 상속개시일(사망일) 이전 10년 이내 증여재산(상속인이 아닌 자에게 증여한 재산은 5년 이내)만 포함시키고 뿐만 아니라 ② 상속재산가액에 포함하는 증여재산의 평가액은 '증여일 기준'입니다.

제 4 편

---

124) 민법 제1112조(유류분의 권리자와 유류분) 상속인의 유류분은 다음 각호에 의한다.
    1. 피상속인의 직계비속은 그 법정상속분의 2분의 1
    2. 피상속인의 배우자는 그 법정상속분의 2분의 1
    3. 피상속인의 직계존속은 그 법정상속분의 3분의 1
    4. 피상속인의 형제자매는 그 법정상속분의 3분의 1
    민법 제1113조(유류분의 산정)
    ① 유류분은 피상속인의 상속개시시에 있어서 가진 재산의 가액에 증여재산의 가액을 가산하고 채무의 전액을 공제하여 이를 산정한다.
    ② 조건부의 권리 또는 존속기간이 불확정한 권리는 가정법원이 선임한 감정인의 평가에 의하여 그 가격을 정한다.
    민법 제1114조(산입될 증여)
    증여는 상속개시전의 1년간에 행한 것에 한하여 제1113조의 규정에 의하여 그 가액을 산정한다. 당사자 쌍방이 유류분권리자에 손해를 가할 것을 알고 증여를 한 때에는 1년전에 한 것도 같다.

상속세 및 증여세집행기준 13-0-5
[사전증여재산가액을 상속세 과세가액에 합산하는 경우]
① 상속개시 전 10년 이내에 상속인이 피상속인으로부터 재산을 증여받고, 상속개시 후 민법상 상속포기를 하는 경우에도 당해 증여받은 재산을 상속세 과세가액에 합산한다.
② 피상속인이 상속개시 전 5년 이내에 영리법인에게 증여한 재산가액 및 이익은 상속인 외의 자에게 증여한 재산가액으로 상속재산에 포함된다. 동 재산가액 및 이익에 대한 상증법에 따른 증여세 산출세액 상당액은 상속세 산출세액에서 공제한다. (이하, 중략)

상속세 및 증여세집행기준 13-0-7 [사전증여 재산가액의 평가]
① 상속재산가액에 합산하는 사전증여 재산가액은 상속개시일이 아닌 증여일 현재의 시가에 따라 평가하며 시가가 불분명한 경우에는 보충적 평가방법에 따라 평가한 가액에 따른다.
② 상속개시일 전에 부담부증여한 재산을 상속재산가액에 합산하는 경우 증여재산가액에서 수증자가 인수한 채무를 차감한 증여세 과세가액을 합산한다.

반면, 민법상 유류분산정재산에서 ① 피상속인이 상속인(공동상속인)에게 증여한 재산은 **사망일 이전 기간에 상관없이 모두 포함**시키고(공동상속인이 아닌 자에게 증여한 재산은 사망일 이전 1년 이내 건) 유류분산정재산에 포함되는 ② 증여재산은 증여일 기준이 아니라 **'피상속인의 사망일을 기준'**으로 **평가**됩니다.

| 민법상 '유류분산정재산 계산시 사전증여재산 합산 기간 및 평가기준일' |

대법원 1996. 2. 9. 선고 95다17885 판결
【판시사항】
[1] 특별수익자의 상속분에 관한 민법 제1008조의 취지
[2] 공동상속인 중에 피상속인으로부터 특별수익을 한 자가 있는 경우, 민법 제1114조의 적용 여부(소극)
[3] 유류분 산정의 기초가 되는 증여재산의 가액 산정 시기 (중략)

【판결요지】
[1] 민법 제1008조의 취지는 공동상속인 중에 피상속인으로부터 재산의 증여 또는 유증을 받은 특별수익자가 있는 경우에, 공동상속인들 사이의 공평을 기하기 위하여 그 수증재산을 상속분의 선급으로 다루어 구체적인 상속분을 산정함에 있어 이를 참작하도록 하려는 데 있다.

[2] 공동상속인 중에 **피상속인으로부터 재산의 생전 증여에 의하여 특별수익을 한 자가** 있는 경우에는 민법 제1114조의 규정은 그 적용이 배제되고, 따라서 그 **증여는 상속개시 1년 이전의 것인지 여부, 당사자 쌍방이 손해를 가할 것을 알고서 하였는지 여부에 관계없이 유류분 산정을 위한 기초재산에 산입**된다.

[3] 원심이 유류분 산정의 기초가 되는 증여 부동산의 가액 산정 시기를 피상속인이 사망한 상속개시 당시의 가격으로 판시한 것은 정당하다.

대법원 2015. 11. 12. 선고 2010다104768 판결 [유류분 반환]

【판시사항】

유류분반환의 범위를 산정할 때 증여받은 재산의 시가 산정의 기준 시점(＝상속개시 당시) 및 증여 이후 수증자나 수증자에게서 증여재산을 양수한 사람이 자기 비용으로 증여재산의 성상 등을 변경하여 상속개시 당시 가액이 증가되어 있는 경우, 증여 당시의 성상 등을 기준으로 상속개시 당시의 가액을 산정하여야 하는지 여부(적극)

【판결요지】

유류분반환의 범위는 상속개시 당시 피상속인의 순재산과 문제된 증여재산을 합한 재산을 평가하여 그 재산액에 유류분청구권자의 유류분비율을 곱하여 얻은 유류분액을 기준으로 산정하는데, **증여받은 재산의 시가는 상속개시 당시를 기준**으로 하여 산정하여야 한다.

| 상속(유류분)재산 관련 세법과 민법 비교 |

구분	세법(상속재산)	민법(유류분)
상속(유류분)재산 가액 계산 과정	피상속인의 본래 재산 + 간주상속재산(보험금, 퇴직금, 신탁) + 사전증여재산(10년 이내, 5년 이내) − 채무 등	피상속인 명의의 재산 + 사전증여재산(무기한, 1년 이내) − 채무
사전증여재산 포함 기간	① 상속인에게 증여 : 사망일 前 10년 이내 ② 이외 증여 : 사망일 前 5년 이내	① 상속인에게 증여 : 기한없이 모두 포함 ② 이외 증여 : 사망일 前 1년 이내 (단, 증여자 및 수증자가 유류분 권리자의 권리 침해를 알지 못했을 것)
사전증여재산 가액 평가 기준일	'증여시점'의 시가 (시가가 없다면 상속세·증여세법상 보충적 평가액 적용)	'사망시점'의 시가 * 사전증여된 '현금' 평가 예시 : 증여 당시부터 상속개시일까지 물가변동률을 반영하여 계산

※ 사전증여재산 : 민법상 특별수익에 해당된다고 가정

(2) 백○은 고객, 정○영 고객 유언대용신탁 계약 예시

먼저, 백○은 고객과 정○영 고객은 아들에게 최대한 많이 물려주고 싶다고 했으나, ① 두 분의 사망일을 미리 예측할 수 없고, ② 토지 및 건물 등 부동산의 가격 변동 및 정기예금 등 이율, 물가상승률 변동을 추정할 수 없기 때문에 신탁계약 당시 시가 기준에 근거하여 법정상속분과 유류분 비율 사이의 적정 수준에서 유언대용신탁 계약을 체결하였습니다 (향후, 재산 가액의 변동에 따라 사후수익자의 수익권 비율 변경 가능).

| 백○은 고객의 유언대용신탁 계약 예시 |

백○은 재산 가액 (사전증여재산의 현재 시가 포함)	법정상속인 (법정상속비율)	법정 상속분	유류분 (법정상속분의 2분의 1)	유언대용신탁 (사후수익자 : 사후수익권 및 비율)
90억 (정기예금 20억, 잠실 아파트 30억, 안성 토지 10억, 봉천동 상가 30억)	배우자 : 정○영 (재산의 3분의 1)	30억	15억	- (旣증여 : 봉천동 상가)
	맏 딸 : 백○희 (재산의 9분의 2)	20억	10억	15억 (정기예금 50%, 안성 토지 50%)
	작은 딸 : 백○미 (재산의 9분의 2)	20억	10억	15억 (정기예금 50%, 안성 토지 50%)
	막내 아들 : 백○철 (재산의 9분의 2)	20억	10억	30억 (잠실 아파트)

※ 백○은 고객이 정○영 고객보다 먼저 사망하는 경우를 가정하여 설정
※ 증여재산은 민법상 특별수익에 해당된다고 가정, 상기 재산 외에 백○은 고객이 법정상속인들에게 사전에 증여한 재산이 없다고 가정하고, 상속개시일까지의 가격 변동 및 물가상승률, 이율 변경을 미고려하였으며, 변동되는 상황을 고려하여 사후수익권 비율도 조정 가능

| 정○영 고객의 유언대용신탁 계약 예시 |

정○영 재산 가액	법정상속인 (법정상속비율)	법정 상속분	유류분 (법정상속분의 2분의 1)	유언대용신탁 (사후수익자 : 사후수익권 및 비율)
30억 (봉천동 상가)	맏 딸 : 백○희 (없음)	0억	0억	7.5억 (봉천동 상가 4분의 1)
	작은 딸 : 백○미 (없음)	0억	0억	7.5억 (봉천동 상가 4분의 1)
	막내 아들 : 백○철 (100%)	30억	15억	15억 (봉천동 상가 2분의 1)

※ 백○은 고객이 정○영 고객보다 먼저 사망하는 경우를 가정하여 설정
※ 증여재산은 민법상 특별수익에 해당된다고 가정, 상기 재산 외에 정○영 고객이 법정상속인들에게 사전
   에 증여한 재산이 없다고 가정하고, 상속개시일까지의 가격 변동 및 물가상승률, 이율 변경을 미고려하였
   으며, 변동되는 상황을 고려하여 사후수익권 비율도 조정 가능

[유류분 ②] '가수 故○○○ 상속재산 분쟁 사건' 등 솔로를 위한 유언대용신탁

1 고객 상황

서울 동작구 흑석동에 사는 김○수(男, 63세) 고객은 ○○대학교 교직원으로 35년간 근무하였고, 3년 전에 은퇴한 후 ○○대학교 앞 ○○빌라를 매입하여 대학생 대상 부동산임대업을 하고 있었습니다.

김○수 고객 부모의 라이프 스토리와 형제 관계는 매우 복잡한 상황이었습니다(부친의 수 많은 외도와 여러 명의 이복 형제자매, 모친의 행방불명 및 실종선고). 이런 가정 환경에서 자란 김○수 고객은 안정된 직장과 소득이 있었음에도 불구하고 결혼하지 않고 독신으로 살아오고 있었습니다.

김○수 고객에게는 법적으로는 10명의 형제자매가 있으나 모두 이복의 형제자매들로 교류가 없었고, 유일하게 이복 동생 김○명(男, 57세)과만 연락을 하고 있었습니다. 이복 동생 김○명은 경기도 여주시에서 음식점을 운영하고 있었고 슬하에 딸 김○선(女, 23세, 대학생, 김○수 고객의 조카)이 있었는데 우연하게도 김○수 고객이 근무했던 ○○대학교의 신문방송학과에 재학 중에 있었습니다.

실제, 김○수 고객은 조카 김○선이 ○○대학교에 입학하기 전까지는 이복 동생 김○명과 교류가 없었으나 조카의 대학교 입학 이후 자주 교류하게 되었고, 특히, 조카를 본인의 친딸처럼 생각하여 3년 넘게 매월 용돈 및 학비 등을 지원하고 있는 상황이었습니다.

2 고객 자산

김○수 고객은 흑석동에 소재한 ○○빌라(2층, 감정가액 30억, 매입가액 16억, 부동산담보대출 8억)만 소유하고 있었고, 교직원 연금과 임대수익으로 생활하고 있었으며, 생활비 등을 제외한 금액으로 대출금의 이자와 원금을 갚고 있었습니다.

김○수 고객은 몇 년 전 '가수 故 ○○○ 씨의 상속재산 분쟁 사건'(故 ○○○ 씨의 사망 후 그녀의 상속재산에 대해 부양의무를 소홀히 한 친모가 법정상속인 1순위로서 취득하고, 故 ○○○ 씨의 유족(친오빠 등)이 친모를 대상으로 상속재산분할을 청구한 소송)을 접하고 민법(상속, 유류분) 및 유언대용신탁 관련 자료[125]를 찾아보고 연구하였습니다.

김○수 고객은 본인이 죽으면 내가 평생토록 교류하지 않았던 '이복 형제자매'들에게 재산이 이전될 수 있다는 사실을 깨닫고, ① 2021년 11월 법무부장관의 민법 개정 법률안 입법예고[126](유류분권리자에서 형제자매 제외)도 있고, ② 신탁과 관련하여 유류분 1심 판결(수원지방법원 성남지원 2020. 3. 20. 선고 2017가합408489 판결)을 검토한 끝에 본인의 재산을 본인 사후 조카 김○선에게 신탁을 통해 물려주고 싶다고 했습니다.

---

125) 가수 故 ○○○ 씨의 상속재산 분쟁 사건 관련 민법 일부개정법률(안) 입법예고(2021년 1월 7일 법무부장관) 공고문 中 주요 내용
　가. 상속인이 될 사람이 피상속인에 대한 부양의무의 중대한 위반 또는 중대한 범죄행위, 학대 그 밖의 심히 부당한 대우를 한 경우 피상속인이 생전에 상속인이 될 자에 대해 상속권상실을 청구하거나 공정증서에 의한 유언으로 상속권상실의 의사를 표시할 수 있도록 함(안 제1004조의2 제1항, 제2항 신설).
　나. 피상속인의 사후라도 중대한 부양의무 위반 등 제1항 각 호의 사유가 있는 경우 피상속인의 법정상속인에 해당하는 자가 상대방이 상속인이 되었음을 안 날로부터 6개월 내에 가정법원에 상속권상실을 청구할 수 있도록 함(안 제1004조의2 제3항 신설).
　다. 상속권상실의 사유가 발생한 경위 및 정도, 피상속인과의 관계, 상속재산의 규모 및 형성과정 등을 고려하여 가정법원이 상속권상실에 있어 구체적 타당성을 도모할 수 있도록 사정판결제도를 도입(안 제1004조의2 제4항 신설)
　라. 상속권상실선고에 있어 소급효를 인정하고, 상속권상실선고 확정 전 거래안전을 위한 제3자 보호규정 신설(안 제1004조의2 제5항 신설)
　마. 상속권상실선고 확정 전 가정법원이 상속재산의 보존 및 관리에 관한 필요한 처분을 할 수 있도록 함(안 제1004조의2 제6항 신설).
　바. 상속권상실의 의사표시를 철회할 수 있는 기회 보장을 위한 용서제도 신설(안 제1004조의3 신설)
　사. 상속인의 유책사유에 따른 제1004조의 상속결격 또한 대습상속사유에서 제외하고, 이에 따른 법률상 규정 정비(안 제1001조, 제1003조 제2항, 제1010조 개정)
　아. 상속권상실제도 관련 가사사건 신설(부칙 제3조)
　※ 현재 상황 : 민법 개정 처리 무산
126) 민법 일부개정법률(안) 입법예고(2021년 11월 9일 법무부장관) 공고문 中 주요내용
　(중략) 라. 유류분 권리자에서 형제자매를 제외(현행 민법 제1112조 제4호 삭제)

④ 결론

　김○수 고객은 본인 소유의 ○○빌라(토지 포함)의 2분의 1을 신탁재산으로 하고, 본인 사후 사후수익자를 조카 김○선으로 하는 유언대용신탁 계약을 체결하였습니다.

　신탁을 설정하지 않은 ○○빌라(토지 포함) 2분의 1의 재산은 민법 일부개정법률안(유류분권리자에서 형제자매 제외)이 국회를 통과하면 유언대용신탁계약을 추가로 설정할 계획입니다.

| 김○수 고객 유언대용신탁 계약 관련 예시 |

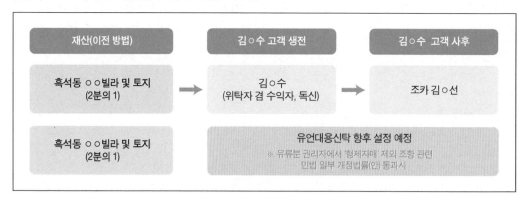

[유류분 ③] 간병인을 위해 재산을 남겨놓고 싶을 때, 유언대용신탁

① 고객 상황

최○용 고객(79세, 男)은 20년간 은행원으로 근무를 하다가 IMF사태 때 명예퇴직을 한 이후 부인과 함께 서울시 구로구 구로동에서 ○○할인마트를 운영하고 있었습니다. 2012년 부인이 급성심근경색으로 갑작스럽게 사망하였고, 2013년 초 본인이 가진 재산 중에서 상당 부분의 재산(아파트, 예금 등 증여 당시 가액 12억, 현재 시가추정액 20억)을 자녀 2명 (갑, 을)에게 증여하였습니다.

2014년 당뇨병이 악화되었고 만성심부전증으로 혈뇨까지 보는 상황이 발생하여 혈액투석치료가 상시화되자 최○용 고객은 2015년 초 서울을 떠나 본인의 고향인 경남 창원에 있는 ○○요양병원에 입소하였습니다.

최○용 고객이 ○○요양병원에 입소 한 후 건강 상태가 호전되지 않은 상황임에도 불구하고 자녀들은 단 한번도 찾아오지 않았다고 합니다. 그런데 고객의 상황을 신탁회사는 8년간 최○용 고객을 간병한 김○자 씨(65세)로부터 들었으며 이후, 최○용 고객도 가족 상황에 대해 조심스럽게 인정하였습니다.

② 고객 자산 및 소득

최○용 고객은 2013년 초 상당 부분의 재산을 두 자녀에게 증여하였으나, 본인의 의료비 및 노후생활비 목적으로 현금 3억과 종신보험(사망보험금 2억)을 보유하고 있었고, 국민연금과 연금보험으로부터 받고 있는 월 130만원의 소득이 있으나 이 소득은 병원비, 간병비로 모두 사용되는 상태였습니다.

③ 고객 니즈

최○용 고객은 현재 보유한 현금 3억원은 의료비, 간병비 등의 목적으로 본인 생전에 쓰다가 본인 사후 간병인 김○자 씨에게 주고 싶어 하셨고, 본인 사망으로 인한 종신보험의 사망보험금은 법정상속인이 나눠 갖도록 설계하고 싶어했습니다.

최○용 고객은 본인의 니즈를 이야기 하면서 본인이 가지고 있는 '현금 3억원까지 간병인 김○자 씨에게 주지 못하고 자식들이 뺏어가는 거 아니냐?'하는 우려를 나타냈습니다.

4 결론

최○용 고객의 정신적 건강 상태 및 자녀 들에게 증여한 재산, 현재 보유한 재산 등을 살펴 보았을 때 최○용 고객이 현재 치매가 발생하지 않은 상태이고, 김○자 씨가 최○용 고객의 재산을 노리고 의도적으로 접근하여 혼인 및 재산 이전에 대해 강박 등을 한 것이 아니라면 간병인 김○자 씨는 최○용 고객의 자발적인 의사에 의해 재산을 무상으로 이전 (상속, 증여 등) 받을 수 있습니다.[127], [128]

---

127) [생각해봅시다] 자녀 아닌 '30년 간병인'에게 유산 상속한 80대 노인
국민일보, 지호일 기자(2018년 5월 5일 기사)
자녀들 "치매 증상 부친 속여 재산 가로채" 소송 제기
법원, 치매 진단 前 증여 판단… "오랜 세월 함께 지내며 간병" 부양 대가로 소유권 이전 인정
80대 노인 A씨는 2014년 4월 30년 넘게 집안일을 해주고 자신을 간병한 B씨에게 서울 동대문구의 본인 소유 빌라 소유권을 넘겼다. B씨는 2억7000만원을 받고 빌라를 다른 이에게 팔았다. 빌라를 담보로 A씨가 빌렸던 6000여만원을 우선 갚은 뒤 남은 돈으로 인근의 다른 집을 샀다. A씨는 B씨 명의로 된 새 집에서 2년 동안 같이 살다가 2016년 8월 사망했다.
A씨의 아들 3명은 지난해 3월 손해배상 청구 소송을 냈다. B씨가 치매를 앓던 부친을 속여 재산을 가로챘다는 주장이었다. 매각대금 중 A씨 빚을 갚은 데 쓴 돈을 제외한 약 2억1000만원을 달라고 요구했다. B씨는 A씨가 무상으로 준 것이라고 맞섰다. 그는 10대 후반이던 1980년 입주 가정부로 A씨 집에 들어가 A씨 부부가 운영하던 식당 일까지 도왔다. A씨가 2012년 고관절 수술을 받고 거동이 힘들어진 뒤에는 간병은 물론 생계까지 사실상 책임졌다고 한다.
1년여 심리 끝에 서울중앙지법 민사18부(부장판사 이원)는 원고 패소 판결을 내렸다고 4일 밝혔다. A씨가 정상적인 상태에서 빌라를 준 것으로 보인다는 판단이다.
아들들은 재판 과정에서 부친이 중증 치매 진단을 받았다는 점을 강조했다. 2014년 8월 실시한 간이 정신 상태 검사에서 30점 만점에 15점을 받았는데, 이듬해 7월 검사에서는 10점으로 상태가 크게 나빠졌다는 것이다. 부친이 과거 우울증 등으로 수차례 정신과 진료를 받은 이력도 내세웠다.
재판부는 그러나 A씨가 치매 진단을 받고 치료에 들어간 시기가 2014년 8월이라고 봤다. 빌라를 넘긴 지 4개월가량 지난 때다. 소유권 이전등기 업무를 담당한 법무사가 "당시 A씨는 치매 환자로 보이지 않았다. 정상적 동의가 있었다고 판단해 절차를 진행했다"고 진술한 부분도 감안됐다.
유족들은 B씨를 사문서 위조 혐의로 형사 고소도 했지만 검찰은 "빌라를 증여받았다는 B씨 주장에 신빙성이 있다"며 무혐의 처분을 내렸다.
재판부 역시 "B씨는 망인이 사망할 때까지 (36년간) 함께 거주하며 간병했다. 이런 부양의 대가로 소유권을 이전해줬다는 B씨 주장은 충분히 납득할 만하다"고 밝혔다. 또 "A씨가 치매 때문에 부동산 처분 관련 의미나 경과를 판단할 능력이 없었다는 점을 인정하기 어렵다"고 설명했다. B씨 변호를 맡은 차미경 변호

이를 토대로 최○용 고객은 유류분 등을 고려하여 현금 3억은 유언대용신탁(특정금전신탁 MMT)을 체결하여 본인 생전에는 본인의 의료비 및 간병비, 생활비 등으로 필요할 때 쓰고, 본인 사후 신탁의 잔여재산을 간병인 김○자 씨에게 지급하며, 종신보험의 사망보험금은 사망시 수익자인 법정상속인들이 나눠 갖는 형태로 설계하였습니다.

사는 "의뢰인은 오랫동안 할아버지를 돌봤고 할아버지도 진짜 가족으로 생각했다고 한다"고 전했다. 유족들은 판결에 불복해 항소했다.

128) [판결] '치매노인과 결혼' 50억 상속받은 간병인 서울북부지법 "혼인·상속 모두 무효"
법률신문, 이순규 기자(2016년 11월 24일자)
간병하던 치매노인과 혼인신고를 한 후 50억원을 상속받은 70대 간병인에게 법원이 혼인과 상속 모두 무효라고 판결했다.
서울북부지법 민사12부(재판장 박미리 부장판사)는 사망한 김모(당시 83세)씨의 조카 A씨가 김씨와 혼인신고를 한 전모(여·71)씨를 상대로 낸 상속회복 청구소송(2015가합26461)에서 "전씨에 대한 상속은 무효"라며 원고승소 판결했다.
재판부는 "전씨는 혼인의 합의가 없는 상태에서 이뤄진 혼인신고에 의한 참칭상속인(법률상의 재산상속권이 없음에도 사실상 재산상속인의 지위를 지닌 자)에 해당한다"며 "참칭상속인에 의한 소유권 이전과 근저당권설정 등기는 무효"라고 밝혔다. 이어 "김씨의 공동상속인 중 한명으로 이 사건 각 부동산에 관해 27분의 2 지분소유권을 가진 A씨는 전씨를 상대로 각 등기 말소절차 이행을 청구할 권리가 있다"고 판시했다.
2012년 3월께부터 저혈당, 당뇨, 고혈압, 말기신부전 등으로 입원 및 통원치료를 반복하던 김씨는 같은해 4월 치매 판정을 받았다. 다른 사람의 도움 없이는 지낼 수 없고, 집 주소나 가까운 친지의 이름 등 자신의 일상생활과 관련된 주요 사항들을 기억하지도 못했다. 시간·장소·사람을 인식하는 지남력이 자주 상실되는 등 치매 5단계였다.
김씨는 서울 노원구의 한 요양병원에서 2012년 8월부터 2014년 12월까지 입원치료를 받았다. 이 병원에 입원할 때부터 김씨는 간병인인 전씨에게 반복적으로 "엄마"라고 하거나 기저귀에 대변을 본 상태로 손을 넣어 만지며 장난치는 등 판단능력에 심각한 장애가 있었다. 혼자 식사하거나 배변할 수 없는 등 행위능력에도 장애가 있었다.
전씨는 김씨가 입원 중이던 같은해 10월 구청에 박모씨 등 2명이 증인으로 기재된 혼인신고서를 제출해 김씨와의 혼인신고를 마쳤다. 그러다 김씨가 지난해 9월 사망하자 전씨는 김씨가 남긴 50억원 가량의 부동산 소유권을 자신의 회사에 이전하는 등기와 근저당권설정 등기를 했다.
이에 A씨는 전씨가 혼인신고서상 김씨 명의를 위조했다고 주장하면서 전씨를 사문서위조 등의 혐의로 고소했다. 이 사건은 김씨 사망 등으로 증거가 부족해 무혐의 처분이 났다. 하지만, 혼인신고서에 증인으로 기재된 박씨는 수사기관에서 "김씨로부터 전씨와 결혼할 의사가 없다는 말을 들었다. 그럼에도 전씨가 김씨와 혼인신고를 하려 하니 증인이 돼 달라고 부탁했고, 김씨에게 이를 확인하고자 했으나 전씨가 이를 제지해 확인하지 못했다"는 취지로 진술했다.
A씨는 이후 서울가정법원에 김씨와 전씨에 대한 혼인무효확인의 소를 제기해 올해 9월 승소했고, 이를 바탕으로 상속회복 청구소송을 냈다.
서울가정법원은 당시 소송에서 "혼인신고때 김씨가 혼인의 의미와 결과를 정상적인 인식력을 바탕으로 합리적으로 판단하거나 결정할 수 있는 수준에 미치지 못해 혼인을 합의할 의사능력이 흠결돼 있었다"며 "따라서 혼인신고는 당사자 간 합의 없이 이뤄진 것이고 김씨와 전씨가 사실혼 관계에 있었다고도 볼 수 없다"며 혼인 무효를 선고했다(2015드단308544).

| 최○용 고객의 유언대용신탁 계약 예시 |

최○용 재산 가액 (사전증여재산의 현재 시가 포함)	법정상속인 및 간병인 (법정상속비율)	법정 상속분	유류분 (법정상속분의 2분의 1)	유언대용신탁 (사후수익자 : 사후수익권 및 비율)
약 25억 ① 사전증여재산 : 20억 　※ 증여 당시 : 12억 ② 현　　　금 : 3억 ③ 사망보험금 : 2억	자녀 : 갑 (재산의 2분의 1)	약 12.5억	6.25억	- ※ 旣 증여 : 10억 ※ 사망보험금 : 1억
	자녀 : 을 (재산의 2분의 1)	약 12.5억	6.25억	- ※ 旣 증여 : 10억 ※ 사망보험금 : 1억
	간병인 : 김○자 씨 (없음)	-	-	3억 (특정금전신탁 MMT 로 운용)

※ 사전증여재산은 민법상 특별수익으로 가정함. 상기 재산 외에 최○용 고객이 법정상속인, 간병인에
　게 사전에 증여한 재산이 없다고 가정하고, 현재 시가를 기준으로 유류분 금액을 계산하였으며,
　향후 상속개시일까지의 가격 변동 및 물가상승률 미고려

Tip

유언대용신탁은 법률 문제를 최소화하는 범위 내에서 '가족이 아닌 제3자(간병인, 공익재단, 단
체 등)'에게 본인의 의지대로, 본인의 재산을 승계 및 이전할 수 있는 효율적인 도구입니다.

1. 대법원 2021. 8. 19. 선고 2017다230338 판결 [소유권이전등기]

【판시사항】

어느 공동상속인이 다른 공동상속인에게 자신의 상속분을 무상으로 양도하는 것과 같은 내용으로 상속재산 분할협의가 이루어진 경우, 이에 따라 무상으로 양도된 것으로 볼 수 있는 상속분은 양도인의 사망으로 인한 상속에서 유류분 산정을 위한 기초재산에 포함된다고 보아야 하는지 여부(적극)

【판결요지】

(중략) 공동상속인이 다른 공동상속인에게 무상으로 자신의 상속분을 양도하는 것은 특별한 사정이 없는 한 유류분에 관한 민법 제1008조의 증여에 해당하므로, 그 상속분은 양도인의 사망으로 인한 상속에서 유류분 산정을 위한 기초재산에 포함된다.

위와 같은 법리는 상속재산 분할협의의 실질적 내용이 어느 공동상속인이 다른 공동상속인에게 자신의 상속분을 무상으로 양도하는 것과 같은 때에도 마찬가지로 적용된다. 따라서 상속재산 분할협의에 따라 무상으로 양도된 것으로 볼 수 있는 상속분은 양도인의 사망으로 인한 상속에서 유류분 산정을 위한 기초재산에 포함된다고 보아야 한다.

2. 대법원 2021. 8. 19. 선고 2017다235791 판결 [유류분반환청구]

【판시사항】

공동상속인 중 특별수익을 받은 유류분권리자의 유류분 부족액을 산정할 때 유류분액에서 공제하여야 하는 순상속분액을 산정하는 방법

【판결요지】

유류분제도는 피상속인의 재산처분행위로부터 유족의 생존권을 보호하고 법정상속분의 일정 비율에 해당하는 부분을 유류분으로 산정하여 상속인의 상속재산형성에 대한 기여와 상속재산에 대한 기대를 보장하는 데 입법 취지가 있다. 유류분에 관한 민법 제1118조에 의하여 준용되는 민법 제1008조는 "공동상속인 중에 피상속인으로부터 재산의 증여 또는

유증을 받은 자가 있는 경우에 그 수증재산이 자기의 상속분에 달하지 못한 때에는 그 부족한 부분의 한도에서 상속분이 있다."라고 규정하고 있다. 이는 공동상속인 중 피상속인으로부터 재산의 증여 또는 유증을 받은 특별수익자가 있는 경우에 공동상속인들 사이의 공평을 기하기 위하여 그 수증재산을 상속분의 선급으로 다루어 구체적인 상속분을 산정함에 있어 이를 참작하도록 하려는 데 취지가 있다.

이러한 유류분제도의 입법 취지와 민법 제1008조의 내용 등에 비추어 보면, 공동상속인 중 특별수익을 받은 유류분권리자의 유류분 부족액을 산정할 때에는 유류분액에서 특별수익액과 순상속분액을 공제하여야 하고, 이때 공제할 순상속분액은 당해 유류분권리자의 특별수익을 고려한 구체적인 상속분에 기초하여 산정하여야 한다.

3. 대법원 2021. 7. 15. 선고 2016다210498 판결 [임료/유류분]

【판시사항】

[1] 공동상속인 중에 피상속인으로부터 재산의 생전 증여로 민법 제1008조의 특별수익을 받은 사람이 있는 경우, 증여가 상속개시 1년 이전의 것인지 또는 당사자 쌍방이 유류분권리자에게 손해를 가할 것을 알고서 하였는지와 관계없이 증여를 받은 재산이 유류분 산정을 위한 기초재산에 산입되는지 여부(적극)

[2] 상속분 양도의 의미 및 공동상속인이 다른 공동상속인에게 무상으로 자신의 상속분을 양도한 경우, 그 상속분이 양도인 사망으로 인한 상속에서 유류분 산정을 위한 기초재산에 산입되는지 여부(적극)

【판결요지】

[1] 유류분에 관한 민법 제1118조에 따라 준용되는 민법 제1008조는 '특별수익자의 상속분'에 관하여 "공동상속인 중에 피상속인으로부터 재산의 증여 또는 유증을 받은 자가 있는 경우에 그 수증재산이 자기의 상속분에 달하지 못한 때에는 그 부족한 부분의 한도에서 상속분이 있다."라고 정하고 있다. **공동상속인 중에 피상속인으로부터 재산의 생전 증여로 민법 제1008조의 특별수익을 받은 사람이 있으면 민법 제1114조가 적용되지 않으므로, 그 증여가 상속개시 1년 이전의 것인지 여부 또는 당사자 쌍방이 유류분권리자에 손해를 가할 것을 알고서 하였는지 여부와 관계없이 증여를 받은 재산이 유류분 산정을 위한 기초재산에 산입된다.**

[2] 상속분 양도는 상속재산분할 전에 적극재산과 소극재산을 모두 포함한 상속재산 전부에 관하여 공동상속인이 가지는 포괄적 상속분, 즉 상속인 지위의 양도를 뜻한다. **공동상속인이 다른 공동상속인에게 무상으로 자신의 상속분을 양도**하는 것은 특별한 사정이 없는 한 **유류분에 관한 민법 제1008조의 증여**에 해당하므로, 그 상속분은 양도인의 사망으로 인한 상속에서 **유류분 산정을 위한 기초재산에 산입**된다고 보아야 한다. (이하 생략)

4. 대법원 2018. 7. 12. 선고 2017다278422 판결 [유류분반환]

【판시사항】

유류분 반환청구자가 유류분 제도 시행 전에 피상속인으로부터 재산을 증여받아 이행이 완료된 경우, 그 재산이 유류분산정을 위한 기초재산에 포함되는지 여부(소극) 및 이때 위 재산이 유류분 반환청구자의 유류분 부족액 산정 시 특별수익으로 공제되어야 하는지 여부(적극)

【판결요지】

(중략) 개정 민법 시행 전에 이미 법률관계가 확정된 증여재산에 대한 권리관계는 유류분 반환청구자이든 반환의무자이든 동일하여야 하므로, 유류분 반환청구자가 개정 민법 시행 전에 피상속인으로부터 증여받아 이미 이행이 완료된 경우에는 그 재산 역시 유류분산정을 위한 기초재산에 포함되지 아니한다고 보는 것이 타당하다.

(중략) 이는 개정 민법 시행 전에 증여받은 재산이 법정 유류분을 초과한 경우에도 마찬가지로 보아야 하므로, 개정 민법 시행 전에 증여를 받았다는 이유만으로 이를 특별수익으로도 고려하지 않는 것은 유류분 제도의 취지와 목적에 반한다고 할 것이다.

(중략) 따라서 개정 민법 시행 전에 이행이 완료된 증여 재산이 유류분 산정을 위한 기초재산에서 제외된다고 하더라도, 위 재산은 당해 유류분 반환청구자의 유류분 부족액 산정 시 특별수익으로 공제되어야 한다.

5. 대법원 2015. 10. 29. 선고 2013다60753 판결 [유류분과 기여분과의 관계]

【판시사항】

공동상속인 중에 상당한 기간 동거·간호 그 밖의 방법으로 피상속인을 특별히 부양하거나 피상속인의 재산의 유지 또는 증가에 특별히 기여한 사람이 있는 경우, 유류분반환청구소송에서 기여분을 주장할 수 있는지 여부 / 공동상속인의 협의 또는 가정법원의 심판으로 기여분이 결정된 경우, 유류분을 산정함에 있어 기여분을 공제할 수 있는지 여부(소극) 및 기여분으로 유류분에 부족이 생겼다고 하여 기여분 반환을 청구할 수 있는지 여부(소극)

【판결요지】

민법 제1008조의2, 제1112조, 제1113조 제1항, 제1118조에 비추어 보면, 기여분은 상속재산분할의 전제 문제로서의 성격을 가지는 것으로서, 상속인들의 상속분을 일정 부분 보장하기 위하여 피상속인의 재산처분의 자유를 제한하는 유류분과는 서로 관계가 없다.

따라서 공동상속인 중에 상당한 기간 동거·간호 그 밖의 방법으로 피상속인을 특별히 부양하거나 피상속인의 재산의 유지 또는 증가에 특별히 기여한 사람이 있을지라도 공동상속인의 협의 또는 가정법원의 심판으로 기여분이 결정되지 않은 이상 유류분반환청구소송에서 기여분을 주장할 수 없음은 물론이거니와, 설령 공동상속인의 협의 또는 가정법원의 심판으로 기여분이 결정되었다고 하더라도 유류분을 산정함에 있어 기여분을 공제할 수 없고, 기여분으로 유류분에 부족이 생겼다고 하여 기여분에 대하여 반환을 청구할 수도 없다.

6. 대법원 2014. 5. 29. 선고 2012다31802 판결 [대습상속인과 특별수익, 유류분]

【판시사항】

민법 제1008조의 규정 취지 및 대습상속인이 대습원인의 발생 이전에 피상속인으로부터 증여를 받은 경우, 대습상속인의 위와 같은 수익이 특별수익에 해당하는지 여부(소극)

【판결요지】

민법 제1008조는 공동상속인 중에 피상속인으로부터 재산의 증여 또는 유증을 받은 특별수익자가 있는 경우 공동상속인들 사이의 공평을 기하기 위하여 수증재산을 상속분의 선급으로 다루어 구체적인 상속분을 산정함에 있어 이를 참작하도록 하려는 데 취지가 있는 것인바, 대습상속인이 대습원인의 발생 이전에 피상속인으로부터 증여를 받은 경우 이는 상속인의 지위에서 받은 것이 아니므로 상속분의 선급으로 볼 수 없다. 그렇지 않고 이를 상속분의 선급으로 보게 되면, 피대습인이 사망하기 전에 피상속인이 먼저 사망하여 상속이 이루어진 경우에는 특별수익에 해당하지 아니하던 것이 피대습인이 피상속인보다 먼저 사망하였다는 우연한 사정으로 인하여 특별수익으로 되는 불합리한 결과가 발생한다. 따라서

대습상속인의 위와 같은 수익은 특별수익에 해당하지 않는다. (중략)

피상속인 갑이 사망하기 이전에 갑의 자녀들 중 을 등이 먼저 사망하였는데, 갑이 을 사망 전에 을의 자녀인 병에게 임야를 증여한 사안에서, 병이 갑으로부터 임야를 증여받은 것은 상속인의 지위에서 받은 것이 아니므로 상속분의 선급으로 볼 수 없어 특별수익에 해당하지 아니하여 유류분 산정을 위한 기초재산에 포함되지 않는다고 보아야 함에도, 위 임야가 병의 특별수익에 해당하므로 유류분 산정을 위한 기초재산에 포함된다고 본 원심판단에 법리오해의 위법이 있다고 한 사례.

7. 대법원 2014. 2. 13. 선고 2013다65963 판결 [유류분의 반환 방법 : 원물반환 원칙]

【판시사항】

[1] 유류분의 반환방법

[2] 증여나 유증 후 목적물에 관하여 제3자가 저당권 등의 권리를 취득한 경우, 유류분권리자가 원물반환 대신 가액 상당의 반환을 구할 수 있는지 여부(원칙적 적극) / 그럼에도 유류분권리자가 스스로 위험이나 불이익을 감수하면서 원물반환을 구하는 경우, 원물반환을 명하여야 하는지 여부(적극) 및 유류분반환의 목적물에 부동산과 금원이 혼재되어 있다거나 유류분권리자에게 반환되어야 할 부동산의 지분이 많지 않다는 사정만으로 원물반환을 명할 수 없는지 여부(소극)

【판결요지】

우리 민법은 유류분제도를 인정하여 제1112조부터 제1118조까지 이에 관하여 규정하면서도 유류분의 반환방법에 관하여 별도의 규정을 두고 있지 않으나, **증여 또는 유증대상 재산 그 자체를 반환하는 것이 통상적인 반환방법**이라고 할 것이므로, 유류분 권리자가 원물반환의 방법에 의하여 유류분반환을 청구하고 그와 같은 **원물반환이 가능하다면 달리 특별한 사정이 없는 이상 법원은 유류분권리자가 청구하는 방법에 따라 원물반환을 명하여야 한다**(대법원 2006. 5. 26. 선고 2005다71949 판결 등 참조).

한편 증여나 유증 후 그 목적물에 관하여 제3자가 저당권이나 지상권 등의 권리를 취득한 경우에는 원물반환이 불가능하거나 현저히 곤란하여 반환의무자가 목적물을 저당권 등의 제한이 없는 상태로 회복하여 이전하여 줄 수 있다는 등의 예외적인 사정이 없는 한 유류분권리자는 반환의무자를 상대로 원물반환 대신 그 가액 상당의 반환을 구할 수도 있을 것이나, 그렇다고 하여 유류분권리자가 스스로 위험이나 불이익을 감수하면서 원물반환을 구하는 것까지 허용되지 아니한다고 볼 것은 아니므로, 그 경우에도 법원은 유류분권리자가 청구하는 방법에 따라 원물반환을 명하여야 한다. (중략)

나아가 유류분반환의 목적물에 부동산과 금원이 혼재되어 있다거나 유류분권리자에게 반환되어야 할 부동산의 지분이 많지 않다는 사정은 원물반환을 명함에 아무런 지장이 되지 아니함이 원칙이다. (이하, 생략)

8. 대법원 2012. 5. 24. 선고 2010다50809 판결 [제3자에게 증여한 재산 유류분반환청구가 인정되기 위한 조건]

【판시사항】

[1] 구체적으로 유류분반환청구 의사가 표시되었는지를 판단하는 방법

[2] 공동상속인이 아닌 제3자에게 한 증여에 관하여 유류분반환청구가 인정되기 위한 요건

【판결요지】

[1] 구체적으로 유류분반환청구 의사가 표시되었는지는 법률행위 해석에 관한 일반원칙에 따라 의사표시의 내용과 아울러 의사표시가 이루어진 동기 및 경위, 당사자가 의사표시에 의하여 달성하려고 하는 목적과 진정한 의사 및 그에 대한 상대방의 주장·태도 등을 종합적으로 고찰하여 사회정의와 형평의 이념에 맞도록 논리와 경험의 법칙, 그리고 사회일반의 상식에 따라 합리적으로 판단하여야 한다.

상속인이 유증 또는 증여행위가 무효임을 주장하여 상속 내지는 법정상속분에 기초한 반환을 주장하는 경우에는 그와 양립할 수 없는 유류분반환청구권을 행사한 것으로 볼 수 없지만, 상속인이 유증 또는 증여행위의 효력을 명확히 다투지 아니하고 수유자 또는 수증자에 대하여 재산분배나 반환을 청구하는 경우에는 유류분반환의 방법에 의할 수밖에 없으므로 비록 유류분 반환을 명시적으로 주장하지 않더라도 그 청구 속에는 유류분반환청구권을 행사하는 의사표시가 포함되어 있다고 해석함이 타당한 경우가 많다.

[2] **공동상속인이 아닌 제3자에 대한 증여는 원칙적으로 상속개시 전의 1년간에 행한 것에 한하여 유류분반환청구를 할 수 있고**, 다만 당사자 쌍방이 증여 당시에 유류분권리자에 손해를 가할 것을 알고 증여를 한 때에는 상속개시 1년 전에 한 것에 대하여도 유류분반환청구가 허용된다. 증여 당시 법정상속분의 2분의 1을 유류분으로 갖는 직

계비속들이 공동상속인으로서 유류분권리자가 되리라고 예상할 수 있는 경우에, 제3자에 대한 증여가 유류분권리자에게 손해를 가할 것을 알고 행해진 것이라고 보기 위해서는, 당사자 쌍방이 증여 당시 증여재산의 가액이 증여하고 남은 재산의 가액을 초과한다는 점을 알았던 사정뿐만 아니라, 장래 상속개시일에 이르기까지 피상속인의 재산이 증가하지 않으리라는 점까지 예견하고 증여를 행한 사정이 인정되어야 하고, 이러한 **당사자 쌍방의 가해의 인식은 증여 당시를 기준**으로 판단하여야 한다.

9. 대법원 2012. 4. 16.자 2011스191,192 결정 [상속포기자는 유류분반환청구권리 소멸]

【판시사항】

[1] 민법 제1008조에 따라 상속분 산정에서 증여 또는 유증을 참작하는 것이 실제로 유증 또는 증여를 받은 경우에 한정되는지 여부(적극 : 실제로 유증 또는 증여받은 경우로 한정됨) 및 수인의 상속인 중 1인이 나머지 상속인들의 상속포기로 단독상속하게 된 경우, 단독상속인이 상속포기자로부터 상속지분을 유증 또는 증여받은 것이라고 볼 수 있는지 여부(소극 : 유증, 증여받은 것으로 볼 수 없음)

[2] 상속포기 신고가 상속개시 후 일정한 기간 내에 적법하게 이루어진 경우, 포기자의 유류분반환청구권도 당연히 소멸하는지 여부(적극 : 적법한 상속포기자는 유류분반환청구권도 당연히 소멸하게 됨)

[3] 상속인이 상속재산에 대한 처분행위를 한 후 상속포기 신고를 하여 수리된 경우, 상속포기의 효력이 있는지 여부(소극 : 민법 제1026조 제1호는 상속인이 상속재산에 대한 처분행위를 한 때에는 단순승인을 한 것으로 본다고 정하고 있으므로 상속포기 효력은 없음) (이하, 중략)

10. 대법원 2002. 4. 26. 선고 2000다8878 판결 [유류분 반환청구 행사 방법 등]

【판시사항】

[1] 유류분반환청구권 행사의 방법 및 그로 인한 소멸시효의 중단 (중략)

[4] 유류분반환청구권의 행사에 의하여 반환되어야 할 유증 또는 증여의 목적이 된 재산이 타인에게 양도된 경우, 양수인에 대하여도 그 재산의 반환을 청구할 수 있는지 여부(한정 적극 : 양수인이 유류분권리자에 대한 침해를 알았다면 유류분반환청구 가능)

[1] 유류분반환청구권의 행사는 재판상 또는 재판 외에서 상대방에 대한 의사표시의 방법으로 할 수 있고, 이 경우 그 의사표시는 침해를 받은 유증 또는 증여행위를 지정하여 이에 대한 **반환청구의 의사를 표시하면 그것으로 족하며**, 그로 인하여 생긴 목적물의 이전등기청구권이나 인도청구권 등을 행사하는 것과는 달리 그 목적물을 구체적으로 특정하여야 하는 것은 아니고, 민법 제1117조에 정한 소멸시효의 진행도 그 의사표시로 중단된다. (중략)

[4] 유류분반환청구권의 행사에 의하여 반환되어야 할 유증 또는 증여의 목적이 된 재산이 타인에게 양도된 경우 그 **양수인이 양도 당시 유류분권리자를 해함을 안 때**에는 **양수인에 대하여도 그 재산의 반환을 청구할 수 있다**고 보아야 한다.

11. 대법원 1998. 7. 24. 선고 98다9021 판결 [법적 상속포기 vs 상속포기약정]

【판시사항】

[1] 상속개시 전에 한 상속포기약정의 효력(무효)

[2] 상속개시 전에 상속포기약정을 한 다음 상속개시 후에 상속권을 주장하는 것이 신의칙에 반하는지 여부(소극 : 상속포기약정은 효력이 없으므로 약정 후 상속권 주장 가능)

【판결요지】

[1] **유류분을 포함한 상속의 포기는 상속이 개시된 후** 일정한 **기간 내에만 가능**하고 가정법원에 신고하는 등 일정한 절차와 방식을 따라야만 그 효력이 있으므로, 상속개시 전에 한 상속포기약정은 그와 같은 절차와 방식에 따르지 아니한 것으로 효력이 없다.

[2] 상속인 중의 1인이 피상속인의 생존시에 피상속인에 대하여 상속을 포기하기로 약정하였다고 하더라도, **상속개시 후 민법이 정하는 절차와 방식에 따라 상속포기를 하지 아니한 이상, 상속개시 후에 자신의 상속권을 주장하는 것은 정당한 권리행사**로서 권리남용에 해당하거나 또는 신의칙에 반하는 권리의 행사라고 할 수 없다.

▶▶ **[별첨] '부모님이 돌아가시기 전에 어떤 준비를 해야 하고, 돌아가신 후 자식들은 어떻게 해야하는지 궁금합니다'**

☐ 개요

 - 부모의 사망과 관련하여 부모는 '사전 준비'를, 자식들은 '사후 절차'를 고민해야 합니다.
 - **상속 계획 및 프로세스** : '사전 준비'와 '사후 절차'를 포괄하는 일련의 과정
   ※ **상속** : '사망'이라는 부정적 문제를 넘어서서, 본인의 재산 형성 과정에서 직·간접적으로 영향을 끼친 자들에 대한, 본인 사후 **'공정한 보상 체계'를 구축하는 일종의 방식과 과정**

〈사전 준비〉: 부모
① 승계자(후계자) 지정과 가족들간의 공감대 형성
   ※ 유류분 반환청구 소송 건수 : 2008년 295건 → 2018년 1,371건
   ※ 유류분 반환청구 요구 금액 : **1천만원 이하 10%, 1억 이하 64%, 10억 초과 2%**
② '공정한 보상'의 실현 방식 검토 : 상속·증여·기부(← 전문가들의 객관적 접근 수용)
③ 상속 결정 : 유언대용신탁·유언·종신보험 등 검토
   ※ 75세 이전에 준비 : 정신적 건강상태 중요(행위능력 등 필요), 보험 최대 가입 연령 75세 전후
   ※ 상속재산배분 등 자산승계의 구체적 계획 수립
④ 사망 준비 : 연명치료금지, ※ 장사(葬事) 형태와 위치, 물납 계획 등 검토
   ※ 장사(葬事) : 매장, 화장, 수목장, 자연장 등

〈사후 절차〉: 배우자, 자녀 등 상속인
① 사망신고
② 3가지 찾기 : 부모님의 상속재산 / 부모님의 유언서 / 부모님의 유언대용신탁
③ 법원에 신청 : 한정승인 또는 상속포기(단순승인 : 법원에 신청 불필요)
④ 상속재산의 분할 : 유언, 협의(합의)분할(← 미합의시 : 법원에 상속재산분할심판청구)
⑤ 상속재산을 상속인 명의로 등기 등(배우자가 상속받은 재산의 등기 등 포함)
   ※ 등기 등 : 등기, 등록, 명의개서, 계좌이전 등 포함
⑥ 상속세 신고 및 납부(피상속인의 소득세 포함)
⑦ 기타 재산 청구 및 이전 : 국민연금, 보험금, 자동차 소유권, 사업자등록증 정정 등
⑧ 상속세 관련 후속 절차 인지 및 대비

□ '사후 절차'의 세부내용

1. 사망신고

1) 신고 기한 : 사망일로부터 '1개월 이내'
2) 신고 장소 : 사망인의 주소지 또는 본적지의 '읍/면/동 주민센터'
3) 첨부 서류 : 사망인의 사망진단서 또는 검안서 + 신고인의 신분증
4) 신고 미이행시 : 과태료 발생(5만원)

2. 3가지 찾기

1) 권장 기한 : 한정승인 및 상속포기 기한 전까지(상속개시를 안 날로부터 3개월 이내)
2) 찾는 방법
  2-1) 부모님의 상속재산 찾기 : '안심상속 원스탑 서비스'
      - 안심상속 원스탑 서비스 : 정부24(온라인) 또는 읍면동주민센터에 방문 신청
      - 해당 서비스로 확인 가능 재산 : 금융재산, 국세 및 지방세, 연금, 부동산, 자동차
      - 신청 순위 : 제1순위 법정상속인(사망자의 배우자 또는 직계비속) → 제2순위
        법정상속인(사망자의 배우자 또는 직계존속) → 제3순위, 대습상속인 등
      - 소요 기간 : 신청 후 결과 조회까지 최소 7일 ~ 최대 20일 정도 소요
  2-2) 부모님의 유언서 찾기 : 부모님의 서류 보관 장소, 금고, 공증사무소 확인 등
  2-3) 부모님의 유언대용신탁 확인 : 계약서류 확인, 주거래 금융기관(신탁회사) 방문,
    부모님이 가지고 있던 부동산의 등기사항전부증명서 열람

3. 법원에 '한정승인 또는 상속포기' 신청

1) 신청 기한 : 상속개시를 안 날로부터 3개월 이내
2) 신청 방법 : 상속재산과 피상속인(사망자)의 주소지 관할 **가정법원에 신청**
    ※ 상속인들간의 한정승인 또는 상속포기 약정·합의 : 효력 없음.
    ※ 단순승인 : 법원에 신청 불필요

4. 상속재산 분할

1) 분할 기간 : 상속개시일부터 상속세 신고 전까지
2) 분할 방법
  2-1) 유언에 의한 분할
      - 유언서의 '법원 검인 절차' 진행('공정증서 유언'은 법원의 검인 절차 불필요)

→ 유언서의 의거하여 재산 분할

2-2) 유언대용신탁

- 유언대용신탁계약의 사망통지인 또는 사후수익자는 신탁회사에 위탁자의 사망사실 통보 → 사후수익자는 사후수익권에 기해 신탁회사에 신탁재산 지급 청구 → 수령

2-3) 공동상속인 전원이 모여 재산분할협의(합의)

- 유언 또는 유언대용신탁이 없을 경우에 한하여 반드시 진행
- 상속재산분할 협의서(합의서) 작성 및 공증 권장(← 변호사 등 전문가에게 의뢰 필요) → **미합의시 : 법원에 '상속재산분할 심판청구'**(판결에 의거 상속재산분할)

5. 상속재산분할 완료 후 → 상속인 명의로 '등기, 등록, 명의개서, 계좌이전'

1) 권장 기간 : **상속개시일 ~ 상속세 신고 전까지**
2) 등기 등 진행시 근거 서류 : 유언, 유언대용신탁 계약서, 상속재산분할합의서, 판결문
   ※ 상속재산 취득에 따른 취득세 등 마련 필요
3) 배우자 : '상속세 신고 기한(사망일의 말일로부터 6개월) + 9개월 이내' 등기·등록 必 → 미이행시 : 배우자 상속공제 불가

6. 상속세 신고·납부

1) 신고 기한 : **피상속인의 사망일이 속하는 달의 말일로부터 6개월 이내**
2) 관할 세무서 : 피상속인의 주소지 관할 세무서에 신고·납부
3) 기타 사항 : 피상속인의 종합소득세 신고를 겸해야 할 것

7. 기타 재산 청구 및 이전

1) 국민연금 청구 : 유족연금, 반환일시금, 사망일시금 청구(**사망일로부터 5년 이내**)
2) 자동차 소유권 이전 또는 말소 신청 : 사망일로부터 3개월 이내(말소 미이행시 : 최대 50만원 범칙금 부과)
3) 보험금 지급 청구 : 상법 제662조 근거 보험금청구권의 **소멸시효 3년**
4) 사업자 등록증 정정 등

8. 상속세 관련 후속 절차 인지 및 대비

1) (원칙) 상속세 관련 과세관청의 결정 및 과세 통지 : 상속세 신고기한으로부터 9개월 이내

2) (예외) 상속세 조사 가능 : 관할 세무서 또는 지방국세청 세무조사 가능(사망일 ~ 2년 이내)

3) (예외) **상속재산 30억원 이상**의 고액상속인 : **과세관청의 사후관리 대상**(사망일 ~ 5년간)

〈참고 문헌〉
- 최근 사례로 보는 상속재산분할심판청구(오경수/현승진, 2020년)
- 스토리텔링 상속·증여세(한종희, 2019년, 104페이지)

[사전증여] 증여세 절세를 위한 사전증여와 유언대용신탁의 결합

① 고객 상황

민○식 고객(69세, 남)은 35년간 국내 굴지의 ○○전자에서 근무하다가 은퇴하였고, 7년 전부터 부인과 함께 경기도 가평에서 펜션업을 하면서 생활하고 있으며, 슬하에는 아들 2명(장남 48세, 차남 42세)을 두고 있었습니다.

민○식 고객은 5년 전 위암 초기 판정을 받아 수술을 했고, 현재는 거의 완치되어 반기에 한번씩 서울○○병원에 정기검진을 받는 상황이며, 펜션 옆에 크지 않은 텃밭을 일구면서 본인 부부의 먹거리용으로 채소 등을 키우고 있었습니다.

② 고객 자산 및 소득

민○식 고객은 서울 가락동의 아파트 1채(공동주택가격 11억, 유사매매사례가 평균액 20억), ○○전자 주식(시가 약 10억, 대주주 양도세 등으로 인해 매각 예정)과 국내주식형펀드(시가 약 10억), 경기도 가평의 펜션 3채 및 부속토지(취득가액 5억, 감정평가액 10억)를 보유하고 있었습니다. 한편, 민○식 고객은 펜션에서 발생하는 사업소득과 퇴직연금 등을 합하여 월 250~300만원 정도의 순소득을 얻고 있었고 생활비로 쓰고 있었습니다.

| 민○식 고객 자산 현황 |

구분	시가	취득가	비고
서울시 송파구 가락동 아파트	20억	9.5억	단독 소유(증여 검토)
주식 및 펀드	20억	13억	단독 소유(증여 검토)
경기도 가평군 펜션 및 토지	10억	5억	단독 소유(상속 검토)
합계	50억	27.5억	

※ 시가 : 상담일 기준 6(3)개월 전후 유사매매사례가 평균액(주식 및 펀드 : 상담일 기준 2개월 전후 종가 평균)

③ 고객 니즈

민○식 고객은 상속재산 30억 이상인 '고액 상속재산 건'은 최대 5년간 세무서에서 상속 재산을 재조사[129]할 수 있다는 정보를 듣고 본인이 가지고 있는 ① 가락동 아파트는 현재 주택이 없는 차남에게 증여하고, ② 금융재산(주식과 펀드)은 장남에게 증여하며, ③ 경기 도 가평군 펜션 및 토지는 부인에게 주고 싶다는 의사를 밝혔습니다.

④ 결론

민○식 고객은 사전에 자녀들에게 시기를 달리하여 분산 증여시 세액을 아래 표와 같이 파악하고 ① 가락동 아파트와 금융재산(주식과 펀드)은 자녀들에게 시기를 나눠 증여하는 증여신탁을, ② 가평의 펜션과 토지는 부인에게 상속하는 유언대용신탁을 각각 체결하였습니다.

| ※ 40억 사전 증여시 증여세 계산 |

설계 1 : 두 아들에게 각각 20억씩 증여하는 방법
설계 2 : 두 아들에게 현재 각각 10억씩 증여하고, 10년 뒤에 각각 10억씩 증여하는 방법
설계 3 : 두 아들에게 현재 각각 5억씩 증여하고, 10년뒤, 20년뒤, 30년뒤 각각 5억씩 증여하는 방법

구분	설계 1	설계 2	설계 3
1명당 증여재산(회당)	20억원	10억원	5억원
증여재산공제	5천만원	5천만원	5천만원
과세표준	19억 5천만원	9억 5천만원	4억 5천만원
산출세액	6억 2천만원	2억 2,500만원	8천만원
신고세액공제	1,860만원	675만원	240만원
증여 건수	2건(장남, 차남)	4건(2회×2명)	8건(4회×2명)
총 증여세액 합계	약 12억 280만원	약 8억 7,300만원	약 6억 2,080만원
고객 선택	×	○ (현재 본인 연령과 건강, 상속세 계산시 10년 이내 증여재산 합산 고려)	×

※ 40억 : 가락동 아파트 시가 20억 + 금융재산 20억(주식 및 펀드), 재산가액 변동 미고려
※ 가락동 아파트 증여시 취득세 등(등록면허세, 지방교육세, 증지대, 채권매입할인액) 미고려

| 민○식 고객 신탁계약 예시 |

구분(현재 시가)	위탁자	생전수익자	사후수익자	비고
서울시 송파구 가락동 아파트(20억)	민○식	차남	–	증여신탁 (10년 단위 원본증여)
주식 및 펀드(20억)	민○식	장남	–	증여신탁 (10년 단위 원본증여)
경기도 가평군 펜션 및 토지(10억)	민○식	민○식(본인)	배우자	유언대용신탁

 Tip

미리 미리 계획을 세워 증여신탁(수증자 분산, 증여시기 분산)과 유언대용신탁을 결합한 형태로 신탁계약을 진행한다면 상속세 및 증여세를 절약할 수 있고, 고객 본인이 설계한 대로 자산 승계가 효과적으로 이뤄질 수 있습니다.

제
4
편

---

129) 상속세 및 증여세법 제76조(결정·경정) (중략)
　⑤ 세무서장등은 제4항을 적용할 때 제1항이나 제2항에 따라 결정된 상속재산의 가액이 30억원 이상인 경우로서 상속개시 후 대통령령으로 정하는 기간 이내에 상속인이 보유한 부동산, 주식, 그 밖에 대통령령으로 정하는 주요 재산의 가액이 상속개시 당시에 비하여 크게 증가한 경우에는 대통령령으로 정하는 바에 따라 그 결정한 과세표준과 세액에 탈루 또는 오류가 있는지를 조사하여야 한다. 다만, 상속인이 그 증가한 재산의 자금 출처를 대통령령으로 정하는 바에 따라 증명한 경우에는 그러하지 아니한다.
　※ 추가사항 : 상속재산 50억원 이상의 경우에는 지방국세청에서 직접 상속재산 재조사 가능
　상속세 및 증여세법 시행령 제78조(결정·경정) (중략)
　② 법 제76조 제5항 본문에서 "대통령령으로 정하는 기간"이란 상속개시일부터 5년이 되는 날(이하 이 조에서 "조사기준일"이라 한다)까지의 기간을 말한다.

[기여분] 기여분과 유언대용신탁

① 용어 정의

우리 민법의 제5편 상속에서는 '피상속인(사망자)이 재산을 형성하고 유지하는 데 **특별히 기여를 했거나,** 피상속인을 **특별히 부양**한 공동상속인에게 상속재산의 일부 또는 전부를 먼저 분배받을 수 있도록 하는 것'을 기여분[130]이라고 정의합니다.

② 고객 상황

태○진 고객(여, 83세)은 ○○대학교 명예교수로서 18년 전 일선에서 은퇴하였고, 서울 송파구 잠실 ○○아파트에 아들과 함께 살고 있습니다. 15년 전에는 남편이 먼저 세상을 떠났고 슬하에는 아들 강○석 씨(53세), 딸 강○주 씨(52세)를 두고 있었습니다.

아들 강○석 씨 부부는 중·고등학교 교사로 재직 중에 있으면서 30년째 태○진 고객을 모시고 살고 있었습니다. 특히, 태○진 고객이 7년 전 대장암 판정을 받은 이후 수십 차례에 걸쳐 병원에 입원하여 수술 및 항암치료를 받았는데 수술비, 입원비 등 대부분의 비용을 아들 강○석 씨 부부가 부담하였습니다.

태○진 고객이 건강상태가 호전되는 듯 했으나 양쪽 무릎에 연골이 닳아 3년 전 인공관절수술을 받았고 현재는 집에서만 거주하고 있는데 아들 강○석 씨 부부가 간호 등을 전담

---

130) 민법 제1008조의2(기여분)
　① 공동상속인 중에 상당한 기간 동거·간호 그 밖의 방법으로 피상속인을 특별히 부양하거나 피상속인의 재산의 유지 또는 증가에 특별히 기여한 자가 있을 때에는 상속개시 당시의 피상속인의 재산가액에서 공동상속인의 협의로 정한 그 자의 기여분을 공제한 것을 상속재산으로 보고 제1009조 및 제1010조에 의하여 산정한 상속분에 기여분을 가산한 액으로써 그 자의 상속분으로 한다.
　② 제1항의 협의가 되지 아니하거나 협의할 수 없는 때에는 가정법원은 제1항에 규정된 기여자의 청구에 의하여 기여의 시기·방법 및 정도와 상속재산의 액 기타의 사정을 참작하여 기여분을 정한다.
　③ 기여분은 상속이 개시된 때의 피상속인의 재산가액에서 유증의 가액을 공제한 액을 넘지 못한다.
　④ 제2항의 규정에 의한 청구는 제1013조 제2항의 규정에 의한 청구가 있을 경우 또는 제1014조에 규정하는 경우에 할 수 있다.

하였습니다(요양보호사가 1일 4시간씩 태○진 고객을 3년 째 간호하고 있는데 이에 대한 비용도 아들 강○석 씨 부부가 부담 중).

반면, 딸 강○주는 30년 전 프랑스로 유학을 간 이후 25년 전 프랑스 현지인과 결혼하였으나 결혼할 때 태○진 고객 부부가 외국인과의 결혼을 반대하였고 부모가 아무런 지원을 해주지 않자 결혼 이후 연락을 끊었으며, 아버지가 돌아가셨을 때에도 찾아오지 않았습니다.

그런데 딸 강○주는 프랑스인 남편과 이혼하고 1년 전 한국으로 들어와 태○진 고객에게 도움을 청했고, 이에 태○진 고객은 본인 소유의 서울시 강동구 천호동 오피스텔에서 딸을 거주할 수 있게 해주고, 집 근처에서 커피숍을 운영할 수 있게 일부 현금을 지원하였습니다.

③ 고객 자산

태○진 고객에게는 현재 거주하고 있는 잠실○○아파트(공동주택공시가격 18억, 유사매매사례가 평균액 28억)와 딸이 거주하고 있는 천호동 오피스텔(유사매매사례가 평균액 2억) 밖에 없었고 사학연금 등 일부 연금소득이 발생하고 있었습니다.

④ 고객 니즈

태○진 고객은 아들과 함께 신탁회사를 찾아와 민망하지만 가족 상황을 이야기 하였고, 최근에는 딸이 자주 집에 찾아와서 오피스텔을 담보로 대출을 일으켜 해당 대출금을 본인에게 달라고 하는 상황까지 이르렀다고 설명했습니다.

그래서 태○진 고객은 민법의 법정상속분과 유류분 제도는 다 알고 있지만 본인이 죽었을 때 아들에게 기여분이 있는 것 아니냐며 호소하였고, 향후 법적으로는 어떤 결과가 나올지 모르겠으나 본인 스스로는 아들의 기여분을 인정하고 싶다면서 본인이 죽으면 본인의 전 재산을 아들 강○석 씨에게 이전하는 걸로 하여 유언대용신탁을 체결하고자 하였습니다.

⑤ 결론

최신 지방법원들의 판례[131]들을 참고하고, 신탁회사 법무실과 신탁회사와 업무협약된

---

131) 최신 사례로 보는 상속재산 분할심판청구(오경수·현승진, 2020년 초판, 133~134페이지 참조)

법무법인 ○○에 의뢰하여 아들 강○석 씨에게 기여분이 인정될 수 있을 지 자문을 받고 태○진 고객[132]의 니즈에 부합하게 유언대용신탁계약을 체결하였습니다.

Tip

> 기여분을 인정하기 위해서는 공동상속인 간의 공평을 위하여 상속분을 조정하여야 할 필요가 있을 만큼 피상속인을 **특별히 부양**하였다거나 피상속인의 상속재산 유지 또는 증가에 **특별히 기여**하였다는 사실이 인정되어야 합니다(대법원 2014. 11. 25. 자 2012스156,157 결정).

그러나 향후 가족 간의 법적 다툼과 소송의 결과와는 무관하게 30년 넘게 이어 온 아들의 기여분을 엄마가 생전에 인정해주는 의미와 상징으로서 유언대용신탁은 그 가치를 더할 수 있을 것입니다.

(판례) 수원지방법원 2018느합*****, 기여분 결정 및 상속재산분할
(중략) 피상속인은 0000년경 청구인과 함께 집을 나와 상대방들과 따로 살면서 상대방들과는 서로 연락이나 왕래를 하지 않았던 점, 그 동안 청구인이 피상속인이 사망할 때까지 약 40년 넘게 피상속인을 부양한 점 … (중략) … 청구인은 피상속인의 부양 및 상속재산의 유지·증가에 특별히 기여하였다고 평가할 수 있고, 나아가 상속재산의 가액, 기여방법 및 청구인과 상대방들의 의사 등이 사건 기록 및 심문에 나타난 여러 사정을 종합적으로 고려하면, 피상속인의 상속재산에 대한 청구인의 기여분을 100%로 정함이 상당하다.
(판례) 의정부지방법원 2019느합****, 상속재산분할
① 피상속인 0000.00.00 경 **에서 대장암 판정을 받은 후 0000.00.00부터 0000.00.00까지 0회 걸쳐 병원에 입원하여 항암치료를 받았는데, 상대방이 그 주장과 같이 피상속인의 입원치료를 돕고, 병원비를 부담한 점 ② 상대방은 그 주장과 같이 피상속인을 위하여 피상속인의 보청기 구입비용 … (중략) … 등을 부담하였고, 피상속인의 사망 후 장례비 역시 부담한 점 ③ 상대방은 피상속인이 항암치료를 중단하고 가정에서 투병생활을 하는 동안 피상속인의 간호를 도맡아한 점(0000.00.00부터 0000.00.00까지 요양보호사가 1일 3시간씩 피상속인을 간호하였는데, 상대방이 이 비용도 부담하였다) ④ 반면, 청구인은 피상속인에게 경제적 지원을 하거나 피상속인의 치료, 간호를 도운 사실이 전혀없는 점 등에 비추어 보면, 상대방은 피상속인이 이 사건 상속재산을 취득 및 유지하는데 특별히 기여하였다고 봄이 타당하다. 상속재산의 가액, 그 기여방법과 정도 등을 고려하여 상대방의 기여분을 ××원으로 정한다.
132) 태○진 고객 본인 재산(신탁재산)의 사후수익자를 아들 강○석 씨로만 할 경우, 본인 사망시 딸이 아들을 상대로 유류분청구소송을 진행할 수 있고 뿐만 아니라 아들 강○석 씨의 기여분이 100%로 인정되지 않을 수도 있다고 설명하였음.

[비거주자] 비거주자의 국내 재산에 대한 상속세 및 유언대용신탁

① 고객 상황

James Shin 고객(한국 이름 : 신○근, 남, 75세)은 48년전 국내 ○○대학교 졸업 후 미국 보스턴으로 ○○○대학교 석사과정을 위해 떠났고 박사과정 및 결혼, 취직 뿐만 아니라 현재도 미국 보스턴에서 아내와 함께 살고 있었습니다. 슬하에는 자식이 한명 있고 미국 시애틀에서 공인회계사로 일을 하고 있다고 전했습니다.

국내에는 여동생 신○선 고객(69세)이 살고 있고 부모님은 모두 15년 전에 돌아가시고 없었습니다. James Shin 고객과 신○선 고객은 1년에 2번 이상 왕래를 하고 자주 통화하는 등 사이가 좋으며, 특히, 신○선 고객의 자녀(조카 김○형)가 미국에서 해외연수를 할 때 2년 간 James Shin 고객 자택에서 같이 생활하기도 하였습니다.

② 고객 자산

James Shin 고객의 대부분의 자산은 미국에 있고, 국내에는 부모님이 돌아가시면서 상속재산으로 받은 대구광역시 달성군의 임야와(개별공시지가 3.5억), 경기도 양평군의 임야(개별공시지가 1억)를 보유하고 있었습니다.

③ 고객 니즈

James Shin 고객 본인은 미국 시민권을 취득한지 오래되었고(미국 국적으로 귀화), 미국에서 부인과 거주하고 있고 자녀도 미국에서 직장생활을 하고 있기 때문에 본인이 사망할 경우 본인의 국내 재산이 동생 신○선 고객과 조카 김○형에게 승계되기를 희망하였으며, 부인과 자녀도 이에 동의하였습니다.

이에 James Shin 고객은 6개월 전 한국에 잠깐 들어와서 미국의 리빙트러스트 같은 제도가 한국에도 있는지 확인하는 차원에서 신탁회사에 유언대용신탁을 의뢰하게 되었고, 이 때 국내에 거주하는 동생과 조카의 상속세는 어떻게 되는지 질의하였습니다.

④ 결론

(1) 비거주자 상속세 관련

James Shin 고객은 미국 국적을 가지고 있고, 국내에 주소가 없으며, 거소를 두고 있지 않았습니다. 뿐만 아니라 생계와 가족 모두 미국을 근거지로 하고 있기 때문에 '세법상 비거주자[133]'로 볼 수 있습니다.

만약 국내 거주자가 사망하게 되면 국내 재산과 해외 재산을 모두 합하여 피상속인의 상속재산을 구성하고 사망일이 속하는 달의 말일로부터 6개월 이내에 상속재산을 신고하고 상속세를 납부해야 합니다.

그러나, 비거주자라면 비거주자인 피상속인(James Shin 고객)이 보유한 국내 재산[134]에 대해서만 국내 상속세 의무를 부담하고 피상속인이 소유한 해외 재산에 대해서는 국내 거주자(동생, 조카)가 상속을 받아도 국내에서 납부할 상속세는 없습니다. 상속재산에 포함될 수 있는 증여재산의 경우에도 국내에 있는 증여재산[135]만을 포함시킵니다. 뿐만 아니라 비거주자가 사망할 경우 사망일의 말일로부터 9개월 이내에 상속세 신고를 해야 합니다.

---

133) 상속세 및 증여세법 제2조(정의)
　(중략)
　8. "거주자"란 국내에 주소를 두거나 183일 이상 거소(거소)를 둔 사람을 말하며, "비거주자"란 거주자가 아닌 사람을 말한다. 이 경우 주소와 거소의 정의 및 거주자와 비거주자의 판정 등에 필요한 사항은 대통령령으로 정한다.

134) 상속세 및 증여세법 제3조(상속세 과세대상)
　(중략)
　상속개시일 현재 다음 각 호의 구분에 따른 상속재산에 대하여 이 법에 따라 상속세를 부과한다.
　1. 피상속인이 거주자인 경우 : 모든 상속재산
　2. 피상속인이 비거주자인 경우 : 국내에 있는 모든 상속재산

135) 상속세 및 증여세법 제13조(상속세 과세가액)
　① 상속세 과세가액은 상속재산의 가액에서 제14조에 따른 것을 뺀 후 다음 각 호의 재산가액을 가산한 금액으로 한다. 이 경우 제14조에 따른 금액이 상속재산의 가액을 초과하는 경우 그 초과액은 없는 것으로 본다.
　　1. 상속개시일 전 10년 이내에 피상속인이 상속인에게 증여한 재산가액
　　2. 상속개시일 전 5년 이내에 피상속인이 상속인이 아닌 자에게 증여한 재산가액
　② 제1항 제1호 및 제2호를 적용할 때 비거주자의 사망으로 인하여 상속이 개시되는 경우에는 국내에 있는 재산을 증여한 경우에만 제1항 각 호의 재산가액을 가산한다.

다만, 피상속인이 거주자라면 일괄공제(5억원)와 배우자상속공제 등 각종 공제를 받을 수 있으나 피상속인이 비거주자라면 상속세 계산[136]시 기초공제 2억원과 국내 소재 상속재산에 관련한 공과금[137]과 채무(장례비용 제외), 감정평가수수료 정도의 제한적인 범위 한해서만 공제를 받을 수 있습니다(단, 세법상 비거주자는 사실관계에 따라 엄격하게 해석되기 때문에 상기 정보와 다른 고객 정보가 있다면 거주자로 판정될 수 있음을 선량한 관리자 주의 의무로서 설명을 하였습니다).

| 거주자와 비거주자의 상속세 적용 비교 |

구분		거주자	비거주자
상속세 신고기한		상속개시일(사망일)이 속하는 달의 말일로부터 6개월 이내	상속개시일(사망일)이 속하는 달의 말일로부터 9개월 이내
과세 대상 재산		국내 및 국외 모든 상속재산	국내에 소재한 상속재산
상속재산에 포함되는 증여재산		상속개시일 전 10년(5년) 이내 증여한 국내 및 국외 재산	상속개시일 전 10년(5년) 이내 증여한 국내 재산
공제금액	공과금	상속개시일 현재 피상속인이 납부해야 할 공과금(미납금)	• 국내 소재 상속재산의 공과금 • 국내 사업장의 사업상 공과금
	장례비용	피상속인의 장례비용 한도 내 공제	공제 불가
	채무	모든 상속 채무 공제	• 국내 소재 상속재산을 목적으로 설정한 담보물권(유치권, 질권, 저당권)의 채무 • 국내 사업장의 사업상 채무
과세표준 계산시 공제 관련	기초공제 (2억원)	공제 가능	공제 가능
	가업상속공제		공제 불가

---

136) 상속세 및 증여세법 제18조(기초공제)
　　① 거주자나 비거주자의 사망으로 상속이 개시되는 경우에는 상속세 과세가액에서 2억원을 공제(이하 "기초공제"라 한다)한다. (이하, 생략)
137) 상속세 및 증여세법 제14조(상속재산의 가액에서 빼는 공과금 등) (중략)
　　② 비거주자의 사망으로 인하여 상속이 개시되는 경우에는 다음 각 호의 가액 또는 비용은 상속재산의 가액에서 뺀다.
　　　1. 해당 상속재산에 관한 공과금
　　　2. 해당 상속재산을 목적으로 하는 유치권(留置權), 질권, 전세권, 임차권(사실상 임대차계약이 체결된 경우를 포함한다), 양도담보권・저당권 또는 「동산・채권 등의 담보에 관한 법률」에 따른 담보권으로 담보된 채무
　　　3. 피상속인의 사망 당시 국내에 사업장이 있는 경우로서 그 사업장에 갖춰 두고 기록한 장부에 의하여 확인되는 사업상의 공과금 및 채무

구분		거주자	비거주자
과세표준 계산시 공제 관련	영농상속공제	공제 가능	공제 불가
	기타인적공제		
	일괄공제 (5억원)		
	배우자공제		
	금융재산 상속공제		
	재해손실 상속공제		
	동거주택 상속공제		
	감정평가 수수료 공제		공제 가능

(2) 비거주자신탁 계약 프로세스

위탁자의 자격에 따른 세법상 신탁 분류에 따라 '비거주자신탁'을 적용하여 위탁자는 James Shin 고객(비거주자)이고 사후수익자는 동생 신○선과 조카로 하여 유언대용신탁계약을 체결하였습니다.

신탁회사는 위탁자인 James Shin 고객의 개인정보와 관련된 서류 등을 '아포스티유 협약(외국공문서에 대한 인증요구 폐지 협약)' 절차에 따라 미국 공관에서 발급받은 서류로 처리하고, 신탁계약서의 위탁자 정보에 대한 사항도 비거주자용으로 변경하여 기재토록 하였습니다. 비거주자 관련 추가 필요서류 등을 점검하여 부동산 신탁 등기가 원활히 될 수 있도록 조치하였으며, 신탁재산에서 발생할 수 있는 소득과 관련하여 비거주자 소득세 처리(원천징수 포함) 프로세스 및 전산시스템 등을 체크한 후 신탁계약을 체결하였습니다.

| 비거주자 James Shin의 유언대용신탁 체결 예시 |

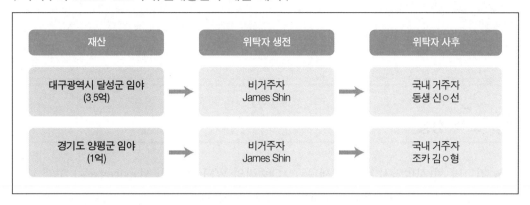

[유언과 신탁의 결합] 회사 직원의 유언과 유가족을 위한 신탁

1 고객 상황

故 김○명 씨(사망당시 나이 40세)는 ○○증권의 WM(Wealth Management) 고객 대상 PB로서 13년간 □□지점에서 근무하다가 췌장암으로 1년 전에 사망하였습니다. 고인에게는 부인 이○희 씨(38세), 딸 김○우(9세)가 있었습니다.

고인은 암 투병 기간 중에 자필증서 유언을 남겼는데 부인 이○희, 자녀 김○우를 지켜주지 못하고 먼저 떠나게 되서 미안하다는 마음을 전했고, 이와 더불어 고인 본인 소유의 재산 중에서 부인과 공동 명의되어 있는 아파트는 부인 이○희 씨에게 유증(상속)하고, 본인이 갖고 있던 금융재산(총 8,300만원) 및 퇴직연금(총 5,700만원), 다니던 회사 ○○상조회로부터 받게 될 위로금은 딸 김○우(9세)에게 유증(상속)하되 교육비 등으로 쓸 것을 당부하였습니다.

고인이 다녔던 회사의 노동조합은 매우 활성화 되어 있었고 특히, 해당 노동조합은 15년 전 별도의 ○○상조회라는 단체를 만들어 조합원들로부터 급여의 0.00%를 갹출받고 있었으며, 조합원 및 조합원 가족의 사망 등 경조사시 일정 금액의 축하금, 위로금을 주고 있었습니다.

2 신탁 계약 배경

故 김○명 씨가 일찍 세상을 떠나자 ○○상조회에서는 일반적인 갹출금 외에 추가 갹출금을 조합원들로부터 받아 약 2억 2천만원 정도의 위로금을 만들어 이를 부인 이○희 씨에게 전달하려고 하였습니다.

그런데 부인 이○희 씨는 고인의 유언서를 ○○상조회에 보여주었고, 노동조합 상조회로부터 받게 될 위로금을 한꺼번에 목돈으로 지급받게 되면 '견물생심'이라는 옛말이 있듯이 딸 김○우의 친권자인 본인이 함부로 쓸 수도 있을 것 같아서 목돈이 아닌 월생활비 형태로 딸 김○우의 통장으로 위로금이 지급되었으면 좋겠다고 의사를 표시했습니다.

이에 ○○상조회는 부인 이○희 씨의 의견이 타당하다고 판단하고 어떤 구조로 월 생활비가 지급되면 좋을 지 궁리하던 끝에 신탁회사에 해당 건을 의뢰하게 되었습니다.

③ 신탁 구조

일단 월 정기적인 금액이 딸 김○우에게 지급되어야 하므로 안정형 상품 구조로 ① 특정금전신탁(MMT)을 체결하고, ② 위탁자는 ○○상조회, 수익자는 딸 김○우로 하며, 특약으로써 ③ 매월 25일에 월 150만원(연 1,800만원 × 약 10년 = 1억 8천만원)씩 수익자인 딸 김○우에게 수익(원본+이익)이 지급되며, 만약 ④ 딸 김○우가 10년 후 성년(만 19세)이 되었을 때 특정금전신탁계약에 남아있는 잔여재산은 딸 김○우가 일시에 찾아갈 수 있도록 설계하였습니다.

| 유가족을 위한 신탁 구조 예시 |

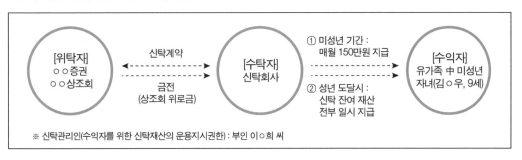

④ 시사점

첫번째, 위탁자가 수익자를 위해 정기적인 금액 또는 목돈을 지급하는 형태로 신탁회사인 수탁자와 신탁계약을 할 수 있습니다. 즉, 이러한 신탁구조를 활용할 경우 조합원들로부터 걷은 위로금은 ○○상조회의 고유재산과 구분되고, ○○상조회의 운영자들의 횡령, 착복 등으로부터 자유로우며, ○○상조회가 없어지거나 제3자인 채권자들의 압류 등 강제집행이 이뤄지더라도 안전하게 재산을 보호할 수 있습니다.

두번째, 일시에 미성년자에게 목돈이 지급될 경우 친권자인 엄마의 의사에 따라 전혀 다른 형태로 위로금이 쓰여질 수도 있기 때문에 신탁을 활용하면 故 김○명 씨의 유지를 충실히 지킬 수 있다는 장점 또한 있습니다. 즉, 신탁을 활용하면 고인의 사망으로 인해 발생한 유가족의 권리가 장기적으로 안전하게 유지·관리될 수 있습니다.

마지막으로, 기업의 노동조합 또는 상조회, 사내복지기금 등이 보유한 금전 등을 신탁을 통해 운용 및 관리할 경우 조합원을 위한 여러 구조의 복지서비스 체계를 구축할 수 있습니다. 자세한 사항은 '제5편. 새로운 자산승계신탁·서비스 컨셉 및 아이디어 - 1. 직원유가족신탁' 에서 확인하실 수 있습니다.

[장애인신탁 ①] 성년 장애인 자녀를 위한 부모의 선택

① 고객 상황

김○미 고객(63세, 여)은 울산광역시 중구에 남편과 함께 살고 있고, 세무공무원으로서 30년간 일하다가 3년 전에 은퇴하셨습니다. 김○미 고객에게는 아들 손○민 고객(30세, 남, 소아마비로 인한 지체장애, 중증장애인(舊 3급))을 두고 있었습니다.

김○미 고객의 헌신적인 뒷바라지와 본인의 노력으로 아들 손○민 고객은 2년 전에 공무원시험에 합격하여 경기도 안양시 동안구청에서 근무 중이었습니다. 그래서 2년 전부터 동안구청 근처에 있는 오피스텔에 전세를 얻어 혼자 생활하고 있었습니다.

② 고객 자산 및 소득

김○미 고객은 본인 명의 아파트를 2채 보유하고 있었습니다. 한 채는 울산광역시 중구 소재 본인이 거주 중인 아파트(공동주택공시가격 2.5억, 유사매매사례가 평균액 4.5억)와 경기도 안양시 만안구 소재 소형아파트(공동주택공시가격 2.4억, 유사매매사례가 평균액 5억)를 소유하고 있었고, 특히 안양시 아파트는 현재 신혼부부에게 전세를 주고 있으나 임대차계약이 종료될 경우 아들 손○민 고객이 쓸 수 있도록 하기 위해 팔지 못하고 있는 상황이었습니다.

③ 고객 니즈

김○미 고객은 세무공무원으로서 오랫동안 공직생활을 했기 때문에 종합부동산세, 상속세 및 증여세 등 세법 지식이 누구보다도 풍부하였습니다. 그래서 아들 손○민 고객이 ① 장애인이면서, ② 만 30세 이상이고, ③ 공무원으로 재직하여 근로소득이 있으며, ④ 세대분리도 되어 있는 상황, ⑤ 안양시 아파트에 대한 임대차계약(임대보증금 2억) 종료시에 아들이 거주 예정이라는 점을 감안하여 아들 손○민 고객에게 안양시 아파트를 부담부증여(임대보증금 반환 의무를 아들 손○민 고객이 승계)하기로 마음먹었고, 장애인[138] 자녀에게 재산을 증여하고 신탁계약을 할 경우 최대 5억원까지 증여세 재산가액에서 제외되는지를 확인하는 차원에서 신탁회사에 상담을 의뢰하였습니다.

④ 결론

(1) 부담부증여에 따른 장애인신탁시 증여세 등 세금과 비용 요약

아들 손○민 고객(수증자)은 김○미 고객(증여자)과의 ① 부담부증여계약(증여를 등기원인으로 하는 소유권 이전 등기) 및 ② 신탁계약(신탁에 따른 신탁회사로의 소유권 이전 및 신탁등기)에 따라 증여세, 취득세 등 세금과 비용을 아래 표와 같이 부담했습니다.

---

138) 세법상 장애인(소득세법 시행령 제107조의 장애인) : 장애인, 장애아동, 국가유공자 등 中 상이자, 항시 치료를 요하는 중증환자
　　상속세 및 증여세법 제52조의2(장애인이 증여받은 재산의 과세가액 불산입, 한도 5억원)
　　① 자본시장법에 따른 신탁회사(금융위원회로부터 신탁업을 인가받은 자)에게 신탁되어 있을 것
　　② 장애인이 신탁의 이익 전부를 받는 수익자일 것
　　③ 신탁기간 : 장애인이 사망할 때까지로 되어 있을 것(장애인이 사망하기 전에 신탁기간이 끝날 경우 장애인 사망할 때까지 계속 연장)
　　④ 아래의 사유 중에서 하나에 해당하면 '증여세를 즉시 부과(증여세 과세가액에 산입하여 증여세를 재계산)'한다
　　　－장애인이 사망 전에 신탁이 해지 또는 만료된 경우(단, 아래 조건 中 하나에 해당될 경우 제외)
　　　　•해지일 또는 만료일로부터 1개월 이내에 신탁에 재가입하는 경우
　　　　•신탁회사의 영업정지 등의 사유로 해지 후 해지일로부터 2개월 이내에 신탁에 재가입하는 경우
　　　　•재개발/재건축/소규모재건축사업 등으로 신탁을 해지하고 '준공인가일'로부터 2개월 이내 신탁에 재가입하는 경우
　　　－신탁기간 중 수익자를 변경한 경우
　　　－신탁의 이익 전부 또는 일부가 해당 장애인이 아닌 자에게 귀속되는 것으로 확인된 경우
　　　－신탁 원본이 감소한 경우(단, 아래 사유로 감소한 경우에는 제외한다)
　　　　•'중증장애인(舊 1~3급 장애인, 장해등급 1~3급 상이자)'의 '의료비, 간병비, 특수목적교육비 또는 생활비(월 150만원 이하)'
　　　　•신탁회사가 증여재산을 운용하는 중에 재산가액이 감소한 경우

| 부담부증여 및 장애인신탁 계약에 따른 증여세 예시 | (단위 : 원)

구분	금액	비고
증여재산가액	500,000,000	① 아파트 : 증여일 전 6개월~증여일 이후 3개월 간의 유사매매사례가 평균액 적용 ② 증여세 신고시 : 시군구청 부동산정보과의 검인을 거친 부담부증여계약서 제출 ＊ 금번 증여일 기준 10년 이내 증여재산 없음
비과세 재산가액	-	
과세가액 불산입액 (장애인신탁)	300,000,000	① 안양시 아파트 임대보증금(2억원) 반환 의무를 수증자 아들 손○민 고객이 승계 ② 증여세 신고시 : 검인된 신탁계약서 및 장애인증명서 제출
채무액	200,000,000	① 임대보증금 2억원(임대차계약서 필수 제출) ② 부담부증여에 따른 양도소득세 : 김○미 고객이 부담
증여재산가액 가산액	-	
증여세 과세가액	-	

※ 김○미 고객 양도소득세 : 다주택자 양도소득세 중과세 적용(울산광역시, 경기도 안양시 : 조정대상지역) 약 2,400만원 정도의 양도소득세(지방소득세 포함) 발생, 신고 및 납부 완료
※ 장애인신탁에 따른 증여세 과세가액 불산입을 적용받기 위해서는 증여일이 속하는 달의 말일로부터 3개월 이내에 증여계약서 및 신탁회사와의 신탁계약서, 장애인증명서 등을 첨부하여 증여세 과세표준 신고서를 세무서에 제출해야 합니다.

| 부담부증여 및 장애인신탁 계약에 따른 취득세 등 비용 예시 | (단위 : 원)

구분	금액	비고
취득세(증여분)	1,400,000	• 공동주택공시가격 3억원 이하 : 취득세 중과세 배제 • 무상취득분 : 공동주택공시가격(시가표준액 : 2.4억) －부담부금액(임대보증금 : 2억) = 0.4억 • 세율 : 3.5% • 등기시① : 임대차계약서 사본 제출 필요 • 등기시② : 세대 분리된 주민등록등본, 재직증명서 및 소득금액 증명원, 취득세 상세명세서, 검인된 부담부증여계약서 및 신탁계약서, 가족관계증명서, 취득세 영수필 확인서 제출
지방교육세(증여분)	120,000	무상취득분×0.3%
농어촌특별세(증여분)	-	
국민주택채권매입할인액 (증여분)	40,000	변동 가능

구분	금액	비고
취득세(부담부 적용분)	2,000,000	• 부담부 적용분 : 임대보증금(양수금액) 2억 • 1세대 1주택 적용 세율 : 1% • 등기시① : 임대차계약서 사본 제출 필요 • 등기시② : 세대 분리된 주민등록등본, 재직증명서 및 소득금액 증명원, 취득세 상세명세서, 검인된 부담부증여계약서 및 신탁계약서, 가족관계증명서, 취득세 영수필 확인서 제출
지방교육세(부담부 적용분)	200,000	부담부 적용분×0.1%
농어촌특별세 (부담부 적용분)	–	
국민주택채권매입할인액 (부담부 적용분)	310,000	변동 가능
증지대 등(합산)	15,000	
신탁 등기에 따른 비용 (등록면허세, 지방교육세, 증지대 등	22,200	• 신탁등기 신청비용 : 15,000원(1건) • 등록면허세, 지방교육세 : 7,200원
합계	4,107,200	신탁보수와 법무사에게 등기 위임에 따른 수수료는 포함하지 않음

※ 상기 비용에는 신탁회사의 신탁보수와 소유권이전 및 신탁등기 위임에 따른 법무사 수수료는 미포함

(2) 신탁계약을 통해 장애인 자녀에게 평생 살 수 있는 집을 마련해준데 의의

김○미 고객은 세제 혜택(증여 및 신탁계약시 최대 5억원까지 증여세 과세가액 불산입) 뿐만 아니라 신탁계약을 통해 아들 손○민 고객(수증자)이 평생 살 집을 마련해 줬다는 것에 큰 의의를 두었습니다. 즉, 아들 손○민 고객이 사망할 때까지 신탁계약을 유지하는 조건에서만 증여세가 절감될 수 있다는 세법상 사후관리 요건이 본 계약에서는 단점이 아니라 장점으로 크게 작용했습니다.

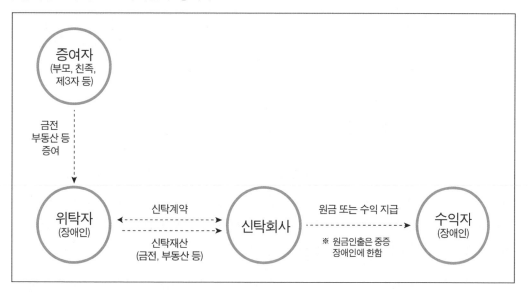

| 장애인신탁 자익신탁시 등기사항 전부 증명서 예시 |

【갑 구】 (소유권에 관한 사항)				
순위 번호	등기목적	접수	등기원인	권리자 및 기타사항
2	소유권 이전	2012년 3월 6일 제204호	2012년 3월 5일 매매	소유자 김위탁 ○○○○○○ - ○○○○○○○ 서울시 서초구 서초로 111 거래가액 금 300,000,000원
3	소유권 이전	2022년 3월 4일 제1003호	2022년 3월 3일 증여	소유자 김수익 ○○○○○○ - ○○○○○○○ 서울시 서초구 서초로 333
4	소유권 이전	2022년 3월 4일 제1004호	2022년 3월 3일 신탁	수탁자 ○○은행 ○○○○○○ - ○○○○○○○ 서울시 중구 소공로 222
				신탁 신탁원부 제2022 - 25호

[장애인신탁 ②] 장애인에게 증여 및 장애인신탁을 할 경우 장점과 단점

① **장점 : 절세 혜택(증여세 및 상속세)**

증여자(부모 등)가 수증자(장애인)에게 금융재산, 일반재산(부동산 등)을 신탁계약 전에 증여하고 장애인 본인이 신탁계약을 체결하여 증여세 신고기한 내에 신고 및 서류 등을 제출할 경우 상속세 및 증여세법 제52조의2에 따라 증여가액에서 최대 5억원은 증여세 과세가액에서 불산입(제외)된다고 설명드렸습니다(단, 사후관리 요건 준수 시).

만약, 5억원을 부모가 성년 자녀에게 일반적으로 증여할 때와 장애인 자녀에게 증여 및 신탁계약시 증여세 차이는 아래 표와 같습니다. 뿐만 아니라 증여자의 상속재산가액을 계산할 때에도 사망일 기준 10년(5년) 이내 증여 유무에 상관 없이 장애인신탁된 증여재산은 상속재산가액에서 제외됩니다.

| 5억 : 일반 증여 vs 장애인에게 증여 및 신탁 | (단위 : 원)

구분	일반 증여	장애인에게 증여 및 신탁	비고
증여재산가액	500,000,000	500,000,000	본 건 증여일 기준 10년 이내 증여 사실 없음
− 과세가액 불산입	−	500,000,000	
− 채무액	−	−	
= 증여세 과세가액	500,000,000	−	
− 증여재산공제	50,000,000	−	부모 → 성년 자녀에게 증여
= 증여세 과세표준	450,000,000	−	
산출세액	80,000,000	−	
− 신고세액공제	2,400,000	−	
= 자진납부세액	77,600,000	−	※ 장애인신탁 사후요건을 미충족할 경우 증여세 추징

2 단점 : 국민기초생활보장급여 또는 장애인연금 수급대상자에서 제외될 수 있음

장애인에게 재산을 증여하려고 할 때 증여세 뿐만 아니라 ① 국민기초생활보장급여 수급대상자 판단기준과 ② 장애인연금 수급대상자 판단기준, ③ 건강보험료 피부양자에서 제외 또는 지역가입자로 전환 및 건강보험료 납부 등을 반드시 확인해야 합니다.

먼저, 부모 등이 65세 이하 성년 장애인 자녀에게 금융재산 또는 일반재산(주택)을 증여할 경우 국민기초생활보장급여 수급대상 및 장애인연금 수급대상 여부는 아래 표와 같이 예상할 수 있습니다(단, 자세한 사항은 읍면동 주민센터 방문 및 상담 필요).

이외에 각종 재산과 금융소득 등 소득 정도에 따라 건강보험료 가입자의 피부양자에서 제외되어 지역가입자로 전환될 수 있으며 특히, 지역가입자 건강보험료는 세대를 구성하는 세대주와 세대원의 전체 재산, 소득, 차량 등을 합산하여 계산하므로 국민건강보험공단사이트(https://www.nhis.or.kr/nhis/minwon/initCtrbCalcView.do)를 통해 필히 확인해야 할 것입니다.

| 장애인이 재산을 증여받을 경우 '국민기초생활보장급여 수급' 여부 예시 |

구분		1억원	2억원	3억원	4억원	5억원
금융재산 (현금)	소득인정액	163만원	789만원	1,415만원	2,041만원	2,667만원
	의료급여 소득인정액	257만원	883만원	1,509만원	2,135만원	2,761만원
	모의 결과(예상값)	의료/주거/교육급여 지원대상 아님	의료/주거/교육급여 지원대상 아님	의료/주거/교육급여 지원대상 아님	의료/주거/교육급여 지원대상 아님	의료/주거/교육급여 지원대상 아님
일반재산 (주거용 주택)	소득인정액	32만원	387만원	804만원	1,221만원	1,638만원
	의료급여 소득인정액	48만원	465만원	882만원	1,299만원	1,716만원
	모의 결과(예상값)	생계/의료/주거/교육급여 수급대상자로 선정 가능	의료/주거/교육급여 지원대상 아님	의료/주거/교육급여 지원대상 아님	의료/주거/교육급여 지원대상 아님	의료/주거/교육급여 지원대상 아님

※ 일반재산 : 시가표준액(개별공시지가, 공시가격) 기준
※ 복지로 사이트(https://www.bokjiro.go.kr/ssis-teu/twatbz/mkclAsis/mkclinsertNblgPage.do) : 복지서비스 모의계산 참조(2022년 3월 기준으로 정확한 사항은 읍면동 주민센터 방문 및 상담 필요)
※ 기본가정 : 1인 가구, 대도시 거주, 장애정도가 심한 장애인(중증장애인), 65세 미만, 한부모가정 아님,

시설입소 아님, 부채 없음, 소득 없음, 월평균의료비 지출액 50만원, 차량 없음, 부양의무자 없음 가정

| 장애인이 재산을 증여받을 경우 '장애인연금 수급' 여부 예시 |

구분		1억원	2억원	3억원	4억원	5억원
금융재산 (현금)	소득인정액	27만원	60만원	93만원	127만원	160만원
	단독가구 소득인정액 기준	122만원	122만원	122만원	122만원	122만원
	모의 결과(예상값)	장애인연금 수급 가능	장애인연금 수급 가능	장애인연금 수급 가능	지원대상 아님	지원대상 아님
일반재산 (주거용 주택)	소득인정액	0만원	22만원	55만원	88만원	122만원
	단독가구 소득인정액 기준	122만원	122만원	122만원	122만원	122만원
	모의 결과(예상값)	장애인연금 수급 가능	장애인연금 수급 가능	장애인연금 수급 가능	장애인연금 수급 가능	장애인연금 수급 가능 (단, 시가표준액 인상시 제외 가능성도 높음)

※ 일반재산 : 시가표준액(개별공시지가, 공시가격) 기준
※ 복지로 사이트(https://www.bokjiro.go.kr/ssis-teu/twatbz/mkclAsis/mkclinsertNblgPage.do) : 복지서
  비스 모의계산 참조(2022년 3월 기준으로 정확한 사항은 읍면동 주민센터 방문 및 상담 필요)
※ 기본가정 : 단독 가구, 대도시 거주, 장애정도가 심한 장애인(중증장애인), 65세 미만, 한부모가정 아님,
  시설입소 아님, 부채 없음, 소득 없음, 차량 없음 가정

[장애인신탁 ③] 장애인을 수익자로 하는 연금보험과 신탁의 결합

1 고객 상황

김○득(64세)·이○영(62세) 씨 부부는 ○○대학교 교수입니다. 김○득 씨는 ○○대학교의 사회복지학과 교수로서 매우 저명한 사람이고, 이○영 씨는 ○○대학교 ○○교육학과 교수입니다. 이 부부는 22년 전에 결혼하였는데 슬하에는 발달장애[139](자폐증, 경증장애인 : 舊 4급)를 가지고 있는 20세 김○정 씨(여)를 두고 있었습니다.

이들 부부는 독일 유학 시절에 만나서 결혼 및 출산하였고, 자녀가 발달장애가 있는 것을 알게 된 후 귀국하였습니다. 왜냐하면 김○득 씨의 어머니(친할머니)가 ○○복지재단의 이사장으로 장애 전담 특수학교(유치원 포함)를 운영하고 계셨기 때문에 도움을 받기위해서 였습니다.

발달장애를 가지고 있는 김○정 씨는 친할머니의 전문적인 교육 지원 및 부모의 적극적인 노력으로 일상 생활 및 학업 성취도 면에서 좋은 상황이었고 특히, 미술에 재능이 있어서 ○○대학교 회화과에 진학하였습니다.

2 고객 자산

김○득 씨는 아버지로부터 물려받은 서울시 강남구 압구정동 ○○아파트(공동주택공시 가격 22억, 유사매매사례가 평균액 37억)와, 현재 부부가 거주하고 있는 경기도 성남시 판교 ○○아파트(공동주택공시가격 11억, 유사매매사례가 평균액 18억)를 소유하고 있었으

---

139) 발달 장애(發達障碍, 영어: developmental disability)
- 주로 발달기에 나타나기 시작하는 정신적 또는 신체적인 장애를 통틀어 가리킨다.
- 지적장애, 뇌성마비, 염색체 장애(다운 증후군 등), 전반적 발달장애, ADHD 등이 발달장애로 분류된다. 이 중에서 전반적 발달장애는 자폐증, 아스퍼거 증후군, 아동기 붕괴성 장애, 엔젤만 증후군, 레트 증후군 등으로 다시 나뉜다. 우리나라에서는 발달장애인 권리보장 및 지원에 관한 법률의 영향으로 지적장애와 자폐성 장애 2개 장애를 발달장애의 유형으로 인정하고 있다.
- 자폐성 장애(Autism): 사회화와 의사소통에 문제를 겪으며, 제한적이고 반복적인 행동을 보인다.

며 연금보험(2012년 가입, 보험료 5억, 65세부터 연금개시 예정)을 보유하고 있었습니다.

반면 배우자 이○영 씨는 정기예금 2억과 서울시 서초구 소재 소형 주거용 오피스텔(공시가격 1.9억, 유사매매사례가 3억)을 보유하고 있었습니다.

③ 고객 니즈

김○득·이○영 씨 부부는 서울시 서초구 소재 오피스텔과 정기예금을 딸 김○정에게 증여하고, 본인들은 퇴직하면 연금이 나오기 때문에 내년부터 연금보험에서 나오는 연금(예상 금액 : 年 1,600만원 전후)을 본인들이 아니라 딸이 받을 수 있도록 보험수익자[140](보험금 수령인)를 변경하고 싶어하였습니다.

다만, 딸 김○정 씨가 대학생으로서 아직 소득이 없기 때문에 증여세가 나온다면 증여세도 부모가 대납할 수 밖에 없는 상황이기 때문에 증여세 또한 증여로 취급된다는 점을 인지하고는 증여세가 발생하지 않게 증여하는 방안을 모색하였고, 장애인신탁을 하게 되면 절세할 수 있다는 정보를 접하게 되어 신탁회사에 해당 건을 의뢰하게 되었습니다.

④ 결론

먼저, 보험계약자(보험료를 내는 자)와 보험수익자(보험금 수령인)가 다를 경우 상속세 또는 증여세를 납부해야 하지만 상속세 및 증여세법, 동법 시행령[141]에 따르면 장애인을

---

140) 보험수익자
　　－보험자(보험회사 등)로부터 보험의 목적인 보험금을 받게 되는 사람을 보험수익자라고 한다.
　　－보험금 지급사유(질병, 사망, 상해, 피보험자의 연금개시연령 도달, 보험계약기간 만기 등) 발생 시 보험회사에 보험금(연금, 만기환급금 포함)을 청구하여 받을 수 있는 사람을 말한다.
　　－보험수익자 변경(KB생명보험 네이버 포스트 자료 참조) : 보험계약자, 피보험자(보험사고의 대상 및 보험 보장의 대상이 되는 자), 변경전 보험수익자, 변경후 보험수익자 등 보험계약 관계인 전원이 가까운 보험회사 고객센터를 방문하고, 보험계약 관계인들의 신분증, 인감증명서를 제출하며, 보험수익자 변경신청서를 작성 및 제출(신청서 작성시 보험계약 관계인들의 보험수익자 변경 동의를 요함)
141) 상속세 및 증여세법 제46조(비과세되는 증여재산)
　　다음 각 호의 어느 하나에 해당하는 금액에 대해서는 증여세를 부과하지 아니한다. (중략)
　　8. 장애인을 보험금 수령인으로 하는 보험으로서 대통령령으로 정하는 보험의 보험금
　　상속세 및 증여세법 시행령 제35조(비과세되는 증여재산의 범위등) (중략)
　　⑥ 법 제46조 제8호에서 "대통령령으로 정하는 보험의 보험금"이란 「소득세법 시행령」 제107조 제1항 각 호의 어느 하나에 해당하는 자를 수익자로 한 보험의 보험금을 말한다. 이 경우 비과세되는 보험금은 연간 4천만원을 한도로 한다.

보험수익자로 하는 경우에 연간 4,000만원 이하의 보험금은 증여세가 비과세 됩니다.

뿐만 아니라, 장애인이 부모 등 타인으로부터 재산을 증여받고 증여세 신고기한 이내에 신탁회사와 세법상 조건에 부합하게(장애인을 위탁자 겸 수익자 또는 장애인을 수익자로 하여 신탁기간을 장애인이 사망할 때까지로 한 경우) 신탁계약을 체결하고, 증여세 신고를 마칠 경우에는 최대 5억원을 한도로 증여세가 나오지 않습니다.

우선 어머니 이○영 씨가 소유한 ① 서초구 소재 오피스텔(3억)과 정기예금(해지 후 현금 2억)을 딸 김○정 씨에게 증여하고, ② 위탁자 겸 수익자를 딸 김○정 씨로 하는 장애인 신탁계약을 체결하였습니다. 반면, 증여세는 나오지 않지만 부동산 등 증여 취득에 따른 취득세 등 세금, 신탁보수, 등기대행 및 세무대행 수수료가 발생하였고, 해당 비용은 이○영 씨가 딸 김○정 씨에게 증여재산공제(5천만원)금액 이내에서 추가적인 현금을 증여하여 충당하였습니다.

다만, 딸 김○정 씨는 경증장애인(舊 4급)으로 장애인신탁에서 발생한 '이익(ex. 임대수익, 이자수익)만'을 신탁계약에서 수취할 수 밖에 없으며 원본 인출은 허용되지 않습니다.

이에 따라 우리나라에서 보험금청구권신탁[142]이 가능한지 불가능한지 그 여부를 불문으로 하고 ① 위탁자 겸 수익자는 딸 김○정 씨, ② 신탁재산은 향후 발생할 예정인 연금수익(세법상 이자소득이며 장애인이 수익자이기 때문에 연 4,000만원 한도로 증여세 비과세)으로 하고, ③ 신탁관리인은 아버지 김○득 씨, ④ 딸 김○정 씨 사망시 신탁재산의 잔여재산 귀속권리자는 '○○복지재단'으로 하는 특정금전신탁을 추가로 설정하였습니다. 특정금전신탁은 장애인신탁과 달리 중도 해지 및 원금 인출이 자유롭다는 점이 장점입니다.

신탁계약 체결 전후로 연금보험의 경우 ① 보험수익자를 아버지 김○득 씨에서 딸 김○

소득세법 시행령 제107조(장애인의 범위)

① 법 제51조 제1항 제2호에 따른 장애인은 다음 각 호의 어느 하나에 해당하는 자로 한다.

　1. 「장애인복지법」에 따른 장애인 및 「장애아동 복지지원법」에 따른 장애아동 중 기획재정부령으로 정하는 사람

　2. 「국가유공자 등 예우 및 지원에 관한 법률」에 의한 상이자 및 이와 유사한 사람으로서 근로능력이 없는 사람

　3. 삭제 〈2001. 12. 31.〉

　4. 제1호 및 제2호 외에 항시 치료를 요하는 중증환자

142) 보험금청구권신탁 : 보험금청구권을 신탁재산으로 하는 보험계약과 신탁계약이 결합된 형태의 신탁(보험금청구권이 금전채권으로서 신탁재산이 될 수 있다는 법무부 해설 및 일부 주장이 있으나 확정된 사항 아님)

정 씨로 변경하고, ② 김○정 씨 연금 수령 계좌를 '김○정 씨의 신탁계좌번호(딸 김○정 씨의 특정금전신탁 계좌번호)'로 하여 연금을 수령하기로 하였습니다.

| 장애인신탁과 연금보험금을 신탁재산으로 하는 특정금전신탁과 결합 |

신탁재	가액	신탁 전	신탁 형태	신탁 후	증여세 관련
오피스텔, 정기예금	합산 5억	증여	장애인신탁 (원금 인출 제약)	증여세 신고	증여세 없음 (5억 한도 증여재산가액 불산입)
연금보험의 연금	연금 年 1,600만원 (예상)	보험수익자 변경	특정금전신탁 (해지, 원금 인출 자유로움)	보험수익자 계좌를 신탁계좌로 변경	증여세 없을 예정 (장애인이 받는 年 4,000만원 이내 보험금 비과세)

※ 정기예금 : 해지 후 현금화하여 장애인신탁 설정
※ 장애인신탁 및 특정금전신탁 : 신탁기간은 30년으로 하되 만기 도래시 계약기간 자동연장

[상속포기와 대습상속] 아버지 사망시 상속포기, 할머니 사망시 대습상속이 가능할까?

① 고객 상황

현○석 씨(38세, 남)는 경기도 화성시 동탄에 살고 있었습니다. 8년 전 아버지 현○엽 씨가 먼저 돌아가셨는데 아버지 현○엽 씨는 화장품 제조업체를 운영하다가 부도가 나서 수십억원의 채무가 있었던 관계로 스스로 목숨을 거두었다고 했습니다. 아버지가 사망하자 어머니는 한정승인,[143] 아들 현○석 씨는 상속포기[144]를 가정법원에 신고하였습니다.

---

143) (상속)한정승인 : 상속인이 피상속인으로부터 상속받은 재산의 한도 내에서 물려받은 빚을 갚겠다는 조건 하에 상속을 받는 일. 상속인은 상속받은 재산만으로 빚을 갚고, 상속받은 재산으로 빚이 충족되지 못할 때에도 자기의 재산으로 빚을 갚을 의무는 없다. (네이버 어학사전)

144) 상속포기 : 법률 상속인의 지위를 포기하는 일. 재산과 빚 모두 물려받지 않겠다는 것을 의미(네이버 어학사전)

민법 제1019조(승인, 포기의 기간)
① 상속인은 상속개시있음을 안 날로부터 3월내에 단순승인이나 한정승인 또는 포기를 할 수 있다. 그러나 그 기간은 이해관계인 또는 검사의 청구에 의하여 가정법원이 이를 연장할 수 있다.
② 상속인은 제1항의 승인 또는 포기를 하기 전에 상속재산을 조사할 수 있다.
③ 제1항의 규정에 불구하고 상속인은 상속채무가 상속재산을 초과하는 사실을 중대한 과실없이 제1항의 기간 내에 알지 못하고 단순승인(제1026조 제1호 및 제2호의 규정에 의하여 단순승인한 것으로 보는 경우를 포함한다)을 한 경우에는 그 사실을 안 날부터 3월내에 한정승인을 할 수 있다.

민법 제1041조(포기의 방식)
상속인이 상속을 포기할 때에는 제1019조 제1항의 기간내에 가정법원에 포기의 신고를 하여야 한다.

민법 제1042조(포기의 소급효)
상속의 포기는 상속개시된 때에 소급하여 그 효력이 있다.

민법 제1043조(포기한 상속재산의 귀속)
상속인이 수인인 경우에 어느 상속인이 상속을 포기한 때에는 그 상속분은 다른 상속인의 상속분의 비율로 그 상속인에게 귀속된다.

민법 제1000조(상속의 순위)
① 상속에 있어서는 다음 순위로 상속인이 된다.
    1. 피상속인의 직계비속
    2. 피상속인의 직계존속
    3. 피상속인의 형제자매
    4. 피상속인의 4촌 이내의 방계혈족
② 전항의 경우에 동순위의 상속인이 수인인 때에는 최근친을 선순위로 하고 동친등의 상속인이 수인인 때에는 공동상속인이 된다.

현○석 씨에게는 할머니 이○숙 고객(88세, 여)이 있었습니다. 이○숙 고객 슬하에는 먼저 사망한 장남 현○엽 씨 외에도 두 명의 딸(갑, 을)이 있었고, 장남이 생전에 사업체를 운영하면서 어려울 때 두 딸들의 눈치가 보여 지원을 못해줬던 점을 후회하여 이○숙 고객 본인 사망시 본인 재산의 절반 이상을 손주 현○석 씨에게 주고 싶어하였습니다.

그런데 현○석 씨는 아버지 현○엽 씨 사망시 상속포기 신고를 했기 때문에 할머니 이○숙 고객이 사망할 경우 대습상속인[145]으로서 재산을 물려받을 자격이 없다고 지인들을 통해 전해 듣고는 실제 그런지 진위 여부를 파악하고자 신탁회사에 문의하였습니다.

| 대습상속 관련 예시 |

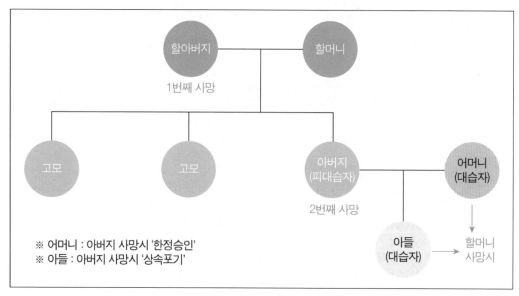

※ 네이버블로그 '세상의 선한 영향력을 만들어 가는 선린－법무법인 선린' 참조

② 대법원 판례

우선 대법원 판례에 따르면 아버지가 빚이 많아 상속포기를 했다고 하더라도 손자 현○

---

③ 태아는 상속순위에 관하여는 이미 출생한 것으로 본다.
145) 민법 제1001조(대습상속)
　　전조 제1항 제1호와 제3호의 규정에 의하여 상속인이 될 직계비속 또는 형제자매가 상속개시전에 사망하거나 결격자가 된 경우에 그 직계비속이 있는 때에는 그 직계비속이 사망하거나 결격된 자의 순위에 갈음하여 상속인이 된다.

석 씨는 대습상속인으로서 할머니의 재산을 상속받을 수 있습니다. 판례의 내용은 다음과 같습니다.

대법원 2017. 1. 12. 선고 2014다39824 판결

【판시사항】
상속포기의 효력이 피상속인을 피대습자로 하여 개시된 대습상속에 미치는지 여부(소극) 및 이는 상속인의 상속포기로 피대습자의 직계존속이 피대습자를 상속한 경우에도 마찬가지인지 여부(적극) (이하, 중략)

【판결요지】
피상속인의 사망으로 상속이 개시된 후 상속인이 상속을 포기하면 상속이 개시된 때에 소급하여 그 효력이 생긴다(민법 제1042조). 따라서 제1순위 상속권자인 배우자와 자녀들이 상속을 포기하면 제2순위에 있는 사람이 상속인이 된다. **상속포기의 효력은 피상속인의 사망으로 개시된 상속에만 미치고, 그 후 피상속인을 피대습자로 하여 개시된 대습상속에까지 미치지는 않는다. 대습상속은 상속과는 별개의 원인으로 발생하는 것**…(이하, 중략)

③ 고객 자산

이○숙 고객은 경기도 화성시 동탄 소재 아파트(공동주택공시가격 8억, 유사매매사례가 평균액 14억)와 종신보험 2건(본인 사망시 총 사망보험금 2억(1건당 1억), 사망시 보험금 수익자 : 법정상속인)을 보유하고 있습니다.

13년전 사망한 남편으로부터 상속받은 재산(정기예금 2억, 경기도 성남시 판교 소재 토지 16억)은 장남 현○엽 씨 사망 후 5년 전 두 딸에게 절반씩 증여하였다고 하였습니다.

④ 고객 니즈

이○숙 고객은 본인이 사망할 경우 며느리와 손주 현○석 씨가 장남 현○엽 씨 사망시 한정승인, 상속포기를 했음에도 불구하고 대법원 판례에 따라 대습상속인 자격으로 본인의 재산을 상속받을 수 있다고 인식하셨습니다.

그러나 이○숙 고객은 며느리에게는 재산을 주고 싶은 마음이 없고, 두 딸의 반대와 가족 분쟁 등을 우려하여 ① 경기도 화성시 동탄 소재 아파트는 손주 현○석 씨에게 주기로 하

고, ② 종신보험 2건의 경우 보험수익자를 기존의 법정상속인에서 1건은 큰 딸, 또 다른 1건은 작은 딸로 변경하는 방안으로 자산승계계획을 수립하였습니다.

 결론

이○숙 고객은 본인을 위탁자 겸 수익자로 하고, 본인 사망을 신탁 종료의 원인으로 하며, 신탁재산(경기도 화성시 동탄 소재 아파트)에 대해 손주 현○석 씨를 '신탁재산의 잔여재산 귀속권리자[146](이하, 귀속권리자)'로 하는 을종부동산관리신탁을 설정하였습니다. 뿐만 아니라 종신보험의 경우에는 본인 사망시 사망보험금 수익자를 계획대로 법정상속인에서 두 딸로 각각 변경하였습니다.

| 이○숙 고객 재산관련 자산승계계획 예시 |

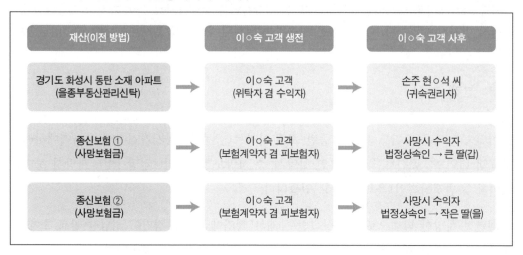

---

146) 신탁법 제101조(신탁종료 후의 신탁재산의 귀속)

　① 제98조 제1호, 제4호부터 제6호까지, 제99조 또는 제100조에 따라 신탁이 종료된 경우 신탁재산은 수익자(잔여재산수익자를 정한 경우에는 그 잔여재산수익자를 말한다)에게 귀속한다. 다만, **신탁행위로 신탁재산의 잔여재산이 귀속될 자(이하 "귀속권리자"라 한다)를 정한 경우에는 그 귀속권리자에게 귀속**한다. (이하, 생략)

[법정상속인] 나의 마지막 재산을 '외도한 아내'에게 주기 싫습니다.

① 고객 상황

박○달 고객(72세, 남)은 부산광역시 해운대구에 살고 있었습니다. 슬하에는 자녀 2명(박○용 45세, 박○희 40세)을 두고 있었습니다.

박○달 고객은 부산에서 40년째 수산물도매업을 해오고 있었습니다. 40년 동안 여러 번의 부도를 겪는 등의 어려움이 있었고 현재는 사업이 번창하여 잘 살고 있지만 30년 전 부도가 났을 때 특히 고생했다고 전했습니다.

30년 전 2차 부도를 겪었을 때쯤 가정 일에 소홀하게 되었고, 이 시기를 전후로 하여 아내 김○미(68세)가 다른 남자와 외도를 했고 집을 나갔다고 했습니다. 그래서 이혼절차를 진행하지 못했고 그 이후 혼자서 두 자식들 키우고 시집, 장가를 다 보냈으며 현재도 혼자 살고 있다고 전했습니다.

박○달 고객은 외도한 아내에 대해 실종선고심판청구(실종신고)[147]를 가정법원에 수 차례 하였으나, 집 나간 아내가 주소지를 여러 번 옮긴 사실이 확인되고, 국내 불특정 도처에서 신용카드 및 ATM 거래를 한 점이 있어서 실종선고가 이뤄지지 않았다고 전했습니다.

---

147) 민법 제27조(실종의 선고)

　① 부재자의 생사가 5년간 분명하지 아니한 때에는 법원은 이해관계인이나 검사의 청구에 의하여 실종선고를 하여야 한다.

　② 전지에 임한 자, 침몰한 선박 중에 있던 자, 추락한 항공기 중에 있던 자 기타 사망의 원인이 될 위난을 당한 자의 생사가 전쟁종지후 또는 선박의 침몰, 항공기의 추락 기타 위난이 종료한 후 1년간 분명하지 아니한 때에도 제1항과 같다.

　민법 제28조(실종선고의 효과)

　실종선고를 받은 자는 전조의 기간이 만료한 때에 사망한 것으로 본다.

❷ 고객 자산

박○달 고객은 부산광역시 해운대구 주상복합아파트 3채에 총 40억(유사매매사례가 평균액 합계), 부산광역시 동래구 소재 빌딩 1채 60억(감정평가액 기준), 경남 김해시 소재 토지 20억(개별공시지가 기준), 정기예금 20억, 사모펀드 40억을 보유하고 있었습니다.

❸ 고객 니즈

박○달 고객은 ① 외도한 아내와 법적 혼인관계가 소멸되지 않았고 ② 외도한 아내에게 실종선고가 내려지지 않았기 때문에 본인 사망시 외도한 아내가 본인의 상속재산을 받을 수 있다는 것[148], [149], [150]에 몹시 분노하였습니다.

그래서 박○달 고객은 TV광고를 통해 '유언대용신탁'을 접하고는 40년 간 거래해 온 ○○은행(신탁회사)에 해당 신탁이 있는지 문의하였고, 전 재산을 신탁하고 싶어했으며, 본인 사후 신탁재산을 정확히 아들과 딸에게 균등분배하기로 마음을 먹었습니다.

특히, 박○달 고객은 유언대용신탁을 진행하려는 이유를 5가지로 설명하였습니다. ① 본인 사망 후에 자식들끼리 본인 재산을 가지고 싸우는 것이 싫고, ② 자식들에게 지금 증여하면 증여 이후 자식들이 변심하여 재산을 쉽게 처분하거나, 대출 등을 받아 낭비할 수 있으며, ③ 본인이 유언 또는 유언대용신탁 등을 남겨 놓지 않을 경우 외도한 아내를 찾을

---

148) 민법 제1003조(배우자의 상속순위)
　　① 피상속인의 배우자는 제1000조 제1항 제1호와 제2호의 규정에 의한 상속인이 있는 경우에는 그 상속인과 동순위로 공동상속인이 되고 그 상속인이 없는 때에는 단독상속인이 된다.
　　② 제1001조의 경우에 상속개시전에 사망 또는 결격된 자의 배우자는 동조의 규정에 의한 상속인과 동순위로 공동상속인이 되고 그 상속인이 없는 때에는 단독상속인이 된다.
149) 민법 제1004조(상속인의 결격사유)
　　다음 각 호의 어느 하나에 해당한 자는 상속인이 되지 못한다.
　　1. 고의로 직계존속, 피상속인, 그 배우자 또는 상속의 선순위나 동순위에 있는 자를 살해하거나 살해하려한 자
　　2. 고의로 직계존속, 피상속인과 그 배우자에게 상해를 가하여 사망에 이르게 한 자
　　3. 사기 또는 강박으로 피상속인의 상속에 관한 유언 또는 유언의 철회를 방해한 자
　　4. 사기 또는 강박으로 피상속인의 상속에 관한 유언을 하게 한 자
　　5. 피상속인의 상속에 관한 유언서를 위조·변조·파기 또는 은닉한 자
150) 상속을 잘 해야 집안이 산다(법무법인 숭인, 2020년, 61페이지), 법무법인 태일 네이버블로그 법률상담 바로가기(유책배우자 재산상속, 유류분반환청구소송 판결), 변호사 류민옥 법률사무소 네이버블로그(가출, 바람난 아내 남편의 유산 보험금 수령가능할까?) 참조

수도 없는 상황에서 원활한 상속재산분할 합의가 이뤄지지 않을 것으로 예상되고(부재자재산관리인선임심판청구[151] 등 진행 필요), ④ 신탁을 통해서는 본인 사후 전 재산이 자식들(사후수익자)에게 신속하게 이전될 가능성이 높으며 ⑤ 만약 본인 사후 외도한 아내가 나타나서 유류분반환청구소송을 진행한다고 하더라도 자식들은 신탁재산을 자신들 명의로 이전·소유한 상태에서 법적으로 다투는 것이 되므로 심리적 안정감이 높을 것으로 판단되기 때문에 유언대용신탁을 고려하게 되었다고 말했습니다.

④ 결론

박○달 고객은 현재 시가로 약 180억원(채무 15억)대의 자산가이고 현재 재산가액 기준으로 상속세가 대략 70억원 전후로 나올 수 있기 때문에 자산가액 상승이 덜할 것으로 예상되는 경남 김해시의 토지를 매각하여 현금화(정기예금 등과 더불어 상속세 재원 마련 목적)하고 그 이후 아들과 딸을 사후수익자로 하는 유언대용신탁을 체결하였습니다.

뿐만 아니라 신탁회사는 선량한 관리자 주의 의무에 따라 전 재산을 자식들에게만 이전할 경우 박○달 고객 사후 외도한 배우자가 나타나 유류분반환청구소송을 진행할 수 있으며 소송 결과에 따라 자식들이 외도한 아내에게 재산을 반환하게 될 수도 있다고 설명하였습니다.

---

151) 부재자재산관리인선임심판청구 및 부재자재산관리인의 직무 관련 법 조문

민법 제22조(부재자의 재산의 관리)

① 종래의 주소나 거소를 떠난 자가 재산관리인을 정하지 아니한 때에는 법원은 이해관계인이나 검사의 청구에 의하여 재산관리에 관하여 필요한 처분을 명하여야 한다. 본인의 부재 중 재산관리인의 권한이 소멸한 때에도 같다.

② 본인이 그 후에 재산관리인을 정한 때에는 법원은 본인, 재산관리인, 이해관계인 또는 검사의 청구에 의하여 전항의 명령을 취소하여야 한다.

민법 제24조(관리인의 직무)

① 법원이 선임한 재산관리인은 관리할 재산목록을 작성하여야 한다.

② 법원은 그 선임한 재산관리인에 대하여 부재자의 재산을 보존을 위하여 필요한 처분을 명할 수 있다.

③ 부재자의 생사가 분명하지 아니한 경우에 이해관계인이나 검사의 청구가 있는 때에는 법원은 부재자가 정한 재산관리인에게 전2항의 처분을 명할 수 있다.

④ 전3항의 경우에 그 비용은 부재자의 재산으로써 지급한다.

| 박○달 고객 신탁계약 예시 |

구분(현재 시가)	신탁재산	위탁자 겸 수익자	사후수익자 (수익권 비율)	비고
해운대 소재 아파트 3채(40억)	부동산		딸 박○희 (100%)	유언대용신탁 (을종부동산관리신탁)
동래구 소재 빌딩 (60억)	부동산	박○달 고객	아들 박○용 (100%)	유언대용신탁 (을종부동산관리신탁)
김해시 토지, 정기예금, 사모펀드(총 80억)	매각, 해지하여 현금화		딸 박○희(40%), 아들 박○용(60%)	유언대용신탁 (※ 특정금전신탁)

※ 특정금전신탁 : 박○달 고객 사망시 사후수익자의 상속세 재원 마련 목적

[상속포기와 신탁재산의 귀속] 상속포기와 신탁계약의 사후수익자

1 고객 상황

곽○현 씨(40세, 남)는 미혼으로 경기도 구리시의 ○○기업의 기획부에서 일하고 있었습니다. 곽○현 씨는 아버지 곽○우 씨(68세)와 어머니 손○순 씨(64세) 사이의 외동아들로 성장했고, 특히 부모님은 25년 전에 이혼하였으며 이혼 사유는 아버지의 외도와 가정폭력 때문이었습니다.

이혼 후 아버지 곽○우 씨는 20년 전 다른 여자와 재혼하여 슬하에 2명의 자식이 있었고, 어머니 손○순 씨는 ○○은행에 근무하면서 아들 곽○현 씨를 혼자 키웠으며, 2017년에 퇴직하면서 받은 퇴직금 중에서 3억원으로 ○○은행과 유언대용신탁 계약(사후수익자 곽○현 씨)을 맺고 남은 자금으로 음식점을 개업하여 최근까지 운영하였다고 합니다.

어머니 손○순 씨는 동업자 강○태 씨(남, 60세, 주방장)와 함께 음식점을 운영하였는 데 1년 반 전 강○태 씨가 급전이 필요하다고 하여 본인이 살고있는 아파트를 담보로 대출을 받아 강○태 씨에게 빌려주었고(4억원), 코로나 사태로 인해 영업이 어려워 지자 사업자 신용대출 등 각종 대출(2억원)을 받아 음식점을 유지하고 있었습니다.

그런데 6개월 전 동업자 강○태 씨는 손○순 씨의 신분증과 인감도장을 빌려 손○순 씨 명의로 대부업체에서 추가로 3억원을 대출받았고, 음식점 건물의 소유주(임대인)를 속여 임대보증금 1억원을 빼내 도주하였습니다. 3개월 전 이자 및 원금상환 능력이 없어진 손○순 씨는 스스로 목숨을 거두었습니다.

2 고객 자산

어머니 손○순 씨에게 남은 재산이라고는 서울시 강동구 길동의 아파트 1채(유사매매사례가 7.5억원)와 5년 전에 '위탁자를 본인으로 하고, 사후수익자를 곽○현 씨로 설정'한 유언대용신탁(3억원) 밖에 없었습니다.

③ 고객 니즈

어머니 사망 후 이 모든 사실을 알게 된 곽○현 씨는 사기꾼 강○태 씨를 상대로 손해배상청구 및 사기죄 관련 고소를 행함과 동시에 어머니가 남긴 부채금액이 자산가액보다 많아 기한 내 가정법원에 상속포기를 신청하였습니다.

그런데 곽○현 씨는 ① 유언대용신탁 계약체결일이 어머니 명의로 채무 등이 발생하기 전이기 때문에 ② 어머니의 상속재산에 대해 상속포기를 하더라도 유언대용신탁의 사후수익자로서 신탁재산 3억원(수익채권)을 받을 수 있는지 신탁회사에 문의하였습니다. 실제 유언대용신탁 계약을 체결했던 ○○은행에서는 곽○현 씨에게 신탁재산 이전을 미루고 있다고 말했습니다.

④ 결론

우선, 곽○현 씨에게는 안된 일이지만 유언대용신탁에서 위탁자 사망후 사후수익자가 얻게 되는 신탁재산에 대한 급부(청구권)가 ① 사후수익자의 고유재산인지, ② 위탁자의 상속재산인지에 대해 명확한 판례가 없습니다.

사후수익자로 지정된 곽○현 씨가 받게 되는 급부(신탁수익)가 ① 사후수익자 곽○현 씨의 고유재산이라면 상속포기를 하더라도 재산을 이전받을 수 있을 것이나 만약 ② 어머니 손○순 씨의 상속재산이라면 상속포기한 곽○현 씨는 재산을 이전받을 수 없을 것입니다.

그러나 저자는 신탁의 구조와 유사한 생명보험계약과 퇴직생활급여의 대법원 판례를 살펴볼 경우 '어머니의 상속재산에 대해 상속포기를 하더라도 신탁재산은 사후수익자 곽○현 씨의 고유재산이 될 가능성이 높다'고 생각하며 저자와 동일한 의견[152]을 내는 분들이 있습니다.

---

152) 상속 포기해도 신탁재산 받을까 [한경-사회 2021년 6월 22일자, 김상훈 변호사(법학박사)의 상속 인사이드 (7)]

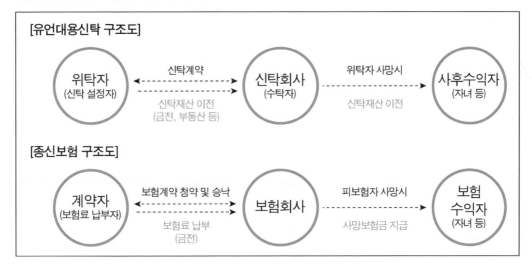

대법원 2004. 7. 9. 선고 2003다29463 판결 [보험금은 수익자의 고유재산]
【판시사항】
[1] (생략)
[2] 생명보험의 보험계약자가 보험수익자의 지정권을 행사하기 전에 보험사고가 발생하여 피보험자의 상속인이 보험수익자로 되는 경우, 상속인이 가지는 보험금청구권이 상속재산인지 여부(소극 : 보험수익자의 고유재산임)
[3] 상해의 결과로 사망하여 사망보험금이 지급되는 상해보험에 있어서 보험수익자가 지정되어 있지 않아 피보험자의 상속인이 보험수익자로 되는 경우, 보험금청구권이 상속인의 고유재산인지 여부(적극 : 보험수익자의 고유재산임)

【판결요지】
[1] (생략)
[2] 보험계약자가 피보험자의 상속인을 보험수익자로 하여 맺은 생명보험계약에 있어서 피보험자의 상속인은 피보험자의 사망이라는 보험사고가 발생한 때에는 보험수익자의 지위에서 보험자에 대하여 보험금 지급을 청구할 수 있고, 이 권리는 보험계약의 효력으로 당연히 생기는 것으로서 상속재산이 아니라 상속인(보험수익자)의 고유재산이라고 할 것인데, 이는 상해의 결과로 사망한 때에 사망보험금이 지급되는 상해보험에 있어서 피보험자의 상속인을 보험수익자로 미리 지정해 놓은 경우는 물론, 생명보험의 보험계약자가 보험수익자의 지정권을 행사하기 전에 보험사고가 발생하여 상법 제733조에 의하여 피보험자의 상속인이 보험수익자가 되는 경우에도 마찬가지라고 보아야 한다.

[3] 보험수익자의 지정에 관한 상법 제733조는 상법 제739조에 의하여 상해보험에도 준용되므로, 결국 상해의 결과로 사망한 때에 사망보험금이 지급되는 상해보험에 있어서 보험수익자가 지정되어 있지 않아 위 법률규정에 의하여 피보험자의 상속인이 보험수익자가 되는 경우에도 보험수익자인 상속인의 보험금청구권은 상속재산이 아니라 상속인(보험수익자)의 고유재산으로 보아야 한다.

대법원 2019. 5. 17.자 2017스516,517 결정 [퇴직급여금은 수익자의 고유재산]

【판시사항】
갑이 초등학교 교사로서 퇴직 당시 퇴직일시금과 퇴직수당, 교원장기저축금 등을 받아 한국교직원공제회에 퇴직생활급여 상품으로 예치하였는데, 갑의 사망 후 공동상속인인 을 등이 다른 공동상속인인 병 등을 상대로 상속재산분할을 구하면서 갑이 생전에 한국교직원공제회에 예치해 두었던 퇴직생활급여금도 갑이 사망 당시 소유하고 있던 재산으로서 상속재산 분할대상에 해당한다고 주장한 사안에서, 갑이 사망 전에 배우자인 병을 급여 수급권자로 지정함에 따라 퇴직생활급여는 병이 독자적으로 수령할 권한이 있는 고유재산이므로 상속재산의 범위에 포함되지 않는다고 본 원심판단이 정당하다고 한 사례

【결정요지】
(중략) 가입자가 사망한 경우에 급여 수급권자의 순위는 민법상 재산상속 순위에 따르지만, 가입자가 사망 전에 배우자, 직계비속, 형제자매에 한하여 수급권자를 지정할 수 있으며, 이에 갑이 사망 전에 배우자인 병을 수급권자로 지정하였고, 이에 따라 병이 갑의 사망 후 한국교직원공제회로부터 갑이 생전에 예치한 퇴직생활급여를 받았는바, 이러한 퇴직생활급여의 발생 근거와 성격 등을 종합하면, 퇴직생활급여는 병이 독자적으로 수령할 권한이 있는 고유재산이므로 상속재산의 범위에 포함되지 않는다고 본 원심판단이 정당하다고 한 사례.

[이익증여신탁 ①] 생계를 달리하는 미성년 손주를 위한 '이익증여신탁'[153]

1 고객 상황

윤○자 고객(64세, 여)은 남편과 함께 대전광역시 서구 둔산동에 살고 있습니다. 남편과 함께 공동사업자로 주택 인테리어 전문업체를 운영하고 있었으며, 슬하에는 딸 2명(갑 36세, 을 33세)이 있었습니다.

큰 딸(갑)은 경기도 용인시 기흥에 소재한 ○○전자에 근무하고 있고, 7년 전에 결혼하여 5세 아들 정○훈 군을 두고 있었습니다. 뿐만 아니라 작은 딸(을)은 경기도 파주시 출판단지에 위치한 ○○출판사에 근무하고 있고, 3년 전에 결혼하여 갓 첫돌이 지난 딸 문○영 양을 두고 있었습니다.

---

153) 이익증여신탁(한경 경제용어사전 참조하여 저자가 일부 수정함)
　　– 고객(위탁자)이 신탁에 주식, ELS 등을 맡기면 원금은 고객(위탁자)에게 주고 이익에 해당하는 현금배당금, 펀드 분배금, ELS 상환이익 등을 자녀나 손주 등에게 증여할 수 있는 신탁상품
　　– 금융소득종합과세 대상자(위탁자)면서 생계를 달리하는 자녀나 손주 등 소득이 많지 않은 사람(이익수익자)에게 소득을 분산하면 소득세 부담을 줄이는 효과가 있다.

| 윤○자 고객의 가계도 |

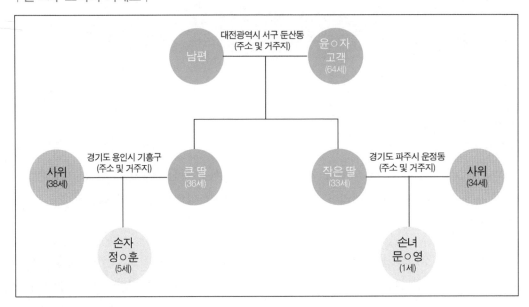

2 고객의 소득 및 니즈

윤○자 고객은 주택 인테리어 사업으로 얻는 연간 소득이 1억(부부 합산 2억) 수준으로, 두 딸들을 7년 전, 3년 전 시집을 모두 보내고 여유자금이 생겼고 약 8개월 전에 위탁자 겸 수익자를 윤○자 고객 본인으로 하는 특정금전신탁(ELT, 年 쿠폰 4.8%, 6개월 단위 스텝다운형)에 5억원을 투자하였습니다.

특정금전신탁을 계약하고 6개월이 지난 첫 평가시점에서는 조기상환되지 못하고, 다음 번 평가시점을 기다리고 있는 상황이었는데 만약 조기상환이 될 경우, 배당소득이 2,400만원 정도 발생할 예정이며 금융소득종합과세[154]에 해당될 경우 세금이 많아지기 때문에 신탁회사에 상담을 의뢰하였습니다.

---

154) 금융소득종합과세 : 개인별 연간 금융소득(이자소득, 배당소득)을 합산하여 일정 금액(연간 2,000만원)을 초과하는 소득은 다른 종합소득과 합산하고 소득세 누진세율을 적용하여 종합과세하는 제도.

③ 결론

 소득세법 및 동법 시행령[155]에 따르면 신탁재산에서 발생한 소득은 '수익자'의 소득이나 ① 위탁자가 지배 및 통제하는 신탁이면서 동시에 ② 배우자 또는 같은 주소나 거소에서 생계를 같이하는 직계존비속(ex. 부모, 자녀, 손자녀 등)을 이익수익자로 할 때만 신탁재산에서 발생한 소득을 '위탁자'의 소득으로 보고 있습니다.

---

155) 소득세법 제2조의3(신탁재산 귀속 소득에 대한 납세의무의 범위)
　　① 신탁재산에 귀속되는 소득은 그 **신탁의 이익을 받을 수익자**(수익자가 사망하는 경우에는 그 상속인)에**게 귀속**되는 것으로 본다.
　　② 제1항에도 불구하고 수익자가 특별히 정하여지지 아니하거나 존재하지 아니하는 신탁 또는 위탁자가 신탁재산을 실질적으로 통제하는 등 **대통령령으로 정하는 요건을 충족하는 신탁**의 경우에는 그 신탁재산에 귀속되는 소득은 **위탁자에게 귀속**되는 것으로 본다.

　소득세법 시행령 제4조의2(신탁소득금액의 계산) (중략)
　　④ 법 제2조의3 제2항에서 "**대통령령으로 정하는 요건을 충족하는 신탁**"이란 다음 각 호의 요건을 모두 갖춘 신탁을 말한다.
　　　1. **위탁자가** 신탁을 해지할 수 있는 권리, 수익자를 지정하거나 변경할 수 있는 권리, 신탁 종료 후 잔여재산을 귀속받을 권리를 보유하는 등 신탁재산을 **실질적으로 지배 · 통제할 것**
　　　2. 신탁재산 원본을 받을 권리에 대한 수익자는 위탁자로, 수익을 받을 권리에 대한 수익자는 그 **배우자 또는 같은 주소 또는 거소에서 생계를 같이 하는 직계존비속(배우자의 직계존비속을 포함한다)으로 설정했을 것**

　상속세 및 증여세법 제33조(신탁이익의 증여) ① 신탁계약에 의하여 위탁자가 타인을 신탁의 이익의 전부 또는 일부를 받을 수익자(受益者)로 지정한 경우로서 다음 각 호의 어느 하나에 해당하는 경우에는 원본(元本) 또는 수익(收益)이 수익자에게 실제 지급되는 날 등 대통령령으로 정하는 날을 증여일로 하여 해당 신탁의 이익을 받을 권리의 가액을 수익자의 증여재산가액으로 한다.
　1. 원본을 받을 권리를 소유하게 한 경우에는 수익자가 그 원본을 받은 경우
　2. 수익을 받을 권리를 소유하게 한 경우에는 수익자가 그 수익을 받은 경우

　상속세 및 증여세 집행기준 65-61-1(신탁의 이익을 받을 권리의 평가) (중략)
　나) 수익의 이익을 수익하는 경우
　　평가기준일 현재 기획재정부령이 정하는 방법에 따라 추산한 장래에 받을 각 연도의 수익금에 대하여 수익의 이익에 대한 원천징수세액상당액등을 고려하여 다음의 계산식에 따라 계산한 금액의 합계액으로 평가
　　• "기획재정부령이 정하는 방법에 따라 추산한 장래에 받을 각 연도의 수익금"이란 평가기준일 현재 신탁재산의 수익에 대한 수익률이 확정되지 아니한 경우 원본의 가액에 3%(2017. 3. 9. 이전 10%)을 곱하여 계산한 금액을 말함.

$$\text{환산가액} = \sum_{n=1}^{n} \frac{\text{각 연도에 받을 수익의 이익} - \text{원천징수세액상당액}}{(1+r)^{n}}$$

　n : 평가기준일로부터 수익시기까지의 연수
　r : 신탁재산의 평균 수익률 등을 감안하여 기획재정부령으로 정하는 이자율(3%, 2017. 3. 9. 이전 10%)

해당 상담 의뢰 건의 경우 윤○자 고객이 특정금전신탁(ELT)를 지배 및 통제하고 있으나, 남편을 이익수익자로 하지 않는 이상 윤○자 고객과 두 손주가 모두 다른 주소에서 별도의 세대를 이루어 살고 있습니다.

따라서, 특정금전신탁의 이익수익자를 윤○자 고객에서 손주 2명으로 변경할 경우 신탁재산에서 발생한 이익(상환이익, 배당소득)은 이익수익자인 손주 2명에게 귀속시킬 수 있습니다.

윤○자 고객은 특정금전신탁의 원본수익자를 본인으로 하고, 이익수익자는 본인을 비롯하여 손주 2명을 추가하였고, 수익권 비율을 조정하는 등 신탁계약을 변경하였습니다(단, 수익자 변경에 관해 손주들의 친권자인 두 딸로부터 동의를 얻어 계약을 변경하였음).

| 윤○자 고객 특정금전신탁 계약 변경 및 효과 |

신탁계약	재산 구분	계약 변경 전 수익자 (수익권 비율)	계약 변경 후 수익자 (수익권 비율)	세금 관련
특정 금전신탁 (ELT)	원본 (5억원)	윤○자 고객 (100%)	좌동	–
	이익 (※ 예상 상환 이익 : 2,400만원)	윤○자 고객 (100%)	윤○자 고객 (40%)	※ 변경 전 : 예상 배당소득 2,400만원(금융소득종합과세 대상) → 변경 후 : 예상 배당소득 960만원(분리과세(15.4%)로 납세의무 종결 가능)
			손자 정○훈 (30%)	※ 증여세 없음(직계존속으로부터 旣 증여 없음, 증여재산공제 이내) ※ 예상 배당소득 720만원(분리과세(15.4%)로 납세의무 종결 가능)
			손녀 문○영 (30%)	상동

※ 예상 상환이익 : 신탁가액 5억원 × 연 쿠폰 4.8% = 2,400만원
※ 증여세 계산 관련 : 증여재산가액은 배당소득에서 원천징수상당액을 차감하여 계산, 증여재산공제(2,000만원) 이내로 증여세 없음.

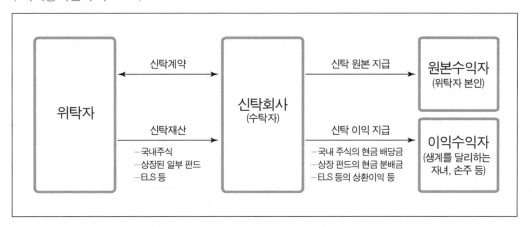

[이익증여신탁 ②] 생계를 달리하는 부모님과 동생을 위한 '이익증여신탁'

1 고객 상황

신○일 고객(46세, 남)은 충북 청주시 홍덕구에 소재한 ○○치과의 원장으로서 부인과 자녀 1명(14세, 여)을 두고 있습니다. 다만, 부인과 딸이 6년 전에 뉴욕으로 유학을 간 상황이고 본인은 현재 세종시 ○○아파트에서 생활하고 있었습니다.

신○일 고객의 부모님(갑, 을)은 충북 단양군 적성면에서 과수원을 운영하며 사과 농사를 하셨습니다. 자주는 아니지만 부모님을 두 달에 한번씩 찾아 뵙고 있었습니다.

특히, 신○일 고객에게는 남동생 신○수 씨(남, 40세)가 있었는데 신○수 씨는 6년 전에 결혼을 했다가 이혼한 이후 귀농하였고 부모님과 함께 거주하면서 과수원 농사일을 도우며 문학활동(총 4권의 소설 집필, 소득 없음)을 하고 있었습니다.

| 신○일 고객의 가계도 |

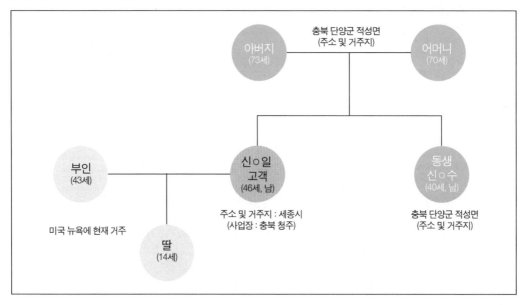

② 고객의 소득 및 니즈

신○일 고객은 ○○치과를 통해 얻는 연간 사업소득이 3억~3.5억 수준이었습니다. 딸이 미국 뉴욕에서 학교를 다니고 있고 부인도 딸과 함께 거주하고 있기 때문에 학비 및 거주비 등 본인 소득의 상당 부분을 부인과 딸에게 주고 있는 상황이었습니다.

신○일 고객은 ○○치과를 개업한 이후부터 줄 곧 ○○은행(신탁회사)과만 거래를 하였고, 펀드, 예금 등 10억 정도의 금융자산을 보유하고 있었습니다. 그런데 펀드 및 예금을 정리하고 특정금전신탁(ELT)에 10억원을 투자하고 싶다고 전했으며 본인은 투자 원금 정도만 회수하고 이익은 부모님과 동생 신○수 씨에게 주고 싶다고 했습니다(단, 특정금전신탁(ELT)은 예금자보호법 대상이 되지 않고, 투자 원금에 대한 손실이 발생할 수 있음을 미리 안내함).

신○일 고객은 부모님이 과수원 일을 하고 계셔서 작물재배업[156] 소득이 발생하는데 금액이 크지 않아 세법상 비과세 소득[157]으로 알고 있다고 이야기하였고, 동생 신○수 씨는 소득이 없다고 설명하였습니다.

③ 결론

소득세법 및 동법 시행령에 따르면 신탁재산에서 발생한 소득은 '수익자'의 소득이나 ① 위탁자가 지배 및 통제하는 신탁이면서 동시에 ② 배우자 또는 같은 주소나 거소에서 생계를 같이하는 직계존비속(ex. 부모, 자녀, 손자녀 등)을 이익수익자로 할 때만 신탁재산에서 발생한 소득을 '위탁자'의 소득으로 보고 있습니다.

해당 상담 의뢰 건의 경우 신○일 고객이 특정금전신탁(ELT)을 지배 및 통제하지만 신

---

156) 작물재배업
　　－노지 또는 특정 시설 내에서 작물 및 종자를 재배, 생산하는 산업활동
　　－곡물 및 기타식량작물재배업(ex. 벼, 보리 등)과 채소·화훼·종묘·과실 및 기타 작물재배업으로 구분
157) 소득세법 제12조(비과세소득)
　　다음 각 호의 소득에 대해서는 소득세를 과세하지 아니한다. (중략)
　　바. 대통령령으로 정하는 작물재배업에서 발생하는 소득
　　소득세법 시행령 제9조의4(비과세되는 작물재배업의 범위)
　　① 법 제12조 제2호 바목에서 "대통령령으로 정하는 작물재배업에서 발생하는 소득"이란 작물재배업에서 발생하는 소득으로서 해당 과세기간의 수입금액의 합계액이 10억원 이하인 것을 말한다. (이하, 생략)

○일 고객과 부모님, 남동생은 모두 다른 주소에서 별도의 세대를 이뤄 살고 있습니다.

따라서, 특정금전신탁의 이익수익자를 신○일 고객과 부모님, 남동생으로 설정할 경우에도 신탁재산에서 발생한 소득(상환이익, 배당소득)에 대한 귀속은 각각의 수익자가 됩니다.

특히, 신○일 고객의 ① 사업소득을 3억 5천만원으로 가정하고, ② 필요경비는 50% 수준이며, ③ 소득공제는 인적공제, 국민연금 납입분 공제, ④ 세액공제 최소 금액(자녀, 표준세액공제 적용)을 적용하고, 특정금전신탁(ELT)에 10억원을 투자(年 쿠폰 5%)하여 1년이 되는 시점에 상환이익을 받는다고 가정할 경우 신○일 고객은 약 800만원 정도의 소득세를 아낄 수 있습니다.

| 신○일 고객 이익증여신탁 계약 구조 및 효과 예시 |

신탁계약	재산 구분	신탁계약 구조 – 수익자(수익권 비율) –	세금 관련
특정 금전신탁 (ELT)	원본 (10억원 예정)	신○일 고객(100%)	–
	이익 (※ 예상 상환 이익 : 5,000만원)	신○일 고객(20%)	※ 예상 배당소득 : 1,000만원 (분리과세(15.4%)로 납세의무 종결 가능)
		아버지(30%)	※ 증여세 없음 (직계비속으로부터 旣 증여 없음, 증여재산공제 이내) ※ 예상 배당소득 1,500만원 (분리과세(15.4%)로 납세의무 종 결 가능)
		어머니(30%)	상동
		동생 신○수(20%)	※ 증여세 없음 (형제자매로부터 旣 증여 없음, 증 여재산공제 이내) ※ 예상 배당소득 1,000만원 (분리과세(15.4%)로 납세의무 종결 가능)

※ 예상 상환 이익 가정액 : 신탁가액 10억원 × 연 쿠폰 5% = 5,000만원(단, 신탁회사는 해당 금액을 보장하지 않으며, 투자손실이 발생할 수 있고 손실액은 전액 위탁자에게 귀속)

※ 증여세 계산 관련 : 증여재산가액은 배당소득에서 원천징수상당액을 차감하여 계산. 증여재산공제(직계비속 5,000만원, 형제자매 1,000만원) 이내로 증여세 없음.

| 신○일 고객 이익증여신탁 활용시 소득세 절세 효과 예시 | | | (단위 : 원) |

| 구분 | 신○일 고객 | | 비고
(가정 값 : 표 아래 참조) |
	금융소득 종합과세 적용 이익수익자 본인 100%	금융소득 분리과세 적용 이익수익자 본인 20%	
종합소득	400,000,000	350,000,000	• 사업소득 : 3.5억 • 배당소득 : 0.5억(ELT 소득)
－ 필요경비	175,000,000	175,000,000	사업소득의 50% : 1.75억
종합소득금액	225,000,000	175,000,000	
－ 소득공제	6,500,000	6,500,000	인적공제, 국민연금공제만 반영
과세표준	218,500,000	168,500,000	
세율	38%	38%	과세표준 1.5억 이상시 38% 적용

산출세액	58,830,000	44,630,000	• 금융소득 종합과세 시
			  ① 금융소득 2천만원까지 : 14%
			  ② 금융소득 2천만원 초과 : 38%

－ 자녀세액공제	150,000	150,000	만 20세 이하 자녀 1명
－ 표준세액공제	70,000	70,000	표준세액공제만 적용
납부할 소득세	58,610,000	44,410,000	
＋ 지방소득세	5,861,000	4,441,000	

＋ 분리과세 세액
(가족 합산)
		7,700,000	• 금융소득 종합과세 : 분리과세 세액 미합산
			• 분리과세
			  ① 부모님 : 1,500만원 × 15.4% × 2명
			  ② 신○일, 신○수 : 1,000만원 × 15.4% × 2명

총 부담 세액	64,471,000	56,551,000	세액차이 : 7,920,000

※ 가정 값 : 신○일 고객 관련 ① 사업소득 3억 5천만원, ② 필요경비는 50% 수준, ③ 소득공제는 인적공제, 국민연금 납입분 공제, ④ 세액공제 최소 금액(자녀, 표준세액공제 적용), ⑤ 특정금전신탁(ELT)에 10억원을 투자(연쿠폰 5%)하여 1년 되는 시점에 상환이익 수령 예정

[통제형 선(先) 증여신탁의 활용 ①] 마음에 들지 않는 예비 사위가 있을 때

1 고객 상황

김○엽 고객(61세, 남)은 서울시 강남구 청담동에 부인과 함께 살고 있으며, 경기도 의정부시 소재 가발생산기업 ○○모발의 대표이사입니다. 김○엽 고객은 결혼을 앞둔 딸 김○정 씨(30세) 만을 슬하에 두고 있습니다.

김○엽 고객은 사업을 하면서도 매우 가정적인 아빠로서 딸 김○정 씨를 금지옥엽처럼 키웠고, 남부럽지 않게 공부시켰고, 해외 유학까지 보내주었으나, 귀국하여 국내 굴지의 자동차회사에 취업한지 얼마 안되어 결혼을 한다고 하니 속상했다고 했습니다.

특히, 김○엽 고객 부부는 예비 사위 장○현 씨(31세)가 정말 마음에 들지 않는다고 했습니다. 예비 사위 장○현 씨는 잘 다니던 ○○증권사를 1년 전에 그만두고 신생 투자자문회사의 컨설턴트로 일하고 있는데 회사 사정이 그렇게 좋지 않은 상황이라고 했습니다. 또한 예비 사위는 김○정 씨에게 김○엽 고객이 운영하는 회사에 입사하고 싶다고 여러 번 밝혔다고 했습니다.

예비 사위 장○현 씨는 외동아들이며 아버님은 15년 전 돌아가셨고, 어머니는 경상북도 구미시에서 음식점을 하시는데 아들이 결혼하게 되면 음식점업을 접고 아들과 같이 살려고 마음을 먹고 있다고 했습니다. 이러한 사정 때문에 딸 김○정 씨는 최근 김○엽 고객 부부에게 신혼 집을 마련해 달라고 요구하는 상황까지 이르렀다고 전했습니다.

2 고객 자산

김○엽 고객은 서울시 강남구 청담동 아파트 1채(공동주택공시가격 24억, 유사매매사례가 평균액 42억)와 경기도 의정부시 소재 아파트 1채(공동주택공시가격 5억, 유사매매사례가 평균액 8억), 경기도 의정부시 소재 토지(개별공시지가 40억, 감정평가액 65억), 현금 20억, ○○모발기업의 비상장주식 100%(액면가 5억, 상속세 및 증여세법 보충적 평가액 기준 120억)을 소유하고 있었습니다.

③ 고객 니즈

김○엽 고객은 딸 김○정 씨 결혼을 앞두고 경기도 의정부시 소재 아파트를 증여하려고 마음을 먹었으나 절대로 ① 예비 사위 장○현 씨에게 소유권 변경 또는 소유권 지분을 넘기지 못하도록 하고, ② 주택담보대출 등을 받지 못하도록 조치해 두고 싶어 하였습니다.

뿐만 아니라 김○엽 고객은 본인이 가지고 있는 현금 중에서 2억원을 딸 김○정 씨에게 증여하되, ① 증여한 현금은 월 200만원 이내에서 ② 생활비 목적으로만 사용할 수 있도록 하는 신탁 및 서비스가 있는지 신탁회사에 의뢰하였고 부가적으로 대략적인 증여세 금액을 계산해달라고 요청하였습니다.

다만, 딸 김○정 씨 또는 예비 사위 장○현 씨가 감당할 수 없을 정도의 증여세가 나온다면 증여를 하지 않고 효과적으로 딸 김○정 씨를 지원할 수 있는 방법이 있는지 검토해 달라고 의뢰하였습니다.

④ 결론

(1) 증여세 계산

김○엽 고객이 딸 김○정 씨에게 증여하려고 하는 증여재산의 가액은 ① 경기도 의정부시 소재 아파트의 유사매매사례가 평균액(증여일 전 6개월~증여일 후 3개월)은 8억이었고, ② 현금 2억, 총 10억원이었습니다. 실제 증여가 이뤄질 경우 증여세는 약 2억 1,825만원 정도가 발생하고, 취득세 등 제세금 및 비용이 약 6,338만원, 합계 2억 8,163만원 정도의 금액 소요가 예상되었습니다. 이에 따라 김○엽 고객은 의정부시 소재 아파트를 딸 김○정 씨에게 증여할 수 없겠다고 판단하셨습니다.

| 의정부시 소재 아파트와 현금을 증여하였을 때 세금 및 비용 예시 |

(단위 : 원)

구분	금액	비고
증여재산가액	1,000,000,000	① 아파트 : 8억원(증여일 전 6개월~증여일 이후 3개월 간의 유사매매사례가 평균액 적용) ② 현금 : 2억원 * 금번 증여일 기준 10년 이내 증여재산 없음
채무액	–	① 아파트 : 전세보증금 3억원은 증여자인 김○엽 고객이 임대보증금을 반환할 예정
증여세 과세가액	1,000,000,000	
증여재산공제	50,000,000	* 금번 증여일 기준 10년 이내 증여재산 없음
증여세 과세표준	950,000,000	
산출세액	225,000,000	① 산출세액 = (증여세 과세표준 × 세율 30%) −6,000만원
신고세액공제	6,750,000	① 자진신고시 3% 세액공제
증여세 납부세액(①)	218,250,000	
취득세(세율 : 12%)	60,000,000	• 증여자가 다주택자 & 증여 부동산 소재지가 조정대상지역 & 공동주택공시가격 3억원 초과 : 취득세 중과세 ① 전용면적 85㎡ 이하 : 12%(본건) ② 전용면적 85㎡ 초과 : 13% • 무상취득분(시가표준액) : 5억원(공동주택공시가격 적용) • 등기시 : 검인된 증여계약서 첨부
지방교육세 (세율 : 0.4%)	2,000,000	시가표준액 5억원 × 0.4%
농어촌특별세(증여분)	–	
국민주택채권매입 할인액	1,093,092	시가표준액 × 0.026 × 8.40840%(변경 가능)
증지대(합산)	15,000	
법무사 등기 업무 대행 수수료	300,000	법무사 보수 + 제증명 + 일당 및 교통비(변동 가능)
취득세 등 제세금 및 비용(②)	63,408,092	
총 합계(①+②)	281,658,092	

※ 재산세 시가표준액 : '2021년 1월 기준 국토교통부 부동산가격알리미' 공동주택공시가격 기준
※ 법무사의 등기업무 대행수수료 : 부동산 물건지 소재, 부동산 물권의 특성 등에 따라 변경될 수 있음.
※ '무상취득' 취득세 등 : 2023년부터는 시가표준액을 현실화하여 세율 적용 예정

제4편

따라서, 딸 김○정 씨에게 ① 현금만을 증여하고 증여한 현금 내에서 증여세를 충당하기로 하였으며, ② 의정부시 소재 아파트는 증여하지 않고 결혼 후 딸과 사위가 무상[158]으로 사용하기로 하였습니다(부동산 무상사용에 따른 증여가액을 계산[159]한 결과 증여의제 기준금액 1억원에 미달하여 증여세가 나오지 않을 예정, 다만, 향후 의정부시 소재 아파트 가액이 상승할 경우 부동산 무상사용에 따른 증여세가 발생할 수도 있음을 안내함).

| 현금 2억만 증여하였을 때 증여세 예시 |

(단위 : 원)

구분	금액	비고
증여재산가액	200,000,000	① 현금 : 2억원 * 금번 증여일 기준 10년 이내 증여재산 없음
－ 채무액	－	
증여세 과세가액	200,000,000	
－ 증여재산공제	50,000,000	* 금번 증여일 기준 10년 이내 증여재산 없음

---

158) 상속세 및 증여세법 제37조(부동산 무상사용에 따른 이익의 증여)

① 타인의 부동산(그 부동산 소유자와 함께 거주하는 주택과 그에 딸린 토지는 제외한다. 이하 이 조에서 같다)을 무상으로 사용함에 따라 이익을 얻은 경우에는 그 무상 사용을 개시한 날을 증여일로 하여 그 이익에 상당하는 금액을 부동산 무상 사용자의 증여재산가액으로 한다. 다만, 그 이익에 상당하는 금액이 대통령령으로 정하는 기준금액 미만인 경우는 제외한다. (중략)

④ 제1항 및 제2항을 적용할 때 부동산의 무상 사용을 개시한 날 및 담보 이용을 개시한 날의 판단, 부동산 무상 사용 이익 및 담보 이용 이익의 계산방법 및 그 밖에 필요한 사항은 대통령령으로 정한다.

상속세 및 증여세법 시행령 제27조(부동산 무상사용에 따른 이익의 계산방법 등) (중략)

② 법 제37조 제1항을 적용할 때 수인이 부동산을 무상사용하는 경우로서 각 부동산사용자의 실제 사용면적이 분명하지 않은 경우에는 해당 부동산사용자들이 각각 동일한 면적을 사용한 것으로 본다. 이 경우 부동산소유자와 제2조의2 제1항 제1호의 관계에 있는 부동산사용자가 2명 이상인 경우 그 부동산사용자들에 대해서는 근친관계 등을 고려하여 기획재정부령으로 정하는 대표사용자를 무상사용자로 보고, 그 외의 경우에는 해당 부동산사용자들을 각각 무상사용자로 본다.

③ 법 제37조 제1항에 따른 부동산 무상사용에 따른 이익은 다음의 계산식에 따라 계산한 각 연도의 부동산 무상사용 이익을 기획재정부령으로 정하는 방법에 따라 환산한 가액으로 한다. 이 경우 해당 부동산에 대한 무상사용 기간은 5년으로 하고, 무상사용 기간이 5년을 초과하는 경우에는 그 무상사용을 개시한 날부터 5년이 되는 날의 다음 날에 새로 해당 부동산의 무상사용을 개시한 것으로 본다. (중략)

④ 법 제37조 제1항 단서에서 "대통령령으로 정하는 기준금액"이란 1억원을 말한다.

상속세 및 증여세법 시행규칙 제10조(부동산 무상사용 이익률 등)

① 영 제27조 제2항에서 "기획재정부령으로 정하는 대표사용자"란 해당 부동산사용자들중 부동산소유자와 최근친인 사람을 말하며, 최근친인 사람이 2명 이상인 경우에는 그 중 최연장자를 말한다.

② 영 제27조 제3항 계산식 및 영 제32조 제3항 제1호에서 "기획재정부령으로 정하는 율"이란 연간 100분의 2를 말한다. (중략)

159) 김○엽 고객의 경기도 의정부시 소재 아파트를 딸 김○정 씨가 무상으로 사용할 경우 증여가액 계산 :
(각 연도별 무상사용 이익 8억원 × 2% = 1,600만원) / 1.1^n(경과년수) = 약 6,065만원
→ 즉, 기준금액 1억원 이하로 증여의제 성립되지 않음.

구분	금액	비고
증여세 과세표준	150,000,000	
산출세액	20,000,000	① 산출세액 = (증여세 과세표준×세율 20%) − 1,000만원
− 신고세액공제	600,000	① 자진신고시 3% 세액공제
증여세 납부세액(①)	19,400,000	

(2) 신탁 계약 구조

김○엽 고객과 딸 김○정 씨는 아래 예시와 같이 ① 해제조건부 증여계약서를 작성하여 현금을 증여하였고(증여세 신고 완료), ② 딸 김○정 씨는 위탁자 겸 수익자로서 월 200만 원의 정기적인 금액을 지급받는 구조의 특정금전신탁을 체결하였습니다(단, 증여해제로 인해 딸 김○정 씨에게서 김○엽 고객으로 현금이 반환될 때 증여세가 재차 발생됨을 안내하였음).

증여계약서

1. 현금 증여액 : 금   원 (₩   )

2. 위 현금은 증여자 _____소유인 바 금번 이를 수증자 _____에게 증여할 것을
   약정하고 수증자는 이를 수락하였으므로 이를 위해 이 증서를 작성하고 각자 기명날
   인한다.

3. 부담부 조건(증여 해제 조건)
   3-1. 현금을 증여받은 수증자는 증여세 등을 제외한 잔액 1억 8천만원을 증여계약일로
        부터 3일 이내 위탁자 겸 수익자로서 신탁회사(○○은행)와 특정금전신탁계약을
        체결해야 한다.
   3-2. 수증자(신탁계약의 위탁자 겸 수익자)는 특정금전신탁계약을 유지하는 동안 생
        활비에 해당하는 월 200만원 이하의 금액만을 일부 해지 및 인출하여 사용할 수
        있다.
   3-3. 수증자가 상기(3-1, 3-2) 조항을 성실히 이행하지 않을 경우 본 증여 계약은 해제
        되고, 수증자는 증여자에게 현금 증여액을 반환할 것을 약정한다.

4. 이 증서는 2부를 작성하여 증여자, 수증자가 각각 교부, 보관한다.
   (증여세 과세표준 신고 등 필요한 목적에 따라 추가로 작성할 수 있다.)

                                        증여계약일 :   년   월   일

증여자 :   (서명 또는 날인)
주민등록번호 :   ―
주소 :

수증자 :   (서명 또는 날인)
주민등록번호 :   ―
주소 :

[통제형 선(先) 증여신탁의 활용 ②] 손주의 대학등록금 내가 마련해주고 싶을 때

1 고객 상황

조○미 고객(여, 77세)은 남편과 함께 경남 창원시 성산구 2층 건물에서 2층(주택)에 살고 있었습니다. 1층은 근린생활시설(점포 2개 : 편의점, 커피숍)로 임대를 주고 있었습니다. 슬하에는 2명의 자녀(딸 김○선 씨 50세, 아들 김○철 씨 49세)가 있었습니다. 두 자녀는 모두 서울에 살고 있었습니다.

특히, 손주 2명이 있는데 외손녀 배○희 양(17세)과 친손자 김○후 군(17세)이며, 우연하게도 두 명 모두 고등학교 2학년으로서 내후년이면 대학 진학을 앞두고 있었습니다.

| 조○미 고객의 가계도 |

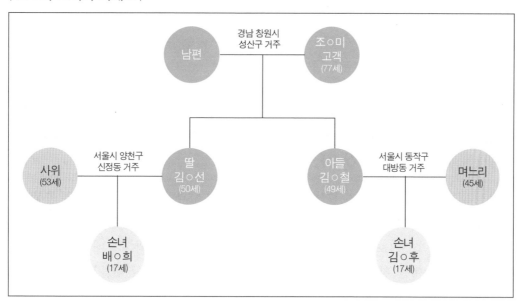

② 고객 자산과 소득

조○미 고객은 경남 창원시 성산구 소재 근린생활시설 및 주택 1채(감정평가액 6.5억)를 남편과 함께 공동 명의로 소유하고 있었고, 종신보험 등 생명보험 4건과 ○○은행에 보통예금 1억을 보유하고 있었습니다.

조○미 고객은 국민연금 및 보험 등으로부터 연금소득이 월 80만원 정도 발생하고 있고, 1층 점포에서 월 200만원 정도의 임대수익이 생기는 상황이라 본인 부부의 노후는 걱정이 없다고 말씀하셨습니다.

③ 고객 니즈

조○미 고객은 최근 한국영화 '미나리'를 본 후 감명을 받고, 할머니로서 손주들에게 뜻 깊은 선물을 해주고 싶어 했으며, 손주들이 2년 뒤 대학에 진학할 예정이므로 ○○은행에 방문하여 2년 만기 짜리 금융상품을 알아보던 중 '선(先)증여 이벤트형 신탁상품'[160]에 관심을 가지게 되었다고 전했습니다.

④ 결론

조○미 고객은 손주들에게 현금을 증여함과 동시에 신탁계약을 하기 위해 손주들 방학기간 중에 서울에 있는 딸과 아들 집에서 하루씩 묵고, 본인·딸·아들·손주들과 함께 ○○은행(신탁회사)에 방문하였습니다.

우선 조○미 고객은 ① 본인 통장에서 외손녀 배○희 양과 친손자 김○후 군의 통장으로 각각 1천만원씩 계좌이체(증여)[161]하였고, ② 조○미 고객을 신탁관리인으로 하고, '대학 입학'을 이벤트 조건으로 하며, 친권자인 딸과 아들의 동의 하에 외손녀 배○희 양과 친손자 김○후 군의 이름(위탁자 겸 수익자)으로 특정금전신탁(KRX 금 현물시장[162]에 투자)

---

160) 선(先)증여 이벤트형 신탁 : 조부모 등이 손주 등에게 현금을 증여하고, 현금을 증여받은 수증자가 신탁계약을 체결하되 이벤트(ex. 대학 입학, 결혼 등) 발생시에 해지가 가능한 신탁

161) 증여세 없음 : 금번 증여 이외 10년 이내 증여한 금액 없음.

162) KRX 금 현물 시장 : 한국거래소가 주관하는 금 현물거래 시장으로 1g 단위로 금 현물 시가 거래가 가능하며, 매매차익(양도차익)에 대해서는 양도소득 비과세

을 체결하였습니다.

신탁된 재산은 향후 외손녀와 친손자가 대학을 입학하게 되면 입학증명서 또는 재학증명서 등을 신탁회사에 제출하여 찾아갈 수 있습니다.

| 선(先)증여 이벤트형 신탁 구조도 |

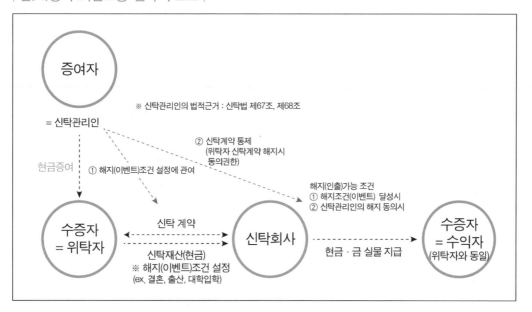

[통제형 선(先) 증여신탁의 실패 사례] 세금과 비용만 생각하는 고객에게 부적합

① 고객 상황

서○권 고객(63세, 남)은 서울시 강남구 대치동에서 부인 송○경 씨(60세)와 함께 살고 있으며, 33년간 ○○화학에서 근무한 후 3년 전에 퇴직했습니다. 슬하에는 두 명의 딸(큰 딸 서○주 씨 35세, 작은 딸 서○지 씨 33세)을 두고 있었습니다.

두 딸은 모두 미혼이었습니다. 큰 딸 서○주 씨는 ○○전문대학을 졸업한 22세에 9급 공무원 시험에 합격하고 서울시 서대문구청에서 13년째 근무하고 있었으며, 작은 딸 서○지 씨는 대학 졸업 후 오스트리아 빈으로 유학을 갔고 현재 러시아 상트페테르부르크 관현악단의 단원으로 활동 중에 있다고 합니다.

② 고객 자산 및 소득

서○권 고객은 현재 거주하고 있는 대치동 아파트 1채(공동주택공시가격 21억, 유사매매사례가 평균액 38억)와 서울시 은평구 응암동 소재 아파트 1채(공동주택공시가격 7.5억, 유사매매사례가 평균액 12억, 임대차 상태 : 보증금 1억 / 월 180만원)를 소유하고 있고, 우리사주 형태로 받은 ○○화학의 주식 2,000주(1주당 약 40만원 수준, 약 8억)와 퇴직금 1억을 보유하고 있었습니다.

서○권 고객의 소득은 응암동 아파트 월세 수입과 국민연금, ○○화학 주식에서 나오는 배당금이 있고, 부인 송○경 씨는 현재 ○○초등학교 앞에서 ○○문구를 운영하고 있는데 매월 250만원 정도의 소득이 발생하고 있었습니다.

3 고객 니즈

작년 말 서○권 고객은 조정대상지역에 있는 아파트를 2채 보유함에 따라 재산세 및 종합부동산세가 약 7천만원 정도 나왔고, 월세 수익과 퇴직금 일부에서 보유세를 충당하셨다고 했습니다. 앞으로도 이 상황이 지속되면 감당할 수준이 아니므로 응암동 주택을 처분할 생각까지 갖고서 신탁회사에 상담을 의뢰하였습니다.

| 2021년 기준 서○권 고객 재산세 및 종합부동산세 세액 |

(단위 : 원)

구분	대치동 아파트	응암동 아파트	비고
시가표준액(공시가격)	2,100,000,000	750,000,000	
재산세 과세표준	1,260,000,000	450,000,000	시가표준액 × 공정시장가액비율 60%
재산세 등(①)	7,056,000	2,034,000	도시지역분, 지방교육세 포함
공시가격 합산	2,850,000,000		
- 공제 가액	600,000,000		1주택 : 9억원 2주택 이상 : 6억원
종합부동산세 과세표준	2,137,500,000		(공시가격 합산 - 공제가액) × 95%
종부세 세율	과세표준 × 3.6%(12억~50억) - 2,160만원		
종합부동산세 등(②)	60,888,522		- 재산세 중복분 차감 - 농어촌특별세 포함 (종부세의 20%)
2021년 보유세 합계액	69,978,522		

4 결론

서○권 고객은 큰 딸 서○주 씨가 3년 전에 독립하여 서대문구 연희동에 소재한 아파트에 전세(보증금 3억원)로 살고 있고, 앞으로 서대문구 근처에 집을 살 계획도 있었기 때문에 증여세 및 부동산 취득에 따른 비용이 크지 않다면 큰 딸에게 응암동 아파트를 증여하기로 마음 먹었습니다. 그리고 큰 딸 서○주 씨가 동의한다면 신탁계약을 통해 아파트 소유권 관리를 신탁회사에 맡겨 주택담보대출 등을 받을 수 없도록 통제하고자 했습니다.

서○권 고객이 큰 딸 서○주 씨에게 부동산을 증여할 경우 약 3억 8,600만원의 세금과 비용이 발생할 예정이므로 우선, ① 응암동 아파트의 임대차 보증금은 서○권 고객의 퇴직 금에서 반환하고, ② 증여세는 큰 딸 서○주 씨가 현재 살고 있는 아파트의 전세보증금으로 충당하며, ③ 취득세 등 제세금 및 비용은 큰 딸 서○주 씨가 '신용대출'을 받아 납부하기로 계획하였습니다.

그러나 해당 상담 의뢰 건은 신탁계약까지 이뤄지지 않았습니다. 그 이유는 ① 아파트를 자녀에게 증여하는 것이 자산승계의 목적이 아니라 서○권 고객 본인의 '종합부동산세 등 부동산 보유세를 절감하기 위한 목적'이었기 때문에 서○권 고객 및 큰 딸 서○주 씨가 애초부터 신탁할 니즈가 존재하지 않았다고 판단되고, ② 선(先) 증여신탁은 신탁계약 이전에 재산의 증여가 먼저 일어나므로 고가의 부동산 등 재산가액이 클 경우 수증자는 세금 및 비용을 감당하기 어려울 수 있는데 본 건에서 큰 딸 서○주 씨도 세금과 비용이 부담스러워 응암동 아파트를 당장 증여받기를 꺼려하였습니다.

| 응암동 아파트를 큰 딸에게 증여할 때 증여세 및 부대 비용 예시 |

(단위 : 원)

구분	금액	비고
증여재산가액	1,200,000,000	① 아파트 : 12억원(증여일 전 6개월~증여일 이후 3개월 간의 유사매매사례가 평균액 적용) * 금번 증여일 기준 10년 이내 증여재산 없음
－채무액	－	① 아파트 : 보증금 1억원은 서○권 고객이 보유한 퇴직금 에서 반환할 예정
증여세 과세가액	1,200,000,000	
－증여재산공제	50,000,000	* 금번 증여일 기준 10년 이내 증여재산 없음
증여세 과세표준	1,150,000,000	
산출세액	300,000,000	① 산출세액 ＝ (증여세 과세표준 × 세율 40%) －1억 6,000 만원
－신고세액공제	9,000,000	① 자진신고시 3% 세액공제
증여세 납부세액(①)	291,000,000	
취득세(세율 : 12%)	90,000,000	• 증여자가 다주택자 & 증여 부동산 소재지가 조정대상지 역 & 공동주택공시가격 3억원 초과 : 취득세 중과세 ① 전용면적 85㎡ 이하 : 12%(본건) ② 전용면적 85㎡ 초과 : 13% • 무상취득분(시가표준액) : 7.5억원(공동주택공시가격 적용) • 등기시 : 검인된 증여계약서 첨부

구분	금액	비고
지방교육세 (세율 : 0.4%)	3,000,000	시가표준액 7.5억원 × 0.4%
농어촌특별세(증여분)	–	
국민주택채권매입 할인액	1,639,638	시가표준액 × 0.026 × 8.40840%(변경 가능)
증지대(합산)	15,000	
법무사 등기 업무 대행 수수료	300,000	법무사 보수 + 제증명 + 일당 및 교통비(변동 가능)
취득세 등 제세금 및 비용(②)	94,954,638	
총 합계(①+②)	385,954,638	

실제 재산세 및 종합부동산세 납세의무자가 '신탁법에 따른 신탁회사(수탁자)'였던 2020년까지 신탁계약을 통해 신탁회사(수탁자)에 맡긴 주택(신탁재산)은 고객(위탁자)이 보유한 주택수에서 제외되었기 때문에 종합부동산세를 절세하려는 고객들이 많았고, 신탁계약이 활발하게 이뤄졌습니다. 그러자 과세당국은 신탁을 활용하여 종합부동산세를 회피하는 사례를 방지하려는 목적으로 2021년부터 신탁재산에 대한 재산세 및 종합부동산세 납세의무자를 '위탁자(부동산의 소유자로 간주)'로 변경하고, 위탁자가 재산세, 종합부동산세를 납부하지 않을 경우 신탁회사(수탁자)에게 물적납세의무를 부여했습니다.

세법(지방세법 포함)이 개정된 이후 절세가 불가능해진 대부분의 고객(위탁자)들은 신탁계약을 해지하였습니다. 즉, 오로지 절세 목적으로 계약된 신탁은 자산승계신탁·서비스로서 본연의 기능을 발휘하지 못하고, 세법 등 제도가 변경되면 단기간에 소멸되거나 종료될 수 있다는 것을 보여주는 대표적인 사례라고 할 수 있겠습니다.

| 재산세 및 종합부동산세 납세의무자 변경 |

신탁재산에 대한 재산세 및 종합부동산세 납세의무자	
개정 전(2020년까지)	개정 후(2021년~)
• 신탁법에 따른 '신탁회사(수탁자)'	• 위탁자(부동산의 소유자로 간주)
• 재산세 체납시 체납처분 : 수탁자	• 재산세 체납시 체납처분 : 위탁자 ※ 위탁자가 재산세 또는 종합부동산세 체납시 신탁회사(수탁자)에게 물적납세의무 부여

※ 적용(2021년 1월 1일 시행) : 2021년 1월 1일 이후 납세의무가 성립(매년 6월 1일)하는 분부터 적용

※ 지방세법 제107조(납세의무자)

① **재산세** 과세기준일 현재 재산을 사실상 소유하고 있는 자는 재산세를 납부할 의무가 있다. 다만, 다음 각 호의 어느 하나에 해당하는 경우에는 해당 각 호의 자를 납세의무자로 본다. (중략)

    5. 「신탁법」 제2조에 따른 수탁자(이하 이 장에서 "수탁자"라 한다)의 명의로 등기 또는 등록된 신탁재산의 경우에는 제1항에도 불구하고 같은 조에 따른 **위탁자**(「주택법」 제2조 제11호 가목에 따른 지역주택조합 및 같은 호 나목에 따른 직장주택조합이 조합원이 납부한 금전으로 매수하여 소유하고 있는 신탁재산의 경우에는 해당 지역주택조합 및 직장주택조합을 말하며, 이하 이 장에서 "위탁자"라 한다). 이 경우 **위탁자가 신탁재산을 소유한 것으로 본다.**

※ 종합부동산세법 제107조(납세의무자) (중략)

② 「신탁법」 제2조에 따른 수탁자(이하 "수탁자"라 한다)의 명의로 등기 또는 등록된 신탁재산으로서 주택(이하 "신탁주택"이라 한다)의 경우에는 제1항에도 불구하고 같은 조에 따른 **위탁자**(「주택법」 제2조 제11호 가목에 따른 지역주택조합 및 같은 호 나목에 따른 직장주택조합이 조합원이 납부한 금전으로 매수하여 소유하고 있는 신탁주택의 경우에는 해당 지역주택조합 및 직장주택조합을 말한다. 이하 "위탁자"라 한다)가 **종합부동산세를 납부할 의무가 있다.** 이 경우 **위탁자가 신탁주택을 소유한 것으로 본다.**

[해외상장주식] 해외상장주식에 투자 및 양도, 상속, 증여할 때는 신탁을 활용하자!

1 고객 상황

사례 1)

민○구 고객(53세, 남)은 부인 오○경 씨(50세)와 함께 서울시 강동구 고덕동 ○○아파트에 살고 있습니다. 민○구 고객은 ○○증권사의 HTS를 통해 3년 전에 세계적인 기업인 애플, 페이스북, 테슬라 등 해외상장주식에 3억원을 투자하였습니다. 최근 해외상장주식의 가격 상승으로 평가액은 5억원에 육박하여, 현재 주식을 전량 매도할 경우 상당한 금액(약 4,345만원)의 양도소득세[163]가 나올 수 있음을 인지하고 급히 신탁회사에 상담을 의뢰하였습니다.

사례 2)

성년 자녀 두 명을 둔 배○민 고객(53세, 남)은 2년 전에 ○○증권사를 통해 중국 상해시장에 상장된 태양광기업 주식에 2억원을 투자하였는데 50% 손실이 발생하여 평가액이 약 1억원으로 떨어졌고, 주식 가치가 떨어졌을 때 자녀 등에게 증여[164]하면 세금 측면에서 유리하다는 지인의 이야기를 듣고 급히 신탁회사에 상담을 의뢰하였습니다.

2 결론

(1) 해외상장주식에 직접투자하면서, 일정 횟수 이상으로 매매할 때는 신탁 활용

위탁자가 본인의 유가증권(주식, 채권 등)을 신탁재산으로 하여 신탁회사와 유가증권신탁(유가증권관리신탁)계약을 맺을 경우, 신탁회사 마다 조금씩 다를 수 있으나 신탁보수는 위탁자의 운용지시 횟수(매수, 매도 횟수)와 상관없이 ① 신탁계약 시점에 1회에 한하여

---

163) 해외상장주식 양도소득세 계산 예시 :

[(양도가 5억원－취득가 3억원)－年 기본공제 250만원] × 세율(22%, 지방소득세 포함) = 4,345만원

164) 상장주식 증여시 증여가액 평가 : 증여일 전후 2개월의 종가 평균

제4편

선취 형태로 신탁보수를 지급(수취)하고 운용되거나, ② Fee Based 방식(일별 평가액 × 연간 신탁보수 ÷ 365 × 투자기간)으로 계산됩니다.

뿐만 아니라, 유가증권신탁(유가증권관리신탁)에서는 증여, 상속, 양수도계약 등을 통해 당초 위탁자 A에서 위탁자 B로 신탁관계인이 변경된다고 하더라도 증권거래세 또는 일부 신탁회사에서 정한 계약변경보수 외에 추가적인 비용이 발생하지 않을 수 있습니다.

즉, 해외상장주식에 직접투자하면서 매수 및 매도가 일정 횟수 이상으로 발생할 예정일 때는 일반적인 Commission Based(매수 또는 매도시 가격 × 매매거래 수수료) 수수료 방식보다는 신탁을 활용하여 투자하는 것이 비용 관점에서 유리할 수 있습니다(다만, 신탁을 통해 투자할 경우 위탁자의 운용지시(매수·매도)를 실시간으로 반영하지 못하는 경우가 있음).

(2) 2022년말까지 주식에서는 '배우자 이월과세' 규정이 적용되지 않음

사례 1)에서 민○구 고객은 부인 오○경 씨에게 해외상장주식을 증여한 후 부인 오○경 씨가 해외상장주식을 2022년말까지 실제 매도할 경우에는 양도소득세를 줄일 수 있습니다. 부동산과 달리 주식의 경우에는 2022년말까지 증여 및 양도할 때 '배우자 이월과세'[165] 규정을 적용하지 않기 때문입니다.

---

165) 주식 등 배우자 이월과세 법 조문 (아래)

소득세법 제87조의 13(주식등·채권등·투자계약증권소득금액 필요경비 계산 특례)

① 거주자가 **양도일부터 소급하여 1년 이내에 그 배우자**(양도 당시 혼인관계가 소멸된 경우를 포함하되, 사망으로 혼인관계가 소멸된 경우는 제외한다. 이하 이 항에서 같다)로부터 증여받은 주식등·채권 등·투자계약증권에 대한 주식등·채권등·투자계약증권 양도소득금액을 계산할 때 주식등·채권 등·투자계약증권양도가액에서 공제할 필요경비는 그 배우자의 취득 당시 제87조의12 제1항 제1호, 같은 조 제2항 및 제3항에 따른 금액으로 한다. 이 경우 거주자가 증여받은 주식등·채권등·투자계약증 권에 대하여 납부하였거나 납부할 증여세 상당액이 있는 경우에는 필요경비에 산입한다. (중략)

소득세법 제87조의 12(주식등·채권등·투자계약증권소득금액 필요경비 계산)

① 거주자의 주식등소득금액, 채권등소득금액, 투자계약증권소득금액을 계산할 때 주식등양도가액, 채권등양 도가액 및 투자계약증권양도가액에서 공제할 필요경비는 다음 각 호에 따른 비용으로 한다.

1. 대통령령으로 정하는 취득가액
2. 자본적지출액, 양도비 등 대통령령으로 정하는 것

② 제1항 제1호의 취득가액은 자산의 취득에 든 실지거래가액으로 한다.

③ 제2항에도 불구하고 실지거래가액을 확인할 수 없는 경우의 취득가액 및 제1항에 따른 필요경비 계산 등에 관하여는 제97조를 준용한다.

④ 제2항 및 제3항에도 불구하고 취득가액을 계산할 때 2023년 1월 1일 이후 양도되는 대통령령으로 정하 는 주식등의 취득가액은 2022년 과세기간 종료일(과세기간 종료일이 증권시장에서 매매가 없는 날인 경우 종료일 전 매매가 있는 마지막 날을 말한다)을 기준으로 대통령령으로 정하는 방법에 따라 평가 한 가액과 제2항 또는 제3항에 따라 계산한 취득가액 중 큰 금액으로 한다.

⑤ 주식등, 채권등 및 투자계약증권의 평가방법 등 필요경비 계산에 필요한 사항은 대통령령으로 정한다.

| 해외상장주식 양도소득세 계산 예시 |

※ 2022년말까지에 한함

재산	취득가액	증여 前 평가금액	선택 사항	선택 후 취득가액 (①)	실제 양도가액 (②)	양도차익 (②-①)	양도소득세 (지방소득세 포함)
해외 상장 주식	3억원	5억원	㉠ 본인 보유 (민○구 고객 소유)	3억원 (변경 ×)	6억원	3억원	6,545만원
			㉡ 배우자에게 증여 (부인 오○경 씨 소유)	5억원 ※ 증여세 없음		1억원	2,145만원

※ 배우자에게 증여시 증여재산공제 : 6억원(10년 단위 기준), 본 사례의 경우 旣증여금액이 없다고 가정
※ 상기 해외상장주식 거래 이외 2022년에 추가적인 해외상장주식 거래가 없다고 가정
※ 세법 개정 사항에 따르면 2023년부터 배우자(증여자)로부터 증여받은 주식을 수증자가 증여일 기준 1년 이내 양도할 경우 이월과세 적용(수증자의 취득가액이 증여가액이 아니라 주식을 증여한 자 즉 증여자의 취득가액을 필요경비로 하여 양도차익 계산 및 과세)

| 부동산과 주식의 양도소득세 이월과세 적용 비교 |

구분	부동산 등 (소득세법 제97조의2)	주식 등 (소득세법 제87조의13)
납세의무자	증여받은 배우자, 직계존비속	배우자 (*직계존비속은 이월과세 대상 아님)
증여세 납부액	필요경비에 산입	(좌동)
양도차익 계산 (양도가액 – 필요경비)	필요경비 : 증여한 자의 취득가액 (증여받은 자의 증여가액 아님)	(좌동)
적용대상 자산	토지, 건물, 특정시설물 이용권 부동산을 취득할 수 있는 권리	주식, 채권, 투자계약증권
적용기간	증여 후 5년 이내 양도시	증여 후 1년 이내 양도시
조세회피목적	조세부담 감소와 무관	(좌동)
취득시기	수증자의 등기접수일	주식의 명의개서일
장기보유특별공제 보유기간 계산	당초 증여자의 취득일부터 기산	장기보유특별공제 적용 없음
연대납세의무 (증여자와 수증자)	–	–
적용 시기	현재 적용 中	2023년 양도소득분부터 적용

(3) 증여세만 고려할 것이 아니라 수증자의 양도소득세도 고려 대상

사례 2)에서 해외상장주식에서 손실이 발생한 배○민 고객은 본인의 주식 1억원을 성년 자녀 2명에게 균등하게 증여할 경우에는 증여세[166]가 발생하지 않습니다.

그러나 자녀의 해외상장주식 취득가액이 증여가액[167]으로 조정되기 때문에 향후 해당 주식 가격이 상승할 때 양도소득세를 자녀 등이 부담할 수 있으므로 주의해야 합니다. 즉, 여러 시나리오 등을 통해 증여세와 양도소득세를 비교 및 분석하여 최선의 선택을 해야합니다.

| 해외상장주식 증여 및 양도시 세액 예시 |

재산	취득 가액	증여 前 평가금액	선택 사항	선택 후 취득가액 (①)	실제 양도가액 (②)	양도차익 (②-①)	양도소득세 (지방소득세 포함)
해외 상장 주식	2억원	1억원	본인 보유 (배○민 고객 소유)	2억원 (변경 ×)	※ 2억원	–	–
			자녀 '갑'에게 증여	5천만원 ※ 증여세 없음	1억원	5천만원	1,045만원
			자녀 '을'에게 증여	5천만원 ※ 증여세 없음	1억원	5천만원	1,045만원

※ 성년인 직계비속에게 증여시 증여재산공제 : 5천만원(10년 단위 기준), 旣 증여금액이 없다고 가정
※ 상기 해외상장주식 거래 이외 2022년에 추가적인 해외상장주식 거래가 없다고 가정
※ 2억원으로 회복 후 자녀 2명에게 각각 1억원 증여시 : 증여세 합계 970만원 발생(자녀 1명당 485만원)

---

166) 본 건 증여 이외 10년 이내 旣 증여 건 없음.
167) 상장주식 증여시 증여가액 평가 : 증여일 전후 2개월의 종가 평균

[통제형 후(後) 증여신탁 + 수익자연속신탁] 자식에게 미리 다 주지 말자!

① 고객 상황

구○모 고객(77세, 남)은 서울시 강서구 마곡동에서 부인 전○진 씨(73세)와 함께 살고 있고, 35년간 ○○은행에서 근무한 후 15년 전에 퇴직했으며, 현재는 마곡동에서 스터디카 페를 운영하고 있습니다. 슬하에는 자녀 2명(아들 구○성 48세, 딸 구○정 46세)을 두고 있 었습니다.

구○모 고객은 한달 전에 오랜 친구 故 김○수 씨가 돌아가셨을 때 장례식장에 갔는데 故 김○수 씨의 장례식장에는 상주가 없었고(큰 아들, 작은 아들) 막내 딸만이 빈소를 지켰 다고 했습니다.

그 이유를 막내 딸한테 들어보니 故 김○수 씨가 20년 전에 큰 아들이 창업했을 때 어려 움을 호소하여 집을 팔아 5억원을 마련해주었지만 사업에 실패하였고, 형에게만 5억원을 준 사실을 뒤늦게 알게 된 작은 아들은 이에 불만을 품고 엄마한테 2억원을 빌려가서 엄마 가 돌아가실 때까지 갚지 않았고 주식 및 파생상품에 투자하여 전액을 날렸다고 했습니다. 그 이후에도 故 김○수 씨 부부에게 소득과 재산이 생길 때 마다 큰 아들과 작은 아들은 뺏어 갔다고 했으며 더 이상 뺏어갈 게 없자 큰 아들과 작은 아들은 5년 전부터 부모님과의 왕래를 끊었다고 전했습니다.

친구 故 김○수 씨의 슬픈 이야기를 들은 구○모 고객은 본인과 부인의 재산을 향후 어떻게 하는 것이 좋을지 신탁회사에 상담을 의뢰하였습니다.

② 고객 자산

구○모 고객은 마곡동 아파트(공동주택공시가격 8.5억, 유사매매사례가 평균액 12.5억) 와 경기도 부천시 소재 아파트 2채(공동주택공시가격 합산 9억, 유사매매사례가 평균액 13.5억), 경기도 김포시 소재 상가 및 토지(재산세 시가표준액 2억), 정기예금(5억) 등 총

33억 수준의 재산을 소유하고 있으며, 부인 전○진 씨는 정기예금(1억)과 친정 아버지로부터 물려받은 경기도 남양주시 소재 토지(개별공시지가 4억)를 보유하고 있었습니다.

③ 고객 니즈

구○모 고객은 친구 사례를 통해 본인 재산을 두 자녀에게 절대 증여할 생각이 없다고 말했으나, 반면 부인 전○진 씨는 ① 두 자녀가 아직 주택을 갖고 있지 않고, ② 2021년 기준으로 종합부동산세 등 보유세가 2,500만원 정도 발생하는 상황에서 주택 가격이 더 오르기 전에 경기도 부천시 소재 아파트 2채를 자녀들에게 물려주자고 주장하였습니다.

| 구○모 고객 2021년 보유세 합계액 예시 |

(단위 : 원)

구분	마곡동 아파트	부천시 아파트 ①	부천시 아파트 ②	비고
재산세 등(①)	2,406,000	1,104,000	840,000	도시지역분, 지방교육세 포함
종합부동산세 등(②)	20,966,773			• 재산세 중복분 차감 • 농어촌특별세 포함 　(종부세의 20%)
2021년 보유세 합계(①+②)	25,316,773			

④ 결론

(1) 통제형 후(後) 증여신탁 계약 내용

구○모 고객은 부인 전○진 씨의 의견을 듣되 '부천시 아파트 2채'에 대해서 지금 당장은 증여할 수 없고, 위탁자를 본인으로 하고 수익자를 두 자녀로 하는 '통제형 후(後) 증여신탁' 계약을 설정하였습니다.

단, 특약으로 ① 두 자녀는 수익자로서 위탁자와의 합의를 통해 신탁계약일 기준 3년 뒤부터 신탁회사에 수급권 청구가 가능하고, ② 증여세 등 제반 비용에 대해 두 자녀가 부담할 능력을 입증하는 경우에 한하여 신탁회사로부터 소유권을 이전받을 수 있으며(통장 잔액증명서를 신탁회사에 제출하는 경우에 한하여 수익자는 신탁재산을 이전받을 수 있음), ③ 위탁자인 구○모 고객 본인을 '귀속권리자'[168]로 명시하고, ④ 신탁계약일부터 3년 이내에 위탁자인 구○모 고객이 사망할 경우에는 위탁자의 지위[169]는 '부인 전○진 씨'로 이전하며, ⑤ 신탁계약 기간 동안 구○모 고객 본인과 부인에게 자주 찾아오지 않고, 자식으로서 봉양을 다하지 않으면 수익자의 동의 없이 신탁계약을 중도에 종료(해지)[170]하여 신탁회사에서 구○모 고객 본인으로 소유권을 원복하기로 하였습니다.

'통제형 후(後) 증여신탁'의 추가적인 장점은 신탁계약(특약)을 통해 위탁자가 수익자의 지정 및 변경에 대한 일방적 권한[171]을 부여받아 ① 수익자(예비 수증자)를 변경할 수 있고 ② 수익자를 원본수익자, 이익수익자, 원본이익수익자로 나눠 증여할 수도 있으며, ③ 위탁자 본인을 수익자로 변경하여 원천적으로 증여가 일어나지 않게 할 수도 있습니다.

---

168) 신탁법 제101조(신탁종료 후의 신탁재산의 귀속)
　① 제98조 제1호, 제4호부터 제6호까지, 제99조 또는 제100조에 따라 신탁이 종료된 경우 신탁재산은 수익자(잔여재산수익자를 정한 경우에는 그 잔여재산수익자를 말한다)에게 귀속한다. 다만, 신탁행위로 신탁재산의 잔여재산이 귀속될 자(이하 "귀속권리자"라 한다)를 정한 경우에는 그 귀속권리자에게 귀속한다.
　② 수익자와 귀속권리자로 지정된 자가 신탁의 잔여재산에 대한 권리를 포기한 경우 잔여재산은 위탁자와 그 상속인에게 귀속한다.
　③ 제3조 제3항에 따라 신탁이 종료된 경우 신탁재산은 위탁자에게 귀속한다.
　④ 신탁이 종료된 경우 신탁재산이 제1항부터 제3항까지의 규정에 따라 귀속될 자에게 이전될 때까지 그 신탁은 존속하는 것으로 본다. 이 경우 신탁재산이 귀속될 자를 수익자로 본다.
　⑤ 제1항 및 제2항에 따라 잔여재산의 귀속이 정하여지지 아니하는 경우 잔여재산은 국가에 귀속된다.
169) 신탁법 제10조(위탁자 지위의 이전)
　① 위탁자의 지위는 신탁행위로 정한 방법에 따라 제3자에게 이전할 수 있다.
　② 제1항에 따른 이전 방법이 정하여지지 아니한 경우 위탁자의 지위는 수탁자와 수익자의 동의를 받아 제3자에게 이전할 수 있다. 이 경우 위탁자가 여럿일 때에는 다른 위탁자의 동의도 받아야 한다.
　③ 제3조 제1항 제2호에 따라 신탁이 설정된 경우 위탁자의 상속인은 위탁자의 지위를 승계하지 아니한다. 다만, 신탁행위로 달리 정한 경우에는 그에 따른다.
170) 신탁법 제99조(합의에 의한 신탁의 종료)
　① 위탁자와 수익자는 합의하여 언제든지 신탁을 종료할 수 있다. 다만, 위탁자가 존재하지 아니하는 경우에는 그러하지 아니하다.
　② 위탁자가 신탁이익의 전부를 누리는 신탁은 위탁자나 그 상속인이 언제든지 종료할 수 있다.
　③ 위탁자, 수익자 또는 위탁자의 상속인이 정당한 이유 없이 수탁자에게 불리한 시기에 신탁을 종료한 경우 위탁자, 수익자 또는 위탁자의 상속인은 그 손해를 배상하여야 한다.
　④ 제1항부터 제3항까지의 규정에도 불구하고 신탁행위로 달리 정한 경우에는 그에 따른다.
171) 신탁법 제58조(수익자지정권 등)
　① 신탁행위로 수익자를 지정하거나 변경할 수 있는 권한(이하 "수익자지정권등"이라 한다)을 갖는 자를 정할 수 있다. (중략)
　④ 수익자를 변경하는 권한이 행사되어 수익자가 그 수익권을 상실한 경우 수탁자는 지체 없이 수익권을 상실한 자에게 그 사실을 통지하여야 한다. 다만, 신탁행위로 달리 정한 경우에는 그에 따른다.
　⑤ 수익자지정권등은 신탁행위로 달리 정한 바가 없으면 상속되지 아니한다.

(단위 : 원)

구분	부천시 아파트 ①	부천시 아파트 ②	비고
증여재산가액	700,000,000	650,000,000	① 아파트 : 7억원, 6억원(증여일 전 6개월~증여일 이후 3개월 간의 유사매매사례가 평균액 적용) * 금번 증여일 기준 10년 이내 증여재산 없음
증여세 과세가액	700,000,000	650,000,000	
증여재산공제	50,000,000	50,000,000	* 금번 증여일 기준 10년 이내 증여재산 없음
증여세 과세표준	650,000,000	600,000,000	
산출세액	135,000,000	120,000,000	① 산출세액 = (증여세 과세표준 × 세율 30%) − 6,000만원
신고세액공제	4,050,000	3,600,000	① 자진신고시 3% 세액공제
증여세 납부세액(①)	130,950,000	116,400,000	
취득세 (세율 : 12%)	60,000,000	48,000,000	• 증여자가 다주택자 & 증여 부동산 소재지가 조정대상 지역 & 공동주택공시가격 3억원 초과 : 취득세 중과세 ① 전용면적 85㎡ 이하 : 12%(본건) ② 전용면적 85㎡ 초과 : 13% • 무상취득분(시가표준액) : 5억원, 4억원(공동주택공시가격 적용) • 등기시 : 검인된 증여계약서 첨부
지방교육세 (세율 : 0.4%)	2,000,000	1,600,000	시가표준액(5억원, 4억원) × 0.4%
국민주택채권 매입할인액	1,093,092	874,474	시가표준액(5억원, 4억원) × 0.026 × 8.40840%(변경 가능)
증지대(합산)	15,000	15,000	
법무사 등기 업무 대행 수수료	300,000	300,000	법무사 보수 + 제증명 + 일당 및 교통비(변동 가능)
취득세 등 제세금 및 비용(②)	63,408,092	50,789,474	
총 합계(①+②)	194,358,092	167,189,474	

※ 2021년말 가액 기준으로 작성되었으며, 재산가액 및 세법, 제도 등의 변경에 따라 상기 금액은 변경될 수 있음.

※ 취득세 등 지방세 및 국민주택채권매입액 등은 지방세법 및 이율 변경 등에 따라 상기 금액은 변경될

수 있음.

※ 법무사 등기 업무 대행 수수료는 부동산 물건의 소재지, 부동산의 권리 관계, 가액의 변경, 등기 업무의 복잡성 등에 따라 변경될 수 있음.

(2) 수익자연속신탁 계약 내용

구○모 고객은 '부천시 아파트' 이외에 나머지 재산에 대해서 본인이 살아 있을 때는 본인을 수익자로 하고 본인 사망시 ① 1차 연속수익자를 부인 전○진 씨로 하며, ② 2차(최종) 연속수익자를 두 자녀로 하는 수익자연속신탁 계약을 설정하였습니다.

해당 계약의 특약으로는 ① 위탁자 구○모 고객 사망시 위탁자의 지위는 부인 전○진 씨로 이전하기로 하고, 만약 '부인 전○진 씨'가 사망하는 경우에는 두 자녀 중에서 '아들'이 이전받기로 하였으며, ② 1차 연속수익자인 부인 전○진씨는 '원본 및 이익수익자'이지만 원본수익자로서 신탁회사에 수익권을 청구할 때 2차 연속수익자(아들과 딸)의 동의를 받도록 하여, 실제 신탁재산에서 발생되는 이익만을 수익할 수 있도록 설계하였고, ③ 두 자녀는 1차 연속수익자 사망(부인 전○진씨) 이후 2차 연속수익자(아들과 딸) 간의 합의하에 신탁계약을 종료할 수 있음을 명시하였습니다.

| 구○모 고객 수익자연속신탁 설정 예시 |

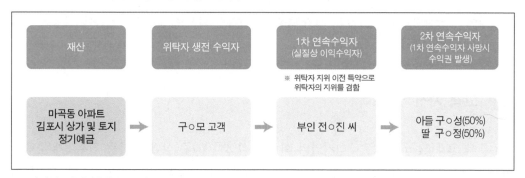

※ 위탁자 지위 이전을 특약으로 설정한 이유
  - 신탁법 제10조 제3항에 따라 신탁행위로 위탁자 지위 이전 절차나 대상에 대해 설정하지 않으면 위탁자의 지위는 상속인들에게 이전되지 않음.
  - 실무상 : 재산세 등 지방세 및 종합부동산세 납세의무자를 명확하게 하기 위함.

[유언서 보관 및 집행서비스] 상장기업 Owner(CEO)를 위한 서비스

① 고객 상황

김○록 고객(남, 73세)은 경기도 김포시에 위치한 코스닥상장업체인 ○○기업(초정밀기계제조업)의 회장입니다. 현재 김포한강신도시에서 부인 정○숙 씨(여, 69세)와 같이 살고 있습니다. 이들 부부는 여행, 골프, 등산 등을 같이 다니며 금슬이 매우 좋은 상황입니다.

김○록 고객 부부 슬하에는 회사의 대표이사인 맏아들 김○철 씨(45세), 성형외과 의사에게 시집을 간 맏딸 김가○ 씨(43세), 현재 미국 캘리포니아주에 변호사로 활동 중인 막내딸 김미○ 씨(40세)가 있습니다.

특히, 맏아들 김○철 씨는 울산에 있는 ○○중공업을 다니다가 10년 전에 그만두고 아버지 회사에 합류하여 영업과 마케팅을 전담하였고, 자본금 3억원이었던 회사를 5년 전 코스닥시장에 상장시켜 자본금 500억, 시가 총액 6,000억인 회사로 탈바꿈시키는데 결정적 기여를 하였습니다.

② 고객 자산 및 소득

김○록 고객(남, 73세)은 ○○기업의 회사 주식 230,000주(상담일 기준 전후 2개월 종가 평균 주당 65,000원, 약 150억), 경기도 김포시 아파트 1채(공동주택공시가격 6억, 유사매매사례가 평균액 9억)와 서울시 서초구 반포아파트 1채(공동주택공시가격 19억, 유사매매사례가 평균액 30억) 및 정기예금 5억을 보유하고 있었습니다. 한편, 부인 정○숙 씨도 ○○기업의 회사 주식 170,000주(시가 약 110억)과 사모펀드 10억을 보유하고 있었습니다.

김○록 고객은 ○○기업의 회장이자 상근임원으로 근로소득(연봉 2억)과 배당금(매년 약 1억)을 수령하고 있고 부인 정○숙 씨도 회사로부터 일정 금액의 배당금(약 7천만원)을 받고 있으며, 임대를 주고 있는 반포아파트에서 매월 350만원의 월세수입이 발생하고 있었습니다.

3 고객 니즈

김○록 고객 부부는 ○○기업 상장 이후 하루도 편안한 날이 없었다고 토로했습니다. 상장 전까지는 영세한 기업으로만 알고 있던 맏딸이 회사 상장이후 매일 찾아와서 부모님이 갖고 있는 주식 지분 일부를 증여해달라고 애원하는 상황이 지속되고 있다고 했습니다. 뿐만 아니라 미국에 사는 막내 딸도 대표이사인 오빠에게만 부모님의 주식 지분이 상속될 경우 유류분 청구 소송까지 노골적으로 이야기하는 상황이라고 했습니다.

이 상황을 알게된 맏아들 김○철 씨(대표이사)는 두 여동생 일에 관여하기는 싫지만 회사의 경영권 유지 및 가업승계 등을 고려하여 김○록 부부 소유 지분의 상당 부분은 본인이 승계받아야 한다고 주장하였고 김○록 부부도 이에 전적으로 동의하였습니다.

그러면서 부부 사후 효율적인 상속재산 이전에 대해 신탁회사에 의뢰하였으나, 신탁계약을 하게 되면 우선 주식의 경우에는 신탁회사로 명의개서가 이뤄져서 ① 대주주 등 주요주주의 주식수 및 소유 지분 변동을 금융위원회(Dart)에 보고 및 공시[172]해야 하고, ② 자본시장법에 따라 지분율 15% 초과 주식에 대해 신탁회사의 의결권이 배제[173]되며, ③ 부동산을 신탁할 경우 신탁회사로의 소유권 이전 및 신탁계약 내용(ex. 사후수익자 성명, 수익

---

172) 자본시장법 제161조(주요사항보고서의 제출)
　① 사업보고서 제출대상법인은 다음 각 호의 어느 하나에 해당하는 사실이 발생한 경우에는 그 사실이 발생한 날의 다음 날까지(제6호의 경우에는 그 사실이 발생한 날부터 3일 이내에) 그 내용을 기재한 보고서(이하 "주요사항보고서"라 한다)를 금융위원회에 제출하여야 한다. 이 경우 제159조 제6항 및 제7항을 준용한다.
　1. 발행한 어음 또는 수표가 부도로 되거나 은행과의 당좌거래가 정지 또는 금지된 때
　2. 영업활동의 전부 또는 중요한 일부가 정지되거나 그 정지에 관한 이사회 등의 결정이 있은 때
　3. 채무자 회생 및 파산에 관한 법률에 따른 회생절차개시 또는 간이회생절차개시의 신청이 있은 때
　4. 이 법, 「상법」, 그 밖의 법률에 따른 해산사유가 발생한 때
　5. 대통령령으로 정하는 경우에 해당하는 자본 또는 부채의 변동에 관한 이사회 등의 결정이 있은 때
　6. 「상법」 제360조의2, 제360조의15, 제522조 및 제530조의2에 규정된 사실이 발생한 때
　7. 대통령령으로 정하는 중요한 영업 또는 자산을 양수하거나 양도할 것을 결의한 때
　8. 자기주식을 취득(자기주식의 취득을 목적으로 하는 신탁계약의 체결을 포함한다) 또는 처분(자기주식의 취득을 목적으로 하는 신탁계약의 해지를 포함한다)할 것을 결의한 때
　9. 그 밖에 그 법인의 경영·재산 등에 관하여 중대한 영향을 미치는 사항으로서 대통령령으로 정하는 사실이 발생한 때
173) 자본시장법 제112조(의결권등) (중략)
　③ 신탁회사는 신탁재산에 속하는 주식이 다음 각 호의 어느 하나에 해당하는 경우에는 그 주식의 의결권을 행사할 수 없다.
　1. 동일법인 발행한 주식 총수의 100분의 15를 초과하여 주식을 취득한 경우 그 초과하는 주식 (이하, 생략)

권 내용, 수익권 비율 등)이 등기사항전부증명서 또는 신탁원부로 확인되는(누구나 열람 가능) 상황이 발생하기 때문에 신탁회사와의 유언대용신탁 계약을 극도로 꺼려하셨습니다.

결론

김〇록 고객 부부는 경기도 김포시에 있는 공증인가 법무법인에서 공정증서 유언(이하, 유언공증서)을 남겼습니다. 세부적으로는 ① 부부의 주식, 부동산, 금융재산 등 각 재산별로 유증[174] 비율을 달리하는 특정유증[175], [176] 형태로 유언을 남겼다고 했습니다. 여기에 ② 유언집행자[177]를 신탁회사로 하였으며 유언공증서의 원본은 법무법인에서 보관하고 ③ 유언공증서 정본은 유언집행자인 신탁회사가 보관하도록 처리하였습니다.

---

174) 유증 : 유언을 통해 재산을 상속인 등에게 무상이전(증여)하는 것

175) 포괄유증 : 상속재산의 전부 또는 일정 비율에 따른 유증(ex. 유산의 전부를 〇〇에게 준다, 유산의 반을 〇〇에게 유증한다 등)

176) 특정유증 : 상속재산 가운데 특정한 재산을 목적으로 하는 유증(ex. 부동산을 타인에게 준다거나 B은행채권을 타인에게 준다 등)

177) 유언집행자란 유언의 내용을 실현시키기 위한 직무권한을 가진 자를 말한다. 위임계약의 수임인(受任人)의 지위에 있다. 유언집행자에는 유언자가 직접 지정하거나 유언자의 위탁을 받아 제3자가 지정한 지정유언집행자(指定遺言執行者)(민법 제1093조)와, 유언자 또는 제3자에 의하여 지정된 유언집행자가 없는 경우에 상속인이 당연히 취임하게 되는 법정유언집행자(法定遺言執行者)(제1095조), 그리고 유언집행자가 없는 경우 또는 사망 기타의 사유로 인하여 유언집행자가 없게 된 경우에 가정법원이 선임하는 선정유언집행자(選定遺言執行者)(제1096조)의 세 가지가 있다. [네이버 지식백과] 유언집행자[遺言執行者, executor, administrator](법률용어사전, 2016. 1. 20., 이병태)

| 김○록 고객의 유언공증서 예시 |

김○록 고객 재산 가액	법정상속인 (법정상속비율)	법정 상속분	유류분 (법정상속분의 2분의 1)	유언공증서(유증 비율)	
				주식	이외
약 189억 (주식 약 150억, 김포 아파트 약 9억, 반포 아파트 약 30억)	배우자 : 정○숙 (재산의 3분의 1)	63억	31.5억	–	–
	맏 아들 : 김○철 (재산의 9분의 2)	42억	21억	80% (120억)	3분의 1 (13억)
	맏 딸 : 김가○ (재산의 9분의 2)	42억	21억	10% (15억)	3분의 1 (13억)
	작은 딸 : 김미○ (재산의 9분의 2)	42억	21억	10% (15억)	3분의 1 (13억)

※ 김○록 고객이 배우자보다 먼저 사망하는 경우를 가정하여 설정
※ 김○록 고객이 법정상속인들에게 사전에 증여한 재산이 없다고 가정하고, 상속개시일까지의 가격 변동 및 물가상승률, 이율 변경을 미고려

| 배우자 정○숙 고객의 유언공증서 예시 |

정○숙 고객 재산 가액	법정상속인 (법정상속비율)	법정 상속분	유류분 (법정상속분의 2분의 1)	유언공증서(유증 비율)	
				주식	이외
약 120억 (주식 약 110억, 사모펀드 약 10억)	맏 아들 : 김○철 (재산의 3분의 1)	40억	20억	60% (66억)	–
	맏 딸 : 김가○ (재산의 3분의 1)	40억	20억	20% (22억)	50% (5억)
	작은 딸 : 김미○ (재산의 3분의 1)	40억	20억	20% (22억)	50% (5억)

※ 정○숙 고객이 김○록 고객 보다 늦게 사망하는 경우를 가정하여 설정
※ 정○숙 고객이 법정상속인들에게 사전에 증여한 재산이 없다고 가정하고 상기 재산의 가격이 상속개시일까지 가격 변동 및 물가상승률, 이율 변경을 미고려

신탁법상 수탁자의 분별관리의무로 인해 신탁재산을 신탁회사명으로 등기 또는 등록해야 하고, 이 때, 신탁계약 내용이 기재된 신탁원부를 누구나 확인할 수 있기 때문에 유언대용신탁은 유언과 달리 비밀성이 떨어지는 경우가 있습니다.

뿐만 아니라 주식 등 유가증권을 신탁재산으로 하여 유언대용신탁을 할 경우 신탁회사로 명의 개서가 이뤄지고, 자본시장법 등에 따라 각종 공시(보고) 의무가 발생하기 때문에 이를 꺼리는 고객은 공정증서 유언 등을 활용하여 유증을 검토하고, 해당 유언서를 신탁회사에 보관하여 분실, 훼손 위험으로부터 보호하며, 동시에 유언서 내용대로 집행될 수 있도록 하는 것이 바람 직해 보입니다.

[유언서 보관 서비스 ①] 사실혼 배우자, 인지, 유언집행자, 유언서보관서비스

① 고객 상황

송○우 고객(77세, 남)은 4년 전에 부인과 사별하였고, 슬하에 자녀가 3명(이하, 갑·을·병)이 있었습니다. 그런데 부인과 사별한 이후 현재 송○우 고객 옆을 지키는 성○진 씨(75세, 여)가 있었습니다. 송○우 고객은 성○진 씨와 재혼하려는 마음도 있었지만 본인의 연령과 자식들 때문에 혼인 신고를 하지 않고 있었으나 거의 부부처럼 살고 있었습니다.

송○우 고객과 성○진 씨는 전라북도 전주시 ○○상업고등학교 선후배 관계로 원래 두 분은 첫사랑이었고 3년간 교제를 하였으나 송○우 고객이 군 입대와 동시에 베트남 전쟁에 참여하는 바람에 헤어지게 되었다고 합니다.

3년 전 ○○상업고등학교 동창회에서 성○진 씨를 만났고, 결혼한 적이 없음에도 불구하고 성○진 씨에게는 자식이 한명(이하, 성○철 54세) 있었으며 우연치 않게도 본인이 군 입대한 해에 태어났다고 듣게 되었습니다.

송○우 고객은 성○진 씨와 2년 전부터 인천광역시 송도에서 같이 살고 있는데 1년 전 성○철 씨를 보게 되었습니다. 성○철 씨를 본 후 송○우 고객은 본인의 20년 전 모습과 너무 닮아서 놀랐다고 했으며 유전자 검사를 받진 않았으나 본인의 친아들로 의심된다고 했습니다.

② 고객 자산

송○우 고객에게는 정기예금 2억과 인천광역시 송도아파트(공동주택공시가격 7억, 유사매매사례가 평균액 11.5억), 인천광역시 강화군의 임야(개별공시지가 0.5억)를 소유하고 있었습니다.

③ 고객 니즈

송○우 고객은 자식들 눈치가 보여서 본인이 가진 재산을 신탁하기 꺼려했습니다. 왜냐하면 신탁계약시 본인 명의 재산이 신탁재산으로써 신탁회사로 소유권이 이전되고, 사후수익자 및 사후수익권 비율 등이 신탁계약서 및 등기사항전부증명서(신탁원부)에 기재되어 본인 자녀 갑·을·병들이 불만을 가질 가능성이 높다는 이유 때문이었습니다.

그래서 유언을 통해 본인의 아파트와 정기예금을 사실혼 배우자인 성○진 씨에게 물려주고, 성○철 씨한테는 유언을 통해 친자식으로 인지[178]하여 상속인으로서 강화도 임야를 물려주고 싶어 했습니다.

④ 결론

송○우 고객은 사실혼 배우자인 성○진 씨의 아들 성○철 씨가 친아들로 의심되어 유전자 검사를 진행하였고 친아들로 판명이 났습니다. 그러나 사실혼 배우자인 성○진 씨의 바램대로 송○우 고객 생전에는 비밀로 하다가 성○철 씨에 대해 유언으로 '인지[179]'하는 방법을 선택하고, 유언집행자[180]를 사실혼 배우자 성○진 씨로 하는 공정증서 유언을 진행했

---

178) 인지[認知] : 혼인외의 자를 자기의 자라고 인정함으로써 법률상의 친자관계를 발생시키는 의사표시이다. 혼인외의 자(子)는 법률상 부(父)를 가질 수 없으며 생부나 생모가 가족법이 정한 바에 의하여 신고함으로써 부 또는 모를 확정하게 된다. 혼인외의 자(子)와 부(父)사이의 부자관계는 인지라는 사실에 의하여 생기지만 모자관계는 보통 자의 분만(分娩)이라는 사실로서 명백하기 때문에 특히 모의 인지를 필요로 하지 않는다. 그러나 모자관계가 분명치 않은 기아 등의 경우에는 모의 인지를 필요로 한다. 현행법상 인지에는 의식인지(意識認知)·강제인지(强制認知)·조정인지(調停認知)의 세 가지가 있다. 임의인지는 인지하려는 부의 의사가, 강제인지는 반대로 인지를 받으려는 자의 의사가 그 본체를 이루고 있다.

179) 민법 제855조(인지)
① 혼인외의 출생자는 그 생부나 생모가 이를 인지할 수 있다. 부모의 혼인이 무효인 때에는 출생자는 혼인외의 출생자로 본다.
② 혼인외의 출생자는 그 부모가 혼인한 때에는 그때로부터 혼인 중의 출생자로 본다.

민법 제857조(사망자의 인지)
자가 사망한 후에도 그 직계비속이 있는 때에는 이를 인지할 수 있다.

민법 제859조(인지의 효력발생)
① 인지는 「가족관계의 등록 등에 관한 법률」의 정하는 바에 의하여 신고함으로써 그 효력이 생긴다.
② 인지는 유언으로도 이를 할 수 있다. 이 경우에는 유언집행자가 이를 신고하여야 한다.

민법 제860조(인지의 소급효)
인지는 그 자의 출생시에 소급하여 효력이 생긴다. 그러나 제삼자의 취득한 권리를 해하지 못한다.

180) 민법 제1098조(유언집행자의 결격사유)

습니다(본인 사후 정기예금과 송도 아파트는 사실혼 배우자인 성○진 씨를 수증자로 하고, 인천시 강화군의 임야는 성○철 씨를 수증자로 함).

송○우 고객은 자녀 갑·을·병이 본인의 공정증서 유언서(정본)를 미리 발견하면 가족 간의 분쟁이 발생할 수도 있기 때문에 소정의 수수료를 지불하더라도 신탁회사의 '공정증서 유언서(이하, 유언공증서) 보관 서비스'를 이용하고자 하였고, 신탁회사[181]가 유언공증서를 20년간 보관토록 하며, 본인 사망시 유언집행자인 사실혼 배우자 성○진 씨에게 유언공증서를 전달하는 구조로 서비스 약정을 맺었습니다.

| 신탁회사의 '공정증서 유언서 보관 서비스' 구조 |

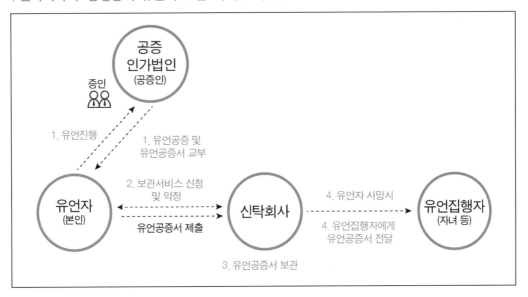

제한능력자와 파산선고를 받은 자는 유언집행자가 되지 못한다.

유언에 대한 유언집행자를 사실혼 배우자로 지정할 수 있다(서울지방법원 1995. 4. 28.자 94파8391 결정).

181) 일부 시중은행의 경우에는 ① 유언집행자가 '공정증서 유언'을 지참하여 ② 피상속인의 사망사실을 확인할 서류를 영업점에 제출할 경우에는 ③ '공정증서 유언'에 기초하여 상속인들의 전원 동의가 없어도 유언집행자(유언집행자 명의의 계좌)에게 정기예금 등의 금융재산을 이전해 줄 수 있음.

[유언서 보관 서비스 ②] 공익신탁의 보완재로서 활용

① 일본의 '유언서 보관 및 집행 서비스'의 도입 배경과 변형, '유언서보관서비스'

일본 신탁회사(신탁은행)의 상속 관련 여러 서비스 중에서 대표적으로 '유언서 보관 및 집행 서비스'가 있습니다. 이 서비스는 신탁회사가 고객의 유언서 작성 지원부터 유언서 보관 및 고객 사망시 유언에 명시된 재산을 상속인들에게 분할하는 업무를 수행(집행)하는 서비스입니다.

일본의 유언서 보관 및 집행 서비스는 2000년 전후로 하여 우리나라에도 도입되기 시작하였는데, 고객들의 인식 및 사회적 환경, 서비스 홍보 등이 잘 이뤄지지 않아 활성화되지 못했습니다.

뿐만 아니라 현재에도 국내 신탁회사들이 해당 서비스에 대해 많은 관심을 갖고 있지 않습니다. 왜냐하면 ① 해당 서비스는 신탁회사 입장에서는 신탁업이 아닌 부수업무이고, ② 해당 서비스는 신탁회사의 수익성 측면에서 매력적이지 않습니다. 유언대용신탁과 달리 신탁회사는 고객이 가진 실제 재산을 이전받지 않기 때문에 신탁재산에 대해 신탁사무(관리, 운용, 처분 등)를 수행하면서 발생되는 신탁보수 등을 수취할 수 없습니다. ③ 해당 서비스는 '신탁재산 설정액(수탁고)'을 둘러 싼 신탁회사들 사이의 경쟁에서도 도움이 되지 않습니다. 왜냐하면 신탁회사는 유언자의 사망 전까지 '유언서만 보관'하는 것이므로 '신탁재산 설정액(수탁고)'을 잡을 수 없기 때문입니다. ④ 마지막으로 투자 중심의 자산운용형 신탁에 익숙한 고객과 신탁회사 영업점 직원들에게 해당 서비스는 매우 낯선 구조입니다. 재산의 상속·증여·기부·사회환원 등을 목적으로 하는 자산승계신탁·서비스 자체도 아직 어색한데 유언과 관련한 서비스는 민법 등 법률적 문제를 다루고 있기 때문에 법무법인 또는 변호사(공증인 포함)들의 고유 업무라는 인식이 강하기 때문입니다.

다만, 최근 재산 가치 상승과 고령화, 상속재산에 대한 가족간의 분쟁 등으로 자산가들 사이에서 공정증서 유언을 남기는 사례가 증가함에 따라 신탁회사의 '유언서 보관 서비스 (유언서 보관 및 집행 서비스)'는 앞으로 점차 확대될 것이고 재조명될 것임을 저자는 확신

합니다.

왜냐하면, 현 제도 하에서 유언대용신탁 등 자산승계신탁의 장점이면서도 최대 단점이 '신탁회사의 신탁재산에 대한 분별관리의무와 공시의무' 때문입니다. ① 상장기업의 주식의 경우 법인의 대주주 등이 신탁을 설정하면 법인 및 신탁회사는 금융위원회에 주주의 주식 변동상황을 신고 및 공시(Dart)해야 하고, 비상장주식을 신탁재산으로 하는 경우에도 법인의 주주명부에 신탁회사를 주주로 기재하는 명의개서 절차를 거쳐야 합니다. ② 신탁재산이 부동산인 경우 신탁을 하게 되면 신탁회사로 소유권 이전되고, 뿐만 아니라 '신탁계약 내용이 신탁원부를 구성'하며 해당 신탁원부는 등기소에 가면 누구나 자료를 열람하여 내용을 확인할 수 있습니다.

즉, 가족 재산의 효율적 승계 목적의 유언대용신탁, 사회환원 목적의 공익신탁 등 자산승계신탁을 설정하고 싶은 예비 고객들 중에서 '자식들 모르게, 나의 재산을 받아갈 사람이 내가 죽기 전까지 알지 못하게' 하고 싶은 고객은 신탁계약을 설정하기가 현실적으로 어렵습니다. 따라서 본인 재산을 승계하면서도 '비밀성, 기밀성'이 최우선 가치인 고객에게는 상대방 없는 단독행위로써 '유언'은 매우 효과적인 자산승계전략 중에 하나입니다.

다만, 유언을 통해 자산승계를 하려는 고객은 유언의 단점도 필히 숙지해야 합니다. 먼저 ① 신탁과 보험을 제외하고 금융기관과 계약하거나 금융기관을 통해 매수한 대부분의 금융 재산에 대해 금융기관은 유언서에 기한 상속 및 지급 업무 프로세스가 까다롭거나 미흡합니다(시중은행은 유언자의 사망관련 서류 및 검인된 유언서(공정증서 유언은 검인 불필요)를 가지고 온 '유언집행자'에게 유언자의 금융재산을 지급하고 있으며, 이를 제외하고 '상속인'이 유언자의 사망관련 서류 및 검인된 유언서를 은행에 제출할 때는 '상속인 전원 동의 합의서'를 필히 첨부할 때만 재산을 지급함). ② 유언서를 유언자나 배우자 등이 보관했을 경우에 분실 및 훼손의 우려가 있으며, ③ 유언자가 돌아가시기 전에 가족들이 유언서를 발견하거나 보게 될 경우 가족들 간의 분쟁이 발생할 수 있고, ④ 공정증서 유언(원본)이 공증인가법인(공증사무소)에 보관되어 있다 하더라도 유언 사실을 아무한테도 말하지 않고 돌아 가셨을 때 유언집행자 또는 상속인들은 유언자의 유언 자체를 모를 수 있거나 공정증서 유언서를 발견하는데 상당한 시일이 소요되거나, 일일히 공증인가법인(공증사무소)을 찾아 유언서를 확인해야 하는 번거로움이 있습니다. 그러나 최근 일부 신탁회사의 '유언서 보관 서비스'는 유언의 단점을 상당 부분 보완하고 있습니다.

최근, 일부 신탁회사(은행)에서 취급하는 '유언서 보관 서비스'는 ① 공정증서 유언만(법원의 검인절차 불필요)을 신탁회사에 보관하고, ② 유언서 보관 서비스를 약정할 때 유언자와 유언집행자가 같이 영업점을 방문해야 하며(유언집행자가 유언서의 내용은 알 수 없으나 유언서 보관 장소를 정확하게 알 수 있게 하기 위함), ③ 영업점이 아닌 신탁회사 본점에 화재 및 분실, 훼손의 위험으로부터 안전한 특수금고에 유언서를 보관하고(유언서의 분실, 훼손, 도난 등의 리스크를 헷지하고, 유언자 사망 전에 가족들이 유언서를 발견할 수 없게 함), ④ 유언자 사망시 유언집행자에게 유언서를 전달하면서 동시에 ⑤ 만약, 유언서를 보관했던 신탁회사(은행)에 유언서 상 기재된 예금 등 금융재산이 있을 경우 신탁회사는 유언집행자[182]에게 재산을 이전할 수 있습니다.

② '유언서 보관 서비스'는 '공익신탁'의 보완재로서 활용 가능성이 높습니다.

일부 신탁회사의 '유언서 보관 서비스'를 통해 아래 표 ①~⑥ 단계가 모두 이뤄진다면 공익신탁과 더불어 유언자가 수증자(공익법인)에게 출연한 재산은 상속세 과세가액에서 제외[183]될 것으로 판단됩니다.

---

182) ○○은행의 '유언서에 기한 예금 지급 업무' 기준에서 발췌
   (중략) 유언집행자의 청구에 의하여 예금을 지급함이 원칙이므로 본 건 예금의 경우 역시 유언집행자에게 지급을 하여 이를 유언집행자의 점유 하에 두어 관리하도록 하는 것이 정당한 업무처리입니다.
   (중략) 유언집행자에 대한 예금 지급절차와 관련하여 유언집행자는 상속인이나 포괄수유자의 대리인의 지위에서 예금을 사실상 수령하는 것일 뿐, 예금채권의 법률상 (종국적인) 귀속 주체는 포괄 수유자이므로 상속 예금 명의는 포괄 수유자 명의로 변경을 하고(상속예금 명의 변경 의뢰서는 유언집행자가 포괄 수유자를 대리하여 작성하는 것도 가능해 보입니다), 유언집행자가 예금을 수령하도록(혹은 예금통장을 교부받도록) 하는 것이 적절한 상속 재산의 명의변경·지급방법입니다.
183) 상속세 및 증여세법 제16조(공익법인등에 출연한 재산에 대한 상속세 과세가액 불산입)
   ① 상속재산 중 피상속인이나 상속인이 종교·자선·학술 관련 사업 등 공익성을 고려하여 대통령령으로 정하는 사업을 하는 자(이하 "공익법인등"이라 한다)에게 출연한 재산의 가액으로서 제67조에 따른 신고기한(법령상 또는 행정상의 사유로 공익법인등의 설립이 지연되는 등 대통령령으로 정하는 부득이한 사유가 있는 경우에는 그 사유가 없어진 날이 속하는 달의 말일부터 6개월까지를 말한다)까지 출연한 재산의 가액은 상속세 과세가액에 산입하지 아니한다. (이하, 중략)
   상속세 및 증여세법 제17조(공익신탁재산에 대한 상속세 과세가액 불산입)
   ① 상속재산 중 피상속인이나 상속인이 「공익신탁법」에 따른 공익신탁으로서 종교·자선·학술 또는 그 밖의 공익을 목적으로 하는 신탁(이하 이 조에서 "공익신탁"이라 한다)을 통하여 공익법인등에 출연하는 재산의 가액은 상속세 과세가액에 산입하지 아니한다.

구분(단계)	내 용
①단계	유언자 및 공증인 : 공정증서 유언서 마련(유언집행자 겸 수증자 : ※ 공익법인)
②단계	유언자와 공익법인의 대표자(또는 대리인) : 신탁회사와 '유언서 보관 서비스' 약정
③단계	신탁회사 : 약정된 기간 동안 유언서를 본점 특수 금고에 안전하게 보관
④단계	유언집행자 : 유언자의 사망사실을 신탁회사에 통지 및 사망관련 서류 제출
⑤단계	신탁회사 : 유언서를 유언집행자 겸 수증자인 공익법인에게 전달
⑥단계	공익법인 : 유언자 관련 상속세 신고에 관여(상속세 및 증여세법 제16조 제1항에 의거하여 상속세 과세가액 불산입 적용)

※ 공익법인 : 상속세 및 증여세법 제16조 제1항에 따른 종교·자선·학술 관련 사업 등 공익성을 고려하여 대통령령으로 정하는 사업을 하는 자(이하 "공익법인등"이라 한다)

③ 실제 사례

2022년 ○월 ○일 경기도 안성시에 소재한 상장기업 ㈜○○산업의 대표 이○은 씨는 본인 사망시 100억원(현금 50억, 부동산 40억, 주식 10억)을 ○○대학교 학술재단에 출연하기로 하는 공정증서 유언을 남겼고, 유언집행자 겸 수증자인 학술재단(이사장 : 장○성)의 대표자와 함께 신탁회사에 방문하여 '유언서 보관 서비스'를 약정하였습니다.

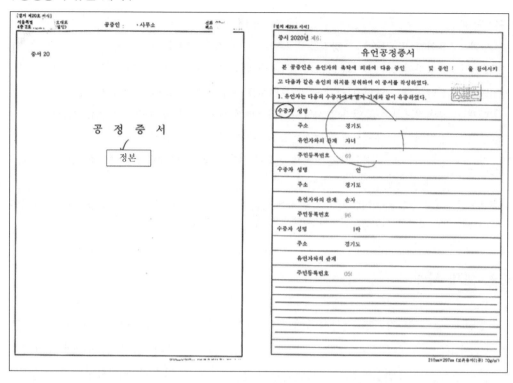

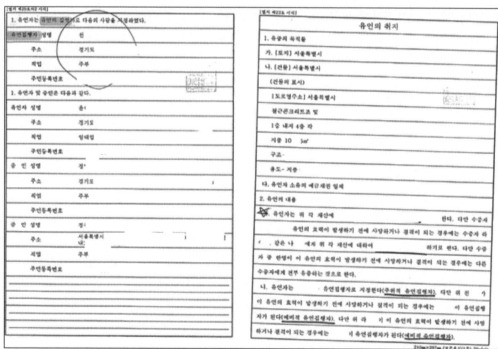

제**5**편

새로운 자산승계신탁·
서비스 컨셉 및 아이디어

1 [복지형 특정금전신탁] 직원유가족신탁

1 신탁 목적

직원유가족신탁은 미성년자녀를 둔 임직원 등이 재직기간 중에 사망하는 경우, 위로금 등의 명목으로 갹출된 금액을 '법인 등(조합, 단체 포함)이 위탁자', '유가족을 수익자'로 설정하여 수익자를 위해 월 생활비 및 신탁 종료 시 일시금을 지급하는 특정금전신탁입니다.

2 검토 배경 및 구조

회사나 단체, 조합(이하, 법인 등)의 임직원이 재직기간 중에 사망하는 경우 법인 등은 소액의 사망위로금(경조사비 등)을 유가족들에게 지급합니다. 그러나 일부 법인 등의 경우에는 임직원들로부터 추가적으로 위로금을 갹출하기도 하고, 조합의 경우에는 규정상 조합원비를 추가 갹출할 수 있도록 프로세스화되어 있습니다.

갹출한 금액(이하, 모금액)이 수천만원에서 수억원에 이르고 동시에 해당 모금액을 법인 등이 장기간 보유할 경우 ① 법인 등의 대표자나 주요 관계인이 횡령하거나 착복할 우려가 있고, 유가족 중에 배우자와 미성년자녀가 있다고 가정할 때 ② 모금액을 배우자에게 일시금으로 줄 경우 배우자가 낭비하거나, 재혼하거나, 미성년자녀를 부양하지 않을 경우에는 모금을 한 취지와 목적에도 어긋나게 됩니다.

따라서 모금액을 신탁재산으로 하여 법인 등이 특정금전신탁을 체결하고, 신탁회사가 안전하게 모금액을 관리, 운용하며, 유가족 중에서 미성년자녀가 있을 경우 미성년자녀가 성년에 이를 때까지는 생활비, 교육비 지원 목적으로 월 단위로만 자금을 수익자에게 지급하고, 미성년자녀가 성년에 도달하면 수익자인 자녀가 일시금으로 찾아갈 수 있도록 신탁을 설계한다면 모금액을 둘러 싼 각종 우려사항을 방지할 수 있을 것입니다.

3 기타 사항(신탁의 장점)

신탁은 위탁자(법인 등)의 고유재산으로부터 독립되어 있으며 신탁법 상 일부 예외를 제외하고 강제집행, 담보권 실행 등을 위한 경매, 보전처분, 국세 등 체납처분을 할 수 없습니다(신탁법 제22조). 뿐만 아니라 수탁자(신탁회사)의 고유재산으로부터 독립되어 있기 때문에 수탁자인 신탁회사가 회생절차에 들어가거나 파산하더라도 수익자는 안전하게 신탁재산을 찾아갈 수 있습니다(신탁법 제23조, 제24조).

| 직원유가족신탁 구조도 |

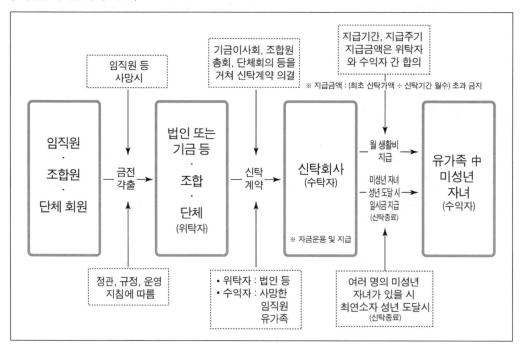

[유가증권신탁] 해외상장주식 배우자증여신탁

① 신탁 목적

해외상장주식 배우자증여신탁은 국내 거주자인 위탁자가 해외주식시장에 상장된 주식 및 ETF(이하, 해외상장주식 등)를 신탁회사에 맡기고 위탁자와 원본수익자(국내 거주자인 배우자)가 신탁계약에서 합의한 조건(목표 수익률 달성, 일정 기간 경과 등)이 달성될 경우 원본수익자 배우자에게 신탁재산(해외상장주식 등)을 이전하는 증여목적신탁입니다.

세법상 국내 거주자는 해외상장주식 등의 매매차익에 대해서 22%(지방소득세 포함)의 양도소득세를 부담하게 됩니다.

| 주식 등 매매차익 관련 과세 |

구분			2022년까지	2023년부터(예정)
			매매차익	매매차익
※ 국내주식시장 상장	주식		비과세 (대주주 제외)	금융투자소득세 (※ 기본공제 : 5,000만원)
	ETF	주가지수 추종	비과세	금융투자소득세 (※ 기본공제 : △)
		주가지수 추종 이외	배당소득세 [원천징수세율 : 15.4% (지방소득세 포함)]	금융투자소득세 (기본공제 : 250만원)
해외주식시장 상장	주식, ETF		양도소득세 [※ 원천징수 없음, 양도소득세율 : 22%(지방소득세 포함)]	금융투자소득세 (기본공제 : 250만원)

- ※ 국내 주식시장 : KOSPI(유가증권시장), 코스닥시장, 코넥스시장
- ※ 금융기관의 원천징수 의무가 없으므로 투자자 본인이 양도소득세 신고 의무 발생(해외 주식시장 상장주식 및 ETF : 한 해의 양도소득을 다음 연도 5월달까지 확정신고)
- ※ 상기 증권(유가증권, 집합투자증권)에서 발생하는 배당금/분배금 : 배당소득
- ※ 금융투자소득세 시행 : 2023년부터 시행 예정
- ※ 금융투자소득세 기본공제 : 국내 상장주식 및 국내 공모주식형펀드(집합투자증권) 연간 5,000만원(이외 : 연간 250만원)
- ※ 국내 주식시장 상장 ETF 기본공제 : 주식이 아닌 펀드(수익증권)로서 명확한 법령 및 유권해석 필요

그런데 매매차익이 발생할 예정인 해외상장주식 등을 배우자에게 증여하게 되면 증여일 전후 2개월의 종가 평균액(이하, 세법상 평가액)이 주식을 증여받은 배우자(수증자)의 취득가액이 되며, 배우자(수증자)가 증여받은 주식을 2022년말까지 양도할 경우 양도소득세 이월과세[184]를 적용받지 않고 양도차익을 줄일 수 있습니다. 다만, 2023년부터 배우자(수

---

184) 주식 등 배우자 이월과세 관련 법 조문
    소득세법 제87조의 13(주식등 · 채권등 · 투자계약증권소득금액 필요경비 계산 특례)
    ① 거주자가 양도일부터 소급하여 1년 이내에 그 배우자(양도 당시 혼인관계가 소멸된 경우를 포함하되, 사망으로 혼인관계가 소멸된 경우는 제외한다. 이하 이 항에서 같다)로부터 증여받은 주식등, 채권등 · 투자계약증권에 대한 주식등 · 채권등 · 투자계약증권 양도소득금액을 계산할 때 주식등 · 채권등 · 투자계약증권양도가액에서 공제할 필요경비는 그 배우자의 취득 당시 제87조의12 제1항 제1호, 같은 조

증자)가 증여받은 주식을 1년 이내 양도할 때는 주식 등 배우자 이월과세를 적용받습니다.

| 부동산과 주식 등의 양도소득세 이월과세 적용 비교 |

구분	부동산 등 (소득세법 제97조의2)	주식 등 (소득세법 제87조의13)
납세의무자	증여받은 배우자, 직계존비속	배우자 (*직계존비속은 이월과세 대상 아님)
증여세 납부액	필요경비에 산입	(좌동)
양도차익 계산 (양도가액 - 필요경비)	필요경비 : 증여한 자의 취득가액 (증여받은 자의 증여가액 아님)	(좌동)
적용대상 자산	토지, 건물, 특정시설물 이용권 부동산을 취득할 수 있는 권리	주식, 채권, 투자계약증권
적용기간	증여 후 5년 이내 양도시	증여 후 1년 이내 양도시
조세회피목적	조세부담 감소와 무관	(좌동)
취득시기	수증자의 등기접수일	주식의 명의개서일
장기보유특별공제 보유기간 계산	당초 증여자의 취득일부터 기산	장기보유특별공제 적용 없음
연대납세의무 (증여자와 수증자)	–	–
적용 시기	현재 적용 中	2023년 양도소득분부터 적용

증여세 측면에서 보면 10년 이내 배우자에게 재산을 증여할 때는 증여재산가액에서 최대 6억원까지 공제합니다. 따라서 6억원 이하의 해외상장주식 등을 배우자에게 증여할 때는 증여세가 발생하지 않습니다.

따라서 사례를 들어 비교하면 남편 홍길동 씨가 3억원의 해외상장주식 등을 취득하고 이후 세법상 평가액이 5억원에 이르렀다고 가정한 후 ① 본인이 계속 보유하여 6억원에 양도(2022년 이내)했을 때의 남편의 양도소득세와 ② 배우자 김영희 씨에게 증여하고 6억원에 양도(2022년 이내)했을 때 배우자의 양도소득세를 비교하면 배우자에게 해외상장주식 등을 증여하고 양도하였을 때 약, 4,400만원의 양도소득세를 절세할 수 있습니다.

제2항 및 제3항에 따른 금액으로 한다. 이 경우 거주자가 증여받은 주식등·채권등·투자계약증권에 대하여 납부하였거나 납부할 증여세 상당액이 있는 경우에는 필요경비에 산입한다. (중략)

재산	취득 가액	증여 前 평가액 (세법상)	선택 사항	선택 후 취득가액 (①)	실제 양도가액 (②)	양도차익 (②-①)	양도소득세 (지방소득세 포함)
해외 상장 주식 등	3억원	5억원	㉠ 증여하지 않음 (홍길동 고객 소유)	3억원 (변경 ×)	6억원	3억원	6,545만원
			㉡ 배우자에게 증여 (배우자 김영희 씨)	5억원 ※ 증여세 없음		1억원	2,145만원

※ 배우자에게 증여시 증여재산공제 : 6억원(10년 단위 기준), 본 사례의 경우 旣 증여금액이 없다고 가정
※ 상기 해외상장주식 거래 이외 2022년에 추가적인 해외상장주식 거래가 없다고 가정
※ 세법 개정 사항에 따르면 2023년부터 배우자(증여자)로부터 증여받은 주식을 수증자가 증여일 기준 1년
　이내 양도할 경우 이월과세 적용(수증자의 취득가액이 증여가액이 아니라 주식을 증여한 자 즉 증여자의
　취득가액을 필요경비로 하여 양도차익 계산 및 과세)

즉, 고객 입장에서는 어느 시점에 해외상장주식 등을 배우자에게 증여하고, 어느 시점에 양도하는 것이 좋은지 꼼꼼히 따져 볼 필요가 있고, 매매차익이 발생하지 않고 손해가 난 상태에서 배우자 등에게 증여를 하게 되면 향후 배우자에게 더 많은 양도소득세가 발생할 수도 있으므로 자산운용 전문가와 세금 전문가 등이 포진된 신탁회사를 통해 처리하시는 것이 바람직해 보입니다.

③ [동산신탁] 골드바(금 Gold) 보관 동산신탁

① 신탁 목적

골드바(금 Gold) 보관 동산신탁은 국내 거주자인 위탁자가 골드바(Gold Bar, 99.99K)를 신탁회사에 맡기고, 신탁회사는 별도의 특수금고에 골드바를 보관하며, 신탁기간 이내 신탁 종료시에는 위탁자에게, 위탁자 사망으로 인한 신탁 종료시에는 사후수익자에게 골드바(Gold Bar)를 지급 및 이전하는 유언대용신탁 구조의 동산(動産)신탁입니다.

② 검토 배경

2017년 10월 18일 아사히신문과 2017년 12월 26일 니혼게이자이신문 조간에 따르면 일본 SMBC(미쓰이스미토모신탁은행)에서는 미술품신탁사업을 시작했다는 기사가 있었습니다 (個人の美術品、税優遇で公開促進　公益信託の制度変更へ － 2017年 10月 18日, 朝日新聞, 「美術品信託」開發-SMBC信託銀 － 2017年12月26日, 日経新聞朝刊).

주요 내용은 이렇습니다. 『기사 번역 : 미술품이 주요 선진국 부유층 사이에서 자산관리 수단으로 자리 잡은 지 상당한 시간이 흘렀습니다. 하지만 미술품을 현금화하거나 상속하는 등의 각종 '경제행위'가 다른 재테크 수단에 비해 다소 번거로운 것도 사실입니다. SMBC신탁은행은 그림과 골동품, 서화 작품을 대상으로 한 '미술품 신탁'상품을 개발했습니다. (중략) 은행은 위탁을 받은 작품을 파트너 전용 창고에서 관리하고, 파손 등에 대비한 보험 계약을 맺습니다. 위탁자의 희망을 바탕으로 미술관에 대여하거나 더 좋은 조건을 제시한 기업이나 수집가에게 판매하는 작업을 진행할 수도 있습니다.』

국내에서 가장 미흡한 신탁 부문이 미술품 등 동산(動產)신탁입니다. 우리나라는 일본처럼 미술품신탁을 할 수 있는 법(신탁법, 자본시장법)은 있으나, 문화체육관광부로부터 저작권신탁관리업 허가를 받지 않은 일반 신탁회사는 미술품신탁 설정에 여러 제약 요소가 발생하고, 특히, 일반 신탁회사는 미술품을 보관하고 관리할만한 경험과 역량, 보관 시설, 대여 및 판매 프로세스 등을 갖추지 못하고 있습니다.

그러나 최근 금(Gold)관련 골드바, 통장, 신탁 등이 자산가들 사이에서 투자의 대안으로 떠오르고 있고, 이 중 일부는 본인 사망시 어린 손주나 배우자를 위해 골드바를 물려주고 싶어합니다. 몇몇 은행에서는 대여금고에 골드바 등을 보관해주기도 하나 대여금고의 사용 기간은 제한되어 있습니다.

따라서 골드바 보관 금고 등 안전 설비와 보험계약 설정 등의 장애요소만 해결한다면 신탁회사가 가장 빠르게 도입할 수 있는 동산(動產)신탁이 금(GOLD)관련 신탁이라고 생각합니다. 뿐만 아니라 금(Gold) 특성이 다른 재산과 달리 환경, 온도, 습도에 영향을 덜 받는 등 비교적 관리 및 보관이 용이하다는 점도 장점이라고 할 수 있습니다.

4 [복지형 신탁 + 수탁자 재량신탁] 기부대상자 지정형 신탁

1 신탁 목적

기부대상자 지정형 신탁은 위탁자가 신임관계에 의해서 신탁회사(수탁자)에게 신탁재산을 이전하고, 학술·장학·의료·종교·복지 등 공익법인에 재산을 기부하는 것이 아니라 신탁회사의 '(가칭)수익자선정협의회'에서 정한 수익자(생활 형편이 어렵거나 지원이 필요한 사람으로서 신탁회사와 특수관계가 없는 사회복지단체로부터 추천받은 자 中 선정된 자)에게 정해진 조건에 따라 신탁재산을 이전하는 복지형 신탁이자 수탁자 재량신탁[185]입니다.

2 검토 배경

공익재단의 운영관련 세금 탈루 기사가 매년 나오고 있습니다. 한국세정신문 2022년 3월 17일 기사('공익법인 끼워 부동산 팔고 매각대금 '꿀꺽'…국세청, 증여세 추징')에 따르면 공익법인 주요 세금 탈루사례는 아래와 같습니다.

> ▲ 3년 이내 공익목적사업 사용의무 의반 사례(자료=국세청)
> A공익법인은 출연받은 임야 2필지 중 1필지만 건축허가를 받아 착공했다. 1필지는 특별한 사유없이 3년간 방치했다. 국세청은 증여세 수억원을 추징했다. 세법은 공익법인이 출연받은 재산을 3년 이내에 직접 공익목적사업에 사용하지 않으면 증여세를 부과한다. 다만 법령상 또는 행정상 부득이한 사유로 3년 이내에 전부 사용이 곤란한 경우로 주무부장관이 인정(관할세무서장에 보고)하고 그 사유가 없어진 날로부터 1년 이내에 공익목적사업 등에 사용한 경우는 제외된다.
>
> ▲ 특수관계인 임직원 채용 제한 위반 사례(자료=국세청)
> B공익법인은 상속세 및 증여세법을 어기고 전·현직 계열사 임원을 임직원으로 채용했다.

---

185) 수탁자 재량신탁(discretionary trust, 오영걸, 신탁법 제1판, 26페이지 참조)
　　　신탁법 제58조 제1항(신탁행위로 수익자를 지정하거나 변경할 수 있는 권한을 갖는 자를 정할 수 있다)에 근거하여 수익자를 지정하거나 변경할 수 있는 권한을 신탁회사(수탁자)가 갖는 신탁 ↔ 확정신탁(위탁자가 수익자 및 수익자의 수익 내용을 모두 정해놓는 신탁)

전 계열사 임원은 퇴직 후 5년이 지나지 않았는데도 임원으로 채용했으며, 현 계열사 임원은 공익법인과 계열사 임원을 겸직했다. 국세청은 급여 등 직·간접경비 전액에 대해 가산세 수십억원을 추징했다.

▲ 출연재산 매각대금 부당유출 사례(자료=국세청)
C씨는 공익법인에 부동산을 출연했다. 그러나 배경에는 검은 속셈이 있었다. 공익법인이 부동산을 매각한 대금을 고스란히 횡령했기 때문이다. 이 공익법인은 전용계좌를 개설·신고하지 않고 매각대금을 일반계좌로 받기도 했다. 공익법인은 최초로 공익법인에 해당하게 된 날부터 3개월 이내에 전용계좌 개설 신고서를 관할 세무서에 신고해야 한다.

즉, 상기 기사 내용과 같이 일부 공익법인(단체 포함)의 불법, 탈세행위는 기부자들의 선량한 마음과 사회공동체를 위한 재산 환원 실천을 무참히 짓밟는 처사로써 비난받아 마땅합니다. 이를 해결하기 위해 '기부대상자 지정형 신탁'과 같이 공익법인(단체 포함)이 아닌 **'생활이 어렵거나 타인으로부터 도움이 필요한 개인(수익자)에게 직접 기부하는 형태의 제도'**가 필요할 것으로 판단됩니다. 다만, 기부대상자 지정형 신탁은 위탁자의 재산이 소득세법상 기부금 세액공제 적용 단체에 기부되는 것이 아니고 개인에게 기부되므로 소득세 절세 혜택은 없습니다.

5 [세제특례와 신탁의 결합] 스타트업 자금증여 신탁 또는 스타트업 자금관리 신탁

1 신탁 목적

① 스타트업 자금증여 신탁[타익신탁형, 후(後) 증여신탁]은 만 60세 이상 부모(국내 거주자)가 위탁자로서 금전을 신탁재산으로 하여 신탁계약을 체결하고, 만 18세 이상의 자녀(국내 거주자)를 원본수익자로 지정하여, 신탁계약을 통해 지정된 신탁관리인의 동의 하에 '창업자금 목적(조세특례제한법 제30조의5[186])'으로만 원본수익자에게 신탁재

---

186) 조세특례제한법 제30조의 5(창업자금에 대한 증여세 과세특례)
　　① 18세 이상인 거주자가 제6조 제3항 각 호에 따른 업종을 영위하는 중소기업을 창업할 목적으로 60세 이상의 부모(증여 당시 아버지나 어머니가 사망한 경우에는 그 사망한 아버지나 어머니의 부모를 포함한다. 이하 이 조에서 같다)로부터 토지·건물 등 대통령령으로 정하는 재산을 제외한 재산을 증여받는

산이 이전되는 특정금전신탁입니다.

② 스타트업 자금관리 신탁[자익신탁형, 선(先) 증여신탁]은 만 18세 이상의 자녀(국내 거주자)가 만 60세 이상 부모(국내 거주자)로부터 금전을 증여받고, 증여받은 금전을 신탁재산으로 하여 위탁자(兼 수익자)로서 신탁계약을 체결하며, 신탁계약을 통해 지

경우에는 「상속세 및 증여세법」 제53조 및 제56조에도 불구하고 해당 증여받은 재산의 가액 중 대통령령으로 정하는 창업자금[증여세 과세가액 30억원(창업을 통하여 10명 이상을 신규 고용한 경우에는 50억원)을 한도로 하며, 이하 이 조에서 "창업자금"이라 한다]에 대해서는 증여세 과세가액에서 5억원을 공제하고 세율을 100분의 10으로 하여 증여세를 부과한다. 이 경우 창업자금을 2회 이상 증여받거나 부모로부터 각각 증여받는 경우에는 각각의 증여세 과세가액을 합산하여 적용한다.

② 창업자금을 증여받은 자는 증여받은 날부터 2년 이내에 창업을 하여야 한다. 이 경우 사업을 확장하는 경우로서 대통령령으로 정하는 경우는 창업으로 보며, 다음 각 호의 어느 하나에 해당하는 경우는 창업으로 보지 아니한다.

1. 합병·분할·현물출자 또는 사업의 양수를 통하여 종전의 사업을 승계하거나 종전의 사업에 사용되던 자산을 인수 또는 매입하여 같은 종류의 사업을 하는 경우

2. 거주자가 하던 사업을 법인으로 전환하여 새로운 법인을 설립하는 경우

3. 폐업 후 사업을 다시 개시하여 폐업 전의 사업과 같은 종류의 사업을 하는 경우

4. 다른 업종을 추가하는 등 새로운 사업을 최초로 개시하는 것으로 보기 곤란한 경우, 그 밖에 이와 유사한 것으로서 대통령령으로 정하는 경우

③ 창업자금을 증여받아 제2항에 따라 창업을 한 자가 새로 창업자금을 증여받아 당초 창업한 사업과 관련하여 사용하는 경우에는 제2항 제3호 및 제4호를 적용하지 아니한다.

④ 창업자금을 증여받은 자는 증여받은 날부터 4년이 되는 날까지 창업자금을 모두 해당 목적에 사용하여야 한다.

⑤ 창업자금을 증여받은 자가 제2항에 따라 창업하는 경우에는 대통령령으로 정하는 날에 창업자금 사용명세(증여받은 창업자금이 30억원을 초과하는 경우에는 고용명세를 포함한다)를 증여세 납세지 관할 세무서장에게 제출하여야 한다. 이 경우 창업자금 사용명세를 제출하지 아니하거나 제출된 창업자금 사용명세가 분명하지 아니한 경우에는 그 미제출분 또는 불분명한 부분의 금액에 1천분의 3을 곱하여 산출한 금액을 창업자금 사용명세서 미제출 가산세로 부과한다.

⑥ 제1항에 따라 창업자금에 대한 증여세 과세특례를 적용받은 경우로서 다음 각 호의 어느 하나에 해당하는 경우에는 각 호의 구분에 따른 금액에 대하여 「상속세 및 증여세법」에 따라 증여세와 상속세를 각각 부과한다. 이 경우 대통령령으로 정하는 바에 따라 계산한 이자상당액을 그 부과하는 증여세에 가산하여 부과한다.

1. 제2항에 따라 창업하지 아니한 경우 : 창업자금

2. 창업자금으로 제6조 제3항 각 호에 따른 업종 외의 업종을 경영하는 경우 : 제6조 제3항 각 호에 따른 업종 외의 업종에 사용된 창업자금

3. 새로 증여받은 창업자금을 제3항에 따라 사용하지 아니한 경우 : 해당 목적에 사용되지 아니한 창업자금

4. 창업자금을 제4항에 따라 증여받은 날부터 4년이 되는 날까지 모두 해당 목적에 사용하지 아니한 경우 : 해당 목적에 사용되지 아니한 창업자금

5. 증여받은 후 10년 이내에 창업자금(창업으로 인한 대통령령으로 정하는 바에 따라 계산한 가치증가분을 포함한다. 이하 "창업자금등"이라 한다)을 해당 사업용도 외의 용도로 사용한 경우 : 해당 사업 용도 외의 용도로 사용된 창업자금등

6. 창업 후 10년 이내에 해당 사업을 폐업하는 경우 등 대통령령으로 정하는 경우 : 창업자금등과 그 밖에 대통령령으로 정하는 금액 (이하, 중략)

정된 신탁관리인의 동의 하에 '창업자금 목적(조세특례제한법 제30조의5)'으로만 수익자에게 신탁재산이 이전되는 특정금전신탁입니다.

❷ 검토 배경

조세특례제한법 제30조의5에 따르면 국내 거주자인 만 60세 부모로부터 양도소득세 과세 대상 재산이 아닌 금전 등을 국내 거주자인 만 18세 이상의 자녀가 증여받고, 수증자인 자녀는 법에서 정한 기간 내에 중소기업 업종[187]을 창업(개인사업, 법인 모두 가능)하며,

---

187) 조세특례제한법 제6조(창업중소기업 등에 대한 세액감면) (중략)
　　③ 창업중소기업과 창업벤처중소기업의 범위는 다음 각 호의 업종을 경영하는 중소기업으로 한다.
　　　　1. 광업
　　　　2. 제조업(제조업과 유사한 사업으로서 대통령령으로 정하는 사업을 포함한다. 이하 같다)
　　　　3. 수도, 하수 및 폐기물 처리, 원료 재생업
　　　　4. 건설업
　　　　5. 통신판매업
　　　　6. 대통령령으로 정하는 물류산업(이하 "물류산업"이라 한다)
　　　　7. 음식점업
　　　　8. 정보통신업. 다만, 다음 각 목의 어느 하나에 해당하는 업종은 제외한다.
　　　　　　가. 비디오물 감상실 운영업
　　　　　　나. 뉴스제공업
　　　　　　다. 블록체인 기반 암호화자산 매매 및 중개업
　　　　9. 금융 및 보험업 중 대통령령으로 정하는 정보통신을 활용하여 금융서비스를 제공하는 업종
　　　　10. 전문, 과학 및 기술 서비스업[대통령령으로 정하는 엔지니어링사업(이하 "엔지니어링사업"이라 한다)을 포함한다]. 다만, 다음 각 목의 어느 하나에 해당하는 업종은 제외한다.
　　　　　　가. 변호사업
　　　　　　나. 변리사업
　　　　　　다. 법무사업
　　　　　　라. 공인회계사업
　　　　　　마. 세무사업
　　　　　　바. 수의업
　　　　　　사. 「행정사법」 제14조에 따라 설치된 사무소를 운영하는 사업
　　　　　　아. 「건축사법」 제23조에 따라 신고된 건축사사무소를 운영하는 사업
　　　　11. 사업시설 관리, 사업 지원 및 임대 서비스업 중 다음 각 목의 어느 하나에 해당하는 업종
　　　　　　가. 사업시설 관리 및 조경 서비스업
　　　　　　나. 사업 지원 서비스업(고용 알선업 및 인력 공급업은 농업노동자 공급업을 포함한다)
　　　　12. 사회복지 서비스업
　　　　13. 예술, 스포츠 및 여가관련 서비스업. 다만, 다음 각 목의 어느 하나에 해당하는 업종은 제외한다.
　　　　　　가. 자영예술가
　　　　　　나. 오락장 운영업
　　　　　　다. 수상오락 서비스업
　　　　　　라. 사행시설 관리 및 운영업

정해진 기간 동안 증여받은 재산을 창업목적에 맞게 모두 사용할 경우 증여받은 재산가액에서 5억까지는 증여세가 과세되지 않고, 5억 초과 30억(10인 이상 근로자 고용시 50억)까지는 10%의 세율로 증여세가 계산됩니다.

| 일반 증여와 창업자금 과세 특례의 증여세 비교 |

(단위 : 원)

구분	일반 증여	창업자금 과세특례 적용 (조특법 요건 및 사후관리 만족시)	비고
증여재산 과세가액	500,000,000	500,000,000	성년 자녀가 수증자
−증여재산공제	−50,000,000	−500,000,000	10년 이내 旣 증여 없음
과세표준	450,000,000	−	
세율	20% (누진공제 1천만원)	10%	
산출세액	80,000,000	−	
−신고세액공제	−2,400,000	−	3% 공제
증여세 납부액	77,600,000	−	

다만, 창업자금 과세특례를 적용받아 증여세를 절약할 수는 있으나 자녀는 재산을 증여받은 날로부터 2년 이내 중소기업 업종을 창업을 해야하고, 증여받은 재산을 4년 이내에 모두 써야 하며, 10년 동안 폐업을 할 수 없습니다. 만약, 조특법상 사후관리 요건을 충족하지 못할 경우에는 증여세 및 가산세가 추가적으로 부과됩니다.

뿐만 아니라, 상속세 계산시 상속인에게 증여한 10년 이내의 재산만 피상속인의 상속재산에 포함되는 것과는 달리, 창업자금 과세특례를 적용받은 증여재산은 기간에 상관없이 부모의 상속재산에 당연 포함되어 상속세가 계산됩니다.

　　　마. 그 외 기타 오락관련 서비스업
　14. 협회 및 단체, 수리 및 기타 개인 서비스업 중 다음 각 목의 어느 하나에 해당하는 업종
　　　가. 개인 및 소비용품 수리업
　　　나. 이용 및 미용업
　15. 「학원의 설립·운영 및 과외교습에 관한 법률」에 따른 직업기술 분야를 교습하는 학원을 운영하는
　　　사업 또는 「국민 평생 직업능력 개발법」에 따른 직업능력개발훈련시설을 운영하는 사업(직업능력
　　　개발훈련을 주된 사업으로 하는 경우로 한정한다)
　16. 「관광진흥법」에 따른 관광숙박업, 국제회의업, 유원시설업 및 대통령령으로 정하는 관광객 이용시설업
　17. 「노인복지법」에 따른 노인복지시설을 운영하는 사업
　18. 「전시산업발전법」에 따른 전시산업

만약, 아버지가 본인의 전 재산인 현금 30억을 아들의 창업자금 지원 목적으로 증여하고, 아들은 창업자금 과세특례를 적용받고 사업을 영위하다가 그 사업이 망했다면, 아버지와 아들 모두 돈이 없는데 아버지 사망시 상속재산이 30억으로 책정되어 약 7.4억 정도의 상속세가 발생할 수 있습니다.

따라서, 창업자금 과세특례를 적용받고자 하는 자녀나 부모는 반드시 세금전문가의 도움을 받아야할 뿐만 아니라 창업자금을 사용하는데 신중해야 하고, 여러 안전장치를 통해 상속세를 대비해야 하는데 이에 적합한 제도가 신탁이라고 생각합니다. 특히, 세무법인 등을 신탁계약의 신탁관리인으로 둔다면 더욱 효과적일 수 있습니다.

6 [유언대용신탁 및 수익자연속신탁 보완] '수익자 결격 특약' 이 필요한 시점

1 수익자 결격 특약의 검토 배경

민법 제1004조는 상속인 결격 사유를 규정하고 있습니다. 1. 고의로 직계존속, 피상속인, 그 배우자 또는 상속의 선순위나 동순위에 있는 자를 살해하거나 살해하려한 자, 2. 고의로 직계존속, 피상속인과 그 배우자에게 상해를 가하여 사망에 이르게 한 자, 3. 사기 또는 강박으로 피상속인의 상속에 관한 유언 또는 유언의 철회를 방해한 자, 4. 사기 또는 강박으로 피상속인의 상속에 관한 유언을 하게 한 자, 5. 피상속인의 상속에 관한 유언서를 위조·변조·파기 또는 은닉한 자로서 어느 하나라도 해당하는 자는 피상속인의 상속인이 될 수 없습니다.

또한, 보험사의 보험약관에 '보험금을 지급하지 않는 사유'를 보면 다음 중 1. 피보험자가 고의로 자신을 해친 경우(단, 보장개시일 2년이 지난 후에 자살한 경우에는 보험금 지급), 2. 보험수익자가 고의로 피보험자를 해친 경우, 3. 계약자가 고의로 피보험자를 해친 경우 중에서 어느 한 가지에 해당될 경우에는 보험금을 지급하지 않는다라고 명시하고 있습니다.

그러나, 신탁법 또는 신탁법 시행령에서는 유언대용신탁 및 수익자연속신탁의 사후수익자(연속수익자 포함) 또는 위탁자 사망시 수익권 청구가 가능한 수익자에 대해 어떠한 자격도 요구하고 있지 않으며, 어떠한 결격 사유도 명시해 두고 있지 않습니다. 해당 건에 관한 판례 또한 아직 미흡합니다. 게다가 피상속인(위탁자)의 상속재산에 대해 상속인(사후수익자)이 상속포기(법원에 적법하게 신청시)를 할 경우, 위탁자의 사망으로 인해 신탁계약에서 발생한 수익자의 수익권은 민법상 어떻게 보는지도(위탁자의 상속재산 vs 수익자의 고유재산) 보험금 및 퇴직생활급여 등과 달리 명확한 판례가 아직 존재하지 않습니다.

따라서, 자산승계신탁·서비스 업계 및 신탁회사, 신탁업무담당자는 이를 해결하려는 노력이 필요하고, 신탁법 개정 또는 신탁법 시행령 정비를 통해 이 부분을 반드시 보완해야 할 것입니다.

② 수익자 결격 특약의 구성 예시

특약 제00조(수익자 등 권리 상실)

① 다음의 각 호에 해당하는 수익자(사후수익자, 연속수익자, 잔여재산수익자, 귀속권리자 포함)는 수익자의 권리를 상실하며 신탁재산을 귀속받을 수 없다.
1. 사기나 강박을 통해 위탁자에게 신탁계약을 하게 하여 수익자가 된 자
2. 사기나 강박을 통해 위탁자로 하여금 수익자를 본인으로 지정하게 한 자
3. 사기나 강박을 통해 위탁자로 하여금 신탁계약 체결을 하게 한 자
4. 위탁자 또는 그 배우자, 위탁자의 법정상속인을 고의로 살해하거나 살해하려는 자
5. 위탁자 또는 그 배우자, 위탁자의 법정상속인에게 상해를 가하여 사망에 이르게 한 자

⑦ [신탁회사 공통사항] 유언대용신탁 등 방문판매 프로세스 및 조직 구축 필요

① 유언대용신탁 등 맞춤형 노후 상품 방문판매 시행 예정

한경닷컴 2021년 11월 12일 '금투협, 방문판매법 개정안 국회 통과 환영…"금융서비스 확대"' 기사에 따르면 '방문판매 등에 관한 법률' 개정안이 국회를 통과하였다고 하며 '유언대용신탁, 100세 신탁 등 맞춤형 노후 상품'의 경우에는 방문판매 및 비대면(영상, 화상) 금융서비스가 가능해질 전망입니다.

금투협, 방문판매법 개정안 국회 통과 환영…"금융서비스 확대" 류은혁 한경닷컴 기자

금융취약자에 대한 금융서비스 확대

금융투자협회는 12일 투자성 상품 등 금융상품에 대해 방문판매법 적용을 배제하는 '방문판매 등에 관한 법률' 개정안의 국회 통과를 환영한다는 입장을 내놨다.

이번 개정안은 2013년 4월 제19대 국회에 최초 발의된 이래 제20대 국회를 거쳐 약 8여년 만에 통과됐다.

금융투자업계에선 '찾아가는 금융서비스', '영상·화상 서비스' 등에 대한 제약이 해소돼 거동이 불편한 고령자·장애인·상병자 등 창구 내방이 어려운 금융취약자에 대한 금융서비스가 확대될 것으로 기대하고 있다.

또 산업현장근로자, 격지·오지(군인 등) 근무자 등에 대한 퇴직연금·개인연금·개인종합자산관리계좌(ISA) 등의 자산관리서비스가 강화되고 대면 상담을 통해 유언대용 신탁, 100세 신탁 등 맞춤형 노후상품 활성화와 불완전판매 방지에 도움이 될 것으로 보고 있다.

신종 코로나바이러스 감염증(코로나19) 팬데믹과 같은 상황에도 영상·화상 금융서비스가 가능해진다.

금융투자협회 관계자는 "디지털 채널의 성장에도 불구하고 여전히 인적 상호작용의 필요수요는 존재하고 상품의 복잡도가 높을수록 금융소비자의 대면 요구는 높아지고 있다"며 "그간 방문판매의 어려움으로 인해 금융·디지털 소외자 및 취약자에 대한 금융 서비스 제공이 미흡했다"고 설명했다.

이어 "앞으로 금융투자업계는 법률 시행이 유예된 1년 동안 업계준비반을 가동하고 금융당국 등 관계기관을 적극적으로 지원하여 금융소비자 보호 강화 및 건전한 방문판매문화가 정착되도록 최선의 노력을 하겠다"고 밝혔다.

② 대응 아이디어

신탁업을 겸업하는 신탁회사 중에서 은행과 증권사는 영업점 영업이 주를 이루지만, 보험사 및 피플라이프 등 대형 GA에 경우에는 FP/FC/RM 등 수 만명의 보험설계사 조직(방문판매 인력)을 갖추고 있는 상태입니다. 따라서 유언대용신탁을 비롯한 맞춤형 노령신탁의 방문판매가 시행된다면 은행과 증권사는 ① 보험설계사 또는 GA조직과 연계 또는 협업이 필요해 보이고, 그게 아니라면 ② 비대면 프로세스 개선 또는 회사 자체 내 신탁전문인력 육성에 심혈을 기울여야 할 것입니다.

제6편

국세 및 지방세 통계로 본
자산승계신탁·서비스
시장의 성장 가능성

① 상속세 통계

① 개요

☐ 납세의무자

○ 상속세 : 상속(유증·사인증여 포함)에 의하여 재산을 취득한 상속인 또는 수유자

☐ 납세의무 성립시기

○ 상속세 : 사망일(실종선고일)

☐ 자진신고기한

○ 상속세 : 상속개시일이 속하는 달의 말일부터 6개월 이내(피상속인 또는 상속인 모두가 외국에 주소를 둔 경우 9개월)

☐ 과세표준

○ 상속세 : 상속재산(유증·사인증여재산 포함)과 보험금, 신탁 등 간주상속재산, 피상속인이 10년 이내(상속인이 아니면 5년)에 증여한 재산, 추정상속재산의 합계액에서 각종 상속공제금액 등을 차감한 금액

② 상속세 신고 현황

○ '20년 상속세 신고세액(신고서 상의 납부할 세액)은 5조 1,765억원으로 10년 전인 '10년 1조 2,527억원에 비하여 313.2% 증가하였습니다.
  - 피상속인 수는 '10년에 비해 182.2% 증가한 11,521명으로 매년 증가추세를 보이고 있습니다.

| 연도별 상속세 신고 현황(과세 미달 건 제외) |

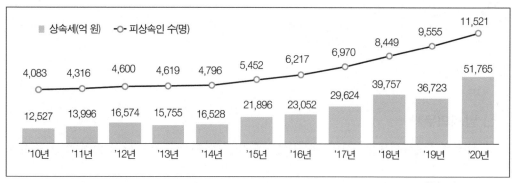

※ 과세 미달 건 제외

③ 상속세 결정 현황 : 연령별, 자산종류별

○ 상속세 결정 연령별 : 80세 이상 5,773건, 70세 이상 3,533건으로 고령화 반영
○ 상속재산 : 건물 7,936건(명)에 약 6조 9,565억원, 토지 6,258건(명)에 6조 505억원 등
　　　　　부동산이 약 60.9%를 차지

| 상속세 결정 현황 : 연령별, 자산종류별 | (단위 : 명수, 백만원)

구분	합계		토지		건물		유가증권		금융자산		기타상속재산	
	인원	금액	인원	금액	인원	금액	인원	금액	인원	금액	인원	금액
	(1=2+~+6)		(2)		(3)		(4)		(5)		(6)	
2017년	6,986	13,967,892	4,524	4,526,300	5,116	3,823,036	1,075	1,938,951	5,390	2,260,649	2,595	1,418,956
2018년	8,002	14,939,403	5,179	5,073,826	6,029	4,680,780	1,190	1,703,382	6,609	2,597,581	3,134	883,835
2019년	8,357	16,374,333	5,409	4,969,423	6,364	5,322,066	1,377	2,292,010	7,146	2,695,348	3,453	1,095,486
2020년	10,181	21,339,420	6,258	6,050,553	7,936	6,956,574	1,484	3,681,629	8,588	3,149,053	4,252	1,501,611
연령별	10,181	21,339,420	6,258	6,050,553	7,936	6,956,574	1,484	3,681,629	8,588	3,149,053	4,252	1,501,611
40세 미만	57	74,826	15	10,727	40	25,157	13	7,994	52	19,879	34	11,068
40세 이상	202	308,087	69	32,533	166	126,101	61	35,032	185	82,288	125	32,133
50세 이상	623	1,319,975	327	201,993	522	459,311	225	239,767	574	290,923	431	127,981
60세 이상	1,186	2,566,285	745	659,034	1,000	971,734	287	243,818	1,083	485,728	738	205,971
70세 이상	2,326	6,660,616	1,562	1,472,325	1,927	1,758,508	374	2,419,149	2,067	666,001	1,171	344,631
80세 이상	5,773	10,384,423	3,533	3,668,924	4,279	3,614,690	520	723,602	4,616	1,597,687	1,751	779,520
기타	14	25,208	7	5,016	2	1,072	4	12,267	11	6,546	2	306

※ 해당연도 상속세 결정자 중 과세미달을 제외하고 작성(1인이 여러 재산을 상속할 수 있어 합계인원과 자산종류별 인원의 합계는 차이가 발생함)

| 2016년 ~ 2020년 상속세 자산종류별 결정 현황 |

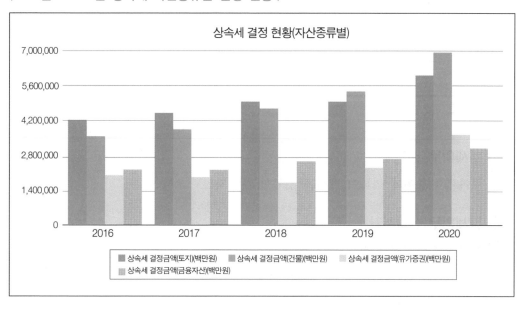

④ 가업상속공제 및 영농상속공제 신고 현황

○ 가업상속 건수는 총 106건(과세 건 89건, 과세미달건 17건)이고, 공제금액은 약 4,210억원(과세 4,011억원, 과세 미달 199억원)입니다.

| 가업상속 및 영농상속 상속공제 신고 현황 | (단위 : 건수, 백만원)

구분	가업상속				영농상속			
	과세		과세미달		과세		과세미달	
	건수	공제금액	건수	공제금액	건수	공제금액	건수	공제금액
	(1)		(2)		(3)		(4)	
2016년	60	295,420	16	22,958	95	36,118	54	25,619
2017년	75	189,667	16	32,931	113	52,318	53	30,469
2018년	80	212,724	23	21,697	171	91,664	89	45,385
2019년	75	224,053	13	12,290	186	98,057	101	61,277
2020년	89	401,109	17	19,940	233	106,832	163	84,683
납세지별	89	401,109	17	19,940	233	106,832	163	84,683

② 증여세 통계

① 개요

□ 납세의무자

○ 증여세 : 증여에 의하여 재산을 취득한 수증자

□ 납세의무 성립시기

○ 증여세 : 증여재산 취득일

    －등기・등록을 요하는 재산 : 등기・등록일

    －동산 및 기타재산 : 인도일 또는 사실상 사용일

□ 자진신고기한

○ 증여세 : 증여받은 날이 속하는 달의 말일부터 3개월 이내

□ 과세표준

○ 증여세 : 증여재산가액과 당해 증여 전 10년 이내에 동일인(직계존속인 경우 배우자 포함)으로부터 받은 합산대상 증여가액의 합계액에서 증여재산공제, 증여재산에 담보된 채무 등을 차감한 금액

② 증여세 신고 현황

○ '20년 증여세 신고세액(신고서 상의 납부할 세액)은 6조 8,528억원으로 10년 전인 '10년 1조 3,412억원에 비하여 410.9% 증가하였습니다.

    －신고건수는 '10년에 비해 168.6% 증가한 약 21만 4천여 건으로 '12년 이후 매년 증가추세를 보이고 있습니다.

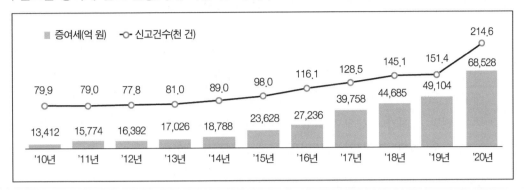

③ 재산 종류별 증여 현황

○ '20년 기준 건수로는 금융자산 64,362건, 토지 53,405건, 건물 46,546건 순이며 증여재산가
  액으로는 건물 9조 8,728억원, 토지 7조 4,561억원, 금융자산 7조 2,822억원 순입니다.

| 증여재산 종류별 현황(과세 미달 건 제외) | (단위 : 백만원)

구분	합계		토지		건물		유가증권		금융자산		기타증여재산	
	건수	금액	건수	금액	건수	금액	건수	금액	건수	금액	건수	금액
	(1=2+~+6)		(2)		(3)		(4)		(5)		(6)	
2016년	124,876	18,040,116	44,645	5,712,244	27,825	3,866,431	18,029	3,489,083	38,217	3,968,652	7,517	1,003,706
2017년	146,337	24,525,412	54,021	7,990,026	33,043	5,363,730	17,549	4,120,435	40,632	5,304,174	13,539	1,747,047
2018년	160,421	28,610,047	55,435	8,498,187	41,128	7,772,498	17,640	4,202,323	49,219	6,573,362	10,344	1,563,677
2019년	169,911	29,391,306	60,201	8,973,107	43,006	8,016,712	15,809	4,527,522	54,294	6,373,299	10,762	1,500,665
2020년	183,499	31,415,394	53,405	7,456,118	46,546	9,872,886	16,979	4,837,109	64,362	7,282,214	14,267	1,967,066
납세지별	183,499	31,415,394	53,405	7,456,118	46,546	9,872,886	16,979	4,837,109	64,362	7,282,214	14,267	1,967,066

※ 해당연도 증여세 결정 건 중 과세미달(건)을 제외하고 작성

제
6
편

④ 증여자와 수증자와의 관계 및 규모별 증여 현황

○ '20년 총 증여 건수 214,603건 중 직계존비속 128,363건, 친족 등 특수관계인이 아닌
   기타 41,062건, 기타친족(6촌이내 혈족, 4촌이내 인척, 며느리, 사위 포함) 38,388건,
   배우자 6,790건 순입니다.

○ 증여 건당 증여가액 규모별로 살펴보면 3억원 이하 62,933건 〉1억원 이하 57,251건
   〉5천만원 이하 34,023건 〉10억원 이하 20,069건 순입니다.

| 증여자와 수증자와의 관계 및 규모별 증여 현황 |

(단위 : 백만원)

구분	합계		배우자		직계존비속		기타친족		기타	
	건수	증여 재산가액등	건수	증여 재산가액등	건수	증여 재산가액등	건수	증여 재산가액등	건수	증여 재산가액등
	(1=2+3+4+5)		(2)		(3)		(4)		(5)	
2016년	116,111	26,011,222	1,749	1,530,174	62,691	18,958,026	20,529	2,499,491	31,142	3,023,531
2017년	128,454	34,759,432	2,177	1,855,647	72,695	25,568,552	23,429	4,728,025	30,153	2,607,208
2018년	145,139	38,118,755	3,164	2,630,177	85,773	28,822,071	27,333	3,672,920	28,869	2,993,586
2019년	151,399	42,178,503	3,350	2,916,615	86,413	30,582,275	29,813	5,237,911	31,823	3,441,704
2020년	214,603	59,915,960	6,790	5,312,242	128,363	43,929,009	38,388	5,897,512	41,062	4,777,197
증여재산 가액등규모별	214,603	59,915,960	6,790	5,312,242	128,363	43,929,009	38,388	5,897,512	41,062	4,777,197
1천만 이하	15,757	66,674	–	–	136	885	1,296	7,756	14,325	58,033
5천만 이하	34,023	929,312	9	262	6,495	206,339	14,646	390,546	12,873	332,165
1억 이하	57,251	4,271,899	8	610	42,559	3,138,590	8,098	628,881	6,586	503,820
3억 이하	62,933	10,682,369	43	8,733	49,705	8,465,157	9,115	1,496,922	4,070	711,557
5억 이하	17,292	6,895,072	32	12,787	13,065	5,177,274	2,741	1,112,303	1,454	592,707
10억 이하	20,069	13,909,405	5,859	4,140,715	11,116	7,639,501	2,006	1,363,147	1,088	766,042
20억 이하	5,291	6,990,389	781	972,293	3,662	4,911,282	395	514,013	453	592,801
30억 이하	953	2,321,399	39	93,404	778	1,901,736	52	126,305	84	199,954
50억 이하	483	1,796,311	16	59,736	398	1,470,460	21	82,701	48	183,413
50억 초과	551	12,053,130	3	23,703	449	11,017,784	18	174,938	81	836,705

※ 과세 미달 건 제외

⑤ 기타 증여 현황 : 창업자금 증여특례 및 가업승계 증여특례

○ 창업자금 증여특례 : 총 59건(과세 18건, 과세미달 41건), 총 약 148억원(과세 약 75억원, 과세미달 약 73억원)

○ 가업승계 증여특례 : 총 222건(과세 157건, 과세미달 65건), 총 약 3,169억원(과세 약 2,990억원, 과세미달 약 179억원)

| 창업자금 및 가업승계 증여 특례 관련 증여 현황 |
(단위 : 백만원)

구분	창업자금증여특례				가업승계증여특례			
	과세		과세미달		과세		과세미달	
	건수	증여재산가액	건수	증여재산가액	건수	증여재산가액	건수	증여재산가액
	(1)		(2)		(3)		(4)	
2016년	11	10,245	16	4,169	96	193,391	34	8,866
2017년	13	10,754	18	3,828	116	246,309	57	17,287
2018년	14	10,783	24	4,944	140	291,191	64	20,729
2019년	19	9,938	37	5,256	113	221,559	59	16,721
2020년	18	7,573	41	7,292	157	299,039	65	17,912
납세지별	18	7,573	41	7,292	157	299,039	65	17,912

※ 해당연도 중 증여세 결정 기준으로 작성
주) TASIS 국세통계포털 '2021년 통계 연감' 참조(2020년까지 기준)

③ 종합부동산세 통계

① 개요

□ 납세의무자

○ 종합부동산세의 과세기준일(매년 6월 1일) 현재 과세대상인 주택 또는 토지의 소유자로서 전국에 있는 주택과 토지를 유형별로 구분하여 인별로 합산한 공시가격 합계액이 과세기준 금액을 초과하는 자

□ **과세대상**

○ 지방세법상 재산세 과세대상 재산 중 주택(주거용 건축물을 말함)과 토지(종합합산 과세대상 토지와 별도합산 과세대상 토지를 말함)

□ **과세표준**

○ 주택 : 납세의무자별로 주택의 공시가격을 합산한 금액에서 6억원(1주택자인 경우 9억원)을 공제한 후 공정시장가액비율(2020년 90%, 2021년 95%)을 곱한 금액

※ 다만, 별장과 일정요건이 충족된 임대주택 및 사원용주택, 기숙사, 미분양주택, 가정 어린이집용 주택 등은 합산 배제신청에 의해 합산대상이 되는 주택의 범위에 포함하지 아니함.

○ 종합합산토지 : 납세의무자별로 종합합산토지의 공시가격을 합산한 금액에서 5억원을 공제한 후 공정시장가액비율(2020년 90%, 2021년 95%)을 곱한 금액

○ 별도합산토지 : 납세의무자별로 별도합산토지의 공시가격을 합산한 금액에서 80억원을 공제한 후 공정시장가액비율(2020년 90%, 2021년 95%)을 곱한 금액

② 종합부동산세 결정 현황

○ '20.6.1. 현재 개인·법인이 보유한 부동산에 대한 종합부동산세 결정은 약 74만 4천명으로 3조 9,006억원이었습니다. 10년 전인 '10년에는 약 25만명에 1조 862억원으로 인원은 197.6% 증가하였고, 세액은 259.1% 증가하였습니다.

1) 납세의무자 구성은 개인 약 707,400명과 법인 약 36,100개로 구성되어 있습니다.
2) 종합부동산세 세액 구성은 개인 약 1조 6,165억원과 법인 약 2조 2,840억원으로 구성되어 있습니다.

| 연도별 종합부동산세 결정 현황 |

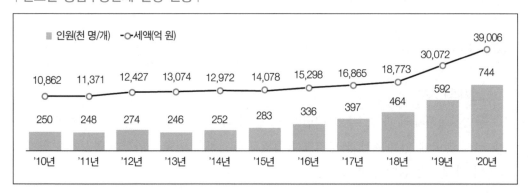

○ '20년 종합부동산세액 약 3조 9,006억원을 지역별로 분류하여 보면, 수도권 지역(서울, 인천, 경기)의 종합부동산세가 3조 688억원으로 78.7%를 차지하고 있습니다.

| 2020년 지역별 종합부동산세 결정 현황 |

(단위 : 억원)

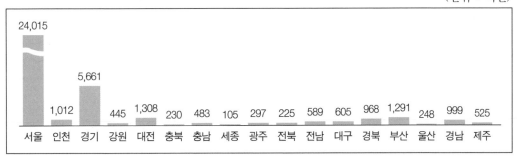

3 주택분 종합부동산세 : 과세표준 또는 보유주택수별 종합부동산세 현황

○ 과세표준 = (시가표준액 − 6억 또는 9억)×공정시장가액비율로 계산

| 주택분 종합부동산세 : 과세표준 또는 보유주택수별 현황 |

(단위 : 백만원)

구분	인원 (1)	과세표준 (2)	종합 부동산세액 (3)	공제할 재산세액 (4)	산출세액 (5=3-4)	세액공제 (6)	세부담상한 초과세액 (7)	결정세액 (8=5-6-7)
과세표준 규모별	665,444	247,307,593	2,136,058	480,165	1,655,893	132,046	64,808	1,459,040
3억 이하	413,639	48,410,962	258,700	89,931	168,770	9,386	5,392	153,991
6억 이하	132,078	56,244,720	341,040	107,060	233,980	23,477	12,520	197,982
10억 이하	70,085	70,085	70,085	70,085	70,085	70,085	70,085	70,085
20억 이하	39,743	53,567,647	531,891	109,390	422,500	47,106	21,215	354,181
30억 이하	6,965	16,479,965	209,409	34,212	175,197	14,836	2,696	157,665
50억 이하	2,123	7,869,150	115,655	15,704	99,952	3,959	47	95,946
80억 이하	507	3,073,909	52,711	5,465	47,245	1,337		45,909
100억 이하	101	892,587	17,197	1,397	15,800	693	0	15,107
100억 초과	203	7,155,383	205,912	9,519	196,393	393		196,000

구분	인원 (1)	과세표준 (2)	종합 부동산세액 (3)	공제할 재산세액 (4)	산출세액 (5=3-4)	세액공제 (6)	세부담상한 초과세액 (7)	결정세액 (8=5-6-7)
보유 주택수별	665,444	247,307,593	2,136,058	480,165	1,655,893	132,046	64,808	1,459,040
1호	296,368	107,057,999	743,086	249,744	493,342	120,459	55,820	317,063
2호	192,497	69,527,799	602,902	133,572	469,331	3,701	7,855	457,775
3호	53,761	19,071,883	179,703	33,014	146,689	1,764	270	144,655
4호	29,237	9,799,403	89,889	15,426	74,464	1,091	224	73,149
5호	19,132	6,156,251	54,596	8,910	45,687	709	125	44,853
6~10호	41,087	14,301,869	127,742	17,871	109,873	2,999	245	106,627
11호 이상	33,362	21,392,387	338,138	21,630	316,508	1,323	269	314,918

※ 보유주택 : 종부세 과세대상 주택을 의미하며 지분 소유 및 주택 부속토지만을 소유한 경우에도 수량에
　　포함. 다가구 주택은 1구를 1호로 산출
※ 세액공제 : 1세대 1주택자에 대한 5년 이상 장기보유공제 및 60세 이상 연령별 세액공제임.
주) TASIS 국세통계포털 '2021년 통계 연감' 참조(2020년까지 기준)

4 양도소득세 통계

1 개요

☐ **납세의무자**

○ 양도소득세 과세대상 자산을 양도함으로써 발생된 소득이 있는 개인

☐ **과세대상**

○ 토지, 건물

○ 부동산에 관한 권리(지상권, 전세권, 등기된 부동산 임차권, 부동산을 취득할 수 있는
권리)

○ 주권 상장주식 등·코스닥 상장주식 등·코넥스 상장주식 등(대주주 등이 양도하는
주식 등)

○ 비상장주식

○ 기타자산(특정주식 등, 사업용 고정자산과 함께 양도하는 영업권, 특정시설물 이용
권·회원권, 부동산과 함께 양도하는 이축권('20.1.1. 이후 양도분부터 적용))

○ 파생상품

□ **과세표준**

○ 양도가액에서 필요경비(취득가액, 자본적지출액, 양도비 등), 장기보유특별공제액(주식 제외) 및 양도소득 기본공제(연 250만원 한도)를 차감한 금액

2 **연도별 양도소득세 신고 현황**

○ '20년 귀속 양도소득세 신고건수, 양도가액은 약 1,006천 건, 약 1,043조원으로, 10년 전인 '10년에 비하여 각각 건수는 85.0%, 양도가액은 871.3% 증가하였습니다.
  - '16년 귀속부터 확정신고 과세대상에 파생상품(주가지수 관련 상품 등)이 포함되었습니다.

| 연도별 양도소득세 신고 현황 |

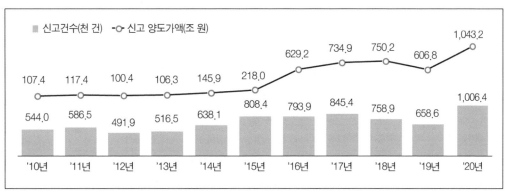

※ 해당 연도 귀속 과세대상 양도소득세를 기준으로 작성, 과세 미달 및 비과세는 제외
※ 예정신고와 확정신고를 단순 합계한 통계 자료임.

3 **양도소득세 예정 신고 현황 : 자산별, 보유기간별**

○ '20년 귀속 양도소득세 예정신고건수 중에서 토지 551,948건, 건물 457,107건, 부동산에 관한 권리 94,216건, 주식 57,232건 순입니다.

○ '20년 귀속 양도소득세 양도가액 기준으로 살펴보면 건물 약 167조 1,688억원, 토지 약 82조 6,013억원 순으로 부동산이 81.3%를 차지합니다.

○ 보유기간으로는 2년 이상이 106,157건으로 가장 많고 그 다음으로는 1년 미만이 101,937건, 1년 이상이 93,170건입니다.

구분	자산건수 (1)	양도가액 (2)	취득가액 (3)	필요경비 (4)	양도차익 (5)	장기보유 특별공제 (6)	양도소득 금액 (7=5-6)
2016년	993,386	210,245,161	124,629,169	3,535,509	82,080,483	16,372,923	65,707,560
2017년	1,056,450	239,480,722	136,513,602	3,521,497	99,445,623	20,269,089	79,176,534
2018년	939,004	227,850,827	123,886,787	3,383,943	91,674,632	20,627,949	71,046,683
2019년	833,449	199,445,568	103,444,896	2,855,246	83,464,131	18,281,521	65,182,610
2020년	1,166,318	307,128,943	165,457,000	4,119,920	122,110,508	26,965,897	95,144,611
자산종류별	1,166,318	307,128,943	165,457,000	4,119,920	122,110,508	26,965,897	95,144,611
토지	551,948	82,601,378	27,304,272	1,190,474	54,106,631	13,493,825	40,612,806
건물	457,107	167,168,830	99,908,027	2,564,429	49,254,859	13,416,105	35,838,754
고가주택	44,437	44,809,080	18,614,790	537,810	10,214,964	6,458,224	3,756,741
기타주택	333,028	89,465,519	61,932,198	1,346,220	26,187,100	4,215,978	21,971,122
기타건물	79,642	32,894,232	19,361,039	680,399	12,852,795	2,741,903	10,110,891
부동산에관한권리	94,216	36,145,644	31,294,527	173,475	4,677,642	55,967	4,621,675
주식	57,232	20,300,213	6,431,096	163,284	13,705,833	0	13,705,833
유가증권시장 상장주식	11,279	5,901,846	2,710,990	29,550	3,161,305	0	3,161,305
코스닥상장주식	13,240	5,078,902	1,960,709	31,652	3,086,541	0	3,086,541
코넥스상장주식	688	81,277	10,960	705	69,611	0	69,611
비상장주식	32,025	9,238,189	1,748,437	101,375	7,388,377	0	7,388,377
기타자산	5,815	912,879	519,078	28,259	365,542	0	365,542
특정시설물이용권	5,609	698,261	467,028	25,540	205,693	0	205,693
기타	206	214,618	52,050	2,719	159,849	0	159,849
보유기간별	1,166,318	307,128,943	165,457,000	4,119,920	122,110,508	26,965,897	95,144,611
1년 미만	101,937	28,868,648	25,348,658	325,844	3,184,696	0	3,184,696
1년 이상	93,170	25,136,037	19,841,213	320,516	4,937,835	0	4,937,835
2년 이상	106,157	31,466,226	23,231,283	390,678	7,006,526	0	7,006,526
3년 이상	77,732	22,984,697	15,490,356	337,005	5,671,957	326,315	5,345,642
4년 이상	65,371	19,406,501	12,200,870	304,371	5,541,316	442,056	5,099,260
5년 이상	56,863	16,012,377	9,529,145	255,518	5,138,351	504,670	4,633,682
6년 이상	42,756	11,216,739	6,508,177	167,955	3,758,660	483,691	3,274,969
7년 이상	33,795	9,171,959	4,922,377	136,768	3,492,147	471,834	3,020,313

구분	자산건수 (1)	양도가액 (2)	취득가액 (3)	필요경비 (4)	양도차익 (5)	장기보유 특별공제 (6)	양도소득 금액 (7=5-6)
8년 이상	33,157	7,855,180	4,336,835	130,676	2,964,350	469,205	2,495,145
9년 이상	31,358	7,348,553	4,140,188	128,681	2,693,580	511,146	2,182,434
10년 이상	32,760	8,242,327	4,451,449	132,590	3,207,679	705,292	2,502,387
11년 이상	28,788	7,346,512	3,716,674	129,765	2,937,473	755,049	2,182,424
12년 이상	31,653	6,729,549	3,465,651	128,826	2,775,289	677,393	2,097,895
13년 이상	32,191	7,746,263	3,635,388	124,251	3,530,607	939,606	2,591,001
14년 이상	30,743	8,179,684	3,401,058	119,586	4,080,723	1,134,220	2,946,503
15년 이상	34,143	8,398,934	3,070,602	121,872	4,670,548	1,279,192	3,391,356
16년 이상	30,915	8,458,654	2,988,175	121,795	4,785,031	1,532,653	3,252,378
17년 이상	25,491	7,814,798	2,487,583	108,253	4,658,737	1,508,929	3,149,808
18년 이상	21,221	6,908,825	1,942,219	101,970	4,239,481	1,378,376	2,861,106
19년 이상	16,562	4,669,088	1,191,978	56,490	2,967,969	1,000,214	1,967,756
20년 이상	239,555	53,167,392	9,557,122	476,510	39,867,553	12,846,057	27,021,496

④ 양도소득세 확정 신고 현황 : 자산별, 보유기간별

○ '20년 귀속 양도소득세 확정신고 건수 중에서 주식 237,036건, 토지 23,633건, 건물 14,822건, 파생상품 11,515건 순입니다.

○ '20년 귀속 양도소득세 양도가액 기준으로 살펴보면 파생상품 약 672조 2,874억원, 주식 약 57조 3,392억원, 건물 약 3조 9,895억원, 토지 약 1조 8,198억원 순입니다.

○ 보유기간으로는 1년 미만이 158,401건으로 가장 많고 그 다음으로는 1년 이상이 66,421건, 20년 이상이 15,591건 순입니다.

(단위 : 백만원)

구분	자산건수 (1)	양도가액 (2)	취득가액 (3)	필요경비 (4)	양도차익 (5)	장기보유 특별공제 (6)	양도소득 (7=5-6)
2016년	71,352	418,983,832	415,414,248	156,758	3,412,826	422,312	2,990,514
2017년	79,038	495,370,491	489,830,725	1,559,677	3,980,089	509,292	3,470,797
2018년	100,341	522,361,247	518,882,030	219,822	3,174,038	449,134	2,724,904

제 6 편

구분	자산건수 (1)	양도가액 (2)	취득가액 (3)	필요경비 (4)	양도차익 (5)	장기보유 특별공제 (6)	양도소득 (7=5-6)
2019년	158,564	407,333,651	403,251,606	162,429	3,804,301	367,148	3,437,152
2020년	289,080	736,113,973	727,530,158	381,453	8,015,530	458,068	7,557,462
자산종류별	289,080	736,113,973	727,530,158	381,453	8,015,530	458,068	7,557,462
토지	23,633	1,819,841	697,576	28,800	1,093,466	260,843	832,622
건물	14,822	3,989,542	2,776,271	55,945	970,494	196,394	774,100
고가주택	682	543,710	255,671	5,079	96,128	61,343	34,786
기타주택	11,672	2,723,021	2,042,661	36,475	643,885	88,872	555,014
기타건물	2,468	722,811	477,940	14,392	230,480	46,180	184,301
부동산에관한권리	1,936	654,186	575,878	3,854	74,453	831	73,623
주식	237,036	57,339,236	52,096,426	249,862	4,992,948	0	4,992,948
유가증권시장 상장주식	935	935,827	296,161	4,170	635,496	0	635,496
코스닥상장주식	1,007	526,396	192,361	2,271	331,764	0	331,764
코넥스상장주식	14	4,237	1,889	8	2,341	0	2,341
비상장주식	235,080	55,872,776	51,606,016	243,413	4,023,347	0	4,023,347
기타자산	138	23,674	14,740	639	8,295	0	8,295
특정시설물이용권	118	14,655	10,520	458	3,677	0	3,677
기타	20	9,019	4,220	182	4,617	0	4,617
파생상품	11,515	672,287,494	671,369,267	42,352	875,875	0	875,875
보유기간별	289,080	736,113,973	727,530,158	381,453	8,015,530	458,068	7,557,462
1년 미만	158,401	20,940,548	19,430,008	102,915	1,407,621	0	1,407,621
1년 이상	66,421	29,338,295	27,141,011	138,429	2,058,632	0	2,058,632
2년 이상	10,481	2,297,591	1,840,348	14,669	430,039	0	430,039
3년 이상	4,495	894,360	664,259	9,058	201,832	6,110	195,722
4년 이상	3,431	686,521	466,025	8,385	188,998	9,119	179,880
5년 이상	2,610	502,892	327,717	7,152	151,779	9,691	142,088
6년 이상	1,777	476,094	318,273	4,591	141,966	9,437	132,529
7년 이상	1,514	265,186	137,594	3,217	114,178	8,484	105,694
8년 이상	1,314	190,010	112,181	3,083	67,879	9,418	58,461
9년 이상	1,420	207,923	136,918	3,063	61,461	10,574	50,888
10년 이상	1,231	252,401	132,678	3,305	110,484	14,089	96,395

구분	자산건수 (1)	양도가액 (2)	취득가액 (3)	필요경비 (4)	양도차익 (5)	장기보유 특별공제 (6)	양도소득 (7=5-6)
11년 이상	1,070	180,170	104,388	2,405	68,244	13,235	55,009
12년 이상	1,139	152,415	88,031	1,972	58,583	13,400	45,184
13년 이상	1,258	251,270	129,887	4,916	111,321	20,561	90,760
14년 이상	1,020	179,893	72,179	2,347	102,359	16,135	86,223
15년 이상	1,188	735,972	90,697	4,111	635,618	22,886	612,732
16년 이상	1,049	165,644	54,866	2,090	102,914	27,866	75,048
17년 이상	854	138,984	49,425	1,659	83,475	23,986	59,489
18년 이상	669	115,361	38,284	1,058	70,865	22,264	48,600
19년 이상	632	76,167	31,860	1,189	37,670	11,778	25,892
20년 이상	15,591	5,778,782	4,794,260	19,485	933,737	209,035	724,701

주) TASIS 국세통계포털 '2021년 통계 연감' 참조(2020년까지 기준)

5 종합소득세(금융소득 종합과세) 통계

1 개요

□ 납세의무자

○ 자연인인 개인
- 거주자(국내에 주소를 두거나 1년 이상의 거소를 둔 개인)
- 비거주자로서 국내원천소득이 있는 개인

○ 법인으로 보지 않는 단체
- 대표자 또는 관리인이 선임되어 있으나, 이익의 분배 방법이나 분배 비율이 정해져 있지 아니한 단체의 경우 이를 1거주자로 보아 소득세 납세의무가 있습니다.
- 법인으로 보는 단체 외의 법인격 없는 단체 중 위에 해당하지 아니하는 단체는 공동사업자로 보아 소득세 납세의무가 있습니다.

□ 소득세 과세체계

○ 소득세법에서 과세소득으로 열거하고 있는 소득에 과세하며, 종합소득·퇴직소득·양도소득으로 분류

○ 종합소득 : 이자소득·배당소득·사업소득(부동산임대소득)·근로소득·연금소득 및 기타소득의 경우 이를 모두 합산하여 누진세율을 적용하여 과세

   ※ 다만, 이자·배당·연금·기타소득 중 분리과세로 분류된 소득은 제외

   − 거주자별로 비과세 및 분리과세 금융소득을 제외한 연간 금융소득(이자소득, 배당소득)이 2,000만원을 초과하는 경우 다른 종합소득과 합산하여 종합과세하며 이를 금융소득 종합과세라 합니다.

   − 주택임대 수입금액이 연간 2,000만원 이하이면서 분리과세를 선택한 주택임대소득이나 기타소득(계약금이 위약금·배상금으로 대체되는 경우에 한정)은 종합소득에 합산하지 않고 별도로 세액을 계산(분리과세 방식)합니다.

❷ 종합소득세 신고 현황

□ 연도별 종합소득세 신고 현황

○ '20년 귀속 종합소득세 전체 신고인원은 약 802만 명으로서 10년 전인 '10년에 비해 111.9% 증가하였습니다. 과세표준과 총결정세액은 208.5조원 및 37.4조원으로 '10년에 비해 각각 176.9%, 181.2% 증가하였습니다.

| 연도별 종합소득세 과세표준 확정신고 현황 |

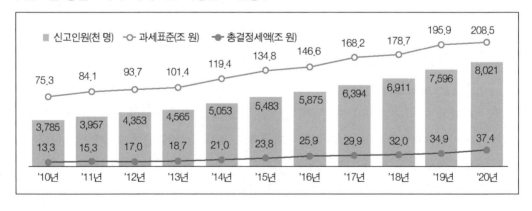

○ '20년 귀속 종합소득 과세표준 확정신고를 한 수도권(서울·인천·경기) 납세자는 약
459만 명으로 총 신고자 중 57.3%를 점유하였습니다.

- 지역별로 종합소득세를 신고한 납세자는 경기, 서울, 인천 순으로 많았고, 세종, 제
주, 울산 순으로 적었습니다.

| 2020년 주소지별 종합소득세 신고 납세자 수 현황 |　　　　　　　　　　(단위 : 천 명)

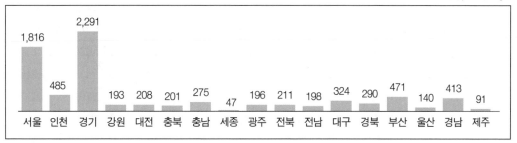

* 단순경비율에 의한 추계신고자 중 과세미달자와 비사업자 중 과세미달자 제외

③ 종합소득 신고자 중 '금융소득 종합과세 신고자' 현황

□ 개요

○ 종합소득세 확정신고자 중 금융소득 종합과세[개인 연간 금융소득(비과세·분리과세
제외)이 연 2천만원을 초과하는 경우 종합과세하는 것]를 한 자의 주소지별, 금융소
득을 말합니다.

□ 금융소득 종합과세 신고자의 종합소득금액 신고 현황

○ '20년 귀속 금융소득 종합과세 신고자는 총 178,953명이며, 신고자의 금융소득을 포함
한 종합소득금액의 합계는 총 49조 7,724억원입니다.

- 이자소득금액 : 3조 545억원,　배당소득금액 : 22조 7,715억원

□ 세부 분석

○ 주소지별로 보면 서울 74,765명, 경기 44,979명, 부산 11,385명 순입니다.

○ 금융소득 규모별로 보면 3천만원 이하가 62,837명으로 가장 많고, 4천만원 이하 29,626
명, 2억원 이하 18,575명, 6천만원 이하 16,553명 순입니다.

(단위 : 백만원)

구분	신고인원	소득금액계	금융소득금액	이자소득금액	배당소득금액	금융소득외 소득금액
	(1)	(2=3+6)	(3=4+5)	(4)	(5)	(6)
2016년	94,129	27,268,705	12,296,144	2,008,598	10,287,546	14,972,561
2017년	133,711	35,745,957	16,828,488	2,143,117	14,685,371	18,917,468
2018년	128,967	37,072,219	17,778,236	2,525,983	15,252,253	19,293,983
2019년	159,440	42,585,452	19,872,915	3,149,003	16,723,911	22,712,537
2020년	178,953	49,772,446	25,826,103	3,054,520	22,771,582	23,946,344
주소지별	178,953	49,772,446	25,826,103	3,054,520	22,771,582	23,946,344
서울	74,765	27,077,143	14,684,462	1,602,716	13,081,745	12,392,681
인천	6,592	1,415,203	749,492	75,313	674,179	665,710
경기	44,979	9,851,611	4,794,263	590,195	4,204,068	5,057,348
강원	2,222	434,679	230,561	29,349	201,212	204,118
대전	3,636	745,849	360,545	48,878	311,667	385,304
충북	2,551	472,621	223,932	38,683	185,249	248,689
충남	3,374	575,493	261,284	43,183	218,101	314,209
세종	819	125,971	63,667	8,278	55,390	62,303
광주	3,502	891,634	472,115	60,045	412,069	419,519
전북	2,642	454,181	179,722	38,177	141,545	274,459
전남	2,541	446,806	184,155	36,911	147,244	262,651
대구	7,019	1,761,000	836,303	118,029	718,275	924,697
경북	3,472	683,350	327,258	47,143	280,115	356,091
부산	11,385	2,926,358	1,549,811	178,490	1,371,321	1,376,547
울산	2,174	427,686	180,323	26,412	153,911	247,364
경남	5,467	1,129,042	530,120	78,272	451,849	598,921
제주	1,813	353,823	198,089	34,447	163,642	155,733
금융소득 규모별	178,953	49,772,446	25,826,103	3,054,520	22,771,582	23,946,344
2천만 이하	2,775	435,397	12,934	8,817	4,117	422,463
3천만 이하	62,837	6,973,049	1,500,747	613,343	887,404	5,472,302
4천만 이하	29,626	3,850,283	1,012,238	322,819	689,420	2,838,044
4.6천만 이하	10,283	1,633,449	440,196	135,054	305,143	1,193,252

구분	신고인원 (1)	소득금액계 (2=3+6)	금융소득금액 (3=4+5)	이자소득금액 (4)	배당소득금액 (5)	금융소득외 소득금액 (6)
6천만 이하	16,553	2,960,833	869,155	230,755	638,400	2,091,679
8천만 이하	12,662	2,576,102	873,361	210,501	662,860	1,702,741
8.8천만 이하	3,824	857,271	321,566	62,860	258,706	535,705
1억 이하	3,967	979,193	372,954	76,872	296,082	606,239
2억 이하	18,575	5,408,848	2,531,212	339,974	2,191,238	2,877,637
3억 이하	6,212	2,868,514	1,501,169	167,812	1,333,357	1,367,345
5억 이하	4,779	3,031,176	1,820,966	169,608	1,651,357	1,210,210
5억 초과	6,860	18,198,331	14,569,605	716,106	13,853,499	3,628,727

주) TASIS 국세통계포털 '2021년 통계 연감' 참조(2020년까지 기준)

6 지방세 개요

1 지방세 구조도

| 지방세 구조도 |

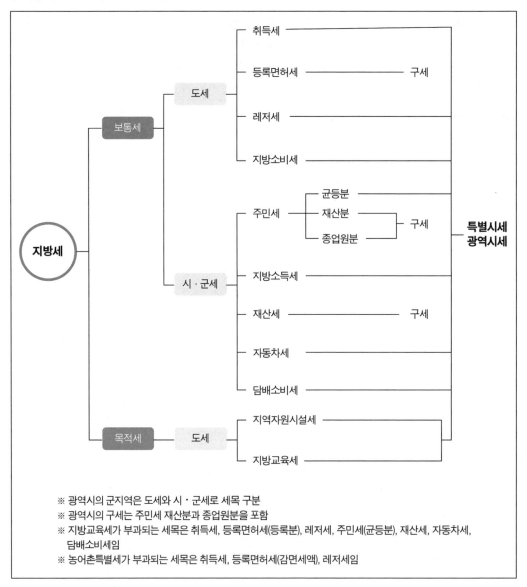

※ 광역시의 군지역은 도세와 시·군세로 세목 구분
※ 광역시의 구세는 주민세 재산분과 종업원분을 포함
※ 지방교육세가 부과되는 세목은 취득세, 등록면허세(등록분), 레저세, 주민세(균등분), 재산세, 자동차세,
   담배소비세임
※ 농어촌특별세가 부과되는 세목은 취득세, 등록면허세(감면세액), 레저세임

지방세 세목별 과세 체계 및 세율 요약

| 지방세 세목 및 과세대상, 세율 |

세목	과세대상		세율
취득세	부동산, 차량 등 취득		• 일반세율 : 2.8%, 3.5%, 4.0% 등 • 유상취득(주택) : 1.0~3.0%, 8.0%, 12.0% 등 • 중과세율 : 4.4%, 8.0%, 8.4% 등
지방소득세	종합소득, 퇴직소득		0.6~4.5%
	양도소득		0.6~7.0%
	법인소득		1.0~2.5%
	특별징수		법인·소득세액의 10.0%
재산세	재산세	건축물, 주택, 토지, 선박, 항공기	• 주택 : 0.1~0.4% • 건축물 : 0.25~4% • 토지 종합 : 0.2~0.5%, 별도 : 0.2~0.4%, 　분리 : 0.07~4% • 선박 : 0.3~5% • 항공기 : 0.3%
	도시 지역분	토지, 건축물, 주택	법 제110조에 따른 토지 등의 과세표준 0.14%
지방소비세	부가가치세(국세)		부가가치세액의 21%
자동차세	소유분	승용 자동차	1cc당 18~200원(승합자동차 등은 다름)
	주행분	교통·에너지· 환경세	교통세액의 36%(탄력세율 26%)
담배소비세	담배 제조 및 수입업자		20개비(1갑)당 1,007원(종류별 다름)
등록면허세	등록	부동산 등기	보존(0.8%), 이전(1.5%, 2.0%), 설정(0.2%)
		선박 등기	보존(0.02%), 기타(건당 15,000원)
		차량의 등록	소유권 등록(비영업용 5%, 경차 2%)
		기계장비	소유권 등록(1.0%), 설정(0.2%), 기타(10,000원)
		법인등기	• 영리법인 : 설립(0.4%), 자본증가(0.4%) • 비영리법인 : 설립(0.2%), 출자증가(0.2%)
	면허	가족 인허가 등 면허	18,000~67,500원
주민세	균등분	개인·법인	개인(1만원 이하), 법인(5~50만원)
	재산분	사업소 연면적	1㎡당 250원(사업소 연면적 330㎡ 초과 시)
	종업원분	급여액	급여총액의 0.5%(1억 5,000만원 초과)
레저세	승마(승자) 투표권 발매액		발매액의 10%

세목	과세대상		세율
지방교육세	취득세액, 등록분 등록면허세, 레저세, 균등분 주민세, 재산세액, 자동차세액, 담배소비세액		각각 20%(취등분 20% 제외), 20%, 40%, 10~25%, 20%, 30%, 43.99%
지역자원 시설세	특정 시설분	건축물, 선박	재산가액의 0.04~0.12%
	특정 자원분	발전용수	10㎡ 2원
		원자력발전	발전량 kWh당 1원
		화력발전	발전량 kWh당 0.3원
		지하수	㎥당 20~200원
		지하자원	채광된 광물가액의 0.5%
		컨테이너	컨테이너 TEU당 1만 5천원

③ 지방세 세목별 징수 실적(2020년 기준)

| 지방세 세목 및 과세대상, 세율 |

(단위 : 천원)

세목별 \ 구분	부과액	징수액	불납결손액	미수액	징수율(%)
합　　　계	106,166,223,387	102,048,782,443	791,131,841	3,326,309,103	96.1
현 년 도 계	103,406,090,326	101,790,066,573	89,970,791	1,526,052,962	98.4
취　　득　세	29,651,559,662	29,536,270,509	10,193,942	105,095,211	99.6
등 록 면 허 세	2,059,890,388	2,052,871,479	319,607	6,699,302	99.7
레　　저　세	168,639,825	168,639,825	–	–	100
지 방 소 비 세	16,569,226,796	16,569,226,796	–	–	100
지역자원시설세	1,807,567,839	1,777,277,742	996,535	29,293,562	98.3
지 방 교 육 세	7,319,392,588	7,135,757,592	3,190,644	180,444,352	97.5
주　　민　세	2,164,867,474	2,123,899,194	2,439,729	38,528,551	98.1
지 방 소 득 세	17,449,070,334	16,941,134,560	64,220,521	443,715,253	97.1
재　　산　세	14,053,271,796	13,773,077,530	5,008,486	275,185,780	98
자 동 차 세	8,584,859,983	8,134,167,705	3,601,327	447,090,951	94.8
담 배 소 비 세	3,577,744,368	3,577,744,368	–	–	100
도　　축　세	–	–	–	–	–
도 시 계 획 세	–727	–727	–	–	100
과 년 도 수 입	2,760,133,061	258,715,870	701,161,050	1,800,256,141	9.4

4 지방세 세목별 전년대비 현황

| 2020년 기준 지방세 세목별 전년대비 증감 현황 |

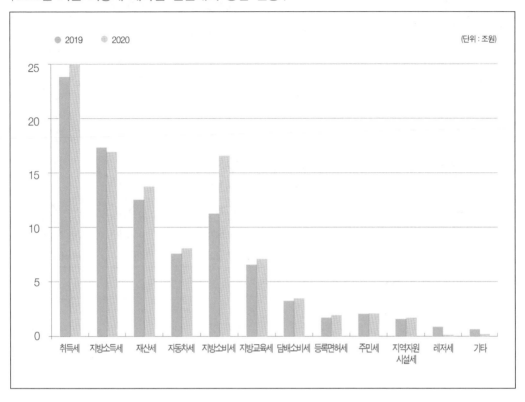

구 분	2019	2020	증감액	증감률
총징수액	904,604	1,020,488	115,884	12.8%
취득세	239,147	295,363	56,216	23.5%
지방소득세	174,259	169,411	-4,848	-2.8%
재산세	126,771	137,731	10,960	8.6%
자동차세	77,251	81,342	4,091	5.3%
지방소비세	113,455	165,692	52,237	46.0%
지방교육세	66,770	71,358	4,588	6.9%
담배소비세	33,577	35,777	2,200	6.6%
등록면허세	18,374	20,529	2,155	11.7%
주민세	21,296	21,239	-57	-0.3%
지역자원시설세	16,805	17,773	968	5.8%
레저세	9,705	1,686	-8,019	-82.6%
기타	7,194	2,587	-4,607	-64.0%

주) '2021년 지방세 통계연감' 참조(2020년까지 기준)

☐ 취득개념과 유형

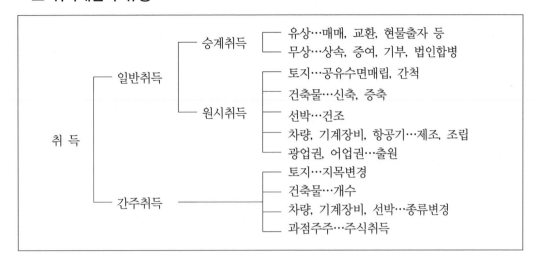

☐ 과세대상

○ (일반취득) 토지 · 건축물, 차량, 기계장비, 선박, 항공기, 입목, 광업권, 어업권, 골프 · 콘도 · 종합 체육시설이용 · 승마 · 요트회원권

○ (간주취득) 토지 지목변경, 과점주주 주식취득, 선박 · 차량 · 기계장비 종류변경, 건축물 개수

☐ 납세의무자

○ 취득세 과세대상 물건을 취득하는 자

　※ 등기 · 등록을 하지 않은 경우라도 잔금지급 등 사실상 취득한 경우 포함

☐ 과세표준

○ 취득자가 신고한 취득당시의 가액. 단 신고가액이 없거나 신고가액이 시가표준액 보다 적을 때에는 그 시가표준액으로 합니다.

　※ 국가 등과 거래, 수입, 공매, 판결문 · 법인장부, 실거래가 신고 · 검증 등으로 사실상 취득가격이 입증되는 경우는 그 가격을 과표로 적용

□ 징수방법

○ 취득일부터 60일(상속 6개월, 외국주소 9개월) 이내 과세관청에 신고납부

□ 면세점 : 취득가액이 50만원 이하인 경우

※ **신탁 관련 취득세 비과세(지방세법 제9조(비과세))**
(중략) ③ 신탁(「신탁법」에 따른 신탁으로서 신탁등기가 병행되는 것만 해당한다)으로 인한 신탁재산의 취득으로서 다음 각 호의 어느 하나에 해당하는 경우에는 취득세를 부과하지 아니한다. 다만, 신탁재산의 취득 중 주택조합등과 조합원 간의 부동산 취득 및 주택조합등의 비조합원용 부동산 취득은 제외한다.
1. 위탁자로부터 수탁자에게 신탁재산을 이전하는 경우
2. 신탁의 종료로 인하여 수탁자로부터 위탁자에게 신탁재산을 이전하는 경우
3. 수탁자가 변경되어 신수탁자에게 신탁재산을 이전하는 경우

□ 과세유형별 취득세율

① 부동산

구분			취득세	농어촌특별세[주1]	지방교육세[주2]	합계세율
주택유상거래	6억 이하	85㎡ 이하	1%	비과세	0.1%	1.1%
		85㎡ 초과		0.2%	0.1%	1.3%
	6억 초과 9억 이하	85㎡ 이하	1~3%	비과세	0.1~0.3%	1.1~3.3%
		85㎡ 초과		0.2%	0.1~0.3%	1.3~3.5%
	9억 초과	85㎡ 이하	3%	비과세	0.3%	3.3%
		85㎡ 초과		0.2%	0.3%	3.5%
주택외 유상거래(토지, 건축물 등)			4%	0.2%	0.4%	4.6%
원시취득, 상속(농지외)			2.8%	0.2%	0.16%	3.16%
무상취득(증여)	비영리사업자		2.8%	0.2%	0.16%	3.16%
	그 외		3.5%	0.2%	0.3%	4.0%
농지	매매		3.0%	0.2%	0.2%	3.4%
	상속		2.3%	0.2%	0.06%	2.56%
공유물 분할			2.3%	0.2%	0.06%	2.56%

주1) 취득세 표준세율(2%로 적용, 농특세법)의 10%. 단, 국민주택(85㎡ 이하)은 비과세
주2) 舊 등록세액(2% 세율 적용)의 20%를 지방교육세로 부과(주택의 경우, 표준세율(1~3%)에 50%를 곱한 세율의 20%)

□ **유상 거래** : 주택 관련 취득세 등 중과세율(2022년 3월말 기준 현행)

구분				취득세	농특세	지방교육세	합계
개인 (유상취득)	2주택	조정대상지역	85㎡ 이하	8%	–	0.4%	8.4%
			85㎡ 초과		0.6%		9%
		非조정	85㎡ 이하	6억 이하 : 1% 6억 초과 9억 이하 : 1.01%~2.99%+(취득가액×2/3억−3)% 9억 초과 : 3%	–	0.4%	1.01%~2.99% +0.4%
			85㎡ 초과		0.2%		1.01%~2.99% +0.6%
	3주택	조정대상지역	85㎡ 이하	12%	–	0.4%	12.4%
			85㎡ 초과		1%		13.4%
		非조정	85㎡ 이하	8%	–	0.4%	8.4%
			85㎡ 초과		0.6%		9%
	4주택	조정대상지역	85㎡ 이하	12%	–	0.4%	12.4%
			85㎡ 초과		1%		13.4%
		非조정	85㎡ 이하	12%	–	0.4%	12.4%
			85㎡ 초과		1%		13.4%
법인	주택수 상관없이	조정, 非조정 상관없이	85㎡ 이하	12%	–	0.4%	12.4%
			85㎡ 초과	12%	1%	0.4%	13.4%

□ **증여를 통한 주택 취득시 '취득세 등' 중과세(2022년 3월말 기준)**

1) 조건(①~③ 조건 모두 만족시 중과세)

① 증여자가 1세대 2주택 이상 보유한 자 일 것, ② 증여하는 주택이 조정대상지역에 소재할 것, ③ 시가표준액이 3억원 이상일 것

2) 중과세율(주택에 한함)

구분	취득세	농특세	지방교육세	합계
전용면적 85㎡ 이하	12%	–	0.4%	12.4%
전용면적 85㎡ 초과	12%	1%	0.4%	13.4%

□ **취득세 물건별 징수 현황 : 주택 〉 토지 〉 차량 〉 건축물 順**

| 2020년 기준 취득세 물건별 징수 현황 |

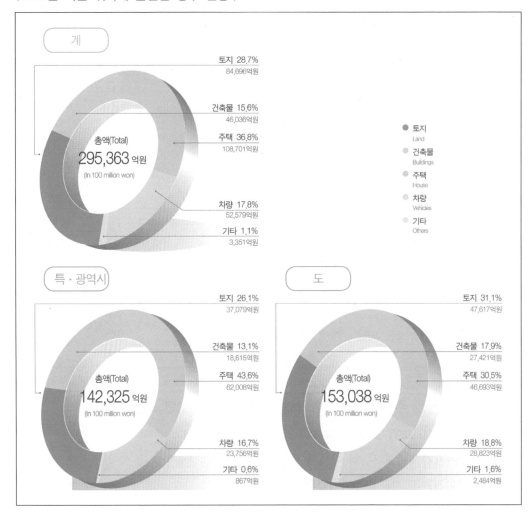

(단위 : 억원)

구분	계	토지	건축물	주택	차량	기타
계	295,363	84,696	46,036	108,701	52,579	3,351
특·광역시	142,325	37,079	18,615	62,008	23,756	867
도	153,038	47,617	27,421	46,693	28,823	2,484

□ **취득세 지역별 징수현황 : 경기 〉서울 〉부산 〉인천 〉경남** 順

(단위 : 천원)

구 분 자치단체별	부과액	징수액	불납결손액	미수액	징수율(%)
합 계	29,651,559,662	29,536,270,509	10,193,942	105,095,211	99.6
서울	7,493,213,496	7,470,731,270	3,436,594	19,045,632	99.7
부산	1,886,689,666	1,883,921,220	239,763	2,528,683	99.9
대구	1,180,701,853	1,175,690,942	2,993,143	2,017,768	99.6
인천	1,850,962,220	1,848,006,576	31,819	2,923,825	99.8
광주	557,202,878	555,814,997	436,807	951,074	99.8
대전	570,604,138	566,684,906	117,254	3,801,978	99.3
울산	446,021,296	444,224,808	107,089	1,689,399	99.6
세종	288,136,161	287,403,517	–	732,644	99.7
경기	9,039,270,336	9,005,247,592	269,482	33,753,262	99.6
강원	642,202,354	638,624,192	158,032	3,420,130	99.4
충북	646,802,064	643,835,213	43,945	2,922,906	99.5
충남	962,074,730	957,047,811	250,600	4,776,319	99.5
전북	590,795,139	587,235,271	555,420	3,004,448	99.4
전남	773,328,795	769,951,402	437,731	2,939,662	99.6
경북	877,972,847	871,167,210	351,129	6,454,508	99.2
경남	1,334,101,502	1,326,170,551	765,061	7,165,890	99.4
제주	511,480,187	504,513,031	73	6,967,083	98.6

주) '2021년 지방세 통계연감' 참조(2020년까지 기준)

8 재산세 통계

☐ 개요

○ (개념) 납세자가 소유한 재산의 경제적 교환가치에 담세력을 두어 과세하는 조세

○ (구성) 재산세(본세) + 도시지역분(舊都市計劃稅)

> ※ 2010년까지는 재산세와 舊도시계획세(도시계획사업에 필요한 비용 충당을 위해 과세한 목적세)로 각각 과세 ⇒ 지방세목 간소화 추진에 따라 재산세로 통합

○ (세수 귀속) 시군세 및 구세(단, 서울*은 특별시세 및 구세로 공동과세)

> * 서울 : (본세) 50%는 특별시세(단, 특별시세는 전액 각 구로 안분 교부), 나머지 50%는 구세, (도시지역분) 전액 특별시세

☐ 과세대상

○ (본세) 토지, 건축물, 주택, 선박, 항공기

━● 토지 과세대상의 구분

① 종합합산과세대상 : 별도합산과세대상과 분리과세대상을 제외한 토지
② 별도합산과세대상
 - 공장용 건축물의 부속토지, 건축물 부속토지
 - 차고용 토지, 보세창고용 토지, 시험·연구·검사용 토지, 공지상태나 해당 토지의 이용에 필요한 시설 등을 설치하여 업무 또는 경제활동에 활용되는 토지(17종)
③ 분리과세대상(합산배제)
 - 공장용지·전·답·과수원 및 목장용지
 - 산림의 보호육성을 위해 필요한 임야 및 종중 소유 임야
 - 골프장용 토지와 고급오락장용 토지
 - 공장의 부속토지로서 개발제한구역의 지정이 있기 전에 취득이 완료된 토지
 - 위와 유사한 토지(38종)

○ (도시지역분) 도시지역* 내 재산세 과세대상 중 대통령령으로 정하는 토지, 건축물 및 주택

> * 「국토의 계획 및 이용에 관한 법률」 제6조 제1호에 따른 도시지역 중 지방자치단체의 장이 재산세 도시지역분을 과세하기 위해 고시한 지역

① 토지 : 전·답·과수원·목장용지·임야, 개발제한구역 내 토지(단, 지상건축물, 골프 장, 유원지, 기타 이용시설이 있는 토지는 제외)
② 주택 : 개발제한구역 내 주택(단, 별장·고급주택은 제외)

□ 납세의무자

○ 과세기준일(6.1.) 현재 재산을 사실상 소유하고 있는 자
　　− 수탁자 명의로 등기·등록된 신탁재산 : 위탁자
○ 사실상 소유자를 확인할 수 없는 경우 : 재산의 사용자

□ 납세지

○ 토지·건축물·주택 : 소재지
○ 선박 : 선적항 소재지
○ 항공기 : 정치장의 소재지

□ 세액산출 방식

□ 과세표준

○ 토지·건축물·주택 : 시가표준액에 공정시장가액비율을 곱한 가액
　　− 시가표준액 : (토지) 공시지가, (건축물) 시가표준액, (주택) 공시가격
　　− 공정시장가액비율 : 토지·건축물 70%, 주택 60%
○ 선박, 항공기 : 시가표준액

제6편

□ 재산세 지역별 징수현황 : 서울 〉 경기 〉 부산 〉 인천 〉 경남 順

(단위 : 천원)

구 분 자치단체별	부과액	징수액	불납결손액	미수액	징수율(%)
합 계	14,053,271,796	13,773,077,530	5,008,486	275,185,780	98
서울	4,795,710,823	4,739,533,091	1,650,602	54,527,130	98.8
부산	795,725,916	781,642,156	651,048	13,432,712	98.2
대구	502,174,363	493,084,251	628,374	8,461,738	98.2
인천	763,234,229	744,542,897	170,394	18,520,938	97.6
광주	229,834,222	225,483,634	209,560	4,141,028	98.1
대전	257,839,845	253,479,150	59,345	4,301,350	98.3
울산	271,248,143	265,065,459	167,728	6,014,956	97.7
세종	98,333,133	96,344,031	457	1,988,645	98
경기	3,652,601,936	3,574,552,412	177,663	77,871,861	97.9
강원	254,390,559	247,230,284	177,170	6,983,105	97.2
충북	253,974,816	246,810,621	15,261	7,148,934	97.2
충남	420,896,877	406,934,148	159,847	13,802,882	96.7
전북	237,026,513	229,076,453	347,694	7,602,366	96.6
전남	260,081,881	252,446,831	172,765	7,462,285	97.1
경북	442,282,615	428,252,198	167,861	13,862,556	96.8
경남	629,851,796	608,198,303	156,701	21,496,792	96.6
제주	188,064,129	180,401,611	96,016	7,566,502	95.9

☐ **재산세 물건별 징수 현황 : 토지 〉 주택 〉 건축물 順**

| 2020년 기준 재산세 물건별 징수 현황 |

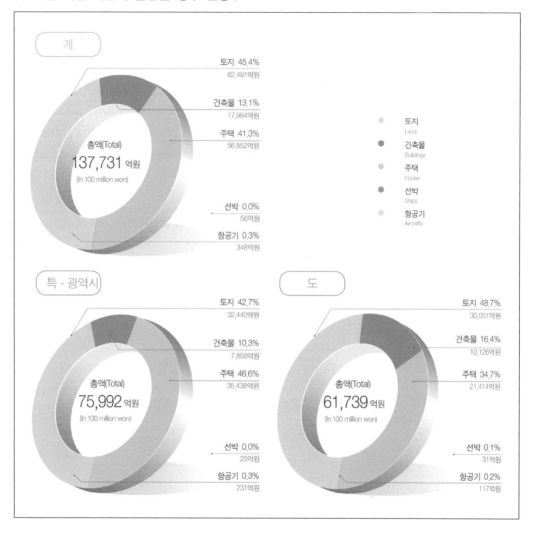

(단위 : 억원)

구분	계	토지	건축물	주택	선박	항공기
계	137,731	62,491	17,984	56,852	56	348
특·광역시	75,992	32,440	7,858	35,438	25	231
도	61,739	30,051	10,126	21,414	31	117

주) '2021년 지방세 통계연감' 참조(2020년까지 기준)

별첨

자산승계신탁·서비스
관련 법령

[시행 2018. 11. 1.] [법률 제15022호, 2017. 10. 31., 타법개정]
법무부(상사법무과) 02-2110-3167

제1장 총 칙

제1조(목적) 이 법은 신탁에 관한 사법적 법률관계를 규정함을 목적으로 한다.

제2조(신탁의 정의) 이 법에서 "신탁"이란 신탁을 설정하는 자(이하 "위탁자"라 한다)와 신탁을 인수하는 자(이하 "수탁자"라 한다) 간의 신임관계에 기하여 위탁자가 수탁자에게 특정의 재산(영업이나 저작재산권의 일부를 포함한다)을 이전하거나 담보권의 설정 또는 그 밖의 처분을 하고 수탁자로 하여금 일정한 자(이하 "수익자"라 한다)의 이익 또는 특정의 목적을 위하여 그 재산의 관리, 처분, 운용, 개발, 그 밖에 신탁 목적의 달성을 위하여 필요한 행위를 하게 하는 법률관계를 말한다.

제3조(신탁의 설정) ① 신탁은 다음 각 호의 어느 하나에 해당하는 방법으로 설정할 수 있다. 다만, 수익자가 없는 특정의 목적을 위한 신탁(이하 "목적신탁"이라 한다)은 「공익신탁법」에 따른 공익신탁을 제외하고는 제3호의 방법으로 설정할 수 없다.
1. 위탁자와 수탁자 간의 계약
2. 위탁자의 유언
3. 신탁의 목적, 신탁재산, 수익자(「공익신탁법」에 따른 공익신탁의 경우에는 제67조 제1항의 신탁관리인을 말한다) 등을 특정하고 자신을 수탁자로 정한 위탁자의 선언
② 제1항 제3호에 따른 신탁의 설정은 「공익신탁법」에 따른 공익신탁을 제외하고는 공정증서(公正證書)를 작성하는 방법으로 하여야 하며, 신탁을 해지할 수 있는 권한을 유보(留保)할 수 없다.
③ 위탁자가 집행의 면탈이나 그 밖의 부정한 목적으로 제1항 제3호에 따라 신탁을 설정한 경우 이해관계인은 법원에 신탁의 종료를 청구할 수 있다.
④ 위탁자는 신탁행위로 수탁자나 수익자에게 신탁재산을 지정할 수 있는 권한을 부여하는 방법으로 신탁재산을 특정할 수 있다.

⑤ 수탁자는 신탁행위로 달리 정한 바가 없으면 신탁 목적의 달성을 위하여 필요한 경우에는 수익자의 동의를 받아 타인에게 신탁재산에 대하여 신탁을 설정할 수 있다.

제4조(신탁의 공시와 대항) ① 등기 또는 등록할 수 있는 재산권에 관하여는 신탁의 등기 또는 등록을 함으로써 그 재산이 신탁재산에 속한 것임을 제3자에게 대항할 수 있다.

② 등기 또는 등록할 수 없는 재산권에 관하여는 다른 재산과 분별하여 관리하는 등의 방법으로 신탁재산임을 표시함으로써 그 재산이 신탁재산에 속한 것임을 제3자에게 대항할 수 있다.

③ 제1항의 재산권에 대한 등기부 또는 등록부가 아직 없을 때에는 그 재산권은 등기 또는 등록할 수 없는 재산권으로 본다.

④ 제2항에 따라 신탁재산임을 표시할 때에는 대통령령으로 정하는 장부에 신탁재산임을 표시하는 방법으로도 할 수 있다.

제5조(목적의 제한) ① 선량한 풍속이나 그 밖의 사회질서에 위반하는 사항을 목적으로 하는 신탁은 무효로 한다.

② 목적이 위법하거나 불능인 신탁은 무효로 한다.

③ 신탁 목적의 일부가 제1항 또는 제2항에 해당하는 경우 그 신탁은 제1항 또는 제2항에 해당하지 아니한 나머지 목적을 위하여 유효하게 성립한다. 다만, 제1항 또는 제2항에 해당하는 목적과 그렇지 아니한 목적을 분리하는 것이 불가능하거나 분리할 수 있더라도 제1항 또는 제2항에 해당하지 아니한 나머지 목적만을 위하여 신탁을 유지하는 것이 위탁자의 의사에 명백히 반하는 경우에는 그 전부를 무효로 한다.

제6조(소송을 목적으로 하는 신탁의 금지) 수탁자로 하여금 소송행위를 하게 하는 것을 주된 목적으로 하는 신탁은 무효로 한다.

제7조(탈법을 목적으로 하는 신탁의 금지) 법령에 따라 일정한 재산권을 향유할 수 없는 자는 수익자로서 그 권리를 가지는 것과 동일한 이익을 누릴 수 없다.

제8조(사해신탁) ① 채무자가 채권자를 해함을 알면서 신탁을 설정한 경우 채권자는 수탁자가 선의일지라도 수탁자나 수익자에게 「민법」 제406조 제1항의 취소 및 원상회복을 청구할 수 있다. 다만, 수익자가 수익권을 취득할 당시 채권자를 해함을 알지 못한 경우에는 그러하지 아니하다.

② 제1항 단서의 경우에 여러 명의 수익자 중 일부가 수익권을 취득할 당시 채권자를 해함을 알지 못한 경우에는 악의의 수익자만을 상대로 제1항 본문의 취소 및 원상회복을

청구할 수 있다.

③ 제1항 본문의 경우에 채권자는 선의의 수탁자에게 현존하는 신탁재산의 범위 내에서 원상회복을 청구할 수 있다.

④ 신탁이 취소되어 신탁재산이 원상회복된 경우 위탁자는 취소된 신탁과 관련하여 그 신탁의 수탁자와 거래한 선의의 제3자에 대하여 원상회복된 신탁재산의 한도 내에서 책임을 진다.

⑤ 채권자는 악의의 수익자에게 그가 취득한 수익권을 위탁자에게 양도할 것을 청구할 수 있다. 이때 「민법」 제406조 제2항을 준용한다.

⑥ 제1항의 경우 위탁자와 사해신탁(詐害信託)의 설정을 공모하거나 위탁자에게 사해신탁의 설정을 교사·방조한 수익자 또는 수탁자는 위탁자와 연대하여 이로 인하여 채권자가 받은 손해를 배상할 책임을 진다.

제2장 신탁관계인

제9조(위탁자의 권리) ① 신탁행위로 위탁자의 전부 또는 일부가 이 법에 따른 위탁자의 권리의 전부 또는 일부를 갖지 아니한다는 뜻을 정할 수 있다.

② 제1항에도 불구하고 목적신탁의 경우에는 신탁행위로 이 법에 따른 위탁자의 권리를 제한할 수 없다.

제10조(위탁자 지위의 이전) ① 위탁자의 지위는 신탁행위로 정한 방법에 따라 제3자에게 이전할 수 있다.

② 제1항에 따른 이전 방법이 정하여지지 아니한 경우 위탁자의 지위는 수탁자와 수익자의 동의를 받아 제3자에게 이전할 수 있다. 이 경우 위탁자가 여럿일 때에는 다른 위탁자의 동의도 받아야 한다.

③ 제3조 제1항 제2호에 따라 신탁이 설정된 경우 위탁자의 상속인은 위탁자의 지위를 승계하지 아니한다. 다만, 신탁행위로 달리 정한 경우에는 그에 따른다.

제11조(수탁능력) 미성년자, 금치산자, 한정치산자 및 파산선고를 받은 자는 수탁자가 될 수 없다.

제12조(수탁자의 임무 종료) ① 다음 각 호의 어느 하나에 해당하는 경우 수탁자의 임무는 종료된다.

별첨

1. 수탁자가 사망한 경우

2. 수탁자가 금치산선고 또는 한정치산선고를 받은 경우

3. 수탁자가 파산선고를 받은 경우

4. 법인인 수탁자가 합병 외의 사유로 해산한 경우

② 제1항 제1호, 제2호 또는 제4호에 따라 수탁자의 임무가 종료된 경우 수탁자의 상속인, 법정대리인 또는 청산인은 즉시 수익자에게 그 사실을 통지하여야 한다.

③ 제1항 제3호에 따라 수탁자의 임무가 종료된 경우 수탁자는 다음 각 호의 구분에 따라 해당 사실을 통지하여야 한다.

1. 수익자에게 수탁자의 임무가 종료된 사실

2. 파산관재인에게 신탁재산에 관한 사항

④ 제1항 제1호, 제2호 또는 제4호에 따라 수탁자의 임무가 종료된 경우 수탁자의 상속인, 법정대리인 또는 청산인은 신수탁자(新受託者)나 신탁재산관리인이 신탁사무를 처리할 수 있을 때까지 신탁재산을 보관하고 신탁사무 인계에 필요한 행위를 하여야 하며, 즉시 수익자에게 그 사실을 통지하여야 한다.

⑤ 수탁자인 법인이 합병하는 경우 합병으로 설립된 법인이나 합병 후 존속하는 법인은 계속 수탁자로서의 권리·의무를 가진다. 수탁자인 법인이 분할하는 경우 분할에 의하여 수탁자로 정하여진 법인도 또한 같다.

제13조(신탁행위로 정한 수탁자의 임무 종료) ① 신탁행위로 정한 수탁자의 임무 종료 사유가 발생하거나 수탁자가 신탁행위로 정한 특정한 자격을 상실한 경우 수탁자의 임무는 종료된다.

② 제1항에 따라 임무가 종료된 수탁자는 즉시 수익자에게 그 사실을 통지하여야 한다.

제14조(수탁자의 사임에 의한 임무 종료) ① 수탁자는 신탁행위로 달리 정한 바가 없으면 수익자와 위탁자의 승낙 없이 사임할 수 없다.

② 제1항에도 불구하고 수탁자는 정당한 이유가 있는 경우 법원의 허가를 받아 사임할 수 있다.

③ 사임한 수탁자는 즉시 수익자에게 그 사실을 통지하여야 한다.

제15조(임무가 종료된 수탁자의 지위) 제13조 제1항 또는 제14조 제1항에 따라 임무가 종료된 수탁자는 신수탁자나 신탁재산관리인이 신탁사무를 처리할 수 있을 때까지 수탁자의 권리·의무를 가진다.

제16조(수탁자의 해임에 의한 임무 종료) ① 위탁자와 수익자는 합의하여 또는 위탁자가 없으면 수익자 단독으로 언제든지 수탁자를 해임할 수 있다. 다만, 신탁행위로 달리 정한 경우에는 그에 따른다.

② 정당한 이유 없이 수탁자에게 불리한 시기에 제1항에 따라 수탁자를 해임한 자는 그 손해를 배상하여야 한다.

③ 수탁자가 그 임무에 위반된 행위를 하거나 그 밖에 중요한 사유가 있는 경우 위탁자나 수익자는 법원에 수탁자의 해임을 청구할 수 있다.

④ 제3항의 청구에 의하여 해임된 수탁자는 즉시 수익자에게 그 사실을 통지하여야 한다.

⑤ 해임된 수탁자는 신수탁자나 신탁재산관리인이 신탁사무를 처리할 수 있을 때까지 신탁재산을 보관하고 신탁사무 인계에 필요한 행위를 하여야 한다. 다만, 임무 위반으로 해임된 수탁자는 그러하지 아니하다.

제17조(신탁재산관리인 선임 등의 처분) ① 수탁자의 임무가 종료되거나 수탁자와 수익자 간의 이해가 상반되어 수탁자가 신탁사무를 수행하는 것이 적절하지 아니한 경우 법원은 이해관계인의 청구에 의하여 신탁재산관리인의 선임이나 그 밖의 필요한 처분을 명할 수 있다. 다른 수탁자가 있는 경우에도 또한 같다.

② 제1항에 따라 신탁재산관리인을 선임하는 경우 법원은 신탁재산관리인이 법원의 허가를 받아야 하는 사항을 정할 수 있다.

③ 제1항에 따라 선임된 신탁재산관리인은 즉시 수익자에게 그 사실을 통지하여야 한다.

④ 신탁재산관리인은 선임된 목적범위 내에서 수탁자와 동일한 권리·의무가 있다. 다만, 제2항에 따라 법원의 허가를 받아야 하는 사항에 대하여는 그러하지 아니하다.

⑤ 제1항에 따라 신탁재산관리인이 선임된 경우 신탁재산에 관한 소송에서는 신탁재산관리인이 당사자가 된다.

⑥ 법원은 제1항에 따라 선임한 신탁재산관리인에게 필요한 경우 신탁재산에서 적당한 보수를 줄 수 있다.

제18조(필수적 신탁재산관리인의 선임) ① 법원은 다음 각 호의 어느 하나에 해당하는 경우로서 신수탁자가 선임되지 아니하거나 다른 수탁자가 존재하지 아니할 때에는 신탁재산을 보관하고 신탁사무 인계에 필요한 행위를 하여야 할 신탁재산관리인을 선임한다.

1. 수탁자가 사망하여 「민법」 제1053조 제1항에 따라 상속재산관리인이 선임되는 경우
2. 수탁자가 파산선고를 받은 경우
3. 수탁자가 법원의 허가를 받아 사임하거나 임무 위반으로 법원에 의하여 해임된 경우

② 법원은 제1항 각 호의 어느 하나에 해당하여 수탁자에 대하여 상속재산관리인의 선임 결정, 파산선고, 수탁자의 사임허가결정 또는 해임결정을 하는 경우 그 결정과 동시에 신탁재산관리인을 선임하여야 한다.

③ 선임된 신탁재산관리인의 통지의무, 당사자 적격 및 보수에 관하여는 제17조 제3항, 제5항 및 제6항을 준용한다.

제19조(신탁재산관리인의 임무 종료) ① 신수탁자가 선임되거나 더 이상 수탁자와 수익자 간의 이해가 상반되지 아니하는 경우 신탁재산관리인의 임무는 종료된다.

② 신탁재산관리인은 법원의 허가를 받아 사임할 수 있다.

③ 법원은 이해관계인의 청구에 의하여 신탁재산관리인을 해임할 수 있다.

④ 법원은 제2항 또는 제3항의 결정을 함과 동시에 새로운 신탁재산관리인을 선임하여야 한다.

제20조(신탁재산관리인의 공고, 등기 또는 등록) ① 법원은 다음 각 호의 어느 하나에 해당하는 경우 그 취지를 공고하고, 등기 또는 등록된 신탁재산에 대하여 직권으로 지체 없이 그 취지의 등기 또는 등록을 촉탁하여야 한다.

1. 제17조 제1항에 따라 신탁재산관리인을 선임하거나 그 밖의 필요한 처분을 명한 경우
2. 제18조 제1항에 따라 신탁재산관리인을 선임한 경우
3. 제19조 제2항에 따라 신탁재산관리인의 사임결정을 한 경우
4. 제19조 제3항에 따라 신탁재산관리인의 해임결정을 한 경우

② 제19조 제1항에 따라 신탁재산관리인의 임무가 종료된 경우 법원은 신수탁자 또는 이해가 상반되지 아니하게 된 수탁자의 신청에 의하여 제1항에 따른 등기 또는 등록의 말소를 촉탁하여야 한다.

③ 신탁재산관리인이나 수탁자는 고의나 과실로 제1항 또는 제2항에 따른 등기 또는 등록이 사실과 다르게 된 경우 그 등기 또는 등록과 다른 사실로써 선의의 제3자에게 대항하지 못한다.

제21조(신수탁자의 선임) ① 수탁자의 임무가 종료된 경우 위탁자와 수익자는 합의하여 또는 위탁자가 없으면 수익자 단독으로 신수탁자를 선임할 수 있다. 다만, 신탁행위로 달리 정한 경우에는 그에 따른다.

② 위탁자와 수익자 간에 신수탁자 선임에 대한 합의가 이루어지지 아니한 경우 이해관계인은 법원에 신수탁자의 선임을 청구할 수 있다.

③ 유언에 의하여 수탁자로 지정된 자가 신탁을 인수하지 아니하거나 인수할 수 없는 경

우에는 제1항 및 제2항을 준용한다.

④ 법원은 제2항(제3항에 따라 준용되는 경우를 포함한다)에 따라 선임한 수탁자에게 필요한 경우 신탁재산에서 적당한 보수를 줄 수 있다.

제3장 신탁재산

제22조(강제집행 등의 금지) ① 신탁재산에 대하여는 강제집행, 담보권 실행 등을 위한 경매, 보전처분(이하 "강제집행등"이라 한다) 또는 국세 등 체납처분을 할 수 없다. 다만, 신탁 전의 원인으로 발생한 권리 또는 신탁사무의 처리상 발생한 권리에 기한 경우에는 그러하지 아니하다.

② 위탁자, 수익자나 수탁자는 제1항을 위반한 강제집행등에 대하여 이의를 제기할 수 있다. 이 경우 「민사집행법」 제48조를 준용한다.

③ 위탁자, 수익자나 수탁자는 제1항을 위반한 국세 등 체납처분에 대하여 이의를 제기할 수 있다. 이 경우 국세 등 체납처분에 대한 불복절차를 준용한다.

제23조(수탁자의 사망 등과 신탁재산) 신탁재산은 수탁자의 상속재산에 속하지 아니하며, 수탁자의 이혼에 따른 재산분할의 대상이 되지 아니한다.

제24조(수탁자의 파산 등과 신탁재산) 신탁재산은 수탁자의 파산재단, 회생절차의 관리인이 관리 및 처분 권한을 갖고 있는 채무자의 재산이나 개인회생재단을 구성하지 아니한다.

제25조(상계 금지) ① 신탁재산에 속하는 채권과 신탁재산에 속하지 아니하는 채무는 상계(相計)하지 못한다. 다만, 양 채권·채무가 동일한 재산에 속하지 아니함에 대하여 제3자가 선의이며 과실이 없을 때에는 그러하지 아니하다.

② 신탁재산에 속하는 채무에 대한 책임이 신탁재산만으로 한정되는 경우에는 신탁재산에 속하지 아니하는 채권과 신탁재산에 속하는 채무는 상계하지 못한다. 다만, 양 채권·채무가 동일한 재산에 속하지 아니함에 대하여 제3자가 선의이며 과실이 없을 때에는 그러하지 아니하다.

제26조(신탁재산에 대한 혼동의 특칙) 다음 각 호의 경우 혼동(混同)으로 인하여 권리가 소멸하지 아니한다.

1. 동일한 물건에 대한 소유권과 그 밖의 물권이 각각 신탁재산과 고유재산 또는 서로 다른 신탁재산에 귀속하는 경우

2. 소유권 외의 물권과 이를 목적으로 하는 권리가 각각 신탁재산과 고유재산 또는 서로 다른 신탁재산에 귀속하는 경우

3. 신탁재산에 대한 채무가 수탁자에게 귀속하거나 수탁자에 대한 채권이 신탁재산에 귀속하는 경우

제27조(신탁재산의 범위) 신탁재산의 관리, 처분, 운용, 개발, 멸실, 훼손, 그 밖의 사유로 수탁자가 얻은 재산은 신탁재산에 속한다.

제28조(신탁재산의 첨부) 신탁재산과 고유재산 또는 서로 다른 신탁재산에 속한 물건 간의 부합(附合), 혼화(混和) 또는 가공(加工)에 관하여는 각각 다른 소유자에게 속하는 것으로 보아 「민법」 제256조부터 제261조까지의 규정을 준용한다. 다만, 가공자가 악의인 경우에는 가공으로 인한 가액의 증가가 원재료의 가액보다 많을 때에도 법원은 가공으로 인하여 생긴 물건을 원재료 소유자에게 귀속시킬 수 있다.

제29조(신탁재산의 귀속 추정) ① 신탁재산과 고유재산 간에 귀속관계를 구분할 수 없는 경우 그 재산은 신탁재산에 속한 것으로 추정한다.
② 서로 다른 신탁재산 간에 귀속관계를 구분할 수 없는 경우 그 재산은 각 신탁재산 간에 균등하게 귀속된 것으로 추정한다.

제30조(점유하자의 승계) 수탁자는 신탁재산의 점유에 관하여 위탁자의 점유의 하자를 승계한다.

제4장 수탁자의 권리·의무

제31조(수탁자의 권한) 수탁자는 신탁재산에 대한 권리와 의무의 귀속주체로서 신탁재산의 관리, 처분 등을 하고 신탁 목적의 달성을 위하여 필요한 모든 행위를 할 권한이 있다. 다만, 신탁행위로 이를 제한할 수 있다.

제32조(수탁자의 선관의무) 수탁자는 선량한 관리자의 주의(注意)로 신탁사무를 처리하여야 한다. 다만, 신탁행위로 달리 정한 경우에는 그에 따른다.

제33조(충실의무) 수탁자는 수익자의 이익을 위하여 신탁사무를 처리하여야 한다.

제34조(이익에 반하는 행위의 금지) ① 수탁자는 누구의 명의(名義)로도 다음 각 호의 행

위를 하지 못한다.

1. 신탁재산을 고유재산으로 하거나 신탁재산에 관한 권리를 고유재산에 귀속시키는 행위

2. 고유재산을 신탁재산으로 하거나 고유재산에 관한 권리를 신탁재산에 귀속시키는 행위

3. 여러 개의 신탁을 인수한 경우 하나의 신탁재산 또는 그에 관한 권리를 다른 신탁의 신탁재산에 귀속시키는 행위

4. 제3자의 신탁재산에 대한 행위에서 제3자를 대리하는 행위

5. 그 밖에 수익자의 이익에 반하는 행위

② 제1항에도 불구하고 수탁자는 다음 각 호의 어느 하나에 해당하는 경우 제1항 각 호의 행위를 할 수 있다. 다만, 제3호의 경우 수탁자는 법원에 허가를 신청함과 동시에 수익자에게 그 사실을 통지하여야 한다.

1. 신탁행위로 허용한 경우

2. 수익자에게 그 행위에 관련된 사실을 고지하고 수익자의 승인을 받은 경우

3. 법원의 허가를 받은 경우

③ 제1항에도 불구하고 수탁자는 상속 등 수탁자의 의사에 기하지 아니한 경우에는 신탁재산에 관한 권리를 포괄적으로 승계할 수 있다. 이 경우 해당 재산의 혼동에 관하여는 제26조를 준용한다.

제35조(공평의무) 수익자가 여럿인 경우 수탁자는 각 수익자를 위하여 공평하게 신탁사무를 처리하여야 한다. 다만, 신탁행위로 달리 정한 경우에는 그에 따른다.

제36조(수탁자의 이익향수금지) 수탁자는 누구의 명의로도 신탁의 이익을 누리지 못한다. 다만, 수탁자가 공동수익자의 1인인 경우에는 그러하지 아니하다.

제37조(수탁자의 분별관리의무) ① 수탁자는 신탁재산을 수탁자의 고유재산과 분별하여 관리하고 신탁재산임을 표시하여야 한다.

② 여러 개의 신탁을 인수한 수탁자는 각 신탁재산을 분별하여 관리하고 서로 다른 신탁재산임을 표시하여야 한다.

③ 제1항 및 제2항의 신탁재산이 금전이나 그 밖의 대체물인 경우에는 그 계산을 명확히 하는 방법으로 분별하여 관리할 수 있다.

제38조(유한책임) 수탁자는 신탁행위로 인하여 수익자에게 부담하는 채무에 대하여는 신탁재산만으로 책임을 진다.

제39조(장부 등 서류의 작성·보존 및 비치 의무) ① 수탁자는 신탁사무와 관련된 장부

및 그 밖의 서류를 갖추어 두고 각 신탁에 관하여 그 사무의 처리와 계산을 명백히 하여야 한다.

② 수탁자는 신탁을 인수한 때와 매년 1회 일정한 시기에 각 신탁의 재산목록을 작성하여야 한다. 다만, 재산목록의 작성 시기에 관하여 신탁행위로 달리 정한 경우에는 그에 따른다.

③ 수탁자는 제1항 및 제2항의 장부, 재산목록 및 그 밖의 서류를 대통령령으로 정하는 기간 동안 보존하여야 한다.

④ 제3항에 따라 장부, 재산목록 및 그 밖의 서류를 보존하는 경우 그 보존방법과 그 밖에 필요한 사항은 대통령령으로 정한다.

제40조(서류의 열람 등) ① 위탁자나 수익자는 수탁자나 신탁재산관리인에게 신탁사무의 처리와 계산에 관한 장부 및 그 밖의 서류의 열람 또는 복사를 청구하거나 신탁사무의 처리와 계산에 관하여 설명을 요구할 수 있다.

② 위탁자와 수익자를 제외한 이해관계인은 수탁자나 신탁재산관리인에게 신탁의 재산목록 등 신탁사무의 계산에 관한 장부 및 그 밖의 서류의 열람 또는 복사를 청구할 수 있다.

제41조(금전의 관리방법) 신탁재산에 속하는 금전의 관리는 신탁행위로 달리 정한 바가 없으면 다음 각 호의 방법으로 하여야 한다.

1. 국채, 지방채 및 특별법에 따라 설립된 법인의 사채의 응모 · 인수 또는 매입
2. 국채나 그 밖에 제1호의 유가증권을 담보로 하는 대부
3. 은행예금 또는 우체국예금

제42조(신탁사무의 위임) ① 수탁자는 정당한 사유가 있으면 수익자의 동의를 받아 타인으로 하여금 자기를 갈음하여 신탁사무를 처리하게 할 수 있다. 다만, 신탁행위로 달리 정한 경우에는 그에 따른다.

② 제1항 본문의 경우 수탁자는 그 선임 · 감독에 관하여만 책임을 진다. 신탁행위로 타인으로 하여금 신탁사무를 처리하게 한 경우에도 또한 같다.

③ 수탁자를 갈음하여 신탁사무를 처리하는 자는 수탁자와 동일한 책임을 진다.

제43조(수탁자의 원상회복의무 등) ① 수탁자가 그 의무를 위반하여 신탁재산에 손해가 생긴 경우 위탁자, 수익자 또는 수탁자가 여럿인 경우의 다른 수탁자는 그 수탁자에게 신탁재산의 원상회복을 청구할 수 있다. 다만, 원상회복이 불가능하거나 현저하게 곤란

한 경우, 원상회복에 과다한 비용이 드는 경우, 그 밖에 원상회복이 적절하지 아니한 특별한 사정이 있는 경우에는 손해배상을 청구할 수 있다.

② 수탁자가 그 의무를 위반하여 신탁재산이 변경된 경우에도 제1항과 같다.

③ 수탁자가 제33조부터 제37조까지의 규정에서 정한 의무를 위반한 경우에는 신탁재산에 손해가 생기지 아니하였더라도 수탁자는 그로 인하여 수탁자나 제3자가 얻은 이득 전부를 신탁재산에 반환하여야 한다.

제44조(분별관리의무 위반에 관한 특례) 수탁자가 제37조에 따른 분별관리의무를 위반하여 신탁재산에 손실이 생긴 경우 수탁자는 분별하여 관리하였더라도 손실이 생겼으리라는 것을 증명하지 아니하면 그 책임을 면하지 못한다.

제45조(수탁법인의 이사의 책임) 수탁자인 법인이 제43조 및 제44조에 따라 책임을 지는 경우 그 책임의 원인이 된 의무위반행위에 관여한 이사와 그에 준하는 자는 법인과 연대하여 책임을 진다.

제46조(비용상환청구권) ① 수탁자는 신탁사무의 처리에 관하여 필요한 비용을 신탁재산에서 지출할 수 있다.

② 수탁자가 신탁사무의 처리에 관하여 필요한 비용을 고유재산에서 지출한 경우에는 지출한 비용과 지출한 날 이후의 이자를 신탁재산에서 상환(償還)받을 수 있다.

③ 수탁자가 신탁사무의 처리를 위하여 자기의 과실 없이 채무를 부담하거나 손해를 입은 경우에도 제1항 및 제2항과 같다.

④ 수탁자는 신탁재산이 신탁사무의 처리에 관하여 필요한 비용을 충당하기에 부족하게 될 우려가 있을 때에는 수익자에게 그가 얻은 이익의 범위에서 그 비용을 청구하거나 그에 상당하는 담보의 제공을 요구할 수 있다. 다만, 수익자가 특정되어 있지 아니하거나 존재하지 아니하는 경우 또는 수익자가 수익권을 포기한 경우에는 그러하지 아니하다.

⑤ 수탁자가 신탁사무의 처리를 위하여 자기의 과실 없이 입은 손해를 전보(塡補)하기에 신탁재산이 부족할 때에도 제4항과 같다.

⑥ 제1항부터 제5항까지의 규정에서 정한 사항에 대하여 신탁행위로 달리 정한 사항이 있으면 그에 따른다.

제47조(보수청구권) ① 수탁자는 신탁행위에 정함이 있는 경우에만 보수를 받을 수 있다. 다만, 신탁을 영업으로 하는 수탁자의 경우에는 신탁행위에 정함이 없는 경우에도 보수를 받을 수 있다.

별
첨

② 보수의 금액 또는 산정방법을 정하지 아니한 경우 수탁자는 신탁사무의 성질과 내용에 비추어 적당한 금액의 보수를 지급받을 수 있다.

③ 제1항의 보수가 사정의 변경으로 신탁사무의 성질 및 내용에 비추어 적당하지 아니하게 된 경우 법원은 위탁자, 수익자 또는 수탁자의 청구에 의하여 수탁자의 보수를 증액하거나 감액할 수 있다.

④ 수탁자의 보수에 관하여는 제46조 제4항을 준용한다. 다만, 신탁행위로 달리 정한 사항이 있으면 그에 따른다.

제48조(비용상환청구권의 우선변제권 등) ① 수탁자는 신탁재산에 대한 민사집행절차 또는 「국세징수법」에 따른 공매절차에서 수익자나 그 밖의 채권자보다 우선하여 신탁의 목적에 따라 신탁재산의 보존, 개량을 위하여 지출한 필요비 또는 유익비(有益費)의 우선변제를 받을 권리가 있다.

② 수탁자는 신탁재산을 매각하여 제46조에 따른 비용상환청구권 또는 제47조에 따른 보수청구권에 기한 채권의 변제에 충당할 수 있다. 다만, 그 신탁재산의 매각으로 신탁의 목적을 달성할 수 없게 되거나 그 밖의 상당한 이유가 있는 경우에는 그러하지 아니하다.

제49조(권리행사요건) 수탁자는 제43조 및 제44조에 따른 원상회복의무 등을 이행한 후가 아니면 제46조 또는 제47조에 따른 권리를 행사할 수 없다.

제50조(공동수탁자) ① 수탁자가 여럿인 경우 신탁재산은 수탁자들의 합유(合有)로 한다.

② 제1항의 경우 수탁자 중 1인의 임무가 종료하면 신탁재산은 당연히 다른 수탁자에게 귀속된다.

③ 제1항의 경우 신탁행위로 달리 정한 바가 없으면 신탁사무의 처리는 수탁자가 공동으로 하여야 한다. 다만, 보존행위는 각자 할 수 있다.

④ 수탁자가 여럿인 경우 수탁자 1인에 대한 의사표시는 다른 수탁자에게도 효력이 있다.

⑤ 수탁자가 여럿인 경우 신탁행위로 다른 수탁자의 업무집행을 대리할 업무집행수탁자를 정할 수 있다.

제51조(공동수탁자의 연대책임) ① 수탁자가 여럿인 경우 수탁자들은 신탁사무의 처리에 관하여 제3자에게 부담한 채무에 대하여 연대하여 변제할 책임이 있다.

② 수탁자가 여럿인 경우 그 중 일부가 수탁자로서의 의무를 위반하여 부담한 채무에 대하여 그 행위에 관여하지 아니한 다른 수탁자는 책임이 없다. 다만, 다른 수탁자의 의무위반행위를 저지하기 위하여 합리적인 조치를 취하지 아니한 경우에는 그러하지 아니하다.

제52조(신수탁자 등의 원상회복청구권 등) 신수탁자나 신탁재산관리인도 제43조에 따른 권리를 행사할 수 있다.

제53조(신수탁자의 의무의 승계) ① 수탁자가 변경된 경우 신수탁자는 전수탁자(前受託者)가 신탁행위로 인하여 수익자에게 부담하는 채무를 승계한다. 수탁자가 여럿인 경우 일부의 수탁자가 변경된 경우에도 또한 같다.

② 신탁사무의 처리에 관하여 발생한 채권은 신탁재산의 한도 내에서 신수탁자에게도 행사할 수 있다.

③ 제22조 제1항 단서에 따른 신탁재산에 대한 강제집행등의 절차 또는 국세 등 체납처분의 절차는 신수탁자에 대하여 속행(續行)할 수 있다.

제54조(전수탁자의 우선변제권 등) ① 전수탁자의 비용상환청구권에 관하여는 제48조 제1항 및 제49조를 준용한다.

② 전수탁자는 제46조의 청구권에 기한 채권을 변제받을 때까지 신탁재산을 유치(留置)할 수 있다.

제55조(사무의 인계) ① 수탁자가 변경된 경우 전수탁자와 그 밖의 관계자는 신탁사무의 계산을 하고, 수익자의 입회하에 신수탁자에게 사무를 인계하여야 한다.

② 수익자가 제1항의 계산을 승인한 경우에는 전수탁자나 그 밖의 관계자의 수익자에 대한 인계에 관한 책임은 면제된 것으로 본다. 다만, 부정행위가 있었던 경우에는 그러하지 아니하다.

제5장 수익자의 권리 · 의무

제1절 수익권의 취득과 포기

제56조(수익권의 취득) ① 신탁행위로 정한 바에 따라 수익자로 지정된 자(제58조 제1항 및 제2항에 따라 수익자로 지정된 자를 포함한다)는 당연히 수익권을 취득한다. 다만, 신탁행위로 달리 정한 경우에는 그에 따른다.

② 수탁자는 지체 없이 제1항에 따라 수익자로 지정된 자에게 그 사실을 통지하여야 한다. 다만, 수익권에 부담이 있는 경우를 제외하고는 신탁행위로 통지시기를 달리 정할 수 있다.

별
첨

제57조(수익권의 포기) ① 수익자는 수탁자에게 수익권을 포기하는 취지의 의사표시를 할 수 있다.

② 수익자가 제1항에 따른 포기의 의사표시를 한 경우에는 처음부터 수익권을 가지지 아니하였던 것으로 본다. 다만, 제3자의 권리를 해치지 못한다.

제58조(수익자지정권등) ① 신탁행위로 수익자를 지정하거나 변경할 수 있는 권한(이하 "수익자지정권등"이라 한다)을 갖는 자를 정할 수 있다.

② 수익자지정권등을 갖는 자는 수탁자에 대한 의사표시 또는 유언으로 그 권한을 행사할 수 있다.

③ 수익자지정권등이 유언으로 행사되어 수탁자가 그 사실을 알지 못한 경우 이로 인하여 수익자로 된 자는 그 사실로써 수탁자에게 대항하지 못한다.

④ 수익자를 변경하는 권한이 행사되어 수익자가 그 수익권을 상실한 경우 수탁자는 지체 없이 수익권을 상실한 자에게 그 사실을 통지하여야 한다. 다만, 신탁행위로 달리 정한 경우에는 그에 따른다.

⑤ 수익자지정권등은 신탁행위로 달리 정한 바가 없으면 상속되지 아니한다.

제59조(유언대용신탁) ① 다음 각 호의 어느 하나에 해당하는 신탁의 경우에는 위탁자가 수익자를 변경할 권리를 갖는다. 다만, 신탁행위로 달리 정한 경우에는 그에 따른다.

1. 수익자가 될 자로 지정된 자가 위탁자의 사망 시에 수익권을 취득하는 신탁

2. 수익자가 위탁자의 사망 이후에 신탁재산에 기한 급부를 받는 신탁

② 제1항 제2호의 수익자는 위탁자가 사망할 때까지 수익자로서의 권리를 행사하지 못한다. 다만, 신탁행위로 달리 정한 경우에는 그에 따른다.

제60조(수익자연속신탁) 신탁행위로 수익자가 사망한 경우 그 수익자가 갖는 수익권이 소멸하고 타인이 새로 수익권을 취득하도록 하는 뜻을 정할 수 있다. 이 경우 수익자의 사망에 의하여 차례로 타인이 수익권을 취득하는 경우를 포함한다.

제2절 수익권의 행사

제61조(수익권의 제한 금지) 다음 각 호에 해당하는 수익자의 권리는 신탁행위로도 제한할 수 없다.

1. 이 법에 따라 법원에 청구할 수 있는 권리

2. 제22조 제2항 또는 제3항에 따라 강제집행등 또는 국세 등 체납처분에 대하여 이의를

제기할 수 있는 권리

3. 제40조 제1항에 따라 장부 등의 열람 또는 복사를 청구할 수 있는 권리

4. 제43조 및 제45조에 따라 원상회복 또는 손해배상 등을 청구할 수 있는 권리

5. 제57조 제1항에 따라 수익권을 포기할 수 있는 권리

6. 제75조 제1항에 따라 신탁위반의 법률행위를 취소할 수 있는 권리

7. 제77조에 따라 유지를 청구할 수 있는 권리

8. 제89조, 제91조 제3항 및 제95조 제3항에 따라 수익권의 매수를 청구할 수 있는 권리

9. 그 밖에 신탁의 본질에 비추어 수익자 보호를 위하여 필요하다고 대통령령으로 정하는 권리

제62조(수익채권과 신탁채권의 관계) 신탁채권은 수익자가 수탁자에게 신탁재산에 속한 재산의 인도와 그 밖에 신탁재산에 기한 급부를 요구하는 청구권(이하 "수익채권"이라 한다)보다 우선한다.

제63조(수익채권의 소멸시효) ① 수익채권의 소멸시효는 채권의 예에 따른다.

② 제1항에도 불구하고 수익채권의 소멸시효는 수익자가 수익자로 된 사실을 알게 된 때부터 진행한다.

③ 제1항에도 불구하고 신탁이 종료한 때부터 6개월 내에는 수익채권의 소멸시효가 완성되지 아니한다.

제3절 수익권의 양도

제64조(수익권의 양도성) ① 수익자는 수익권을 양도할 수 있다. 다만, 수익권의 성질이 양도를 허용하지 아니하는 경우에는 그러하지 아니하다.

② 제1항에도 불구하고 수익권의 양도에 대하여 신탁행위로 달리 정한 경우에는 그에 따른다. 다만, 그 정함으로써 선의의 제3자에게 대항하지 못한다.

제65조(수익권 양도의 대항요건과 수탁자의 항변) ① 수익권의 양도는 다음 각 호의 어느 하나에 해당하는 경우에만 수탁자와 제3자에게 대항할 수 있다.

1. 양도인이 수탁자에게 통지한 경우

2. 수탁자가 승낙한 경우

② 제1항 각 호의 통지 및 승낙은 확정일자가 있는 증서로 하지 아니하면 수탁자 외의 제3자에게 대항할 수 없다.

③ 수탁자는 제1항 각 호의 통지 또는 승낙이 있는 때까지 양도인에 대하여 발생한 사유로 양수인에게 대항할 수 있다.

④ 수탁자가 이의를 보류하지 아니하고 제1항 제2호의 승낙을 한 경우에는 양도인에게 대항할 수 있는 사유로써 양수인에게 대항하지 못한다. 다만, 수탁자가 채무를 소멸하게 하기 위하여 양도인에게 급여한 것이 있으면 이를 회수할 수 있고, 양도인에 대하여 부담한 채무가 있으면 그 성립되지 아니함을 주장할 수 있다.

제66조(수익권에 대한 질권) ① 수익자는 수익권을 질권의 목적으로 할 수 있다. 다만, 수익권의 성질이 질권의 설정을 허용하지 아니하는 경우에는 그러하지 아니하다.

② 제1항에도 불구하고 수익권을 목적으로 하는 질권의 설정에 대하여 신탁행위로 달리 정한 경우에는 그에 따른다. 다만, 그 정함으로써 선의의 제3자에게 대항하지 못한다.

③ 수익권을 목적으로 하는 질권의 설정에 관하여는 수익권 양도의 대항요건과 수탁자의 항변사유에 관한 제65조를 준용한다. 이 경우 제65조 중 "양도인"은 "수익자"로, "양수인"은 "질권자"로 보고, 같은 조 제1항 중 "수익권의 양수 사실"은 "수익권에 대하여 질권이 설정된 사실"로 본다.

④ 수익권을 목적으로 하는 질권은 그 수익권에 기한 수익채권과 이 법 또는 신탁행위에 따라 그 수익권을 갈음하여 수익자가 받을 금전이나 그 밖의 재산에도 존재한다.

⑤ 수익권의 질권자는 직접 수탁자로부터 금전을 지급받아 다른 채권자에 우선하여 자기 채권의 변제에 충당할 수 있다.

⑥ 질권자의 채권이 변제기에 이르지 아니한 경우 질권자는 수탁자에게 그 변제금액의 공탁을 청구할 수 있다. 이 경우 질권은 그 공탁금에 존재한다.

제4절 신탁관리인

제67조(신탁관리인의 선임) ① 수익자가 특정되어 있지 아니하거나 존재하지 아니하는 경우 법원은 위탁자나 그 밖의 이해관계인의 청구에 의하여 또는 직권으로 신탁관리인을 선임할 수 있다. 다만, 신탁행위로 신탁관리인을 지정한 경우에는 그에 따른다.

② 수익자가 미성년자, 한정치산자 또는 금치산자이거나 그 밖의 사유로 수탁자에 대한 감독을 적절히 할 수 없는 경우 법원은 이해관계인의 청구에 의하여 또는 직권으로 신탁관리인을 선임할 수 있다. 다만, 신탁행위로 달리 정한 경우에는 그에 따른다.

③ 수익자가 여럿인 경우 수익자는 제71조의 방법에 따른 의사결정으로 신탁관리인을 선임할 수 있다. 수익권의 내용이 다른 여러 종류의 수익권이 있고 같은 종류의 수익권을

가진 수익자(이하 "종류수익자"라 한다)가 여럿인 경우에도 또한 같다.

④ 법원은 제1항 또는 제2항에 따라 선임한 신탁관리인에게 필요한 경우 신탁재산에서 적당한 보수를 줄 수 있다.

제68조(신탁관리인의 권한) ① 신탁관리인은 수익자의 이익이나 목적신탁의 목적 달성을 위하여 자기의 명의로 수익자의 권리에 관한 재판상 또는 재판 외의 모든 행위를 할 권한이 있다. 다만, 신탁관리인의 선임을 수탁자에게 통지하지 아니한 경우에는 수탁자에게 대항하지 못한다.

② 신탁관리인은 신탁에 관하여 수익자와 동일한 지위를 가지는 것으로 본다.

③ 제67조 제1항에 따라 선임된 신탁관리인이 여럿인 경우 신탁행위로 달리 정한 바가 없으면 공동으로 사무를 처리한다.

④ 신탁관리인이 개별 수익자를 위하여 제67조 제2항에 따라 각각 선임된 경우에는 각 신탁관리인은 해당 수익자를 위하여 단독으로 사무를 처리한다. 이 경우 개별 수익자를 위하여 선임된 여럿의 신탁관리인들은 해당 수익자를 위하여 공동으로 사무를 처리한다.

⑤ 제67조 제3항 전단에 따라 선임된 신탁관리인이 여럿인 경우에는 선임 시 달리 정하지 아니하면 공동으로 사무를 처리한다.

⑥ 제67조 제3항 후단에 따라 선임된 신탁관리인은 자신을 선임한 종류수익자만을 위하여 단독으로 사무를 처리한다. 이 경우 하나의 종류수익자를 위하여 선임된 여럿의 신탁관리인들은 그 종류수익자를 위하여 공동으로 사무를 처리한다.

⑦ 제67조 제3항에 따라 신탁관리인을 선임한 경우에도 수익자는 제71조의 방법에 따른 의사결정으로 사무를 처리할 수 있다.

제69조(신탁관리인의 임무 종료) ① 제67조 제1항에 따라 선임된 신탁관리인은 수익자가 특정되거나 존재하게 되면 임무가 종료된다.

② 제67조 제2항에 따라 선임된 신탁관리인은 다음 각 호의 어느 하나에 해당하는 경우 임무가 종료된다.

1. 미성년자인 수익자가 성년에 도달한 경우

2. 수익자가 한정치산선고·금치산선고의 취소심판을 받은 경우

3. 그 밖에 수익자가 수탁자에 대한 감독능력을 회복한 경우

③ 제1항 또는 제2항에 따라 신탁관리인의 임무가 종료된 경우 수익자 또는 신탁관리인은 수탁자에게 신탁관리인의 임무 종료 사실을 통지하지 아니하면 수탁자에게 대항하지 못한다.

제70조(신탁관리인의 사임 또는 해임에 의한 임무 종료) ① 신탁관리인은 선임 시에 달리 정하지 아니하면 신탁관리인을 선임한 법원 또는 수익자의 승낙 없이 사임하지 못한다.

② 제1항에도 불구하고 신탁관리인은 정당한 이유가 있는 경우 법원의 허가를 받아 사임할 수 있다.

③ 사임한 신탁관리인의 통지의무 및 계속적 사무의 관리에 관하여는 제14조 제3항 및 제15조를 준용한다.

④ 신탁관리인을 선임한 법원 또는 수익자는 언제든지 그 신탁관리인을 해임할 수 있다. 다만, 수익자가 정당한 이유 없이 신탁관리인에게 불리한 시기에 해임한 경우 수익자는 그 손해를 배상하여야 한다.

⑤ 해임된 신탁관리인의 통지의무 및 계속적 사무의 관리에 관하여는 제16조 제4항 및 제5항을 준용한다.

⑥ 법원은 신탁관리인의 사임허가결정이나 임무 위반을 이유로 해임결정을 함과 동시에 새로운 신탁관리인을 선임하여야 한다. 이 경우 새로 선임된 신탁관리인은 즉시 수익자에게 그 사실을 통지하여야 한다.

⑦ 제1항, 제2항, 제4항 및 제6항의 경우 수익자, 신탁관리인, 그 밖의 이해관계인은 기존 신탁관리인의 사임 또는 해임, 새로운 신탁관리인의 선임 사실을 수탁자에게 통지하지 아니하면 그 사실로써 수탁자에게 대항하지 못한다.

제5절 수익자가 여럿인 경우 의사결정

제71조(수익자가 여럿인 경우 의사결정 방법) ① 수익자가 여럿인 신탁에서 수익자의 의사는 수익자 전원의 동의로 결정한다. 다만, 제61조 각 호의 권리는 각 수익자가 개별적으로 행사할 수 있다.

② 신탁행위로 수익자집회를 두기로 정한 경우에는 제72조부터 제74조까지의 규정에 따른다.

③ 제1항 본문 및 제2항에도 불구하고 신탁행위로 달리 정한 경우에는 그에 따른다.

제72조(수익자집회의 소집) ① 수익자집회는 필요가 있을 때 수시로 개최할 수 있다.

② 수익자집회는 수탁자가 소집한다.

③ 수익자는 수탁자에게 수익자집회의 목적사항과 소집이유를 적은 서면 또는 전자문서로 수익자집회의 소집을 청구할 수 있다.

④ 제3항의 청구를 받은 후 수탁자가 지체 없이 수익자집회의 소집절차를 밟지 아니하는

경우 수익자집회의 소집을 청구한 수익자는 법원의 허가를 받아 수익자집회를 소집할 수 있다.

⑤ 수익자집회를 소집하는 자(이하 "소집자"라 한다)는 집회일 2주 전에 알고 있는 수익자 및 수탁자에게 서면이나 전자문서(수익자의 경우 전자문서로 통지를 받는 것에 동의한 자만 해당한다)로 회의의 일시ㆍ장소 및 목적사항을 통지하여야 한다.

⑥ 소집자는 의결권 행사에 참고할 수 있도록 수익자에게 대통령령으로 정하는 서류를 서면이나 전자문서(전자문서로 제공받는 것에 동의한 수익자의 경우만 해당한다)로 제공하여야 한다.

제73조(수익자집회의 의결권 등) ① 수익자는 수익자집회에서 다음 각 호의 구분에 따른 의결권을 갖는다.

1. 각 수익권의 내용이 동일한 경우: 수익권의 수
2. 각 수익권의 내용이 동일하지 아니한 경우: 수익자집회의 소집이 결정된 때의 수익권 가액

② 수익권이 그 수익권에 관한 신탁의 신탁재산에 속한 경우 수탁자는 그 수익권에 대하여 의결권을 행사하지 못한다.

③ 수익자는 수익자집회에 출석하지 아니하고 서면이나 전자문서(소집자가 전자문서로 행사하는 것을 승낙한 경우만 해당한다)로 의결권을 행사할 수 있다. 이 경우 수익자 확인절차 등 전자문서에 의한 의결권행사의 절차와 그 밖에 필요한 사항은 대통령령으로 정한다.

④ 수익자가 둘 이상의 의결권을 가지고 있을 때에는 이를 통일하지 아니하고 행사할 수 있다. 이 경우 수익자집회일 3일 전에 소집자에게 서면 또는 전자문서로 그 뜻과 이유를 통지하여야 한다.

⑤ 의결권을 통일하지 아니하고 행사하는 수익자가 타인을 위하여 수익권을 가지고 있는 경우가 아니면 소집자는 수익자의 의결권 불통일행사를 거부할 수 있다.

⑥ 수익자는 대리인으로 하여금 의결권을 행사하게 할 수 있다. 이 경우 해당 수익자나 대리인은 대리권을 증명하는 서면을 소집자에게 제출하여야 한다.

⑦ 수탁자는 수익자집회에 출석하거나 서면으로 의견을 진술할 수 있고, 수익자집회는 필요하다고 인정하는 경우 수익자집회의 결의로 수탁자에게 출석을 요구할 수 있다.

⑧ 수익자집회의 의장은 수익자 중에서 수익자집회의 결의로 선임한다.

제74조(수익자집회의 결의) ① 수익자집회의 결의는 행사할 수 있는 의결권의 과반수에

해당하는 수익자가 출석하고 출석한 수익자의 의결권의 과반수로써 하여야 한다.

② 제1항에도 불구하고 다음 각 호의 사항에 관한 수익자집회의 결의는 의결권의 과반수에 해당하는 수익자가 출석하고 출석한 수익자의 의결권의 3분의 2 이상으로써 하여야 한다.

1. 제16조 제1항에 따른 수탁자 해임의 합의
2. 제88조 제1항에 따른 신탁의 변경 중 신탁목적의 변경, 수익채권 내용의 변경, 그 밖에 중요한 신탁의 변경의 합의
3. 제91조 제2항 및 제95조 제2항에 따른 신탁의 합병·분할·분할합병 계획서의 승인
4. 제99조 제1항에 따른 신탁의 종료 합의
5. 제103조 제1항에 따른 신탁의 종료 시 계산의 승인

③ 수익자집회의 소집자는 의사의 경과에 관한 주요한 내용과 그 결과를 적은 의사록을 작성하고 기명날인 또는 서명하여야 한다.

④ 수익자집회의 결의는 해당 신탁의 모든 수익자에 대하여 효력이 있다.

⑤ 수익자집회와 관련하여 필요한 비용을 지출한 자는 수탁자에게 상환을 청구할 수 있다. 이 경우 수탁자는 신탁재산만으로 책임을 진다.

제6절 수익자의 취소권 및 유지청구권

제75조(신탁위반 법률행위의 취소) ① 수탁자가 신탁의 목적을 위반하여 신탁재산에 관한 법률행위를 한 경우 수익자는 상대방이나 전득자(轉得者)가 그 법률행위 당시 수탁자의 신탁목적의 위반 사실을 알았거나 중대한 과실로 알지 못하였을 때에만 그 법률행위를 취소할 수 있다.

② 수익자가 여럿인 경우 그 1인이 제1항에 따라 한 취소는 다른 수익자를 위하여도 효력이 있다.

제76조(취소권의 제척기간) 제75조 제1항에 따른 취소권은 수익자가 취소의 원인이 있음을 안 날부터 3개월, 법률행위가 있은 날부터 1년 내에 행사하여야 한다.

제77조(수탁자에 대한 유지청구권) ① 수탁자가 법령 또는 신탁행위로 정한 사항을 위반하거나 위반할 우려가 있고 해당 행위로 신탁재산에 회복할 수 없는 손해가 발생할 우려가 있는 경우 수익자는 그 수탁자에게 그 행위를 유지(留止)할 것을 청구할 수 있다.

② 수익자가 여럿인 신탁에서 수탁자가 법령 또는 신탁행위로 정한 사항을 위반하거나 위반할 우려가 있고 해당 행위로 일부 수익자에게 회복할 수 없는 손해가 발생할 우려가

있는 경우에도 제1항과 같다.

제7절 수익증권

제78조(수익증권의 발행) ① 신탁행위로 수익권을 표시하는 수익증권을 발행하는 뜻을 정할 수 있다. 이 경우 각 수익권의 내용이 동일하지 아니할 때에는 특정 내용의 수익권에 대하여 수익증권을 발행하지 아니한다는 뜻을 정할 수 있다.

② 제1항의 정함이 있는 신탁(이하 "수익증권발행신탁"이라 한다)의 수탁자는 신탁행위로 정한 바에 따라 지체 없이 해당 수익권에 관한 수익증권을 발행하여야 한다.

③ 수익증권은 기명식(記名式) 또는 무기명식(無記名式)으로 한다. 다만, 담보권을 신탁재산으로 하여 설정된 신탁의 경우에는 기명식으로만 하여야 한다.

④ 신탁행위로 달리 정한 바가 없으면 수익증권이 발행된 수익권의 수익자는 수탁자에게 기명수익증권을 무기명식으로 하거나 무기명수익증권을 기명식으로 할 것을 청구할 수 있다.

⑤ 수익증권에는 다음 각 호의 사항과 번호를 적고 수탁자(수탁자가 법인인 경우에는 그 대표자를 말한다)가 기명날인 또는 서명하여야 한다.

1. 수익증권발행신탁의 수익증권이라는 뜻
2. 위탁자 및 수탁자의 성명 또는 명칭 및 주소
3. 기명수익증권의 경우에는 해당 수익자의 성명 또는 명칭
4. 각 수익권에 관한 수익채권의 내용 및 그 밖의 다른 수익권의 내용
5. 제46조 제6항 및 제47조 제4항에 따라 수익자의 수탁자에 대한 보수지급의무 또는 비용 등의 상환의무 및 손해배상의무에 관하여 신탁행위의 정함이 있는 경우에는 그 뜻 및 내용
6. 수익자의 권리행사에 관하여 신탁행위의 정함(신탁관리인에 관한 사항을 포함한다)이 있는 경우에는 그 뜻 및 내용
7. 제114조 제1항에 따른 유한책임신탁인 경우에는 그 뜻 및 신탁의 명칭
8. 제87조에 따라 신탁사채 발행에 관하여 신탁행위의 정함이 있는 경우에는 그 뜻 및 내용
9. 그 밖에 수익권에 관한 중요한 사항으로서 대통령령으로 정하는 사항

⑥ 수탁자는 신탁행위로 정한 바에 따라 수익증권을 발행하는 대신 전자등록기관(유가증권 등의 전자등록 업무를 취급하는 것으로 지정된 기관을 말한다)의 전자등록부에 수익증권을 등록할 수 있다. 이 경우 전자등록의 절차·방법 및 효과, 전자등록기관의 지정

·감독 등 수익증권의 전자등록 등에 관하여 필요한 사항은 따로 법률로 정한다.

⑦ 제88조 제1항에도 불구하고 수익증권발행신탁에서 수익증권발행신탁이 아닌 신탁으로, 수익증권발행신탁이 아닌 신탁에서 수익증권발행신탁으로 변경할 수 없다.

제79조(수익자명부) ① 수익증권발행신탁의 수탁자는 지체 없이 수익자명부를 작성하고 다음 각 호의 사항을 적어야 한다.

1. 각 수익권에 관한 수익채권의 내용과 그 밖의 수익권의 내용
2. 각 수익권에 관한 수익증권의 번호 및 발행일
3. 각 수익권에 관한 수익증권이 기명식인지 무기명식인지의 구별
4. 기명수익증권의 경우에는 해당 수익자의 성명 또는 명칭 및 주소
5. 무기명수익증권의 경우에는 수익증권의 수
6. 기명수익증권의 수익자의 각 수익권 취득일
7. 그 밖에 대통령령으로 정하는 사항

② 수익증권발행신탁의 수탁자가 수익자나 질권자에게 하는 통지 또는 최고(催告)는 수익자명부에 적혀 있는 주소나 그 자로부터 수탁자에게 통지된 주소로 하면 된다. 다만, 무기명수익증권의 수익자나 그 질권자에게는 다음 각 호의 방법 모두를 이행하여 통지하거나 최고하여야 한다.

1. 「신문 등의 진흥에 관한 법률」에 따른 일반일간신문 중 전국을 보급지역으로 하는 신문(이하 "일반일간신문"이라 한다)에의 공고(수탁자가 법인인 경우에는 그 법인의 공고방법에 따른 공고를 말한다)
2. 수탁자가 알고 있는 자에 대한 개별적인 통지 또는 최고

③ 제2항 본문에 따른 통지 또는 최고는 보통 그 도달할 시기에 도달한 것으로 본다.

④ 수익증권발행신탁의 수탁자는 신탁행위로 정한 바에 따라 수익자명부관리인을 정하여 수익자명부의 작성, 비치 및 그 밖에 수익자명부에 관한 사무를 위탁할 수 있다.

⑤ 수익증권발행신탁의 수탁자는 수익자명부를 그 주된 사무소(제4항의 수익자명부관리인이 있는 경우에는 그 사무소를 말한다)에 갖추어 두어야 한다.

⑥ 수익증권발행신탁의 위탁자, 수익자 또는 그 밖의 이해관계인은 영업시간 내에 언제든지 수익자명부의 열람 또는 복사를 청구할 수 있다. 이 경우 수탁자나 수익자명부관리인은 정당한 사유가 없다면 청구에 따라야 한다.

제80조(수익증권의 불소지) ① 수익권에 대하여 기명수익증권을 발행하기로 한 경우 해당 수익자는 그 기명수익증권에 대하여 증권을 소지하지 아니하겠다는 뜻을 수탁자에게 신

고할 수 있다. 다만, 신탁행위로 달리 정한 경우에는 그에 따른다.

② 제1항의 신고가 있는 경우 수탁자는 지체 없이 수익증권을 발행하지 아니한다는 뜻을 수익자명부에 적고, 수익자에게 그 사실을 통지하여야 한다. 이 경우 수탁자는 수익증권을 발행할 수 없다.

③ 제1항의 경우 이미 발행된 수익증권이 있으면 수탁자에게 제출하여야 하고, 수탁자에게 제출된 수익증권은 제2항의 기재를 한 때에 무효가 된다.

④ 제1항의 신고를 한 수익자라도 언제든지 수탁자에게 수익증권의 발행을 청구할 수 있다.

제81조(수익증권발행신탁 수익권의 양도) ① 수익증권발행신탁의 경우 수익권을 표시하는 수익증권을 발행하는 정함이 있는 수익권을 양도할 때에는 해당 수익권을 표시하는 수익증권을 교부하여야 한다.

② 기명수익증권으로 표시되는 수익권의 이전은 취득자의 성명 또는 명칭과 주소를 수익자명부에 적지 아니하면 수탁자에게 대항하지 못한다.

③ 제78조 제1항 후단에 따라 특정 수익권에 대하여 수익증권을 발행하지 아니한다는 뜻을 정한 수익증권발행신탁의 경우 해당 수익권의 이전은 취득자의 성명 또는 명칭과 주소를 수익자명부에 적지 아니하면 수탁자 및 제3자에게 대항하지 못한다.

④ 수익증권발행신탁에서 수익권을 표시하는 수익증권을 발행하는 정함이 있는 수익권의 경우 수익증권의 발행 전에 한 수익권의 양도는 수탁자에 대하여 효력이 없다. 다만, 수익증권을 발행하여야 하는 날부터 6개월이 경과한 경우에는 그러하지 아니하다.

제82조(수익증권의 권리추정력 및 선의취득) ① 수익증권의 점유자는 적법한 소지인으로 추정한다.

② 수익증권에 관하여는 「수표법」 제21조를 준용한다.

제83조(수익증권발행신탁 수익권에 대한 질권) ① 수익증권발행신탁의 경우 수익권을 질권의 목적으로 할 때에는 그 수익권을 표시하는 수익증권을 질권자에게 교부하여야 한다.

② 제1항에 따라 수익증권을 교부받은 질권자는 계속하여 수익증권을 점유하지 아니하면 그 질권으로써 수탁자 및 제3자에게 대항하지 못한다.

③ 제78조 제1항 후단에 따라 특정 수익권에 대하여 수익증권을 발행하지 아니한다는 뜻을 정한 수익증권발행신탁의 경우 해당 수익권에 대한 질권은 그 질권자의 성명 또는 명칭과 주소를 수익자명부에 적지 아니하면 수탁자 및 제3자에게 대항하지 못한다.

④ 수익증권발행신탁에서 수익권을 표시하는 수익증권을 발행하는 정함이 있는 수익권의 경우 수익증권 발행 전에 한 수익권에 대한 질권의 설정은 수탁자에 대하여 효력이

없다. 다만, 수익증권을 발행하여야 하는 날부터 6개월이 경과한 경우에는 그러하지 아니하다.

제84조(기준일) ① 수익증권발행신탁의 수탁자는 기명수익증권에 대한 수익자로서 일정한 권리를 행사할 자를 정하기 위하여 일정한 날(이하 "기준일"이라 한다)에 수익자명부에 적혀 있는 수익자를 그 권리를 행사할 수익자로 볼 수 있다.

② 기준일은 수익자로서 권리를 행사할 날에 앞선 3개월 내의 날로 정하여야 한다.

③ 기준일을 정한 수탁자는 그 날의 2주 전에 이를 일반일간신문에 공고하여야 한다. 다만, 수탁자가 법인인 경우에는 그 법인의 공고방법에 따른다.

④ 신탁행위로 달리 정한 경우에는 제1항부터 제3항까지의 규정을 적용하지 아니한다.

제85조(수익증권 발행 시 권리행사 등) ① 무기명수익증권을 가진 자는 그 수익증권을 제시하지 아니하면 수탁자 및 제3자에게 수익자의 권리를 행사하지 못한다.

② 수익증권발행신탁의 수익권을 여러 명이 공유하는 경우 공유자는 그 수익권에 대하여 권리(수탁자로부터 통지 또는 최고를 받을 권한을 포함한다)를 행사할 1인을 정하여 수탁자에게 통지하여야 한다.

③ 제2항의 통지가 없는 경우 공유자는 수탁자가 동의하지 아니하면 해당 수익권에 대한 권리를 행사할 수 없고, 공유자에 대한 수탁자의 통지나 최고는 공유자 중 1인에게 하면 된다.

④ 수익증권발행신탁의 수익자가 여럿인 경우 수익자의 의사결정(제61조 각 호에 따른 권리의 행사에 관한 사항은 제외한다)은 제72조부터 제74조까지의 규정에 따른 수익자집회에서 결정한다. 다만, 신탁행위로 달리 정한 경우에는 그에 따른다.

⑤ 수익증권발행신탁의 경우 위탁자는 다음 각 호의 권리를 행사할 수 없다.

1. 제16조 제1항 및 제21조 제1항에 따른 해임권 또는 선임권

2. 제16조 제3항, 제67조 제1항, 제88조 제3항 및 제100조에 따른 청구권

3. 제40조 제1항에 따른 열람·복사 청구권 또는 설명요구권

4. 제79조 제6항에 따른 열람 또는 복사 청구권

⑥ 제71조 제1항 단서에도 불구하고 수익증권발행신탁의 경우 신탁행위로 다음 각 호의 어느 하나에 해당하는 뜻을 정할 수 있다.

1. 다음 각 목의 권리의 전부 또는 일부에 대하여 총수익자 의결권의 100분의 3(신탁행위로 100분의 3보다 낮은 비율을 정한 경우에는 그 비율을 말한다) 이상 비율의 수익권을 가진 수익자만 해당 권리를 행사할 수 있다는 뜻

가. 제40조 제1항에 따른 열람·복사 청구권 또는 설명요구권

나. 제75조 제1항에 따른 취소권

다. 제88조 제3항에 따른 신탁의 변경청구권

라. 제100조에 따른 신탁의 종료명령청구권

2. 6개월(신탁행위로 이보다 짧은 기간을 정한 경우에는 그 기간을 말한다) 전부터 계속하여 수익권을 가진 수익자만 제77조 제1항에 따른 유지청구권을 행사할 수 있다는 뜻

⑦ 수익증권발행신탁의 경우 제46조 제4항부터 제6항까지 및 제47조 제4항을 적용하지 아니한다. 다만, 신탁행위로 달리 정한 경우에는 그에 따른다.

제86조(수익증권의 상실) ① 수익증권은 공시최고(公示催告)의 절차를 거쳐 무효로 할 수 있다.

② 수익증권을 상실한 자는 제권판결(除權判決)을 받지 아니하면 수탁자에게 수익증권의 재발행을 청구하지 못한다.

제6장 신탁사채

제87조(신탁사채) ① 다음 각 호의 요건을 모두 충족하는 경우 신탁행위로 수탁자가 신탁을 위하여 사채(社債)를 발행할 수 있도록 정할 수 있다.

1. 수익증권발행신탁일 것

2. 제114조 제1항에 따른 유한책임신탁일 것

3. 수탁자가 「상법」상 주식회사나 그 밖의 법률에 따라 사채를 발행할 수 있는 자일 것

② 제1항에 따라 사채를 발행하는 수탁자는 사채청약서, 채권(債券) 및 사채원부에 다음 각 호의 사항을 적어야 한다.

1. 해당 사채가 신탁을 위하여 발행되는 것이라는 뜻

2. 제1호의 신탁을 특정하는 데에 필요한 사항

3. 해당 사채에 대하여는 신탁재산만으로 이행책임을 진다는 뜻

③ 사채 총액 한도에 관하여는 대통령령으로 정한다.

④ 제1항에 따른 사채의 발행에 관하여 이 법에서 달리 정하지 아니하는 사항에 대하여는 「상법」 제396조 및 제3편제4장제8절(「상법」 제469조는 제외한다)을 준용한다.

제7장 신탁의 변경

제88조(신탁당사자의 합의 등에 의한 신탁변경) ① 신탁은 위탁자, 수탁자 및 수익자의 합의로 변경할 수 있다. 다만, 신탁행위로 달리 정한 경우에는 그에 따른다.

② 제1항에 따른 신탁의 변경은 제3자의 정당한 이익을 해치지 못한다.

③ 신탁행위 당시에 예견하지 못한 특별한 사정이 발생한 경우 위탁자, 수익자 또는 수탁자는 신탁의 변경을 법원에 청구할 수 있다.

④ 목적신탁에서 수익자의 이익을 위한 신탁으로, 수익자의 이익을 위한 신탁에서 목적신탁으로 변경할 수 없다.

제89조(반대수익자의 수익권매수청구권) ① 다음 각 호의 어느 하나에 해당하는 사항에 관한 변경에 반대하는 수익자는 신탁변경이 있은 날부터 20일 내에 수탁자에게 수익권의 매수를 서면으로 청구할 수 있다.

1. 신탁의 목적
2. 수익채권의 내용
3. 신탁행위로 수익권매수청구권을 인정한 사항

② 수탁자는 제1항의 청구를 받은 날부터 2개월 내에 매수한 수익권의 대금을 지급하여야 한다.

③ 제2항에 따른 수익권의 매수가액은 수탁자와 수익자 간의 협의로 결정한다.

④ 제1항의 청구를 받은 날부터 30일 내에 제3항에 따른 협의가 이루어지지 아니한 경우 수탁자나 수익권의 매수를 청구한 수익자는 법원에 매수가액의 결정을 청구할 수 있다.

⑤ 법원이 제4항에 따라 수익권의 매수가액을 결정하는 경우에는 신탁의 재산상태나 그 밖의 사정을 고려하여 공정한 가액으로 산정하여야 한다.

⑥ 수탁자는 법원이 결정한 매수가액에 대한 이자를 제2항의 기간만료일 다음 날부터 지급하여야 한다.

⑦ 수탁자는 수익권매수청구에 대한 채무의 경우 신탁재산만으로 책임을 진다. 다만, 신탁행위 또는 신탁변경의 합의로 달리 정한 경우에는 그에 따른다.

⑧ 제1항의 청구에 의하여 수탁자가 수익권을 취득한 경우 그 수익권은 소멸한다. 다만, 신탁행위 또는 신탁변경의 합의로 달리 정한 경우에는 그에 따른다.

제90조(신탁의 합병) 수탁자가 동일한 여러 개의 신탁은 1개의 신탁으로 할 수 있다.

제91조(신탁의 합병계획서) ① 신탁을 합병하려는 경우 수탁자는 다음 각 호의 사항을 적

은 합병계획서를 작성하여야 한다.

1. 신탁합병의 취지

2. 신탁합병 후의 신탁행위의 내용

3. 신탁행위로 정한 수익권의 내용에 변경이 있는 경우에는 그 내용 및 변경이유

4. 신탁합병 시 수익자에게 금전과 그 밖의 재산을 교부하는 경우에는 그 재산의 내용과 가액

5. 신탁합병의 효력발생일

6. 그 밖에 대통령령으로 정하는 사항

② 수탁자는 각 신탁별로 위탁자와 수익자로부터 제1항의 합병계획서의 승인을 받아야 한다. 다만, 신탁행위로 달리 정한 경우에는 그에 따른다.

③ 제1항의 합병계획서를 승인하지 아니하는 수익자는 합병계획서의 승인이 있은 날부터 20일 내에 수탁자에게 수익권의 매수를 서면으로 청구할 수 있다. 이 경우 제89조 제2항부터 제8항까지의 규정을 준용한다.

제92조(합병계획서의 공고 및 채권자보호) ① 수탁자는 신탁의 합병계획서의 승인을 받은 날부터 2주 내에 다음 각 호의 사항을 일반일간신문에 공고하고(수탁자가 법인인 경우에는 해당 법인의 공고방법에 따른다) 알고 있는 신탁재산의 채권자에게는 개별적으로 이를 최고하여야 한다. 제2호의 경우 일정한 기간은 1개월 이상이어야 한다.

1. 합병계획서

2. 채권자가 일정한 기간 내에 이의를 제출할 수 있다는 취지

3. 그 밖에 대통령령으로 정하는 사항

② 채권자가 제1항의 기간 내에 이의를 제출하지 아니한 경우에는 합병을 승인한 것으로 본다.

③ 이의를 제출한 채권자가 있는 경우 수탁자는 그 채권자에게 변제하거나 적당한 담보를 제공하거나 이를 목적으로 하여 적당한 담보를 신탁회사에 신탁하여야 한다. 다만, 신탁의 합병으로 채권자를 해칠 우려가 없는 경우에는 그러하지 아니하다.

제93조(합병의 효과) 합병 전의 신탁재산에 속한 권리·의무는 합병 후의 신탁재산에 존속한다.

제94조(신탁의 분할 및 분할합병) ① 신탁재산 중 일부를 분할하여 수탁자가 동일한 새로운 신탁의 신탁재산으로 할 수 있다.

② 신탁재산 중 일부를 분할하여 수탁자가 동일한 다른 신탁과 합병(이하 "분할합병"이

라 한다)할 수 있다.

제95조(신탁의 분할계획서 및 분할합병계획서) ① 제94조에 따라 신탁을 분할하거나 분할합병하려는 경우 수탁자는 다음 각 호의 사항을 적은 분할계획서 또는 분할합병계획서를 작성하여야 한다.

1. 신탁을 분할하거나 분할합병한다는 취지
2. 분할하거나 분할합병한 후의 신탁행위의 내용
3. 신탁행위로 정한 수익권의 내용에 변경이 있는 경우에는 그 내용 및 변경이유
4. 분할하거나 분할합병할 때 수익자에게 금전과 그 밖의 재산을 교부하는 경우에는 그 재산의 내용과 가액
5. 분할 또는 분할합병의 효력발생일
6. 분할되는 신탁재산 및 신탁채무의 내용과 그 가액
7. 제123조에 따라 유한책임신탁의 채무를 승계하는 분할 후 신설신탁 또는 분할합병신탁이 있는 경우 그러한 취지와 특정된 채무의 내용
8. 그 밖에 대통령령으로 정하는 사항

② 수탁자는 각 신탁별로 위탁자와 수익자로부터 제1항의 분할계획서 또는 분할합병계획서의 승인을 받아야 한다. 다만, 신탁행위로 달리 정한 경우에는 그에 따른다.

③ 제1항의 분할계획서 또는 분할합병계획서를 승인하지 아니한 수익자는 분할계획서 또는 분할합병계획서의 승인이 있은 날부터 20일 내에 수탁자에게 수익권의 매수를 서면으로 청구할 수 있다. 이 경우 제89조 제2항부터 제8항까지의 규정을 준용한다.

제96조(분할계획서 등의 공고 및 채권자보호) ① 수탁자는 신탁의 분할계획서 또는 분할합병계획서의 승인을 받은 날부터 2주 내에 다음 각 호의 사항을 일반일간신문에 공고하고 (수탁자가 법인인 경우에는 그 법인의 공고방법에 따른다) 알고 있는 신탁재산의 채권자에게는 개별적으로 최고하여야 한다. 제2호의 경우 일정한 기간은 1개월 이상이어야 한다.

1. 분할계획서 또는 분할합병계획서
2. 채권자가 일정한 기간 내에 이의를 제출할 수 있다는 취지
3. 그 밖에 대통령령으로 정하는 사항

② 채권자가 제1항의 기간 내에 이의를 제출하지 아니한 경우에는 신탁의 분할 또는 분할합병을 승인한 것으로 본다.

③ 이의를 제출한 채권자가 있는 경우 수탁자는 그 채권자에게 변제하거나 적당한 담보를 제공하거나 이를 목적으로 하여 적당한 담보를 신탁회사에 신탁하여야 한다. 다만, 신

탁을 분할하거나 분할합병하는 것이 채권자를 해칠 우려가 없는 경우에는 그러하지 아니하다.

제97조(분할의 효과) ① 제94조에 따라 분할되는 신탁재산에 속한 권리·의무는 분할계획서 또는 분할합병계획서가 정하는 바에 따라 분할 후 신설신탁 또는 분할합병신탁에 존속한다.

② 수탁자는 분할하는 신탁재산의 채권자에게 분할된 신탁과 분할 후의 신설신탁 또는 분할합병신탁의 신탁재산으로 변제할 책임이 있다.

제8장 신탁의 종료

제98조(신탁의 종료사유) 신탁은 다음 각 호의 어느 하나에 해당하는 경우 종료한다.
  1. 신탁의 목적을 달성하였거나 달성할 수 없게 된 경우
  2. 신탁이 합병된 경우
  3. 제138조에 따라 유한책임신탁에서 신탁재산에 대한 파산선고가 있은 경우
  4. 수탁자의 임무가 종료된 후 신수탁자가 취임하지 아니한 상태가 1년간 계속된 경우
  5. 목적신탁에서 신탁관리인이 취임하지 아니한 상태가 1년간 계속된 경우
  6. 신탁행위로 정한 종료사유가 발생한 경우

제99조(합의에 의한 신탁의 종료) ① 위탁자와 수익자는 합의하여 언제든지 신탁을 종료할 수 있다. 다만, 위탁자가 존재하지 아니하는 경우에는 그러하지 아니하다.

② 위탁자가 신탁이익의 전부를 누리는 신탁은 위탁자나 그 상속인이 언제든지 종료할 수 있다.

③ 위탁자, 수익자 또는 위탁자의 상속인이 정당한 이유 없이 수탁자에게 불리한 시기에 신탁을 종료한 경우 위탁자, 수익자 또는 위탁자의 상속인은 그 손해를 배상하여야 한다.

④ 제1항부터 제3항까지의 규정에도 불구하고 신탁행위로 달리 정한 경우에는 그에 따른다.

제100조(법원의 명령에 의한 신탁의 종료) 신탁행위 당시에 예측하지 못한 특별한 사정으로 신탁을 종료하는 것이 수익자의 이익에 적합함이 명백한 경우에는 위탁자, 수탁자 또는 수익자는 법원에 신탁의 종료를 청구할 수 있다.

제101조(신탁종료 후의 신탁재산의 귀속) ① 제98조 제1호, 제4호부터 제6호까지, 제99조 또는 제100조에 따라 신탁이 종료된 경우 신탁재산은 수익자(잔여재산수익자를 정한 경

우에는 그 잔여재산수익자를 말한다)에게 귀속한다. 다만, 신탁행위로 신탁재산의 잔여재산이 귀속될 자(이하 "귀속권리자"라 한다)를 정한 경우에는 그 귀속권리자에게 귀속한다.

② 수익자와 귀속권리자로 지정된 자가 신탁의 잔여재산에 대한 권리를 포기한 경우 잔여재산은 위탁자와 그 상속인에게 귀속한다.

③ 제3조 제3항에 따라 신탁이 종료된 경우 신탁재산은 위탁자에게 귀속한다.

④ 신탁이 종료된 경우 신탁재산이 제1항부터 제3항까지의 규정에 따라 귀속될 자에게 이전될 때까지 그 신탁은 존속하는 것으로 본다. 이 경우 신탁재산이 귀속될 자를 수익자로 본다.

⑤ 제1항 및 제2항에 따라 잔여재산의 귀속이 정하여지지 아니하는 경우 잔여재산은 국가에 귀속된다.

제102조(준용규정) 신탁의 종료로 인하여 신탁재산이 수익자나 그 밖의 자에게 귀속한 경우에는 제53조 제3항 및 제54조를 준용한다.

제103조(신탁종료에 의한 계산) ① 신탁이 종료한 경우 수탁자는 지체 없이 신탁사무에 관한 최종의 계산을 하고, 수익자 및 귀속권리자의 승인을 받아야 한다.

② 수익자와 귀속권리자가 제1항의 계산을 승인한 경우 수탁자의 수익자와 귀속권리자에 대한 책임은 면제된 것으로 본다. 다만, 수탁자의 직무수행에 부정행위가 있었던 경우에는 그러하지 아니하다.

③ 수익자와 귀속권리자가 수탁자로부터 제1항의 계산승인을 요구받은 때부터 1개월 내에 이의를 제기하지 아니한 경우 수익자와 귀속권리자는 제1항의 계산을 승인한 것으로 본다.

제104조(신탁의 청산) 신탁행위 또는 위탁자와 수익자의 합의로 청산절차에 따라 신탁을 종료하기로 한 경우의 청산절차에 관하여는 제132조 제2항, 제133조 제1항부터 제6항까지 및 제134조부터 제137조까지의 규정을 준용한다.

제9장 신탁의 감독

제105조(법원의 감독) ① 신탁사무는 법원이 감독한다. 다만, 신탁의 인수를 업으로 하는 경우는 그러하지 아니하다.

② 법원은 이해관계인의 청구에 의하여 또는 직권으로 신탁사무 처리의 검사, 검사인의 선임, 그 밖에 필요한 처분을 명할 수 있다.

제10장 삭 제

제106조~제113조 삭제

제11장 유한책임신탁

제1절 유한책임신탁의 설정

제114조(유한책임신탁의 설정) ① 신탁행위로 수탁자가 신탁재산에 속하는 채무에 대하여 신탁재산만으로 책임지는 신탁(이하 "유한책임신탁"이라 한다)을 설정할 수 있다. 이 경우 제126조에 따라 유한책임신탁의 등기를 하여야 그 효력이 발생한다.

② 유한책임신탁을 설정하려는 경우에는 신탁행위로 다음 각 호의 사항을 정하여야 한다.

1. 유한책임신탁의 목적

2. 유한책임신탁의 명칭

3. 위탁자 및 수탁자의 성명 또는 명칭 및 주소

4. 유한책임신탁의 신탁사무를 처리하는 주된 사무소(이하 "신탁사무처리지"라 한다)

5. 신탁재산의 관리 또는 처분 등의 방법

6. 그 밖에 필요한 사항으로서 대통령령으로 정하는 사항

제115조(유한책임신탁의 명칭) ① 유한책임신탁의 명칭에는 "유한책임신탁"이라는 문자를 사용하여야 한다.

② 유한책임신탁이 아닌 신탁은 명칭에 유한책임신탁 및 그 밖에 이와 유사한 문자를 사용하지 못한다.

③ 누구든지 부정한 목적으로 다른 유한책임신탁으로 오인(誤認)할 수 있는 명칭을 사용하지 못한다.

④ 제3항을 위반하여 명칭을 사용하는 자가 있는 경우 그로 인하여 이익이 침해되거나 침해될 우려가 있는 유한책임신탁의 수탁자는 그 명칭 사용의 정지 또는 예방을 청구할 수 있다.

제116조(명시·교부 의무) ① 수탁자는 거래상대방에게 유한책임신탁이라는 뜻을 명시하고 그 내용을 서면으로 교부하여야 한다.

② 수탁자가 제1항을 위반한 경우 거래상대방은 그 법률행위를 한 날부터 3개월 내에 이를 취소할 수 있다.

제117조(회계서류 작성의무) ① 유한책임신탁의 경우 수탁자는 다음 각 호의 서류를 작성하여야 한다.

1. 대차대조표

2. 손익계산서

3. 이익잉여금처분계산서나 결손금처리계산서

4. 그 밖에 대통령령으로 정하는 회계서류

② 다음 각 호의 요건을 모두 갖춘 유한책임신탁은 「주식회사 등의 외부감사에 관한 법률」의 예에 따라 감사를 받아야 한다. 〈개정 2017. 10. 31.〉

1. 수익증권발행신탁일 것

2. 직전 사업연도 말의 신탁재산의 자산총액 또는 부채규모가 대통령령으로 정하는 기준 이상일 것

제118조(수탁자의 제3자에 대한 책임) ① 유한책임신탁의 수탁자가 다음 각 호의 어느 하나에 해당하는 행위를 한 경우 그 수탁자는 유한책임신탁임에도 불구하고 제3자에게 그로 인하여 입은 손해를 배상할 책임이 있다. 다만, 제3호 및 제4호의 경우 수탁자가 주의를 게을리하지 아니하였음을 증명하였을 때에는 그러하지 아니하다.

1. 고의 또는 중대한 과실로 그 임무를 게을리한 경우

2. 고의 또는 과실로 위법행위를 한 경우

3. 대차대조표 등 회계서류에 기재 또는 기록하여야 할 중요한 사항에 관한 사실과 다른 기재 또는 기록을 한 경우

4. 사실과 다른 등기 또는 공고를 한 경우

② 제1항에 따라 제3자에게 손해를 배상할 책임이 있는 수탁자가 여럿인 경우 연대하여 그 책임을 진다.

제119조(고유재산에 대한 강제집행 등의 금지) ① 유한책임신탁의 경우 신탁채권에 기하여 수탁자의 고유재산에 대하여 강제집행등이나 국세 등 체납처분을 할 수 없다. 다만, 제118조에 따른 수탁자의 손해배상채무에 대하여는 그러하지 아니하다.

② 수탁자는 제1항을 위반한 강제집행등에 대하여 이의를 제기할 수 있다. 이 경우 「민사

집행법」제48조를 준용한다.

③ 수탁자는 제1항을 위반한 국세 등 체납처분에 대하여 이의를 제기할 수 있다. 이 경우 국세 등 체납처분에 대한 불복절차를 준용한다.

제120조(수익자에 대한 급부의 제한) ① 유한책임신탁의 수탁자는 수익자에게 신탁재산에서 급부가 가능한 한도를 초과하여 급부할 수 없다.

② 제1항에 따른 급부가 가능한 한도는 순자산액의 한도 내에서 대통령령으로 정하는 방법에 따라 산정한다.

제121조(초과급부에 대한 전보책임) ① 수탁자가 수익자에게 제120조 제1항의 급부가 가능한 한도를 초과하여 급부한 경우 수탁자와 이를 받은 수익자는 연대하여 초과된 부분을 신탁재산에 전보할 책임이 있다. 다만, 수탁자가 주의를 게을리하지 아니하였음을 증명한 경우에는 그러하지 아니하다.

② 제1항의 초과부분을 전보한 수탁자는 선의의 수익자에게 구상권(求償權)을 행사할 수 없다.

제122조(합병의 효과에 대한 특칙) 유한책임신탁에 속하는 채무에 대하여는 합병 후에도 합병 후 신탁의 신탁재산만으로 책임을 진다.

제123조(분할의 효과에 대한 특칙) 유한책임신탁에 속하는 채무에 대하여 분할 후의 신설신탁 또는 분할합병신탁에 이전하는 것으로 정한 경우 그 채무에 대하여는 분할 후의 신설신탁 또는 분할합병신탁의 신탁재산만으로 책임을 진다.

제2절 유한책임신탁의 등기

제124조(관할 등기소) ① 유한책임신탁의 등기에 관한 사무는 신탁사무처리지를 관할하는 지방법원, 그 지원 또는 등기소를 관할 등기소로 한다.

② 등기소는 유한책임신탁등기부를 편성하여 관리한다.

제125조(등기의 신청) ① 등기는 법령에 다른 규정이 있는 경우를 제외하고는 수탁자의 신청 또는 관공서의 촉탁이 없으면 하지 못한다.

② 제17조 제1항 및 제18조 제1항에 따라 신탁재산관리인이 선임되면 법령에 다른 규정이 있는 경우를 제외하고는 신탁재산관리인이 등기를 신청하여야 한다.

제126조(유한책임신탁등기) ① 유한책임신탁등기는 다음 각 호의 사항을 등기하여야 한

별
첨

다.

1. 유한책임신탁의 목적
2. 유한책임신탁의 명칭
3. 수탁자의 성명 또는 명칭 및 주소
4. 신탁재산관리인이 있는 경우 신탁재산관리인의 성명 또는 명칭 및 주소
5. 신탁사무처리지
6. 그 밖에 대통령령으로 정하는 사항

② 제1항의 등기는 유한책임신탁을 설정한 때부터 2주 내에 하여야 한다.

③ 유한책임신탁의 등기를 신청하기 위한 서면(전자문서를 포함한다. 이하 "신청서"라 한다)에는 다음 각 호의 서면을 첨부하여야 한다. 〈개정 2014. 5. 20.〉

1. 유한책임신탁을 설정한 신탁행위를 증명하는 서면
2. 수탁자가 법인인 경우에는 그 법인의 「상업등기법」 제15조에 따른 등기사항증명서
3. 제117조 제2항에 따라 외부의 감사인을 두어야 하는 경우에는 그 선임 및 취임승낙을 증명하는 서면
4. 제3호의 감사인이 법인인 경우에는 그 법인의 「상업등기법」 제15조에 따른 등기사항 증명서

제127조(유한책임신탁의 변경등기) ① 제126조 제1항 각 호의 사항(제5호는 제외한다)에 변경이 있는 경우에는 2주 내에 변경등기를 하여야 한다.

② 신탁사무처리지에 변경이 있는 경우에는 2주 내에 종전 신탁사무처리지에서는 변경 등기를 하고 새로운 신탁사무처리지에서는 제126조 제1항 각 호의 사항을 등기하여야 한 다. 다만, 같은 등기소의 관할구역 내에서 신탁사무처리지를 변경한 경우에는 신탁사무 처리지의 변경등기만 하면 된다.

③ 제126조 제1항 각 호의 사항의 변경은 제1항 또는 제2항에 따라 등기하지 아니하면 선의의 제3자에게 대항하지 못한다. 등기한 후라도 제3자가 정당한 사유로 이를 알지 못 한 경우에도 또한 같다.

④ 제1항 또는 제2항에 따라 변경등기를 신청할 때에는 신청서에 해당 등기사항의 변경 을 증명하는 서면을 첨부하여야 한다.

제128조(유한책임신탁의 종료등기) ① 유한책임신탁이 종료되거나 제114조 제1항의 취지 를 폐지하는 변경이 있는 경우에는 2주 내에 종료등기를 하여야 한다.

② 제1항에 따라 유한책임신탁의 종료등기를 신청할 때에는 신청서에 종료 사유의 발생

을 증명하는 서면을 첨부하여야 한다.

제129조(유한책임신탁의 합병등기 또는 분할등기) 유한책임신탁이 합병하거나 분할한 후에도 유한책임신탁을 유지하는 경우 그 등기에 관하여는 제126조부터 제128조까지의 규정을 준용한다.

제130조(부실의 등기) 수탁자는 고의나 과실로 유한책임신탁의 등기가 사실과 다르게 된 경우 그 등기와 다른 사실로 선의의 제3자에게 대항하지 못한다.

제131조(등기절차 및 사무) 이 장에 규정된 등기의 등기절차 및 사무에 관하여는 이 법 및 다른 법령에서 규정한 것을 제외하고 「상업등기법」의 예에 따른다.

제3절 유한책임신탁의 청산

제132조(유한책임신탁의 청산) ① 유한책임신탁이 종료한 경우에는 신탁을 청산하여야 한다. 다만, 제98조 제2호 및 제3호의 사유로 종료한 경우에는 그러하지 아니하다.

② 제1항에 따른 청산이 완료될 때까지 유한책임신탁은 청산의 목적범위 내에서 존속하는 것으로 본다.

제133조(청산수탁자) ① 유한책임신탁이 종료된 경우에는 신탁행위로 달리 정한 바가 없으면 종료 당시의 수탁자 또는 신탁재산관리인이 청산인(이하 "청산수탁자"라 한다)이 된다. 다만, 제3조 제3항에 따라 유한책임신탁이 종료된 경우에는 법원이 수익자, 신탁채권자 또는 검사의 청구에 의하거나 직권으로 해당 신탁의 청산을 위하여 청산수탁자를 선임하여야 한다.

② 제1항 단서에 따라 청산수탁자가 선임된 경우 전수탁자의 임무는 종료한다.

③ 제1항 단서에 따라 선임된 청산수탁자에 대한 보수에 관하여는 제21조 제4항을 준용한다.

④ 청산수탁자는 다음 각 호의 직무를 수행한다.

1. 현존사무의 종결

2. 신탁재산에 속한 채권의 추심 및 신탁채권에 대한 변제

3. 수익채권(잔여재산의 급부를 내용으로 한 것은 제외한다)에 대한 변제

4. 잔여재산의 급부

5. 재산의 환가처분(換價處分)

⑤ 청산수탁자는 제4항 제2호 및 제3호의 채무를 변제하지 아니하면 제4항 제4호의 직무

를 수행할 수 없다.

⑥ 청산수탁자는 제4항 각 호의 직무를 수행하기 위하여 필요한 모든 행위를 할 수 있다. 다만, 신탁행위로 달리 정한 경우에는 그에 따른다.

⑦ 청산수탁자는 청산수탁자가 된 때부터 2주 내에 청산수탁자의 성명 또는 명칭 및 주소를 등기하여야 한다.

제134조(채권자의 보호) ① 청산수탁자는 취임한 후 지체 없이 신탁채권자에게 일정한 기간 내에 그 채권을 신고할 것과 그 기간 내에 신고하지 아니하면 청산에서 제외된다는 뜻을 일반일간신문에 공고하는 방법(수탁자가 법인인 경우에는 그 법인의 공고방법을 말한다)으로 최고하여야 한다. 이 경우 그 기간은 2개월 이상이어야 한다.

② 청산수탁자는 그가 알고 있는 채권자에게는 개별적으로 그 채권의 신고를 최고하여야 하며, 그 채권자가 신고하지 아니한 경우에도 청산에서 제외하지 못한다.

제135조(채권신고기간 내의 변제) ① 청산수탁자는 제134조 제1항의 신고기간 내에는 신탁채권자에게 변제하지 못한다. 다만, 변제의 지연으로 인한 손해배상의 책임을 면하지 못한다.

② 청산수탁자는 제1항에도 불구하고 소액의 채권, 담보가 있는 신탁채권, 그 밖에 변제로 인하여 다른 채권자를 해칠 우려가 없는 채권의 경우 법원의 허가를 받아 변제할 수 있다.

③ 제2항에 따른 허가신청을 각하하는 재판에는 반드시 이유를 붙여야 한다.

④ 변제를 허가하는 재판에 대하여는 불복할 수 없다.

제136조(청산절차에서 채무의 변제) ① 청산수탁자는 변제기에 이르지 아니한 신탁채권에 대하여도 변제할 수 있다.

② 제1항에 따라 신탁채권에 대한 변제를 하는 경우 이자 없는 채권에 대하여는 변제기에 이르기까지의 법정이자를 가산하여 그 채권액이 될 금액을 변제하여야 한다.

③ 이자 있는 채권으로서 그 이율이 법정이율에 이르지 못하는 경우에는 제2항을 준용한다.

④ 제1항의 경우 조건부채권, 존속기간이 불확정한 채권, 그 밖에 가액이 불확정한 채권에 대하여는 법원이 선임한 감정인의 평가에 따라 변제하여야 한다.

제137조(제외된 채권자에 대한 변제) 청산 중인 유한책임신탁의 신탁채권자가 제134조 제1항의 신고기간 내에 그 채권을 신고하지 아니한 경우에는 그 채권은 청산에서 제외된다. 이 경우 청산에서 제외된 채권자는 분배되지 아니한 잔여재산에 대하여만 변제를 청구할

수 있다.

제138조(청산 중의 파산신청) 청산 중인 유한책임신탁의 신탁재산이 그 채무를 모두 변제하기에 부족한 것이 분명하게 된 경우 청산수탁자는 즉시 신탁재산에 대하여 파산신청을 하여야 한다.

제139조(청산종결의 등기) 유한책임신탁의 청산이 종결된 경우 청산수탁자는 제103조에 따라 최종의 계산을 하여 수익자 및 귀속권리자의 승인을 받아야 하며, 승인을 받은 때부터 2주 내에 종결의 등기를 하여야 한다.

제12장 벌칙

제140조(신탁사채권자집회의 대표자 등의 특별배임죄) 신탁사채권자집회의 대표자 또는 그 결의를 집행하는 사람이 그 임무에 위배한 행위로써 재산상의 이익을 취하거나 제3자로 하여금 이를 취득하게 하여 신탁사채권자에게 손해를 가한 경우에는 7년 이하의 징역 또는 2천만원 이하의 벌금에 처한다.

제141조(특별배임죄의 미수) 제140조의 미수범은 처벌한다.

제142조(부실문서행사죄) ① 수익증권을 발행하는 자가 수익증권을 발행하거나 신탁사채의 모집의 위탁을 받은 자가 신탁사채를 모집할 때 중요한 사항에 관하여 부실한 기재가 있는 수익증권 또는 사채청약서, 수익증권 또는 신탁사채의 모집에 관한 광고, 그 밖의 문서를 행사한 경우에는 5년 이하의 징역 또는 1천500만원 이하의 벌금에 처한다.
② 수익증권 또는 신탁사채를 매출하는 자가 그 매출에 관한 문서로서 중요한 사항에 관하여 부실한 기재가 있는 것을 행사한 경우에도 제1항과 같다.

제143조(권리행사방해 등에 관한 증뢰·수뢰죄) ① 신탁사채권자집회에서의 발언 또는 의결권의 행사에 관하여 부정한 청탁을 받고 재산상의 이익을 수수(收受), 요구 또는 약속한 사람은 1년 이하의 징역 또는 1천만원 이하의 벌금에 처한다. 〈개정 2014. 1. 7.〉
② 제1항의 이익을 약속, 공여 또는 공여의 의사를 표시한 사람도 제1항과 같다.

제144조(징역과 벌금의 병과) 제140조부터 제143조까지의 징역과 벌금은 병과할 수 있다.

제145조(몰수·추징) 제143조 제1항의 경우 범인이 수수한 이익은 몰수한다. 그 전부 또는

일부를 몰수하기 불가능한 경우에는 그 가액을 추징한다.

제146조(과태료) ① 다음 각 호의 어느 하나에 해당하는 자 또는 그 대표자에게는 500만원 이하의 과태료를 부과한다.

1. 제12조 제2항·제3항 및 제13조 제2항을 위반하여 수익자에게 임무 종료 사실을 통지하지 아니한 수탁자, 수탁자의 상속인, 법정대리인 또는 청산인

2. 제12조 제3항을 위반하여 파산관재인에게 신탁재산에 관한 사항을 통지하지 아니한 수탁자

3. 제12조 제4항을 위반하여 수익자에게 신탁재산의 보관 및 신탁사무 인계에 관한 사실을 통지하지 아니한 수탁자의 상속인, 법정대리인 또는 청산인

4. 제14조 제3항을 위반하여 수익자에게 사임한 사실을 통지하지 아니한 수탁자

5. 제16조 제4항을 위반하여 수익자에게 해임된 사실을 통지하지 아니한 수탁자

6. 제17조 제3항 및 제18조 제3항을 위반하여 수익자에게 선임된 사실을 통지하지 아니한 신탁재산관리인

7. 제34조 제2항 단서를 위반하여 수익자에게 법원의 허가를 신청한 사실을 통지하지 아니한 수탁자

8. 제39조에 따른 장부, 재산목록, 그 밖의 서류의 작성·보존 및 비치 의무를 게을리한 수탁자

9. 이 법을 위반하여 정당한 사유 없이 장부 등 서류, 수익자명부, 신탁사채권자집회 의사록 또는 재무제표 등의 열람·복사를 거부한 수탁자, 수익자명부관리인 또는 신탁사채를 발행한 자

10. 제40조 제1항에 따른 설명요구를 정당한 사유 없이 거부한 수탁자

11. 제78조 제2항을 위반하여 정당한 사유 없이 수익증권 발행을 지체한 수탁자

12. 제78조 제5항 또는 제87조 제2항을 위반하여 수익증권 또는 채권에 적어야 할 사항을 적지 아니하거나 부실한 기재를 한 수탁자

13. 이 법에 따른 수익자명부 또는 신탁사채권자집회 의사록을 작성하지 아니하거나 이를 갖추어 두지 아니한 수익증권발행신탁의 수탁자, 수익자명부관리인 또는 신탁사채를 발행한 자

14. 제79조 제5항을 위반하여 수익자명부를 갖추어 두지 아니한 수탁자

15. 제80조 제2항을 위반하여 수익자에게 신고를 받은 사실을 통지하지 아니한 수탁자

16. 제81조 제2항에 따른 수익자명부에 기명수익증권으로 표시된 수익권을 취득한 자의 성명 또는 명칭과 주소의 기재를 거부한 수탁자

17. 제87조 제2항을 위반하여 사채청약서를 작성하지 아니하거나 이에 적어야 할 사항을 적지 아니하거나 또는 부실한 기재를 한 수탁자

18. 수익자명부ㆍ신탁사채원부 또는 그 복본, 이 법에 따라 작성하여야 하는 신탁사채권자집회 의사록, 재산목록, 대차대조표, 손익계산서, 이익잉여금처분계산서, 결손금처리계산서, 그 밖의 회계서류에 적어야 할 사항을 적지 아니하거나 또는 부실한 기재를 한 수탁자

19. 제87조 제4항에서 준용하는 「상법」제396조 제1항을 위반하여 신탁사채원부를 갖추어 두지 아니한 수탁자

20. 제87조 제4항에서 준용하는 「상법」제478조 제1항을 위반하여 사채전액의 납입이 완료하지 아니한 채 사채를 발행한 수탁자 또는 사채모집의 위탁을 받은 회사

21. 제87조 제4항에서 준용하는 「상법」제484조 제2항을 위반하여 사채의 변제를 받고 지체 없이 그 뜻을 공고하지 아니한 사채모집의 위탁을 받은 회사

22. 제87조 제4항에서 준용하는 「상법」제499조를 위반하여 사채권자집회의 결의에 대하여 인가 또는 불인가의 결정이 있다는 사실을 지체 없이 공고하지 아니한 수탁자

23. 사채권자집회에 부실한 보고를 하거나 사실을 은폐한 수탁자 또는 사채모집의 위탁을 받은 회사

24. 제92조 제1항을 위반하여 합병에 대한 이의를 제출할 수 있다는 사실을 공고하지 아니한 수탁자

25. 제92조 또는 제96조를 위반하여 신탁을 합병하거나 분할하거나 분할합병한 경우 수탁자

26. 이 법에 따른 유한책임신탁의 설정, 변경, 종결 또는 청산의 등기를 게을리한 수탁자

27. 제133조 제5항을 위반하여(제104조에 따라 준용되는 경우를 포함한다) 잔여재산을 급부한 청산수탁자

28. 제138조를 위반하여 파산신청을 게을리한 청산수탁자

② 제115조 제1항을 위반하여 유한책임신탁의 명칭 중에 "유한책임신탁"이라는 문자를 사용하지 아니한 자에게는 300만원 이하의 과태료를 부과한다.

③ 다음 각 호의 어느 하나에 해당하는 자에게는 100만원 이하의 과태료를 부과한다.

1. 제115조 제2항을 위반하여 유한책임신탁 및 그 밖에 이와 유사한 명칭을 사용한 자

2. 제115조 제3항을 위반하여 다른 유한책임신탁으로 오인할 수 있는 명칭을 사용한 자

④ 제1항부터 제3항까지의 규정에 따른 과태료(제1항 제26호에 따른 과태료는 제외한다)는 대통령령으로 정하는 바에 따라 법무부장관이 부과ㆍ징수한다.

제147조(외부의 감사인 등의 의무위반행위) 제117조 제2항에 따라 외부의 감사인을 선임한 경우 감사인 등의 의무위반행위에 대한 벌칙 및 과태료에 관하여는 「주식회사 등의 외부감사에 관한 법률」을 준용한다. 이 경우 "회사"는 "신탁"으로 본다. 〈개정 2017. 10. 31.〉

부칙 〈제15022호, 2017. 10. 31.〉(주식회사 등의 외부감사에 관한 법률)

제1조(시행일) 이 법은 공포 후 1년이 경과한 날부터 시행한다.

제2조 부터 제13조까지 생략

제14조(다른 법률의 개정) ①부터 ㉒까지 생략

㉓ 신탁법 일부를 다음과 같이 개정한다.

제117조 제2항 각 호 외의 부분 및 제147조 전단 중 "「주식회사의 외부감사에 관한 법률」"을 각각 "「주식회사 등의 외부감사에 관한 법률」"로 한다.

㉔부터 ㊲까지 생략

제15조 생략

[시행 2020. 12. 10.] [대통령령 제31222호, 2020. 12. 8., 타법개정]
법무부(상사법무과) 02-2110-3167

제1조(목적) 이 영은 「신탁법」에서 위임된 사항과 그 시행에 필요한 사항을 규정함을 목적으로 한다.

제2조(신탁재산의 표시 방법) 「신탁법」(이하 "법"이라 한다) 제4조 제4항에서 "대통령령으로 정하는 장부"란 다음 각 호의 장부를 말한다. 이 경우 제2호의 건축물대장과 제4호의 토지대장 및 임야대장은 「공간정보의 구축 및 관리 등에 관한 법률」 제76조의 3에 따른 부동산종합공부로 대체할 수 있다. 〈개정 2014. 1. 17., 2015. 6. 1., 2018. 2. 9.〉

1. 법 제79조 제1항에 따른 수익자명부

2. 「건축법」 제20조에 따른 가설건축물대장 및 같은 법 제38조에 따른 건축물대장

3. 「상법」 제352조에 따른 주주명부 및 같은 법 제352조의 2에 따른 전자주주명부

4. 「공간정보의 구축 및 관리 등에 관한 법률」 제71조 제1항에 따른 토지대장 및 임야대장

5. 「도시개발법」 제2조 제1항 제2호에 따른 도시개발사업, 「농어촌정비법」 제2조 제5호, 제10호 및 제18호에 따른 농업생산기반 정비사업, 생활환경정비사업 및 한계농지등의 정비사업, 「도시 및 주거환경정비법」 제2조 제2호 가목 및 나목에 따른 주거환경개선사업 및 재개발사업 등 법령에 따른 환지(換地) 방식의 사업을 할 때 환지, 체비지(替費地) 및 보류지(保留地)의 관리를 위하여 작성·관리하는 장부

제3조(신탁사무와 관련된 서류의 보존기간 등) ① 법 제39조 제3항에서 "대통령령으로 정하는 기간"이란 다음 각 호의 구분에 따른 기간을 말한다.

1. 신탁의 재산목록과 그 부속 명세서, 재무제표와 그 부속 명세서 및 신탁재산의 운용 내역서: 해당 신탁이 종료된 때부터 10년

2. 제1호에 규정되지 아니한 서류: 해당 신탁이 종료된 때부터 5년

② 법 제39조 제4항에 따라 신탁사무와 관련된 장부, 재산목록 및 그 밖의 서류를 보존하는 경우에는 다음 각 호의 구분에 따른 방법으로 한다. 이 경우 마이크로필름의 형태로 보관하거나 전산정보처리조직에 의하여 보존할 수 있다.

1. 신탁의 재산목록과 그 부속 명세서, 재무제표와 그 부속 명세서 및 신탁재산의 운용

별
첨

내역서: 수탁자의 사무소·영업소 또는 법 제114조에 따른 유한책임신탁(이하 "유한책임신탁"이라 한다)의 신탁사무를 처리하는 주된 사무소(이하 "신탁사무처리지"라 한다)에 비치·보관

2. 제1호에 규정되지 아니한 서류: 수탁자의 사무소·영업소(수탁자를 위하여 해당 서류를 보관하는 자의 사무소·영업소를 포함한다) 또는 유한책임신탁의 신탁사무처리지에 보관

제4조(수익자집회 소집 시 제공할 서류) 법 제72조 제6항에서 "대통령령으로 정하는 서류"란 다음 각 호의 구분에 따른 사항을 적은 서류를 말한다.

1. 수익자집회에서 수탁자, 신탁재산관리인 또는 신탁관리인을 선임하려는 경우에는 다음 각 목의 사항

   가. 수탁자, 신탁재산관리인 또는 신탁관리인 후보자의 성명 또는 명칭

   나. 수탁자, 신탁재산관리인 또는 신탁관리인 후보자의 경력

   다. 후보 추천 사유

   라. 신탁관리인 후보자가 수탁자 또는 수탁자 후보자와 공정한 업무 수행에 영향을 미칠 특별한 이해관계가 있는 경우에는 그 내용

2. 수익자집회에서 수탁자, 신탁재산관리인 또는 신탁관리인을 해임하려는 경우에는 다음 각 목의 사항

   가. 해임하려는 수탁자, 신탁재산관리인 또는 신탁관리인의 성명 또는 명칭

   나. 해임 사유

3. 법 제55조 제2항 또는 제103조 제1항에 따라 신탁사무에 관한 계산(이하 이 호에서 "신탁계산"이라 한다)을 승인하려는 경우에는 다음 각 목의 사항

   가. 신탁계산의 내용 및 결과

   나. 법 제117조 제2항에 따라 외부감사를 받았을 때에는 감사인이 작성한 감사보고서

4. 법 제88조에 따라 신탁을 변경하려는 경우에는 다음 각 목의 사항

   가. 신탁변경의 이유 및 내용

   나. 신탁변경의 효력발생일

   다. 신탁변경으로 인하여 수익권 또는 수익채권의 내용에 변경이 있거나 그 가치에 중대한 영향을 줄 우려가 있을 때에는 그 내용 및 적절성에 관한 사항

5. 법 제90조에 따라 신탁을 합병하려는 경우에는 법 제91조 제1항 각 호의 사항

6. 법 제94조 제1항에 따라 신탁을 분할하거나 같은 조 제2항에 따라 신탁을 분할합병하려는 경우에는 법 제95조 제1항 각 호의 사항

7. 법 제99조 제1항에 따라 합의하여 신탁을 종료하려는 경우에는 다음 각 목의 사항

　가. 신탁 종료의 이유

　나. 신탁재산의 잔여재산이 있는 경우에는 그 내용 및 잔여재산수익자 또는 신탁재산의 잔여재산이 귀속될 자(이하 "귀속권리자"라 한다)

8. 제1호부터 제7호까지의 사항 외의 사항에 관한 안건을 목적으로 하려는 경우에는 해당 안건의 내용과 제안 이유에 대한 설명

제5조(전자문서에 의한 의결권의 행사) ① 법 제73조 제3항에 따라 수익자가 전자문서로 의결권을 행사(이하 "전자투표"라 한다)하는 경우 수익자의 확인과 의결권의 행사는 「전자서명법」 제2조 제2호에 따른 전자서명(서명자의 실지명의를 확인할 수 있는 것으로 한정한다)을 통하여 하여야 한다. 〈개정 2020. 12. 8.〉

② 수익자의 전자투표를 승낙한 수익자집회 소집자(이하 "소집자"라 한다)는 소집의 통지나 공고에 다음 각 호의 사항을 적어야 한다.

1. 전자투표를 할 인터넷 주소

2. 전자투표를 할 기간(전자투표의 종료일은 수익자집회 전날까지로 한다)

3. 그 밖에 수익자의 전자투표에 필요한 기술적인 사항

③ 전자투표를 한 수익자는 해당 수익권에 대하여 그 의결권 행사를 철회하거나 변경하지 못한다.

④ 소집자는 전자투표의 효율성 및 공정성을 확보하기 위하여 전자투표를 관리하는 기관을 지정하여 수익자 확인절차 등 의결권 행사절차의 운영을 위탁할 수 있다.

⑤ 소집자, 제4항에 따라 지정된 전자투표를 관리하는 기관 및 전자투표의 운영을 담당하는 자는 수익자집회에서의 개표 시까지 전자투표의 결과를 누설하거나 직무상 목적 외에 사용해서는 아니 된다.

제6조(수익증권의 기재사항) 법 제78조 제5항 제9호에서 "대통령령으로 정하는 사항"이란 다음 각 호의 사항을 말한다.

1. 신탁기간의 정함이 있는 경우에는 그 기간

2. 법 제47조 제1항에 따라 수탁자에게 보수를 지급하는 경우에는 수탁자 보수의 계산방법, 지급방법 및 지급시기

3. 기명수익증권을 발행한 경우로서 수익권에 대한 양도의 제한이 있을 때에는 그 취지 및 내용

4. 법 제101조 제1항에 따라 신탁이 종료되었을 때에 잔여재산수익자 또는 귀속권리자를

별
첨

정한 경우에는 그 성명 또는 명칭

5. 유한책임신탁인 경우에는 신탁사무처리지

제7조(수익자명부의 기재사항) 법 제79조 제1항 제7호에서 "대통령령으로 정하는 사항"이란 다음 각 호의 사항을 말한다.

1. 위탁자의 성명 또는 명칭 및 주소

2. 수탁자의 성명 또는 명칭 및 주소

3. 법 제17조 제1항 및 제18조 제1항·제2항에 따라 신탁재산관리인을 선임한 경우에는 그 성명 또는 명칭 및 주소

4. 법 제67조 제1항부터 제3항까지의 규정에 따라 신탁관리인을 선임한 경우에는 그 성명 또는 명칭 및 주소

5. 법 제78조 제1항 후단에 따라 특정 내용의 수익권에 대하여 수익증권을 발행하지 아니한다는 뜻을 정한 경우에는 그 내용

6. 법 제79조 제4항에 따라 수익자명부관리인을 정한 경우에는 그 성명 또는 명칭 및 주소

7. 법 제80조 제1항 단서에 따라 수익증권의 불소지 신고를 허용하지 아니하기로 정한 경우에는 그 취지

8. 기명수익증권을 발행한 경우 수익권에 대한 양도의 제한이 있을 때에는 그 취지 및 내용

9. 법 제83조 제3항에 따라 질권이 설정된 경우에는 질권자의 성명 또는 명칭 및 주소와 질권의 목적인 수익권

10. 수익권에 대하여 신탁이 설정된 경우에는 신탁재산이라는 뜻

11. 유한책임신탁인 경우에는 그 뜻과 신탁의 명칭

제8조(사채 총액의 한도) 법 제87조 제3항에 따른 사채(社債) 총액의 한도는 최종의 대차대조표에 의하여 유한책임신탁에 현존하는 순자산액의 4배로 한다. 다만, 최종의 대차대조표가 없는 경우에는 사채의 발행 시점에 유한책임신탁에 현존하는 순자산액의 4배로 한다.

제9조(합병계획서의 기재사항) 법 제91조 제1항 제6호에서 "대통령령으로 정하는 사항"이란 다음 각 호의 사항을 말한다.

1. 합병할 각 신탁의 위탁자의 성명 또는 명칭 및 주소

2. 합병할 각 신탁의 수탁자의 성명 또는 명칭 및 주소

3. 합병할 각 신탁의 신탁행위의 내용 및 설정일

4. 합병할 각 신탁의 신탁재산의 목록 및 내용

5. 합병할 각 신탁이 유한책임신탁인 경우에는 그 명칭 및 신탁사무처리지

제10조(합병의 공고·최고 사항) 법 제92조 제1항 제3호에서 "대통령령으로 정하는 사항"이란 합병 후 신탁채무의 이행 계획을 말한다.

제11조(분할계획서·분할합병계획서의 기재사항) 법 제95조 제1항 제8호에서 "대통령령으로 정하는 사항"이란 다음 각 호의 사항을 말한다.

1. 분할된 신탁과 분할 후 신설신탁 또는 분할합병신탁의 위탁자의 성명 또는 명칭 및 주소

2. 분할된 신탁과 분할 후 신설신탁 또는 분할합병신탁의 수탁자의 성명 또는 명칭 및 주소

3. 분할된 신탁과 분할 후 신설신탁 또는 분할합병신탁이 유한책임신탁인 경우에는 그 명칭 및 신탁사무처리지

제12조(분할·분할합병의 공고·최고 사항) 법 제96조 제1항 제3호에서 "대통령령으로 정하는 사항"이란 분할 또는 분할합병 후 신탁채무의 이행 계획을 말한다.

제13조(유한책임신탁의 신탁행위로 정할 사항) 법 제114조 제2항 제6호에서 "대통령령으로 정하는 사항"이란 신탁의 사업연도를 말한다.

제14조(유한책임신탁의 회계서류 등) ① 법 제117조 제1항 제4호에서 "대통령령으로 정하는 회계서류"란 다음 각 호의 서류를 말한다.

1. 자본변동표

2. 신탁의 재산목록과 그 부속 명세서

3. 법 제78조 제1항에 따라 수익증권을 발행하는 경우에는 수익증권기준가격 계산서

② 법 제117조 제2항 제2호에서 "대통령령으로 정하는 기준 이상"이란 다음 각 호의 어느 하나에 해당하는 경우를 말한다.

1. 자산총액이 100억원 이상인 경우

2. 부채총액이 70억원 이상이고 자산총액이 70억원 이상인 경우

제15조(유한책임신탁의 수익자에 대한 급부가 가능한 한도) ① 법 제120조 제2항에 따른 급부가 가능한 한도는 급부를 할 날이 속하는 사업연도의 직전 사업연도 말일의 순자산액에서 신탁행위로 정한 유보액과 급부를 할 날이 속하는 사업연도에 이미 급부한 신탁

재산의 가액(價額)을 공제한 금액을 말한다.

② 제1항을 적용할 때 유한책임신탁의 수익권이 그 유한책임신탁의 신탁재산에 속하게 된 경우에는 그 수익권은 해당 유한책임신탁의 순자산으로 계산하지 아니한다.

제16조(유한책임신탁등기의 기재사항) 법 제126조 제1항 제6호에서 "대통령령으로 정하는 사항"이란 신탁행위로 정한 종료 사유가 있는 경우 그 종료 사유를 말한다.

제17조(과태료의 부과기준) 법무부장관은 법 제146조에 따른 과태료의 금액을 정하는 경우 해당 위반행위의 동기와 그 결과, 위반기간 및 위반 정도 등을 고려하여야 한다.

부칙 〈제31222호, 2020. 12. 8.〉(전자서명법 시행령)

제1조(시행일) 이 영은 2020년 12월 10일부터 시행한다.

제2조(다른 법령의 개정) ①부터 ⑯까지 생략

⑰ 신탁법 시행령 일부를 다음과 같이 개정한다.

제5조 제1항 중 "「전자서명법」 제2조 제3호에 따른 공인전자서명"을 "「전자서명법」 제2조 제2호에 따른 전자서명(서명자의 실지명의를 확인할 수 있는 것으로 한정한다)"으로 한다.

⑱부터 ㊲까지 생략

제3조 생략

③ 자본시장과 금융투자업에 관한 법률 (약칭 : 자본시장법, 일부 발췌)

[시행 2021. 12. 30.] [법률 제17799호, 2020. 12. 29., 타법개정]
금융위원회(자본시장과-투자매매중개업, 증권발행, 상장회사특례, 유관기관) 02-2100-2652, 2643
금융위원회(자산운용과-집합투자, 신탁, 투자일임, 투자자문) 02-2100-2661
금융위원회(공정시장과-사업보고서, 불공정거래) 02-2100-2681, 2682
금융위원회(자본시장과-파생상품) 02-2100-2655

제1조(목적) 이 법은 자본시장에서의 금융혁신과 공정한 경쟁을 촉진하고 투자자를 보호하며 금융투자업을 건전하게 육성함으로써 자본시장의 공정성·신뢰성 및 효율성을 높여 국민경제의 발전에 이바지함을 목적으로 한다.

제2조(국외행위에 대한 적용) 이 법은 국외에서 이루어진 행위로서 그 효과가 국내에 미치는 경우에도 적용한다.

제3조(금융투자상품) ① 이 법에서 "금융투자상품"이란 이익을 얻거나 손실을 회피할 목적으로 현재 또는 장래의 특정(特定) 시점에 금전, 그 밖의 재산적 가치가 있는 것(이하 "금전등"이라 한다)을 지급하기로 약정함으로써 취득하는 권리로서, 그 권리를 취득하기 위하여 지급하였거나 지급하여야 할 금전등의 총액(판매수수료 등 대통령령으로 정하는 금액을 제외한다)이 그 권리로부터 회수하였거나 회수할 수 있는 금전등의 총액(해지수수료 등 대통령령으로 정하는 금액을 포함한다)을 초과하게 될 위험(이하 "투자성"이라 한다)이 있는 것을 말한다. 다만, 다음 각 호의 어느 하나에 해당하는 것을 제외한다. 〈개정 2011. 7. 25., 2013. 5. 28.〉

1. 원화로 표시된 양도성 예금증서

2. 「신탁법」 제78조 제1항에 따른 수익증권발행신탁이 아닌 신탁으로서 다음 각 목의 어느 하나에 해당하는 신탁(제103조 제1항 제1호의 재산을 신탁받는 경우는 제외하고 수탁자가 「신탁법」 제46조부터 제48조까지의 규정에 따라 처분 권한을 행사하는 경우는 포함한다. 이하 "관리형신탁"이라 한다)의 수익권

　가. 위탁자(신탁계약에 따라 처분권한을 가지고 있는 수익자를 포함한다)의 지시에 따라서만 신탁재산의 처분이 이루어지는 신탁

별첨

나. 신탁계약에 따라 신탁재산에 대하여 보존행위 또는 그 신탁재산의 성질을 변경하지 아니하는 범위에서 이용·개량 행위만을 하는 신탁

3. 그 밖에 해당 금융투자상품의 특성 등을 고려하여 금융투자상품에서 제외하더라도 투자자 보호 및 건전한 거래질서를 해할 우려가 없는 것으로서 대통령령으로 정하는 금융투자상품

② 제1항의 금융투자상품은 다음 각 호와 같이 구분한다.

1. 증권

2. 파생상품

　　가. 장내파생상품

　　나. 장외파생상품

제4조(증권) ① 이 법에서 "증권"이란 내국인 또는 외국인이 발행한 금융투자상품으로서 투자자가 취득과 동시에 지급한 금전등 외에 어떠한 명목으로든지 추가로 지급의무(투자자가 기초자산에 대한 매매를 성립시킬 수 있는 권리를 행사하게 됨으로써 부담하게 되는 지급의무를 제외한다)를 부담하지 아니하는 것을 말한다. 다만, 다음 각 호의 어느 하나에 해당하는 증권은 제2편제5장, 제3편제1장(제8편부터 제10편까지의 규정 중 제2편제5장, 제3편제1장의 규정에 따른 의무 위반행위에 대한 부분을 포함한다) 및 제178조·제179조를 적용하는 경우에만 증권으로 본다. 〈개정 2013. 5. 28., 2015. 7. 24.〉

1. 투자계약증권

2. 지분증권, 수익증권 또는 증권예탁증권 중 해당 증권의 유통 가능성, 이 법 또는 금융관련 법령에서의 규제 여부 등을 종합적으로 고려하여 대통령령으로 정하는 증권

② 제1항의 증권은 다음 각 호와 같이 구분한다.

1. 채무증권

2. 지분증권

3. 수익증권

4. 투자계약증권

5. 파생결합증권

6. 증권예탁증권

③ 이 법에서 "채무증권"이란 국채증권, 지방채증권, 특수채증권(법률에 의하여 직접 설립된 법인이 발행한 채권을 말한다. 이하 같다), 사채권(「상법」 제469조 제2항 제3호에 따른 사채의 경우에는 제7항 제1호에 해당하는 것으로 한정한다. 이하 같다), 기업어음증권(기업이 사업에 필요한 자금을 조달하기 위하여 발행한 약속어음으로서 대통령령으로

정하는 요건을 갖춘 것을 말한다. 이하 같다), 그 밖에 이와 유사(類似)한 것으로서 지급청구권이 표시된 것을 말한다. 〈개정 2013. 5. 28.〉

④ 이 법에서 "지분증권"이란 주권, 신주인수권이 표시된 것, 법률에 의하여 직접 설립된 법인이 발행한 출자증권, 「상법」에 따른 합자회사·유한책임회사·유한회사·합자조합·익명조합의 출자지분, 그 밖에 이와 유사한 것으로서 출자지분 또는 출자지분을 취득할 권리가 표시된 것을 말한다. 〈개정 2013. 5. 28.〉

⑤ 이 법에서 "수익증권"이란 제110조의 수익증권, 제189조의 수익증권, 그 밖에 이와 유사한 것으로서 신탁의 수익권이 표시된 것을 말한다.

⑥ 이 법에서 "투자계약증권"이란 특정 투자자가 그 투자자와 타인(다른 투자자를 포함한다. 이하 이 항에서 같다) 간의 공동사업에 금전등을 투자하고 주로 타인이 수행한 공동사업의 결과에 따른 손익을 귀속받는 계약상의 권리가 표시된 것을 말한다.

⑦ 이 법에서 "파생결합증권"이란 기초자산의 가격·이자율·지표·단위 또는 이를 기초로 하는 지수 등의 변동과 연계하여 미리 정하여진 방법에 따라 지급하거나 회수하는 금전등이 결정되는 권리가 표시된 것을 말한다. 다만, 다음 각 호의 어느 하나에 해당하는 것은 제외한다. 〈개정 2013. 5. 28., 2016. 3. 29., 2017. 4. 18.〉

1. 발행과 동시에 투자자가 지급한 금전등에 대한 이자, 그 밖의 과실(果實)에 대하여만 해당 기초자산의 가격·이자율·지표·단위 또는 이를 기초로 하는 지수 등의 변동과 연계된 증권

2. 제5조 제1항 제2호에 따른 계약상의 권리(제5조 제1항 각 호 외의 부분 단서에서 정하는 금융투자상품은 제외한다)

3. 해당 사채의 발행 당시 객관적이고 합리적인 기준에 따라 미리 정하는 사유가 발생하는 경우 주식으로 전환되거나 그 사채의 상환과 이자지급 의무가 감면된다는 조건이 붙은 것으로서 제165조의 11 제1항에 따라 주권상장법인이 발행하는 사채

3의 2. 「은행법」 제33조 제1항 제2호부터 제4호까지의 규정에 따른 상각형 조건부자본증권, 은행주식 전환형 조건부자본증권 및 은행지주회사주식 전환형 조건부자본증권

3의 3. 「금융지주회사법」 제15조의 2 제1항 제2호 또는 제3호에 따른 상각형 조건부자본증권 또는 전환형 조건부자본증권

4. 「상법」 제469조 제2항 제2호, 제513조 및 제516조의 2에 따른 사채

5. 그 밖에 제1호부터 제3호까지, 제3호의 2, 제3호의 3 및 제4호에 따른 금융투자상품과 유사한 것으로서 대통령령으로 정하는 금융투자상품

⑧ 이 법에서 "증권예탁증권"이란 제2항 제1호부터 제5호까지의 증권을 예탁받은 자가

별첨

그 증권이 발행된 국가 외의 국가에서 발행한 것으로서 그 예탁받은 증권에 관련된 권리가 표시된 것을 말한다.

⑨ 제2항 각 호의 어느 하나에 해당하는 증권에 표시될 수 있거나 표시되어야 할 권리는 그 증권이 발행되지 아니한 경우에도 그 증권으로 본다.

⑩ 이 법에서 "기초자산"이란 다음 각 호의 어느 하나에 해당하는 것을 말한다.

1. 금융투자상품

2. 통화(외국의 통화를 포함한다)

3. 일반상품(농산물·축산물·수산물·임산물·광산물·에너지에 속하는 물품 및 이 물품을 원료로 하여 제조하거나 가공한 물품, 그 밖에 이와 유사한 것을 말한다)

4. 신용위험(당사자 또는 제삼자의 신용등급의 변동, 파산 또는 채무재조정 등으로 인한 신용의 변동을 말한다)

5. 그 밖에 자연적·환경적·경제적 현상 등에 속하는 위험으로서 합리적이고 적정한 방법에 의하여 가격·이자율·지표·단위의 산출이나 평가가 가능한 것

제5조(파생상품) ① 이 법에서 "파생상품"이란 다음 각 호의 어느 하나에 해당하는 계약상의 권리를 말한다. 다만, 해당 금융투자상품의 유통 가능성, 계약당사자, 발행사유 등을 고려하여 증권으로 규제하는 것이 타당한 것으로서 대통령령으로 정하는 금융투자상품은 그러하지 아니하다. 〈개정 2013. 5. 28.〉

1. 기초자산이나 기초자산의 가격·이자율·지표·단위 또는 이를 기초로 하는 지수 등에 의하여 산출된 금전등을 장래의 특정 시점에 인도할 것을 약정하는 계약

2. 당사자 어느 한쪽의 의사표시에 의하여 기초자산이나 기초자산의 가격·이자율·지표·단위 또는 이를 기초로 하는 지수 등에 의하여 산출된 금전등을 수수하는 거래를 성립시킬 수 있는 권리를 부여하는 것을 약정하는 계약

3. 장래의 일정기간 동안 미리 정한 가격으로 기초자산이나 기초자산의 가격·이자율·지표·단위 또는 이를 기초로 하는 지수 등에 의하여 산출된 금전등을 교환할 것을 약정하는 계약

4. 제1호부터 제3호까지의 규정에 따른 계약과 유사한 것으로서 대통령령으로 정하는 계약

② 이 법에서 "장내파생상품"이란 다음 각 호의 어느 하나에 해당하는 것을 말한다. 〈개정 2013. 5. 28.〉

1. 파생상품시장에서 거래되는 파생상품

2. 해외 파생상품시장(파생상품시장과 유사한 시장으로서 해외에 있는 시장과 대통령령으로 정하는 해외 파생상품거래가 이루어지는 시장을 말한다)에서 거래되는 파생상품

3. 그 밖에 금융투자상품시장을 개설하여 운영하는 자가 정하는 기준과 방법에 따라 금융투자상품시장에서 거래되는 파생상품

③ 이 법에서 "장외파생상품"이란 파생상품으로서 장내파생상품이 아닌 것을 말한다.

④ 제1항 각 호의 어느 하나에 해당하는 계약 중 매매계약이 아닌 계약의 체결은 이 법을 적용함에 있어서 매매계약의 체결로 본다.

제6조(금융투자업) ① 이 법에서 "금융투자업"이란 이익을 얻을 목적으로 계속적이거나 반복적인 방법으로 행하는 행위로서 다음 각 호의 어느 하나에 해당하는 업(業)을 말한다.

1. 투자매매업
2. 투자중개업
3. 집합투자업
4. 투자자문업
5. 투자일임업
6. 신탁업

② 이 법에서 "투자매매업"이란 누구의 명의로 하든지 자기의 계산으로 금융투자상품의 매도·매수, 증권의 발행·인수 또는 그 청약의 권유, 청약, 청약의 승낙을 영업으로 하는 것을 말한다.

③ 이 법에서 "투자중개업"이란 누구의 명의로 하든지 타인의 계산으로 금융투자상품의 매도·매수, 그 중개나 청약의 권유, 청약, 청약의 승낙 또는 증권의 발행·인수에 대한 청약의 권유, 청약, 청약의 승낙을 영업으로 하는 것을 말한다. 〈개정 2013. 5. 28.〉

④ 이 법에서 "집합투자업"이란 집합투자를 영업으로 하는 것을 말한다.

⑤ 제4항에서 "집합투자"란 2인 이상의 투자자로부터 모은 금전등을 투자자로부터 일상적인 운용지시를 받지 아니하면서 재산적 가치가 있는 투자대상자산을 취득·처분, 그밖의 방법으로 운용하고 그 결과를 투자자에게 배분하여 귀속시키는 것을 말한다. 다만, 다음 각 호의 어느 하나에 해당하는 경우를 제외한다. 〈개정 2013. 5. 28., 2018. 3. 27.〉

1. 대통령령으로 정하는 법률에 따라 사모(私募)의 방법으로 금전등을 모아 운용·배분하는 것으로서 대통령령으로 정하는 투자자의 총수가 대통령령으로 정하는 수 이하인 경우
2. 「자산유동화에 관한 법률」 제3조의 자산유동화계획에 따라 금전등을 모아 운용·배분하는 경우
3. 그 밖에 행위의 성격 및 투자자 보호의 필요성 등을 고려하여 대통령령으로 정하는

경우

⑥ 제5항 각 호 외의 부분 본문에도 불구하고 다음 각 호의 어느 하나에 해당하는 자로부터 위탁받은 금전등을 그 자로부터 일상적인 운용지시를 받지 아니하면서 재산적 가치가 있는 투자대상자산을 취득·처분, 그 밖의 방법으로 운용하고 그 결과를 그 자에게 귀속시키는 행위는 집합투자로 본다. 〈신설 2018. 3. 27., 2021. 12. 21.〉

1. 「국가재정법」 제9조 제4항에 따른 기금관리주체(이에 준하는 외국기관으로서 대통령령으로 정하는 자를 포함한다)

2. 「농업협동조합법」에 따른 농업협동조합중앙회

3. 「수산업협동조합법」에 따른 수산업협동조합중앙회

4. 「신용협동조합법」에 따른 신용협동조합중앙회

5. 「상호저축은행법」에 따른 상호저축은행중앙회

6. 「산림조합법」에 따른 산림조합

7. 「새마을금고법」에 따른 새마을금고중앙회

8. 「우체국예금·보험에 관한 법률」에 따른 체신관서

9. 제251조 제1항 전단에 따라 보험회사가 설정한 투자신탁

10. 법률에 따라 설립된 법인 또는 단체로서 다음 각 목의 어느 하나에 해당하는 자 중에서 대통령령으로 정하는 자

　　가. 공제조합

　　나. 공제회

　　다. 그 밖에 이와 비슷한 법인 또는 단체로서 같은 직장·직종에 종사하거나 같은 지역에 거주하는 구성원의 상호부조, 복리증진 등을 목적으로 구성되어 공제사업을 하는 법인 또는 단체

11. 그 밖에 제7항에 따른 금융투자상품등에 대한 투자를 목적으로 2인 이상의 자로부터 금전등을 모아 설립한 기구 또는 법인 등으로서 효율적이고 투명한 투자구조, 관리주체 등 대통령령으로 정하는 요건을 갖춘 자

⑦ 이 법에서 "투자자문업"이란 금융투자상품, 그 밖에 대통령령으로 정하는 투자대상자산(이하 "금융투자상품등"이라 한다)의 가치 또는 금융투자상품등에 대한 투자판단(종류, 종목, 취득·처분, 취득·처분의 방법·수량·가격 및 시기 등에 대한 판단을 말한다. 이하 같다)에 관한 자문에 응하는 것을 영업으로 하는 것을 말한다. 〈개정 2013. 5. 28., 2018. 3. 27.〉

⑧ 이 법에서 "투자일임업"이란 투자자로부터 금융투자상품등에 대한 투자판단의 전부

또는 일부를 일임받아 투자자별로 구분하여 그 투자자의 재산상태나 투자목적 등을 고려하여 금융투자상품등을 취득·처분, 그 밖의 방법으로 운용하는 것을 영업으로 하는 것을 말한다. 〈개정 2013. 5. 28., 2018. 3. 27.〉

⑨ 이 법에서 "신탁업"이란 신탁을 영업으로 하는 것을 말한다. 〈개정 2018. 3. 27.〉

⑩ 이 법에서 "전담중개업무"란 제9조 제19항 제2호에 따른 일반 사모집합투자기구, 그 밖에 대통령령으로 정하는 투자자(이하 이 조 및 제77조의 3에서 "일반 사모집합투자기구등"이라 한다)에 대하여 다음 각 호의 어느 하나에 해당하는 업무를 효율적인 신용공여와 담보관리 등을 위하여 대통령령으로 정하는 방법에 따라 연계하여 제공하는 업무를 말한다. 〈신설 2013. 5. 28., 2015. 7. 24., 2018. 3. 27., 2021. 4. 20.〉

1. 증권의 대여 또는 그 중개·주선이나 대리업무

2. 금전의 융자, 그 밖의 신용공여

3. 일반 사모집합투자기구등의 재산의 보관 및 관리

4. 그 밖에 일반 사모집합투자기구등의 효율적인 업무 수행을 지원하기 위하여 필요한 업무로서 대통령령으로 정하는 업무

제7조(금융투자업의 적용배제) ① 자기가 증권을 발행하는 경우에는 투자매매업으로 보지 아니한다. 다만, 다음 각 호의 어느 하나에 해당하는 증권은 그러하지 아니하다. 〈개정 2013. 5. 28.〉

1. 투자신탁의 수익증권

2. 대통령령으로 정하는 파생결합증권

3. 제77조 제1항에서 정하는 투자성 있는 예금계약, 그 밖에 이에 준하는 것으로서 대통령령으로 정하는 계약에 따른 증권

4. 제77조 제2항에서 정하는 투자성 있는 보험계약에 따른 증권

② 제51조 제9항의 투자권유대행인이 투자권유를 대행하는 경우에는 투자중개업으로 보지 아니한다.

③ 불특정 다수인을 대상으로 발행 또는 송신되고, 불특정 다수인이 수시로 구입 또는 수신할 수 있는 간행물·출판물·통신물 또는 방송 등을 통하여 조언을 하는 경우에는 투자자문업으로 보지 아니한다.

④ 투자중개업자가 투자자의 매매주문을 받아 이를 처리하는 과정에서 금융투자상품에 대한 투자판단의 전부 또는 일부를 일임받을 필요가 있는 경우로서 대통령령으로 정하는 경우에는 투자일임업으로 보지 아니한다.

⑤ 「담보부사채신탁법」에 따른 담보부사채에 관한 신탁업, 「저작권법」에 따른 저작권신

탁관리업의 경우에는 신탁업으로 보지 아니한다.〈개정 2009. 4. 22.〉

⑥ 제1항부터 제5항까지 규정된 것 외에 다음 각 호의 어느 하나에 해당하는 경우에는 대통령령으로 정하는 바에 따라 제6조 제1항 각 호의 금융투자업으로 보지 아니한다. 〈개정 2013. 5. 28., 2015. 7. 24., 2021. 4. 20.〉

1. 제8조의 2 제2항에 따른 거래소가 증권시장 또는 파생상품시장을 개설·운영하는 경우

2. 투자매매업자를 상대방으로 하거나 투자중개업자를 통하여 금융투자상품을 매매하는 경우

3. 제9조 제29항에 따른 일반 사모집합투자업자가 자신이 운용하는 제9조 제19항 제2호에 따른 일반 사모집합투자기구의 집합투자증권을 판매하는 경우

4. 그 밖에 해당 행위의 성격 및 투자자 보호의 필요성 등을 고려하여 금융투자업의 적용에서 제외할 필요가 있는 것으로서 대통령령으로 정하는 경우

제8조(금융투자업자) ① 이 법에서 "금융투자업자"란 제6조 제1항 각 호의 금융투자업에 대하여 금융위원회의 인가를 받거나 금융위원회에 등록하여 이를 영위하는 자를 말한다. 〈개정 2008. 2. 29.〉

② 이 법에서 "투자매매업자"란 금융투자업자 중 투자매매업을 영위하는 자를 말한다.

③ 이 법에서 "투자중개업자"란 금융투자업자 중 투자중개업을 영위하는 자를 말한다.

④ 이 법에서 "집합투자업자"란 금융투자업자 중 집합투자업을 영위하는 자를 말한다.

⑤ 이 법에서 "투자자문업자"란 금융투자업자 중 투자자문업을 영위하는 자를 말한다.

⑥ 이 법에서 "투자일임업자"란 금융투자업자 중 투자일임업을 영위하는 자를 말한다.

⑦ 이 법에서 "신탁업자"란 금융투자업자 중 신탁업을 영위하는 자를 말한다.

⑧ 이 법에서 "종합금융투자사업자"란 투자매매업자 또는 투자중개업자 중 제77조의 2에 따라 금융위원회의 지정을 받은 자를 말한다.〈신설 2013. 5. 28.〉

⑨ 이 법에서 "겸영금융투자업자"란 다음 각 호의 어느 하나에 해당하는 자로서 금융투자업을 겸영(兼營)하는 자를 말한다.〈신설 2015. 7. 31., 2016. 5. 29.〉

1. 「은행법」 제2조의 은행(이하 "은행"이라 한다)

2. 「보험업법」 제2조의 보험회사(이하 "보험회사"라 한다)

3. 그 밖에 대통령령으로 정하는 금융기관 등

제8조의 2(금융투자상품시장 등) ① 이 법에서 "금융투자상품시장"이란 증권 또는 장내파생상품의 매매를 하는 시장을 말한다.

② 이 법에서 "거래소"란 증권 및 장내파생상품의 공정한 가격 형성과 그 매매, 그 밖의

거래의 안정성 및 효율성을 도모하기 위하여 제373조의 2에 따른 금융위원회의 허가를 받아 금융투자상품시장을 개설하는 자를 말한다.

③ 이 법에서 "거래소시장"이란 거래소가 개설하는 금융투자상품시장을 말한다.

④ 거래소시장은 다음 각 호와 같이 구분한다.

1. 증권시장: 증권의 매매를 위하여 거래소가 개설하는 시장

2. 파생상품시장: 장내파생상품의 매매를 위하여 거래소가 개설하는 시장

⑤ 이 법에서 "다자간매매체결회사"란 정보통신망이나 전자정보처리장치를 이용하여 동시에 다수의 자를 거래상대방 또는 각 당사자로 하여 다음 각 호의 어느 하나에 해당하는 매매가격의 결정방법으로 증권시장에 상장된 주권, 그 밖에 대통령령으로 정하는 증권(이하 "매매체결대상상품"이라 한다)의 매매 또는 그 중개·주선이나 대리 업무(이하 "다자간매매체결업무"라 한다)를 하는 투자매매업자 또는 투자중개업자를 말한다.

1. 경쟁매매의 방법(매매체결대상상품의 거래량이 대통령령으로 정하는 기준을 넘지 아니하는 경우로 한정한다)

2. 매매체결대상상품이 상장증권인 경우 해당 거래소가 개설하는 증권시장에서 형성된 매매가격을 이용하는 방법

3. 그 밖에 공정한 매매가격 형성과 매매체결의 안정성 및 효율성 등을 확보할 수 있는 방법으로서 대통령령으로 정하는 방법

[본조신설 2013. 5. 28.]

제9조(그 밖의 용어의 정의) ① 이 법에서 "대주주"란 「금융회사의 지배구조에 관한 법률」 제2조 제6호에 따른 주주를 말한다. 이 경우 "금융회사"는 "법인"으로 본다. 〈개정 2015. 7. 31.〉

② 이 법에서 "임원"이란 이사 및 감사를 말한다.

③ 이 법에서 "사외이사"란 상시적인 업무에 종사하지 아니하는 사람으로서 「금융회사의 지배구조에 관한 법률」 제17조에 따라 선임되는 이사를 말한다. 〈개정 2015. 7. 31.〉

④ 이 법에서 "투자권유"란 특정 투자자를 상대로 금융투자상품의 매매 또는 투자자문계약·투자일임계약·신탁계약(관리형신탁계약 및 투자성 없는 신탁계약을 제외한다)의 체결을 권유하는 것을 말한다. 〈개정 2013. 5. 28.〉

⑤ 이 법에서 "전문투자자"란 금융투자상품에 관한 전문성 구비 여부, 소유자산규모 등에 비추어 투자에 따른 위험감수능력이 있는 투자자로서 다음 각 호의 어느 하나에 해당하는 자를 말한다. 다만, 전문투자자 중 대통령령으로 정하는 자가 일반투자자와 같은 대우를 받겠다는 의사를 금융투자업자에게 서면으로 통지하는 경우 금융투자업자는 정당

한 사유가 있는 경우를 제외하고는 이에 동의하여야 하며, 금융투자업자가 동의한 경우에는 해당 투자자는 일반투자자로 본다. 〈개정 2009. 2. 3.〉

1. 국가

2. 한국은행

3. 대통령령으로 정하는 금융기관

4. 주권상장법인. 다만, 금융투자업자와 장외파생상품 거래를 하는 경우에는 전문투자자와 같은 대우를 받겠다는 의사를 금융투자업자에게 서면으로 통지하는 경우에 한한다.

5. 그 밖에 대통령령으로 정하는 자

⑥ 이 법에서 "일반투자자"란 전문투자자가 아닌 투자자를 말한다.

⑦ 이 법에서 "모집"이란 대통령령으로 정하는 방법에 따라 산출한 50인 이상의 투자자에게 새로 발행되는 증권의 취득의 청약을 권유하는 것을 말한다.

⑧ 이 법에서 "사모"란 새로 발행되는 증권의 취득의 청약을 권유하는 것으로서 모집에 해당하지 아니하는 것을 말한다.

⑨ 이 법에서 "매출"이란 대통령령으로 정하는 방법에 따라 산출한 50인 이상의 투자자에게 이미 발행된 증권의 매도의 청약을 하거나 매수의 청약을 권유하는 것을 말한다.

⑩ 이 법에서 "발행인"이란 증권을 발행하였거나 발행하고자 하는 자를 말한다. 다만, 증권예탁증권을 발행함에 있어서는 그 기초가 되는 증권을 발행하였거나 발행하고자 하는 자를 말한다.

⑪ 이 법에서 "인수"란 제삼자에게 증권을 취득시킬 목적으로 다음 각 호의 어느 하나에 해당하는 행위를 하거나 그 행위를 전제로 발행인 또는 매출인을 위하여 증권의 모집·사모·매출을 하는 것을 말한다. 〈개정 2013. 5. 28.〉

1. 그 증권의 전부 또는 일부를 취득하거나 취득하는 것을 내용으로 하는 계약을 체결하는 것

2. 그 증권의 전부 또는 일부에 대하여 이를 취득하는 자가 없는 때에 그 나머지를 취득하는 것을 내용으로 하는 계약을 체결하는 것

⑫ 이 법에서 "인수인"이란 증권을 모집·사모·매출하는 경우 인수를 하는 자를 말한다. 〈개정 2013. 5. 28.〉

⑬ 이 법에서 "주선인"이란 제11항에 따른 행위 외에 발행인 또는 매출인을 위하여 해당 증권의 모집·사모·매출을 하거나 그 밖에 직접 또는 간접으로 증권의 모집·사모·매출을 분담하는 자를 말한다. 〈개정 2013. 5. 28.〉

⑭ 이 법에서 "매출인"이란 증권의 소유자로서 스스로 또는 인수인이나 주선인을 통하여

그 증권을 매출하였거나 매출하려는 자를 말한다. 〈개정 2013. 5. 28.〉

⑮ 이 법에서 "상장법인", "비상장법인", "주권상장법인" 및 "주권비상장법인"이란 각각 다음 각 호의 자를 말한다. 〈개정 2009. 2. 3.〉

1. 상장법인 : 증권시장에 상장된 증권(이하 "상장증권"이라 한다)을 발행한 법인

2. 비상장법인 : 상장법인을 제외한 법인

3. 주권상장법인 : 다음 각 목의 어느 하나에 해당하는 법인

　가. 증권시장에 상장된 주권을 발행한 법인

　나. 주권과 관련된 증권예탁증권이 증권시장에 상장된 경우에는 그 주권을 발행한 법인

4. 주권비상장법인 : 주권상장법인을 제외한 법인

⑯ 이 법에서 "외국법인등"이란 다음 각 호의 어느 하나에 해당하는 자를 말한다.

1. 외국 정부

2. 외국 지방자치단체

3. 외국 공공단체

4. 외국 법령에 따라 설립된 외국 기업

5. 대통령령으로 정하는 국제기구

6. 그 밖에 외국에 있는 법인 등으로서 대통령령으로 정하는 자

⑰ 이 법에서 "금융투자업관계기관"이란 다음 각 호의 자를 말한다. 〈개정 2009. 2. 3., 2013. 4. 5., 2013. 5. 28.〉

1. 제283조에 따라 설립된 한국금융투자협회(이하 "협회"라 한다)

2. 제294조에 따라 설립된 한국예탁결제원(이하 "예탁결제원"이라 한다)

2의 2. 제323조의 3에 따라 인가를 받은 자(이하 "금융투자상품거래청산회사"라 한다)

3. 제324조 제1항에 따라 인가를 받은 자(이하 "증권금융회사"라 한다)

3의 2. 제335조의 3에 따라 인가를 받은 자(이하 "신용평가회사"라 한다)

4. 제336조에 따른 종합금융회사

5. 제355조 제1항에 따라 인가를 받은 자(이하 "자금중개회사"라 한다)

6. 제360조 제1항에 따라 인가를 받은 자(이하 "단기금융회사"라 한다)

7. 제365조 제1항에 따라 등록한 자(이하 "명의개서대행회사"라 한다)

8. 제370조에 따라 설립된 금융투자 관계 단체

⑱ 이 법에서 "집합투자기구"란 집합투자를 수행하기 위한 기구로서 다음 각 호의 것을 말한다. 〈개정 2013. 5. 28.〉

1. 집합투자업자인 위탁자가 신탁업자에게 신탁한 재산을 신탁업자로 하여금 그 집합투

자업자의 지시에 따라 투자·운용하게 하는 신탁 형태의 집합투자기구(이하 "투자신탁"이라 한다)

2. 「상법」에 따른 주식회사 형태의 집합투자기구(이하 "투자회사"라 한다)

3. 「상법」에 따른 유한회사 형태의 집합투자기구(이하 "투자유한회사"라 한다)

4. 「상법」에 따른 합자회사 형태의 집합투자기구(이하 "투자합자회사"라 한다)

4의 2. 「상법」에 따른 유한책임회사 형태의 집합투자기구(이하 "투자유한책임회사"라 한다)

5. 「상법」에 따른 합자조합 형태의 집합투자기구(이하 "투자합자조합"이라 한다)

6. 「상법」에 따른 익명조합 형태의 집합투자기구(이하 "투자익명조합"이라 한다)

7. 삭제〈2015. 7. 24.〉

⑲ 이 법에서 "사모집합투자기구"란 집합투자증권을 사모로만 발행하는 집합투자기구로서 대통령령으로 정하는 투자자의 총수가 대통령령으로 정하는 방법에 따라 산출한 100인 이하인 것을 말하며, 다음 각 호와 같이 구분한다.〈개정 2015. 7. 24., 2021. 4. 20.〉

1. 제249조의 11 제6항에 해당하는 자만을 사원으로 하는 투자합자회사인 사모집합투자기구(이하 "기관전용 사모집합투자기구"라 한다)

2. 기관전용 사모집합투자기구를 제외한 사모집합투자기구(이하 "일반 사모집합투자기구"라 한다)

⑳ 이 법에서 "집합투자재산"이란 집합투자기구의 재산으로서 투자신탁재산, 투자회사재산, 투자유한회사재산, 투자합자회사재산, 투자유한책임회사재산, 투자합자조합재산 및 투자익명조합재산을 말한다.〈개정 2013. 5. 28.〉

㉑ 이 법에서 "집합투자증권"이란 집합투자기구에 대한 출자지분(투자신탁의 경우에는 수익권을 말한다)이 표시된 것을 말한다.

㉒ 이 법에서 "집합투자규약"이란 집합투자기구의 조직, 운영 및 투자자의 권리·의무를 정한 것으로서 투자신탁의 신탁계약, 투자회사·투자유한회사·투자합자회사·투자유한책임회사의 정관 및 투자합자조합·투자익명조합의 조합계약을 말한다.〈개정 2013. 5. 28.〉

㉓ 이 법에서 "집합투자자총회"란 집합투자기구의 투자자 전원으로 구성된 의사결정기관으로서 수익자총회, 주주총회, 사원총회, 조합원총회 및 익명조합원총회를 말한다.

㉔ 이 법에서 "신탁"이란 「신탁법」 제2조의 신탁을 말한다.〈개정 2011. 7. 25.〉

㉕ 이 법에서 "금융투자상품거래청산업"이란 금융투자업자 및 대통령령으로 정하는 자(이하 "청산대상업자"라 한다)를 상대방으로 하여 청산대상업자가 대통령령으로 정하는 금융투자상품의 거래(이하 "청산대상거래"라 한다)를 함에 따라 발생하는 채무를 채무인수, 경개(更改), 그 밖의 방법으로 부담하는 것을 영업으로 하는 것을 말한다.〈신설

2013. 4. 5.〉

㉖ 이 법에서 "신용평가업"이란 다음 각 호의 어느 하나에 해당하는 것에 대한 신용상태를 평가(이하 "신용평가"라 한다)하여 그 결과에 대하여 기호, 숫자 등을 사용하여 표시한 등급(이하 "신용등급"이라 한다)을 부여하고 그 신용등급을 발행인, 인수인, 투자자, 그 밖의 이해관계자에게 제공하거나 열람하게 하는 행위를 영업으로 하는 것을 말한다. 〈신설 2013. 5. 28.〉

1. 금융투자상품

2. 기업·집합투자기구, 그 밖에 대통령령으로 정하는 자

㉗ 이 법에서 "온라인소액투자중개업자"란 온라인상에서 누구의 명의로 하든지 타인의 계산으로 다음 각 호의 자가, 대통령령으로 정하는 방법으로 발행하는 채무증권, 지분증권, 투자계약증권의 모집 또는 사모에 관한 중개(이하 "온라인소액투자중개"라 한다)를 영업으로 하는 투자중개업자를 말한다. 〈신설 2015. 7. 24., 2021. 12. 28.〉

1. 「중소기업창업 지원법」 제2조 제3호에 따른 창업기업 중 대통령령으로 정하는 자

2. 그 밖에 대통령령으로 정하는 요건에 부합하는 자

㉘ 이 법에서 "일반 사모집합투자업"이란 집합투자업 중 일반 사모집합투자기구를 통한 집합투자를 영업으로 하는 것을 말한다. 〈신설 2015. 7. 24., 2021. 4. 20.〉

㉙ 이 법에서 "일반 사모집합투자업자"란 집합투자업자 중 일반 사모집합투자업을 영위하는 자를 말한다. 〈신설 2015. 7. 24., 2021. 4. 20.〉

[시행일: 2022. 6. 29.] 제9조

제10조(다른 법률과의 관계) ① 금융투자업에 관하여는 다른 법률에 특별한 규정이 있는 경우를 제외하고는 이 법이 정하는 바에 따른다.

② 금융투자업자가 금융투자업을 영위하는 경우에는 「형법」 제246조를 적용하지 아니한다.

③ 기업어음증권을 발행하는 경우에는 「전자어음의 발행 및 유통에 관한 법률」 제6조의 2를 적용하지 아니한다. 〈신설 2010. 3. 12.〉

제11조(무인가 영업행위 금지) 누구든지 이 법에 따른 금융투자업인가(변경인가를 포함한다)를 받지 아니하고는 금융투자업(투자자문업, 투자일임업 및 일반 사모집합투자업은 제외한다. 이하 이 절에서 같다)을 영위하여서는 아니 된다. 〈개정 2015. 7. 24., 2021. 4. 20.〉

제11조의 2(알선·중개행위 금지) 누구든지 제11조에 따른 무인가 영업행위를 목적으로 계좌의 대여를 알선하거나 중개하여서는 아니 된다.

[본조신설 2021. 6. 8.]

제12조(금융투자업의 인가) ① 금융투자업을 영위하려는 자는 다음 각 호의 사항을 구성 요소로 하여 대통령령으로 정하는 업무 단위(이하 "인가업무 단위"라 한다)의 전부나 일부를 선택하여 금융위원회로부터 하나의 금융투자업인가를 받아야 한다. 〈개정 2008. 2. 29.〉

1. 금융투자업의 종류(투자매매업, 투자중개업, 집합투자업 및 신탁업을 말하되, 투자매매업 중 인수업을 포함한다)

2. 금융투자상품(집합투자업의 경우에는 제229조에 따른 집합투자기구의 종류를 말하며, 신탁업의 경우에는 제103조 제1항 각 호의 신탁재산을 말한다)의 범위(증권, 장내파생상품 및 장외파생상품을 말하되, 증권 중 국채증권, 사채권, 그 밖에 대통령령으로 정하는 것을 포함하고 파생상품 중 주권을 기초자산으로 하는 파생상품·그 밖에 대통령령으로 정하는 것을 포함한다)

3. 투자자의 유형(전문투자자 및 일반투자자를 말한다. 이하 같다)

② 제1항에 따라 금융투자업인가를 받으려는 자는 다음 각 호의 요건을 모두 갖추어야 한다. 〈개정 2010. 3. 12., 2013. 5. 28., 2015. 7. 31.〉

1. 다음 각 목의 어느 하나에 해당하는 자일 것

   가. 「상법」에 따른 주식회사이거나 대통령령으로 정하는 금융기관

   나. 외국 금융투자업자(외국 법령에 따라 외국에서 금융투자업에 상당하는 영업을 영위하는 자를 말한다. 이하 같다)로서 외국에서 영위하고 있는 영업에 상당하는 금융투자업 수행에 필요한 지점, 그 밖의 영업소를 설치한 자

2. 인가업무 단위별로 5억원 이상으로서 대통령령으로 정하는 금액 이상의 자기자본을 갖출 것

3. 사업계획이 타당하고 건전할 것

4. 투자자의 보호가 가능하고 그 영위하고자 하는 금융투자업을 수행하기에 충분한 인력과 전산설비, 그 밖의 물적 설비를 갖출 것

5. 임원이 「금융회사의 지배구조에 관한 법률」 제5조에 적합할 것

6. 대주주나 외국 금융투자업자가 다음 각 목의 구분에 따른 요건을 갖출 것

   가. 제1호 가목의 경우 대주주(최대주주의 특수관계인인 주주를 포함하며, 최대주주가 법인인 경우 그 법인의 중요한 경영사항에 대하여 사실상 영향력을 행사하고 있는 자로서 대통령령으로 정하는 자를 포함한다)가 충분한 출자능력, 건전한 재무상태 및 사회적 신용을 갖출 것

   나. 제1호 나목의 경우 외국 금융투자업자가 충분한 출자능력, 건전한 재무상태 및 사

회적 신용을 갖출 것

6의 2. 대통령령으로 정하는 건전한 재무상태와 사회적 신용을 갖출 것

7. 금융투자업자와 투자자 간, 특정 투자자와 다른 투자자 간의 이해상충(利害相衝)을 방지하기 위한 체계를 갖출 것

③ 제2항의 인가요건에 관하여 필요한 세부사항은 대통령령으로 정한다.

제102조(선관의무 및 충실의무) ① 신탁업자는 수익자에 대하여 선량한 관리자의 주의로써 신탁재산을 운용하여야 한다.

② 신탁업자는 수익자의 이익을 보호하기 위하여 해당 업무를 충실하게 수행하여야 한다.

제103조(신탁재산의 제한 등) ① 신탁업자는 다음 각 호의 재산 외의 재산을 수탁할 수 없다. 〈개정 2011. 5. 19.〉

1. 금전

2. 증권

3. 금전채권

4. 동산

5. 부동산

6. 지상권, 전세권, 부동산임차권, 부동산소유권 이전등기청구권, 그 밖의 부동산 관련 권리

7. 무체재산권(지식재산권을 포함한다)

② 신탁업자는 하나의 신탁계약에 의하여 위탁자로부터 제1항 각 호의 재산 중 둘 이상의 재산을 종합하여 수탁할 수 있다.

③ 제1항 각 호의 재산의 신탁 및 제2항의 종합재산신탁의 수탁과 관련한 신탁의 종류, 손실의 보전 또는 이익의 보장, 그 밖의 신탁거래조건 등에 관하여 필요한 사항은 대통령령으로 정한다.

④ 신탁업자는 부동산개발사업을 목적으로 하는 신탁계약을 체결한 경우에는 그 신탁계약에 의한 부동산개발사업별로 제1항 제1호의 재산을 대통령령으로 정하는 사업비의 100분의 15 이내에서 수탁할 수 있다.

제104조(신탁재산과 고유재산의 구분) ① 「신탁법」 제34조 제2항은 신탁업자에게는 적용하지 아니한다. 〈개정 2011. 7. 25., 2018. 3. 27.〉

② 신탁업자는 다음 각 호의 어느 하나에 해당하는 경우 신탁계약이 정하는 바에 따라 신탁재산을 고유재산으로 취득할 수 있다. 〈개정 2013. 5. 28.〉

1. 신탁행위에 따라 수익자에 대하여 부담하는 채무를 이행하기 위하여 필요한 경우{금

전신탁재산의 운용으로 취득한 자산이 거래소시장(다자간매매체결회사에서의 거래를 포함한다) 또는 이와 유사한 시장으로서 해외에 있는 시장에서 시세(제176조 제2항 제1호의 시세를 말한다)가 있는 경우에 한한다}

2. 신탁계약의 해지, 그 밖에 수익자 보호를 위하여 불가피한 경우로서 대통령령으로 정하는 경우(제103조 제3항에 따라 손실이 보전되거나 이익이 보장되는 신탁계약에 한한다)

제105조(신탁재산 등 운용의 제한) ① 신탁업자는 신탁재산에 속하는 금전을 다음 각 호의 방법으로 운용하여야 한다.

1. 증권(대통령령으로 정하는 증권에 한한다)의 매수
2. 장내파생상품 또는 장외파생상품의 매수
3. 대통령령으로 정하는 금융기관에의 예치
4. 금전채권의 매수
5. 대출
6. 어음의 매수
7. 실물자산의 매수
8. 무체재산권의 매수
9. 부동산의 매수 또는 개발
10. 그 밖에 신탁재산의 안전성·수익성 등을 고려하여 대통령령으로 정하는 방법

② 신탁업자는 제103조 제1항 제5호 및 제6호의 재산만을 신탁받는 경우, 그 밖에 대통령령으로 정하는 경우를 제외하고는 신탁의 계산으로 그 신탁업자의 고유재산으로부터 금전을 차입할 수 없다.

③ 제1항 및 제2항에 따른 신탁재산 운용의 구체적 범위·조건·한도, 그 밖의 신탁재산의 운용방법 및 제한에 관하여 필요한 사항은 대통령령으로 정한다.

제106조(여유자금의 운용) 신탁업자는 제103조 제1항 제5호 및 제6호의 재산만을 신탁받는 경우 그 신탁재산을 운용함에 따라 발생한 여유자금을 다음 각 호의 방법으로 운용하여야 한다.

1. 대통령령으로 정하는 금융기관에의 예치
2. 국채증권, 지방채증권 또는 특수채증권의 매수
3. 정부 또는 대통령령으로 정하는 금융기관이 지급을 보증한 증권의 매수
4. 그 밖에 제103조 제1항 제5호 및 제6호에 따른 신탁재산의 안정성·수익성 등을 저해

하지 아니하는 방법으로서 대통령령으로 정하는 방법

제107조 삭제 〈2009. 2. 3.〉

제108조(불건전 영업행위의 금지) 신탁업자는 다음 각 호의 어느 하나에 해당하는 행위를 하여서는 아니 된다. 다만, 수익자 보호 및 건전한 거래질서를 해할 우려가 없는 경우로서 대통령령으로 정하는 경우에는 이를 할 수 있다.

1. 신탁재산을 운용함에 있어서 금융투자상품, 그 밖의 투자대상자산의 가격에 중대한 영향을 미칠 수 있는 매수 또는 매도 의사를 결정한 후 이를 실행하기 전에 그 금융투자상품, 그 밖의 투자대상자산을 자기의 계산으로 매수 또는 매도하거나 제삼자에게 매수 또는 매도를 권유하는 행위
2. 자기 또는 관계인수인이 인수한 증권을 신탁재산으로 매수하는 행위
3. 자기 또는 관계인수인이 대통령령으로 정하는 인수업무를 담당한 법인의 특정증권등 (제172조 제1항의 특정증권등을 말한다. 이하 이 호에서 같다)에 대하여 인위적인 시세(제176조 제2항 제1호의 시세를 말한다)를 형성시키기 위하여 신탁재산으로 그 특정증권등을 매매하는 행위
4. 특정 신탁재산의 이익을 해하면서 자기 또는 제삼자의 이익을 도모하는 행위
5. 신탁재산으로 그 신탁업자가 운용하는 다른 신탁재산, 집합투자재산 또는 투자일임재산과 거래하는 행위
6. 신탁재산으로 신탁업자 또는 그 이해관계인의 고유재산과 거래하는 행위
7. 수익자의 동의 없이 신탁재산으로 신탁업자 또는 그 이해관계인이 발행한 증권에 투자하는 행위
8. 투자운용인력이 아닌 자에게 신탁재산을 운용하게 하는 행위
9. 그 밖에 수익자 보호 또는 건전한 거래질서를 해할 우려가 있는 행위로서 대통령령으로 정하는 행위

제109조(신탁계약) 신탁업자는 위탁자와 신탁계약을 체결하는 경우 「금융소비자 보호에 관한 법률」 제23조 제1항에 따라 위탁자에게 교부하는 계약서류에 다음 각 호의 사항을 기재하여야 한다. 〈개정 2020. 3. 24.〉

1. 위탁자, 수익자 및 신탁업자의 성명 또는 명칭
2. 수익자의 지정 및 변경에 관한 사항
3. 신탁재산의 종류 · 수량과 가격
4. 신탁의 목적

별첨

5. 계약기간

6. 신탁재산의 운용에 의하여 취득할 재산을 특정한 경우에는 그 내용

7. 손실의 보전 또는 이익의 보장을 하는 경우 그 보전·보장 비율 등에 관한 사항

8. 신탁업자가 받을 보수에 관한 사항

9. 신탁계약의 해지에 관한 사항

10. 그 밖에 수익자 보호 또는 건전한 거래질서를 위하여 필요한 사항으로서 대통령령으로 정하는 사항

제110조(수익증권) ① 신탁업자는 금전신탁계약에 의한 수익권이 표시된 수익증권을 발행할 수 있다.

② 신탁업자는 제1항에 따라 수익증권을 발행하고자 하는 경우에는 대통령령으로 정하는 서류를 첨부하여 금융위원회에 미리 신고하여야 한다. 〈개정 2008. 2. 29.〉

③ 수익증권은 무기명식으로 한다. 다만, 수익자의 청구가 있는 경우에는 기명식으로 할 수 있다.

④ 기명식 수익증권은 수익자의 청구에 의하여 무기명식으로 할 수 있다.

⑤ 수익증권에는 다음 각 호의 사항을 기재하고 신탁업자의 대표자가 이에 기명날인 또는 서명하여야 한다.

1. 신탁업자의 상호

2. 기명식의 경우에는 수익자의 성명 또는 명칭

3. 액면액

4. 운용방법을 정한 경우 그 내용

5. 제103조 제3항에 따른 손실의 보전 또는 이익의 보장에 관한 계약을 체결한 경우에는 그 내용

6. 신탁계약기간

7. 신탁의 원금의 상환과 수익분배의 기간 및 장소

8. 신탁보수의 계산방법

9. 그 밖에 대통령령으로 정하는 사항

⑥ 수익증권이 발행된 경우에는 해당 신탁계약에 의한 수익권의 양도 및 행사는 그 수익증권으로 하여야 한다. 다만, 기명식 수익증권의 경우에는 수익증권으로 하지 아니할 수 있다.

제111조(수익증권의 매수) 신탁업자는 대통령령으로 정하는 방법에 따라 수익증권을 그

고유재산으로 매수할 수 있다. 이 경우 「신탁법」 제36조를 적용하지 아니한다. 〈개정 2011. 7. 25.〉

제112조(의결권 등) ① 신탁재산으로 취득한 주식에 대한 권리는 신탁업자가 행사한다. 이 경우 신탁업자는 수익자의 이익을 보호하기 위하여 신탁재산에 속하는 주식의 의결권을 충실하게 행사하여야 한다. 〈개정 2013. 5. 28.〉

② 신탁업자는 신탁재산에 속하는 주식의 의결권을 행사함에 있어서 다음 각 호의 어느 하나에 해당하는 경우에는 제1항에 불구하고 신탁재산에 속하는 주식을 발행한 법인의 주주총회의 참석 주식수에서 신탁재산에 속하는 주식수를 뺀 주식수의 결의내용에 영향을 미치지 아니하도록 의결권을 행사하여야 한다. 다만, 신탁재산에 속하는 주식을 발행한 법인의 합병, 영업의 양도·양수, 임원의 선임, 그 밖에 이에 준하는 사항으로서 신탁재산에 손실을 초래할 것이 명백하게 예상되는 경우에는 그러하지 아니하다.

1. 다음 각 목의 어느 하나에 해당하는 자가 그 신탁재산에 속하는 주식을 발행한 법인을 계열회사로 편입하기 위한 경우
   가. 신탁업자 또는 그와 대통령령으로 정하는 특수관계에 있는 자
   나. 신탁업자에 대하여 사실상의 지배력을 행사하는 자로서 대통령령으로 정하는 자
2. 신탁재산에 속하는 주식을 발행한 법인이 그 신탁업자와 다음 각 목의 어느 하나에 해당하는 관계에 있는 경우
   가. 계열회사의 관계에 있는 경우
   나. 신탁업자에 대하여 사실상의 지배력을 행사하는 관계로서 대통령령으로 정하는 관계에 있는 경우
3. 그 밖에 수익자의 보호 또는 신탁재산의 적정한 운용을 해할 우려가 있는 경우로서 대통령령으로 정하는 경우

③ 신탁업자는 신탁재산에 속하는 주식이 다음 각 호의 어느 하나에 해당하는 경우에는 그 주식의 의결권을 행사할 수 없다.

1. 동일법인이 발행한 주식 총수의 100분의 15를 초과하여 주식을 취득한 경우 그 초과하는 주식
2. 신탁재산에 속하는 주식을 발행한 법인이 자기주식을 확보하기 위하여 신탁계약에 따라 신탁업자에게 취득하게 한 그 법인의 주식

④ 신탁업자는 제삼자와의 계약 등에 의하여 의결권을 교차하여 행사하는 등 제2항 및 제3항의 적용을 면하기 위한 행위를 하여서는 아니 된다.

⑤ 제2항 각 호 외의 부분 단서는 상호출자제한기업집단에 속하는 신탁업자에게는 적용

별첨

하지 아니한다.

⑥ 금융위원회는 신탁업자가 제2항부터 제5항까지의 규정을 위반하여 신탁재산에 속하는 주식의 의결권을 행사한 경우에는 6개월 이내의 기간을 정하여 그 주식의 처분을 명할 수 있다. 〈개정 2008. 2. 29.〉

⑦ 신탁업자는 합병, 영업의 양도·양수, 임원의 선임 등 경영권의 변경과 관련된 사항에 대하여 제2항에 따라 의결권을 행사하는 경우에는 대통령령으로 정하는 방법에 따라 인터넷 홈페이지 등을 이용하여 공시하여야 한다.

제113조(장부·서류의 열람 및 공시 등) ① 수익자는 신탁업자에게 영업시간 중에 이유를 기재한 서면으로 그 수익자에 관련된 신탁재산에 관한 장부·서류의 열람이나 등본 또는 초본의 교부를 청구할 수 있다. 이 경우 그 신탁업자는 대통령령으로 정하는 정당한 사유가 없는 한 이를 거절하여서는 아니 된다.

② 제1항에 따른 열람이나 등본 또는 초본의 교부 청구의 대상이 되는 장부·서류의 범위 등에 관하여 필요한 사항은 대통령령으로 정한다.

제114조(신탁재산의 회계처리 등) ① 신탁업자는 신탁재산에 관하여 회계처리를 하는 경우 금융위원회가 증권선물위원회의 심의를 거쳐 정하여 고시한 회계처리기준에 따라야 한다. 〈개정 2008. 2. 29.〉

② 금융위원회는 제1항에 따른 회계처리기준의 제정 또는 개정을 전문성을 갖춘 민간법인 또는 단체로서 대통령령으로 정하는 자에게 위탁할 수 있다. 이 경우 그 민간법인 또는 단체는 회계처리기준을 제정 또는 개정한 때에는 이를 금융위원회에 지체 없이 보고하여야 한다. 〈개정 2008. 2. 29.〉

③ 신탁업자는 신탁재산에 대하여 그 신탁업자의 매 회계연도 종료 후 2개월 이내에 「주식회사 등의 외부감사에 관한 법률」 제2조 제7호에 따른 감사인(이하 "회계감사인"이라 한다)의 회계감사를 받아야 한다. 다만, 수익자의 이익을 해할 우려가 없는 경우로서 대통령령으로 정하는 경우에는 회계감사를 받지 아니할 수 있다. 〈개정 2017. 10. 31.〉

④ 신탁업자는 신탁재산의 회계감사인을 선임하거나 교체하는 경우에는 그 선임일 또는 교체일부터 1주 이내에 금융위원회에 그 사실을 보고하여야 한다. 〈개정 2008. 2. 29.〉

⑤ 회계감사인은 신탁업자가 행하는 수익증권의 기준가격 산정업무 및 신탁재산의 회계처리 업무를 감사할 때 관련 법령을 준수하였는지 여부를 감사하고 그 결과를 신탁업자의 감사(감사위원회가 설치된 경우에는 감사위원회를 말한다)에게 통보하여야 한다.

⑥ 회계감사인은 제9항에 따른 감사기준 및 「주식회사 등의 외부감사에 관한 법률」 제16조

에 따른 회계감사기준에 따라 회계감사를 실시하여야 한다. 〈개정 2009. 2. 3., 2017. 10. 31.〉

⑦ 회계감사인은 신탁업자에게 신탁재산의 회계장부 등 관계 자료의 열람·복사를 요청하거나 회계감사에 필요한 자료의 제출을 요구할 수 있다. 이 경우 신탁업자는 지체 없이 이에 응하여야 한다.

⑧ 「주식회사 등의 외부감사에 관한 법률」 제20조는 제3항에 따른 신탁재산의 회계감사에 관하여 준용한다. 〈개정 2017. 10. 31.〉

⑨ 회계감사인의 선임기준, 감사기준, 회계감사인의 권한, 회계감사보고서의 제출 및 공시 등에 관하여 필요한 사항은 대통령령으로 정한다. 〈개정 2009. 2. 3.〉

제115조(회계감사인의 손해배상책임) ① 회계감사인은 제114조 제3항에 따른 회계감사의 결과 회계감사보고서 중 중요사항에 관하여 거짓의 기재 또는 표시가 있거나 중요사항이 기재 또는 표시되지 아니함으로써 이를 이용한 수익자에게 손해를 끼친 경우에는 그 수익자에 대하여 손해를 배상할 책임을 진다. 이 경우 「주식회사 등의 외부감사에 관한 법률」 제2조 제7호 나목에 따른 감사반이 회계감사인인 때에는 그 신탁재산에 대한 감사에 참여한 자가 연대하여 손해를 배상할 책임을 진다. 〈개정 2017. 10. 31.〉

② 회계감사인이 수익자에 대하여 손해를 배상할 책임이 있는 경우로서 그 신탁업자의 이사·감사(감사위원회가 설치된 경우에는 감사위원회의 위원을 말한다. 이하 이 항에서 같다)에게도 귀책사유가 있는 경우에는 그 회계감사인과 신탁업자의 이사·감사는 연대하여 손해를 배상할 책임을 진다. 다만, 손해를 배상할 책임이 있는 자가 고의가 없는 경우에 그 자는 법원이 귀책사유에 따라 정하는 책임비율에 따라 손해를 배상할 책임이 있다. 〈개정 2014. 1. 28.〉

③ 제2항 단서에도 불구하고 손해배상을 청구하는 자의 소득인정액(「국민기초생활 보장법」 제2조 제8호에 따른 소득인정액을 말한다)이 대통령령으로 정하는 금액 이하에 해당되는 경우에는 회계감사인과 신탁업자의 이사·감사는 연대하여 손해를 배상할 책임이 있다. 〈신설 2014. 1. 28.〉

④ 「주식회사 등의 외부감사에 관한 법률」 제31조 제6항부터 제9항까지의 규정은 제1항 및 제2항의 경우에 준용한다. 〈개정 2014. 1. 28., 2017. 10. 31.〉

제116조(합병 등) ① 신탁업자가 합병하는 경우 합병 후 존속하는 신탁업자 또는 합병으로 인하여 설립된 신탁업자는 합병으로 인하여 소멸된 신탁업자의 신탁에 관한 권리의무를 승계한다.

② 「신탁법」 제12조, 제21조 제2항 및 제3항은 신탁업자의 합병에 관하여 이의를 제기한

수익자가 있는 경우 그 신탁업자의 임무 종료 및 새로운 신탁업자의 선임 등에 관하여 준용한다. 〈개정 2011. 7. 25.〉

③ 금융위원회는 신탁업자가 그 목적을 변경하여 다른 업무를 행하는 회사로서 존속하는 경우에는 그 회사가 신탁에 관한 채무 전부를 변제하기에 이르기까지 재산의 공탁을 명하거나, 그 밖에 필요한 명령을 할 수 있다. 합병으로 인하여 신탁업자가 아닌 회사가 신탁업자의 임무 종료를 위하여 필요한 사무를 처리하는 동안에도 또한 같다. 〈개정 2008. 2. 29.〉

제117조(청산) 제95조는 신탁업을 영위하는 금융투자업자의 청산에 관하여 준용한다.

제117조의 2(관리형신탁에 관한 특례) ① 제103조 제1항 제4호부터 제6호까지의 어느 하나에 규정된 재산만을 수탁받는 신탁업자가 관리형신탁계약을 체결하는 경우 그 신탁재산에 수반되는 금전채권을 수탁할 수 있다.

② 제1항에 따른 신탁재산의 운용방법 및 제한에 관하여 필요한 사항은 대통령령으로 정한다.

[본조신설 2013. 5. 28.]

[시행 2021. 1. 26.] [법률 제17905호, 2021. 1. 26., 일부개정]
법무부(법무심의관실) 02-2110-3164

제2장 인

제1절 능력

제3조(권리능력의 존속기간) 사람은 생존한 동안 권리와 의무의 주체가 된다.

제4조(성년) 사람은 19세로 성년에 이르게 된다.
[전문개정 2011. 3. 7.]

제5조(미성년자의 능력) ① 미성년자가 법률행위를 함에는 법정대리인의 동의를 얻어야 한다. 그러나 권리만을 얻거나 의무만을 면하는 행위는 그러하지 아니하다.
② 전항의 규정에 위반한 행위는 취소할 수 있다.

제6조(처분을 허락한 재산) 법정대리인이 범위를 정하여 처분을 허락한 재산은 미성년자가 임의로 처분할 수 있다.

제7조(동의와 허락의 취소) 법정대리인은 미성년자가 아직 법률행위를 하기 전에는 전2조의 동의와 허락을 취소할 수 있다.

제8조(영업의 허락) ① 미성년자가 법정대리인으로부터 허락을 얻은 특정한 영업에 관하여는 성년자와 동일한 행위능력이 있다.
② 법정대리인은 전항의 허락을 취소 또는 제한할 수 있다. 그러나 선의의 제삼자에게 대항하지 못한다.

제9조(성년후견개시의 심판) ① 가정법원은 질병, 장애, 노령, 그 밖의 사유로 인한 정신적 제약으로 사무를 처리할 능력이 지속적으로 결여된 사람에 대하여 본인, 배우자, 4촌 이내의 친족, 미성년후견인, 미성년후견감독인, 한정후견인, 한정후견감독인, 특정후견인, 특정후견감독인, 검사 또는 지방자치단체의 장의 청구에 의하여 성년후견개시의 심판을

한다.

② 가정법원은 성년후견개시의 심판을 할 때 본인의 의사를 고려하여야 한다.

[전문개정 2011. 3. 7.]

제10조(피성년후견인의 행위와 취소) ① 피성년후견인의 법률행위는 취소할 수 있다.

② 제1항에도 불구하고 가정법원은 취소할 수 없는 피성년후견인의 법률행위의 범위를 정할 수 있다.

③ 가정법원은 본인, 배우자, 4촌 이내의 친족, 성년후견인, 성년후견감독인, 검사 또는 지방자치단체의 장의 청구에 의하여 제2항의 범위를 변경할 수 있다.

④ 제1항에도 불구하고 일용품의 구입 등 일상생활에 필요하고 그 대가가 과도하지 아니한 법률행위는 성년후견인이 취소할 수 없다.

[전문개정 2011. 3. 7.]

제11조(성년후견종료의 심판) 성년후견개시의 원인이 소멸된 경우에는 가정법원은 본인, 배우자, 4촌 이내의 친족, 성년후견인, 성년후견감독인, 검사 또는 지방자치단체의 장의 청구에 의하여 성년후견종료의 심판을 한다.

[전문개정 2011. 3. 7.]

제12조(한정후견개시의 심판) ① 가정법원은 질병, 장애, 노령, 그 밖의 사유로 인한 정신적 제약으로 사무를 처리할 능력이 부족한 사람에 대하여 본인, 배우자, 4촌 이내의 친족, 미성년후견인, 미성년후견감독인, 성년후견인, 성년후견감독인, 특정후견인, 특정후견감독인, 검사 또는 지방자치단체의 장의 청구에 의하여 한정후견개시의 심판을 한다.

② 한정후견개시의 경우에 제9조 제2항을 준용한다.

[전문개정 2011. 3. 7.]

제13조(피한정후견인의 행위와 동의) ① 가정법원은 피한정후견인이 한정후견인의 동의를 받아야 하는 행위의 범위를 정할 수 있다.

② 가정법원은 본인, 배우자, 4촌 이내의 친족, 한정후견인, 한정후견감독인, 검사 또는 지방자치단체의 장의 청구에 의하여 제1항에 따른 한정후견인의 동의를 받아야만 할 수 있는 행위의 범위를 변경할 수 있다.

③ 한정후견인의 동의를 필요로 하는 행위에 대하여 한정후견인이 피한정후견인의 이익이 침해될 염려가 있음에도 그 동의를 하지 아니하는 때에는 가정법원은 피한정후견인의 청구에 의하여 한정후견인의 동의를 갈음하는 허가를 할 수 있다.

④ 한정후견인의 동의가 필요한 법률행위를 피한정후견인이 한정후견인의 동의 없이 하였을 때에는 그 법률행위를 취소할 수 있다. 다만, 일용품의 구입 등 일상생활에 필요하고 그 대가가 과도하지 아니한 법률행위에 대하여는 그러하지 아니하다.
[전문개정 2011. 3. 7.]

제14조(한정후견종료의 심판) 한정후견개시의 원인이 소멸된 경우에는 가정법원은 본인, 배우자, 4촌 이내의 친족, 한정후견인, 한정후견감독인, 검사 또는 지방자치단체의 장의 청구에 의하여 한정후견종료의 심판을 한다.
[전문개정 2011. 3. 7.]

제14조의 2(특정후견의 심판) ① 가정법원은 질병, 장애, 노령, 그 밖의 사유로 인한 정신적 제약으로 일시적 후원 또는 특정한 사무에 관한 후원이 필요한 사람에 대하여 본인, 배우자, 4촌 이내의 친족, 미성년후견인, 미성년후견감독인, 검사 또는 지방자치단체의 장의 청구에 의하여 특정후견의 심판을 한다.
② 특정후견은 본인의 의사에 반하여 할 수 없다.
③ 특정후견의 심판을 하는 경우에는 특정후견의 기간 또는 사무의 범위를 정하여야 한다.
[본조신설 2011. 3. 7.]

제14조의 3(심판 사이의 관계) ① 가정법원이 피한정후견인 또는 피특정후견인에 대하여 성년후견개시의 심판을 할 때에는 종전의 한정후견 또는 특정후견의 종료 심판을 한다.
② 가정법원이 피성년후견인 또는 피특정후견인에 대하여 한정후견개시의 심판을 할 때에는 종전의 성년후견 또는 특정후견의 종료 심판을 한다.
[본조신설 2011. 3. 7.]

제15조(제한능력자의 상대방의 확답을 촉구할 권리) ① 제한능력자의 상대방은 제한능력자가 능력자가 된 후에 그에게 1개월 이상의 기간을 정하여 그 취소할 수 있는 행위를 추인할 것인지 여부의 확답을 촉구할 수 있다. 능력자로 된 사람이 그 기간 내에 확답을 발송하지 아니하면 그 행위를 추인한 것으로 본다.
② 제한능력자가 아직 능력자가 되지 못한 경우에는 그의 법정대리인에게 제1항의 촉구를 할 수 있고, 법정대리인이 그 정하여진 기간 내에 확답을 발송하지 아니한 경우에는 그 행위를 추인한 것으로 본다.
③ 특별한 절차가 필요한 행위는 그 정하여진 기간 내에 그 절차를 밟은 확답을 발송하지 아니하면 취소한 것으로 본다.

[전문개정 2011. 3. 7.]

제16조(제한능력자의 상대방의 철회권과 거절권) ① 제한능력자가 맺은 계약은 추인이 있을 때까지 상대방이 그 의사표시를 철회할 수 있다. 다만, 상대방이 계약 당시에 제한능력자임을 알았을 경우에는 그러하지 아니하다.

② 제한능력자의 단독행위는 추인이 있을 때까지 상대방이 거절할 수 있다.

③ 제1항의 철회나 제2항의 거절의 의사표시는 제한능력자에게도 할 수 있다.

[전문개정 2011. 3. 7.]

제17조(제한능력자의 속임수) ① 제한능력자가 속임수로써 자기를 능력자로 믿게 한 경우에는 그 행위를 취소할 수 없다.

② 미성년자나 피한정후견인이 속임수로써 법정대리인의 동의가 있는 것으로 믿게 한 경우에도 제1항과 같다.

[전문개정 2011. 3. 7.]

제2절 주소

제18조(주소) ① 생활의 근거되는 곳을 주소로 한다.

② 주소는 동시에 두 곳 이상 있을 수 있다.

제19조(거소) 주소를 알 수 없으면 거소를 주소로 본다.

제20조(거소) 국내에 주소없는 자에 대하여는 국내에 있는 거소를 주소로 본다.

제21조(가주소) 어느 행위에 있어서 가주소를 정한 때에는 그 행위에 관하여는 이를 주소로 본다.

제3절 부재와 실종

제22조(부재자의 재산의 관리) ① 종래의 주소나 거소를 떠난 자가 재산관리인을 정하지 아니한 때에는 법원은 이해관계인이나 검사의 청구에 의하여 재산관리에 관하여 필요한 처분을 명하여야 한다. 본인의 부재 중 재산관리인의 권한이 소멸한 때에도 같다.

② 본인이 그 후에 재산관리인을 정한 때에는 법원은 본인, 재산관리인, 이해관계인 또는 검사의 청구에 의하여 전항의 명령을 취소하여야 한다.

제23조(관리인의 개임) 부재자가 재산관리인을 정한 경우에 부재자의 생사가 분명하지 아니한 때에는 법원은 재산관리인, 이해관계인 또는 검사의 청구에 의하여 재산관리인을 개임할 수 있다.

제24조(관리인의 직무) ① 법원이 선임한 재산관리인은 관리할 재산목록을 작성하여야 한다.
② 법원은 그 선임한 재산관리인에 대하여 부재자의 재산을 보존하기 위하여 필요한 처분을 명할 수 있다.
③ 부재자의 생사가 분명하지 아니한 경우에 이해관계인이나 검사의 청구가 있는 때에는 법원은 부재자가 정한 재산관리인에게 전2항의 처분을 명할 수 있다.
④ 전3항의 경우에 그 비용은 부재자의 재산으로써 지급한다.

제25조(관리인의 권한) 법원이 선임한 재산관리인이 제118조에 규정한 권한을 넘는 행위를 함에는 법원의 허가를 얻어야 한다. 부재자의 생사가 분명하지 아니한 경우에 부재자가 정한 재산관리인이 권한을 넘는 행위를 할 때에도 같다.

제26조(관리인의 담보제공, 보수) ① 법원은 그 선임한 재산관리인으로 하여금 재산의 관리 및 반환에 관하여 상당한 담보를 제공하게 할 수 있다.
② 법원은 그 선임한 재산관리인에 대하여 부재자의 재산으로 상당한 보수를 지급할 수 있다.
③ 전2항의 규정은 부재자의 생사가 분명하지 아니한 경우에 부재자가 정한 재산관리인에 준용한다.

제27조(실종의 선고) ① 부재자의 생사가 5년간 분명하지 아니한 때에는 법원은 이해관계인이나 검사의 청구에 의하여 실종선고를 하여야 한다.
② 전지에 임한 자, 침몰한 선박 중에 있던 자, 추락한 항공기 중에 있던 자 기타 사망의 원인이 될 위난을 당한 자의 생사가 전쟁종지후 또는 선박의 침몰, 항공기의 추락 기타 위난이 종료한 후 1년간 분명하지 아니한 때에도 제1항과 같다. 〈개정 1984. 4. 10.〉

제28조(실종선고의 효과) 실종선고를 받은 자는 전조의 기간이 만료한 때에 사망한 것으로 본다.

제29조(실종선고의 취소) ① 실종자의 생존한 사실 또는 전조의 규정과 상이한 때에 사망한 사실의 증명이 있으면 법원은 본인, 이해관계인 또는 검사의 청구에 의하여 실종선고를 취소하여야 한다. 그러나 실종선고후 그 취소전에 선의로 한 행위의 효력에 영향을

미치지 아니한다.

② 실종선고의 취소가 있을 때에 실종의 선고를 직접원인으로 하여 재산을 취득한 자가 선의인 경우에는 그 받은 이익이 현존하는 한도에서 반환할 의무가 있고 악의인 경우에는 그 받은 이익에 이자를 붙여서 반환하고 손해가 있으면 이를 배상하여야 한다.

제30조(동시사망) 2인 이상이 동일한 위난으로 사망한 경우에는 동시에 사망한 것으로 추정한다.

제4장 물건

제98조(물건의 정의) 본법에서 물건이라 함은 유체물 및 전기 기타 관리할 수 있는 자연력을 말한다.

제99조(부동산, 동산) ① 토지 및 그 정착물은 부동산이다.
② 부동산 이외의 물건은 동산이다.

제100조(주물, 종물) ① 물건의 소유자가 그 물건의 상용에 공하기 위하여 자기소유인 다른 물건을 이에 부속하게 한 때에는 그 부속물은 종물이다.
② 종물은 주물의 처분에 따른다.

제101조(천연과실, 법정과실) ① 물건의 용법에 의하여 수취하는 산출물은 천연과실이다.
② 물건의 사용대가로 받는 금전 기타의 물건은 법정과실로 한다.

제102조(과실의 취득) ① 천연과실은 그 원물로부터 분리하는 때에 이를 수취할 권리자에게 속한다.
② 법정과실은 수취할 권리의 존속기간일수의 비율로 취득한다.

제5장 법률행위

제1절 총칙

제103조(반사회질서의 법률행위) 선량한 풍속 기타 사회질서에 위반한 사항을 내용으로 하는 법률행위는 무효로 한다.

제104조(불공정한 법률행위) 당사자의 궁박, 경솔 또는 무경험으로 인하여 현저하게 공정을 잃은 법률행위는 무효로 한다.

제105조(임의규정) 법률행위의 당사자가 법령 중의 선량한 풍속 기타 사회질서에 관계없는 규정과 다른 의사를 표시한 때에는 그 의사에 의한다.

제106조(사실인 관습) 법령 중의 선량한 풍속 기타 사회질서에 관계없는 규정과 다른 관습이 있는 경우에 당사자의 의사가 명확하지 아니한 때에는 그 관습에 의한다.

제2절 의사표시

제107조(진의 아닌 의사표시) ① 의사표시는 표의자가 진의아님을 알고 한 것이라도 그 효력이 있다. 그러나 상대방이 표의자의 진의아님을 알았거나 이를 알 수 있었을 경우에는 무효로 한다.
② 전항의 의사표시의 무효는 선의의 제삼자에게 대항하지 못한다.

제108조(통정한 허위의 의사표시) ① 상대방과 통정한 허위의 의사표시는 무효로 한다.
② 전항의 의사표시의 무효는 선의의 제삼자에게 대항하지 못한다.

제109조(착오로 인한 의사표시) ① 의사표시는 법률행위의 내용의 중요부분에 착오가 있는 때에는 취소할 수 있다. 그러나 그 착오가 표의자의 중대한 과실로 인한 때에는 취소하지 못한다.
② 전항의 의사표시의 취소는 선의의 제삼자에게 대항하지 못한다.

제110조(사기, 강박에 의한 의사표시) ① 사기나 강박에 의한 의사표시는 취소할 수 있다.
② 상대방있는 의사표시에 관하여 제삼자가 사기나 강박을 행한 경우에는 상대방이 그 사실을 알았거나 알 수 있었을 경우에 한하여 그 의사표시를 취소할 수 있다.
③ 전2항의 의사표시의 취소는 선의의 제삼자에게 대항하지 못한다.

제111조(의사표시의 효력발생시기) ① 상대방이 있는 의사표시는 상대방에게 도달한 때에 그 효력이 생긴다.
② 의사표시자가 그 통지를 발송한 후 사망하거나 제한능력자가 되어도 의사표시의 효력에 영향을 미치지 아니한다.
[전문개정 2011. 3. 7.]

별
첨

제112조(제한능력자에 대한 의사표시의 효력) 의사표시의 상대방이 의사표시를 받은 때에 제한능력자인 경우에는 의사표시자는 그 의사표시로써 대항할 수 없다. 다만, 그 상대방의 법정대리인이 의사표시가 도달한 사실을 안 후에는 그러하지 아니하다.
[전문개정 2011. 3. 7.]

제113조(의사표시의 공시송달) 표의자가 과실없이 상대방을 알지 못하거나 상대방의 소재를 알지 못하는 경우에는 의사표시는 민사소송법 공시송달의 규정에 의하여 송달할 수 있다.

제4절 무효와 취소

제137조(법률행위의 일부무효) 법률행위의 일부분이 무효인 때에는 그 전부를 무효로 한다. 그러나 그 무효부분이 없더라도 법률행위를 하였을 것이라고 인정될 때에는 나머지 부분은 무효가 되지 아니한다.

제138조(무효행위의 전환) 무효인 법률행위가 다른 법률행위의 요건을 구비하고 당사자가 그 무효를 알았더라면 다른 법률행위를 하는 것을 의욕하였으리라고 인정될 때에는 다른 법률행위로서 효력을 가진다.

제139조(무효행위의 추인) 무효인 법률행위는 추인하여도 그 효력이 생기지 아니한다. 그러나 당사자가 그 무효임을 알고 추인한 때에는 새로운 법률행위로 본다.

제140조(법률행위의 취소권자) 취소할 수 있는 법률행위는 제한능력자, 착오로 인하거나 사기·강박에 의하여 의사표시를 한 자, 그의 대리인 또는 승계인만이 취소할 수 있다.
[전문개정 2011. 3. 7.]

제141조(취소의 효과) 취소된 법률행위는 처음부터 무효인 것으로 본다. 다만, 제한능력자는 그 행위로 인하여 받은 이익이 현존하는 한도에서 상환(償還)할 책임이 있다.
[전문개정 2011. 3. 7.]

제142조(취소의 상대방) 취소할 수 있는 법률행위의 상대방이 확정한 경우에는 그 취소는 그 상대방에 대한 의사표시로 하여야 한다.

제143조(추인의 방법, 효과) ① 취소할 수 있는 법률행위는 제140조에 규정한 자가 추인할 수 있고 추인후에는 취소하지 못한다.

② 전조의 규정은 전항의 경우에 준용한다.

제144조(추인의 요건) ① 추인은 취소의 원인이 소멸된 후에 하여야만 효력이 있다.
　② 제1항은 법정대리인 또는 후견인이 추인하는 경우에는 적용하지 아니한다.
[전문개정 2011. 3. 7.]

제145조(법정추인) 취소할 수 있는 법률행위에 관하여 전조의 규정에 의하여 추인할 수
있는 후에 다음 각호의 사유가 있으면 추인한 것으로 본다. 그러나 이의를 보류한 때에는
그러하지 아니하다.
　1. 전부나 일부의 이행
　2. 이행의 청구
　3. 경개
　4. 담보의 제공
　5. 취소할 수 있는 행위로 취득한 권리의 전부나 일부의 양도
　6. 강제집행

제146조(취소권의 소멸) 취소권은 추인할 수 있는 날로부터 3년내에 법률행위를 한 날로
부터 10년내에 행사하여야 한다.

제5절 조건과 기한

제147조(조건성취의 효과) ① 정지조건있는 법률행위는 조건이 성취한 때로부터 그 효력
이 생긴다.
　② 해제조건있는 법률행위는 조건이 성취한 때로부터 그 효력을 잃는다.
　③ 당사자가 조건성취의 효력을 그 성취전에 소급하게 할 의사를 표시한 때에는 그 의사
에 의한다.

제148조(조건부권리의 침해금지) 조건있는 법률행위의 당사자는 조건의 성부가 미정한 동
안에 조건의 성취로 인하여 생길 상대방의 이익을 해하지 못한다.

제149조(조건부권리의 처분 등) 조건의 성취가 미정한 권리의무는 일반규정에 의하여 처
분, 상속, 보존 또는 담보로 할 수 있다.

제150조(조건성취, 불성취에 대한 반신의행위) ① 조건의 성취로 인하여 불이익을 받을 당
사자가 신의성실에 반하여 조건의 성취를 방해한 때에는 상대방은 그 조건이 성취한 것

으로 주장할 수 있다.

② 조건의 성취로 인하여 이익을 받을 당사자가 신의성실에 반하여 조건을 성취시킬 때에는 상대방은 그 조건이 성취하지 아니한 것으로 주장할 수 있다.

제151조(불법조건, 기성조건) ① 조건이 선량한 풍속 기타 사회질서에 위반한 것인 때에는 그 법률행위는 무효로 한다.

② 조건이 법률행위의 당시 이미 성취한 것인 경우에는 그 조건이 정지조건이면 조건없는 법률행위로 하고 해제조건이면 그 법률행위는 무효로 한다.

③ 조건이 법률행위의 당시에 이미 성취할 수 없는 것인 경우에는 그 조건이 해제조건이면 조건없는 법률행위로 하고 정지조건이면 그 법률행위는 무효로 한다.

제152조(기한도래의 효과) ① 시기있는 법률행위는 기한이 도래한 때로부터 그 효력이 생긴다.

② 종기있는 법률행위는 기한이 도래한 때로부터 그 효력을 잃는다.

제153조(기한의 이익과 그 포기) ① 기한은 채무자의 이익을 위한 것으로 추정한다.

② 기한의 이익은 이를 포기할 수 있다. 그러나 상대방의 이익을 해하지 못한다.

제154조(기한부권리와 준용규정) 제148조와 제149조의 규정은 기한있는 법률행위에 준용한다.

제7장 소멸시효

제162조(채권, 재산권의 소멸시효) ① 채권은 10년간 행사하지 아니하면 소멸시효가 완성한다.

② 채권 및 소유권 이외의 재산권은 20년간 행사하지 아니하면 소멸시효가 완성한다.

제163조(3년의 단기소멸시효) 다음 각호의 채권은 3년간 행사하지 아니하면 소멸시효가 완성한다. 〈개정 1997. 12. 13.〉

1. 이자, 부양료, 급료, 사용료 기타 1년 이내의 기간으로 정한 금전 또는 물건의 지급을 목적으로 한 채권

2. 의사, 조산사, 간호사 및 약사의 치료, 근로 및 조 제에 관한 채권

3. 도급받은 자, 기사 기타 공사의 설계 또는 감독에 종사하는 자의 공사에 관한 채권

4. 변호사, 변리사, 공증인, 공인회계사 및 법무사에 대한 직무상 보관한 서류의 반환을 청구하는 채권

5. 변호사, 변리사, 공증인, 공인회계사 및 법무사의 직무에 관한 채권

6. 생산자 및 상인이 판매한 생산물 및 상품의 대가

7. 수공업자 및 제조자의 업무에 관한 채권

제164조(1년의 단기소멸시효) 다음 각호의 채권은 1년간 행사하지 아니하면 소멸시효가 완성한다.

1. 여관, 음식점, 대석, 오락장의 숙박료, 음식료, 대석료, 입장료, 소비물의 대가 및 체당금의 채권

2. 의복, 침구, 장구 기타 동산의 사용료의 채권

3. 노역인, 연예인의 임금 및 그에 공급한 물건의 대금채권

4. 학생 및 수업자의 교육, 의식 및 유숙에 관한 교주, 숙주, 교사의 채권

제165조(판결 등에 의하여 확정된 채권의 소멸시효) ① 판결에 의하여 확정된 채권은 단기의 소멸시효에 해당한 것이라도 그 소멸시효는 10년으로 한다.

② 파산절차에 의하여 확정된 채권 및 재판상의 화해, 조정 기타 판결과 동일한 효력이 있는 것에 의하여 확정된 채권도 전항과 같다.

③ 전2항의 규정은 판결확정당시에 변제기가 도래하지 아니한 채권에 적용하지 아니한다.

제166조(소멸시효의 기산점) ① 소멸시효는 권리를 행사할 수 있는 때로부터 진행한다.

② 부작위를 목적으로 하는 채권의 소멸시효는 위반행위를 한 때로부터 진행한다.

[단순위헌, 2014헌바148, 2018. 8. 30. 민법(1958. 2. 22. 법률 제471호로 제정된 것) 제166조 제1항 중 '진실·화해를 위한 과거사정리 기본법' 제2조 제1항 제3호, 제4호에 규정된 사건에 적용되는 부분은 헌법에 위반된다.]

제167조(소멸시효의 소급효) 소멸시효는 그 기산일에 소급하여 효력이 생긴다.

제168조(소멸시효의 중단사유) 소멸시효는 다음 각호의 사유로 인하여 중단된다.

1. 청구

2. 압류 또는 가압류, 가처분

3. 승인

제169조(시효중단의 효력) 시효의 중단은 당사자 및 그 승계인간에만 효력이 있다.

별첨

제170조(재판상의 청구와 시효중단) ① 재판상의 청구는 소송의 각하, 기각 또는 취하의 경우에는 시효중단의 효력이 없다.

② 전항의 경우에 6월내에 재판상의 청구, 파산절차참가, 압류 또는 가압류, 가처분을 한 때에는 시효는 최초의 재판상 청구로 인하여 중단된 것으로 본다.

제171조(파산절차참가와 시효중단) 파산절차참가는 채권자가 이를 취소하거나 그 청구가 각하된 때에는 시효중단의 효력이 없다.

제172조(지급명령과 시효중단) 지급명령은 채권자가 법정기간내에 가집행신청을 하지 아니함으로 인하여 그 효력을 잃은 때에는 시효중단의 효력이 없다.

제173조(화해를 위한 소환, 임의출석과 시효중단) 화해를 위한 소환은 상대방이 출석하지 아니 하거나 화해가 성립되지 아니한 때에는 1월내에 소를 제기하지 아니하면 시효중단의 효력이 없다. 임의출석의 경우에 화해가 성립되지 아니한 때에도 그러하다.

제174조(최고와 시효중단) 최고는 6월내에 재판상의 청구, 파산절차참가, 화해를 위한 소환, 임의출석, 압류 또는 가압류, 가처분을 하지 아니하면 시효중단의 효력이 없다.

제175조(압류, 가압류, 가처분과 시효중단) 압류, 가압류 및 가처분은 권리자의 청구에 의하여 또는 법률의 규정에 따르지 아니함으로 인하여 취소된 때에는 시효중단의 효력이 없다.

제176조(압류, 가압류, 가처분과 시효중단) 압류, 가압류 및 가처분은 시효의 이익을 받은 자에 대하여 하지 아니한 때에는 이를 그에게 통지한 후가 아니면 시효중단의 효력이 없다.

제177조(승인과 시효중단) 시효중단의 효력있는 승인에는 상대방의 권리에 관한 처분의 능력이나 권한있음을 요하지 아니한다.

제178조(중단후에 시효진행) ① 시효가 중단된 때에는 중단까지에 경과한 시효기간은 이를 산입하지 아니하고 중단사유가 종료한 때로부터 새로이 진행한다.

② 재판상의 청구로 인하여 중단한 시효는 전항의 규정에 의하여 재판이 확정된 때로부터 새로이 진행한다.

제179조(제한능력자의 시효정지) 소멸시효의 기간만료 전 6개월 내에 제한능력자에게 법정대리인이 없는 경우에는 그가 능력자가 되거나 법정대리인이 취임한 때부터 6개월 내에는 시효가 완성되지 아니한다.

[전문개정 2011. 3. 7.]

제180조(재산관리자에 대한 제한능력자의 권리, 부부 사이의 권리와 시효정지) ① 재산을 관리하는 아버지, 어머니 또는 후견인에 대한 제한능력자의 권리는 그가 능력자가 되거나 후임 법정대리인이 취임한 때부터 6개월 내에는 소멸시효가 완성되지 아니한다.
② 부부 중 한쪽이 다른 쪽에 대하여 가지는 권리는 혼인관계가 종료된 때부터 6개월 내에는 소멸시효가 완성되지 아니한다.
[전문개정 2011. 3. 7.]

제181조(상속재산에 관한 권리와 시효정지) 상속재산에 속한 권리나 상속재산에 대한 권리는 상속인의 확정, 관리인의 선임 또는 파산선고가 있는 때로부터 6월내에는 소멸시효가 완성하지 아니한다.

제182조(천재 기타 사변과 시효정지) 천재 기타 사변으로 인하여 소멸시효를 중단할 수 없을 때에는 그 사유가 종료한 때로부터 1월내에는 시효가 완성하지 아니한다.

제183조(종속된 권리에 대한 소멸시효의 효력) 주된 권리의 소멸시효가 완성한 때에는 종속된 권리에 그 효력이 미친다.

제184조(시효의 이익의 포기 기타) ① 소멸시효의 이익은 미리 포기하지 못한다.
② 소멸시효는 법률행위에 의하여 이를 배제, 연장 또는 가중할 수 없으나 이를 단축 또는 경감할 수 있다.

제2편 물권

제1장 총칙

제185조(물권의 종류) 물권은 법률 또는 관습법에 의하는 외에는 임의로 창설하지 못한다.

제186조(부동산물권변동의 효력) 부동산에 관한 법률행위로 인한 물권의 득실변경은 등기하여야 그 효력이 생긴다.

제187조(등기를 요하지 아니하는 부동산물권취득) 상속, 공용징수, 판결, 경매 기타 법률의 규정에 의한 부동산에 관한 물권의 취득은 등기를 요하지 아니한다. 그러나 등기를

별첨

하지 아니하면 이를 처분하지 못한다.

제188조(동산물권양도의 효력, 간이인도) ① 동산에 관한 물권의 양도는 그 동산을 인도하여야 효력이 생긴다.

② 양수인이 이미 그 동산을 점유한 때에는 당사자의 의사표시만으로 그 효력이 생긴다.

제189조(점유개정) 동산에 관한 물권을 양도하는 경우에 당사자의 계약으로 양도인이 그 동산의 점유를 계속하는 때에는 양수인이 인도받은 것으로 본다.

제190조(목적물반환청구권의 양도) 제삼자가 점유하고 있는 동산에 관한 물권을 양도하는 경우에는 양도인이 그 제삼자에 대한 반환청구권을 양수인에게 양도함으로써 동산을 인도한 것으로 본다.

제191조(혼동으로 인한 물권의 소멸) ① 동일한 물건에 대한 소유권과 다른 물권이 동일한 사람에게 귀속한 때에는 다른 물권은 소멸한다. 그러나 그 물권이 제삼자의 권리의 목적이 된 때에는 소멸하지 아니한다.

② 전항의 규정은 소유권이외의 물권과 그를 목적으로 하는 다른 권리가 동일한 사람에게 귀속한 경우에 준용한다.

③ 점유권에 관하여는 전2항의 규정을 적용하지 아니한다.

제3장 소유권

제1절 소유권의 한계

제211조(소유권의 내용) 소유자는 법률의 범위 내에서 그 소유물을 사용, 수익, 처분할 권리가 있다.

제212조(토지소유권의 범위) 토지의 소유권은 정당한 이익있는 범위 내에서 토지의 상하에 미친다.

제3절 공동소유

제262조(물건의 공유) ① 물건이 지분에 의하여 수인의 소유로 된 때에는 공유로 한다.
② 공유자의 지분은 균등한 것으로 추정한다.

제263조(공유지분의 처분과 공유물의 사용, 수익) 공유자는 그 지분을 처분할 수 있고 공유물 전부를 지분의 비율로 사용, 수익할 수 있다.

제264조(공유물의 처분, 변경) 공유자는 다른 공유자의 동의없이 공유물을 처분하거나 변경하지 못한다.

제265조(공유물의 관리, 보존) 공유물의 관리에 관한 사항은 공유자의 지분의 과반수로써 결정한다. 그러나 보존행위는 각자가 할 수 있다.

제266조(공유물의 부담) ① 공유자는 그 지분의 비율로 공유물의 관리비용 기타 의무를 부담한다.
② 공유자가 1년 이상 전항의 의무이행을 지체한 때에는 다른 공유자는 상당한 가액으로 지분을 매수할 수 있다.

제267조(지분포기 등의 경우의 귀속) 공유자가 그 지분을 포기하거나 상속인없이 사망한 때에는 그 지분은 다른 공유자에게 각 지분의 비율로 귀속한다.

제268조(공유물의 분할청구) ① 공유자는 공유물의 분할을 청구할 수 있다. 그러나 5년내의 기간으로 분할하지 아니할 것을 약정할 수 있다.
② 전항의 계약을 갱신한 때에는 그 기간은 갱신한 날로부터 5년을 넘지 못한다.
③ 전2항의 규정은 제215조, 제239조의 공유물에는 적용하지 아니한다.

제9장 저당권

제356조(저당권의 내용) 저당권자는 채무자 또는 제삼자가 점유를 이전하지 아니하고 채무의 담보로 제공한 부동산에 대하여 다른 채권자보다 자기채권의 우선변제를 받을 권리가 있다.

제357조(근저당) ① 저당권은 그 담보할 채무의 최고액만을 정하고 채무의 확정을 장래에 보류하여 이를 설정할 수 있다. 이 경우에는 그 확정될 때까지의 채무의 소멸 또는 이전

별첨

은 저당권에 영향을 미치지 아니한다.

② 전항의 경우에는 채무의 이자는 최고액 중에 산입한 것으로 본다.

제358조(저당권의 효력의 범위) 저당권의 효력은 저당부동산에 부합된 물건과 종물에 미친다. 그러나 법률에 특별한 규정 또는 설정행위에 다른 약정이 있으면 그러하지 아니하다.

제359조(과실에 대한 효력) 저당권의 효력은 저당부동산에 대한 압류가 있은 후에 저당권설정자가 그 부동산으로부터 수취한 과실 또는 수취할 수 있는 과실에 미친다. 그러나 저당권자가 그 부동산에 대한 소유권, 지상권 또는 전세권을 취득한 제삼자에 대하여는 압류한 사실을 통지한 후가 아니면 이로써 대항하지 못한다.

제360조(피담보채권의 범위) 저당권은 원본, 이자, 위약금, 채무불이행으로 인한 손해배상 및 저당권의 실행비용을 담보한다. 그러나 지연배상에 대하여는 원본의 이행기일을 경과한 후의 1년분에 한하여 저당권을 행사할 수 있다.

제361조(저당권의 처분제한) 저당권은 그 담보한 채권과 분리하여 타인에게 양도하거나 다른 채권의 담보로 하지 못한다.

제362조(저당물의 보충) 저당권설정자의 책임있는 사유로 인하여 저당물의 가액이 현저히 감소된 때에는 저당권자는 저당권설정자에 대하여 그 원상회복 또는 상당한 담보제공을 청구할 수 있다.

제363조(저당권자의 경매청구권, 경매인) ① 저당권자는 그 채권의 변제를 받기 위하여 저당물의 경매를 청구할 수 있다.

② 저당물의 소유권을 취득한 제삼자도 경매인이 될 수 있다.

제364조(제삼취득자의 변제) 저당부동산에 대하여 소유권, 지상권 또는 전세권을 취득한 제삼자는 저당권자에게 그 부동산으로 담보된 채권을 변제하고 저당권의 소멸을 청구할 수 있다.

제365조(저당지상의 건물에 대한 경매청구권) 토지를 목적으로 저당권을 설정한 후 그 설정자가 그 토지에 건물을 축조한 때에는 저당권자는 토지와 함께 그 건물에 대하여도 경매를 청구할 수 있다. 그러나 그 건물의 경매대가에 대하여는 우선변제를 받을 권리가 없다.

제366조(법정지상권) 저당물의 경매로 인하여 토지와 그 지상건물이 다른 소유자에 속한

경우에는 토지소유자는 건물소유자에 대하여 지상권을 설정한 것으로 본다. 그러나 지료는 당사자의 청구에 의하여 법원이 이를 정한다.

제367조(제삼취득자의 비용상환청구권) 저당물의 제삼취득자가 그 부동산의 보존, 개량을 위하여 필요비 또는 유익비를 지출한 때에는 제203조 제1항, 제2항의 규정에 의하여 저당물의 경매대가에서 우선상환을 받을 수 있다.

제368조(공동저당과 대가의 배당, 차순위자의 대위) ① 동일한 채권의 담보로 수개의 부동산에 저당권을 설정한 경우에 그 부동산의 경매대가를 동시에 배당하는 때에는 각부동산의 경매대가에 비례하여 그 채권의 분담을 정한다.
② 전항의 저당부동산중 일부의 경매대가를 먼저 배당하는 경우에는 그 대가에서 그 채권전부의 변제를 받을 수 있다. 이 경우에 그 경매한 부동산의 차순위저당권자는 선순위저당권자가 전항의 규정에 의하여 다른 부동산의 경매대가에서 변제를 받을 수 있는 금액의 한도에서 선순위자를 대위하여 저당권을 행사할 수 있다.

제369조(부종성) 저당권으로 담보한 채권이 시효의 완성 기타 사유로 인하여 소멸한 때에는 저당권도 소멸한다.

제370조(준용규정) 제214조, 제321조, 제333조, 제340조, 제341조 및 제342조의 규정은 저당권에 준용한다.

제371조(지상권, 전세권을 목적으로 하는 저당권) ① 본장의 규정은 지상권 또는 전세권을 저당권의 목적으로 한 경우에 준용한다.
② 지상권 또는 전세권을 목적으로 저당권을 설정한 자는 저당권자의 동의없이 지상권 또는 전세권을 소멸하게 하는 행위를 하지 못한다.

제372조(타법률에 의한 저당권) 본장의 규정은 다른 법률에 의하여 설정된 저당권에 준용한다.

별
첨

제3편 채권

제1장 총칙

제2절 채권의 효력

제403조(채권자지체와 채권자의 책임) 채권자지체로 인하여 그 목적물의 보관 또는 변제의 비용이 증가된 때에는 그 증가액은 채권자의 부담으로 한다.

제404조(채권자대위권) ① 채권자는 자기의 채권을 보전하기 위하여 채무자의 권리를 행사할 수 있다. 그러나 일신에 전속한 권리는 그러하지 아니하다.

② 채권자는 그 채권의 기한이 도래하기 전에는 법원의 허가없이 전항의 권리를 행사하지 못한다. 그러나 보전행위는 그러하지 아니하다.

제405조(채권자대위권행사의 통지) ① 채권자가 전조 제1항의 규정에 의하여 보전행위 이외의 권리를 행사한 때에는 채무자에게 통지하여야 한다.

② 채무자가 전항의 통지를 받은 후에는 그 권리를 처분하여도 이로써 채권자에게 대항하지 못한다.

제406조(채권자취소권) ① 채무자가 채권자를 해함을 알고 재산권을 목적으로 한 법률행위를 한 때에는 채권자는 그 취소 및 원상회복을 법원에 청구할 수 있다. 그러나 그 행위로 인하여 이익을 받은 자나 전득한 자가 그 행위 또는 전득당시에 채권자를 해함을 알지 못한 경우에는 그러하지 아니하다.

② 전항의 소는 채권자가 취소원인을 안 날로부터 1년, 법률행위있은 날로부터 5년내에 제기하여야 한다.

제407조(채권자취소의 효력) 전조의 규정에 의한 취소와 원상회복은 모든 채권자의 이익을 위하여 그 효력이 있다.

제6절 채권의 소멸

제2관 공탁

제487조(변제공탁의 요건, 효과) 채권자가 변제를 받지 아니하거나 받을 수 없는 때에는 변제자는 채권자를 위하여 변제의 목적물을 공탁하여 그 채무를 면할 수 있다. 변제자가

과실없이 채권자를 알 수 없는 경우에도 같다.

제488조(공탁의 방법) ① 공탁은 채무이행지의 공탁소에 하여야 한다.

② 공탁소에 관하여 법률에 특별한 규정이 없으면 법원은 변제자의 청구에 의하여 공탁소를 지정하고 공탁물보관자를 선임하여야 한다.

③ 공탁자는 지체없이 채권자에게 공탁통지를 하여야 한다.

제489조(공탁물의 회수) ① 채권자가 공탁을 승인하거나 공탁소에 대하여 공탁물을 받기를 통고하거나 공탁유효의 판결이 확정되기까지는 변제자는 공탁물을 회수할 수 있다. 이 경우에는 공탁하지 아니한 것으로 본다.

② 전항의 규정은 질권 또는 저당권이 공탁으로 인하여 소멸한 때에는 적용하지 아니한다.

제490조(자조매각금의 공탁) 변제의 목적물이 공탁에 적당하지 아니하거나 멸실 또는 훼손될 염려가 있거나 공탁에 과다한 비용을 요하는 경우에는 변제자는 법원의 허가를 얻어 그 물건을 경매하거나 시가로 방매하여 대금을 공탁할 수 있다.

제491조(공탁물수령과 상대의무이행) 채무자가 채권자의 상대의무이행과 동시에 변제할 경우에는 채권자는 그 의무이행을 하지 아니하면 공탁물을 수령하지 못한다.

제2장 계약

제1절 총칙

제1관 계약의 성립

제527조(계약의 청약의 구속력) 계약의 청약은 이를 철회하지 못한다.

제528조(승낙기간을 정한 계약의 청약) ① 승낙의 기간을 정한 계약의 청약은 청약자가 그 기간 내에 승낙의 통지를 받지 못한 때에는 그 효력을 잃는다.

② 승낙의 통지가 전항의 기간후에 도달한 경우에 보통 그 기간내에 도달할 수 있는 발송인 때에는 청약자는 지체없이 상대방에게 그 연착의 통지를 하여야 한다. 그러나 그 도달전에 지연의 통지를 발송한 때에는 그러하지 아니하다.

③ 청약자가 전항의 통지를 하지 아니한 때에는 승낙의 통지는 연착되지 아니한 것으로 본다.

제529조(승낙기간을 정하지 아니한 계약의 청약) 승낙의 기간을 정하지 아니한 계약의 청약은 청약자가 상당한 기간내에 승낙의 통지를 받지 못한 때에는 그 효력을 잃는다.

제530조(연착된 승낙의 효력) 전2조의 경우에 연착된 승낙은 청약자가 이를 새 청약으로 볼 수 있다.

제531조(격지자간의 계약성립시기) 격지자간의 계약은 승낙의 통지를 발송한 때에 성립한다.

제532조(의사실현에 의한 계약성립) 청약자의 의사표시나 관습에 의하여 승낙의 통지가 필요하지 아니한 경우에는 계약은 승낙의 의사표시로 인정되는 사실이 있는 때에 성립한다.

제533조(교차청약) 당사자간에 동일한 내용의 청약이 상호교차된 경우에는 양청약이 상대방에게 도달한 때에 계약이 성립한다.

제534조(변경을 가한 승낙) 승낙자가 청약에 대하여 조건을 붙이거나 변경을 가하여 승낙한 때에는 그 청약의 거절과 동시에 새로 청약한 것으로 본다.

제535조(계약체결상의 과실) ① 목적이 불능한 계약을 체결할 때에 그 불능을 알았거나 알 수 있었을 자는 상대방이 그 계약의 유효를 믿었음으로 인하여 받은 손해를 배상하여야 한다. 그러나 그 배상액은 계약이 유효함으로 인하여 생길 이익액을 넘지 못한다.
② 전항의 규정은 상대방이 그 불능을 알았거나 알 수 있었을 경우에는 적용하지 아니한다.

제2관 계약의 효력

제536조(동시이행의 항변권) ① 쌍무계약의 당사자 일방은 상대방이 그 채무이행을 제공할 때 까지 자기의 채무이행을 거절할 수 있다. 그러나 상대방의 채무가 변제기에 있지 아니하는 때에는 그러하지 아니하다.
② 당사자 일방이 상대방에게 먼저 이행하여야 할 경우에 상대방의 이행이 곤란할 현저한 사유가 있는 때에는 전항 본문과 같다.

제537조(채무자위험부담주의) 쌍무계약의 당사자 일방의 채무가 당사자쌍방의 책임없는 사유로 이행할 수 없게 된 때에는 채무자는 상대방의 이행을 청구하지 못한다.

제538조(채권자귀책사유로 인한 이행불능) ① 쌍무계약의 당사자 일방의 채무가 채권자의 책임있는 사유로 이행할 수 없게 된 때에는 채무자는 상대방의 이행을 청구할 수 있다.

채권자의 수령지체 중에 당사자쌍방의 책임없는 사유로 이행할 수 없게 된 때에도 같다.
② 전항의 경우에 채무자는 자기의 채무를 면함으로써 이익을 얻은 때에는 이를 채권자에게 상환하여야 한다.

제539조(제삼자를 위한 계약) ① 계약에 의하여 당사자 일방이 제삼자에게 이행할 것을 약정한 때에는 그 제삼자는 채무자에게 직접 그 이행을 청구할 수 있다.
② 전항의 경우에 제삼자의 권리는 그 제삼자가 채무자에 대하여 계약의 이익을 받을 의사를 표시한 때에 생긴다.

제540조(채무자의 제삼자에 대한 최고권) 전조의 경우에 채무자는 상당한 기간을 정하여 계약의 이익의 향수여부의 확답을 제삼자에게 최고할 수 있다. 채무자가 그 기간내에 확답을 받지 못한 때에는 제삼자가 계약의 이익을 받을 것을 거절한 것으로 본다.

제541조(제삼자의 권리의 확정) 제539조의 규정에 의하여 제삼자의 권리가 생긴 후에는 당사자는 이를 변경 또는 소멸시키지 못한다.

제542조(채무자의 항변권) 채무자는 제539조의 계약에 기한 항변으로 그 계약의 이익을 받을 제삼자에게 대항할 수 있다.

제3관 계약의 해지, 해제

제543조(해지, 해제권) ① 계약 또는 법률의 규정에 의하여 당사자의 일방이나 쌍방이 해지 또는 해제의 권리가 있는 때에는 그 해지 또는 해제는 상대방에 대한 의사표시로 한다.
② 전항의 의사표시는 철회하지 못한다.

제544조(이행지체와 해제) 당사자 일방이 그 채무를 이행하지 아니하는 때에는 상대방은 상당한 기간을 정하여 그 이행을 최고하고 그 기간내에 이행하지 아니한 때에는 계약을 해제할 수 있다. 그러나 채무자가 미리 이행하지 아니할 의사를 표시한 경우에는 최고를 요하지 아니한다.

제545조(정기행위와 해제) 계약의 성질 또는 당사자의 의사표시에 의하여 일정한 시일 또는 일정한 기간내에 이행하지 아니하면 계약의 목적을 달성할 수 없을 경우에 당사자 일방이 그 시기에 이행하지 아니한 때에는 상대방은 전조의 최고를 하지 아니하고 계약을 해제할 수 있다.

제546조(이행불능과 해제) 채무자의 책임있는 사유로 이행이 불능하게 된 때에는 채권자

는 계약을 해제할 수 있다.

제547조(해지, 해제권의 불가분성) ① 당사자의 일방 또는 쌍방이 수인인 경우에는 계약의 해지나 해제는 그 전원으로부터 또는 전원에 대하여 하여야 한다.
② 전항의 경우에 해지나 해제의 권리가 당사자 1인에 대하여 소멸한 때에는 다른 당사자에 대하여도 소멸한다.

제548조(해제의 효과, 원상회복의무) ① 당사자 일방이 계약을 해제한 때에는 각 당사자는 그 상대방에 대하여 원상회복의 의무가 있다. 그러나 제삼자의 권리를 해하지 못한다.
② 전항의 경우에 반환할 금전에는 그 받은 날로부터 이자를 가하여야 한다.

제549조(원상회복의무와 동시이행) 제536조의 규정은 전조의 경우에 준용한다.

제550조(해지의 효과) 당사자 일방이 계약을 해지한 때에는 계약은 장래에 대하여 그 효력을 잃는다.

제551조(해지, 해제와 손해배상) 계약의 해지 또는 해제는 손해배상의 청구에 영향을 미치지 아니한다.

제552조(해제권행사여부의 최고권) ① 해제권의 행사의 기간을 정하지 아니한 때에는 상대방은 상당한 기간을 정하여 해제권행사여부의 확답을 해제권자에게 최고할 수 있다.
② 전항의 기간내에 해제의 통지를 받지 못한 때에는 해제권은 소멸한다.

제553조(훼손 등으로 인한 해제권의 소멸) 해제권자의 고의나 과실로 인하여 계약의 목적물이 현저히 훼손되거나 이를 반환할 수 없게 된 때 또는 가공이나 개조로 인하여 다른 종류의 물건으로 변경된 때에는 해제권은 소멸한다.

제2절 증여

제554조(증여의 의의) 증여는 당사자 일방이 무상으로 재산을 상대방에 수여하는 의사를 표시하고 상대방이 이를 승낙함으로써 그 효력이 생긴다.

제555조(서면에 의하지 아니한 증여와 해제) 증여의 의사가 서면으로 표시되지 아니한 경우에는 각 당사자는 이를 해제할 수 있다.

제556조(수증자의 행위와 증여의 해제) ① 수증자가 증여자에 대하여 다음 각호의 사유가

있는 때에는 증여자는 그 증여를 해제할 수 있다.

1. 증여자 또는 그 배우자나 직계혈족에 대한 범죄행위가 있는 때
2. 증여자에 대하여 부양의무있는 경우에 이를 이행하지 아니하는 때

② 전항의 해제권은 해제원인있음을 안 날로부터 6월을 경과하거나 증여자가 수증자에 대하여 용서의 의사를 표시한 때에는 소멸한다.

제557조(증여자의 재산상태변경과 증여의 해제) 증여계약후에 증여자의 재산상태가 현저히 변경되고 그 이행으로 인하여 생계에 중대한 영향을 미칠 경우에는 증여자는 증여를 해제할 수 있다.

제558조(해제와 이행완료부분) 전3조의 규정에 의한 계약의 해제는 이미 이행한 부분에 대하여는 영향을 미치지 아니한다.

제559조(증여자의 담보책임) ① 증여자는 증여의 목적인 물건 또는 권리의 하자나 흠결에 대하여 책임을 지지 아니한다. 그러나 증여자가 그 하자나 흠결을 알고 수증자에게 고지하지 아니한 때에는 그러하지 아니하다.

② 상대부담있는 증여에 대하여는 증여자는 그 부담의 한도에서 매도인과 같은 담보의 책임이 있다.

제560조(정기증여와 사망으로 인한 실효) 정기의 급여를 목적으로 한 증여는 증여자 또는 수증자의 사망으로 인하여 그 효력을 잃는다.

제561조(부담부증여) 상대부담있는 증여에 대하여는 본절의 규정외에 쌍무계약에 관한 규정을 적용한다.

제562조(사인증여) 증여자의 사망으로 인하여 효력이 생길 증여에는 유증에 관한 규정을 준용한다.

제3절 매매

제1관 총칙

제563조(매매의 의의) 매매는 당사자 일방이 재산권을 상대방에게 이전할 것을 약정하고 상대방이 그 대금을 지급할 것을 약정함으로써 그 효력이 생긴다.

제564조(매매의 일방예약) ① 매매의 일방예약은 상대방이 매매를 완결할 의사를 표시하는 때에 매매의 효력이 생긴다.

② 전항의 의사표시의 기간을 정하지 아니한 때에는 예약자는 상당한 기간을 정하여 매매완결여부의 확답을 상대방에게 최고할 수 있다.

③ 예약자가 전항의 기간내에 확답을 받지 못한 때에는 예약은 그 효력을 잃는다.

제565조(해약금) ① 매매의 당사자 일방이 계약당시에 금전 기타 물건을 계약금, 보증금등의 명목으로 상대방에게 교부한 때에는 당사자간에 다른 약정이 없는 한 당사자의 일방이 이행에 착수할 때까지 교부자는 이를 포기하고 수령자는 그 배액을 상환하여 매매계약을 해제할 수 있다.

② 제551조의 규정은 전항의 경우에 이를 적용하지 아니한다.

제566조(매매계약의 비용의 부담) 매매계약에 관한 비용은 당사자 쌍방이 균분하여 부담한다.

제567조(유상계약에의 준용) 본절의 규정은 매매 이외의 유상계약에 준용한다. 그러나 그 계약의 성질이 이를 허용하지 아니하는 때에는 그러하지 아니하다.

제11절 위임

제680조(위임의 의의) 위임은 당사자 일방이 상대방에 대하여 사무의 처리를 위탁하고 상대방이 이를 승낙함으로써 그 효력이 생긴다.

제681조(수임인의 선관의무) 수임인은 위임의 본지에 따라 선량한 관리자의 주의로써 위임사무를 처리하여야 한다.

제5장 불법행위

제755조(감독자의 책임) ① 다른 자에게 손해를 가한 사람이 제753조 또는 제754조에 따라 책임이 없는 경우에는 그를 감독할 법정의무가 있는 자가 그 손해를 배상할 책임이 있다. 다만, 감독의무를 게을리하지 아니한 경우에는 그러하지 아니하다.

② 감독의무자를 갈음하여 제753조 또는 제754조에 따라 책임이 없는 사람을 감독하는 자도 제1항의 책임이 있다.

[전문개정 2011. 3. 7.]

제756조(사용자의 배상책임) ① 타인을 사용하여 어느 사무에 종사하게 한 자는 피용자가 그 사무집행에 관하여 제삼자에게 가한 손해를 배상할 책임이 있다. 그러나 사용자가 피용자의 선임 및 그 사무감독에 상당한 주의를 한 때 또는 상당한 주의를 하여도 손해가 있을 경우에는 그러하지 아니하다.

② 사용자에 갈음하여 그 사무를 감독하는 자도 전항의 책임이 있다. 〈개정 2014. 12. 30.〉

③ 전2항의 경우에 사용자 또는 감독자는 피용자에 대하여 구상권을 행사할 수 있다.

제4편 친족

제1장 총칙

제767조(친족의 정의) 배우자, 혈족 및 인척을 친족으로 한다.

제768조(혈족의 정의) 자기의 직계존속과 직계비속을 직계혈족이라 하고 자기의 형제자매와 형제자매의 직계비속, 직계존속의 형제자매 및 그 형제자매의 직계비속을 방계혈족이라 한다. 〈개정 1990. 1. 13.〉

제769조(인척의 계원) 혈족의 배우자, 배우자의 혈족, 배우자의 혈족의 배우자를 인척으로 한다. 〈개정 1990. 1. 13.〉

제770조(혈족의 촌수의 계산) ① 직계혈족은 자기로부터 직계존속에 이르고 자기로부터 직계비속에 이르러 그 세수를 정한다.

② 방계혈족은 자기로부터 동원의 직계존속에 이르는 세수와 그 동원의 직계존속으로부터 그 직계비속에 이르는 세수를 통산하여 그 촌수를 정한다.

제771조(인척의 촌수의 계산) 인척은 배우자의 혈족에 대하여는 배우자의 그 혈족에 대한 촌수에 따르고, 혈족의 배우자에 대하여는 그 혈족에 대한 촌수에 따른다.
[전문개정 1990. 1. 13.]

제772조(양자와의 친계와 촌수) ① 양자와 양부모 및 그 혈족, 인척사이의 친계와 촌수는 입양한 때로부터 혼인 중의 출생자와 동일한 것으로 본다.

② 양자의 배우자, 직계비속과 그 배우자는 전항의 양자의 친계를 기준으로 하여 촌수를

정한다.

제773조 삭제 〈1990. 1. 13.〉

제774조 삭제 〈1990. 1. 13.〉

제775조(인척관계 등의 소멸) ① 인척관계는 혼인의 취소 또는 이혼으로 인하여 종료한다. 〈개정 1990. 1. 13.〉

② 부부의 일방이 사망한 경우 생존 배우자가 재혼한 때에도 제1항과 같다. 〈개정 1990. 1. 13.〉

제776조(입양으로 인한 친족관계의 소멸) 입양으로 인한 친족관계는 입양의 취소 또는 파양으로 인하여 종료한다.

제777조(친족의 범위) 친족관계로 인한 법률상 효력은 이 법 또는 다른 법률에 특별한 규정이 없는 한 다음 각호에 해당하는 자에 미친다.
1. 8촌 이내의 혈족
2. 4촌 이내의 인척
3. 배우자
[전문개정 1990. 1. 13.]

제2장 가족의 범위와 자의 성과 본 〈개정 2005. 3. 31.〉

제778조 삭제 〈2005. 3. 31.〉

제779조(가족의 범위) ① 다음의 자는 가족으로 한다.
1. 배우자, 직계혈족 및 형제자매
2. 직계혈족의 배우자, 배우자의 직계혈족 및 배우자의 형제자매
② 제1항 제2호의 경우에는 생계를 같이 하는 경우에 한한다.
[전문개정 2005. 3. 31.]

제780조 삭제 〈2005. 3. 31.〉

제781조(자의 성과 본) ① 자는 부의 성과 본을 따른다. 다만, 부모가 혼인신고시 모의 성과 본을 따르기로 협의한 경우에는 모의 성과 본을 따른다.

② 부가 외국인인 경우에는 자는 모의 성과 본을 따를 수 있다.

③ 부를 알 수 없는 자는 모의 성과 본을 따른다.

④ 부모를 알 수 없는 자는 법원의 허가를 받아 성과 본을 창설한다. 다만, 성과 본을 창설한 후 부 또는 모를 알게 된 때에는 부 또는 모의 성과 본을 따를 수 있다.

⑤ 혼인외의 출생자가 인지된 경우 자는 부모의 협의에 따라 종전의 성과 본을 계속 사용할 수 있다. 다만, 부모가 협의할 수 없거나 협의가 이루어지지 아니한 경우에는 자는 법원의 허가를 받아 종전의 성과 본을 계속 사용할 수 있다.

⑥ 자의 복리를 위하여 자의 성과 본을 변경할 필요가 있을 때에는 부, 모 또는 자의 청구에 의하여 법원의 허가를 받아 이를 변경할 수 있다. 다만, 자가 미성년자이고 법정대리인이 청구할 수 없는 경우에는 제777조의 규정에 따른 친족 또는 검사가 청구할 수 있다. [전문개정 2005. 3. 31.]

제782조 삭제 ~ 제799조 삭제 〈1990. 1. 13.〉

제3장 혼인

제5절 이혼

제1관 협의상 이혼

제834조(협의상 이혼) 부부는 협의에 의하여 이혼할 수 있다.

제836조(이혼의 성립과 신고방식) ① 협의상 이혼은 가정법원의 확인을 받아 「가족관계의 등록 등에 관한 법률」의 정한 바에 의하여 신고함으로써 그 효력이 생긴다. 〈개정 1977. 12. 31., 2007. 5. 17.〉

② 전항의 신고는 당사자 쌍방과 성년자인 증인 2인의 연서한 서면으로 하여야 한다.

제836조의 2(이혼의 절차) ① 협의상 이혼을 하려는 자는 가정법원이 제공하는 이혼에 관한 안내를 받아야 하고, 가정법원은 필요한 경우 당사자에게 상담에 관하여 전문적인 지식과 경험을 갖춘 전문상담인의 상담을 받을 것을 권고할 수 있다.

② 가정법원에 이혼의사의 확인을 신청한 당사자는 제1항의 안내를 받은 날부터 다음 각 호의 기간이 지난 후에 이혼의사의 확인을 받을 수 있다.

1. 양육하여야 할 자(포태 중인 자를 포함한다. 이하 이 조에서 같다)가 있는 경우에는

3개월

2. 제1호에 해당하지 아니하는 경우에는 1개월

③ 가정법원은 폭력으로 인하여 당사자 일방에게 참을 수 없는 고통이 예상되는 등 이혼을 하여야 할 급박한 사정이 있는 경우에는 제2항의 기간을 단축 또는 면제할 수 있다.

④ 양육하여야 할 자가 있는 경우 당사자는 제837조에 따른 자(子)의 양육과 제909조 제4항에 따른 자(子)의 친권자결정에 관한 협의서 또는 제837조 및 제909조 제4항에 따른 가정법원의 심판정본을 제출하여야 한다.

⑤ 가정법원은 당사자가 협의한 양육비부담에 관한 내용을 확인하는 양육비부담조서를 작성하여야 한다. 이 경우 양육비부담조서의 효력에 대하여는 「가사소송법」 제41조를 준용한다.〈신설 2009. 5. 8.〉

[본조신설 2007. 12. 21.]

제839조의 2(재산분할청구권) ① 협의상 이혼한 자의 일방은 다른 일방에 대하여 재산분할을 청구할 수 있다.

② 제1항의 재산분할에 관하여 협의가 되지 아니하거나 협의할 수 없는 때에는 가정법원은 당사자의 청구에 의하여 당사자 쌍방의 협력으로 이룩한 재산의 액수 기타 사정을 참작하여 분할의 액수와 방법을 정한다.

③ 제1항의 재산분할청구권은 이혼한 날부터 2년을 경과한 때에는 소멸한다.

[본조신설 1990. 1. 13.]

제839조의 3(재산분할청구권 보전을 위한 사해행위취소권) ① 부부의 일방이 다른 일방의 재산분할청구권 행사를 해함을 알면서도 재산권을 목적으로 하는 법률행위를 한 때에는 다른 일방은 제406조 제1항을 준용하여 그 취소 및 원상회복을 가정법원에 청구할 수 있다.

② 제1항의 소는 제406조 제2항의 기간 내에 제기하여야 한다.

[본조신설 2007. 12. 21.]

제2관 재판상 이혼

제840조(재판상 이혼원인) 부부의 일방은 다음 각호의 사유가 있는 경우에는 가정법원에 이혼을 청구할 수 있다.〈개정 1990. 1. 13.〉

1. 배우자에 부정한 행위가 있었을 때

2. 배우자가 악의로 다른 일방을 유기한 때

3. 배우자 또는 그 직계존속으로부터 심히 부당한 대우를 받았을 때

4. 자기의 직계존속이 배우자로부터 심히 부당한 대우를 받았을 때

5. 배우자의 생사가 3년 이상 분명하지 아니한 때

6. 기타 혼인을 계속하기 어려운 중대한 사유가 있을 때

제841조(부정으로 인한 이혼청구권의 소멸) 전조 제1호의 사유는 다른 일방이 사전동의나 사후 용서를 한 때 또는 이를 안 날로부터 6월, 그 사유있는 날로부터 2년을 경과한 때에는 이혼을 청구하지 못한다.

제842조(기타 원인으로 인한 이혼청구권의 소멸) 제840조 제6호의 사유는 다른 일방이 이를 안 날로부터 6월, 그 사유있는 날로부터 2년을 경과하면 이혼을 청구하지 못한다.

제843조(준용규정) 재판상 이혼에 따른 손해배상책임에 관하여는 제806조를 준용하고, 재판상 이혼에 따른 자녀의 양육책임 등에 관하여는 제837조를 준용하며, 재판상 이혼에 따른 면접교섭권에 관하여는 제837조의 2를 준용하고, 재판상 이혼에 따른 재산분할청구권에 관하여는 제839조의 2를 준용하며, 재판상 이혼에 따른 재산분할청구권 보전을 위한 사해행위취소권에 관하여는 제839조의 3을 준용한다.
[전문개정 2012. 2. 10.]

제4장 부모와 자

제1절 친생자

제844조(남편의 친생자의 추정) ① 아내가 혼인 중에 임신한 자녀는 남편의 자녀로 추정한다.

② 혼인이 성립한 날부터 200일 후에 출생한 자녀는 혼인 중에 임신한 것으로 추정한다.

③ 혼인관계가 종료된 날부터 300일 이내에 출생한 자녀는 혼인 중에 임신한 것으로 추정한다.
[전문개정 2017. 10. 31.]
[2017. 10. 31. 법률 제14965호에 의하여 2015. 4. 30. 헌법재판소에서 헌법불합치 결정된 이 조를 개정함.]

제845조(법원에 의한 부의 결정) 재혼한 여자가 해산한 경우에 제844조의 규정에 의하여 그 자의 부를 정할 수 없는 때에는 법원이 당사자의 청구에 의하여 이를 정한다. 〈개정

별첨

2005. 3. 31.〉

제846조(자의 친생부인) 부부의 일방은 제844조의 경우에 그 자가 친생자임을 부인하는 소를 제기할 수 있다. 〈개정 2005. 3. 31.〉

제847조(친생부인의 소) ① 친생부인(親生否認)의 소(訴)는 부(夫) 또는 처(妻)가 다른 일방 또는 자(子)를 상대로 하여 그 사유가 있음을 안 날부터 2년내에 이를 제기하여야 한다.
② 제1항의 경우에 상대방이 될 자가 모두 사망한 때에는 그 사망을 안 날부터 2년내에 검사를 상대로 하여 친생부인의 소를 제기할 수 있다.
[전문개정 2005. 3. 31.]

제848조(성년후견과 친생부인의 소) ① 남편이나 아내가 피성년후견인인 경우에는 그의 성년후견인이 성년후견감독인의 동의를 받아 친생부인의 소를 제기할 수 있다. 성년후견감독인이 없거나 동의할 수 없을 때에는 가정법원에 그 동의를 갈음하는 허가를 청구할 수 있다.
② 제1항의 경우 성년후견인이 친생부인의 소를 제기하지 아니하는 경우에는 피성년후견인은 성년후견종료의 심판이 있은 날부터 2년 내에 친생부인의 소를 제기할 수 있다.
[전문개정 2011. 3. 7.]

제849조(자사망후의 친생부인) 자가 사망한 후에도 그 직계비속이 있는 때에는 그 모를 상대로, 모가 없으면 검사를 상대로 하여 부인의 소를 제기할 수 있다.

제850조(유언에 의한 친생부인) 부(夫) 또는 처(妻)가 유언으로 부인의 의사를 표시한 때에는 유언집행자는 친생부인의 소를 제기하여야 한다. 〈개정 2005. 3. 31.〉

제851조(부의 자 출생 전 사망 등과 친생부인) 부(夫)가 자(子)의 출생 전에 사망하거나 부(夫) 또는 처(妻)가 제847조 제1항의 기간내에 사망한 때에는 부(夫) 또는 처(妻)의 직계존속이나 직계비속에 한하여 그 사망을 안 날부터 2년내에 친생부인의 소를 제기할 수 있다.
[전문개정 2005. 3. 31.]

제852조(친생부인권의 소멸) 자의 출생 후에 친생자(親生子)임을 승인한 자는 다시 친생부인의 소를 제기하지 못한다.
[전문개정 2005. 3. 31.]

제853조 삭제 〈2005. 3. 31.〉

제854조(사기, 강박으로 인한 승인의 취소) 제852조의 승인이 사기 또는 강박으로 인한 때에는 이를 취소할 수 있다. 〈개정 2005. 3. 31.〉

제854조의 2(친생부인의 허가 청구) ① 어머니 또는 어머니의 전(前) 남편은 제844조 제3항의 경우에 가정법원에 친생부인의 허가를 청구할 수 있다. 다만, 혼인 중의 자녀로 출생신고가 된 경우에는 그러하지 아니하다.
② 제1항의 청구가 있는 경우에 가정법원은 혈액채취에 의한 혈액형 검사, 유전인자의 검사 등 과학적 방법에 따른 검사결과 또는 장기간의 별거 등 그 밖의 사정을 고려하여 허가 여부를 정한다.
③ 제1항 및 제2항에 따른 허가를 받은 경우에는 제844조 제1항 및 제3항의 추정이 미치지 아니한다.
[본조신설 2017. 10. 31.]

제855조(인지) ① 혼인외의 출생자는 그 생부나 생모가 이를 인지할 수 있다. 부모의 혼인이 무효인 때에는 출생자는 혼인외의 출생자로 본다.
② 혼인외의 출생자는 그 부모가 혼인한 때에는 그때로부터 혼인 중의 출생자로 본다.

제855조의 2(인지의 허가 청구) ① 생부(生父)는 제844조 제3항의 경우에 가정법원에 인지의 허가를 청구할 수 있다. 다만, 혼인 중의 자녀로 출생신고가 된 경우에는 그러하지 아니하다.
② 제1항의 청구가 있는 경우에 가정법원은 혈액채취에 의한 혈액형 검사, 유전인자의 검사 등 과학적 방법에 따른 검사결과 또는 장기간의 별거 등 그 밖의 사정을 고려하여 허가 여부를 정한다.
③ 제1항 및 제2항에 따라 허가를 받은 생부가 「가족관계의 등록 등에 관한 법률」 제57조 제1항에 따른 신고를 하는 경우에는 제844조 제1항 및 제3항의 추정이 미치지 아니한다.
[본조신설 2017. 10. 31.]

제856조(피성년후견인의 인지) 아버지가 피성년후견인인 경우에는 성년후견인의 동의를 받아 인지할 수 있다.
[전문개정 2011. 3. 7.]

제857조(사망자의 인지) 자가 사망한 후에도 그 직계비속이 있는 때에는 이를 인지할 수

있다.

제858조(포태중인 자의 인지) 부는 포태 중에 있는 자에 대하여도 이를 인지할 수 있다.

제859조(인지의 효력발생) ① 인지는 「가족관계의 등록 등에 관한 법률」의 정하는 바에 의하여 신고함으로써 그 효력이 생긴다. 〈개정 2007. 5. 17.〉

② 인지는 유언으로도 이를 할 수 있다. 이 경우에는 유언집행자가 이를 신고하여야 한다.

제860조(인지의 소급효) 인지는 그 자의 출생시에 소급하여 효력이 생긴다. 그러나 제삼자의 취득한 권리를 해하지 못한다.

제861조(인지의 취소) 사기, 강박 또는 중대한 착오로 인하여 인지를 한 때에는 사기나 착오를 안 날 또는 강박을 면한 날로부터 6월내에 가정법원에 그 취소를 청구할 수 있다. 〈개정 2005. 3. 31.〉

제862조(인지에 대한 이의의 소) 자 기타 이해관계인은 인지의 신고있음을 안 날로부터 1년내에 인지에 대한 이의의 소를 제기할 수 있다.

제863조(인지청구의 소) 자와 그 직계비속 또는 그 법정대리인은 부 또는 모를 상대로 하여 인지청구의 소를 제기할 수 있다.

제864조(부모의 사망과 인지청구의 소) 제862조 및 제863조의 경우에 부 또는 모가 사망한 때에는 그 사망을 안 날로부터 2년내에 검사를 상대로 하여 인지에 대한 이의 또는 인지청구의 소를 제기할 수 있다. 〈개정 2005. 3. 31.〉

제864조의 2(인지와 자의 양육책임 등) 제837조 및 제837조의 2의 규정은 자가 인지된 경우에 자의 양육책임과 면접교섭권에 관하여 이를 준용한다.
[본조신설 2005. 3. 31.]

제865조(다른 사유를 원인으로 하는 친생관계존부확인의 소) ① 제845조, 제846조, 제848조, 제850조, 제851조, 제862조와 제863조의 규정에 의하여 소를 제기할 수 있는 자는 다른 사유를 원인으로 하여 친생자관계존부의 확인의 소를 제기할 수 있다.

② 제1항의 경우에 당사자일방이 사망한 때에는 그 사망을 안 날로부터 2년내에 검사를 상대로 하여 소를 제기할 수 있다. 〈개정 2005. 3. 31.〉

제3절 친권

제1관 총칙

제909조(친권자) ① 부모는 미성년자인 자의 친권자가 된다. 양자의 경우에는 양부모(養父母)가 친권자가 된다. 〈개정 2005. 3. 31.〉

② 친권은 부모가 혼인중인 때에는 부모가 공동으로 이를 행사한다. 그러나 부모의 의견이 일치하지 아니하는 경우에는 당사자의 청구에 의하여 가정법원이 이를 정한다.

③ 부모의 일방이 친권을 행사할 수 없을 때에는 다른 일방이 이를 행사한다.

④ 혼인외의 자가 인지된 경우와 부모가 이혼하는 경우에는 부모의 협의로 친권자를 정하여야 하고, 협의할 수 없거나 협의가 이루어지지 아니하는 경우에는 가정법원은 직권으로 또는 당사자의 청구에 따라 친권자를 지정하여야 한다. 다만, 부모의 협의가 자(子)의 복리에 반하는 경우에는 가정법원은 보정을 명하거나 직권으로 친권자를 정한다. 〈개정 2005. 3. 31., 2007. 12. 21.〉

⑤ 가정법원은 혼인의 취소, 재판상 이혼 또는 인지청구의 소의 경우에는 직권으로 친권자를 정한다. 〈개정 2005. 3. 31.〉

⑥ 가정법원은 자의 복리를 위하여 필요하다고 인정되는 경우에는 자의 4촌 이내의 친족의 청구에 의하여 정하여진 친권자를 다른 일방으로 변경할 수 있다. 〈신설 2005. 3. 31.〉 [전문개정 1990. 1. 13.]

제909조의 2(친권자의 지정 등) ① 제909조 제4항부터 제6항까지의 규정에 따라 단독 친권자로 정하여진 부모의 일방이 사망한 경우 생존하는 부 또는 모, 미성년자, 미성년자의 친족은 그 사실을 안 날부터 1개월, 사망한 날부터 6개월 내에 가정법원에 생존하는 부 또는 모를 친권자로 지정할 것을 청구할 수 있다.

② 입양이 취소되거나 파양된 경우 또는 양부모가 모두 사망한 경우 친생부모 일방 또는 쌍방, 미성년자, 미성년자의 친족은 그 사실을 안 날부터 1개월, 입양이 취소되거나 파양된 날 또는 양부모가 모두 사망한 날부터 6개월 내에 가정법원에 친생부모 일방 또는 쌍방을 친권자로 지정할 것을 청구할 수 있다. 다만, 친양자의 양부모가 사망한 경우에는 그러하지 아니하다.

③ 제1항 또는 제2항의 기간 내에 친권자 지정의 청구가 없을 때에는 가정법원은 직권으로 또는 미성년자, 미성년자의 친족, 이해관계인, 검사, 지방자치단체의 장의 청구에 의하여 미성년후견인을 선임할 수 있다. 이 경우 생존하는 부 또는 모, 친생부모 일방 또는 쌍방의 소재를 모르거나 그가 정당한 사유 없이 소환에 응하지 아니하는 경우를 제외하

고 그에게 의견을 진술할 기회를 주어야 한다.

④ 가정법원은 제1항 또는 제2항에 따른 친권자 지정 청구나 제3항에 따른 후견인 선임 청구가 생존하는 부 또는 모, 친생부모 일방 또는 쌍방의 양육의사 및 양육능력, 청구 동기, 미성년자의 의사, 그 밖의 사정을 고려하여 미성년자의 복리를 위하여 적절하지 아니하다고 인정하면 청구를 기각할 수 있다. 이 경우 가정법원은 직권으로 미성년후견인을 선임하거나 생존하는 부 또는 모, 친생부모 일방 또는 쌍방을 친권자로 지정하여야 한다.

⑤ 가정법원은 다음 각 호의 어느 하나에 해당하는 경우에 직권으로 또는 미성년자, 미성년자의 친족, 이해관계인, 검사, 지방자치단체의 장의 청구에 의하여 제1항부터 제4항까지의 규정에 따라 친권자가 지정되거나 미성년후견인이 선임될 때까지 그 임무를 대행할 사람을 선임할 수 있다. 이 경우 그 임무를 대행할 사람에 대하여는 제25조 및 제954조를 준용한다.

1. 단독 친권자가 사망한 경우
2. 입양이 취소되거나 파양된 경우
3. 양부모가 모두 사망한 경우

⑥ 가정법원은 제3항 또는 제4항에 따라 미성년후견인이 선임된 경우라도 미성년후견인 선임 후 양육상황이나 양육능력의 변동, 미성년자의 의사, 그 밖의 사정을 고려하여 미성년자의 복리를 위하여 필요하면 생존하는 부 또는 모, 친생부모 일방 또는 쌍방, 미성년자의 청구에 의하여 후견을 종료하고 생존하는 부 또는 모, 친생부모 일방 또는 쌍방을 친권자로 지정할 수 있다.

[본조신설 2011. 5. 19.]

제910조(자의 친권의 대행) 친권자는 그 친권에 따르는 자에 갈음하여 그 자에 대한 친권을 행사한다. 〈개정 2005. 3. 31.〉

제911조(미성년자인 자의 법정대리인) 친권을 행사하는 부 또는 모는 미성년자인 자의 법정대리인이 된다.

제912조(친권 행사와 친권자 지정의 기준) ① 친권을 행사함에 있어서는 자의 복리를 우선적으로 고려하여야 한다. 〈개정 2011. 5. 19.〉

② 가정법원이 친권자를 지정함에 있어서는 자(子)의 복리를 우선적으로 고려하여야 한다. 이를 위하여 가정법원은 관련 분야의 전문가나 사회복지기관으로부터 자문을 받을 수 있다. 〈신설 2011. 5. 19.〉

[본조신설 2005. 3. 31.]

제5장 후견

제1절 미성년후견과 성년후견

제1관 후견인

제928조(미성년자에 대한 후견의 개시) 미성년자에게 친권자가 없거나 친권자가 제924조, 제924조의 2, 제925조 또는 제927조 제1항에 따라 친권의 전부 또는 일부를 행사할 수 없는 경우에는 미성년후견인을 두어야 한다. 〈개정 2014. 10. 15.〉
[전문개정 2011. 3. 7.]

제929조(성년후견심판에 의한 후견의 개시) 가정법원의 성년후견개시심판이 있는 경우에는 그 심판을 받은 사람의 성년후견인을 두어야 한다.
[전문개정 2011. 3. 7.]

제930조(후견인의 수와 자격) ① 미성년후견인의 수(數)는 한 명으로 한다.
② 성년후견인은 피성년후견인의 신상과 재산에 관한 모든 사정을 고려하여 여러 명을 둘 수 있다.
③ 법인도 성년후견인이 될 수 있다.
[전문개정 2011. 3. 7.]

제931조(유언에 의한 미성년후견인의 지정 등) ① 미성년자에게 친권을 행사하는 부모는 유언으로 미성년후견인을 지정할 수 있다. 다만, 법률행위의 대리권과 재산관리권이 없는 친권자는 그러하지 아니하다.
② 가정법원은 제1항에 따라 미성년후견인이 지정된 경우라도 미성년자의 복리를 위하여 필요하면 생존하는 부 또는 모, 미성년자의 청구에 의하여 후견을 종료하고 생존하는 부 또는 모를 친권자로 지정할 수 있다.
[전문개정 2011. 5. 19.]

제932조(미성년후견인의 선임) ① 가정법원은 제931조에 따라 지정된 미성년후견인이 없는 경우에는 직권으로 또는 미성년자, 친족, 이해관계인, 검사, 지방자치단체의 장의 청구

별첨

에 의하여 미성년후견인을 선임한다. 미성년후견인이 없게 된 경우에도 또한 같다.

② 가정법원은 제924조, 제924조의 2 및 제925조에 따른 친권의 상실, 일시 정지, 일부 제한의 선고 또는 법률행위의 대리권이나 재산관리권 상실의 선고에 따라 미성년후견인을 선임할 필요가 있는 경우에는 직권으로 미성년후견인을 선임한다. 〈개정 2014. 10. 15.〉

③ 친권자가 대리권 및 재산관리권을 사퇴한 경우에는 지체 없이 가정법원에 미성년후견인의 선임을 청구하여야 한다.

[전문개정 2011. 3. 7.]

제933조 삭제 ~ 제935조 삭제 〈2011. 3. 7.〉

제936조(성년후견인의 선임) ① 제929조에 따른 성년후견인은 가정법원이 직권으로 선임한다.

② 가정법원은 성년후견인이 사망, 결격, 그 밖의 사유로 없게 된 경우에도 직권으로 또는 피성년후견인, 친족, 이해관계인, 검사, 지방자치단체의 장의 청구에 의하여 성년후견인을 선임한다.

③ 가정법원은 성년후견인이 선임된 경우에도 필요하다고 인정하면 직권으로 또는 제2항의 청구권자나 성년후견인의 청구에 의하여 추가로 성년후견인을 선임할 수 있다.

④ 가정법원이 성년후견인을 선임할 때에는 피성년후견인의 의사를 존중하여야 하며, 그 밖에 피성년후견인의 건강, 생활관계, 재산상황, 성년후견인이 될 사람의 직업과 경험, 피성년후견인과의 이해관계의 유무(법인이 성년후견인이 될 때에는 사업의 종류와 내용, 법인이나 그 대표자와 피성년후견인 사이의 이해관계의 유무를 말한다) 등의 사정도 고려하여야 한다.

[전문개정 2011. 3. 7.]

제937조(후견인의 결격사유) 다음 각 호의 어느 하나에 해당하는 자는 후견인이 되지 못한다. 〈개정 2016. 12. 20.〉

1. 미성년자
2. 피성년후견인, 피한정후견인, 피특정후견인, 피임의후견인
3. 회생절차개시결정 또는 파산선고를 받은 자
4. 자격정지 이상의 형의 선고를 받고 그 형기(刑期) 중에 있는 사람
5. 법원에서 해임된 법정대리인
6. 법원에서 해임된 성년후견인, 한정후견인, 특정후견인, 임의후견인과 그 감독인
7. 행방이 불분명한 사람

8. 피후견인을 상대로 소송을 하였거나 하고 있는 사람

9. 제8호에서 정한 사람의 배우자와 직계혈족. 다만, 피후견인의 직계비속은 제외한다.

[전문개정 2011. 3. 7.]

제938조(후견인의 대리권 등) ① 후견인은 피후견인의 법정대리인이 된다.

② 가정법원은 성년후견인이 제1항에 따라 가지는 법정대리권의 범위를 정할 수 있다.

③ 가정법원은 성년후견인이 피성년후견인의 신상에 관하여 결정할 수 있는 권한의 범위를 정할 수 있다.

④ 제2항 및 제3항에 따른 법정대리인의 권한의 범위가 적절하지 아니하게 된 경우에 가정법원은 본인, 배우자, 4촌 이내의 친족, 성년후견인, 성년후견감독인, 검사 또는 지방자치단체의 장의 청구에 의하여 그 범위를 변경할 수 있다.

[전문개정 2011. 3. 7.]

제939조(후견인의 사임) 후견인은 정당한 사유가 있는 경우에는 가정법원의 허가를 받아 사임할 수 있다. 이 경우 그 후견인은 사임청구와 동시에 가정법원에 새로운 후견인의 선임을 청구하여야 한다.

[전문개정 2011. 3. 7.]

제940조(후견인의 변경) 가정법원은 피후견인의 복리를 위하여 후견인을 변경할 필요가 있다고 인정하면 직권으로 또는 피후견인, 친족, 후견감독인, 검사, 지방자치단체의 장의 청구에 의하여 후견인을 변경할 수 있다.

[전문개정 2011. 3. 7.]

제2절 한정후견과 특정후견

제959조의 2(한정후견의 개시) 가정법원의 한정후견개시의 심판이 있는 경우에는 그 심판을 받은 사람의 한정후견인을 두어야 한다.

[본조신설 2011. 3. 7.]

제959조의 3(한정후견인의 선임 등) ① 제959조의 2에 따른 한정후견인은 가정법원이 직권으로 선임한다.

② 한정후견인에 대하여는 제930조 제2항·제3항, 제936조 제2항부터 제4항까지, 제937조, 제939조, 제940조 및 제949조의 3을 준용한다.

[본조신설 2011. 3. 7.]

별첨

421

제959조의 4(한정후견인의 대리권 등) ① 가정법원은 한정후견인에게 대리권을 수여하는 심판을 할 수 있다.

② 한정후견인의 대리권 등에 관하여는 제938조 제3항 및 제4항을 준용한다.

[본조신설 2011. 3. 7.]

제959조의 5(한정후견감독인) ① 가정법원은 필요하다고 인정하면 직권으로 또는 피한정후견인, 친족, 한정후견인, 검사, 지방자치단체의 장의 청구에 의하여 한정후견감독인을 선임할 수 있다.

② 한정후견감독인에 대하여는 제681조, 제691조, 제692조, 제930조 제2항·제3항, 제936조 제3항·제4항, 제937조, 제939조, 제940조, 제940조의 3 제2항, 제940조의 5, 제940조의 6, 제947조의 2 제3항부터 제5항까지, 제949조의 2, 제955조 및 제955조의 2를 준용한다. 이 경우 제940조의 6 제3항 중 "피후견인을 대리한다"는 "피한정후견인을 대리하거나 피한정후견인이 그 행위를 하는 데 동의한다"로 본다.

[본조신설 2011. 3. 7.]

제959조의 6(한정후견사무) 한정후견의 사무에 관하여는 제681조, 제920조 단서, 제947조, 제947조의 2, 제949조, 제949조의 2, 제949조의 3, 제950조부터 제955조까지 및 제955조의 2를 준용한다.

[본조신설 2011. 3. 7.]

제959조의 7(한정후견인의 임무의 종료 등) 한정후견인의 임무가 종료한 경우에 관하여는 제691조, 제692조, 제957조 및 제958조를 준용한다.

[본조신설 2011. 3. 7.]

제959조의 8(특정후견에 따른 보호조치) 가정법원은 피특정후견인의 후원을 위하여 필요한 처분을 명할 수 있다.

[본조신설 2011. 3. 7.]

제959조의 9(특정후견인의 선임 등) ① 가정법원은 제959조의 8에 따른 처분으로 피특정후견인을 후원하거나 대리하기 위한 특정후견인을 선임할 수 있다.

② 특정후견인에 대하여는 제930조 제2항·제3항, 제936조 제2항부터 제4항까지, 제937조, 제939조 및 제940조를 준용한다.

[본조신설 2011. 3. 7.]

제959조의 10(특정후견감독인) ① 가정법원은 필요하다고 인정하면 직권으로 또는 피특정후견인, 친족, 특정후견인, 검사, 지방자치단체의 장의 청구에 의하여 특정후견감독인을 선임할 수 있다.

② 특정후견감독인에 대하여는 제681조, 제691조, 제692조, 제930조 제2항·제3항, 제936조 제3항·제4항, 제937조, 제939조, 제940조, 제940조의 5, 제940조의 6, 제949조의 2, 제955조 및 제955조의 2를 준용한다.

[본조신설 2011. 3. 7.]

제959조의 11(특정후견인의 대리권) ① 피특정후견인의 후원을 위하여 필요하다고 인정하면 가정법원은 기간이나 범위를 정하여 특정후견인에게 대리권을 수여하는 심판을 할 수 있다.

② 제1항의 경우 가정법원은 특정후견인의 대리권 행사에 가정법원이나 특정후견감독인의 동의를 받도록 명할 수 있다.

[본조신설 2011. 3. 7.]

제959조의 12(특정후견사무) 특정후견의 사무에 관하여는 제681조, 제920조 단서, 제947조, 제949조의 2, 제953조부터 제955조까지 및 제955조의 2를 준용한다.

[본조신설 2011. 3. 7.]

제959조의 13(특정후견인의 임무의 종료 등) 특정후견인의 임무가 종료한 경우에 관하여는 제691조, 제692조, 제957조 및 제958조를 준용한다.

[본조신설 2011. 3. 7.]

제3절 후견계약

제959조의 14(후견계약의 의의와 체결방법 등) ① 후견계약은 질병, 장애, 노령, 그 밖의 사유로 인한 정신적 제약으로 사무를 처리할 능력이 부족한 상황에 있거나 부족하게 될 상황에 대비하여 자신의 재산관리 및 신상보호에 관한 사무의 전부 또는 일부를 다른 자에게 위탁하고 그 위탁사무에 관하여 대리권을 수여하는 것을 내용으로 한다.

② 후견계약은 공정증서로 체결하여야 한다.

③ 후견계약은 가정법원이 임의후견감독인을 선임한 때부터 효력이 발생한다.

④ 가정법원, 임의후견인, 임의후견감독인 등은 후견계약을 이행·운영할 때 본인의 의사를 최대한 존중하여야 한다.

제959조의 15(임의후견감독인의 선임) ① 가정법원은 후견계약이 등기되어 있고, 본인이 사무를 처리할 능력이 부족한 상황에 있다고 인정할 때에는 본인, 배우자, 4촌 이내의 친족, 임의후견인, 검사 또는 지방자치단체의 장의 청구에 의하여 임의후견감독인을 선임한다.

② 제1항의 경우 본인이 아닌 자의 청구에 의하여 가정법원이 임의후견감독인을 선임할 때에는 미리 본인의 동의를 받아야 한다. 다만, 본인이 의사를 표시할 수 없는 때에는 그러하지 아니하다.

③ 가정법원은 임의후견감독인이 없게 된 경우에는 직권으로 또는 본인, 친족, 임의후견인, 검사 또는 지방자치단체의 장의 청구에 의하여 임의후견감독인을 선임한다.

④ 가정법원은 임의후견임감독인이 선임된 경우에도 필요하다고 인정하면 직권으로 또는 제3항의 청구권자의 청구에 의하여 임의후견감독인을 추가로 선임할 수 있다.

⑤ 임의후견감독인에 대하여는 제940조의 5를 준용한다.

제959조의 16(임의후견감독인의 직무 등) ① 임의후견감독인은 임의후견인의 사무를 감독하며 그 사무에 관하여 가정법원에 정기적으로 보고하여야 한다.

② 가정법원은 필요하다고 인정하면 임의후견감독인에게 감독사무에 관한 보고를 요구할 수 있고 임의후견인의 사무 또는 본인의 재산상황에 대한 조사를 명하거나 그 밖에 임의후견감독인의 직무에 관하여 필요한 처분을 명할 수 있다.

③ 임의후견감독인에 대하여는 제940조의 6 제2항·제3항, 제940조의 7 및 제953조를 준용한다.

제959조의 17(임의후견개시의 제한 등) ① 임의후견인이 제937조 각 호에 해당하는 자 또는 그 밖에 현저한 비행을 하거나 후견계약에서 정한 임무에 적합하지 아니한 사유가 있는 자인 경우에는 가정법원은 임의후견감독인을 선임하지 아니한다.

② 임의후견감독인을 선임한 이후 임의후견인이 현저한 비행을 하거나 그 밖에 그 임무에 적합하지 아니한 사유가 있게 된 경우에는 가정법원은 임의후견감독인, 본인, 친족, 검사 또는 지방자치단체의 장의 청구에 의하여 임의후견인을 해임할 수 있다.

제959조의 18(후견계약의 종료) ① 임의후견감독인의 선임 전에는 본인 또는 임의후견인은 언제든지 공증인의 인증을 받은 서면으로 후견계약의 의사표시를 철회할 수 있다. ② 임의후견감독인의 선임 이후에는 본인 또는 임의후견인은 정당한 사유가 있는 때에만 가정법원의 허가를 받아 후견계약을 종료할 수 있다.
[본조신설 2011. 3. 7.]

제959조의 19(임의후견인의 대리권 소멸과 제3자와의 관계) 임의후견인의 대리권 소멸은 등기하지 아니하면 선의의 제3자에게 대항할 수 없다.
[본조신설 2011. 3. 7.]

제959조의 20(후견계약과 성년후견·한정후견·특정후견의 관계) ① 후견계약이 등기되어 있는 경우에는 가정법원은 본인의 이익을 위하여 특별히 필요할 때에만 임의후견인 또는 임의후견감독인의 청구에 의하여 성년후견, 한정후견 또는 특정후견의 심판을 할 수 있다. 이 경우 후견계약은 본인이 성년후견 또는 한정후견 개시의 심판을 받은 때 종료된다. ② 본인이 피성년후견인, 피한정후견인 또는 피특정후견인인 경우에 가정법원은 임의후견감독인을 선임함에 있어서 종전의 성년후견, 한정후견 또는 특정후견의 종료 심판을 하여야 한다. 다만, 성년후견 또는 한정후견 조치의 계속이 본인의 이익을 위하여 특별히 필요하다고 인정하면 가정법원은 임의후견감독인을 선임하지 아니한다.
[본조신설 2011. 3. 7.]

제7장 부양

제974조(부양의무) 다음 각호의 친족은 서로 부양의 의무가 있다.
1. 직계혈족 및 그 배우자간
2. 삭제〈1990. 1. 13.〉
3. 기타 친족간(生計를 같이 하는 境遇에 限한다.)

제975조(부양의무와 생활능력) 부양의 의무는 부양을 받을 자가 자기의 자력 또는 근로에 의하여 생활을 유지할 수 없는 경우에 한하여 이를 이행할 책임이 있다.

제976조(부양의 순위) ① 부양의 의무있는 자가 수인인 경우에 부양을 할 자의 순위에 관하여 당사자간에 협정이 없는 때에는 법원은 당사자의 청구에 의하여 이를 정한다. 부양을 받을 권리자가 수인인 경우에 부양의무자의 자력이 그 전원을 부양할 수 없는 때에도 같다.

별
첨

② 전항의 경우에 법원은 수인의 부양의무자 또는 권리자를 선정할 수 있다.

제977조(부양의 정도, 방법) 부양의 정도 또는 방법에 관하여 당사자간에 협정이 없는 때에는 법원은 당사자의 청구에 의하여 부양을 받을 자의 생활정도와 부양의무자의 자력 기타 제반사정을 참작하여 이를 정한다.

제978조(부양관계의 변경 또는 취소) 부양을 할 자 또는 부양을 받을 자의 순위, 부양의 정도 또는 방법에 관한 당사자의 협정이나 법원의 판결이 있은 후 이에 관한 사정변경이 있는 때에는 법원은 당사자의 청구에 의하여 그 협정이나 판결을 취소 또는 변경할 수 있다.

제979조(부양청구권처분의 금지) 부양을 받을 권리는 이를 처분하지 못한다.

제5편 상속

제1장 상속

제1절 총칙 〈개정 1990. 1. 13.〉

제997조(상속개시의 원인) 상속은 사망으로 인하여 개시된다. 〈개정 1990. 1. 13.〉
　[제목개정 1990. 1. 13.]

제998조(상속개시의 장소) 상속은 피상속인의 주소지에서 개시한다.
　[전문개정 1990. 1. 13.]

제998조의 2(상속비용) 상속에 관한 비용은 상속재산 중에서 지급한다.
　[본조신설 1990. 1. 13.]

제999조(상속회복청구권) ① 상속권이 참칭상속권자로 인하여 침해된 때에는 상속권자 또는 그 법정대리인은 상속회복의 소를 제기할 수 있다.
　② 제1항의 상속회복청구권은 그 침해를 안 날부터 3년, 상속권의 침해행위가 있은 날부터 10년을 경과하면 소멸된다. 〈개정 2002. 1. 14.〉
　[전문개정 1990. 1. 13.]

제2절 상속인 〈개정 1990. 1. 13.〉

제1000조(상속의 순위) ① 상속에 있어서는 다음 순위로 상속인이 된다. 〈개정 1990. 1. 13.〉

1. 피상속인의 직계비속
2. 피상속인의 직계존속
3. 피상속인의 형제자매
4. 피상속인의 4촌 이내의 방계혈족

② 전항의 경우에 동순위의 상속인이 수인인 때에는 최근친을 선순위로 하고 동친등의 상속인이 수인인 때에는 공동상속인이 된다.

③ 태아는 상속순위에 관하여는 이미 출생한 것으로 본다. 〈개정 1990. 1. 13.〉

[제목개정 1990. 1. 13.]

제1001조(대습상속) 전조 제1항 제1호와 제3호의 규정에 의하여 상속인이 될 직계비속 또는 형제자매가 상속개시전에 사망하거나 결격자가 된 경우에 그 직계비속이 있는 때에는 그 직계비속이 사망하거나 결격된 자의 순위에 갈음하여 상속인이 된다. 〈개정 2014. 12. 30.〉

제1002조 삭제 〈1990. 1. 13.〉

제1003조(배우자의 상속순위) ① 피상속인의 배우자는 제1000조 제1항 제1호와 제2호의 규정에 의한 상속인이 있는 경우에는 그 상속인과 동순위로 공동상속인이 되고 그 상속인이 없는 때에는 단독상속인이 된다. 〈개정 1990. 1. 13.〉

② 제1001조의 경우에 상속개시전에 사망 또는 결격된 자의 배우자는 동조의 규정에 의한 상속인과 동순위로 공동상속인이 되고 그 상속인이 없는 때에는 단독상속인이 된다. 〈개정 1990. 1. 13.〉

[제목개정 1990. 1. 13.]

제1004조(상속인의 결격사유) 다음 각 호의 어느 하나에 해당한 자는 상속인이 되지 못한다. 〈개정 1990. 1. 13., 2005. 3. 31.〉

1. 고의로 직계존속, 피상속인, 그 배우자 또는 상속의 선순위나 동순위에 있는 자를 살해하거나 살해하려한 자
2. 고의로 직계존속, 피상속인과 그 배우자에게 상해를 가하여 사망에 이르게 한 자
3. 사기 또는 강박으로 피상속인의 상속에 관한 유언 또는 유언의 철회를 방해한 자

4. 사기 또는 강박으로 피상속인의 상속에 관한 유언을 하게 한 자

5. 피상속인의 상속에 관한 유언서를 위조·변조·파기 또는 은닉한 자

제3절 상속의 효력 〈개정 1990. 1. 13.〉

제1관 일반적 효력

제1005조(상속과 포괄적 권리의무의 승계) 상속인은 상속개시된 때로부터 피상속인의 재산에 관한 포괄적 권리의무를 승계한다. 그러나 피상속인의 일신에 전속한 것은 그러하지 아니하다. 〈개정 1990. 1. 13.〉

제1006조(공동상속과 재산의 공유) 상속인이 수인인 때에는 상속재산은 그 공유로 한다. 〈개정 1990. 1. 13.〉

제1007조(공동상속인의 권리의무승계) 공동상속인은 각자의 상속분에 응하여 피상속인의 권리의무를 승계한다.

제1008조(특별수익자의 상속분) 공동상속인 중에 피상속인으로부터 재산의 증여 또는 유증을 받은 자가 있는 경우에 그 수증재산이 자기의 상속분에 달하지 못한 때에는 그 부족한 부분의 한도에서 상속분이 있다. 〈개정 1977. 12. 31.〉

제1008조의 2(기여분) ① 공동상속인 중에 상당한 기간 동거·간호 그 밖의 방법으로 피상속인을 특별히 부양하거나 피상속인의 재산의 유지 또는 증가에 특별히 기여한 자가 있을 때에는 상속개시 당시의 피상속인의 재산가액에서 공동상속인의 협의로 정한 그 자의 기여분을 공제한 것을 상속재산으로 보고 제1009조 및 제1010조에 의하여 산정한 상속분에 기여분을 가산한 액으로써 그 자의 상속분으로 한다. 〈개정 2005. 3. 31.〉

② 제1항의 협의가 되지 아니하거나 협의할 수 없는 때에는 가정법원은 제1항에 규정된 기여자의 청구에 의하여 기여의 시기·방법 및 정도와 상속재산의 액 기타의 사정을 참작하여 기여분을 정한다.

③ 기여분은 상속이 개시된 때의 피상속인의 재산가액에서 유증의 가액을 공제한 액을 넘지 못한다.

④ 제2항의 규정에 의한 청구는 제1013조 제2항의 규정에 의한 청구가 있을 경우 또는 제1014조에 규정하는 경우에 할 수 있다.

[본조신설 1990. 1. 13.]

제1008조의 3(분묘 등의 승계) 분묘에 속한 1정보 이내의 금양임야와 600평 이내의 묘토인 농지, 족보와 제구의 소유권은 제사를 주재하는 자가 이를 승계한다.
[본조신설 1990. 1. 13.]

제2관 상속분

제1009조(법정상속분) ① 동순위의 상속인이 수인인 때에는 그 상속분은 균분으로 한다. 〈개정 1977. 12. 31., 1990. 1. 13.〉
② 피상속인의 배우자의 상속분은 직계비속과 공동으로 상속하는 때에는 직계비속의 상속분의 5할을 가산하고, 직계존속과 공동으로 상속하는 때에는 직계존속의 상속분의 5할을 가산한다. 〈개정 1990. 1. 13.〉
③ 삭제〈1990. 1. 13.〉

제1010조(대습상속분) ① 제1001조의 규정에 의하여 사망 또는 결격된 자에 갈음하여 상속인이 된 자의 상속분은 사망 또는 결격된 자의 상속분에 의한다. 〈개정 2014. 12. 30.〉
② 전항의 경우에 사망 또는 결격된 자의 직계비속이 수인인 때에는 그 상속분은 사망 또는 결격된 자의 상속분의 한도에서 제1009조의 규정에 의하여 이를 정한다. 제1003조제2항의 경우에도 또한 같다.

제1011조(공동상속분의 양수) ① 공동상속인 중에 그 상속분을 제삼자에게 양도한 자가 있는 때에는 다른 공동상속인은 그 가액과 양도비용을 상환하고 그 상속분을 양수할 수 있다.
② 전항의 권리는 그 사유를 안 날로부터 3월, 그 사유있은 날로부터 1년내에 행사하여야 한다.

제3관 상속재산의 분할

제1012조(유언에 의한 분할방법의 지정, 분할금지) 피상속인은 유언으로 상속재산의 분할방법을 정하거나 이를 정할 것을 제삼자에게 위탁할 수 있고 상속개시의 날로부터 5년을 초과하지 아니하는 기간내의 그 분할을 금지할 수 있다.

제1013조(협의에 의한 분할) ① 전조의 경우외에는 공동상속인은 언제든지 그 협의에 의하여 상속재산을 분할할 수 있다.
② 제269조의 규정은 전항의 상속재산의 분할에 준용한다.

제1014조(분할후의 피인지자 등의 청구권) 상속개시후의 인지 또는 재판의 확정에 의하여 공동상속인이 된 자가 상속재산의 분할을 청구할 경우에 다른 공동상속인이 이미 분할 기타 처분을 한 때에는 그 상속분에 상당한 가액의 지급을 청구할 권리가 있다.

제1015조(분할의 소급효) 상속재산의 분할은 상속개시된 때에 소급하여 그 효력이 있다. 그러나 제삼자의 권리를 해하지 못한다.

제1016조(공동상속인의 담보책임) 공동상속인은 다른 공동상속인이 분할로 인하여 취득한 재산에 대하여 그 상속분에 응하여 매도인과 같은 담보책임이 있다.

제1017조(상속채무자의 자력에 대한 담보책임) ① 공동상속인은 다른 상속인이 분할로 인하여 취득한 채권에 대하여 분할당시의 채무자의 자력을 담보한다.
② 변제기에 달하지 아니한 채권이나 정지조건있는 채권에 대하여는 변제를 청구할 수 있는 때의 채무자의 자력을 담보한다.

제1018조(무자력공동상속인의 담보책임의 분담) 담보책임있는 공동상속인 중에 상환의 자력이 없는 자가 있는 때에는 그 부담부분은 구상권자와 자력있는 다른 공동상속인이 그 상속분에 응하여 분담한다. 그러나 구상권자의 과실로 인하여 상환을 받지 못한 때에는 다른 공동상속인에게 분담을 청구하지 못한다.

제4절 상속의 승인 및 포기 〈개정 1990. 1. 13.〉

제1관 총칙

제1019조(승인, 포기의 기간) ① 상속인은 상속개시있음을 안 날로부터 3월내에 단순승인이나 한정승인 또는 포기를 할 수 있다. 그러나 그 기간은 이해관계인 또는 검사의 청구에 의하여 가정법원이 이를 연장할 수 있다. 〈개정 1990. 1. 13.〉
② 상속인은 제1항의 승인 또는 포기를 하기 전에 상속재산을 조사할 수 있다. 〈개정 2002. 1. 14.〉
③ 제1항의 규정에 불구하고 상속인은 상속채무가 상속재산을 초과하는 사실을 중대한 과실없이 제1항의 기간내에 알지 못하고 단순승인(제1026조 제1호 및 제2호의 규정에 의하여 단순승인한 것으로 보는 경우를 포함한다)을 한 경우에는 그 사실을 안 날부터 3월내에 한정승인을 할 수 있다. 〈신설 2002. 1. 14.〉

제1020조(제한능력자의 승인·포기의 기간) 상속인이 제한능력자인 경우에는 제1019조

제1항의 기간은 그의 친권자 또는 후견인이 상속이 개시된 것을 안 날부터 기산(起算)한다.

[전문개정 2011. 3. 7.]

제1021조(승인, 포기기간의 계산에 관한 특칙) 상속인이 승인이나 포기를 하지 아니하고 제1019조 제1항의 기간 내에 사망한 때에는 그의 상속인이 그 자기의 상속개시있음을 안 날로부터 제1019조 제1항의 기간을 기산한다.

제1022조(상속재산의 관리) 상속인은 그 고유재산에 대하는 것과 동일한 주의로 상속재산을 관리하여야 한다. 그러나 단순승인 또는 포기한 때에는 그러하지 아니하다.

제1023조(상속재산보존에 필요한 처분) ① 법원은 이해관계인 또는 검사의 청구에 의하여 상속재산의 보존에 필요한 처분을 명할 수 있다.

② 법원이 재산관리인을 선임한 경우에는 제24조 내지 제26조의 규정을 준용한다.

제1024조(승인, 포기의 취소금지) ① 상속의 승인이나 포기는 제1019조 제1항의 기간내에도 이를 취소하지 못한다. 〈개정 1990. 1. 13.〉

② 전항의 규정은 총칙편의 규정에 의한 취소에 영향을 미치지 아니한다. 그러나 그 취소권은 추인할 수 있는 날로부터 3월, 승인 또는 포기한 날로부터 1년내에 행사하지 아니하면 시효로 인하여 소멸된다.

제2관 단순승인

제1025조(단순승인의 효과) 상속인이 단순승인을 한 때에는 제한없이 피상속인의 권리의무를 승계한다. 〈개정 1990. 1. 13.〉

제1026조(법정단순승인) 다음 각호의 사유가 있는 경우에는 상속인이 단순승인을 한 것으로 본다. 〈개정 2002. 1. 14.〉

1. 상속인이 상속재산에 대한 처분행위를 한 때
2. 상속인이 제1019조 제1항의 기간내에 한정승인 또는 포기를 하지 아니한 때
3. 상속인이 한정승인 또는 포기를 한 후에 상속재산을 은닉하거나 부정소비하거나 고의로 재산목록에 기입하지 아니한 때

[2002. 1. 14. 법률 제6591호에 의하여 1998. 8. 27. 헌법재판소에서 헌법불합치 결정된 제2호를 신설함]

별
첨

제1027조(법정단순승인의 예외) 상속인이 상속을 포기함으로 인하여 차순위 상속인이 상속을 승인한 때에는 전조 제3호의 사유는 상속의 승인으로 보지 아니한다.

제3관 한정승인

제1028조(한정승인의 효과) 상속인은 상속으로 인하여 취득할 재산의 한도에서 피상속인의 채무와 유증을 변제할 것을 조건으로 상속을 승인할 수 있다. 〈개정 1990. 1. 13.〉

제1029조(공동상속인의 한정승인) 상속인이 수인인 때에는 각 상속인은 그 상속분에 응하여 취득할 재산의 한도에서 그 상속분에 의한 피상속인의 채무와 유증을 변제할 것을 조건으로 상속을 승인할 수 있다.

제1030조(한정승인의 방식) ① 상속인이 한정승인을 함에는 제1019조 제1항 또는 제3항의 기간 내에 상속재산의 목록을 첨부하여 법원에 한정승인의 신고를 하여야 한다. 〈개정 2005. 3. 31.〉
② 제1019조 제3항의 규정에 의하여 한정승인을 한 경우 상속재산 중 이미 처분한 재산이 있는 때에는 그 목록과 가액을 함께 제출하여야 한다. 〈신설 2005. 3. 31.〉

제1031조(한정승인과 재산상 권리의무의 불소멸) 상속인이 한정승인을 한 때에는 피상속인에 대한 상속인의 재산상 권리의무는 소멸하지 아니한다.

제1032조(채권자에 대한 공고, 최고) ① 한정승인자는 한정승인을 한 날로부터 5일내에 일반상속채권자와 유증받은 자에 대하여 한정승인의 사실과 일정한 기간 내에 그 채권 또는 수증을 신고할 것을 공고하여야 한다. 그 기간은 2월 이상이어야 한다.
② 제88조 제2항, 제3항과 제89조의 규정은 전항의 경우에 준용한다.

제1033조(최고기간 중의 변제거절) 한정승인자는 전조 제1항의 기간만료전에는 상속채권의 변제를 거절할 수 있다.

제1034조(배당변제) ① 한정승인자는 제1032조 제1항의 기간만료후에 상속재산으로서 그 기간 내에 신고한 채권자와 한정승인자가 알고 있는 채권자에 대하여 각 채권액의 비율로 변제하여야 한다. 그러나 우선권있는 채권자의 권리를 해하지 못한다.
② 제1019조 제3항의 규정에 의하여 한정승인을 한 경우에는 그 상속인은 상속재산 중에서 남아있는 상속재산과 함께 이미 처분한 재산의 가액을 합하여 제1항의 변제를 하여야 한다. 다만, 한정승인을 하기 전에 상속채권자나 유증받은 자에 대하여 변제한 가액은 이

미 처분한 재산의 가액에서 제외한다.〈신설 2005. 3. 31.〉

제1035조(변제기전의 채무 등의 변제) ① 한정승인자는 변제기에 이르지 아니한 채권에 대하여도 전조의 규정에 의하여 변제하여야 한다.

② 조건있는 채권이나 존속기간의 불확정한 채권은 법원의 선임한 감정인의 평가에 의하여 변제하여야 한다.

제1036조(수증자에의 변제) 한정승인자는 전2조의 규정에 의하여 상속채권자에 대한 변제를 완료한 후가 아니면 유증받은 자에게 변제하지 못한다.

제1037조(상속재산의 경매) 전3조의 규정에 의한 변제를 하기 위하여 상속재산의 전부나 일부를 매각할 필요가 있는 때에는 민사집행법에 의하여 경매하여야 한다.〈개정 1997. 12. 13., 2001. 12. 29.〉

제1038조(부당변제 등으로 인한 책임) ① 한정승인자가 제1032조의 규정에 의한 공고나 최고를 해태하거나 제1033조 내지 제1036조의 규정에 위반하여 어느 상속채권자나 유증받은 자에게 변제함으로 인하여 다른 상속채권자나 유증받은 자에 대하여 변제할 수 없게 된 때에는 한정승인자는 그 손해를 배상하여야 한다. 제1019조 제3항의 규정에 의하여 한정승인을 한 경우 그 이전에 상속채무가 상속재산을 초과함을 알지 못한 데 과실이 있는 상속인이 상속채권자나 유증받은 자에게 변제한 때에도 또한 같다.〈개정 2005. 3. 31.〉

② 제1항 전단의 경우에 변제를 받지 못한 상속채권자나 유증받은 자는 그 사정을 알고 변제를 받은 상속채권자나 유증받은 자에 대하여 구상권을 행사할 수 있다. 제1019조 제3항의 규정에 의하여 한정승인을 한 경우 그 이전에 상속채무가 상속재산을 초과함을 알고 변제받은 상속채권자나 유증받은 자가 있는 때에도 또한 같다.〈개정 2005. 3. 31.〉

③ 제766조의 규정은 제1항 및 제2항의 경우에 준용한다.〈개정 2005. 3. 31.〉

[제목개정 2005. 3. 31.]

제1039조(신고하지 않은 채권자 등) 제1032조 제1항의 기간내에 신고하지 아니한 상속채권자 및 유증받은 자로서 한정승인자가 알지 못한 자는 상속재산의 잔여가 있는 경우에 한하여 그 변제를 받을 수 있다. 그러나 상속재산에 대하여 특별담보권있는 때에는 그러하지 아니하다.

제1040조(공동상속재산과 그 관리인의 선임) ① 상속인이 수인인 경우에는 법원은 각 상속인 기타 이해관계인의 청구에 의하여 공동상속인 중에서 상속재산관리인을 선임할 수 있다.

② 법원이 선임한 관리인은 공동상속인을 대표하여 상속재산의 관리와 채무의 변제에 관한 모든 행위를 할 권리의무가 있다.

③ 제1022조, 제1032조 내지 전조의 규정은 전항의 관리인에 준용한다. 그러나 제1032조의 규정에 의하여 공고할 5일의 기간은 관리인이 그 선임을 안 날로부터 기산한다.

제4관 포기

제1041조(포기의 방식) 상속인이 상속을 포기할 때에는 제1019조 제1항의 기간내에 가정법원에 포기의 신고를 하여야 한다. 〈개정 1990. 1. 13.〉

제1042조(포기의 소급효) 상속의 포기는 상속개시된 때에 소급하여 그 효력이 있다.

제1043조(포기한 상속재산의 귀속) 상속인이 수인인 경우에 어느 상속인이 상속을 포기한 때에는 그 상속분은 다른 상속인의 상속분의 비율로 그 상속인에게 귀속된다.

제1044조(포기한 상속재산의 관리계속의무) ① 상속을 포기한 자는 그 포기로 인하여 상속인이 된 자가 상속재산을 관리할 수 있을 때까지 그 재산의 관리를 계속하여야 한다.

② 제1022조와 제1023조의 규정은 전항의 재산관리에 준용한다.

제5절 재산의 분리

제1045조(상속재산의 분리청구권) ① 상속채권자나 유증받은 자 또는 상속인의 채권자는 상속개시된 날로부터 3월내에 상속재산과 상속인의 고유재산의 분리를 법원에 청구할 수 있다.

② 상속인이 상속의 승인이나 포기를 하지 아니한 동안은 전항의 기간경과후에도 재산의 분리를 청구할 수 있다. 〈개정 1990. 1. 13.〉

제1046조(분리명령과 채권자 등에 대한 공고, 최고) ① 법원이 전조의 청구에 의하여 재산의 분리를 명한 때에는 그 청구자는 5일내에 일반상속채권자와 유증받은 자에 대하여 재산분리의 명령있은 사실과 일정한 기간내에 그 채권 또는 수증을 신고할 것을 공고하여야 한다. 그 기간은 2월 이상이어야 한다.

② 제88조 제2항, 제3항과 제89조의 규정은 전항의 경우에 준용한다.

제1047조(분리후의 상속재산의 관리) ① 법원이 재산의 분리를 명한 때에는 상속재산의 관리에 관하여 필요한 처분을 명할 수 있다.

② 법원이 재산관리인을 선임한 경우에는 제24조 내지 제26조의 규정을 준용한다.

제1048조(분리후의 상속인의 관리의무) ① 상속인이 단순승인을 한 후에도 재산분리의 명령이 있는 때에는 상속재산에 대하여 자기의 고유재산과 동일한 주의로 관리하여야 한다.
② 제683조 내지 제685조 및 제688조 제1항, 제2항의 규정은 전항의 재산관리에 준용한다.

제1049조(재산분리의 대항요건) 재산의 분리는 상속재산인 부동산에 관하여는 이를 등기하지 아니하면 제삼자에게 대항하지 못한다.

제1050조(재산분리와 권리의무의 불소멸) 재산분리의 명령이 있는 때에는 피상속인에 대한 상속인의 재산상 권리의무는 소멸하지 아니한다.

제1051조(변제의 거절과 배당변제) ① 상속인은 제1045조 및 제1046조의 기간만료전에는 상속채권자와 유증받은 자에 대하여 변제를 거절할 수 있다.
② 전항의 기간만료후에 상속인은 상속재산으로써 재산분리의 청구 또는 그 기간내에 신고한 상속채권자, 유증받은 자와 상속인이 알고 있는 상속채권자, 유증받은 자에 대하여 각 채권액 또는 수증액의 비율로 변제하여야 한다. 그러나 우선권있는 채권자의 권리를 해하지 못한다.
③ 제1035조 내지 제1038조의 규정은 전항의 경우에 준용한다.

제1052조(고유재산으로부터의 변제) ① 전조의 규정에 의한 상속채권자와 유증받은 자는 상속재산으로써 전액의 변제를 받을 수 없는 경우에 한하여 상속인의 고유재산으로부터 그 변제를 받을 수 있다.
② 전항의 경우에 상속인의 채권자는 상속인의 고유재산으로부터 우선변제를 받을 권리가 있다.

제6절 상속인의 부존재 〈개정 1990. 1. 13.〉

제1053조(상속인없는 재산의 관리인) ① 상속인의 존부가 분명하지 아니한 때에는 법원은 제777조의 규정에 의한 피상속인의 친족 기타 이해관계인 또는 검사의 청구에 의하여 상속재산관리인을 선임하고 지체없이 이를 공고하여야 한다. 〈개정 1990. 1. 13.〉
② 제24조 내지 제26조의 규정은 전항의 재산관리인에 준용한다.

제1054조(재산목록제시와 상황보고) 관리인은 상속채권자나 유증받은 자의 청구가 있는 때에는 언제든지 상속재산의 목록을 제시하고 그 상황을 보고하여야 한다.

별
첨

제1055조(상속인의 존재가 분명하여진 경우) ① 관리인의 임무는 그 상속인이 상속의 승인을 한 때에 종료한다.

② 전항의 경우에는 관리인은 지체없이 그 상속인에 대하여 관리의 계산을 하여야 한다.

제1056조(상속인없는 재산의 청산) ① 제1053조 제1항의 공고있은 날로부터 3월내에 상속인의 존부를 알 수 없는 때에는 관리인은 지체없이 일반상속채권자와 유증받은 자에 대하여 일정한 기간 내에 그 채권 또는 수증을 신고할 것을 공고하여야 한다. 그 기간은 2월 이상이어야 한다.

② 제88조 제2항, 제3항, 제89조, 제1033조 내지 제1039조의 규정은 전항의 경우에 준용한다.

제1057조(상속인수색의 공고) 제1056조 제1항의 기간이 경과하여도 상속인의 존부를 알 수 없는 때에는 법원은 관리인의 청구에 의하여 상속인이 있으면 일정한 기간내에 그 권리를 주장할 것을 공고하여야 한다. 그 기간은 1년 이상이어야 한다. 〈개정 2005. 3. 31.〉

제1057조의 2(특별연고자에 대한 분여) ① 제1057조의 기간내에 상속권을 주장하는 자가 없는 때에는 가정법원은 피상속인과 생계를 같이 하고 있던 자, 피상속인의 요양간호를 한 자 기타 피상속인과 특별한 연고가 있던 자의 청구에 의하여 상속재산의 전부 또는 일부를 분여할 수 있다. 〈개정 2005. 3. 31.〉

② 제1항의 청구는 제1057조의 기간의 만료후 2월 이내에 하여야 한다. 〈개정 2005. 3. 31.〉

[본조신설 1990. 1. 13.]

제1058조(상속재산의 국가귀속) ① 제1057조의 2의 규정에 의하여 분여(分與)되지 아니한 때에는 상속재산은 국가에 귀속한다. 〈개정 2005. 3. 31.〉

② 제1055조 제2항의 규정은 제1항의 경우에 준용한다. 〈개정 2005. 3. 31.〉

제1059조(국가귀속재산에 대한 변제청구의 금지) 전조 제1항의 경우에는 상속재산으로 변제를 받지 못한 상속채권자나 유증을 받은 자가 있는 때에도 국가에 대하여 그 변제를 청구하지 못한다.

제2장 유언

제1절 총칙

제1060조(유언의 요식성) 유언은 본법의 정한 방식에 의하지 아니하면 효력이 생하지 아니한다.

제1061조(유언적령) 만17세에 달하지 못한 자는 유언을 하지 못한다.

제1062조(제한능력자의 유언) 유언에 관하여는 제5조, 제10조 및 제13조를 적용하지 아니한다.

[전문개정 2011. 3. 7.]

제1063조(피성년후견인의 유언능력) ① 피성년후견인은 의사능력이 회복된 때에만 유언을 할 수 있다.

② 제1항의 경우에는 의사가 심신 회복의 상태를 유언서에 부기(附記)하고 서명날인하여야 한다.

[전문개정 2011. 3. 7.]

제1064조(유언과 태아, 상속결격자) 제1000조 제3항, 제1004조의 규정은 수증자에 준용한다. 〈개정 1990. 1. 13.〉

제2절 유언의 방식

제1065조(유언의 보통방식) 유언의 방식은 자필증서, 녹음, 공정증서, 비밀증서와 구수증서의 5종으로 한다.

제1066조(자필증서에 의한 유언) ① 자필증서에 의한 유언은 유언자가 그 전문과 연월일, 주소, 성명을 자서하고 날인하여야 한다.

② 전항의 증서에 문자의 삽입, 삭제 또는 변경을 함에는 유언자가 이를 자서하고 날인하여야 한다.

제1067조(녹음에 의한 유언) 녹음에 의한 유언은 유언자가 유언의 취지, 그 성명과 연월일을 구술하고 이에 참여한 증인이 유언의 정확함과 그 성명을 구술하여야 한다.

제1068조(공정증서에 의한 유언) 공정증서에 의한 유언은 유언자가 증인 2인이 참여한 공

별첨

증인의 면전에서 유언의 취지를 구수하고 공증인이 이를 필기낭독하여 유언자와 증인이 그 정확함을 승인한 후 각자 서명 또는 기명날인하여야 한다.

제1069조(비밀증서에 의한 유언) ① 비밀증서에 의한 유언은 유언자가 필자의 성명을 기입한 증서를 엄봉날인하고 이를 2인 이상의 증인의 면전에 제출하여 자기의 유언서임을 표시한 후 그 봉서표면에 제출연월일을 기재하고 유언자와 증인이 각자 서명 또는 기명날인하여야 한다.
② 전항의 방식에 의한 유언봉서는 그 표면에 기재된 날로부터 5일내에 공증인 또는 법원서기에게 제출하여 그 봉인상에 확정일자인을 받아야 한다.

제1070조(구수증서에 의한 유언) ① 구수증서에 의한 유언은 질병 기타 급박한 사유로 인하여 전4조의 방식에 의할 수 없는 경우에 유언자가 2인 이상의 증인의 참여로 그 1인에게 유언의 취지를 구수하고 그 구수를 받은 자가 이를 필기낭독하여 유언자의 증인이 그 정확함을 승인한 후 각자 서명 또는 기명날인하여야 한다.
② 전항의 방식에 의한 유언은 그 증인 또는 이해관계인이 급박한 사유의 종료한 날로부터 7일내에 법원에 그 검인을 신청하여야 한다.
③ 제1063조 제2항의 규정은 구수증서에 의한 유언에 적용하지 아니한다.

제1071조(비밀증서에 의한 유언의 전환) 비밀증서에 의한 유언이 그 방식에 흠결이 있는 경우에 그 증서가 자필증서의 방식에 적합한 때에는 자필증서에 의한 유언으로 본다.

제1072조(증인의 결격사유) ① 다음 각 호의 어느 하나에 해당하는 사람은 유언에 참여하는 증인이 되지 못한다.
1. 미성년자
2. 피성년후견인과 피한정후견인
3. 유언으로 이익을 받을 사람, 그의 배우자와 직계혈족
② 공정증서에 의한 유언에는 「공증인법」에 따른 결격자는 증인이 되지 못한다.
[전문개정 2011. 3. 7.]

제3절 유언의 효력

제1073조(유언의 효력발생시기) ① 유언은 유언자가 사망한 때로부터 그 효력이 생긴다.
② 유언에 정지조건이 있는 경우에 그 조건이 유언자의 사망후에 성취한 때에는 그 조건 성취한 때로부터 유언의 효력이 생긴다.

제1074조(유증의 승인, 포기) ① 유증을 받을 자는 유언자의 사망후에 언제든지 유증을 승인 또는 포기할 수 있다.

② 전항의 승인이나 포기는 유언자의 사망한 때에 소급하여 그 효력이 있다.

제1075조(유증의 승인, 포기의 취소금지) ① 유증의 승인이나 포기는 취소하지 못한다.

② 제1024조 제2항의 규정은 유증의 승인과 포기에 준용한다.

제1076조(수증자의 상속인의 승인, 포기) 수증자가 승인이나 포기를 하지 아니하고 사망한 때에는 그 상속인은 상속분의 한도에서 승인 또는 포기할 수 있다. 그러나 유언자가 유언으로 다른 의사를 표시한 때에는 그 의사에 의한다.

제1077조(유증의무자의 최고권) ① 유증의무자나 이해관계인은 상당한 기간을 정하여 그 기간 내에 승인 또는 포기를 확답할 것을 수증자 또는 그 상속인에게 최고할 수 있다.

② 전항의 기간내에 수증자 또는 상속인이 유증의무자에 대하여 최고에 대한 확답을 하지 아니한 때에는 유증을 승인한 것으로 본다.

제1078조(포괄적 수증자의 권리의무) 포괄적 유증을 받은 자는 상속인과 동일한 권리의무가 있다. 〈개정 1990. 1. 13.〉

제1079조(수증자의 과실취득권) 수증자는 유증의 이행을 청구할 수 있는 때로부터 그 목적물의 과실을 취득한다. 그러나 유언자가 유언으로 다른 의사를 표시한 때에는 그 의사에 의한다.

제1080조(과실수취비용의 상환청구권) 유증의무자가 유언자의 사망후에 그 목적물의 과실을 수취하기 위하여 필요비를 지출한 때에는 그 과실의 가액의 한도에서 과실을 취득한 수증자에게 상환을 청구할 수 있다.

제1081조(유증의무자의 비용상환청구권) 유증의무자가 유증자의 사망후에 그 목적물에 대하여 비용을 지출한 때에는 제325조의 규정을 준용한다.

제1082조(불특정물유증의무자의 담보책임) ① 불특정물을 유증의 목적으로 한 경우에는 유증의무자는 그 목적물에 대하여 매도인과 같은 담보책임이 있다.

② 전항의 경우에 목적물에 하자가 있는 때에는 유증의무자는 하자없는 물건으로 인도하여야 한다.

제1083조(유증의 물상대위성) 유증자가 유증목적물의 멸실, 훼손 또는 점유의 침해로 인

하여 제삼자에게 손해배상을 청구할 권리가 있는 때에는 그 권리를 유증의 목적으로 한 것으로 본다.

제1084조(채권의 유증의 물상대위성) ① 채권을 유증의 목적으로 한 경우에 유언자가 그 변제를 받은 물건이 상속재산 중에 있는 때에는 그 물건을 유증의 목적으로 한 것으로 본다.

② 전항의 채권이 금전을 목적으로 한 경우에는 그 변제받은 채권액에 상당한 금전이 상속재산중에 없는 때에도 그 금액을 유증의 목적으로 한 것으로 본다.

제1085조(제삼자의 권리의 목적인 물건 또는 권리의 유증) 유증의 목적인 물건이나 권리가 유언자의 사망 당시에 제삼자의 권리의 목적인 경우에는 수증자는 유증의무자에 대하여 그 제삼자의 권리를 소멸시킬 것을 청구하지 못한다.

제1086조(유언자가 다른 의사표시를 한 경우) 전3조의 경우에 유언자가 유언으로 다른 의사를 표시한 때에는 그 의사에 의한다.

제1087조(상속재산에 속하지 아니한 권리의 유증) ① 유언의 목적이 된 권리가 유언자의 사망당시에 상속재산에 속하지 아니한 때에는 유언은 그 효력이 없다. 그러나 유언자가 자기의 사망당시에 그 목적물이 상속재산에 속하지 아니한 경우에도 유언의 효력이 있게 할 의사인 때에는 유증의무자는 그 권리를 취득하여 수증자에게 이전할 의무가 있다.

② 전항 단서의 경우에 그 권리를 취득할 수 없거나 그 취득에 과다한 비용을 요할 때에는 그 가액으로 변상할 수 있다.

제1088조(부담있는 유증과 수증자의 책임) ① 부담있는 유증을 받은 자는 유증의 목적의 가액을 초과하지 아니한 한도에서 부담한 의무를 이행할 책임이 있다.

② 유증의 목적의 가액이 한정승인 또는 재산분리로 인하여 감소된 때에는 수증자는 그 감소된 한도에서 부담할 의무를 면한다.

제1089조(유증효력발생전의 수증자의 사망) ① 유증은 유언자의 사망전에 수증자가 사망한 때에는 그 효력이 생기지 아니한다.

② 정지조건있는 유증은 수증자가 그 조건성취전에 사망한 때에는 그 효력이 생기지 아니한다.

제1090조(유증의 무효, 실효의 경우와 목적재산의 귀속) 유증이 그 효력이 생기지 아니하거나 수증자가 이를 포기한 때에는 유증의 목적인 재산은 상속인에게 귀속한다. 그러나

유언자가 유언으로 다른 의사를 표시한 때에는 그 의사에 의한다.

제4절 유언의 집행

제1091조(유언증서, 녹음의 검인) ① 유언의 증서나 녹음을 보관한 자 또는 이를 발견한 자는 유언자의 사망후 지체없이 법원에 제출하여 그 검인을 청구하여야 한다.

② 전항의 규정은 공정증서나 구수증서에 의한 유언에 적용하지 아니한다.

제1092조(유언증서의 개봉) 법원이 봉인된 유언증서를 개봉할 때에는 유언자의 상속인, 그 대리인 기타 이해관계인의 참여가 있어야 한다.

제1093조(유언집행자의 지정) 유언자는 유언으로 유언집행자를 지정할 수 있고 그 지정을 제삼자에게 위탁할 수 있다.

제1094조(위탁에 의한 유언집행자의 지정) ① 전조의 위탁을 받은 제삼자는 그 위탁있음을 안 후 지체없이 유언집행자를 지정하여 상속인에게 통지하여야 하며 그 위탁을 사퇴할 때에는 이를 상속인에게 통지하여야 한다.

② 상속인 기타 이해관계인은 상당한 기간을 정하여 그 기간내에 유언집행자를 지정할 것을 위탁 받은 자에게 최고할 수 있다. 그 기간내에 지정의 통지를 받지 못한 때에는 그 지정의 위탁을 사퇴한 것으로 본다.

제1095조(지정유언집행자가 없는 경우) 전2조의 규정에 의하여 지정된 유언집행자가 없는 때에는 상속인이 유언집행자가 된다.

제1096조(법원에 의한 유언집행자의 선임) ① 유언집행자가 없거나 사망, 결격 기타 사유로 인하여 없게 된 때에는 법원은 이해관계인의 청구에 의하여 유언집행자를 선임하여야 한다.

② 법원이 유언집행자를 선임한 경우에는 그 임무에 관하여 필요한 처분을 명할 수 있다.

제1097조(유언집행자의 승낙, 사퇴) ① 지정에 의한 유언집행자는 유언자의 사망후 지체없이 이를 승낙하거나 사퇴할 것을 상속인에게 통지하여야 한다.

② 선임에 의한 유언집행자는 선임의 통지를 받은 후 지체없이 이를 승낙하거나 사퇴할 것을 법원에 통지하여야 한다.

③ 상속인 기타 이해관계인은 상당한 기간을 정하여 그 기간내에 승낙여부를 확답할 것을 지정 또는 선임에 의한 유언집행자에게 최고할 수 있다. 그 기간내에 최고에 대한 확

답을 받지 못한 때에는 유언집행자가 그 취임을 승낙한 것으로 본다.

제1098조(유언집행자의 결격사유) 제한능력자와 파산선고를 받은 자는 유언집행자가 되지 못한다.

[전문개정 2011. 3. 7.]

제1099조(유언집행자의 임무착수) 유언집행자가 그 취임을 승낙한 때에는 지체없이 그 임무를 이행하여야 한다.

제1100조(재산목록작성) ① 유언이 재산에 관한 것인 때에는 지정 또는 선임에 의한 유언집행자는 지체없이 그 재산목록을 작성하여 상속인에게 교부하여야 한다.

② 상속인의 청구가 있는 때에는 전항의 재산목록작성에 상속인을 참여하게 하여야 한다.

제1101조(유언집행자의 권리의무) 유언집행자는 유증의 목적인 재산의 관리 기타 유언의 집행에 필요한 행위를 할 권리의무가 있다.

제1102조(공동유언집행) 유언집행자가 수인인 경우에는 임무의 집행은 그 과반수의 찬성으로써 결정한다. 그러나 보존행위는 각자가 이를 할 수 있다.

제1103조(유언집행자의 지위) ① 지정 또는 선임에 의한 유언집행자는 상속인의 대리인으로 본다.

② 제681조 내지 제685조, 제687조, 제691조와 제692조의 규정은 유언집행자에 준용한다.

제1104조(유언집행자의 보수) ① 유언자가 유언으로 그 집행자의 보수를 정하지 아니한 경우에는 법원은 상속재산의 상황 기타 사정을 참작하여 지정 또는 선임에 의한 유언집행자의 보수를 정할 수 있다.

② 유언집행자가 보수를 받는 경우에는 제686조 제2항, 제3항의 규정을 준용한다.

제1105조(유언집행자의 사퇴) 지정 또는 선임에 의한 유언집행자는 정당한 사유있는 때에는 법원의 허가를 얻어 그 임무를 사퇴할 수 있다.

제1106조(유언집행자의 해임) 지정 또는 선임에 의한 유언집행자에 그 임무를 해태하거나 적당하지 아니한 사유가 있는 때에는 법원은 상속인 기타 이해관계인의 청구에 의하여 유언집행자를 해임할 수 있다.

제1107조(유언집행의 비용) 유언의 집행에 관한 비용은 상속재산 중에서 이를 지급한다.

제5절 유언의 철회

제1108조(유언의 철회) ① 유언자는 언제든지 유언 또는 생전행위로써 유언의 전부나 일부를 철회할 수 있다.

② 유언자는 그 유언을 철회할 권리를 포기하지 못한다.

제1109조(유언의 저촉) 전후의 유언이 저촉되거나 유언후의 생전행위가 유언과 저촉되는 경우에는 그 저촉된 부분의 전유언은 이를 철회한 것으로 본다.

제1110조(파훼로 인한 유언의 철회) 유언자가 고의로 유언증서 또는 유증의 목적물을 파훼한 때에는 그 파훼한 부분에 관한 유언은 이를 철회한 것으로 본다.

제1111조(부담있는 유언의 취소) 부담있는 유증을 받은 자가 그 부담의무를 이행하지 아니한 때에는 상속인 또는 유언집행자는 상당한 기간을 정하여 이행할 것을 최고하고 그 기간내에 이행하지 아니한 때에는 법원에 유언의 취소를 청구할 수 있다. 그러나 제삼자의 이익을 해하지 못한다.

제3장 유류분 〈개정 1990. 1. 13.〉

제1112조(유류분의 권리자와 유류분) 상속인의 유류분은 다음 각호에 의한다.
1. 피상속인의 직계비속은 그 법정상속분의 2분의 1
2. 피상속인의 배우자는 그 법정상속분의 2분의 1
3. 피상속인의 직계존속은 그 법정상속분의 3분의 1
4. 피상속인의 형제자매는 그 법정상속분의 3분의 1
[본조신설 1977. 12. 31.]

제1113조(유류분의 산정) ① 유류분은 피상속인의 상속개시시에 있어서 가진 재산의 가액에 증여재산의 가액을 가산하고 채무의 전액을 공제하여 이를 산정한다.

② 조건부의 권리 또는 존속기간이 불확정한 권리는 가정법원이 선임한 감정인의 평가에 의하여 그 가격을 정한다. [본조신설 1977. 12. 31.]

제1114조(산입될 증여) 증여는 상속개시전의 1년간에 행한 것에 한하여 제1113조의 규정에 의하여 그 가액을 산정한다. 당사자 쌍방이 유류분권리자에 손해를 가할 것을 알고

증여를 한 때에는 1년전에 한 것도 같다. [본조신설 1977. 12. 31.]

제1115조(유류분의 보전) ① 유류분권리자가 피상속인의 제1114조에 규정된 증여 및 유증으로 인하여 그 유류분에 부족이 생긴 때에는 부족한 한도에서 그 재산의 반환을 청구할 수 있다.
② 제1항의 경우에 증여 및 유증을 받은 자가 수인인 때에는 각자가 얻은 유증가액의 비례로 반환하여야 한다. [본조신설 1977. 12. 31.]

제1116조(반환의 순서) 증여에 대하여는 유증을 반환받은 후가 아니면 이것을 청구할 수 없다.
[본조신설 1977. 12. 31.]

제1117조(소멸시효) 반환의 청구권은 유류분권리자가 상속의 개시와 반환하여야 할 증여 또는 유증을 한 사실을 안 때로부터 1년내에 하지 아니하면 시효에 의하여 소멸한다. 상속이 개시한 때로부터 10년을 경과한 때도 같다. [본조신설 1977. 12. 31.]

제1118조(준용규정) 제1001조, 제1008조, 제1010조의 규정은 유류분에 이를 준용한다.
[본조신설 1977. 12. 31.]

[시행 2022. 1. 1.] [법률 제18591호, 2021. 12. 21., 일부개정]
기획재정부(재산세제과) 044-215-4312

제1장 총칙 〈개정 2010. 1. 1.〉

제1조(목적) 이 법은 상속세 및 증여세의 과세(課稅) 요건과 절차를 규정함으로써 상속세 및 증여세의 공정한 과세, 납세의무의 적정한 이행 확보 및 재정수입의 원활한 조달에 이바지함을 목적으로 한다.

[본조신설 2015. 12. 15.]

[종전 제1조는 제3조로 이동 〈2015. 12. 15.〉]

제2조(정의) 이 법에서 사용하는 용어의 뜻은 다음과 같다. 〈개정 2020. 12. 22.〉

1. "상속"이란 「민법」 제5편에 따른 상속을 말하며, 다음 각 목의 것을 포함한다.

   가. 유증(遺贈)

   나. 「민법」 제562조에 따른 증여자의 사망으로 인하여 효력이 생길 증여(상속개시일 전 10년 이내에 피상속인이 상속인에게 진 증여채무 및 상속개시일 전 5년 이내에 피상속인이 상속인이 아닌 자에게 진 증여채무의 이행 중에 증여자가 사망한 경우의 그 증여를 포함한다. 이하 "사인증여"(死因贈與)라 한다)

   다. 「민법」 제1057조의 2에 따른 피상속인과 생계를 같이 하고 있던 자, 피상속인의 요양간호를 한 자 및 그 밖에 피상속인과 특별한 연고가 있던 자(이하 "특별연고자"라 한다)에 대한 상속재산의 분여(分與)

   라. 「신탁법」 제59조에 따른 유언대용신탁(이하 "유언대용신탁"이라 한다)

   마. 「신탁법」 제60조에 따른 수익자연속신탁(이하 "수익자연속신탁"이라 한다)

2. "상속개시일"이란 피상속인이 사망한 날을 말한다. 다만, 피상속인의 실종선고로 인하여 상속이 개시되는 경우에는 실종선고일을 말한다.

3. "상속재산"이란 피상속인에게 귀속되는 모든 재산을 말하며, 다음 각 목의 물건과 권리를 포함한다. 다만, 피상속인의 일신(一身)에 전속(專屬)하는 것으로서 피상속인의 사망으로 인하여 소멸되는 것은 제외한다.

별첨

445

가. 금전으로 환산할 수 있는 경제적 가치가 있는 모든 물건

나. 재산적 가치가 있는 법률상 또는 사실상의 모든 권리

4. "상속인"이란 「민법」 제1000조, 제1001조, 제1003조 및 제1004조에 따른 상속인을 말하며, 같은 법 제1019조 제1항에 따라 상속을 포기한 사람 및 특별연고자를 포함한다.

5. "수유자"(受遺者)란 다음 각 목에 해당하는 자를 말한다.

가. 유증을 받은 자

나. 사인증여에 의하여 재산을 취득한 자

다. 유언대용신탁 및 수익자연속신탁에 의하여 신탁의 수익권을 취득한 자

6. "증여"란 그 행위 또는 거래의 명칭·형식·목적 등과 관계없이 직접 또는 간접적인 방법으로 타인에게 무상으로 유형·무형의 재산 또는 이익을 이전(移轉)(현저히 낮은 대가를 받고 이전하는 경우를 포함한다)하거나 타인의 재산가치를 증가시키는 것을 말한다. 다만, 유증, 사인증여, 유언대용신탁 및 수익자연속신탁은 제외한다.

7. "증여재산"이란 증여로 인하여 수증자에게 귀속되는 모든 재산 또는 이익을 말하며, 다음 각 목의 물건, 권리 및 이익을 포함한다.

가. 금전으로 환산할 수 있는 경제적 가치가 있는 모든 물건

나. 재산적 가치가 있는 법률상 또는 사실상의 모든 권리

다. 금전으로 환산할 수 있는 모든 경제적 이익

8. "거주자"란 국내에 주소를 두거나 183일 이상 거소(居所)를 둔 사람을 말하며, "비거주자"란 거주자가 아닌 사람을 말한다. 이 경우 주소와 거소의 정의 및 거주자와 비거주자의 판정 등에 필요한 사항은 대통령령으로 정한다.

9. "수증자"(受贈者)란 증여재산을 받은 거주자(본점이나 주된 사무소의 소재지가 국내에 있는 비영리법인을 포함한다) 또는 비거주자(본점이나 주된 사무소의 소재지가 외국에 있는 비영리법인을 포함한다)를 말한다.

10. "특수관계인"이란 본인과 친족관계, 경제적 연관관계 또는 경영지배관계 등 대통령령으로 정하는 관계에 있는 자를 말한다. 이 경우 본인도 특수관계인의 특수관계인으로 본다.

[본조신설 2015. 12. 15.]

[종전 제2조는 제4조로 이동 〈2015. 12. 15.〉]

제3조(상속세 과세대상) 상속개시일 현재 다음 각 호의 구분에 따른 상속재산에 대하여 이 법에 따라 상속세를 부과한다. 〈개정 2016. 12. 20.〉

1. 피상속인이 거주자인 경우: 모든 상속재산

2. 피상속인이 비거주자인 경우: 국내에 있는 모든 상속재산

[전문개정 2015. 12. 15.]

[제1조에서 이동, 종전 제3조는 제3조의 2로 이동 〈2015. 12. 15.〉]

제3조의 2(상속세 납부의무) ① 상속인(특별연고자 중 영리법인은 제외한다) 또는 수유자(영리법인은 제외한다)는 상속재산(제13조에 따라 상속재산에 가산하는 증여재산 중 상속인이나 수유자가 받은 증여재산을 포함한다) 중 각자가 받았거나 받을 재산을 기준으로 대통령령으로 정하는 비율에 따라 계산한 금액을 상속세로 납부할 의무가 있다.

② 특별연고자 또는 수유자가 영리법인인 경우로서 그 영리법인의 주주 또는 출자자(이하 "주주등"이라 한다) 중 상속인과 그 직계비속이 있는 경우에는 대통령령으로 정하는 바에 따라 계산한 지분상당액을 그 상속인 및 직계비속이 납부할 의무가 있다.

③ 제1항에 따른 상속세는 상속인 또는 수유자 각자가 받았거나 받을 재산을 한도로 연대하여 납부할 의무를 진다.

[전문개정 2015. 12. 15.]

[제3조에서 이동 〈2015. 12. 15.〉]

제4조(증여세 과세대상) ① 다음 각 호의 어느 하나에 해당하는 증여재산에 대해서는 이 법에 따라 증여세를 부과한다. 〈개정 2016. 12. 20.〉

1. 무상으로 이전받은 재산 또는 이익

2. 현저히 낮은 대가를 주고 재산 또는 이익을 이전받음으로써 발생하는 이익이나 현저히 높은 대가를 받고 재산 또는 이익을 이전함으로써 발생하는 이익. 다만, 특수관계인이 아닌 자 간의 거래인 경우에는 거래의 관행상 정당한 사유가 없는 경우로 한정한다.

3. 재산 취득 후 해당 재산의 가치가 증가한 경우의 그 이익. 다만, 특수관계인이 아닌 자 간의 거래인 경우에는 거래의 관행상 정당한 사유가 없는 경우로 한정한다.

4. 제33조부터 제39조까지, 제39조의 2, 제39조의 3, 제40조, 제41조의 2부터 제41조의 5까지, 제42조, 제42조의 2 또는 제42조의 3에 해당하는 경우의 그 재산 또는 이익

5. 제44조 또는 제45조에 해당하는 경우의 그 재산 또는 이익

6. 제4호 각 규정의 경우와 경제적 실질이 유사한 경우 등 제4호의 각 규정을 준용하여 증여재산의 가액을 계산할 수 있는 경우의 그 재산 또는 이익

② 제45조의 2부터 제45조의 5까지의 규정에 해당하는 경우에는 그 재산 또는 이익을 증여받은 것으로 보아 그 재산 또는 이익에 대하여 증여세를 부과한다.

③ 상속개시 후 상속재산에 대하여 등기·등록·명의개서 등(이하 "등기등"이라 한다)

별
첨

447

으로 각 상속인의 상속분이 확정된 후, 그 상속재산에 대하여 공동상속인이 협의하여 분할한 결과 특정 상속인이 당초 상속분을 초과하여 취득하게 되는 재산은 그 분할에 의하여 상속분이 감소한 상속인으로부터 증여받은 것으로 보아 증여세를 부과한다. 다만, 제67조에 따른 상속세 과세표준 신고기한까지 분할에 의하여 당초 상속분을 초과하여 취득한 경우와 당초 상속재산의 분할에 대하여 무효 또는 취소 등 대통령령으로 정하는 정당한 사유가 있는 경우에는 증여세를 부과하지 아니한다. 〈개정 2020. 6. 9.〉

④ 수증자가 증여재산(금전은 제외한다)을 당사자 간의 합의에 따라 제68조에 따른 증여세 과세표준 신고기한까지 증여자에게 반환하는 경우(반환하기 전에 제76조에 따라 과세표준과 세액을 결정받은 경우는 제외한다)에는 처음부터 증여가 없었던 것으로 보며, 제68조에 따른 증여세 과세표준 신고기한이 지난 후 3개월 이내에 증여자에게 반환하거나 증여자에게 다시 증여하는 경우에는 그 반환하거나 다시 증여하는 것에 대해서는 증여세를 부과하지 아니한다. 〈개정 2020. 6. 9.〉

[전문개정 2015. 12. 15.]

[제2조에서 이동, 종전 제4조는 제4조의 2로 이동 〈2015. 12. 15.〉]

제4조의 2(증여세 납부의무) ① 수증자는 다음 각 호의 구분에 따른 증여재산에 대하여 증여세를 납부할 의무가 있다. 〈개정 2016. 12. 20., 2018. 12. 31.〉

1. 수증자가 거주자(본점이나 주된 사무소의 소재지가 국내에 있는 비영리법인을 포함한다. 이하 이 항에서 같다)인 경우: 제4조에 따라 증여세 과세대상이 되는 모든 증여재산

2. 수증자가 비거주자(본점이나 주된 사무소의 소재지가 외국에 있는 비영리법인을 포함한다. 이하 제6항과 제6조 제2항 및 제3항에서 같다)인 경우: 제4조에 따라 증여세 과세대상이 되는 국내에 있는 모든 증여재산

② 제1항에도 불구하고 제45조의 2에 따라 재산을 증여한 것으로 보는 경우(명의자가 영리법인인 경우를 포함한다)에는 실제소유자가 해당 재산에 대하여 증여세를 납부할 의무가 있다. 〈신설 2018. 12. 31.〉

③ 제1항의 증여재산에 대하여 수증자에게 「소득세법」에 따른 소득세 또는 「법인세법」에 따른 법인세가 부과되는 경우에는 증여세를 부과하지 아니한다. 소득세 또는 법인세가 「소득세법」, 「법인세법」 또는 다른 법률에 따라 비과세되거나 감면되는 경우에도 또한 같다. 〈개정 2018. 12. 31.〉

④ 영리법인이 증여받은 재산 또는 이익에 대하여 「법인세법」에 따른 법인세가 부과되는 경우(법인세가 「법인세법」 또는 다른 법률에 따라 비과세되거나 감면되는 경우를 포함한다) 해당 법인의 주주등에 대해서는 제45조의 3부터 제45조의 5까지의 규정에 따른 경

우를 제외하고는 증여세를 부과하지 아니한다. 〈개정 2018. 12. 31.〉

⑤ 제1항에도 불구하고 제35조부터 제37조까지 또는 제41조의 4에 해당하는 경우로서 수증자가 제6항 제2호에 해당하는 경우에는 그에 상당하는 증여세의 전부 또는 일부를 면제한다. 〈개정 2018. 12. 31., 2019. 12. 31.〉

⑥ 증여자는 다음 각 호의 어느 하나에 해당하는 경우에는 수증자가 납부할 증여세를 연대하여 납부할 의무가 있다. 다만, 제4조 제1항 제2호 및 제3호, 제35조부터 제39조까지, 제39조의 2, 제39조의 3, 제40조, 제41조의 2부터 제41조의 5까지, 제42조, 제42조의 2, 제42조의 3, 제45조, 제45조의 3부터 제45조의 5까지 및 제48조(출연자가 해당 공익법인의 운영에 책임이 없는 경우로서 대통령령으로 정하는 경우만 해당한다)에 해당하는 경우는 제외한다. 〈개정 2018. 12. 31., 2020. 12. 29., 2021. 12. 21.〉

1. 수증자의 주소나 거소가 분명하지 아니한 경우로서 증여세에 대한 조세채권(租稅債權)을 확보하기 곤란한 경우

2. 수증자가 증여세를 납부할 능력이 없다고 인정되는 경우로서 강제징수를 하여도 증여세에 대한 조세채권을 확보하기 곤란한 경우

3. 수증자가 비거주자인 경우

4. 삭제〈2018. 12. 31.〉

⑦ 세무서장은 제6항에 따라 증여자에게 증여세를 납부하게 할 때에는 그 사유를 알려야 한다. 〈개정 2018. 12. 31.〉

⑧ 법인격이 없는 사단·재단 또는 그 밖의 단체는 다음 각 호의 어느 하나에 해당하는 자로 보아 이 법을 적용한다. 〈개정 2018. 12. 31.〉

1. 「국세기본법」 제13조 제4항에 따른 법인으로 보는 단체에 해당하는 경우: 비영리법인

2. 제1호 외의 경우: 거주자 또는 비거주자

⑨ 실제소유자가 제45조의 2에 따른 증여세·가산금 또는 강제징수비를 체납한 경우에 그 실제소유자의 다른 재산에 대하여 강제징수를 하여도 징수할 금액에 미치지 못하는 경우에는 「국세징수법」에서 정하는 바에 따라 제45조의 2에 따라 명의자에게 증여한 것으로 보는 재산으로써 납세의무자인 실제소유자의 증여세·가산금 또는 강제징수비를 징수할 수 있다. 〈신설 2018. 12. 31., 2020. 12. 29.〉

[전문개정 2015. 12. 15.]

[제4조에서 이동, 종전 제4조의 2는 삭제 〈2015. 12. 15.〉]

별
첨

449

제2장 상속세의 과세표준과 세액의 계산

제1절 상속재산

제8조(상속재산으로 보는 보험금) ① 피상속인의 사망으로 인하여 받는 생명보험 또는 손해보험의 보험금으로서 피상속인이 보험계약자인 보험계약에 의하여 받는 것은 상속재산으로 본다.

② 보험계약자가 피상속인이 아닌 경우에도 피상속인이 실질적으로 보험료를 납부하였을 때에는 피상속인을 보험계약자로 보아 제1항을 적용한다.

[전문개정 2010. 1. 1.]

제9조(상속재산으로 보는 신탁재산) ① 피상속인이 신탁한 재산은 상속재산으로 본다. 다만, 제33조 제1항에 따라 수익자의 증여재산가액으로 하는 해당 신탁의 이익을 받을 권리의 가액(價額)은 상속재산으로 보지 아니한다. 〈개정 2020. 12. 22.〉

② 피상속인이 신탁으로 인하여 타인으로부터 신탁의 이익을 받을 권리를 소유하고 있는 경우에는 그 이익에 상당하는 가액을 상속재산에 포함한다.

③ 수익자연속신탁의 수익자가 사망함으로써 타인이 새로 신탁의 수익권을 취득하는 경우 그 타인이 취득한 신탁의 이익을 받을 권리의 가액은 사망한 수익자의 상속재산에 포함한다. 〈신설 2020. 12. 22.〉

④ 신탁의 이익을 받을 권리를 소유하고 있는 경우의 판정 등 그 밖에 필요한 사항은 대통령령으로 정한다. 〈신설 2020. 12. 22.〉

[전문개정 2010. 1. 1.]

제10조(상속재산으로 보는 퇴직금 등) 피상속인에게 지급될 퇴직금, 퇴직수당, 공로금, 연금 또는 이와 유사한 것이 피상속인의 사망으로 인하여 지급되는 경우 그 금액은 상속재산으로 본다. 다만, 다음 각 호의 어느 하나에 해당하는 것은 상속재산으로 보지 아니한다. 〈개정 2010. 5. 20., 2018. 3. 20., 2019. 12. 10.〉

1. 「국민연금법」에 따라 지급되는 유족연금 또는 사망으로 인하여 지급되는 반환일시금
2. 「공무원연금법」, 「공무원 재해보상법」 또는 「사립학교교직원 연금법」에 따라 지급되는 퇴직유족연금, 장해유족연금, 순직유족연금, 직무상유족연금, 위험직무순직유족연금, 퇴직유족연금부가금, 퇴직유족연금일시금, 퇴직유족일시금, 순직유족보상금, 직무상유족보상금 또는 위험직무순직유족보상금
3. 「군인연금법」 또는 「군인 재해보상법」에 따라 지급되는 퇴역유족연금, 상이유족연금,

순직유족연금, 퇴역유족연금부가금, 퇴역유족연금일시금, 순직유족연금일시금, 퇴직
유족일시금, 장애보상금 또는 사망보상금

4. 「산업재해보상보험법」에 따라 지급되는 유족보상연금·유족보상일시금·유족특별급
여 또는 진폐유족연금

5. 근로자의 업무상 사망으로 인하여 「근로기준법」 등을 준용하여 사업자가 그 근로자의
유족에게 지급하는 유족보상금 또는 재해보상금과 그 밖에 이와 유사한 것

6. 제1호부터 제5호까지와 유사한 것으로서 대통령령으로 정하는 것

[전문개정 2010. 1. 1.]

제2절 비과세 〈개정 2010. 1. 1.〉

제11조(전사자 등에 대한 상속세 비과세) 전쟁 또는 대통령령으로 정하는 공무의 수행 중
사망하거나 해당 전쟁 또는 공무의 수행 중 입은 부상 또는 그로 인한 질병으로 사망하여
상속이 개시되는 경우에는 상속세를 부과하지 아니한다.

[전문개정 2016. 12. 20.]

제12조(비과세되는 상속재산) 다음 각 호에 규정된 재산에 대해서는 상속세를 부과하지
아니한다. 〈개정 2010. 6. 8., 2020. 6. 9.〉

1. 국가, 지방자치단체 또는 대통령령으로 정하는 공공단체(이하 "공공단체"라 한다)에
유증(사망으로 인하여 효력이 발생하는 증여를 포함하며, 이하 "유증등"이라 한다)한
재산

2. 「문화재보호법」에 따른 국가지정문화재 및 시·도지정문화재와 같은 법에 따른 보호
구역에 있는 토지로서 대통령령으로 정하는 토지

3. 「민법」 제1008조의 3에 규정된 재산 중 대통령령으로 정하는 범위의 재산

4. 「정당법」에 따른 정당에 유증등을 한 재산

5. 「근로복지기본법」에 따른 사내근로복지기금이나 그 밖에 이와 유사한 것으로서 대통
령령으로 정하는 단체에 유증등을 한 재산

6. 사회통념상 인정되는 이재구호금품, 치료비 및 그 밖에 이와 유사한 것으로서 대통령
령으로 정하는 재산

7. 상속재산 중 상속인이 제67조에 따른 신고기한까지 국가, 지방자치단체 또는 공공단체
에 증여한 재산

[전문개정 2010. 1. 1.]

제3절 상속세 과세가액 〈개정 2010. 1. 1.〉

제13조(상속세 과세가액) ① 상속세 과세가액은 상속재산의 가액에서 제14조에 따른 것을 뺀 후 다음 각 호의 재산가액을 가산한 금액으로 한다. 이 경우 제14조에 따른 금액이 상속재산의 가액을 초과하는 경우 그 초과액은 없는 것으로 본다. 〈개정 2013. 1. 1.〉

1. 상속개시일 전 10년 이내에 피상속인이 상속인에게 증여한 재산가액

2. 상속개시일 전 5년 이내에 피상속인이 상속인이 아닌 자에게 증여한 재산가액

② 제1항 제1호 및 제2호를 적용할 때 비거주자의 사망으로 인하여 상속이 개시되는 경우에는 국내에 있는 재산을 증여한 경우에만 제1항 각 호의 재산가액을 가산한다.

③ 제46조, 제48조 제1항, 제52조 및 제52조의 2 제1항에 따른 재산의 가액과 제47조 제1항에 따른 합산배제증여재산의 가액은 제1항에 따라 상속세 과세가액에 가산하는 증여재산가액에 포함하지 아니한다.

[전문개정 2010. 1. 1.]

제14조(상속재산의 가액에서 빼는 공과금 등) ① 거주자의 사망으로 인하여 상속이 개시되는 경우에는 상속개시일 현재 피상속인이나 상속재산에 관련된 다음 각 호의 가액 또는 비용은 상속재산의 가액에서 뺀다.

1. 공과금

2. 장례비용

3. 채무(상속개시일 전 10년 이내에 피상속인이 상속인에게 진 증여채무와 상속개시일 전 5년 이내에 피상속인이 상속인이 아닌 자에게 진 증여채무는 제외한다. 이하 이 조에서 같다)

② 비거주자의 사망으로 인하여 상속이 개시되는 경우에는 다음 각 호의 가액 또는 비용은 상속재산의 가액에서 뺀다. 〈개정 2010. 6. 10.〉

1. 해당 상속재산에 관한 공과금

2. 해당 상속재산을 목적으로 하는 유치권(留置權), 질권, 전세권, 임차권(사실상 임대차계약이 체결된 경우를 포함한다), 양도담보권·저당권 또는 「동산·채권 등의 담보에 관한 법률」에 따른 담보권으로 담보된 채무

3. 피상속인의 사망 당시 국내에 사업장이 있는 경우로서 그 사업장에 갖춰 두고 기록한 장부에 의하여 확인되는 사업상의 공과금 및 채무

③ 제1항과 제2항에 따라 상속재산의 가액에서 빼는 공과금 및 장례비용의 범위는 대통령령으로 정한다.

④ 제1항과 제2항에 따라 상속재산의 가액에서 빼는 채무의 금액은 대통령령으로 정하는 방법에 따라 증명된 것이어야 한다.

[전문개정 2010. 1. 1.]

제15조(상속개시일 전 처분재산 등의 상속 추정 등) ① 피상속인이 재산을 처분하였거나 채무를 부담한 경우로서 다음 각 호의 어느 하나에 해당하는 경우에는 이를 상속받은 것으로 추정하여 제13조에 따른 상속세 과세가액에 산입한다.

1. 피상속인이 재산을 처분하여 받은 금액이나 피상속인의 재산에서 인출한 금액이 상속개시일 전 1년 이내에 재산 종류별로 계산하여 2억원 이상인 경우와 상속개시일 전 2년 이내에 재산 종류별로 계산하여 5억원 이상인 경우로서 대통령령으로 정하는 바에 따라 용도가 객관적으로 명백하지 아니한 경우

2. 피상속인이 부담한 채무를 합친 금액이 상속개시일 전 1년 이내에 2억원 이상인 경우와 상속개시일 전 2년 이내에 5억원 이상인 경우로서 대통령령으로 정하는 바에 따라 용도가 객관적으로 명백하지 아니한 경우

② 피상속인이 국가, 지방자치단체 및 대통령령으로 정하는 금융회사등이 아닌 자에 대하여 부담한 채무로서 대통령령으로 정하는 바에 따라 상속인이 변제할 의무가 없는 것으로 추정되는 경우에는 이를 제13조에 따른 상속세 과세가액에 산입한다. 〈개정 2013. 1. 1.〉

③ 제1항 제1호에 규정된 재산을 처분하여 받거나 재산에서 인출한 금액 등의 계산과 재산 종류별 구분에 관한 사항은 대통령령으로 정한다.

[전문개정 2010. 1. 1.]

제4절 공익목적 출연재산의 과세가액 불산입 〈개정 2010. 1. 1.〉

제16조(공익법인등에 출연한 재산에 대한 상속세 과세가액 불산입) ① 상속재산 중 피상속인이나 상속인이 종교·자선·학술 관련 사업 등 공익성을 고려하여 대통령령으로 정하는 사업을 하는 자(이하 "공익법인등"이라 한다)에게 출연한 재산의 가액으로서 제67조에 따른 신고기한(법령상 또는 행정상의 사유로 공익법인등의 설립이 지연되는 등 대통령령으로 정하는 부득이한 사유가 있는 경우에는 그 사유가 없어진 날이 속하는 달의 말일부터 6개월까지를 말한다)까지 출연한 재산의 가액은 상속세 과세가액에 산입하지 아니한다. 〈개정 2016. 12. 20., 2020. 6. 9.〉

② 제1항에도 불구하고 내국법인의 의결권 있는 주식 또는 출자지분(이하 이 조에서 "주

별 첨

식등"이라 한다)을 공익법인등에 출연하는 경우로서 출연하는 주식등과 제1호의 주식등을 합한 것이 그 내국법인의 의결권 있는 발행주식총수 또는 출자총액(자기주식과 자기출자지분은 제외한다. 이하 이 조에서 "발행주식총수등"이라 한다)의 제2호에 따른 비율을 초과하는 경우에는 그 초과하는 가액을 상속세 과세가액에 산입한다. 〈개정 2017. 12. 19., 2020. 12. 22.〉

1. 주식등: 다음 각 목의 주식등

    가. 출연자가 출연할 당시 해당 공익법인등이 보유하고 있는 동일한 내국법인의 주식등

    나. 출연자 및 그의 특수관계인이 해당 공익법인등 외의 다른 공익법인등에 출연한 동일한 내국법인의 주식등

    다. 상속인 및 그의 특수관계인이 재산을 출연한 다른 공익법인등이 보유하고 있는 동일한 내국법인의 주식등

2. 비율: 100분의 10. 다만, 다음 각 목의 어느 하나에 해당하는 경우에는 다음 각 목의 구분에 따른 비율

    가. 다음의 요건을 모두 갖춘 공익법인등(나목 또는 다목에 해당하는 공익법인등은 제외한다)에 출연하는 경우: 100분의 20

        1) 출연받은 주식등의 의결권을 행사하지 아니할 것

        2) 자선·장학 또는 사회복지를 목적으로 할 것

    나. 「독점규제 및 공정거래에 관한 법률」 제14조에 따른 상호출자제한기업집단(이하 "상호출자제한기업집단"이라 한다)과 특수관계에 있는 공익법인등: 100분의 5

    다. 제48조 제11항 각 호의 요건을 충족하지 못하는 공익법인등: 100분의 5

③ 제2항에도 불구하고 다음 각 호의 어느 하나에 해당하는 경우에는 그 내국법인의 발행주식총수등의 같은 항 제2호에 따른 비율을 초과하는 경우에도 그 초과하는 가액을 상속세 과세가액에 산입하지 아니한다. 〈개정 2016. 12. 20., 2017. 12. 19., 2020. 12. 22.〉

1. 제49조 제1항 각 호 외의 부분 단서에 해당하는 공익법인등으로서 상호출자제한기업집단과 특수관계에 있지 아니한 공익법인등에 그 공익법인등의 출연자와 특수관계에 있지 아니한 내국법인의 주식등을 출연하는 경우로서 주무관청이 공익법인등의 목적사업을 효율적으로 수행하기 위하여 필요하다고 인정하는 경우

2. 상호출자제한기업집단과 특수관계에 있지 아니한 공익법인등으로서 제48조 제11항 각 호의 요건을 충족하는 공익법인등(공익법인등이 설립된 날부터 3개월 이내에 주식 등을 출연받고, 설립된 사업연도가 끝난 날부터 2년 이내에 해당 요건을 충족하는 경우를 포함한다)에 발행주식총수등의 제2항 제2호 각 목에 따른 비율을 초과하여 출연

하는 경우로서 해당 공익법인등이 초과보유일부터 3년 이내에 초과하여 출연받은 부분을 매각(주식등의 출연자 또는 그의 특수관계인에게 매각하는 경우는 제외한다)하는 경우

3. 「공익법인의 설립·운영에 관한 법률」 및 그 밖의 법령에 따라 내국법인의 주식등을 출연하는 경우

④ 제1항부터 제3항까지의 규정에 따라 공익법인등에 출연한 재산의 가액을 상속세 과세가액에 산입하지 아니한 경우로서 다음 각 호의 어느 하나에 해당하는 경우에는 대통령령으로 정하는 가액을 상속세 과세가액에 산입한다. 〈신설 2016. 12. 20., 2017. 12. 19.〉

1. 상속세 과세가액에 산입하지 아니한 재산과 그 재산에서 생기는 이익의 전부 또는 일부가 상속인(상속인의 특수관계인을 포함한다)에게 귀속되는 경우

2. 제3항 제2호에 해당하는 경우로서 초과보유일부터 3년 이내에 발행주식총수등의 제2항 제2호 각 목에 따른 비율을 초과하여 출연받은 주식등을 매각(주식등의 출연자 또는 그의 특수관계인에게 매각하는 경우는 제외한다)하지 아니하는 경우

⑤ 제1항부터 제4항까지의 규정에 따른 상속재산의 출연방법, 발행주식총수등의 범위, 발행주식총수등의 제2항 제2호에 따른 비율을 초과하는 가액의 계산방법, 상호출자제한 기업집단과 특수관계에 있지 아니한 공익법인등의 범위, 해당 공익법인등의 출연자와 특수관계에 있지 아니한 내국법인의 범위, 제2항 제2호 가목의 요건을 갖춘 공익법인등의 범위 및 그 밖에 필요한 사항은 대통령령으로 정한다. 〈개정 2011. 12. 31., 2016. 12. 20., 2017. 12. 19., 2020. 12. 22.〉

[전문개정 2010. 1. 1.]

[제목개정 2016. 12. 20.]

제17조(공익신탁재산에 대한 상속세 과세가액 불산입) ① 상속재산 중 피상속인이나 상속인이 「공익신탁법」에 따른 공익신탁으로서 종교·자선·학술 또는 그 밖의 공익을 목적으로 하는 신탁(이하 이 조에서 "공익신탁"이라 한다)을 통하여 공익법인등에 출연하는 재산의 가액은 상속세 과세가액에 산입하지 아니한다. 〈개정 2011. 7. 25., 2014. 3. 18.〉

② 제1항을 적용할 때 공익신탁의 범위, 운영 및 출연시기, 그 밖에 필요한 사항은 대통령령으로 정한다.

[전문개정 2010. 1. 1.]

별
첨

제5절 상속공제 〈개정 2010. 1. 1.〉

제18조(기초공제) ① 거주자나 비거주자의 사망으로 상속이 개시되는 경우에는 상속세 과세가액에서 2억원을 공제(이하 "기초공제"라 한다)한다.

② 거주자의 사망으로 상속이 개시되는 경우로서 다음 각 호의 어느 하나에 해당하는 경우에는 다음 각 호의 구분에 따른 금액을 상속세 과세가액에서 공제한다. 다만, 동일한 상속재산에 대해서는 제1호와 제2호에 따른 공제를 동시에 적용하지 아니한다. 〈개정 2010. 12. 27., 2011. 12. 31., 2013. 1. 1., 2014. 1. 1., 2015. 12. 15., 2016. 12. 20., 2017. 12. 19., 2021. 12. 21.〉

1. 가업[대통령령으로 정하는 중소기업 또는 대통령령으로 정하는 중견기업(상속이 개시되는 소득세 과세기간 또는 법인세 사업연도의 직전 3개 소득세 과세기간 또는 법인세 사업연도의 매출액의 평균금액이 4천억원 이상인 기업은 제외한다. 이하 이 조에서 같다)으로서 피상속인이 10년 이상 계속하여 경영한 기업을 말한다. 이하 같다]의 상속(이하 "가업상속"이라 한다): 다음 각 목의 구분에 따른 금액을 한도로 하는 가업상속 재산가액에 상당하는 금액

    가. 피상속인이 10년 이상 20년 미만 계속하여 경영한 경우: 200억원

    나. 피상속인이 20년 이상 30년 미만 계속하여 경영한 경우: 300억원

    다. 피상속인이 30년 이상 계속하여 경영한 경우: 500억원

2. 영농[양축(養畜), 영어(營漁) 및 영림(營林)을 포함한다. 이하 이 조에서 같다]상속: 영농상속 재산가액(그 가액이 20억원을 초과하는 경우에는 20억원을 한도로 한다)

③ 제2항 제1호에도 불구하고 가업이 중견기업에 해당하는 경우로서 가업을 상속받거나 받을 상속인의 가업상속재산 외에 받거나 받을 상속재산의 가액이 해당 상속인이 상속세로 납부할 금액에 대통령령으로 정하는 비율을 곱한 금액을 초과하면 해당 상속인이 받거나 받을 가업상속재산에 대해서는 같은 항 제1호에 따른 공제를 적용하지 아니한다. 〈신설 2017. 12. 19.〉

④ 가업상속 또는 영농상속을 받은 상속인은 가업상속 또는 영농상속에 해당함을 증명하기 위한 서류를 제67조에 따라 납세지 관할세무서장에게 제출하여야 한다. 〈개정 2017. 12. 19.〉

⑤ 제2항 및 제3항을 적용할 때 피상속인 및 상속인의 요건, 주식 등을 상속하는 경우의 적용방법 등 가업상속 및 영농상속의 범위, 가업상속재산 및 가업상속재산 외의 상속재산의 범위 및 가업을 상속받거나 받을 상속인이 상속세로 납부할 금액의 계산방법과 그 밖에 필요한 사항은 대통령령으로 정한다. 〈개정 2017. 12. 19.〉

⑥ 제2항 각 호의 구분에 따른 공제를 받은 상속인이 상속개시일(제1호라목의 경우에는 상속이 개시된 소득세 과세기간 또는 법인세 사업연도의 말일)부터 7년(제2호의 경우에는 5년) 이내에 대통령령으로 정하는 정당한 사유 없이 다음 각 호의 어느 하나에 해당하게 되면 제2항에 따라 공제받은 금액에 해당 가업용 자산의 처분 비율(제1호 가목만 해당한다)과 해당일까지의 기간을 고려하여 대통령령으로 정하는 율을 곱하여 계산한 금액을 상속개시 당시의 상속세 과세가액에 산입하여 상속세를 부과한다. 이 경우 대통령령으로 정하는 바에 따라 계산한 이자상당액을 그 부과하는 상속세에 가산한다. 〈개정 2010. 12. 27., 2011. 12. 31., 2014. 1. 1., 2016. 12. 20., 2017. 12. 19., 2018. 12. 31., 2019. 12. 31.〉

1. 제2항 제1호의 가업상속 공제를 받은 후 다음 각 목의 어느 하나에 해당하게 된 경우
   가. 해당 가업용 자산의 100분의 20(상속개시일부터 5년 이내에는 100분의 10) 이상을 처분한 경우
   나. 해당 상속인이 가업에 종사하지 아니하게 된 경우
   다. 주식 등을 상속받은 상속인의 지분이 감소한 경우. 다만, 상속인이 상속받은 주식 등을 제73조에 따라 물납(物納)하여 지분이 감소한 경우는 제외하되, 이 경우에도 상속인은 제22조 제2항에 따른 최대주주나 최대출자자에 해당하여야 한다.
   라. 다음 1) 및 2)에 모두 해당하는 경우
      1) 각 소득세 과세기간 또는 법인세 사업연도의 대통령령으로 정하는 정규직 근로자(이하 이 조에서 "정규직 근로자"라 한다) 수의 평균이 상속이 개시된 소득세 과세기간 또는 법인세 사업연도의 직전 2개 소득세 과세기간 또는 법인세 사업연도의 정규직근로자 수의 평균(이하 이 조에서 "기준고용인원"이라 한다)의 100분의 80에 미달하는 경우
      2) 각 소득세 과세기간 또는 법인세 사업연도의 대통령령으로 정하는 총급여액(이하 이 조에서 "총급여액"이라 한다)이 상속이 개시된 소득세 과세기간 또는 법인세 사업연도의 직전 2개 소득세 과세기간 또는 법인세 사업연도의 총급여액의 평균(이하 이 조에서 "기준총급여액"이라 한다)의 100분의 80에 미달하는 경우
   마. 다음 1) 및 2)에 모두 해당하는 경우
      1) 상속이 개시된 소득세 과세기간말 또는 법인세 사업연도말부터 7년간 정규직 근로자 수의 전체 평균이 기준고용인원에 미달하는 경우
      2) 상속이 개시된 소득세 과세기간말 또는 법인세 사업연도말부터 7년간 총급여액

의 전체 평균이 기준총급여액에 미달하는 경우

2. 제2항 제2호의 영농상속 공제를 받은 후 영농상속공제의 대상이 되는 상속재산(이하 "영농상속재산"이라 한다)을 처분하거나 영농에 종사하지 아니하게 된 경우

⑦ 제2항 제1호에 따른 공제를 적용받은 상속인은 대통령령으로 정하는 바에 따라 해당 가업용 자산, 가업 및 지분의 구체적인 내용을 납세지 관할세무서장에게 제출하여야 한다. 〈개정 2017. 12. 19.〉

⑧ 제6항을 적용하는 경우 가업용 자산의 범위, 가업용 자산의 처분비율 계산방법, 지분의 감소 여부에 관한 판정방법, 영농상속재산의 범위, 공제받은 금액의 산입방법과 정규직 근로자 수 평균의 계산 등에 관하여 필요한 사항은 대통령령으로 정한다. 〈개정 2011. 12. 31., 2014. 1. 1., 2017. 12. 19., 2019. 12. 31.〉

⑨ 피상속인 또는 상속인이 가업의 경영과 관련하여 조세포탈 또는 회계부정 행위(「조세범 처벌법」 제3조 제1항 또는 「주식회사 등의 외부감사에 관한 법률」 제39조 제1항에 따른 죄를 범하는 것을 말하며, 상속개시일 전 10년 이내 또는 상속개시일부터 7년 이내의 기간 중의 행위로 한정한다)로 징역형 또는 대통령령으로 정하는 벌금형을 선고받고 그 형이 확정된 경우에는 다음 각 호의 구분에 따른다. 〈신설 2019. 12. 31.〉

1. 제76조에 따른 과세표준과 세율의 결정이 있기 전에 피상속인 또는 상속인에 대한 형이 확정된 경우: 제2항 제1호에 따른 공제를 적용하지 아니한다.

2. 제2항 제1호의 가업상속 공제를 받은 후에 상속인에 대한 형이 확정된 경우: 같은 호에 따라 공제받은 금액을 상속개시 당시의 상속세 과세가액에 산입하여 상속세를 부과한다. 이 경우 대통령령으로 정하는 바에 따라 계산한 이자상당액을 그 부과하는 상속세에 가산한다.

⑩ 제6항 또는 제9항 제2호에 해당하는 상속인은 제6항 각 호의 어느 하나 또는 제9항 제2호에 해당하게 되는 날이 속하는 달의 말일(제6항 제1호라목에 해당하는 경우에는 해당 소득세 과세기간의 말일 또는 법인세 사업연도의 말일)부터 6개월 이내에 대통령령으로 정하는 바에 따라 납세지 관할세무서장에게 신고하고 해당 상속세와 이자상당액을 납세지 관할세무서, 한국은행 또는 체신관서에 납부하여야 한다. 다만, 제6항 또는 제9항 제2호에 따라 이미 상속세와 이자상당액이 부과되어 납부한 경우에는 그러하지 아니하다. 〈신설 2017. 12. 19., 2019. 12. 31.〉

⑪ 제6항 또는 제9항 제2호에 따라 상속세를 부과할 때 「소득세법」 제97조의 2 제4항에 따라 납부하였거나 납부할 양도소득세가 있는 경우에는 대통령령으로 정하는 바에 따라 계산한 양도소득세 상당액을 상속세 산출세액에서 공제한다. 다만, 공제한 해당 금액이

음수(陰數)인 경우에는 영으로 본다. 〈신설 2014. 1. 1., 2017. 12. 19., 2019. 12. 31.〉

[전문개정 2010. 1. 1.]

제19조(배우자 상속공제) ① 거주자의 사망으로 상속이 개시되어 배우자가 실제 상속받은 금액의 경우 다음 각 호의 금액 중 작은 금액을 한도로 상속세 과세가액에서 공제한다. 〈개정 2016. 12. 20.〉

1. 다음 계산식에 따라 계산한 한도금액

$$한도금액 = (A - B + C) \times D - E$$

A : 대통령령으로 정하는 상속재산의 가액

B : 상속재산 중 상속인이 아닌 수유자가 유증등을 받은 재산의 가액

C : 제13조 제1항 제1호에 따른 재산가액

D : 「민법」 제1009조에 따른 배우자의 법정상속분(공동상속인 중 상속을 포기한 사람이 있는 경우에는 그 사람이 포기하지 아니한 경우의 배우자 법정상속분을 말한다)

E : 제13조에 따라 상속재산에 가산한 증여재산 중 배우자가 사전증여받은 재산에 대한 제55조 제1항에 따른 증여세 과세표준

2. 30억원

② 제1항에 따른 배우자 상속공제는 제67조에 따른 상속세과세표준신고기한의 다음날부터 9개월이 되는 날(이하 이 조에서 "배우자상속재산분할기한"이라 한다)까지 배우자의 상속재산을 분할(등기·등록·명의개서 등이 필요한 경우에는 그 등기·등록·명의개서 등이 된 것에 한정한다. 이하 이 조에서 같다)한 경우에 적용한다. 이 경우 상속인은 상속재산의 분할사실을 배우자상속재산분할기한까지 납세지 관할세무서장에게 신고하여야 한다. 〈개정 2020. 12. 22.〉

③ 제2항에도 불구하고 대통령령으로 정하는 부득이한 사유로 배우자상속재산분할기한까지 배우자의 상속재산을 분할할 수 없는 경우로서 배우자상속재산분할기한[부득이한 사유가 소(訴)의 제기나 심판청구로 인한 경우에는 소송 또는 심판청구가 종료된 날]의 다음날부터 6개월이 되는 날(배우자상속재산분할기한의 다음날부터 6개월이 지나 제76조에 따른 과세표준과 세액의 결정이 있는 경우에는 그 결정일을 말한다)까지 상속재산을 분할하여 신고하는 경우에는 배우자상속재산분할기한까지 분할한 것으로 본다. 다만, 상속인이 그 부득이한 사유를 대통령령으로 정하는 바에 따라 배우자상속재산분할기한까지 납세지 관할세무서장에게 신고하는 경우에 한정한다. 〈개정 2014. 1. 1., 2019. 12.

별첨

31., 2020. 6. 9.〉

④ 제1항의 경우에 배우자가 실제 상속받은 금액이 없거나 상속받은 금액이 5억원 미만이면 제2항에도 불구하고 5억원을 공제한다.

[전문개정 2010. 1. 1.]

[2014. 1. 1. 법률 제12168호에 의하여 2012. 5. 31. 위헌결정된 이 조 제3항을 개정함.]

제20조(그 밖의 인적공제) ① 거주자의 사망으로 상속이 개시되는 경우로서 다음 각 호의 어느 하나에 해당하는 경우에는 해당 금액을 상속세 과세가액에서 공제한다. 이 경우 제1호에 해당하는 사람이 제2호에 해당하는 경우 또는 제4호에 해당하는 사람이 제1호부터 제3호까지 또는 제19조에 해당하는 경우에는 각각 그 금액을 합산하여 공제한다. 〈개정 2010. 12. 27., 2015. 12. 15., 2016. 12. 20.〉

1. 자녀 1명에 대해서는 5천만원

2. 상속인(배우자는 제외한다) 및 동거가족 중 미성년자에 대해서는 1천만원에 19세가 될 때까지의 연수(年數)를 곱하여 계산한 금액

3. 상속인(배우자는 제외한다) 및 동거가족 중 65세 이상인 사람에 대해서는 5천만원

4. 상속인 및 동거가족 중 장애인에 대해서는 1천만원에 상속개시일 현재 「통계법」 제18조에 따라 통계청장이 승인하여 고시하는 통계표에 따른 성별·연령별 기대여명(期待餘命)의 연수를 곱하여 계산한 금액

② 제1항 제2호부터 제4호까지에 규정된 동거가족과 같은 항 제4호에 규정된 장애인의 범위는 대통령령으로 정한다.

③ 제1항 제2호 및 제4호를 적용할 때 1년 미만의 기간은 1년으로 한다.

[전문개정 2010. 1. 1.]

제21조(일괄공제) ① 거주자의 사망으로 상속이 개시되는 경우에 상속인이나 수유자는 제18조 제1항과 제20조 제1항에 따른 공제액을 합친 금액과 5억원 중 큰 금액으로 공제받을 수 있다. 다만, 제67조 또는 「국세기본법」 제45조의 3에 따른 신고가 없는 경우에는 5억원을 공제한다. 〈개정 2019. 12. 31.〉

② 제1항을 적용할 때 피상속인의 배우자가 단독으로 상속받는 경우에는 제18조와 제20조 제1항에 따른 공제액을 합친 금액으로만 공제한다.

[전문개정 2010. 1. 1.]

제22조(금융재산 상속공제) ① 거주자의 사망으로 상속이 개시되는 경우로서 상속개시일 현재 상속재산가액 중 대통령령으로 정하는 금융재산의 가액에서 대통령령으로 정하는

금융채무를 뺀 가액(이하 이 조에서 "순금융재산의 가액"이라 한다)이 있으면 다음 각 호의 구분에 따른 금액을 상속세 과세가액에서 공제하되, 그 금액이 2억원을 초과하면 2억원을 공제한다.

1. 순금융재산의 가액이 2천만원을 초과하는 경우: 그 순금융재산의 가액의 100분의 20 또는 2천만원 중 큰 금액
2. 순금융재산의 가액이 2천만원 이하인 경우: 그 순금융재산의 가액

② 제1항에 따른 금융재산에는 대통령령으로 정하는 최대주주 또는 최대출자자가 보유하고 있는 주식등과 제67조에 따른 상속세 과세표준 신고기한까지 신고하지 아니한 타인 명의의 금융재산은 포함되지 아니한다. 〈개정 2015. 12. 15.〉

[전문개정 2010. 1. 1.]

제23조(재해손실 공제) ① 거주자의 사망으로 상속이 개시되는 경우로서 제67조에 따른 신고기한 이내에 대통령령으로 정하는 재난으로 인하여 상속재산이 멸실되거나 훼손된 경우에는 그 손실가액을 상속세 과세가액에서 공제한다. 다만, 그 손실가액에 대한 보험금 등의 수령 또는 구상권(求償權) 등의 행사에 의하여 그 손실가액에 상당하는 금액을 보전(補塡)받을 수 있는 경우에는 그러하지 아니하다.

② 제1항에 따라 손실공제를 받으려는 상속인이나 수유자는 그 손실가액·손실내용 및 이를 증명할 수 있는 서류를 대통령령으로 정하는 바에 따라 납세지 관할세무서장에게 제출하여야 한다.

[전문개정 2010. 1. 1.]

제23조의 2(동거주택 상속공제) ① 거주자의 사망으로 상속이 개시되는 경우로서 다음 각 호의 요건을 모두 갖춘 경우에는 상속주택가액(「소득세법」 제89조 제1항 제3호에 따른 주택부수토지의 가액을 포함하되, 상속개시일 현재 해당 주택 및 주택부수토지에 담보된 피상속인의 채무액을 뺀 가액을 말한다)의 100분의 100에 상당하는 금액을 상속세 과세가액에서 공제한다. 다만, 그 공제할 금액은 6억원을 한도로 한다. 〈개정 2010. 12. 27., 2013. 1. 1., 2014. 1. 1., 2015. 12. 15., 2016. 12. 20., 2019. 12. 31., 2021. 12. 21.〉

1. 피상속인과 상속인(직계비속 및 「민법」 제1003조 제2항에 따라 상속인이 된 그 직계비속의 배우자인 경우로 한정하며, 이하 이 조에서 같다)이 상속개시일부터 소급하여 10년 이상(상속인이 미성년자인 기간은 제외한다) 계속하여 하나의 주택에서 동거할 것
2. 피상속인과 상속인이 상속개시일부터 소급하여 10년 이상 계속하여 1세대를 구성하면서 대통령령으로 정하는 1세대 1주택(이하 이 조에서 "1세대 1주택"이라 한다)에 해

당할 것. 이 경우 무주택인 기간이 있는 경우에는 해당 기간은 전단에 따른 1세대 1주택에 해당하는 기간에 포함한다.

3. 상속개시일 현재 무주택자이거나 피상속인과 공동으로 1세대 1주택을 보유한 자로서 피상속인과 동거한 상속인이 상속받은 주택일 것

② 제1항을 적용할 때 피상속인과 상속인이 대통령령으로 정하는 사유에 해당하여 동거하지 못한 경우에는 계속하여 동거한 것으로 보되, 그 동거하지 못한 기간은 같은 항에 따른 동거 기간에 산입하지 아니한다.

③ 일시적으로 1세대가 2주택을 소유한 경우 동거주택의 판정방법 및 그 밖에 필요한 사항은 대통령령으로 정한다. 〈신설 2016. 12. 20.〉

[전문개정 2010. 1. 1.]

제24조(공제 적용의 한도) 제18조부터 제23조까지 및 제23조의 2에 따라 공제할 금액은 제13조에 따른 상속세 과세가액에서 다음 각 호의 어느 하나에 해당하는 가액을 뺀 금액을 한도로 한다. 다만, 제3호는 상속세 과세가액이 5억원을 초과하는 경우에만 적용한다. 〈개정 2010. 12. 27., 2015. 12. 15., 2016. 12. 20.〉

1. 선순위인 상속인이 아닌 자에게 유증등을 한 재산의 가액
2. 선순위인 상속인의 상속 포기로 그 다음 순위의 상속인이 상속받은 재산의 가액
3. 제13조에 따라 상속세 과세가액에 가산한 증여재산가액(제53조 또는 제54조에 따라 공제받은 금액이 있으면 그 증여재산가액에서 그 공제받은 금액을 뺀 가액을 말한다)

[전문개정 2010. 1. 1.]

제6절 과세표준과 세율 〈개정 2010. 1. 1.〉

제25조(상속세의 과세표준 및 과세최저한) ① 상속세의 과세표준은 제13조에 따른 상속세 과세가액에서 다음 각 호의 금액을 뺀 금액으로 한다.

1. 제18조부터 제23조까지, 제23조의 2 및 제24조의 규정에 따른 상속공제액
2. 대통령령으로 정하는 상속재산의 감정평가 수수료

② 과세표준이 50만원 미만이면 상속세를 부과하지 아니한다.

[전문개정 2010. 1. 1.]

제26조(상속세 세율) 상속세는 제25조에 따른 상속세의 과세표준에 다음의 세율을 적용하여 계산한 금액(이하 "상속세산출세액"이라 한다)으로 한다. [전문개정 2010. 1. 1.]

과세표준	세 율
1억원 이하	과세표준의 100분의 10
1억원 초과 5억원 이하	1천만원+(1억원을 초과하는 금액의 100분의 20)
5억원 초과 10억원 이하	9천만원+(5억원을 초과하는 금액의 100분의 30)
10억원 초과 30억원 이하	2억4천만원+(10억원을 초과하는 금액의 100분의 40)
30억원 초과	10억4천만원+(30억원을 초과하는 금액의 100분의 50)

제27조(세대를 건너뛴 상속에 대한 할증과세) 상속인이나 수유자가 피상속인의 자녀를 제외한 직계비속인 경우에는 제26조에 따른 상속세산출세액에 상속재산(제13조에 따라 상속재산에 가산한 증여재산 중 상속인이나 수유자가 받은 증여재산을 포함한다. 이하 이 조에서 같다) 중 그 상속인 또는 수유자가 받았거나 받을 재산이 차지하는 비율을 곱하여 계산한 금액의 100분의 30(피상속인의 자녀를 제외한 직계비속이면서 미성년자에 해당하는 상속인 또는 수유자가 받았거나 받을 상속재산의 가액이 20억원을 초과하는 경우에는 100분의 40)에 상당하는 금액을 가산한다. 다만, 「민법」 제1001조에 따른 대습상속(代襲相續)의 경우에는 그러하지 아니하다. 〈개정 2015. 12. 15., 2016. 12. 20.〉[전문개정 2010. 1. 1.]

제7절 세액공제 〈개정 2010. 1. 1.〉

제28조(증여세액 공제) ① 제13조에 따라 상속재산에 가산한 증여재산에 대한 증여세액(증여 당시의 그 증여재산에 대한 증여세산출세액을 말한다)은 상속세산출세액에서 공제한다. 다만, 상속세 과세가액에 가산하는 증여재산에 대하여 「국세기본법」 제26조의 2 제4항 또는 제5항에 따른 기간의 만료로 인하여 증여세가 부과되지 아니하는 경우와 상속세 과세가액이 5억원 이하인 경우에는 그러하지 아니하다. 〈개정 2015. 12. 15., 2019. 12. 31.〉

② 제1항에 따라 공제할 증여세액은 상속세산출세액에 상속재산(제13조에 따라 상속재산에 가산하는 증여재산을 포함한다. 이하 이 항에서 같다)의 과세표준에 대하여 가산한 증여재산의 과세표준이 차지하는 비율을 곱하여 계산한 금액을 한도로 한다. 이 경우 그 증여재산의 수증자가 상속인이거나 수유자이면 그 상속인이나 수유자 각자가 납부할 상

별
첨

속세액에 그 상속인 또는 수유자가 받았거나 받을 상속재산에 대하여 대통령령으로 정하는 바에 따라 계산한 과세표준에 대하여 가산한 증여재산의 과세표준이 차지하는 비율을 곱하여 계산한 금액을 한도로 각자가 납부할 상속세액에서 공제한다.

[전문개정 2010. 1. 1.]

제29조(외국 납부세액 공제) 거주자의 사망으로 상속세를 부과하는 경우에 외국에 있는 상속재산에 대하여 외국의 법령에 따라 상속세를 부과받은 경우에는 대통령령으로 정하는 바에 따라 그 부과받은 상속세에 상당하는 금액을 상속세산출세액에서 공제한다.

[전문개정 2010. 1. 1.]

제3장 증여세의 과세표준과 세액의 계산 〈개정 2010. 1. 1.〉

제1절 증여재산 〈개정 2010. 1. 1.〉

제31조(증여재산가액 계산의 일반원칙) ① 증여재산의 가액(이하 "증여재산가액"이라 한다)은 다음 각 호의 방법으로 계산한다.

1. 재산 또는 이익을 무상으로 이전받은 경우: 증여재산의 시가(제4장에 따라 평가한 가액을 말한다. 이하 이 조, 제35조 및 제42조에서 같다) 상당액
2. 재산 또는 이익을 현저히 낮은 대가를 주고 이전받거나 현저히 높은 대가를 받고 이전한 경우: 시가와 대가의 차액. 다만, 시가와 대가의 차액이 3억원 이상이거나 시가의 100분의 30 이상인 경우로 한정한다.
3. 재산 취득 후 해당 재산의 가치가 증가하는 경우: 증가사유가 발생하기 전과 후의 재산의 시가의 차액으로서 대통령령으로 정하는 방법에 따라 계산한 재산가치상승금액. 다만, 그 재산가치상승금액이 3억원 이상이거나 해당 재산의 취득가액 등을 고려하여 대통령령으로 정하는 금액의 100분의 30 이상인 경우로 한정한다.

② 제1항에도 불구하고 제4조 제1항 제4호부터 제6호까지 및 같은 조 제2항에 해당하는 경우에는 해당 규정에 따라 증여재산가액을 계산한다.

[전문개정 2015. 12. 15.]

제32조(증여재산의 취득시기) 증여재산의 취득시기는 제33조부터 제39조까지, 제39조의 2, 제39조의 3, 제40조, 제41조의 2부터 제41조의 5까지, 제42조, 제42조의 2, 제42조의 3, 제44조, 제45조 및 제45조의 2부터 제45조의 5까지가 적용되는 경우를 제외하고는 재산을

인도한 날 또는 사실상 사용한 날 등 대통령령으로 정하는 날로 한다.

[전문개정 2015. 12. 15.]

제33조(신탁이익의 증여) ① 신탁계약에 의하여 위탁자가 타인을 신탁의 이익의 전부 또는 일부를 받을 수익자(受益者)로 지정한 경우로서 다음 각 호의 어느 하나에 해당하는 경우에는 원본(元本) 또는 수익(收益)이 수익자에게 실제 지급되는 날 등 대통령령으로 정하는 날을 증여일로 하여 해당 신탁의 이익을 받을 권리의 가액을 수익자의 증여재산가액으로 한다. 〈개정 2014. 1. 1., 2015. 12. 15.〉

1. 원본을 받을 권리를 소유하게 한 경우에는 수익자가 그 원본을 받은 경우

2. 수익을 받을 권리를 소유하게 한 경우에는 수익자가 그 수익을 받은 경우

② 수익자가 특정되지 아니하거나 아직 존재하지 아니하는 경우에는 위탁자 또는 그 상속인을 수익자로 보고, 수익자가 특정되거나 존재하게 된 때에 새로운 신탁이 있는 것으로 보아 제1항을 적용한다. 〈개정 2015. 12. 15.〉

③ 제1항을 적용할 때 여러 차례로 나누어 원본과 수익을 받는 경우에 대한 증여재산가액 계산방법 및 그 밖에 필요한 사항은 대통령령으로 정한다. 〈신설 2015. 12. 15.〉

[전문개정 2010. 1. 1.]

제34조(보험금의 증여) ① 생명보험이나 손해보험에서 보험사고(만기보험금 지급의 경우를 포함한다)가 발생한 경우 해당 보험사고가 발생한 날을 증여일로 하여 다음 각 호의 구분에 따른 금액을 보험금 수령인의 증여재산가액으로 한다. 〈개정 2015. 12. 15.〉

1. 보험금 수령인과 보험료 납부자가 다른 경우(보험금 수령인이 아닌 자가 보험료의 일부를 납부한 경우를 포함한다): 보험금 수령인이 아닌 자가 납부한 보험료 납부액에 대한 보험금 상당액

2. 보험계약 기간에 보험금 수령인이 재산을 증여받아 보험료를 납부한 경우: 증여받은 재산으로 납부한 보험료 납부액에 대한 보험금 상당액에서 증여받은 재산으로 납부한 보험료 납부액을 뺀 가액

② 제1항은 제8조에 따라 보험금을 상속재산으로 보는 경우에는 적용하지 아니한다.

③ 삭제〈2015. 12. 15.〉

[전문개정 2010. 1. 1.]

제37조(부동산 무상사용에 따른 이익의 증여) ① 타인의 부동산(그 부동산 소유자와 함께 거주하는 주택과 그에 딸린 토지는 제외한다. 이하 이 조에서 같다)을 무상으로 사용함에 따라 이익을 얻은 경우에는 그 무상 사용을 개시한 날을 증여일로 하여 그 이익에 상

당하는 금액을 부동산 무상 사용자의 증여재산가액으로 한다. 다만, 그 이익에 상당하는 금액이 대통령령으로 정하는 기준금액 미만인 경우는 제외한다. 〈개정 2010. 1. 1., 2011. 12. 31., 2015. 12. 15.〉

② 타인의 부동산을 무상으로 담보로 이용하여 금전 등을 차입함에 따라 이익을 얻은 경우에는 그 부동산 담보 이용을 개시한 날을 증여일로 하여 그 이익에 상당하는 금액을 부동산을 담보로 이용한 자의 증여재산가액으로 한다. 다만, 그 이익에 상당하는 금액이 대통령령으로 정하는 기준금액 미만인 경우는 제외한다. 〈신설 2015. 12. 15.〉

③ 특수관계인이 아닌 자 간의 거래인 경우에는 거래의 관행상 정당한 사유가 없는 경우에 한정하여 제1항 및 제2항을 적용한다. 〈신설 2015. 12. 15.〉

④ 제1항 및 제2항을 적용할 때 부동산의 무상 사용을 개시한 날 및 담보 이용을 개시한 날의 판단, 부동산 무상 사용 이익 및 담보 이용 이익의 계산방법 및 그 밖에 필요한 사항은 대통령령으로 정한다. 〈개정 2010. 1. 1., 2011. 12. 31., 2015. 12. 15.〉[제목개정 2010. 1. 1.]

제41조의 2(초과배당에 따른 이익의 증여) ① 법인이 이익이나 잉여금을 배당 또는 분배(이하 이 항에서 "배당등"이라 한다)하는 경우로서 그 법인의 대통령령으로 정하는 최대주주 또는 최대출자자(이하 이 조에서 "최대주주등"이라 한다)가 본인이 지급받을 배당등의 금액의 전부 또는 일부를 포기하거나 본인이 보유한 주식등에 비례하여 균등하지 아니한 조건으로 배당등을 받음에 따라 그 최대주주등의 특수관계인이 본인이 보유한 주식등에 비하여 높은 금액의 배당등을 받은 경우에는 제4조의 2 제3항에도 불구하고 법인이 배당 또는 분배한 금액을 지급한 날을 증여일로 하여 그 최대주주등의 특수관계인이 본인이 보유한 주식등에 비례하여 균등하지 아니한 조건으로 배당등을 받은 금액(이하 이 조에서 "초과배당금액"이라 한다)에서 해당 초과배당금액에 대한 소득세 상당액을 공제한 금액을 그 최대주주등의 특수관계인의 증여재산가액으로 한다. 〈개정 2018. 12. 31., 2020. 12. 22., 2021. 12. 21.〉

② 제1항에 따라 초과배당금액에 대하여 증여세를 부과받은 자는 해당 초과배당금액에 대한 소득세를 납부할 때(납부할 세액이 없는 경우를 포함한다) 대통령령으로 정하는 바에 따라 제2호의 증여세액에서 제1호의 증여세액을 뺀 금액을 관할 세무서장에게 납부하여야 한다. 다만, 제1호의 증여세액이 제2호의 증여세액을 초과하는 경우에는 그 초과되는 금액을 환급받을 수 있다. 〈개정 2020. 12. 22.〉

1. 제1항에 따른 증여재산가액을 기준으로 계산한 증여세액

2. 초과배당금액에 대한 실제 소득세액을 반영한 증여재산가액(이하 이 조에서 "정산증

여재산가액"이라 한다)을 기준으로 계산한 증여세액

③ 제2항에 따른 정산증여재산가액의 증여세 과세표준의 신고기한은 초과배당금액이 발생한 연도의 다음 연도 5월 1일부터 5월 31일(「소득세법」 제70조의 2 제2항에 따라 성실신고확인서를 제출한 성실신고확인대상사업자의 경우에는 6월 30일로 한다)까지로 한다. 〈개정 2020. 12. 22., 2021. 12. 21.〉

④ 초과배당금액, 초과배당금액에 대한 소득세 상당액 및 정산증여재산가액의 산정방법 및 그 밖에 필요한 사항은 대통령령으로 정한다. 〈개정 2020. 12. 22.〉

[본조신설 2015. 12. 15.]

제41조의 3(주식등의 상장 등에 따른 이익의 증여) ① 기업의 경영 등에 관하여 공개되지 아니한 정보를 이용할 수 있는 지위에 있다고 인정되는 다음 각 호의 어느 하나에 해당하는 자(이하 이 조 및 제41조의 5에서 "최대주주등"이라 한다)의 특수관계인이 제2항에 따라 해당 법인의 주식등을 증여받거나 취득한 경우 그 주식등을 증여받거나 취득한 날부터 5년 이내에 그 주식등이 「자본시장과 금융투자업에 관한 법률」 제8조의 2 제4항 제1호에 따른 증권시장으로서 대통령령으로 정하는 증권시장(이하 이 조에서 "증권시장"이라 한다)에 상장됨에 따라 그 가액이 증가한 경우로서 그 주식등을 증여받거나 취득한 자가 당초 증여세 과세가액(제2항 제2호에 따라 증여받은 재산으로 주식등을 취득한 경우는 제외한다) 또는 취득가액을 초과하여 이익을 얻은 경우에는 그 이익에 상당하는 금액을 그 이익을 얻은 자의 증여재산가액으로 한다. 다만, 그 이익에 상당하는 금액이 대통령령으로 정하는 기준금액 미만인 경우는 제외한다. 〈개정 2011. 12. 31., 2013. 5. 28., 2015. 12. 15., 2016. 12. 20.〉

1. 제22조 제2항에 따른 최대주주 또는 최대출자자

2. 내국법인의 발행주식총수 또는 출자총액의 100분의 25 이상을 소유한 자로서 대통령령으로 정하는 자

② 제1항에 따른 주식등을 증여받거나 취득한 경우는 다음 각 호의 어느 하나에 해당하는 경우로 한다. 〈신설 2015. 12. 15.〉

1. 최대주주등으로부터 해당 법인의 주식등을 증여받거나 유상으로 취득한 경우

2. 증여받은 재산(주식등을 유상으로 취득한 날부터 소급하여 3년 이내에 최대주주등으로부터 증여받은 재산을 말한다. 이하 이 조 및 제41조의 5에서 같다)으로 최대주주등이 아닌 자로부터 해당 법인의 주식등을 취득한 경우

③ 제1항에 따른 이익은 해당 주식등의 상장일부터 3개월이 되는 날(그 주식등을 보유한 자가 상장일부터 3개월 이내에 사망하거나 그 주식등을 증여 또는 양도한 경우에는 그

사망일, 증여일 또는 양도일을 말한다. 이하 이 조와 제68조에서 "정산기준일"이라 한다)을 기준으로 계산한다. 〈개정 2015. 12. 15.〉

④ 제1항에 따른 이익을 얻은 자에 대해서는 그 이익을 당초의 증여세 과세가액(증여받은 재산으로 주식등을 취득한 경우에는 그 증여받은 재산에 대한 증여세 과세가액을 말한다. 이하 이 조에서 같다)에 가산하여 증여세 과세표준과 세액을 정산한다. 다만, 정산기준일 현재의 주식등의 가액이 당초의 증여세 과세가액보다 적은 경우로서 그 차액이 대통령령으로 정하는 기준 이상인 경우에는 그 차액에 상당하는 증여세액(증여받은 때에 납부한 당초의 증여세액을 말한다)을 환급받을 수 있다. 〈개정 2015. 12. 15.〉

⑤ 제1항에 따른 상장일은 증권시장에서 최초로 주식등의 매매거래를 시작한 날로 한다. 〈개정 2013. 5. 28., 2015. 12. 15., 2016. 12. 20.〉

⑥ 제2항 제2호를 적용할 때 증여받은 재산과 다른 재산이 섞여 있어 증여받은 재산으로 주식등을 취득한 것이 불분명한 경우에는 그 증여받은 재산으로 주식등을 취득한 것으로 추정한다. 이 경우 증여받은 재산을 담보로 한 차입금으로 주식등을 취득한 경우에는 증여받은 재산으로 취득한 것으로 본다. 〈개정 2015. 12. 15.〉

⑦ 제2항을 적용할 때 주식등을 증여받거나 취득한 후 그 법인이 자본금을 증가시키기 위하여 신주를 발행함에 따라 신주를 인수하거나 배정받은 경우를 포함한다. 〈개정 2015. 12. 15.〉

⑧ 전환사채등을 증여받거나 유상으로 취득(발행 법인으로부터 직접 인수·취득하는 경우를 포함한다)하고 그 전환사채등이 5년 이내에 주식등으로 전환된 경우에는 그 전환사채등을 증여받거나 취득한 때에 그 전환된 주식등을 증여받거나 취득한 것으로 보아 제1항부터 제6항까지의 규정을 적용한다. 이 경우 정산기준일까지 주식등으로 전환되지 아니한 경우에는 정산기준일에 주식등으로 전환된 것으로 보아 제1항부터 제6항까지의 규정을 적용하되, 그 전환사채등의 만기일까지 주식등으로 전환되지 아니한 경우에는 정산기준일을 기준으로 과세한 증여세액을 환급한다. 〈개정 2015. 12. 15.〉

⑨ 거짓이나 그 밖의 부정한 방법으로 증여세를 감소시킨 것으로 인정되는 경우에는 특수관계인이 아닌 자 간의 증여에 대해서도 제1항 및 제2항을 적용한다. 이 경우 제1항 중 기간에 관한 규정은 없는 것으로 본다. 〈개정 2015. 12. 15.〉

⑩ 제1항에 따른 이익의 계산방법 및 그 밖에 필요한 사항은 대통령령으로 정한다. 〈개정 2011. 12. 31., 2015. 12. 15.〉

[전문개정 2010. 1. 1.]

[제목개정 2015. 12. 15.]

제41조의 4(금전 무상대출 등에 따른 이익의 증여) ① 타인으로부터 금전을 무상으로 또는 적정 이자율보다 낮은 이자율로 대출받은 경우에는 그 금전을 대출받은 날에 다음 각 호의 구분에 따른 금액을 그 금전을 대출받은 자의 증여재산가액으로 한다. 다만, 다음 각 호의 구분에 따른 금액이 대통령령으로 정하는 기준금액 미만인 경우는 제외한다. 〈개정 2011. 12. 31., 2013. 1. 1., 2015. 12. 15.〉

1. 무상으로 대출받은 경우: 대출금액에 적정 이자율을 곱하여 계산한 금액

2. 적정 이자율보다 낮은 이자율로 대출받은 경우: 대출금액에 적정 이자율을 곱하여 계산한 금액에서 실제 지급한 이자 상당액을 뺀 금액

② 제1항을 적용할 때 대출기간이 정해지지 아니한 경우에는 그 대출기간을 1년으로 보고, 대출기간이 1년 이상인 경우에는 1년이 되는 날의 다음 날에 매년 새로 대출받은 것으로 보아 해당 증여재산가액을 계산한다. 〈신설 2015. 12. 15.〉

③ 특수관계인이 아닌 자 간의 거래인 경우에는 거래의 관행상 정당한 사유가 없는 경우에 한정하여 제1항을 적용한다. 〈개정 2015. 12. 15.〉

④ 제1항에 따른 적정 이자율, 증여일의 판단 및 그 밖에 필요한 사항은 대통령령으로 정한다. 〈개정 2011. 12. 31., 2015. 12. 15.〉

[전문개정 2010. 1. 1.]

제42조(재산사용 및 용역제공 등에 따른 이익의 증여) ① 재산의 사용 또는 용역의 제공에 의하여 다음 각 호의 어느 하나에 해당하는 이익을 얻은 경우에는 그 이익에 상당하는 금액(시가와 대가의 차액을 말한다)을 그 이익을 얻은 자의 증여재산가액으로 한다. 다만, 그 이익에 상당하는 금액이 대통령령으로 정하는 기준금액 미만인 경우는 제외한다. 〈개정 2015. 12. 15.〉

1. 타인에게 시가보다 낮은 대가를 지급하거나 무상으로 타인의 재산(부동산과 금전은 제외한다. 이하 이 조에서 같다)을 사용함으로써 얻은 이익

2. 타인으로부터 시가보다 높은 대가를 받고 재산을 사용하게 함으로써 얻은 이익

3. 타인에게 시가보다 낮은 대가를 지급하거나 무상으로 용역을 제공받음으로써 얻은 이익

4. 타인으로부터 시가보다 높은 대가를 받고 용역을 제공함으로써 얻은 이익

② 제1항을 적용할 때 재산의 사용기간 또는 용역의 제공기간이 정해지지 아니한 경우에는 그 기간을 1년으로 하고, 그 기간이 1년 이상인 경우에는 1년이 되는 날의 다음 날에 매년 새로 재산을 사용 또는 사용하게 하거나 용역을 제공 또는 제공받은 것으로 본다. 〈개정 2015. 12. 15.〉

③ 특수관계인이 아닌 자 간의 거래인 경우에는 거래의 관행상 정당한 사유가 없는 경우

에 한정하여 제1항을 적용한다. 〈개정 2015. 12. 15.〉

④ 제1항을 적용할 때 증여일의 판단, 이익의 계산방법 및 그 밖에 필요한 사항은 대통령령으로 정한다. 〈개정 2011. 12. 31., 2015. 12. 15.〉

⑤ 삭제〈2015. 12. 15.〉

⑥ 삭제〈2015. 12. 15.〉

[전문개정 2010. 1. 1.]

[제목개정 2015. 12. 15.]

제42조의 3(재산 취득 후 재산가치 증가에 따른 이익의 증여) ① 직업, 연령, 소득 및 재산 상태로 보아 자력(自力)으로 해당 행위를 할 수 없다고 인정되는 자가 다음 각 호의 사유로 재산을 취득하고 그 재산을 취득한 날부터 5년 이내에 개발사업의 시행, 형질변경, 공유물(共有物) 분할, 사업의 인가·허가 등 대통령령으로 정하는 사유(이하 이 조에서 "재산가치증가사유"라 한다)로 인하여 이익을 얻은 경우에는 그 이익에 상당하는 금액을 그 이익을 얻은 자의 증여재산가액으로 한다. 다만, 그 이익에 상당하는 금액이 대통령령으로 정하는 기준금액 미만인 경우는 제외한다.

1. 특수관계인으로부터 재산을 증여받은 경우

2. 특수관계인으로부터 기업의 경영 등에 관하여 공표되지 아니한 내부 정보를 제공받아 그 정보와 관련된 재산을 유상으로 취득한 경우

3. 특수관계인으로부터 차입한 자금 또는 특수관계인의 재산을 담보로 차입한 자금으로 재산을 취득한 경우

② 제1항에 따른 이익은 재산가치증가사유 발생일 현재의 해당 재산가액, 취득가액(증여받은 재산의 경우에는 증여세 과세가액을 말한다), 통상적인 가치상승분, 재산취득자의 가치상승 기여분 등을 고려하여 대통령령으로 정하는 바에 따라 계산한 금액으로 한다. 이 경우 그 재산가치증가사유 발생일 전에 그 재산을 양도한 경우에는 그 양도한 날을 재산가치증가사유 발생일로 본다.

③ 거짓이나 그 밖의 부정한 방법으로 증여세를 감소시킨 것으로 인정되는 경우에는 특수관계인이 아닌 자 간의 증여에 대해서도 제1항을 적용한다. 이 경우 제1항 중 기간에 관한 규정은 없는 것으로 본다.

[본조신설 2015. 12. 15.]

제43조(증여세 과세특례) ① 하나의 증여에 대하여 제33조부터 제39조까지, 제39조의 2, 제39조의 3, 제40조, 제41조의 2부터 제41조의 5까지, 제42조, 제42조의 2, 제42조의 3, 제

44조, 제45조 및 제45조의 3부터 제45조의 5까지의 규정이 둘 이상 동시에 적용되는 경우에는 그 중 이익이 가장 많게 계산되는 것 하나만을 적용한다. 〈개정 2015. 12. 15.〉

② 제31조 제1항 제2호, 제35조, 제37조부터 제39조까지, 제39조의 2, 제39조의 3, 제40조, 제41조의 2, 제41조의 4, 제42조 및 제45조의 5에 따른 이익을 계산할 때 그 증여일부터 소급하여 1년 이내에 동일한 거래 등이 있는 경우에는 각각의 거래 등에 따른 이익(시가와 대가의 차액을 말한다)을 해당 이익별로 합산하여 계산한다. 〈개정 2013. 1. 1., 2015. 12. 15., 2019. 12. 31.〉

③ 제2항에 따른 이익의 계산방법 및 그 밖에 필요한 사항은 대통령령으로 정한다. 〈개정 2015. 12. 15.〉

[본조신설 2010. 12. 27.]

제2절 증여 추정 및 증여 의제 〈개정 2015. 12. 15.〉

제44조(배우자 등에게 양도한 재산의 증여 추정) ① 배우자 또는 직계존비속(이하 이 조에서 "배우자등"이라 한다)에게 양도한 재산은 양도자가 그 재산을 양도한 때에 그 재산의 가액을 배우자등이 증여받은 것으로 추정하여 이를 배우자등의 증여재산가액으로 한다.

② 특수관계인에게 양도한 재산을 그 특수관계인(이하 이 항 및 제4항에서 "양수자"라 한다)이 양수일부터 3년 이내에 당초 양도자의 배우자등에게 다시 양도한 경우에는 양수자가 그 재산을 양도한 당시의 재산가액을 그 배우자등이 증여받은 것으로 추정하여 이를 배우자등의 증여재산가액으로 한다. 다만, 당초 양도자 및 양수자가 부담한 「소득세법」에 따른 결정세액을 합친 금액이 양수자가 그 재산을 양도한 당시의 재산가액을 당초 그 배우자등이 증여받은 것으로 추정할 경우의 증여세액보다 큰 경우에는 그러하지 아니하다. 〈개정 2011. 12. 31., 2015. 12. 15.〉

③ 해당 재산이 다음 각 호의 어느 하나에 해당하는 경우에는 제1항과 제2항을 적용하지 아니한다. 〈개정 2013. 5. 28.〉

1. 법원의 결정으로 경매절차에 따라 처분된 경우

2. 파산선고로 인하여 처분된 경우

3. 「국세징수법」에 따라 공매(公賣)된 경우

4. 「자본시장과 금융투자업에 관한 법률」 제8조의 2 제4항 제1호에 따른 증권시장을 통하여 유가증권이 처분된 경우. 다만, 불특정 다수인 간의 거래에 의하여 처분된 것으로 볼 수 없는 경우로서 대통령령으로 정하는 경우는 제외한다.

5. 배우자등에게 대가를 받고 양도한 사실이 명백히 인정되는 경우로서 대통령령으로 정

별
첨

하는 경우

④ 제2항 본문에 따라 해당 배우자등에게 증여세가 부과된 경우에는 「소득세법」의 규정에도 불구하고 당초 양도자 및 양수자에게 그 재산 양도에 따른 소득세를 부과하지 아니한다.

[전문개정 2010. 1. 1.]

제45조(재산 취득자금 등의 증여 추정) ① 재산 취득자의 직업, 연령, 소득 및 재산 상태 등으로 볼 때 재산을 자력으로 취득하였다고 인정하기 어려운 경우로서 대통령령으로 정하는 경우에는 그 재산을 취득한 때에 그 재산의 취득자금을 그 재산 취득자가 증여받은 것으로 추정하여 이를 그 재산 취득자의 증여재산가액으로 한다. 〈개정 2015. 12. 15.〉

② 채무자의 직업, 연령, 소득, 재산 상태 등으로 볼 때 채무를 자력으로 상환(일부 상환을 포함한다. 이하 이 항에서 같다)하였다고 인정하기 어려운 경우로서 대통령령으로 정하는 경우에는 그 채무를 상환한 때에 그 상환자금을 그 채무자가 증여받은 것으로 추정하여 이를 그 채무자의 증여재산가액으로 한다. 〈개정 2015. 12. 15.〉

③ 취득자금 또는 상환자금이 직업, 연령, 소득, 재산 상태 등을 고려하여 대통령령으로 정하는 금액 이하인 경우와 취득자금 또는 상환자금의 출처에 관한 충분한 소명(疏明)이 있는 경우에는 제1항과 제2항을 적용하지 아니한다.

④ 「금융실명거래 및 비밀보장에 관한 법률」 제3조에 따라 실명이 확인된 계좌 또는 외국의 관계 법령에 따라 이와 유사한 방법으로 실명이 확인된 계좌에 보유하고 있는 재산은 명의자가 그 재산을 취득한 것으로 추정하여 제1항을 적용한다. 〈신설 2013. 1. 1.〉

[전문개정 2010. 1. 1.]

제45조의 2(명의신탁재산의 증여 의제) ① 권리의 이전이나 그 행사에 등기등이 필요한 재산(토지와 건물은 제외한다. 이하 이 조에서 같다)의 실제소유자와 명의자가 다른 경우에는 「국세기본법」 제14조에도 불구하고 그 명의자로 등기등을 한 날(그 재산이 명의개서를 하여야 하는 재산인 경우에는 소유권취득일이 속하는 해의 다음 해 말일의 다음날을 말한다)에 그 재산의 가액(그 재산이 명의개서를 하여야 하는 재산인 경우에는 소유권취득일을 기준으로 평가한 가액을 말한다)을 실제소유자가 명의자에게 증여한 것으로 본다. 다만, 다음 각 호의 어느 하나에 해당하는 경우에는 그러하지 아니하다. 〈개정 2011. 12. 31., 2015. 12. 15., 2018. 12. 31.〉

1. 조세 회피의 목적 없이 타인의 명의로 재산의 등기등을 하거나 소유권을 취득한 실제소유자 명의로 명의개서를 하지 아니한 경우

2. 삭제〈2015. 12. 15.〉

3. 「자본시장과 금융투자업에 관한 법률」에 따른 신탁재산인 사실의 등기등을 한 경우

4. 비거주자가 법정대리인 또는 재산관리인의 명의로 등기등을 한 경우

② 삭제〈2018. 12. 31.〉

③ 타인의 명의로 재산의 등기등을 한 경우 및 실제소유자 명의로 명의개서를 하지 아니한 경우에는 조세 회피 목적이 있는 것으로 추정한다. 다만, 실제소유자 명의로 명의개서를 하지 아니한 경우로서 다음 각 호의 어느 하나에 해당하는 경우에는 조세 회피 목적이 있는 것으로 추정하지 아니한다. 〈개정 2015. 12. 15.〉

1. 매매로 소유권을 취득한 경우로서 종전 소유자가 「소득세법」 제105조 및 제110조에 따른 양도소득 과세표준신고 또는 「증권거래세법」 제10조에 따른 신고와 함께 소유권 변경 내용을 신고하는 경우

2. 상속으로 소유권을 취득한 경우로서 상속인이 다음 각 목의 어느 하나에 해당하는 신고와 함께 해당 재산을 상속세 과세가액에 포함하여 신고한 경우. 다만, 상속세 과세표준과 세액을 결정 또는 경정할 것을 미리 알고 수정신고하거나 기한 후 신고를 하는 경우는 제외한다.

　　가. 제67조에 따른 상속세 과세표준신고

　　나. 「국세기본법」 제45조에 따른 수정신고

　　다. 「국세기본법」 제45조의 3에 따른 기한 후 신고

④ 제1항을 적용할 때 주주명부 또는 사원명부가 작성되지 아니한 경우에는 「법인세법」 제109조 제1항 및 제119조에 따라 납세지 관할세무서장에게 제출한 주주등에 관한 서류 및 주식등변동상황명세서에 의하여 명의개서 여부를 판정한다. 이 경우 증여일은 증여세 또는 양도소득세 등의 과세표준신고서에 기재된 소유권이전일 등 대통령령으로 정하는 날로 한다. 〈개정 2015. 12. 15., 2019. 12. 31.〉

⑤ 삭제〈2015. 12. 15.〉

⑥ 제1항 제1호 및 제3항에서 "조세"란 「국세기본법」 제2조 제1호 및 제7호에 규정된 국세 및 지방세와 「관세법」에 규정된 관세를 말한다. 〈개정 2017. 12. 19.〉

⑦ 삭제〈2011. 12. 31.〉

[전문개정 2010. 1. 1.]

제3절 증여세 과세가액

제46조(비과세되는 증여재산) 다음 각 호의 어느 하나에 해당하는 금액에 대해서는 증여

세를 부과하지 아니한다. 〈개정 2010. 6. 8., 2015. 12. 15., 2016. 12. 20.〉

1. 국가나 지방자치단체로부터 증여받은 재산의 가액
2. 내국법인의 종업원으로서 대통령령으로 정하는 요건을 갖춘 종업원단체(이하 "우리사주조합"이라 한다)에 가입한 자가 해당 법인의 주식을 우리사주조합을 통하여 취득한 경우로서 그 조합원이 대통령령으로 정하는 소액주주의 기준에 해당하는 경우 그 주식의 취득가액과 시가의 차액으로 인하여 받은 이익에 상당하는 가액
3. 「정당법」에 따른 정당이 증여받은 재산의 가액
4. 「근로복지기본법」에 따른 사내근로복지기금이나 그 밖에 이와 유사한 것으로서 대통령령으로 정하는 단체가 증여받은 재산의 가액
5. 사회통념상 인정되는 이재구호금품, 치료비, 피부양자의 생활비, 교육비, 그 밖에 이와 유사한 것으로서 대통령령으로 정하는 것
6. 「신용보증기금법」에 따라 설립된 신용보증기금이나 그 밖에 이와 유사한 것으로서 대통령령으로 정하는 단체가 증여받은 재산의 가액
7. 국가, 지방자치단체 또는 공공단체가 증여받은 재산의 가액
8. 장애인을 보험금 수령인으로 하는 보험으로서 대통령령으로 정하는 보험의 보험금
9. 「국가유공자 등 예우 및 지원에 관한 법률」에 따른 국가유공자의 유족이나 「의사상자 등 예우 및 지원에 관한 법률」에 따른 의사자(義死者)의 유족이 증여받은 성금 및 물품 등 재산의 가액
10. 비영리법인의 설립근거가 되는 법령의 변경으로 비영리법인이 해산되거나 업무가 변경됨에 따라 해당 비영리법인의 재산과 권리·의무를 다른 비영리법인이 승계받은 경우 승계받은 해당 재산의 가액

[전문개정 2010. 1. 1.]

제47조(증여세 과세가액) ① 증여세 과세가액은 증여일 현재 이 법에 따른 증여재산가액을 합친 금액[제31조 제1항 제3호, 제40조 제1항 제2호·제3호, 제41조의 3, 제41조의 5, 제42조의 3, 제45조 및 제45조의 2부터 제45조의 4까지의 규정에 따른 증여재산(이하 "합산배제증여재산"이라 한다)의 가액은 제외한다]에서 그 증여재산에 담보된 채무(그 증여재산에 관련된 채무 등 대통령령으로 정하는 채무를 포함한다)로서 수증자가 인수한 금액을 뺀 금액으로 한다. 〈개정 2011. 12. 31., 2013. 1. 1., 2015. 12. 15., 2018. 12. 31., 2021. 12. 21.〉

② 해당 증여일 전 10년 이내에 동일인(증여자가 직계존속인 경우에는 그 직계존속의 배우자를 포함한다)으로부터 받은 증여재산가액을 합친 금액이 1천만원 이상인 경우에는

그 가액을 증여세 과세가액에 가산한다. 다만, 합산배제증여재산의 경우에는 그러하지 아니하다.

③ 제1항을 적용할 때 배우자 간 또는 직계존비속 간의 부담부증여(負擔附贈與, 제44조에 따라 증여로 추정되는 경우를 포함한다)에 대해서는 수증자가 증여자의 채무를 인수한 경우에도 그 채무액은 수증자에게 인수되지 아니한 것으로 추정한다. 다만, 그 채무액이 국가 및 지방자치단체에 대한 채무 등 대통령령으로 정하는 바에 따라 객관적으로 인정되는 것인 경우에는 그러하지 아니하다.

[전문개정 2010. 1. 1.]

제4절 공익목적 출연재산 등의 과세가액 불산입 〈개정 2010. 1. 1.〉

제48조(공익법인등이 출연받은 재산에 대한 과세가액 불산입등) ① 공익법인등이 출연받은 재산의 가액은 증여세 과세가액에 산입하지 아니한다. 다만, 공익법인등이 내국법인의 의결권 있는 주식 또는 출자지분(이하 이 조에서 "주식등"이라 한다)을 출연받은 경우로서 출연받은 주식등과 다음 각 호의 주식등을 합한 것이 그 내국법인의 의결권 있는 발행주식총수 또는 출자총액(자기주식과 자기출자지분은 제외한다. 이하 이 조에서 "발행주식총수등"이라 한다)의 제16조 제2항 제2호에 따른 비율을 초과하는 경우(제16조 제3항 각 호에 해당하는 경우는 제외한다)에는 그 초과하는 가액을 증여세 과세가액에 산입한다. 〈개정 2011. 12. 31., 2015. 12. 15., 2016. 12. 20., 2017. 12. 19.〉

1. 출연자가 출연할 당시 해당 공익법인등이 보유하고 있는 동일한 내국법인의 주식등
2. 출연자 및 그의 특수관계인이 해당 공익법인등 외의 다른 공익법인등에 출연한 동일한 내국법인의 주식등
3. 출연자 및 그의 특수관계인으로부터 재산을 출연받은 다른 공익법인등이 보유하고 있는 동일한 내국법인의 주식등

② 세무서장등은 제1항 및 제16조 제1항에 따라 재산을 출연받은 공익법인등이 다음 제1호부터 제4호까지, 제6호 및 제8호의 어느 하나에 해당하는 경우에는 그 사유가 발생한 날에 대통령령으로 정하는 가액을 공익법인등이 증여받은 것으로 보아 즉시 증여세를 부과하고, 제5호 및 제7호에 해당하는 경우에는 제78조 제9항에 따른 가산세를 부과한다. 다만, 불특정 다수인으로부터 출연받은 재산 중 출연자별로 출연받은 재산가액을 산정하기 어려운 재산으로서 대통령령으로 정하는 재산은 제외한다. 〈개정 2010. 12. 27., 2011. 7. 25., 2016. 12. 20., 2017. 12. 19., 2018. 12. 31., 2019. 12. 31., 2020. 12. 22.〉

1. 출연받은 재산을 직접 공익목적사업 등(직접 공익목적사업에 충당하기 위하여 수익용

또는 수익사업용으로 운용하는 경우를 포함한다. 이하 이 호에서 같다)의 용도 외에 사용하거나 출연받은 날부터 3년 이내에 직접 공익목적사업 등에 사용하지 아니하거나 3년 이후 직접 공익목적사업 등에 계속하여 사용하지 아니하는 경우. 다만, 직접 공익목적사업 등에 사용하는 데에 장기간이 걸리는 등 대통령령으로 정하는 부득이한 사유가 있는 경우로서 제5항에 따른 보고서를 제출할 때 납세지 관할세무서장에게 그 사실을 보고하고, 그 사유가 없어진 날부터 1년 이내에 해당 재산을 직접 공익목적사업 등에 사용하는 경우는 제외한다.

2. 출연받은 재산(그 재산을 수익용 또는 수익사업용으로 운용하는 경우 및 그 운용소득이 있는 경우를 포함한다. 이하 이 호 및 제3항에서 같다) 및 출연받은 재산의 매각대금(매각대금에 의하여 증가한 재산을 포함하며 대통령령으로 정하는 공과금 등에 지출한 금액은 제외한다. 이하 이 조에서 같다)을 내국법인의 주식등을 취득하는 데 사용하는 경우로서 그 취득하는 주식등과 다음 각 목의 주식등을 합한 것이 그 내국법인의 의결권 있는 발행주식총수등의 제16조 제2항 제2호에 따른 비율을 초과하는 경우. 다만, 제16조 제3항 제1호 또는 제3호에 해당하는 경우(이 경우 "출연"은 "취득"으로 본다)와 「산업교육진흥 및 산학연협력촉진에 관한 법률」에 따른 산학협력단이 주식등을 취득하는 경우로서 대통령령으로 정하는 요건을 갖춘 경우는 제외한다.

  가. 취득 당시 해당 공익법인등이 보유하고 있는 동일한 내국법인의 주식등
  나. 해당 내국법인과 특수관계에 있는 출연자가 해당 공익법인등 외의 다른 공익법인 등에 출연한 동일한 내국법인의 주식등
  다. 해당 내국법인과 특수관계에 있는 출연자로부터 재산을 출연받은 다른 공익법인 등이 보유하고 있는 동일한 내국법인의 주식등

3. 출연받은 재산을 수익용 또는 수익사업용으로 운용하는 경우로서 그 운용소득을 직접 공익목적사업 외에 사용한 경우

4. 출연받은 재산을 매각하고 그 매각대금을 매각한 날부터 3년이 지난 날까지 대통령령으로 정하는 바에 따라 사용하지 아니한 경우

5. 제3호에 따른 운용소득을 대통령령으로 정하는 기준금액에 미달하게 사용하거나 제4호에 따른 매각대금을 매각한 날부터 3년 동안 대통령령으로 정하는 기준금액에 미달하게 사용한 경우

6. 제16조 제2항 제2호 가목에 따른 요건을 모두 충족하는 공익법인등(같은 호 나목 및 다목에 해당하는 공익법인등은 제외한다)이 같은 목 1)을 위반하여 출연받은 주식등의 의결권을 행사한 경우

7. 공익법인등(자산 규모, 사업의 특성 등을 고려하여 대통령령으로 정하는 공익법인등은 제외한다)이 대통령령으로 정하는 출연재산가액에 100분의 1(제16조 제2항 제2호 가목에 해당하는 공익법인등이 발행주식총수등의 100분의 10을 초과하여 보유하고 있는 경우에는 100분의 3)을 곱하여 계산한 금액에 상당하는 금액(이하 제78조 제9항 제3호에서 "기준금액"이라 한다)에 미달하여 직접 공익목적사업(「소득세법」에 따라 소득세 과세대상이 되거나 「법인세법」에 따라 법인세 과세대상이 되는 사업은 제외한다)에 사용한 경우

8. 그 밖에 출연받은 재산 및 직접 공익목적사업을 대통령령으로 정하는 바에 따라 운용하지 아니하는 경우

③ 제1항에 따라 공익법인등이 출연받은 재산, 출연받은 재산을 원본으로 취득한 재산, 출연받은 재산의 매각대금 등을 다음 각 호의 어느 하나에 해당하는 자에게 임대차, 소비대차(消費貸借) 및 사용대차(使用貸借) 등의 방법으로 사용·수익하게 하는 경우에는 대통령령으로 정하는 가액을 공익법인등이 증여받은 것으로 보아 즉시 증여세를 부과한다. 다만, 공익법인등이 직접 공익목적사업과 관련하여 용역을 제공받고 정상적인 대가를 지급하는 등 대통령령으로 정하는 경우에는 그러하지 아니하다. 〈개정 2011. 12. 31., 2018. 12. 31.〉

1. 출연자 및 그 친족

2. 출연자가 출연한 다른 공익법인등

3. 제1호 또는 제2호에 해당하는 자와 대통령령으로 정하는 특수관계에 있는 자

④ [종전 제4항은 제14항으로 이동 〈2020. 12. 22.〉]

⑤ 제1항 및 제16조 제1항에 따라 공익법인등이 재산을 출연받은 경우에는 그 출연받은 재산의 사용계획 및 진도에 관한 보고서를 대통령령으로 정하는 바에 따라 납세지 관할 세무서장에게 제출하여야 한다.

⑥ 세무서장은 공익법인등에 대하여 상속세나 증여세를 부과할 때에는 그 공익법인등의 주무관청에 그 사실을 통보하여야 한다.

⑦ 공익법인등의 주무관청은 공익법인등에 대하여 설립허가, 설립허가의 취소 또는 시정명령을 하거나 감독을 한 결과 공익법인등이 제1항 단서, 제2항 및 제3항에 해당하는 사실을 발견한 경우에는 대통령령으로 정하는 바에 따라 그 공익법인등의 납세지 관할세무서장에게 그 사실을 통보하여야 한다.

⑧ 출연자 또는 그의 특수관계인이 대통령령으로 정하는 공익법인등의 현재 이사 수(현재 이사 수가 5명 미만인 경우에는 5명으로 본다)의 5분의 1을 초과하여 이사가 되거나,

그 공익법인등의 임직원(이사는 제외한다. 이하 같다)이 되는 경우에는 제78조 제6항에 따른 가산세를 부과한다. 다만, 사망 등 대통령령으로 정하는 부득이한 사유로 출연자 또는 그의 특수관계인이 공익법인등의 현재 이사 수의 5분의 1을 초과하여 이사가 된 경우로서 해당 사유가 발생한 날부터 2개월 이내에 이사를 보충하거나 개임(改任)하는 경우에는 제78조 제6항에 따른 가산세를 부과하지 아니한다. 〈개정 2011. 12. 31., 2015. 12. 15.〉

⑨ 공익법인등(국가나 지방자치단체가 설립한 공익법인등 및 이에 준하는 것으로서 대통령령으로 정하는 공익법인등과 제11항 각 호의 요건을 충족하는 공익법인등은 제외한다)이 대통령령으로 정하는 특수관계에 있는 내국법인의 주식등을 보유하는 경우로서 그 내국법인의 주식등의 가액이 해당 공익법인등의 총 재산가액의 100분의 30(제50조 제3항에 따른 회계감사, 제50조의 2에 따른 전용계좌 개설·사용 및 제50조의 3에 따른 결산서류등의 공시를 이행하는 공익법인등에 해당하는 경우에는 100분의 50)을 초과하는 경우에는 제78조 제7항에 따른 가산세를 부과한다. 이 경우 그 초과하는 내국법인의 주식등의 가액 산정에 관하여는 대통령령으로 정한다. 〈개정 2016. 12. 20., 2020. 12. 22.〉

⑩ 공익법인등이 특수관계에 있는 내국법인의 이익을 증가시키기 위하여 정당한 대가를 받지 아니하고 광고·홍보를 하는 경우에는 제78조 제8항에 따른 가산세를 부과한다. 이 경우 특수관계에 있는 내국법인의 범위, 광고·홍보의 방법, 그 밖에 필요한 사항은 대통령령으로 정한다.

⑪ 공익법인등이 내국법인의 발행주식총수등의 100분의 5를 초과하여 주식등을 출연(출연받은 재산 및 출연받은 재산의 매각대금으로 주식등을 취득하는 경우를 포함한다)받은 후 다음 각 호의 어느 하나에 해당하는 요건을 충족하지 아니하게 된 경우에는 제16조 제2항 또는 제48조 제1항에 따라 상속세 과세가액 또는 증여세 과세가액에 산입하거나 같은 조 제2항에 따라 즉시 증여세를 부과한다. 〈개정 2020. 12. 22.〉

1. 제2항 제3호에 따른 운용소득에 대통령령으로 정하는 비율을 곱하여 계산한 금액 이상을 직접 공익목적사업에 사용할 것

2. 제2항 제7호에 따른 출연재산가액에 대통령령으로 정하는 비율을 곱하여 계산한 금액 이상을 직접 공익목적사업에 사용할 것

3. 그 밖에 공익법인등의 이사의 구성 등 대통령령으로 정하는 요건을 충족할 것

⑫ 제16조 제3항 각 호의 어느 하나 또는 제48조 제2항 제2호 단서에 해당하는 공익법인등이 제49조 제1항 각 호 외의 부분 단서에 따른 공익법인등에 해당하지 아니하게 되거나 해당 출연자와 특수관계에 있는 내국법인의 주식등을 해당 법인의 발행주식총수등의

100분의 5를 초과하여 보유하게 된 경우에는 제16조 제2항 또는 제48조 제1항에 따라 상속세 과세가액 또는 증여세 과세가액에 산입하거나 같은 조 제2항에 따라 즉시 증여세를 부과한다. 〈신설 2020. 12. 22.〉

⑬ 제16조 제2항에 따라 내국법인의 발행주식총수등의 100분의 5를 초과하여 주식등을 출연받은 자 등 대통령령으로 정하는 공익법인등은 과세기간 또는 사업연도의 의무이행 여부 등에 관한 사항을 대통령령으로 정하는 바에 따라 납세지 관할 지방국세청장에게 신고하여야 한다. 〈신설 2020. 12. 22.〉

⑭ 직접 공익목적사업에의 사용 여부 판정기준, 수익용 또는 수익사업용의 판정기준, 발행주식총수등의 제16조 제2항 제2호에 따른 비율을 초과하는 가액의 계산방법, 해당 내국법인과 특수관계에 있는 출연자의 범위, 상속세·증여세 과세가액 산입 또는 즉시 증여세 부과에 관한 구체적 사항 및 공익법인등의 의무이행 여부 신고에 관한 사항 및 그 밖에 필요한 사항은 대통령령으로 정한다. 〈개정 2011. 12. 31., 2016. 12. 20., 2017. 12. 19., 2020. 12. 22.〉

[전문개정 2010. 1. 1.]

제49조(공익법인등의 주식등의 보유기준) ① 공익법인등이 1996년 12월 31일 현재 의결권 있는 발행주식총수 또는 출자총액(이하 이 조에서 "발행주식총수등"이라 한다)의 100분의 5를 초과하는 동일한 내국법인의 의결권 있는 주식 또는 출자지분(이하 이 조에서 "주식등"이라 한다)을 보유하고 있는 경우에는 다음 각 호의 어느 하나에 해당하는 기한까지 그 발행주식총수등의 100분의 5(이하 "주식등의 보유기준"이라 한다)를 초과하여 보유하지 아니하도록 하여야 한다. 다만, 제48조 제11항 각 호의 요건을 충족하는 공익법인등과 국가·지방자치단체가 출연하여 설립한 공익법인등 및 이에 준하는 것으로서 대통령령으로 정하는 공익법인등에 대해서는 그러하지 아니하다. 〈개정 2016. 12. 20., 2020. 12. 22.〉

1. 그 공익법인등이 보유하고 있는 주식등의 지분율이 발행주식총수등의 100분의 5를 초과하고 100분의 20 이하인 경우: 1999년 12월 31일까지

2. 그 공익법인등이 보유하고 있는 주식등의 지분율이 발행주식총수등의 100분의 20을 초과하는 경우: 2001년 12월 31일까지

② 제1항을 적용할 때 주식등의 보유기준의 계산방법 등 그 밖에 필요한 사항은 대통령령으로 정한다.

[전문개정 2010. 1. 1.]

제50조(공익법인등의 세무확인 및 회계감사의무) ① 공익법인등은 과세기간별 또는 사업연도별로 출연받은 재산의 공익목적사업 사용 여부 등에 대하여 대통령령으로 정하는 기준에 해당하는 2명 이상의 변호사, 공인회계사 또는 세무사를 선임하여 세무확인(이하 "외부전문가의 세무확인"이라 한다)을 받아야 한다. 다만, 자산 규모, 사업의 특성 등을 고려하여 대통령령으로 정하는 공익법인등은 외부전문가의 세무확인을 받지 아니할 수 있다. 〈개정 2016. 12. 20.〉

② 제1항에 따라 외부전문가의 세무확인을 받은 공익법인등은 그 결과를 대통령령으로 정하는 바에 따라 납세지 관할세무서장에게 보고하여야 한다. 이 경우 관할세무서장은 공익법인등의 출연재산의 공익목적사업 사용 여부 등에 관련된 외부전문가의 세무확인 결과를 일반인이 열람할 수 있게 하여야 한다.

③ 공익법인등은 과세기간별 또는 사업연도별로 「주식회사 등의 외부감사에 관한 법률」 제2조 제7호에 따른 감사인에게 회계감사를 받아야 한다. 다만, 다음 각 호의 어느 하나에 해당하는 공익법인등은 그러하지 아니하다. 〈개정 2018. 12. 31., 2019. 12. 31.〉

1. 자산 규모 및 수입금액이 대통령령으로 정하는 규모 미만인 공익법인등
2. 사업의 특성을 고려하여 대통령령으로 정하는 공익법인등

④ 기획재정부장관은 자산 규모 등을 고려하여 대통령령으로 정하는 공익법인등이 연속하는 4개 과세기간 또는 사업연도에 대하여 제3항에 따른 회계감사를 받은 경우에는 그 다음 과세기간 또는 사업연도부터 연속하는 2개 과세기간 또는 사업연도에 대하여 기획재정부장관이 지정하는 감사인에게 회계감사를 받도록 할 수 있다. 이 경우 기획재정부장관은 감사인 지정 업무의 전부 또는 일부를 국세청장에게 위탁할 수 있다. 〈신설 2019. 12. 31.〉

⑤ 기획재정부장관은 제3항 또는 제4항에 따라 회계감사를 받을 의무가 있는 공익법인등이 공시한 감사보고서와 그 감사보고서에 첨부된 재무제표에 대하여 감리할 수 있다. 이 경우 기획재정부장관은 감리 업무의 전부 또는 일부를 대통령령으로 정하는 바에 따라 회계감사 및 감리에 관한 전문성을 갖춘 법인이나 단체에 위탁할 수 있다. 〈신설 2019. 12. 31.〉

⑥ 제1항부터 제5항까지의 규정을 적용할 때 세무확인 항목, 세무확인의 절차·방법, 보고서의 작성 및 세무확인 결과의 보고절차, 외부감사의 방법, 감사인 지정 기준 및 절차, 감리업무 및 감리 결과에 따른 조치 등 그 밖에 필요한 사항은 대통령령으로 정한다. 〈개정 2019. 12. 31.〉

[전문개정 2010. 1. 1.]

[제목개정 2016. 12. 20.]

제50조의 2(공익법인등의 전용계좌 개설·사용 의무) ① 공익법인등(사업의 특성을 고려하여 대통령령으로 정하는 공익법인등은 제외한다. 이하 이 조에서 같다)은 해당 공익법인등의 직접 공익목적사업과 관련하여 받거나 지급하는 수입과 지출의 경우로서 다음 각 호의 어느 하나에 해당하는 경우에는 대통령령으로 정하는 직접 공익목적사업용 전용계좌(이하 "전용계좌"라 한다)를 사용하여야 한다. 〈개정 2013. 1. 1.〉

1. 직접 공익목적사업과 관련된 수입과 지출을 대통령령으로 정하는 금융회사등을 통하여 결제하거나 결제받는 경우

2. 기부금, 출연금 또는 회비를 받는 경우. 다만, 현금을 직접 받은 경우로서 대통령령으로 정하는 경우는 제외한다.

3. 인건비, 임차료를 지급하는 경우

4. 기부금, 장학금, 연구비 등 대통령령으로 정하는 직접 공익목적사업비를 지출하는 경우. 다만, 100만원을 초과하는 경우로 한정한다.

5. 수익용 또는 수익사업용 자산의 처분대금, 그 밖의 운용소득을 고유목적사업회계에 전입(현금 등 자금의 이전이 수반되는 경우만 해당한다)하는 경우

② 공익법인등은 직접 공익목적사업과 관련하여 제1항 각 호의 어느 하나에 해당되지 아니하는 경우에는 명세서를 별도로 작성·보관하여야 한다. 다만, 「소득세법」 제160조의 2 제2항 제3호 또는 제4호에 해당하는 증명서류를 갖춘 경우 등 대통령령으로 정하는 수입과 지출의 경우에는 그러하지 아니하다.

③ 공익법인등은 최초로 공익법인등에 해당하게 된 날부터 3개월 이내에 전용계좌를 개설하여 해당 공익법인등의 납세지 관할세무서장에게 신고하여야 한다. 다만, 2016년 1월 1일, 2017년 1월 1일 또는 2018년 1월 1일이 속하는 소득세 과세기간 또는 법인세 사업연도의 수입금액(해당 공익사업과 관련된 「소득세법」에 따른 수입금액 또는 「법인세법」에 따라 법인세 과세대상이 되는 수익사업과 관련된 수입금액을 말한다)과 그 과세기간 또는 사업연도에 출연받은 재산가액의 합계액이 5억원 미만인 공익법인등으로서 본문에 따라 개설 신고를 하지 아니한 경우에는 2019년 6월 30일까지 전용계좌의 개설 신고를 할 수 있다. 〈개정 2018. 12. 31.〉

④ 공익법인등은 전용계좌를 변경하거나 추가로 개설하려면 대통령령으로 정하는 바에 따라 신고하여야 한다.

⑤ 공익법인등의 전용계좌 개설·신고·변경·추가 및 그 신고방법, 전용계좌를 사용하여야 하는 범위 및 명세서 작성 등에 필요한 사항은 대통령령으로 정한다.

[전문개정 2010. 1. 1.]

제50조의 3(공익법인등의 결산서류등의 공시의무) ① 공익법인등(사업의 특성 등을 고려하여 대통령령으로 정하는 공익법인등은 제외한다. 이하 이 조에서 같다)은 다음 각 호의 서류 등(이하 이 조에서 "결산서류등"이라 한다)을 해당 공익법인등의 과세기간 또는 사업연도 종료일부터 4개월 이내에 대통령령으로 정하는 바에 따라 국세청의 인터넷 홈페이지에 게재하는 방법으로 공시하여야 한다. 다만, 자산 규모 등을 고려하여 대통령령으로 정하는 공익법인등은 대통령령으로 정하는 바에 따라 간편한 방식으로 공시할 수 있다. 〈개정 2010. 12. 27., 2016. 12. 20., 2018. 12. 31., 2019. 12. 31.〉

1. 재무제표
2. 기부금 모집 및 지출 내용
3. 해당 공익법인등의 대표자, 이사, 출연자, 소재지 및 목적사업에 관한 사항
4. 출연재산의 운용소득 사용명세
5. 제50조 제3항에 따라 회계감사를 받을 의무가 있는 공익법인등에 해당하는 경우에는 감사보고서와 그 감사보고서에 첨부된 재무제표
6. 주식보유 현황 등 대통령령으로 정하는 사항

② 국세청장은 공익법인등이 제1항에 따라 결산서류등을 공시하지 아니하거나 그 공시 내용에 오류가 있는 경우에는 해당 공익법인등에 대하여 1개월 이내의 기간을 정하여 공시하도록 하거나 오류를 시정하도록 요구할 수 있다.

③ 국세청장은 공익법인등이 공시한 결산서류등을 대통령령으로 정하는 자에게 제공할 수 있다. 〈신설 2011. 12. 31.〉

④ 제1항과 제2항에 따른 결산서류등의 공시 및 그 시정 요구의 절차 등은 대통령령으로 정한다. 〈개정 2011. 12. 31.〉

[전문개정 2010. 1. 1.]
[제목개정 2016. 12. 20.]

제50조의 4(공익법인등에 적용되는 회계기준) ① 공익법인등(사업의 특성을 고려하여 대통령령으로 정하는 공익법인등은 제외한다)은 제50조 제3항에 따른 회계감사의무 및 제50조의 3에 따른 결산서류등의 공시의무를 이행할 때에는 대통령령으로 정하는 회계기준을 따라야 한다.

② 제1항에 따른 회계기준의 제정ㆍ개정 등 회계제도의 운영과 절차 등에 관하여 필요한 사항은 대통령령으로 정한다. 〈개정 2020. 6. 9.〉

[본조신설 2016. 12. 20.]

제51조(장부의 작성ㆍ비치 의무) ① 공익법인등은 소득세 과세기간 또는 법인세 사업연도 별로 출연받은 재산 및 공익사업 운용 내용 등에 대한 장부를 작성하여야 하며 장부와 관계있는 중요한 증명서류를 갖춰 두어야 한다.

② 제1항에 따른 장부와 중요한 증명서류는 해당 공익법인등의 소득세 과세기간 또는 법인세 사업연도의 종료일부터 10년간 보존하여야 한다.

③ 공익법인등의 수익사업에 대하여 「소득세법」 제160조 및 「법인세법」 제112조 단서에 따라 작성ㆍ비치된 장부와 중요한 증명서류는 제1항에 따라 작성ㆍ비치된 장부와 중요한 증명서류로 본다. 이 경우 그 장부와 중요한 증명서류에는 마이크로필름, 자기테이프, 디스켓 또는 그 밖의 정보보존장치에 저장된 것을 포함한다.

④ 제1항부터 제3항까지의 규정에 따른 장부 및 증명서류의 작성ㆍ비치에 필요한 사항은 대통령령으로 정한다.

[전문개정 2010. 1. 1.]

제52조(공익신탁재산에 대한 증여세 과세가액 불산입) 증여재산 중 증여자가 「공익신탁법」에 따른 공익신탁으로서 종교ㆍ자선ㆍ학술 또는 그 밖의 공익을 목적으로 하는 신탁을 통하여 공익법인등에 출연하는 재산의 가액은 증여세 과세가액에 산입하지 아니한다. 이 경우 제17조 제2항을 준용한다. 〈개정 2011. 7. 25., 2014. 3. 18.〉

[전문개정 2010. 1. 1.]

제52조의 2(장애인이 증여받은 재산의 과세가액 불산입) ① 대통령령으로 정하는 장애인 (이하 이 조에서 "장애인"이라 한다)이 재산(「자본시장과 금융투자업에 관한 법률」에 따른 신탁업자에게 신탁할 수 있는 재산으로서 대통령령으로 정하는 것을 말한다. 이하 이 조에서 같다)을 증여받고 그 재산을 본인을 수익자로 하여 신탁한 경우로서 해당 신탁(이하 이 조에서 "자익신탁"이라 한다)이 다음 각 호의 요건을 모두 충족하는 경우에는 그 증여받은 재산가액은 증여세 과세가액에 산입하지 아니한다.

1. 「자본시장과 금융투자업에 관한 법률」에 따른 신탁업자(이하 이 조에서 "신탁업자"라 한다)에게 신탁되었을 것

2. 그 장애인이 신탁의 이익 전부를 받는 수익자일 것

3. 신탁기간이 그 장애인이 사망할 때까지로 되어 있을 것. 다만, 장애인이 사망하기 전에 신탁기간이 끝나는 경우에는 신탁기간을 장애인이 사망할 때까지 계속 연장하여야 한다.

② 타인이 장애인을 수익자로 하여 재산을 신탁한 경우로서 해당 신탁(이하 이 조에서 "타익신탁"이라 한다)이 다음 각 호의 요건을 모두 충족하는 경우에는 장애인이 증여받

은 그 신탁의 수익(제4항 단서에 따른 신탁원본의 인출이 있는 경우에는 해당 인출금액을 포함한다. 이하 이 조에서 같다)은 증여세 과세가액에 산입하지 아니한다.

1. 신탁업자에게 신탁되었을 것
2. 그 장애인이 신탁의 이익 전부를 받는 수익자일 것. 다만, 장애인이 사망한 후의 잔여재산에 대해서는 그러하지 아니하다
3. 다음 각 목의 내용이 신탁계약에 포함되어 있을 것
   가. 장애인이 사망하기 전에 신탁이 해지 또는 만료되는 경우에는 잔여재산이 그 장애인에게 귀속될 것
   나. 장애인이 사망하기 전에 수익자를 변경할 수 없을 것
   다. 장애인이 사망하기 전에 위탁자가 사망하는 경우에는 신탁의 위탁자 지위가 그 장애인에게 이전될 것

③ 제1항에 따른 그 증여받은 재산가액(그 장애인이 살아 있는 동안 증여받은 재산가액을 합친 금액을 말한다) 및 타익신탁 원본의 가액(그 장애인이 살아 있는 동안 그 장애인을 수익자로 하여 설정된 타익신탁의 설정 당시 원본가액을 합친 금액을 말한다)을 합산한 금액은 5억원을 한도로 한다.

④ 세무서장등은 제1항에 따라 재산을 증여받아 자익신탁을 설정한 장애인이 다음 각 호의 어느 하나에 해당하면 대통령령으로 정하는 날에 해당 재산가액을 증여받은 것으로 보아 즉시 증여세를 부과한다. 다만, 대통령령으로 정하는 부득이한 사유가 있거나 장애인 중 대통령령으로 정하는 장애인이 본인의 의료비 등 대통령령으로 정하는 용도로 신탁원본을 인출하여 원본이 감소한 경우에는 그러하지 아니하다.

1. 신탁이 해지 또는 만료된 경우. 다만, 해지일 또는 만료일부터 1개월 이내에 신탁에 다시 가입한 경우는 제외한다.
2. 신탁기간 중 수익자를 변경한 경우
3. 신탁의 이익 전부 또는 일부가 해당 장애인이 아닌 자에게 귀속되는 것으로 확인된 경우
4. 신탁원본이 감소한 경우

⑤ 제1항 또는 제2항을 적용받으려는 사람은 제68조에 따른 신고기한(타익신탁의 경우에는 최초로 증여받은 신탁의 수익에 대한 신고기한을 말한다)까지 대통령령으로 정하는 바에 따라 납세지 관할세무서장에게 신청하여야 한다.

⑥ 제2항을 적용받으려는 사람이 최초로 증여받은 신탁의 수익에 대하여 제68조에 따른 신고 및 제5항에 따른 신청을 한 경우에는 최초의 증여 후에 해당 타익신탁의 수익자로

서 증여받은 신탁의 수익(제2항에 따라 과세가액에 산입하지 아니하는 부분에 한정한다)에 대하여는 제68조에 따른 신고 및 제5항에 따른 신청을 하지 아니할 수 있다.

⑦ 제4항에 따른 증여세액의 계산방법 및 그 밖에 필요한 사항은 대통령령으로 정한다.

[전문개정 2019. 12. 31.]

제5절 증여공제 〈개정 2010. 1. 1.〉

제53조(증여재산 공제) 거주자가 다음 각 호의 어느 하나에 해당하는 사람으로부터 증여를 받은 경우에는 다음 각 호의 구분에 따른 금액을 증여세 과세가액에서 공제한다. 이 경우 수증자를 기준으로 그 증여를 받기 전 10년 이내에 공제받은 금액과 해당 증여가액에서 공제받을 금액을 합친 금액이 다음 각 호의 구분에 따른 금액을 초과하는 경우에는 그 초과하는 부분은 공제하지 아니한다. 〈개정 2011. 12. 31., 2014. 1. 1., 2015. 12. 15.〉

1. 배우자로부터 증여를 받은 경우: 6억원
2. 직계존속[수증자의 직계존속과 혼인(사실혼은 제외한다. 이하 이 조에서 같다) 중인 배우자를 포함한다]으로부터 증여를 받은 경우: 5천만원. 다만, 미성년자가 직계존속으로부터 증여를 받은 경우에는 2천만원으로 한다.
3. 직계비속(수증자와 혼인 중인 배우자의 직계비속을 포함한다)으로부터 증여를 받은 경우: 5천만원
4. 제2호 및 제3호의 경우 외에 6촌 이내의 혈족, 4촌 이내의 인척으로부터 증여를 받은 경우: 1천만원

[전문개정 2010. 1. 1.]

제54조(준용규정) 재난으로 인하여 증여재산이 멸실되거나 훼손된 경우의 증여세 과세가액 공제에 관하여는 제23조를 준용한다. 이 경우 제23조 제1항 중 "거주자의 사망으로 상속이 개시되는"은 "타인으로부터 재산을 증여받은"으로, "제67조"는 "제68조"로, "상속재산"은 "증여재산"으로, "상속세 과세가액"은 "증여세 과세가액"으로 보고, 같은 조 제2항 중 "상속인이나 수유자"는 "수증자"로 본다.

[전문개정 2010. 1. 1.]

제6절 과세표준과 세율 〈개정 2010. 1. 1.〉

제55조(증여세의 과세표준 및 과세최저한) ① 증여세의 과세표준은 다음 각 호의 어느 하나에 해당하는 금액에서 대통령령으로 정하는 증여재산의 감정평가 수수료를 뺀 금액으

로 한다. 〈개정 2011. 12. 31., 2015. 12. 15., 2018. 12. 31.〉

1. 제45조의 2에 따른 명의신탁재산의 증여 의제: 그 명의신탁재산의 금액

2. 제45조의 3 또는 제45조의 4에 따른 이익의 증여 의제: 증여의제이익

3. 제1호 및 제2호를 제외한 합산배제증여재산: 그 증여재산가액에서 3천만원을 공제한 금액

4. 제1호부터 제3호까지 외의 경우: 제47조 제1항에 따른 증여세 과세가액에서 제53조와 제54조에 따른 금액을 뺀 금액

② 과세표준이 50만원 미만이면 증여세를 부과하지 아니한다.

[전문개정 2010. 1. 1.]

제56조(증여세 세율) 증여세는 제55조에 따른 과세표준에 제26조에 규정된 세율을 적용하여 계산한 금액(이하 "증여세산출세액"이라 한다)으로 한다.

[전문개정 2010. 1. 1.]

제57조(직계비속에 대한 증여의 할증과세) ① 수증자가 증여자의 자녀가 아닌 직계비속인 경우에는 증여세산출세액에 100분의 30(수증자가 증여자의 자녀가 아닌 직계비속이면서 미성년자인 경우로서 증여재산가액이 20억원을 초과하는 경우에는 100분의 40)에 상당하는 금액을 가산한다. 다만, 증여자의 최근친(最近親)인 직계비속이 사망하여 그 사망자의 최근친인 직계비속이 증여받은 경우에는 그러하지 아니하다. 〈개정 2015. 12. 15.〉

② 할증과세액의 계산방법 등 필요한 사항은 대통령령으로 정한다. 〈신설 2015. 12. 15.〉

[전문개정 2010. 1. 1.]

제7절 세액공제 〈개정 2010. 1. 1.〉

제58조(납부세액공제) ① 제47조 제2항에 따라 증여세 과세가액에 가산한 증여재산의 가액(둘 이상의 증여가 있을 때에는 그 가액을 합친 금액을 말한다)에 대하여 납부하였거나 납부할 증여세액(증여 당시의 해당 증여재산에 대한 증여세산출세액을 말한다)은 증여세산출세액에서 공제한다. 다만, 증여세 과세가액에 가산하는 증여재산에 대하여 「국세기본법」 제26조의 2 제4항 또는 제5항에 따른 기간의 만료로 인하여 증여세가 부과되지 아니하는 경우에는 그러하지 아니하다. 〈개정 2019. 12. 31.〉

② 제1항의 경우에 공제할 증여세액은 증여세산출세액에 해당 증여재산의 가액과 제47조 제2항에 따라 가산한 증여재산의 가액을 합친 금액에 대한 과세표준에 대하여 가산한 증여재산의 과세표준이 차지하는 비율을 곱하여 계산한 금액을 한도로 한다.

제4장 재산의 평가 〈개정 2010. 1. 1.〉

제60조(평가의 원칙 등) ① 이 법에 따라 상속세나 증여세가 부과되는 재산의 가액은 상속개시일 또는 증여일(이하 "평가기준일"이라 한다) 현재의 시가(時價)에 따른다. 이 경우 다음 각 호의 경우에 대해서는 각각 다음 각 호의 구분에 따른 금액을 시가로 본다. 〈개정 2016. 12. 20., 2020. 12. 22.〉

1. 「자본시장과 금융투자업에 관한 법률」에 따른 증권시장으로서 대통령령으로 정하는 증권시장에서 거래되는 주권상장법인의 주식등 중 대통령령으로 정하는 주식등(제63조 제2항에 해당하는 주식등은 제외한다)의 경우: 제63조 제1항 제1호 가목에 규정된 평가방법으로 평가한 가액

2. 「특정 금융거래정보의 보고 및 이용 등에 관한 법률」 제2조 제3호에 따른 가상자산의 경우: 제65조 제2항에 규정된 평가방법으로 평가한 가액

② 제1항에 따른 시가는 불특정 다수인 사이에 자유롭게 거래가 이루어지는 경우에 통상적으로 성립된다고 인정되는 가액으로 하고 수용가격·공매가격 및 감정가격 등 대통령령으로 정하는 바에 따라 시가로 인정되는 것을 포함한다.

③ 제1항을 적용할 때 시가를 산정하기 어려운 경우에는 해당 재산의 종류, 규모, 거래 상황 등을 고려하여 제61조부터 제65조까지에 규정된 방법으로 평가한 가액을 시가로 본다.

④ 제1항을 적용할 때 제13조에 따라 상속재산의 가액에 가산하는 증여재산의 가액은 증여일 현재의 시가에 따른다.

⑤ 제2항에 따른 감정가격을 결정할 때에는 대통령령으로 정하는 바에 따라 둘 이상의 감정기관(대통령령으로 정하는 금액 이하의 부동산의 경우에는 하나 이상의 감정기관)에 감정을 의뢰하여야 한다. 이 경우 관할 세무서장 또는 지방국세청장은 감정기관이 평가한 감정가액이 다른 감정기관이 평가한 감정가액의 100분의 80에 미달하는 등 대통령령으로 정하는 사유가 있는 경우에는 대통령령으로 정하는 바에 따라 대통령령으로 정하는 절차를 거쳐 1년의 범위에서 기간을 정하여 해당 감정기관을 시가불인정 감정기관으로 지정할 수 있으며, 시가불인정 감정기관으로 지정된 기간 동안 해당 시가불인정 감정기관이 평가하는 감정가액은 시가로 보지 아니한다. 〈신설 2015. 12. 15., 2016. 12. 20., 2017. 12. 19.〉

별
첨

[전문개정 2010. 1. 1.]

제61조(부동산 등의 평가) ① 부동산에 대한 평가는 다음 각 호의 어느 하나에서 정하는 방법으로 한다. 〈개정 2014. 1. 1., 2016. 1. 19., 2016. 12. 20.〉

1. 토지

「부동산 가격공시에 관한 법률」에 따른 개별공시지가(이하 "개별공시지가"라 한다). 다만, 개별공시지가가 없는 토지(구체적인 판단기준은 대통령령으로 정한다)의 가액은 납세지 관할세무서장이 인근 유사 토지의 개별공시지가를 고려하여 대통령령으로 정하는 방법으로 평가한 금액으로 하고, 지가가 급등하는 지역으로서 대통령령으로 정하는 지역의 토지 가액은 배율방법(倍率方法)으로 평가한 가액으로 한다.

2. 건물

건물(제3호와 제4호에 해당하는 건물은 제외한다)의 신축가격, 구조, 용도, 위치, 신축연도 등을 고려하여 매년 1회 이상 국세청장이 산정·고시하는 가액

3. 오피스텔 및 상업용 건물

건물에 딸린 토지를 공유(共有)로 하고 건물을 구분소유하는 것으로서 건물의 용도·면적 및 구분소유하는 건물의 수(數) 등을 고려하여 대통령령으로 정하는 오피스텔 및 상업용 건물(이들에 딸린 토지를 포함한다)에 대해서는 건물의 종류, 규모, 거래상황, 위치 등을 고려하여 매년 1회 이상 국세청장이 토지와 건물에 대하여 일괄하여 산정·고시한 가액

4. 주택

「부동산 가격공시에 관한 법률」에 따른 개별주택가격 및 공동주택가격(같은 법 제18조 제1항 단서에 따라 국세청장이 결정·고시한 공동주택가격이 있는 때에는 그 가격을 말하며, 이하 이 호에서 "고시주택가격"이라 한다). 다만, 다음 각 목의 어느 하나에 해당하는 경우에는 납세지 관할세무서장이 인근 유사주택의 고시주택가격을 고려하여 대통령령으로 정하는 방법에 따라 평가한 금액으로 한다.

가. 해당 주택의 고시주택가격이 없는 경우

나. 고시주택가격 고시 후에 해당 주택을 「건축법」 제2조 제1항 제9호 및 제10호에 따른 대수선 또는 리모델링을 하여 고시주택가격으로 평가하는 것이 적절하지 아니한 경우

② 제1항 제1호 단서에서 "배율방법"이란 개별공시지가에 대통령령으로 정하는 배율을 곱하여 계산한 금액에 의하여 계산하는 방법을 말한다.

③ 지상권(地上權) 및 부동산을 취득할 수 있는 권리와 특정시설물을 이용할 수 있는 권

리는 그 권리 등이 남은 기간, 성질, 내용, 거래 상황 등을 고려하여 대통령령으로 정하는 방법으로 평가한 가액으로 한다.

④ 그 밖에 시설물과 구축물은 평가기준일에 다시 건축하거나 다시 취득할 때 드는 가액을 고려하여 대통령령으로 정하는 방법으로 평가한 가액으로 한다.

⑤ 사실상 임대차계약이 체결되거나 임차권이 등기된 재산의 경우에는 임대료 등을 기준으로 하여 대통령령으로 정하는 바에 따라 평가한 가액과 제1항부터 제4항까지의 규정에 따라 평가한 가액 중 큰 금액을 그 재산의 가액으로 한다. 〈개정 2015. 12. 15.〉

⑥ 제1항 제3호에 따라 국세청장이 산정하고 고시한 가액에 대한 소유자나 그 밖의 이해관계인의 의견 청취 및 재산정, 고시신청에 관하여는 「소득세법」 제99조 제4항부터 제6항까지 및 제99조의 2를 준용한다.

[전문개정 2010. 1. 1.]

[제목개정 2010. 1. 1.]

제63조(유가증권 등의 평가) ① 유가증권 등의 평가는 다음 각 호의 어느 하나에서 정하는 방법으로 한다. 〈개정 2013. 5. 28., 2016. 12. 20.〉

1. 주식등의 평가

　　가. 「자본시장과 금융투자업에 관한 법률」에 따른 증권시장으로서 대통령령으로 정하는 증권시장에서 거래되는 주권상장법인의 주식등 중 대통령령으로 정하는 주식 등(이하 이 호에서 "상장주식"이라 한다)은 평가기준일(평가기준일이 공휴일 등 대통령령으로 정하는 매매가 없는 날인 경우에는 그 전일을 기준으로 한다) 이전·이후 각 2개월 동안 공표된 매일의 「자본시장과 금융투자업에 관한 법률」에 따라 거래소허가를 받은 거래소(이하 "거래소"라 한다) 최종 시세가액(거래실적 유무를 따지지 아니한다)의 평균액(평균액을 계산할 때 평가기준일 이전·이후 각 2개월 동안에 증자·합병 등의 사유가 발생하여 그 평균액으로 하는 것이 부적당한 경우에는 평가기준일 이전·이후 각 2개월의 기간 중 대통령령으로 정하는 바에 따라 계산한 기간의 평균액으로 한다). 다만, 제38조에 따라 합병으로 인한 이익을 계산할 때 합병(분할합병을 포함한다)으로 소멸하거나 흡수되는 법인 또는 신설되거나 존속하는 법인이 보유한 상장주식의 시가는 평가기준일 현재의 거래소 최종 시세가액으로 한다.

　　나. 가목 외의 주식등은 해당 법인의 자산 및 수익 등을 고려하여 대통령령으로 정하는 방법으로 평가한다.

　　다. 삭제 〈2016.12.20〉

2. 제1호 외에 국채(國債)·공채(公債) 등 그 밖의 유가증권의 평가는 해당 재산의 종류, 규모, 거래 상황 등을 고려하여 대통령령으로 정하는 방법으로 평가한다.

② 다음 각 호의 어느 하나에 해당하는 주식등에 대해서는 제1항 제1호에도 불구하고 해당 법인의 사업성, 거래 상황 등을 고려하여 대통령령으로 정하는 방법으로 평가한다. 〈개정 2013. 5. 28., 2015. 12. 15., 2020. 12. 22.〉

1. 기업 공개를 목적으로 금융위원회에 대통령령으로 정하는 기간에 유가증권 신고를 한 법인의 주식등

2. 제1항 제1호 나목에 규정된 주식등 중 「자본시장과 금융투자업에 관한 법률」에 따른 증권시장으로서 대통령령으로 정하는 증권시장에서 주식등을 거래하기 위하여 대통령령으로 정하는 기간에 거래소에 상장신청을 한 법인의 주식등

3. 거래소에 상장되어 있는 법인의 주식 중 그 법인의 증자로 인하여 취득한 새로운 주식으로서 평가기준일 현재 상장되지 아니한 주식

③ 제1항 제1호, 제2항 및 제60조 제2항을 적용할 때 대통령령으로 정하는 최대주주 또는 최대출자자 및 그의 특수관계인에 해당하는 주주등(이하 이 항에서 "최대주주등"이라 한다)의 주식등(대통령령으로 정하는 중소기업 및 평가기준일이 속하는 사업연도 전 3년 이내의 사업연도부터 계속하여 「법인세법」 제14조 제2항에 따른 결손금이 있는 법인의 주식등 등 대통령령으로 정하는 주식등은 제외한다)에 대해서는 제1항 제1호 및 제2항에 따라 평가한 가액 또는 제60조 제2항에 따라 인정되는 가액에 그 가액의 100분의 20을 가산한다. 이 경우 최대주주등이 보유하는 주식등의 계산방법은 대통령령으로 정한다. 〈개정 2011. 12. 31., 2015. 12. 15., 2016. 12. 20., 2019. 12. 31.〉

④ 예금·저금·적금 등의 평가는 평가기준일 현재 예입(預入) 총액과 같은 날 현재 이미 지난 미수이자(未收利子) 상당액을 합친 금액에서 「소득세법」 제127조 제1항에 따른 원천징수세액 상당 금액을 뺀 가액으로 한다.

[전문개정 2010. 1. 1.]

제65조(그 밖의 조건부 권리 등의 평가) ① 조건부 권리, 존속기간이 확정되지 아니한 권리, 신탁의 이익을 받을 권리 또는 소송 중인 권리 및 대통령령으로 정하는 정기금(定期金)을 받을 권리에 대해서는 해당 권리의 성질, 내용, 남은 기간 등을 기준으로 대통령령으로 정하는 방법으로 그 가액을 평가한다.

② 「특정 금융거래정보의 보고 및 이용 등에 관한 법률」 제2조 제3호에 따른 가상자산은 해당 자산의 거래규모 및 거래방식 등을 고려하여 대통령령으로 정하는 방법으로 평가한다. 〈신설 2020. 12. 22.〉

③ 그 밖에 이 법에서 따로 평가방법을 규정하지 아니한 재산의 평가에 대해서는 제1항 및 제60조부터 제64조까지에 규정된 평가방법을 준용하여 평가한다. 〈개정 2020. 12. 22.〉
[전문개정 2010. 1. 1.]

제66조(저당권 등이 설정된 재산 평가의 특례) 다음 각 호의 어느 하나에 해당하는 재산은 제60조에도 불구하고 그 재산이 담보하는 채권액 등을 기준으로 대통령령으로 정하는 바에 따라 평가한 가액과 제60조에 따라 평가한 가액 중 큰 금액을 그 재산의 가액으로 한다. 〈개정 2010. 6. 10., 2018. 12. 31.〉

1. 저당권, 「동산·채권 등의 담보에 관한 법률」에 따른 담보권 또는 질권이 설정된 재산
2. 양도담보재산
3. 전세권이 등기된 재산(임대보증금을 받고 임대한 재산을 포함한다)
4. 위탁자의 채무이행을 담보할 목적으로 대통령령으로 정하는 신탁계약을 체결한 재산
[전문개정 2010. 1. 1.]

제5장 신고와 납부 〈개정 2010. 1. 1.〉

제1절 신고 〈개정 2010. 1. 1.〉

제67조(상속세 과세표준신고) ① 제3조의 2에 따라 상속세 납부의무가 있는 상속인 또는 수유자는 상속개시일이 속하는 달의 말일부터 6개월 이내에 제13조와 제25조 제1항에 따른 상속세의 과세가액 및 과세표준을 대통령령으로 정하는 바에 따라 납세지 관할세무서장에게 신고하여야 한다. 〈개정 2015. 12. 15.〉

② 제1항에 따른 신고를 할 때에는 그 신고서에 상속세 과세표준의 계산에 필요한 상속재산의 종류, 수량, 평가가액, 재산분할 및 각종 공제 등을 증명할 수 있는 서류 등 대통령령으로 정하는 것을 첨부하여야 한다.

③ 제1항의 기간은 유언집행자 또는 상속재산관리인에 대해서는 그들이 제1항의 기간 내에 지정되거나 선임되는 경우에 한정하며, 그 지정되거나 선임되는 날부터 계산한다. 〈개정 2014. 1. 1.〉

④ 피상속인이나 상속인이 외국에 주소를 둔 경우에는 제1항의 기간을 9개월로 한다.

⑤ 제1항의 신고기한까지 상속인이 확정되지 아니한 경우에는 제1항의 신고와는 별도로 상속인이 확정된 날부터 30일 이내에 확정된 상속인의 상속관계를 적어 납세지 관할세무서장에게 제출하여야 한다.

[전문개정 2010. 1. 1.]

제68조(증여세 과세표준신고) ① 제4조의 2에 따라 증여세 납부의무가 있는 자는 증여받은 날이 속하는 달의 말일부터 3개월 이내에 제47조와 제55조 제1항에 따른 증여세의 과세가액 및 과세표준을 대통령령으로 정하는 바에 따라 납세지 관할 세무서장에게 신고하여야 한다. 다만, 제41조의 3과 제41조의 5에 따른 비상장주식의 상장 또는 법인의 합병 등에 따른 증여세 과세표준 정산 신고기한은 정산기준일이 속하는 달의 말일부터 3개월이 되는 날로 하며, 제45조의 3 및 제45조의 5에 따른 증여세 과세표준 신고기한은 수혜법인 또는 특정법인의 「법인세법」 제60조 제1항에 따른 과세표준의 신고기한이 속하는 달의 말일부터 3개월이 되는 날로 한다. 〈개정 2011. 12. 31., 2015. 12. 15.〉
② 제1항에 따른 신고를 할 때에는 그 신고서에 증여세 과세표준의 계산에 필요한 증여재산의 종류, 수량, 평가가액 및 각종 공제 등을 증명할 수 있는 서류 등 대통령령으로 정하는 것을 첨부하여야 한다.
[전문개정 2010. 1. 1.]

제69조(신고세액 공제) ① 제67조에 따라 상속세 과세표준을 신고한 경우에는 상속세산출세액(제27조에 따라 산출세액에 가산하는 금액을 포함한다)에서 다음 각 호의 금액을 공제한 금액의 100분의 3에 상당하는 금액을 공제한다. 〈개정 2016. 12. 20., 2017. 12. 19.〉
1. 제74조에 따라 징수를 유예받은 금액
2. 이 법 또는 다른 법률에 따라 산출세액에서 공제되거나 감면되는 금액
② 제68조에 따라 증여세 과세표준을 신고한 경우에는 증여세산출세액(제57조에 따라 산출세액에 가산하는 금액을 포함한다)에서 다음 각 호의 금액을 공제한 금액의 100분의 3에 상당하는 금액을 공제한다. 〈개정 2015. 12. 15., 2016. 12. 20., 2017. 12. 19.〉
1. 제75조에 따라 징수를 유예받은 금액
2. 이 법 또는 다른 법률에 따라 산출세액에서 공제되거나 감면되는 금액
[전문개정 2010. 1. 1.]

제2절 납부 〈개정 2010. 1. 1.〉

제70조(자진납부) ① 제67조나 제68조에 따라 상속세 또는 증여세를 신고하는 자는 각 신고기한까지 각 산출세액에서 다음 각 호의 어느 하나에 규정된 금액을 뺀 금액을 대통령령으로 정하는 바에 따라 납세지 관할 세무서, 한국은행 또는 우체국에 납부하여야 한다.
1. 제69조 제1항 제1호 및 제2호에 규정된 금액

2. 상속세의 경우에는 제69조 제1항 각 호 외의 부분에 따라 공제하는 금액

3. 증여세의 경우에는 제69조 제2항에 따라 공제하는 금액

4. 제71조에 따라 연부연납(年賦延納)을 신청한 금액

5. 제73조에 따라 물납(物納)을 신청한 금액

② 제1항에 따라 납부할 금액이 1천만원을 초과하는 경우에는 대통령령으로 정하는 바에 따라 그 납부할 금액의 일부를 납부기한이 지난 후 2개월 이내에 분할납부할 수 있다. 다만, 제71조에 따라 연부연납을 허가받은 경우에는 그러하지 아니하다.

[전문개정 2010. 1. 1.]

제71조(연부연납) ① 납세지 관할세무서장은 상속세 납부세액이나 증여세 납부세액이 2천만원을 초과하는 경우에는 대통령령으로 정하는 방법에 따라 납세의무자의 신청을 받아 연부연납을 허가할 수 있다. 이 경우 납세의무자는 담보를 제공하여야 하며, 「국세징수법」 제18조 제1항 제1호부터 제4호까지의 규정에 따른 납세담보를 제공하여 연부연납 허가를 신청하는 경우에는 그 신청일에 연부연납을 허가받은 것으로 본다. 〈개정 2020. 12. 22., 2021. 12. 21.〉

② 제1항에 따른 연부연납의 기간은 다음 각 호의 구분에 따른 기간의 범위에서 해당 납세의무자가 신청한 기간으로 한다. 다만, 각 회분의 분할납부 세액이 1천만원을 초과하도록 연부연납기간을 정하여야 한다. 〈개정 2015. 12. 15., 2017. 12. 19., 2019. 12. 31., 2021. 12. 21.〉

1. 상속세의 경우: 다음 각 목에 따른 기간

　가. 제18조 제2항 제1호에 따라 가업상속 공제를 받았거나 대통령령으로 정하는 요건에 따라 중소기업 또는 중견기업을 상속받은 경우 대통령령으로 정하는 상속재산(「유아교육법」 제7조 제3호에 따른 사립유치원에 직접 사용하는 재산 등 대통령령으로 정하는 재산을 포함한다. 이하 이 조에서 같다): 연부연납 허가일부터 10년 또는 연부연납 허가 후 3년이 되는 날부터 7년. 다만, 상속재산(상속인이 아닌 자에게 유증한 재산은 제외한다) 중 대통령령으로 정하는 상속재산이 차지하는 비율이 100분의 50 이상인 경우에는 연부연납 허가일부터 20년 또는 연부연납 허가 후 5년이 되는 날부터 15년으로 한다.

　나. 그 외의 경우: 연부연납 허가일부터 10년

2. 증여세의 경우: 연부연납 허가일부터 5년

③ 제2항을 적용할 때 연부연납 대상금액의 산정방법은 대통령령으로 정한다.

④ 납세지 관할세무서장은 제1항에 따라 연부연납을 허가받은 납세의무자가 다음 각 호

의 어느 하나에 해당하게 된 경우에는 대통령령으로 정하는 바에 따라 그 연부연납 허가를 취소하거나 변경하고, 그에 따라 연부연납과 관계되는 세액의 전액 또는 일부를 징수할 수 있다. 〈개정 2015. 12. 15., 2017. 12. 19., 2019. 12. 31., 2020. 6. 9., 2020. 12. 22.〉

1. 연부연납 세액을 지정된 납부기한(제1항 후단에 따라 허가받은 것으로 보는 경우에는 연부연납 세액의 납부 예정일을 말한다)까지 납부하지 아니한 경우

2. 담보의 변경 또는 그 밖에 담보 보전(保全)에 필요한 관할세무서장의 명령에 따르지 아니한 경우

3. 「국세징수법」 제9조 제1항 각 호의 어느 하나에 해당되어 그 연부연납기한까지 그 연부연납과 관계되는 세액의 전액을 징수할 수 없다고 인정되는 경우

4. 상속받은 사업을 폐업하거나 해당 상속인이 그 사업에 종사하지 아니하게 된 경우 등 대통령령으로 정하는 사유에 해당하는 경우

5. 「유아교육법」 제7조 제3호에 따른 사립유치원에 직접 사용하는 재산 등 대통령령으로 정하는 재산을 해당 사업에 직접 사용하지 아니하는 경우 등 대통령령으로 정하는 경우

⑤ 납세지 관할세무서장은 제1항에 따라 연부연납을 허가(제1항 후단에 따라 허가받은 것으로 보는 경우는 제외한다)하거나 제4항에 따라 연부연납의 허가를 취소한 경우에는 납세의무자에게 그 사실을 알려야 한다.

[전문개정 2010. 1. 1.]

제72조(연부연납 가산금) 제71조에 따라 연부연납의 허가를 받은 자는 다음 각 호의 어느 하나에 규정한 금액을 각 회분의 분할납부 세액에 가산하여 납부하여야 한다. 〈개정 2020. 12. 22.〉

1. 처음의 분할납부 세액에 대해서는 연부연납을 허가한 총세액에 대하여 제67조와 제68조에 따른 신고기한 또는 납부고지서에 의한 납부기한의 다음 날부터 그 분할납부 세액의 납부기한까지의 일수(日數)에 대통령령으로 정하는 비율을 곱하여 계산한 금액

2. 제1호 외의 경우에는 연부연납을 허가한 총세액에서 직전 회까지 납부한 분할납부 세액의 합산금액을 뺀 잔액에 대하여 직전 회의 분할납부 세액 납부기한의 다음 날부터 해당 분할납부기한까지의 일수에 대통령령으로 정하는 비율을 곱하여 계산한 금액

[전문개정 2010. 1. 1.]

제73조(물납) ① 납세지 관할 세무서장은 다음 각 호의 요건을 모두 갖춘 경우에는 대통령령으로 정하는 바에 따라 납세의무자의 신청을 받아 물납을 허가할 수 있다. 다만, 물납을 신청한 재산의 관리·처분이 적당하지 아니하다고 인정되는 경우에는 물납허가를 하지

아니할 수 있다. 〈개정 2013. 5. 28., 2014. 1. 1., 2015. 12. 15., 2017. 12. 19., 2019. 12. 31.〉

1. 상속재산(제13조에 따라 상속재산에 가산하는 증여재산 중 상속인 및 수유자가 받은 증여재산을 포함한다) 중 부동산과 유가증권(국내에 소재하는 부동산 등 대통령령으로 정하는 물납에 충당할 수 있는 재산으로 한정한다)의 가액이 해당 상속재산가액의 2분의 1을 초과할 것

2. 상속세 납부세액이 2천만원을 초과할 것

3. 상속세 납부세액이 상속재산가액 중 대통령령으로 정하는 금융재산의 가액(제13조에 따라 상속재산에 가산하는 증여재산의 가액은 포함하지 아니한다)을 초과할 것

② 물납에 충당할 수 있는 재산의 범위, 관리·처분이 적당하지 아니하다고 인정되는 경우, 그 밖에 물납절차 및 물납신청에 필요한 사항은 대통령령으로 정한다. 〈개정 2011. 12. 31.〉

[전문개정 2010. 1. 1.]

제73조의 2(문화재 등에 대한 물납) ① 다음 각 호의 요건을 모두 갖춘 납세의무자는 상속재산에 대통령령으로 정하는 문화재 및 미술품(이하 이 조에서 "문화재 등"이라 한다)이 포함된 경우 납세지 관할 세무서장에게 해당 문화재 등에 대한 물납을 신청할 수 있다.

1. 상속세 납부세액이 2천만원을 초과할 것

2. 상속세 납부세액이 상속재산가액 중 대통령령으로 정하는 금융재산의 가액(제13조에 따라 상속재산에 가산하는 증여재산의 가액은 포함하지 아니한다)을 초과할 것

② 납세지 관할 세무서장은 제1항에 따른 물납 신청이 있는 경우 대통령령으로 정하는 방법에 따라 해당 물납 신청 내역 등을 문화체육관광부장관에게 통보하여야 한다.

③ 문화체육관광부장관은 물납을 신청한 문화재 등이 역사적·학술적·예술적 가치가 있는 등 물납이 필요하다고 인정되는 경우 납세지 관할 세무서장에게 대통령령으로 정하는 절차에 따라 해당 문화재 등에 대한 물납을 요청하여야 한다.

④ 납세지 관할 세무서장은 제3항에 따른 요청을 받은 경우 해당 문화재 등이 대통령령으로 정하는 절차에 따라 국고 손실의 위험이 크지 아니하다고 인정되는 경우 물납을 허가한다.

⑤ 제1항에 따라 물납을 신청할 수 있는 납부세액은 상속재산 중 물납에 충당할 수 있는 문화재 등의 가액에 대한 상속세 납부세액을 초과할 수 없다.

⑥ 그 밖에 물납 신청 및 허가 절차 등에 필요한 사항은 대통령령으로 정한다.

[본조신설 2021. 12. 21.]

[시행일: 2023. 1. 1.] 제73조의 2

별
첨

[시행 2021. 9. 14.] [법률 제18449호, 2021. 9. 14., 일부개정]
기획재정부(재산세제과) 044-215-4313

제1장 총칙

제1조(목적) 이 법은 고액의 부동산 보유자에 대하여 종합부동산세를 부과하여 부동산보유에 대한 조세부담의 형평성을 제고하고, 부동산의 가격안정을 도모함으로써 지방재정의 균형발전과 국민경제의 건전한 발전에 이바지함을 목적으로 한다.

제2조(정의) 이 법에서 사용하는 용어의 정의는 다음 각호와 같다. 〈개정 2005. 12. 31., 2010. 3. 31., 2016. 1. 19., 2018. 12. 31., 2020. 6. 9.〉

1. "시·군·구"라 함은 「지방자치법」 제2조에 따른 지방자치단체인 시·군 및 자치구(이하 "시·군"이라 한다)를 말한다.

2. "시장·군수·구청장"이라 함은 지방자치단체의 장인 시장·군수 및 자치구의 구청장(이하 "시장·군수"라 한다)을 말한다.

3. "주택"이라 함은 「지방세법」 제104조 제3호에 의한 주택을 말한다. 다만, 같은 법 제13조 제5항 제1호에 따른 별장은 제외한다.

4. "토지"라 함은 「지방세법」 제104조 제1호에 따른 토지를 말한다.

5. "주택분 재산세"라 함은 「지방세법」 제105조 및 제107조에 따라 주택에 대하여 부과하는 재산세를 말한다.

6. "토지분 재산세"라 함은 「지방세법」 제105조 및 제107조에 따라 토지에 대하여 부과하는 재산세를 말한다.

7. 삭제 〈2005. 12. 31.〉

8. "세대"라 함은 주택 또는 토지의 소유자 및 그 배우자와 그들과 생계를 같이하는 가족으로서 대통령령으로 정하는 것을 말한다.

9. "공시가격"이라 함은 「부동산 가격공시에 관한 법률」에 따라 가격이 공시되는 주택 및 토지에 대하여 같은 법에 따라 공시된 가액을 말한다. 다만, 같은 법에 따라 가격이 공시되지 아니한 경우에는 「지방세법」 제4조 제1항 단서 및 같은 조 제2항에 따른 가

액으로 한다.

제3조(과세기준일) 종합부동산세의 과세기준일은 「지방세법」 제114조에 따른 재산세의 과세기준일로 한다. 〈개정 2010. 3. 31.〉

제4조(납세지) ① 종합부동산세의 납세의무자가 개인 또는 법인으로 보지 아니하는 단체인 경우에는 소득세법 제6조의 규정을 준용하여 납세지를 정한다.

② 종합부동산세의 납세의무자가 법인 또는 법인으로 보는 단체인 경우에는 「법인세법」 제9조 제1항부터 제3항까지의 규정을 준용하여 납세지를 정한다. 〈개정 2020. 6. 9.〉

③ 종합부동산세의 납세의무자가 비거주자인 개인 또는 외국법인으로서 국내사업장이 없고 국내원천소득이 발생하지 아니하는 주택 및 토지를 소유한 경우에는 그 주택 또는 토지의 소재지(주택 또는 토지가 둘 이상인 경우에는 공시가격이 가장 높은 주택 또는 토지의 소재지를 말한다)를 납세지로 정한다. 〈신설 2008. 12. 26.〉

제5조(과세구분 및 세액) ① 종합부동산세는 주택에 대한 종합부동산세와 토지에 대한 종합부동산세의 세액을 합한 금액을 그 세액으로 한다.

② 토지에 대한 종합부동산세의 세액은 제14조 제1항부터 제3항까지의 규정에 따른 토지분 종합합산세액과 같은 조 제4항부터 제6항까지의 규정에 따른 토지분 별도합산세액을 합한 금액으로 한다. 〈개정 2005. 12. 31., 2020. 6. 9.〉

제6조(비과세 등) ① 「지방세특례제한법」 또는 「조세특례제한법」에 의한 재산세의 비과세·과세면제 또는 경감에 관한 규정(이하 "재산세의 감면규정"이라 한다)은 종합부동산세를 부과하는 경우에 준용한다. 〈개정 2010. 3. 31., 2020. 6. 9.〉

② 「지방세특례제한법」 제4조에 따른 시·군의 감면조례에 의한 재산세의 감면규정은 종합부동산세를 부과하는 경우에 준용한다. 〈개정 2010. 3. 31., 2020. 6. 9.〉

③ 제1항 및 제2항에 따라 재산세의 감면규정을 준용하는 경우 그 감면대상인 주택 또는 토지의 공시가격에서 그 공시가격에 재산세 감면비율(비과세 또는 과세면제의 경우에는 이를 100분의 100으로 본다)을 곱한 금액을 공제한 금액을 공시가격으로 본다. 〈개정 2005. 12. 31., 2020. 6. 9.〉

④ 제1항 및 제2항의 재산세의 감면규정 또는 분리과세규정에 따라 종합부동산세를 경감하는 것이 종합부동산세를 부과하는 취지에 비추어 적합하지 않은 것으로 인정되는 경우 등 대통령령으로 정하는 경우에는 종합부동산세를 부과할 때 제1항 및 제2항 또는 그 분리과세규정을 적용하지 아니한다. 〈개정 2018. 12. 31., 2020. 6. 9.〉

제2장 주택에 대한 과세

제7조(납세의무자) ① 과세기준일 현재 주택분 재산세의 납세의무자는 종합부동산세를 납부할 의무가 있다. 〈개정 2005. 12. 31., 2008. 12. 26., 2020. 8. 18.〉

② 「신탁법」 제2조에 따른 수탁자(이하 "수탁자"라 한다)의 명의로 등기 또는 등록된 신탁재산으로서 주택(이하 "신탁주택"이라 한다)의 경우에는 제1항에도 불구하고 같은 조에 따른 위탁자(「주택법」 제2조 제11호 가목에 따른 지역주택조합 및 같은 호 나목에 따른 직장주택조합이 조합원이 납부한 금전으로 매수하여 소유하고 있는 신탁주택의 경우에는 해당 지역주택조합 및 직장주택조합을 말한다. 이하 "위탁자"라 한다)가 종합부동산세를 납부할 의무가 있다. 이 경우 위탁자가 신탁주택을 소유한 것으로 본다. 〈신설 2020. 12. 29.〉

③ 삭제 〈2008. 12. 26.〉

[2008. 12. 26. 법률 제9273호에 의하여 2008. 11. 13. 헌법재판소에서 위헌 결정된 이 조를 개정함.]

제7조의 2(신탁주택 관련 수탁자의 물적납세의무) 신탁주택의 위탁자가 다음 각 호의 어느 하나에 해당하는 종합부동산세 또는 강제징수비(이하 "종합부동산세등"이라 한다)를 체납한 경우로서 그 위탁자의 다른 재산에 대하여 강제징수를 하여도 징수할 금액에 미치지 못할 때에는 해당 신탁주택의 수탁자는 그 신탁주택으로써 위탁자의 종합부동산세등을 납부할 의무가 있다.

1. 신탁 설정일 이후에 「국세기본법」 제35조 제2항에 따른 법정기일이 도래하는 종합부동산세로서 해당 신탁주택과 관련하여 발생한 것
2. 제1호의 금액에 대한 강제징수 과정에서 발생한 강제징수비

[본조신설 2020. 12. 29.]

제8조(과세표준) ① 주택에 대한 종합부동산세의 과세표준은 납세의무자별로 주택의 공시가격을 합산한 금액 [과세기준일 현재 세대원 중 1인이 해당 주택을 단독으로 소유한 경우로서 대통령령으로 정하는 1세대 1주택자(이하 "1세대 1주택자"라 한다)의 경우에는 그 합산한 금액에서 5억원을 공제한 금액] 에서 6억원을 공제(납세의무자가 법인 또는 법인으로 보는 단체로서 제9조 제2항 각 호의 세율이 적용되는 경우는 제외한다)한 금액에 부동산 시장의 동향과 재정 여건 등을 고려하여 100분의 60부터 100분의 100까지의 범위에서 대통령령으로 정하는 공정시장가액비율을 곱한 금액으로 한다. 다만, 그 금액

이 영보다 작은 경우에는 영으로 본다. 〈개정 2005. 12. 31., 2008. 12. 26., 2020. 8. 18., 2021. 9. 14.〉

② 다음 각 호의 어느 하나에 해당하는 주택은 제1항에 따른 과세표준 합산의 대상이 되는 주택의 범위에 포함되지 아니하는 것으로 본다. 〈신설 2005. 12. 31., 2008. 12. 26., 2011. 6. 7., 2015. 8. 28., 2020. 6. 9.〉

1. 「민간임대주택에 관한 특별법」에 따른 민간임대주택, 「공공주택 특별법」에 따른 공공임대주택 또는 대통령령으로 정하는 다가구 임대주택으로서 임대기간, 주택의 수, 가격, 규모 등을 고려하여 대통령령으로 정하는 주택

2. 제1호의 주택외에 종업원의 주거에 제공하기 위한 기숙사 및 사원용 주택, 주택건설사업자가 건축하여 소유하고 있는 미분양주택, 가정어린이집용 주택, 「수도권정비계획법」 제2조 제1호에 따른 수도권 외 지역에 소재하는 1주택 등 종합부동산세를 부과하는 목적에 적합하지 아니한 것으로서 대통령령으로 정하는 주택. 이 경우 수도권 외 지역에 소재하는 1주택의 경우에는 2009년 1월 1일부터 2011년 12월 31일까지의 기간 중 납세의무가 성립하는 분에 한정한다.

③ 제2항의 규정에 따른 주택을 보유한 납세의무자는 해당 연도 9월 16일부터 9월 30일까지 대통령령으로 정하는 바에 따라 납세지 관할세무서장(이하 "관할세무서장"이라 한다)에게 해당 주택의 보유현황을 신고하여야 한다. 〈신설 2007. 1. 11., 2020. 6. 9.〉

④ 제1항을 적용할 때 1주택(주택의 부속토지만을 소유한 경우는 제외한다)과 다른 주택의 부속토지(주택의 건물과 부속토지의 소유자가 다른 경우의 그 부속토지를 말한다)를 함께 소유하고 있는 경우에는 1세대 1주택자로 본다. 〈신설 2009. 5. 27., 2020. 6. 9.〉

[2008. 12. 26. 법률 제9273호에 의하여 2008. 11. 13. 헌법재판소에서 위헌 결정된 이 조를 개정함.]

제9조(세율 및 세액) ① 주택에 대한 종합부동산세는 다음 각 호와 같이 납세의무자가 소유한 주택 수에 따라 과세표준에 해당 세율을 적용하여 계산한 금액을 그 세액(이하 "주택분 종합부동산세액"이라 한다)으로 한다. 〈개정 2018. 12. 31., 2020. 8. 18.〉

1. 납세의무자가 2주택 이하를 소유한 경우[「주택법」 제63조의 2 제1항 제1호에 따른 조정대상지역(이하 이 조에서 "조정대상지역"이라 한다) 내 2주택을 소유한 경우는 제외한다]

과세표준	세 율
3억원 이하	1천분의 6
3억원 초과 6억원 이하	180만원+(3억원을 초과하는 금액의 1천분의 8)
6억원 초과 12억원 이하	420만원+(6억원을 초과하는 금액의 1천분의 12)
12억원 초과 50억원 이하	1천140만원+(12억원을 초과하는 금액의 1천분의 16)
50억원 초과 94억원 이하	7천220만원+(50억원을 초과하는 금액의 1천분의 22)
94억원 초과	1억6천900만원+(94억원을 초과하는 금액의 1천분의 30)

2. 납세의무자가 3주택 이상을 소유하거나, 조정대상지역 내 2주택을 소유한 경우

과세표준	세 율
3억원 이하	1천분의 12
3억원 초과 6억원 이하	360만원+(3억원을 초과하는 금액의 1천분의 16)
6억원 초과 12억원 이하	840만원+(6억원을 초과하는 금액의 1천분의 22)
12억원 초과 50억원 이하	2천160만원+(12억원을 초과하는 금액의 1천분의 36)
50억원 초과 94억원 이하	1억5천840만원+(50억원을 초과하는 금액의 1천분의 50)
94억원 초과	3억7천840만원+(94억원을 초과하는 금액의 1천분의 60)

② 납세의무자가 법인 또는 법인으로 보는 단체(「공공주택특별법」 제4조에 따른 공공주택사업자 등 사업의 특성을 고려하여 대통령령으로 정하는 경우는 제외한다)인 경우 제1항에도 불구하고 과세표준에 다음 각 호에 따른 세율을 적용하여 계산한 금액을 주택분 종합부동산세액으로 한다.〈신설 2020. 8. 18., 2020. 12. 29.〉

1. 2주택 이하를 소유한 경우(조정대상지역 내 2주택을 소유한 경우는 제외한다): 1천분의 30

2. 3주택 이상을 소유하거나, 조정대상지역 내 2주택을 소유한 경우: 1천분의 60

③ 주택분 과세표준 금액에 대하여 해당 과세대상 주택의 주택분 재산세로 부과된 세액(「지방세법」 제111조 제3항에 따라 가감조정된 세율이 적용된 경우에는 그 세율이 적용된 세액, 같은 법 제122조에 따라 세부담 상한을 적용받은 경우에는 그 상한을 적용받은

세액을 말한다)은 주택분 종합부동산세액에서 이를 공제한다.〈신설 2005. 12. 31., 2008. 12. 26., 2010. 3. 31.〉

④ 주택분 종합부동산세액을 계산할 때 주택 수 계산 및 주택분 재산세로 부과된 세액의 공제 등에 관하여 필요한 사항은 대통령령으로 정한다.〈신설 2005. 12. 31., 2018. 12. 31., 2020. 6. 9.〉

⑤ 주택분 종합부동산세 납세의무자가 1세대 1주택자에 해당하는 경우의 주택분 종합부동산세액은 제1항·제3항 및 제4항에 따라 산출된 세액에서 제6항 또는 제7항에 따른 1세대 1주택자에 대한 공제액을 공제한 금액으로 한다. 이 경우 제6항과 제7항은 공제율 합계 100분의 80의 범위에서 중복하여 적용할 수 있다.〈신설 2008. 12. 26., 2018. 12. 31., 2020. 8. 18.〉

⑥ 과세기준일 현재 만 60세 이상인 1세대 1주택자의 공제액은 제1항·제3항 및 제4항에 따라 산출된 세액[제8조 제4항에 해당하는 경우에는 제1항·제3항 및 제4항에 따라 산출된 세액에서 주택의 부속토지(주택의 건물과 부속토지의 소유자가 다른 경우의 그 부속토지를 말한다)분에 해당하는 산출세액(공시가격합계액으로 안분하여 계산한 금액을 말한다)을 제외한 금액]에 다음 표에 따른 연령별 공제율을 곱한 금액으로 한다.〈신설 2008. 12. 26., 2009. 5. 27., 2020. 8. 18.〉

연령	공제율
만 60세 이상 만 65세 미만	100분의 20
만 65세 이상 만 70세 미만	100분의 30
만 70세 이상	100분의 40

⑦ 1세대 1주택자로서 해당 주택을 과세기준일 현재 5년 이상 보유한 자의 공제액은 제1항·제3항 및 제4항에 따라 산출된 세액[제8조 제4항에 해당하는 경우에는 제1항·제3항 및 제4항에 따라 산출된 세액에서 주택의 부속토지(주택의 건물과 부속토지의 소유자가 다른 경우의 그 부속토지를 말한다)분에 해당하는 산출세액(공시가격합계액으로 안분하여 계산한 금액을 말한다)을 제외한 금액]에 다음 표에 따른 보유기간별 공제율을 곱한 금액으로 한다.〈신설 2008. 12. 26., 2009. 5. 27., 2018. 12. 31.〉

보유기간	공제율
5년 이상 10년 미만	100분의 20
10년 이상 15년 미만	100분의 40
15년 이상	100분의 50

[2008. 12. 26. 법률 제9273호에 의하여 2008. 11. 13. 헌법재판소에서 위헌 결정된 이 조를

개정함.]

제10조(세부담의 상한) 종합부동산세의 납세의무자가 해당 연도에 납부하여야 할 주택분 재산세액상당액(신탁주택의 경우 재산세의 납세의무자가 납부하여야 할 주택분 재산세 액상당액을 말한다)과 주택분 종합부동산세액상당액의 합계액(이하 이 조에서 "주택에 대한 총세액상당액"이라 한다)으로서 대통령령으로 정하는 바에 따라 계산한 세액이 해당 납세의무자에게 직전년도에 해당 주택에 부과된 주택에 대한 총세액상당액으로서 대통령령으로 정하는 바에 따라 계산한 세액에 다음 각 호의 비율을 곱하여 계산한 금액을 초과하는 경우에는 그 초과하는 세액에 대해서는 제9조에도 불구하고 이를 없는 것으로 본다. 다만, 납세의무자가 법인 또는 법인으로 보는 단체로서 제9조 제2항 각 호의 세율이 적용되는 경우는 그러하지 아니하다. 〈개정 2005. 12. 31., 2008. 12. 26., 2018. 12. 31., 2020. 8. 18., 2020. 12. 29.〉

1. 제9조 제1항 제1호의 적용대상인 경우: 100분의 150
2. 제9조 제1항 제2호의 적용대상인 경우: 100분의 300
   가. 삭제 〈2020. 8. 18.〉
   나. 삭제 〈2020. 8. 18.〉

제10조의 2(공동명의 1주택자의 납세의무 등에 관한 특례) ① 제7조 제1항에도 불구하고 과세기준일 현재 세대원 중 1인이 그 배우자와 공동으로 1주택을 소유하고 해당 세대원 및 다른 세대원이 다른 주택(제8조 제2항 각 호의 어느 하나에 해당하는 주택 중 대통령령으로 정하는 주택을 제외한다)을 소유하지 아니한 경우로서 대통령령으로 정하는 경우에는 배우자와 공동으로 1주택을 소유한 자 또는 그 배우자 중 대통령령으로 정하는 자(이하 "공동명의 1주택자"라 한다)를 해당 1주택에 대한 납세의무자로 할 수 있다.
② 제1항을 적용받으려는 납세의무자는 당해 연도 9월 16일부터 9월 30일까지 대통령령으로 정하는 바에 따라 관할세무서장에게 신청하여야 한다.
③ 제1항을 적용하는 경우에는 공동명의 1주택자를 1세대 1주택자로 보아 제8조에 따른 과세표준과 제9조에 따른 세율 및 세액을 계산한다.
④ 제1항부터 제3항까지를 적용할 때 해당 주택에 대한 과세표준의 계산, 세율 및 세액, 세부담의 상한의 구체적인 계산방식, 부과절차 및 그 밖에 필요한 사항은 대통령령으로 정한다.
[본조신설 2020. 12. 29.]

제3장 토지에 대한 과세

제11조(과세방법) 토지에 대한 종합부동산세는 국내에 소재하는 토지에 대하여 「지방세법」 제106조 제1항 제1호에 따른 종합합산과세대상(이하 "종합합산과세대상"이라 한다)과 같은 법 제106조 제1항 제2호에 따른 별도합산과세대상(이하 "별도합산과세대상"이라 한다)으로 구분하여 과세한다. 〈개정 2010. 3. 31.〉

제12조(납세의무자) ① 과세기준일 현재 토지분 재산세의 납세의무자로서 다음 각호의 어느 하나에 해당하는 자는 해당 토지에 대한 종합부동산세를 납부할 의무가 있다. 〈개정 2005. 12. 31., 2008. 12. 26.〉

1. 종합합산과세대상인 경우에는 국내에 소재하는 해당 과세대상토지의 공시가격을 합한 금액이 5억원을 초과하는 자
2. 별도합산과세대상인 경우에는 국내에 소재하는 해당 과세대상토지의 공시가격을 합한 금액이 80억원을 초과하는 자

② 수탁자의 명의로 등기 또는 등록된 신탁재산으로서 토지(이하 "신탁토지"라 한다)의 경우에는 제1항에도 불구하고 위탁자가 종합부동산세를 납부할 의무가 있다. 이 경우 위탁자가 신탁토지를 소유한 것으로 본다. 〈신설 2020. 12. 29.〉

[2008. 12. 26. 법률 제9273호에 의하여 2008. 11. 13. 헌법재판소에서 위헌 결정된 이 조를 개정함.]

제12조의 2(신탁토지 관련 수탁자의 물적납세의무) 신탁토지의 위탁자가 다음 각 호의 어느 하나에 해당하는 종합부동산세등을 체납한 경우로서 그 위탁자의 다른 재산에 대하여 강제징수를 하여도 징수할 금액에 미치지 못할 때에는 해당 신탁토지의 수탁자는 그 신탁토지로써 위탁자의 종합부동산세등을 납부할 의무가 있다.

1. 신탁 설정일 이후에 「국세기본법」 제35조 제2항에 따른 법정기일이 도래하는 종합부동산세로서 해당 신탁토지와 관련하여 발생한 것
2. 제1호의 금액에 대한 강제징수 과정에서 발생한 강제징수비

[본조신설 2020. 12. 29.]

제13조(과세표준) ① 종합합산과세대상인 토지에 대한 종합부동산세의 과세표준은 납세의무자별로 해당 과세대상토지의 공시가격을 합산한 금액에서 5억원을 공제한 금액에 부동산 시장의 동향과 재정 여건 등을 고려하여 100분의 60부터 100분의 100까지의 범위에서 대통령령으로 정하는 공정시장가액비율을 곱한 금액으로 한다. 〈개정 2008. 12. 26.〉

② 별도합산과세대상인 토지에 대한 종합부동산세의 과세표준은 납세의무자별로 해당 과세대상토지의 공시가격을 합산한 금액에서 80억원을 공제한 금액에 부동산 시장의 동향과 재정 여건 등을 고려하여 100분의 60부터 100분의 100까지의 범위에서 대통령령으로 정하는 공정시장가액비율을 곱한 금액으로 한다. 〈개정 2008. 12. 26.〉

③제1항 또는 제2항의 금액이 영보다 작은 경우에는 영으로 본다.

제14조(세율 및 세액) ① 종합합산과세대상인 토지에 대한 종합부동산세의 세액은 과세표준에 다음의 세율을 적용하여 계산한 금액(이하 "토지분 종합합산세액"이라 한다)으로 한다. 〈개정 2018. 12. 31.〉

과세표준	세율
15억원 이하	1천분의 10
15억원 초과 45억원 이하	1천500만원+(15억원을 초과하는 금액의 1천분의 20)
45억원 초과	7천500만원+(45억원을 초과하는 금액의 1천분의 30)

② 삭제 〈2008. 12. 26.〉

③ 종합합산과세대상인 토지의 과세표준 금액에 대하여 해당 과세대상 토지의 토지분 재산세로 부과된 세액(「지방세법」 제111조 제3항에 따라 가감조정된 세율이 적용된 경우에는 그 세율이 적용된 세액, 같은 법 제122조에 따라 세부담 상한을 적용받은 경우에는 그 상한을 적용받은 세액을 말한다)은 토지분 종합합산세액에서 이를 공제한다. 〈신설 2005. 12. 31., 2008. 12. 26., 2010. 3. 31.〉

④ 별도합산과세대상인 토지에 대한 종합부동산세의 세액은 과세표준에 다음의 세율을 적용하여 계산한 금액(이하 "토지분 별도합산세액"이라 한다)으로 한다. 〈개정 2008. 12. 26.〉

과세표준	세율
200억원 이하	1천분의 5
200억원 초과 400억원 이하	1억원+(200억원을 초과하는 금액의 1천분의 6)
400억원 초과	2억2천만원+(400억원을 초과하는 금액의 1천분의 7)

⑤ 삭제〈2008. 12. 26.〉

⑥ 별도합산과세대상인 토지의 과세표준 금액에 대하여 해당 과세대상 토지의 토지분 재산세로 부과된 세액(「지방세법」 제111조 제3항에 따라 가감조정된 세율이 적용된 경우에는 그 세율이 적용된 세액, 같은 법 제122조에 따라 세부담 상한을 적용받은 경우에는 그 상한을 적용받은 세액을 말한다)은 토지분 별도합산세액에서 이를 공제한다. 〈신설

2005. 12. 31., 2008. 12. 26., 2010. 3. 31.〉

⑦ 토지분 종합부동산세액을 계산할 때 토지분 재산세로 부과된 세액의 공제 등에 관하여 필요한 사항은 대통령령으로 정한다.〈신설 2005. 12. 31., 2020. 6. 9.〉

제15조(세부담의 상한) ① 종합부동산세의 납세의무자가 종합합산과세대상인 토지에 대하여 해당 연도에 납부하여야 할 재산세액상당액(신탁토지의 경우 재산세의 납세의무자가 종합합산과세대상인 해당 토지에 대하여 납부하여야 할 재산세액상당액을 말한다)과 토지분 종합합산세액상당액의 합계액(이하 이 조에서 "종합합산과세대상인 토지에 대한 총세액상당액"이라 한다)으로서 대통령령으로 정하는 바에 따라 계산한 세액이 해당 납세의무자에게 직전년도에 해당 토지에 부과된 종합합산과세대상인 토지에 대한 총세액상당액으로서 대통령령으로 정하는 바에 따라 계산한 세액의 100분의 150을 초과하는 경우에는 그 초과하는 세액에 대해서는 제14조 제1항에도 불구하고 이를 없는 것으로 본다.〈개정 2005. 12. 31., 2008. 12. 26., 2020. 12. 29.〉

② 종합부동산세의 납세의무자가 별도합산과세대상인 토지에 대하여 해당 연도에 납부하여야 할 재산세액상당액(신탁토지의 경우 재산세의 납세의무자가 별도합산과세대상인 해당 토지에 대하여 납부하여야 할 재산세액상당액을 말한다)과 토지분 별도합산세액상당액의 합계액(이하 이 조에서 "별도합산과세대상인 토지에 대한 총세액상당액"이라 한다)으로서 대통령령으로 정하는 바에 따라 계산한 세액이 해당 납세의무자에게 직전년도에 해당 토지에 부과된 별도합산과세대상인 토지에 대한 총세액상당액으로서 대통령령으로 정하는 바에 따라 계산한 세액의 100분의 150을 초과하는 경우에는 그 초과하는 세액에 대해서는 제14조 제4항에도 불구하고 이를 없는 것으로 본다.〈개정 2005. 12. 31., 2008. 12. 26., 2020. 12. 29.〉

제4장 부과 · 징수 등 〈개정 2007. 1. 11.〉

제16조(부과 · 징수 등) ① 관할세무서장은 납부하여야 할 종합부동산세의 세액을 결정하여 해당 연도 12월 1일부터 12월 15일(이하 "납부기간"이라 한다)까지 부과 · 징수한다.〈개정 2020. 6. 9.〉

② 관할세무서장은 종합부동산세를 징수하려면 납부고지서에 주택 및 토지로 구분한 과세표준과 세액을 기재하여 납부기간 개시 5일 전까지 발급하여야 한다.〈개정 2020. 12. 29.〉

③ 제1항 및 제2항에도 불구하고 종합부동산세를 신고납부방식으로 납부하고자 하는 납세의무자는 종합부동산세의 과세표준과 세액을 해당 연도 12월 1일부터 12월 15일까지 대통령령으로 정하는 바에 따라 관할세무서장에게 신고하여야 한다. 이 경우 제1항의 규정에 따른 결정은 없었던 것으로 본다. 〈개정 2020. 6. 9.〉

④ 제3항의 규정에 따라 신고한 납세의무자는 신고기한까지 대통령령으로 정하는 바에 따라 관할세무서장·한국은행 또는 체신관서에 종합부동산세를 납부하여야 한다. 〈개정 2020. 6. 9.〉

⑤ 제1항 및 제2항의 규정에 따른 종합부동산세의 부과절차 및 징수에 관하여 필요한 사항은 대통령령으로 정한다.

[전문개정 2007. 1. 11.]

제16조의 2(물적납세의무에 대한 납부특례) ① 제7조 제2항 또는 제12조 제2항에 따라 종합부동산세를 납부하여야 하는 위탁자의 관할 세무서장은 제7조의 2 또는 제12조의 2에 따라 수탁자로부터 위탁자의 종합부동산세등을 징수하려면 다음 각 호의 사항을 적은 납부고지서를 수탁자에게 발급하여야 한다. 이 경우 수탁자의 주소 또는 거소를 관할하는 세무서장과 위탁자에게 그 사실을 통지하여야 한다.

1. 종합부동산세등의 과세기간, 세액 및 그 산출근거
2. 납부하여야 할 기한 및 납부장소
3. 그 밖에 종합부동산세등의 징수를 위하여 필요한 사항

② 제1항에 따른 납부고지가 있은 후 납세의무자인 위탁자가 신탁의 이익을 받을 권리를 포기 또는 이전하거나 신탁재산을 양도하는 등의 경우에도 제1항에 따라 고지된 부분에 대한 납세의무에는 영향을 미치지 아니한다.

③ 신탁재산의 수탁자가 변경되는 경우에 새로운 수탁자는 제1항에 따라 이전의 수탁자에게 고지된 납세의무를 승계한다.

④ 제1항에 따른 납세의무자인 위탁자의 관할 세무서장은 최초의 수탁자에 대한 신탁 설정일을 기준으로 제7조의 2 및 제12조의 2에 따라 그 신탁재산에 대한 현재 수탁자에게 위탁자의 종합부동산세등을 징수할 수 있다.

⑤ 신탁재산에 대하여 「국세징수법」에 따라 강제징수를 하는 경우 「국세기본법」 제35조 제1항에도 불구하고 수탁자는 「신탁법」 제48조 제1항에 따른 신탁재산의 보존 및 개량을 위하여 지출한 필요비 또는 유익비의 우선변제를 받을 권리가 있다.

⑥ 제1항부터 제5항까지에서 규정한 사항 외에 물적납세의무의 적용에 필요한 사항은 대통령령으로 정한다.

[본조신설 2020. 12. 29.]

제17조(결정과 경정) ① 관할세무서장 또는 납세지 관할 지방국세청장(이하 "관할지방국세청장"이라 한다)은 과세대상 누락, 위법 또는 착오 등으로 인하여 종합부동산세를 새로 부과할 필요가 있거나 이미 부과한 세액을 경정할 경우에는 다시 부과·징수할 수 있다. 〈개정 2007. 1. 11.〉

② 관할세무서장 또는 관할지방국세청장은 제16조 제3항에 따른 신고를 한 자의 신고내용에 탈루 또는 오류가 있는 때에는 해당 연도의 과세표준과 세액을 경정한다. 〈개정 2007. 1. 11., 2020. 6. 9.〉

③ 관할세무서장 또는 관할지방국세청장은 과세표준과 세액을 결정 또는 경정한 후 그 결정 또는 경정에 탈루 또는 오류가 있는 것이 발견된 때에는 이를 경정 또는 재경정하여야 한다. 〈개정 2008. 12. 26.〉

④ 관할세무서장 또는 관할지방국세청장은 제2항 및 제3항에 따른 경정 및 재경정 사유가 「지방세법」 제115조 제2항에 따른 재산세의 세액변경 또는 수시부과사유에 해당되는 때에는 대통령령으로 정하는 바에 따라 종합부동산세의 과세표준과 세액을 경정 또는 재경정하여야 한다. 〈개정 2008. 12. 26., 2010. 3. 31.〉

⑤ 관할세무서장 또는 관할지방국세청장은 제8조 제2항에 따라 과세표준 합산의 대상이 되는 주택에서 제외된 주택 중 같은 항 제1호의 임대주택 또는 같은 항 제2호의 가정어린이집용 주택이 추후 그 요건을 충족하지 아니하게 된 때에는 대통령령으로 정하는 바에 따라 경감받은 세액과 이자상당가산액을 추징하여야 한다. 〈신설 2008. 12. 26., 2011. 6. 7.〉

제18조 삭제 〈2007. 1. 11.〉

제19조 삭제 〈2016. 3. 2.〉

제20조(분납) 관할세무서장은 종합부동산세로 납부하여야 할 세액이 250만원을 초과하는 경우에는 대통령령으로 정하는 바에 따라 그 세액의 일부를 납부기한이 지난 날부터 6개월 이내에 분납하게 할 수 있다. 〈개정 2008. 12. 26., 2018. 12. 31., 2020. 6. 9.〉

제5장 보칙

제21조(과세자료의 제공) ① 시장·군수는 「지방세법」에 따른 해당 연도 재산세의 부과자료 중 주택분 재산세의 부과자료는 7월 31일까지, 토지분 재산세의 부과자료는 9월 30일

까지 행정안전부장관에게 제출하여야 한다. 다만, 시장·군수는「지방세법」제115조 제2항에 따른 재산세의 세액변경 또는 수시부과사유가 발생한 때에는 그 부과자료를 매 반기별로 해당 반기의 종료일부터 10일 이내에 행정안전부장관에게 제출하여야 한다. 〈개정 2008. 2. 29., 2008. 12. 26., 2010. 3. 31., 2013. 3. 23., 2014. 1. 1., 2014. 11. 19., 2017. 7. 26.〉

② 행정안전부장관은 제7조에 규정된 주택에 대한 종합부동산세의 납세의무자를 조사하여 납세의무자별로 과세표준과 세액을 계산한 후, 매년 8월 31일까지 대통령령으로 정하는 바에 따라 국세청장에게 통보하여야 한다. 〈개정 2008. 2. 29., 2013. 3. 23., 2014. 1. 1., 2014. 11. 19., 2017. 7. 26., 2020. 6. 9.〉

③ 행정안전부장관은 제12조에 규정된 토지에 대한 종합부동산세의 납세의무자를 조사하여 납세의무자별로 과세표준과 세액을 계산한 후, 매년 10월 15일까지 대통령령으로 정하는 바에 따라 국세청장에게 통보하여야 한다. 〈개정 2008. 2. 29., 2013. 3. 23., 2014. 1. 1., 2014. 11. 19., 2017. 7. 26., 2020. 6. 9.〉

④ 행정안전부장관은「지방세법」제115조 제2항에 따른 재산세의 세액변경 또는 수시부과사유가 발생한 때에는 재산세 납세의무자별로 재산세 과세대상이 되는 주택 또는 토지에 대한 재산세 및 종합부동산세 과세표준과 세액을 재계산하여 매 반기별로 해당 반기의 종료일이 속하는 달의 다음다음 달 말일까지 대통령령으로 정하는 바에 따라 국세청장에게 통보하여야 한다. 〈개정 2005. 12. 31., 2008. 2. 29., 2008. 12. 26., 2010. 3. 31., 2013. 3. 23., 2014. 1. 1., 2014. 11. 19., 2017. 7. 26.〉

⑤ 행정안전부장관은 제1항에 따라 시장·군수로부터 제출받은 재산세 부과자료를 제1항에서 정한 날부터 10일 이내에 국세청장에게 통보하여야 한다. 〈신설 2005. 12. 31., 2008. 2. 29., 2013. 3. 23., 2014. 1. 1., 2014. 11. 19., 2017. 7. 26., 2020. 6. 9.〉

⑥ 행정안전부장관 또는 국세청장은 종합부동산세 납세의무자의 세대원 확인 등을 위하여 필요한 경우 관련 기관의 장에게 가족관계등록전산자료의 제출을 요구할 수 있고, 자료 제출의 요구를 받은 관련 기관의 장은 정당한 사유가 없으면 그 요구를 따라야 한다. 〈신설 2007. 1. 11., 2007. 5. 17., 2008. 2. 29., 2013. 3. 23., 2014. 1. 1., 2014. 11. 19., 2017. 7. 26., 2020. 6. 9.〉

제22조(시장·군수의 협조의무) ① 관할세무서장 또는 관할지방국세청장은 종합부동산세의 과세와 관련하여 대통령령으로 정하는 바에 따라 과세물건 소재지 관할 시장·군수에게 의견조회를 할 수 있다. 〈개정 2020. 6. 9.〉

② 제1항에 따라 의견조회를 받은 시장·군수는 의견조회 요청을 받은 날부터 20일 이내

에 대통령령으로 정하는 바에 따라 관할세무서장 또는 관할지방국세청장에게 회신하여야 한다. 〈개정 2020. 6. 9.〉

제23조(질문·조사) 종합부동산세에 관한 사무에 종사하는 공무원은 그 직무수행을 위하여 필요한 때에는 다음 각호의 어느 하나에 해당하는 자에 대하여 질문하거나 해당 장부·서류 그 밖의 물건을 조사하거나 그 제출을 명할 수 있다. 이 경우 직무를 위하여 필요한 범위 외에 다른 목적 등을 위하여 그 권한을 남용해서는 아니 된다. 〈개정 2018. 12. 31., 2020. 6. 9.〉

1. 납세의무자 또는 납세의무가 있다고 인정되는 자
2. 「법인세법」 제109조 제2항 제3호에 따른 경영 또는 관리책임자
3. 제1호에서 규정하는 자와 거래관계가 있다고 인정되는 자

제24조(매각·등기·등록관계 서류의 열람 등) 관할세무서장, 관할지방국세청장 또는 그 위임을 받은 세무공무원이 종합부동산세를 부과·징수하기 위하여 주택 및 토지 등 과세물건의 매각·등기·등록 그 밖의 현황에 대한 관계서류의 열람 또는 복사를 요청하는 경우에는 관계기관은 그 요청을 따라야 한다. 〈개정 2020. 6. 9.〉

제25조 삭제 〈2007. 12. 31.〉

부칙 〈제18449호, 2021. 9. 14.〉

제1조(시행일) 이 법은 공포한 날부터 시행한다.
제2조(일반적 적용례) 이 법은 이 법 시행일이 속하는 연도에 납세의무가 성립하는 분부터 적용한다.

별
첨

[시행 2022. 1. 1.] [법률 제18655호, 2021. 12. 28., 타법개정]
법무부(법무심의관실) 02-2110-3164

제1조(목적) 이 법은 부동산거래에 대한 실체적권리관계에 부합하는 등기를 신청하도록 하기 위하여 부동산등기에 관한 특례등에 관한 사항을 정함으로써 건전한 부동산 거래질서를 확립함을 목적으로 한다.

제2조(소유권이전등기등 신청의무) ① 부동산의 소유권이전을 내용으로 하는 계약을 체결한 자는 다음 각호의 1에 정하여진 날부터 60일 이내에 소유권이전등기를 신청하여야 한다. 다만, 그 계약이 취소·해제되거나 무효인 경우에는 그러하지 아니하다.

1. 계약의 당사자가 서로 대가적인 채무를 부담하는 경우에는 반대급부의 이행이 완료된 날

2. 계약당사자의 일방만이 채무를 부담하는 경우에는 그 계약의 효력이 발생한 날

② 제1항의 경우에 부동산의 소유권을 이전받을 것을 내용으로 하는 계약을 체결한 자가 제1항 각호에 정하여진 날 이후 그 부동산에 대하여 다시 제3자와 소유권이전을 내용으로 하는 계약이나 제3자에게 계약당사자의 지위를 이전하는 계약을 체결하고자 할 때에는 그 제3자와 계약을 체결하기 전에 먼저 체결된 계약에 따라 소유권이전등기를 신청하여야 한다.

③ 제1항의 경우에 부동산의 소유권을 이전받을 것을 내용으로 하는 계약을 체결한 자가 제1항 각호에 정하여진 날 전에 그 부동산에 대하여 다시 제3자와 소유권이전을 내용으로 하는 계약을 체결한 때에는 먼저 체결된 계약의 반대급부의 이행이 완료되거나 계약의 효력이 발생한 날부터 60일 이내에 먼저 체결된 계약에 따라 소유권이전등기를 신청하여야 한다.

④ 국가·지방자치단체·한국토지주택공사·한국수자원공사 또는 토지구획정리조합(1999年 5月 1日 전에 조합설립의 인가를 받아 土地區劃整理事業의 施行者인 土地區劃整理事業法에 의한 土地區劃整理組合에 한한다)이 택지개발촉진법에 의한 택지개발사업, 토지구획정리사업법에 의한 토지구획정리사업 또는 산업입지및개발에관한법률에 의한 특수지역개발사업(住居施設用 土地에 한한다)의 시행자인 경우에 당해시행자와 부동산의 소유권을 이전받을 것을 내용으로 하는 계약을 최초로 체결한 자가 파산 기타 이와 유사한 사유로 소유권이전등기를 할 수 없는 때에는 지방자치단체의 조례로 정하는 자에

대하여 제2항 및 제3항의 규정을 적용하지 아니한다.〈신설 1999. 3. 31., 2000. 1. 21., 2012. 12. 18.〉

⑤ 소유권보존등기가 되어 있지 아니한 부동산에 대하여 소유권이전을 내용으로 하는 계약을 체결한 자는 다음 각호의 1에 정하여진 날부터 60일 이내에 소유권보존등기를 신청하여야 한다.〈개정 2011. 4. 12.〉

1. 「부동산등기법」 제65조에 따라 소유권보존등기를 신청할 수 있음에도 이를 하지 아니한 채 계약을 체결한 경우에는 그 계약을 체결한 날

2. 계약을 체결한 후에 「부동산등기법」 제65조에 따라 소유권보존등기를 신청할 수 있게 된 경우에는 소유권보존등기를 신청할 수 있게 된 날

[법률 제5958호(1999. 3. 31.) 부칙 제3조의 규정에 의하여 이 조 제4항은 2000년 6월 30일까지 유효함]

제3조(계약서등의 검인에 대한 특례) ① 계약을 원인으로 소유권이전등기를 신청할 때에는 다음 각호의 사항이 기재된 계약서에 검인신청인을 표시하여 부동산의 소재지를 관할하는 시장(區가 設置되어 있는 市에 있어서는 區廳長)·군수(이하 "市長등" 이라 한다) 또는 그 권한의 위임을 받은 자의 검인을 받아 관할등기소에 이를 제출하여야 한다.

1. 당사자

2. 목적부동산

3. 계약연월일

4. 대금 및 그 지급일자등 지급에 관한 사항 또는 평가액 및 그 차액의 정산에 관한 사항

5. 부동산중개업자가 있을 때에는 부동산중개업자

6. 계약의 조건이나 기한이 있을 때에는 그 조건 또는 기한

② 제1항의 경우에 등기원인을 증명하는 서면이 집행력 있는 판결서 또는 판결과 같은 효력을 갖는 조서(이하 "判決書등"이라 한다)인 때에는 판결서등에 제1항의 검인을 받아 제출하여야 한다.

③ 시장등 또는 그 권한의 위임을 받은 자가 제1항, 제2항 또는 제4조의 규정에 의한 검인을 한 때에는 그 계약서 또는 판결서등의 사본 2통을 작성하여 1통은 보관하고 1통은 부동산의 소재지를 관할하는 세무서장에게 송부하여야 한다.

④ 계약서등의 검인에 관하여 필요한 사항은 대법원규칙으로 정한다.

제4조(검인신청에 대한 특례) 부동산의 소유권을 이전받을 것을 내용으로 제2조 제1항 각호의 계약을 체결한 자는 그 부동산에 대하여 다시 제3자와 소유권이전을 내용으로 하는

별
첨

511

계약이나 제3자에게 계약당사자의 지위를 이전하는 계약을 체결하고자 할 때에는 먼저 체결된 계약의 계약서에 제3조의 규정에 의한 검인을 받아야 한다.

제5조(허가등에 대한 특례) ① 등기원인에 대하여 행정관청의 허가, 동의 또는 승낙을 받을 것이 요구되는 때에는 소유권이전등기를 신청할 때에 그 허가, 동의 또는 승낙을 증명하는 서면을 제출하여야 한다. 〈개정 2011. 4. 12.〉

② 등기원인에 대하여 행정관청에 신고할 것이 요구되는 때에는 소유권이전등기를 신청할 때에 신고를 증명하는 서면을 제출하여야 한다.

제6조(등기원인 허위기재등의 금지) 제2조의 규정에 의하여 소유권이전등기를 신청하여야 할 자는 그 등기를 신청함에 있어서 등기신청서에 등기원인을 허위로 기재하여 신청하거나 소유권이전등기외의 등기를 신청하여서는 아니된다.

제7조 삭제 〈1995. 3. 30.〉

제8조(벌칙) 다음 각호의 1에 해당하는 자는 3년 이하의 징역이나 1억원 이하의 벌금에 처한다.

1. 조세부과를 면하려 하거나 다른 시점간의 가격변동에 따른 이득을 얻으려 하거나 소유권등 권리변동을 규제하는 법령의 제한을 회피할 목적으로 제2조 제2항 또는 제3항의 규정에 위반한 때
2. 제6조의 규정에 위반한 때
3. 삭제〈1995. 3. 30.〉

제9조(벌칙) 다음 각호의 1에 해당하는 자는 1년 이하의 징역이나 3천만원 이하의 벌금에 처한다.

1. 제8조 제1호에 해당하지 아니한 자로서 제4조의 규정에 위반한 때
2. 삭제〈1995. 3. 30.〉

제10조(양벌규정) 법인의 대표자나 법인 또는 개인의 대리인, 사용인, 그 밖의 종업원이 그 법인 또는 개인의 업무에 관하여 제8조 또는 제9조의 위반행위를 하면 그 행위자를 벌하는 외에 그 법인 또는 개인에게도 해당 조문의 벌금형을 과(科)한다. 다만, 법인 또는 개인이 그 위반행위를 방지하기 위하여 해당 업무에 관하여 상당한 주의와 감독을 게을리하지 아니한 경우에는 그러하지 아니하다.

[전문개정 2009. 12. 29.]

제11조(과태료) ① 등기권리자가 상당한 사유없이 제2조 각항의 규정에 의한 등기신청을 해태한 때에는 그 해태한 날 당시의 부동산에 대하여 「지방세법」 제10조 및 제10조의 2부터 제10조의 6까지의 과세표준에 같은 법 제11조 제1항의 표준세율(같은 법 제14조에 따라 조례로 세율을 달리 정하는 경우에는 그 세율을 말한다)에서 1천분의 20을 뺀 세율(같은 법 제11조 제1항 제8호의 경우에는 1천분의 20의 세율)을 적용하여 산출한 금액(같은 법 제13조 제2항·제3항·제6항 또는 제7항에 해당하는 경우에는 그 금액의 100분의 300)의 5배 이하에 상당하는 금액의 과태료에 처한다. 다만, 부동산실권리자명의등기에관한법률 제10조 제1항의 규정에 의하여 과징금을 부과한 경우에는 그러하지 아니하다. 〈개정 1995. 3. 30., 2010. 3. 31., 2010. 12. 27., 2014. 1. 1., 2021. 12. 28.〉

② 제1항의 규정에 의한 과태료의 금액을 정함에 있어서 해태기간, 해태사유, 목적부동산의 가액등을 참작하여야 한다.

제12조(과태료의 부과·징수) ① 제11조의 규정에 의한 과태료는 행정안전부령으로 정하는 바에 따라 그 부동산의 소재지를 관할하는 시장등이 부과·징수한다. 〈개정 2018. 3. 20.〉

② 삭제〈2018. 3. 20.〉

③ 삭제〈2018. 3. 20.〉

④ 삭제〈2018. 3. 20.〉

⑤ 삭제〈2018. 3. 20.〉

⑥ 삭제〈2018. 3. 20.〉

⑦ 등기관은 제11조의 규정에 의한 과태료에 처할 사유가 있다고 인정된 때에는 지체없이 목적부동산의 소재지를 관할하는 시장등에게 이를 통지하여야 한다. 〈개정 1998. 12. 28.〉

⑧ 삭제〈2018. 3. 20.〉

부칙 〈제18655호, 2021. 12. 28.〉(지방세법)

제1조(시행일) 이 법은 2022년 1월 1일부터 시행한다. 〈단서 생략〉

제2조부터 제7조까지 생략

제8조(다른 법률의 개정) 부동산등기 특별조치법 일부를 다음과 같이 개정한다.

제11조 제1항 본문 중 "「지방세법」 제10조"를 "「지방세법」 제10조 및 제10조의 2부터 제10조의 6까지"로 한다.

별첨

8 부동산등기법(일부 발췌)

[시행 2020. 8. 5.] [법률 제16912호, 2020. 2. 4., 일부개정]
법무부(법무심의관실) 02-2110-3164

제1장 총칙

제1조(목적) 이 법은 부동산등기(不動産登記)에 관한 사항을 규정함을 목적으로 한다.

제2조(정의) 이 법에서 사용하는 용어의 뜻은 다음과 같다.
1. "등기부"란 전산정보처리조직에 의하여 입력·처리된 등기정보자료를 대법원규칙으로 정하는 바에 따라 편성한 것을 말한다.
2. "등기부부본자료"(登記簿副本資料)란 등기부와 동일한 내용으로 보조기억장치에 기록된 자료를 말한다.
3. "등기기록"이란 1필의 토지 또는 1개의 건물에 관한 등기정보자료를 말한다.
4. "등기필정보"(登記畢情報)란 등기부에 새로운 권리자가 기록되는 경우에 그 권리자를 확인하기 위하여 제11조 제1항에 따른 등기관이 작성한 정보를 말한다.

제3조(등기할 수 있는 권리 등) 등기는 부동산의 표시(表示)와 다음 각 호의 어느 하나에 해당하는 권리의 보존, 이전, 설정, 변경, 처분의 제한 또는 소멸에 대하여 한다.
1. 소유권(所有權)
2. 지상권(地上權)
3. 지역권(地役權)
4. 전세권(傳貰權)
5. 저당권(抵當權)
6. 권리질권(權利質權)
7. 채권담보권(債權擔保權)
8. 임차권(賃借權)

제4조(권리의 순위) ① 같은 부동산에 관하여 등기한 권리의 순위는 법률에 다른 규정이 없으면 등기한 순서에 따른다.

② 등기의 순서는 등기기록 중 같은 구(區)에서 한 등기 상호간에는 순위번호에 따르고, 다른 구에서 한 등기 상호간에는 접수번호에 따른다.

제5조(부기등기의 순위) 부기등기(附記登記)의 순위는 주등기(主登記)의 순위에 따른다. 다만, 같은 주등기에 관한 부기등기 상호간의 순위는 그 등기 순서에 따른다.

제6조(등기신청의 접수시기 및 등기의 효력발생시기) ① 등기신청은 대법원규칙으로 정하는 등기신청정보가 전산정보처리조직에 저장된 때 접수된 것으로 본다.
② 제11조 제1항에 따른 등기관이 등기를 마친 경우 그 등기는 접수한 때부터 효력을 발생한다.

제2장 등기소와 등기관

제7조(관할 등기소) ① 등기사무는 부동산의 소재지를 관할하는 지방법원, 그 지원(支院) 또는 등기소(이하 "등기소"라 한다)에서 담당한다.
② 부동산이 여러 등기소의 관할구역에 걸쳐 있을 때에는 대법원규칙으로 정하는 바에 따라 각 등기소를 관할하는 상급법원의 장이 관할 등기소를 지정한다.

제8조(관할의 위임) 대법원장은 어느 등기소의 관할에 속하는 사무를 다른 등기소에 위임하게 할 수 있다.

제9조(관할의 변경) 어느 부동산의 소재지가 다른 등기소의 관할로 바뀌었을 때에는 종전의 관할 등기소는 전산정보처리조직을 이용하여 그 부동산에 관한 등기기록의 처리권한을 다른 등기소로 넘겨주는 조치를 하여야 한다.

제10조(등기사무의 정지) 대법원장은 등기소에서 등기사무를 정지하여야 하는 사유가 발생하면 기간을 정하여 등기사무의 정지를 명령할 수 있다.

제11조(등기사무의 처리) ① 등기사무는 등기소에 근무하는 법원서기관·등기사무관·등기주사 또는 등기주사보(법원사무관·법원주사 또는 법원주사보 중 2001년 12월 31일 이전에 시행한 채용시험에 합격하여 임용된 사람을 포함한다) 중에서 지방법원장(등기소의 사무를 지원장이 관장하는 경우에는 지원장을 말한다. 이하 같다)이 지정하는 자[이하 "등기관"(登記官)이라 한다]가 처리한다.
② 등기관은 등기사무를 전산정보처리조직을 이용하여 등기부에 등기사항을 기록하는

방식으로 처리하여야 한다.

③ 등기관은 접수번호의 순서에 따라 등기사무를 처리하여야 한다.

④ 등기관이 등기사무를 처리한 때에는 등기사무를 처리한 등기관이 누구인지 알 수 있는 조치를 하여야 한다.

제12조(등기관의 업무처리의 제한) ① 등기관은 자기, 배우자 또는 4촌 이내의 친족(이하 "배우자등"이라 한다)이 등기신청인인 때에는 그 등기소에서 소유권등기를 한 성년자로서 등기관의 배우자등이 아닌 자 2명 이상의 참여가 없으면 등기를 할 수 없다. 배우자등의 관계가 끝난 후에도 같다.

② 등기관은 제1항의 경우에 조서를 작성하여 참여인과 같이 기명날인 또는 서명을 하여야 한다.

제13조(재정보증) 법원행정처장은 등기관의 재정보증(財政保證)에 관한 사항을 정하여 운용할 수 있다.

제3장 등기부 등

제14조(등기부의 종류 등) ① 등기부는 토지등기부(土地登記簿)와 건물등기부(建物登記簿)로 구분한다.

② 등기부는 영구(永久)히 보존하여야 한다.

③ 등기부는 대법원규칙으로 정하는 장소에 보관·관리하여야 하며, 전쟁·천재지변이나 그 밖에 이에 준하는 사태를 피하기 위한 경우 외에는 그 장소 밖으로 옮기지 못한다.

④ 등기부의 부속서류는 전쟁·천재지변이나 그 밖에 이에 준하는 사태를 피하기 위한 경우 외에는 등기소 밖으로 옮기지 못한다. 다만, 신청서나 그 밖의 부속서류에 대하여는 법원의 명령 또는 촉탁(囑託)이 있거나 법관이 발부한 영장에 의하여 압수하는 경우에는 그러하지 아니하다.

제15조(물적 편성주의) ① 등기부를 편성할 때에는 1필의 토지 또는 1개의 건물에 대하여 1개의 등기기록을 둔다. 다만, 1동의 건물을 구분한 건물에 있어서는 1동의 건물에 속하는 전부에 대하여 1개의 등기기록을 사용한다.

② 등기기록에는 부동산의 표시에 관한 사항을 기록하는 표제부와 소유권에 관한 사항을 기록하는 갑구(甲區) 및 소유권 외의 권리에 관한 사항을 기록하는 을구(乙區)를 둔다.

제16조(등기부부본자료의 작성) 등기관이 등기를 마쳤을 때에는 등기부부본자료를 작성하여야 한다.

제17조(등기부의 손상과 복구) ① 등기부의 전부 또는 일부가 손상되거나 손상될 염려가 있을 때에는 대법원장은 대법원규칙으로 정하는 바에 따라 등기부의 복구·손상방지 등 필요한 처분을 명령할 수 있다.

② 대법원장은 대법원규칙으로 정하는 바에 따라 제1항의 처분명령에 관한 권한을 법원행정처장 또는 지방법원장에게 위임할 수 있다.

제18조(부속서류의 손상 등 방지처분) ① 등기부의 부속서류가 손상·멸실(滅失)의 염려가 있을 때에는 대법원장은 그 방지를 위하여 필요한 처분을 명령할 수 있다.

② 제1항에 따른 처분명령에는 제17조 제2항을 준용한다.

제19조(등기사항의 열람과 증명) ① 누구든지 수수료를 내고 대법원규칙으로 정하는 바에 따라 등기기록에 기록되어 있는 사항의 전부 또는 일부의 열람(閱覽)과 이를 증명하는 등기사항증명서의 발급을 청구할 수 있다. 다만, 등기기록의 부속서류에 대하여는 이해관계 있는 부분만 열람을 청구할 수 있다.

② 제1항에 따른 등기기록의 열람 및 등기사항증명서의 발급 청구는 관할 등기소가 아닌 등기소에 대하여도 할 수 있다.

③ 제1항에 따른 수수료의 금액과 면제의 범위는 대법원규칙으로 정한다.

제20조(등기기록의 폐쇄) ① 등기관이 등기기록에 등기된 사항을 새로운 등기기록에 옮겨 기록한 때에는 종전 등기기록을 폐쇄(閉鎖)하여야 한다.

② 폐쇄한 등기기록은 영구히 보존하여야 한다.

③ 폐쇄한 등기기록에 관하여는 제19조를 준용한다.

제21조(중복등기기록의 정리) ① 등기관이 같은 토지에 관하여 중복하여 마쳐진 등기기록을 발견한 경우에는 대법원규칙으로 정하는 바에 따라 중복등기기록 중 어느 하나의 등기기록을 폐쇄하여야 한다.

② 제1항에 따라 폐쇄된 등기기록의 소유권의 등기명의인 또는 등기상 이해관계인은 대법원규칙으로 정하는 바에 따라 그 토지가 폐쇄된 등기기록의 소유권의 등기명의인의 소유임을 증명하여 폐쇄된 등기기록의 부활을 신청할 수 있다.

제4장 등기절차

제1절 총칙

제22조(신청주의) ① 등기는 당사자의 신청 또는 관공서의 촉탁에 따라 한다. 다만, 법률에 다른 규정이 있는 경우에는 그러하지 아니하다.

② 촉탁에 따른 등기절차는 법률에 다른 규정이 없는 경우에는 신청에 따른 등기에 관한 규정을 준용한다.

③ 등기를 하려고 하는 자는 대법원규칙으로 정하는 바에 따라 수수료를 내야 한다.

제23조(등기신청인) ① 등기는 법률에 다른 규정이 없는 경우에는 등기권리자(登記權利者)와 등기의무자(登記義務者)가 공동으로 신청한다.

② 소유권보존등기(所有權保存登記) 또는 소유권보존등기의 말소등기(抹消登記)는 등기명의인으로 될 자 또는 등기명의인이 단독으로 신청한다.

③ 상속, 법인의 합병, 그 밖에 대법원규칙으로 정하는 포괄승계에 따른 등기는 등기권리자가 단독으로 신청한다.

④ 등기절차의 이행 또는 인수를 명하는 판결에 의한 등기는 승소한 등기권리자 또는 등기의무자가 단독으로 신청하고, 공유물을 분할하는 판결에 의한 등기는 등기권리자 또는 등기의무자가 단독으로 신청한다.〈개정 2020. 2. 4.〉

⑤ 부동산표시의 변경이나 경정(更正)의 등기는 소유권의 등기명의인이 단독으로 신청한다.

⑥ 등기명의인표시의 변경이나 경정의 등기는 해당 권리의 등기명의인이 단독으로 신청한다.

⑦ 신탁재산에 속하는 부동산의 신탁등기는 수탁자(受託者)가 단독으로 신청한다.〈신설 2013. 5. 28.〉

⑧ 수탁자가 「신탁법」 제3조 제5항에 따라 타인에게 신탁재산에 대하여 신탁을 설정하는 경우 해당 신탁재산에 속하는 부동산에 관한 권리이전등기에 대하여는 새로운 신탁의 수탁자를 등기권리자로 하고 원래 신탁의 수탁자를 등기의무자로 한다. 이 경우 해당 신탁재산에 속하는 부동산의 신탁등기는 제7항에 따라 새로운 신탁의 수탁자가 단독으로 신청한다.〈신설 2013. 5. 28.〉

제24조(등기신청의 방법) ① 등기는 다음 각 호의 어느 하나에 해당하는 방법으로 신청한다.〈개정 2016. 2. 3.〉

1. 신청인 또는 그 대리인(代理人)이 등기소에 출석하여 신청정보 및 첨부정보를 적은

서면을 제출하는 방법. 다만, 대리인이 변호사[법무법인, 법무법인(유한) 및 법무조합을 포함한다. 이하 같다]나 법무사[법무사법인 및 법무사법인(유한)을 포함한다. 이하 같다]인 경우에는 대법원규칙으로 정하는 사무원을 등기소에 출석하게 하여 그 서면을 제출할 수 있다.

2. 대법원규칙으로 정하는 바에 따라 전산정보처리조직을 이용하여 신청정보 및 첨부정보를 보내는 방법(법원행정처장이 지정하는 등기유형으로 한정한다)

② 신청인이 제공하여야 하는 신청정보 및 첨부정보는 대법원규칙으로 정한다.

제25조(신청정보의 제공방법) 등기의 신청은 1건당 1개의 부동산에 관한 신청정보를 제공하는 방법으로 하여야 한다. 다만, 등기목적과 등기원인이 동일하거나 그 밖에 대법원규칙으로 정하는 경우에는 같은 등기소의 관할 내에 있는 여러 개의 부동산에 관한 신청정보를 일괄하여 제공하는 방법으로 할 수 있다.

제26조(법인 아닌 사단 등의 등기신청) ① 종중(宗中), 문중(門中), 그 밖에 대표자나 관리인이 있는 법인 아닌 사단(社團)이나 재단(財團)에 속하는 부동산의 등기에 관하여는 그 사단이나 재단을 등기권리자 또는 등기의무자로 한다.

② 제1항의 등기는 그 사단이나 재단의 명의로 그 대표자나 관리인이 신청한다.

제27조(포괄승계인에 의한 등기신청) 등기원인이 발생한 후에 등기권리자 또는 등기의무자에 대하여 상속이나 그 밖의 포괄승계가 있는 경우에는 상속인이나 그 밖의 포괄승계인이 그 등기를 신청할 수 있다.

제28조(채권자대위권에 의한 등기신청) ① 채권자는 「민법」 제404조에 따라 채무자를 대위(代位)하여 등기를 신청할 수 있다.

② 등기관이 제1항 또는 다른 법령에 따른 대위신청에 의하여 등기를 할 때에는 대위자의 성명 또는 명칭, 주소 또는 사무소 소재지 및 대위원인을 기록하여야 한다.

제29조(신청의 각하) 등기관은 다음 각 호의 어느 하나에 해당하는 경우에만 이유를 적은 결정으로 신청을 각하(却下)하여야 한다. 다만, 신청의 잘못된 부분이 보정(補正)될 수 있는 경우로서 신청인이 등기관이 보정을 명한 날의 다음 날까지 그 잘못된 부분을 보정하였을 때에는 그러하지 아니하다.

1. 사건이 그 등기소의 관할이 아닌 경우
2. 사건이 등기할 것이 아닌 경우
3. 신청할 권한이 없는 자가 신청한 경우

별
첨

4. 제24조 제1항 제1호에 따라 등기를 신청할 때에 당사자나 그 대리인이 출석하지 아니한 경우

5. 신청정보의 제공이 대법원규칙으로 정한 방식에 맞지 아니한 경우

6. 신청정보의 부동산 또는 등기의 목적인 권리의 표시가 등기기록과 일치하지 아니한 경우

7. 신청정보의 등기의무자의 표시가 등기기록과 일치하지 아니한 경우. 다만, 제27조에 따라 포괄승계인이 등기신청을 하는 경우는 제외한다.

8. 신청정보와 등기원인을 증명하는 정보가 일치하지 아니한 경우

9. 등기에 필요한 첨부정보를 제공하지 아니한 경우

10. 취득세(「지방세법」 제20조의 2에 따라 분할납부하는 경우에는 등기하기 이전에 분할납부하여야 할 금액을 말한다), 등록면허세(등록에 대한 등록면허세만 해당한다) 또는 수수료를 내지 아니하거나 등기신청과 관련하여 다른 법률에 따라 부과된 의무를 이행하지 아니한 경우

11. 신청정보 또는 등기기록의 부동산의 표시가 토지대장·임야대장 또는 건축물대장과 일치하지 아니한 경우

제30조(등기완료의 통지) 등기관이 등기를 마쳤을 때에는 대법원규칙으로 정하는 바에 따라 신청인 등에게 그 사실을 알려야 한다.

제31조(행정구역의 변경) 행정구역 또는 그 명칭이 변경되었을 때에는 등기기록에 기록된 행정구역 또는 그 명칭에 대하여 변경등기가 있는 것으로 본다.

제32조(등기의 경정) ① 등기관이 등기를 마친 후 그 등기에 착오(錯誤)나 빠진 부분이 있음을 발견하였을 때에는 지체 없이 그 사실을 등기권리자와 등기의무자에게 알려야 하고, 등기권리자와 등기의무자가 없는 경우에는 등기명의인에게 알려야 한다. 다만, 등기권리자, 등기의무자 또는 등기명의인이 각 2인 이상인 경우에는 그 중 1인에게 통지하면 된다. ② 등기관이 등기의 착오나 빠진 부분이 등기관의 잘못으로 인한 것임을 발견한 경우에는 지체 없이 그 등기를 직권으로 경정하여야 한다. 다만, 등기상 이해관계 있는 제3자가 있는 경우에는 제3자의 승낙이 있어야 한다. ③ 등기관이 제2항에 따라 경정등기를 하였을 때에는 그 사실을 등기권리자, 등기의무자 또는 등기명의인에게 알려야 한다. 이 경우 제1항 단서를 준용한다. ④ 채권자대위권에 의하여 등기가 마쳐진 때에는 제1항 및 제3항의 통지를 그 채권자에게도 하여야 한다. 이 경우 제1항 단서를 준용한다.

제33조(새 등기기록에의 이기) 등기기록에 기록된 사항이 많아 취급하기에 불편하게 되는 등 합리적 사유로 등기기록을 옮겨 기록할 필요가 있는 경우에 등기관은 현재 효력이 있는 등기만을 새로운 등기기록에 옮겨 기록할 수 있다.

제3절 권리에 관한 등기

제5관 신탁에 관한 등기

제81조(신탁등기의 등기사항) ① 등기관이 신탁등기를 할 때에는 다음 각 호의 사항을 기록한 신탁원부(信託原簿)를 작성하고, 등기기록에는 제48조에서 규정한 사항 외에 그 신탁원부의 번호를 기록하여야 한다. 〈개정 2014. 3. 18.〉

1. 위탁자(委託者), 수탁자 및 수익자(受益者)의 성명 및 주소(법인인 경우에는 그 명칭 및 사무소 소재지를 말한다)
2. 수익자를 지정하거나 변경할 수 있는 권한을 갖는 자를 정한 경우에는 그 자의 성명 및 주소(법인인 경우에는 그 명칭 및 사무소 소재지를 말한다)
3. 수익자를 지정하거나 변경할 방법을 정한 경우에는 그 방법
4. 수익권의 발생 또는 소멸에 관한 조건이 있는 경우에는 그 조건
5. 신탁관리인이 선임된 경우에는 신탁관리인의 성명 및 주소(법인인 경우에는 그 명칭 및 사무소 소재지를 말한다)
6. 수익자가 없는 특정의 목적을 위한 신탁인 경우에는 그 뜻
7. 「신탁법」 제3조 제5항에 따라 수탁자가 타인에게 신탁을 설정하는 경우에는 그 뜻
8. 「신탁법」 제59조 제1항에 따른 유언대용신탁인 경우에는 그 뜻
9. 「신탁법」 제60조에 따른 수익자연속신탁인 경우에는 그 뜻
10. 「신탁법」 제78조에 따른 수익증권발행신탁인 경우에는 그 뜻
11. 「공익신탁법」에 따른 공익신탁인 경우에는 그 뜻
12. 「신탁법」 제114조 제1항에 따른 유한책임신탁인 경우에는 그 뜻
13. 신탁의 목적
14. 신탁재산의 관리, 처분, 운용, 개발, 그 밖에 신탁 목적의 달성을 위하여 필요한 방법
15. 신탁종료의 사유
16. 그 밖의 신탁 조항

② 제1항 제5호, 제6호, 제10호 및 제11호의 사항에 관하여 등기를 할 때에는 수익자의 성명 및 주소를 기재하지 아니할 수 있다.

③ 제1항의 신탁원부는 등기기록의 일부로 본다.

[전문개정 2013. 5. 28.]

제82조(신탁등기의 신청방법) ① 신탁등기의 신청은 해당 부동산에 관한 권리의 설정등기, 보존등기, 이전등기 또는 변경등기의 신청과 동시에 하여야 한다.

② 수익자나 위탁자는 수탁자를 대위하여 신탁등기를 신청할 수 있다. 이 경우 제1항은 적용하지 아니한다.

③ 제2항에 따른 대위등기의 신청에 관하여는 제28조 제2항을 준용한다.

[전문개정 2013. 5. 28.]

제82조의 2(신탁의 합병·분할 등에 따른 신탁등기의 신청) ① 신탁의 합병 또는 분할로 인하여 하나의 신탁재산에 속하는 부동산에 관한 권리가 다른 신탁의 신탁재산에 귀속되는 경우 신탁등기의 말소등기 및 새로운 신탁등기의 신청은 신탁의 합병 또는 분할로 인한 권리변경등기의 신청과 동시에 하여야 한다.

② 「신탁법」 제34조 제1항 제3호 및 같은 조 제2항에 따라 여러 개의 신탁을 인수한 수탁자가 하나의 신탁재산에 속하는 부동산에 관한 권리를 다른 신탁의 신탁재산에 귀속시키는 경우 신탁등기의 신청방법에 관하여는 제1항을 준용한다.

[본조신설 2013. 5. 28.]

제83조(수탁자의 임무 종료에 의한 등기) 다음 각 호의 어느 하나에 해당하여 수탁자의 임무가 종료된 경우 신수탁자는 단독으로 신탁재산에 속하는 부동산에 관한 권리이전등기를 신청할 수 있다. 〈개정 2014. 3. 18.〉

1. 「신탁법」 제12조 제1항 각 호의 어느 하나에 해당하여 수탁자의 임무가 종료된 경우
2. 「신탁법」 제16조 제1항에 따라 수탁자를 해임한 경우
3. 「신탁법」 제16조 제3항에 따라 법원이 수탁자를 해임한 경우
4. 「공익신탁법」 제27조에 따라 법무부장관이 직권으로 공익신탁의 수탁자를 해임한 경우

[전문개정 2013. 5. 28.]

제84조(수탁자가 여러 명인 경우) ① 수탁자가 여러 명인 경우 등기관은 신탁재산이 합유인 뜻을 기록하여야 한다.

② 여러 명의 수탁자 중 1인이 제83조 각 호의 어느 하나의 사유로 그 임무가 종료된 경우 다른 수탁자는 단독으로 권리변경등기를 신청할 수 있다. 이 경우 다른 수탁자가 여러 명일 때에는 그 전원이 공동으로 신청하여야 한다.

[전문개정 2013. 5. 28.]

제84조의 2(신탁재산에 관한 등기신청의 특례) 다음 각 호의 어느 하나에 해당하는 경우 수탁자는 단독으로 해당 신탁재산에 속하는 부동산에 관한 권리변경등기를 신청할 수 있다.

1. 「신탁법」 제3조 제1항 제3호에 따라 신탁을 설정하는 경우
2. 「신탁법」 제34조 제2항 각 호의 어느 하나에 해당하여 다음 각 목의 어느 하나의 행위를 하는 것이 허용된 경우
   가. 수탁자가 신탁재산에 속하는 부동산에 관한 권리를 고유재산에 귀속시키는 행위
   나. 수탁자가 고유재산에 속하는 부동산에 관한 권리를 신탁재산에 귀속시키는 행위
   다. 여러 개의 신탁을 인수한 수탁자가 하나의 신탁재산에 속하는 부동산에 관한 권리를 다른 신탁의 신탁재산에 귀속시키는 행위
3. 「신탁법」 제90조 또는 제94조에 따라 수탁자가 신탁을 합병, 분할 또는 분할합병하는 경우

[본조신설 2013. 5. 28.]

제85조(촉탁에 의한 신탁변경등기) ① 법원은 다음 각 호의 어느 하나에 해당하는 재판을 한 경우 지체 없이 신탁원부 기록의 변경등기를 등기소에 촉탁하여야 한다.

1. 수탁자 해임의 재판
2. 신탁관리인의 선임 또는 해임의 재판
3. 신탁 변경의 재판

② 법무부장관은 다음 각 호의 어느 하나에 해당하는 경우 지체 없이 신탁원부 기록의 변경등기를 등기소에 촉탁하여야 한다. 〈개정 2014. 3. 18.〉

1. 수탁자를 직권으로 해임한 경우
2. 신탁관리인을 직권으로 선임하거나 해임한 경우
3. 신탁내용의 변경을 명한 경우

③ 등기관이 제1항 제1호 및 제2항 제1호에 따라 법원 또는 주무관청의 촉탁에 의하여 수탁자 해임에 관한 신탁원부 기록의 변경등기를 하였을 때에는 직권으로 등기기록에 수탁자 해임의 뜻을 부기하여야 한다.

[전문개정 2013. 5. 28.]

제85조의 2(직권에 의한 신탁변경등기) 등기관이 신탁재산에 속하는 부동산에 관한 권리에 대하여 다음 각 호의 어느 하나에 해당하는 등기를 할 경우 직권으로 그 부동산에 관한 신탁원부 기록의 변경등기를 하여야 한다.

1. 수탁자의 변경으로 인한 이전등기

2. 여러 명의 수탁자 중 1인의 임무 종료로 인한 변경등기

3. 수탁자인 등기명의인의 성명 및 주소(법인인 경우에는 그 명칭 및 사무소 소재지를 말한다)에 관한 변경등기 또는 경정등기

[본조신설 2013. 5. 28.]

제86조(신탁변경등기의 신청) 수탁자는 제85조 및 제85조의 2에 해당하는 경우를 제외하고 제81조 제1항 각 호의 사항이 변경되었을 때에는 지체 없이 신탁원부 기록의 변경등기를 신청하여야 한다.〈개정 2013. 5. 28.〉

제87조(신탁등기의 말소) ① 신탁재산에 속한 권리가 이전, 변경 또는 소멸됨에 따라 신탁재산에 속하지 아니하게 된 경우 신탁등기의 말소신청은 신탁된 권리의 이전등기, 변경등기 또는 말소등기의 신청과 동시에 하여야 한다.

② 신탁종료로 인하여 신탁재산에 속한 권리가 이전 또는 소멸된 경우에는 제1항을 준용한다.

③ 신탁등기의 말소등기는 수탁자가 단독으로 신청할 수 있다.

④ 신탁등기의 말소등기의 신청에 관하여는 제82조 제2항 및 제3항을 준용한다.

[전문개정 2013. 5. 28.]

제87조의 2(담보권신탁에 관한 특례) ① 위탁자가 자기 또는 제3자 소유의 부동산에 채권자가 아닌 수탁자를 저당권자로 하여 설정한 저당권을 신탁재산으로 하고 채권자를 수익자로 지정한 신탁의 경우 등기관은 그 저당권에 의하여 담보되는 피담보채권이 여럿이고 각 피담보채권별로 제75조에 따른 등기사항이 다를 때에는 제75조에 따른 등기사항을 각 채권별로 구분하여 기록하여야 한다.

② 제1항에 따른 신탁의 신탁재산에 속하는 저당권에 의하여 담보되는 피담보채권이 이전되는 경우 수탁자는 신탁원부 기록의 변경등기를 신청하여야 한다.

③ 제1항에 따른 신탁의 신탁재산에 속하는 저당권의 이전등기를 하는 경우에는 제79조를 적용하지 아니한다. [본조신설 2013. 5. 28.]

제87조의 3(신탁재산관리인이 선임된 신탁의 등기)「신탁법」제17조 제1항 또는 제18조 제1항에 따라 신탁재산관리인이 선임된 신탁의 경우 제23조 제7항·제8항, 제81조, 제82조, 제82조의 2, 제84조 제1항, 제84조의 2, 제85조 제1항·제2항, 제85조의 2 제3호, 제86조, 제87조 및 제87조의 2를 적용할 때에는 "수탁자"는 "신탁재산관리인"으로 본다. [본조신설 2013. 5. 28.]

부칙 〈제16912호, 2020. 2. 4.〉

제1조(시행일) 이 법은 공포 후 6개월이 경과한 날부터 시행한다.

제2조(임차권 등의 등기사항에 관한 적용례) 제74조의 개정규정은 이 법 시행 이후 접수되는 임차권 등의 등기부터 적용한다.

제3조(법원의 명령에 따른 등기에 관한 적용례) 제107조의 개정규정은 이 법 시행 이후 접수되는 등기부터 적용한다.

제4조(다른 법률의 개정) ① 공간정보의 구축 및 관리 등에 관한 법률 일부를 다음과 같이 개정한다.

제80조 제3항 제2호에 라목을 다음과 같이 신설한다.

　　라. 합병하려는 토지 전부에 대한 「부동산등기법」 제81조 제1항 각 호의 등기사항이 동일한 신탁등기

② 도로법 일부를 다음과 같이 개정한다.

제66조 제3항 중 "「부동산등기법」 제109조"를 "「부동산등기법」 제109조의 2 제1항"으로 한다.

③ 비송사건절차법 일부를 다음과 같이 개정한다.

제71조 중 "제100조부터 제109조까지"를 "제100조부터 제109조까지, 제109조의 2 제1항·제3항(제1항에 관련된 부분만 해당한다)"으로 한다.

④ 상가건물 임대차보호법 일부를 다음과 같이 개정한다.

제7조 제2항 각 호 외의 부분 중 "「부동산등기법」 제74조 제1호부터 제5호까지"를 "「부동산등기법」 제74조 제1호부터 제6호까지"로 한다.

⑤ 선박등기법 일부를 다음과 같이 개정한다.

제5조 중 "제100조부터 제111조까지"를 "제100조부터 제109조까지, 제109조의 2 제1항·제3항(제1항에 관련된 부분만 해당한다), 제110조 및 제111조"로 한다.

⑥ 전자정부법 일부를 다음과 같이 개정한다.

제40조 제2항 제1호 중 "「부동산등기법」 제109조 제2항에 따른 등기전산정보자료"를 "「부동산등기법」 제109조의 2 제1항에 따른 등기정보자료"로 한다.

⑦ 주택임대차보호법 일부를 다음과 같이 개정한다.

제3조의 4 제2항 각 호 외의 부분 중 "「부동산등기법」 제74조 제1호부터 제5호까지"를 "「부동산등기법」 제74조 제1호부터 제6호까지"로 한다.

별첨

9. 신탁등기사무처리에 관한 예규 (개정 2021. 6. 4. 등기예규 제1726호)

1. 신탁등기

가. 신청인

(1) 신탁재산에 속하는 부동산의 신탁등기는 수탁자가 단독으로 신청한다.

(2) 수탁자가 「신탁법」 제3조 제5항에 따라 타인에게 신탁재산에 대하여 신탁을 설정하는 경우에는 해당 신탁재산에 속하는 부동산의 신탁등기는 새로운 신탁의 수탁자가 단독으로 신청한다.

(3) 수익자나 위탁자는 수탁자를 대위하여 신탁등기를 단독으로 신청할 수 있다.

나. 신청방법

(1) 신탁등기의 신청은 해당 신탁으로 인한 권리의 이전 또는 보존이나 설정등기의 신청과 함께 1건의 신청정보로 일괄하여 하여야 한다. 다만, 수익자나 위탁자가 수탁자를 대위하여 신탁등기를 신청하는 경우에는 그러하지 아니하다.

(2) 신탁행위에 의한 신탁등기

신탁행위에 의하여 소유권을 이전하는 경우에는 신탁등기의 신청은 신탁을 원인으로 하는 소유권이전등기의 신청과 함께 1건의 신청정보로 일괄하여 하여야 한다. 등기원인이 신탁임에도 신탁등기만을 신청하거나 소유권이전등기만을 신청하는 경우에는 「부동산등기법」 제29조 제5호에 의하여 신청을 각하하여야 한다. 등기의 목적은 "소유권이전 및 신탁", 등기원인과 그 연월일은 "○년 ○월 ○일 신탁"으로 하여 신청정보의 내용으로 제공한다.

(3) 「신탁법」 제3조 제1항 제3호의 위탁자의 선언에 의한 신탁등기

(가) 「신탁법」 제3조 제1항 제1호에 따라 신탁의 목적, 신탁재산, 수익자 등을 특정하고 자신을 수탁자로 정한 위탁자의 선언에 의한 신탁의 경우에는 신탁등기와 신탁재산으로 된 뜻의 권리변경등기를 1건의 신청정보로 일괄하여 수탁자가 단독으로 신청한다. 등기의 목적은 "신탁재산으로 된 뜻의 등기 및 신탁",

등기원인과 그 연월일은 "○년 ○월 ○일 신탁"으로 하여 신청정보의 내용으로 제공한다.

(나) 위탁자의 선언에 의한 신탁등기의 기록례는 별지 등기기록례 1과 같다.

(4) 「신탁법」 제3조 제5항의 재신탁등기

(가) 「신탁법」 제3조 제5항에 따라 타인에게 신탁재산에 대하여 설정하는 신탁(이하 '재신탁'이라 한다)에 의한 신탁등기는 재신탁을 원인으로 하는 소유권이전등기와 함께 1건의 신청정보로 일괄하여 신청하여야 한다. 등기의 목적은 "소유권이전 및 신탁", 등기원인과 그 연월일은 "○년 ○월 ○일 재신탁"으로 하여 신청정보의 내용으로 제공한다.

(나) 재신탁등기의 기록례는 별지 등기기록례 2와 같다.

(5) 「신탁법」 제27조에 따라 신탁재산에 속하게 되는 경우

(가) 「신탁법」 제27조에 따라 신탁재산에 속하게 되는 경우, 예컨대 신탁재산(금전 등)의 처분에 의하여 제3자로부터 부동산에 관한 소유권을 취득하는 경우에는 신탁등기의 신청은 해당 부동산에 관한 소유권이전등기의 신청과 함께 1건의 신청정보로 일괄하여 하여야 한다. 등기의 목적은 "소유권이전 및 신탁재산처분에 의한 신탁"으로, 등기권리자란은 "등기권리자 및 수탁자"로 표시하여 신청정보의 내용으로 제공한다.

(나) 다만 위 제3자와 공동으로 소유권이전등기만을 먼저 신청하여 수탁자 앞으로 소유권이전등기가 이미 마쳐진 경우에는 수탁자는 그 후 단독으로 신탁등기만을 신청할 수 있고, 수익자나 위탁자도 수탁자를 대위하여 단독으로 신탁등기만을 신청할 수 있다. 이 경우 등기의 목적은 "신탁재산처분에 의한 신탁"으로 하여 신청정보의 내용으로 제공한다.

(6) 「신탁법」 제43조에 따라 신탁재산으로 회복 또는 반환되는 경우

위 (5)항에 준하여 신청하되, 소유권이전등기와 함께 1건의 신청정보로 일괄하여 신청하는 경우에는 등기의 목적을 "소유권이전 및 신탁재산회복(반환)으로 인한 신탁"으로 하고, 소유권이전등기가 이미 마쳐진 후 신탁등기만을 신청하는 경우에는 등기의 목적을 "신탁재산회복(반환)으로 인한 신탁"으로 하여 신청정보의 내용으로 제공한다.

(7) 담보권신탁등기

　(가) 수탁자는 위탁자가 자기 또는 제3자 소유의 부동산에 채권자가 아닌 수탁자를 (근)저당권자로 하여 설정한 (근)저당권을 신탁재산으로 하고 채권자를 수익자로 지정한 담보권신탁등기를 신청할 수 있다.

　(나) 담보권신탁등기는 신탁을 원인으로 하는 근저당권설정등기와 함께 1건의 신청정보로 일괄하여 신청한다. 등기의 목적은 "(근)저당권설정 및 신탁", 등기원인과 그 연월일은 "○년 ○월 ○일 신탁"으로 하여 신청정보의 내용으로 제공한다.

　(다) 신탁재산에 속하는 (근)저당권에 의하여 담보되는 피담보채권이 여럿이고 각 피담보채권별로 「부동산등기법」 제75조에 따른 등기사항이 다른 경우에는 동조에 따른 등기사항을 각 채권별로 구분하여 신청정보의 내용으로 제공하여야 한다.

　(라) 신탁재산에 속하는 (근)저당권에 의하여 담보되는 피담보채권이 이전되는 경우에는 수탁자는 신탁원부 기록의 변경등기를 신청하여야 하고, 이 경우 「부동산등기법」 제79조는 적용하지 아니한다.

　(마) 담보권신탁등기의 기록례는 별지 등기기록례 3과 같다.

다. 첨부정보

(1) 신탁원부 작성을 위한 정보

　신탁등기를 신청하는 경우에는 「부동산등기법」 제81조 제1항 각호의 사항을 신탁원부 작성을 위한 정보로서 제공하여야 한다. 여러 개의 부동산에 관하여 1건의 신청정보로 일괄하여 신탁등기를 신청하는 경우에는 각 부동산별로 신탁원부 작성을 위한 정보를 제공하여야 한다.

(2) 등기원인을 증명하는 정보

　(가) 신탁행위에 의한 신탁등기를 신청하는 경우에는 당해 부동산에 대하여 신탁행위가 있었음을 증명하는 정보(신탁계약서 등)를 등기원인을 증명하는 정보로서 제공하여야 하고, 특히 신탁계약에 의하여 소유권을 이전하는 경우에는 등기원인을 증명하는 정보에 검인을 받아 제공하여야 한다. 다만, 한국주택금융공사가 「한국주택금융공사법」 제22조 제1항 제9호의 2의 주택담보노후연금보증과 관련된 신탁업무를

수행하기 위하여 신탁을 설정하거나 해지하는 경우에는 「부동산등기 특별조치법」제3조를 적용하지 아니하므로 등기원인을 증명하는 정보에 검인을 받지 않고 제공할 수 있다.

(나) 「신탁법」 제27조에 따라 신탁재산에 속하게 되는 경우 및 「신탁법」 제43조에 따라 신탁재산으로 회복 또는 반환되는 경우에 대하여 신탁등기를 신청하는 경우에도 신탁행위가 있었음을 증명하는 정보를 첨부정보로서 제공하여야 한다.

(3) 법무부장관의 인가를 증명하는 정보

「공익신탁법」에 따른 공익신탁에 대하여 신탁등기를 신청하는 경우에는 법무부장관의 인가를 증명하는 정보를 첨부정보로서 제공하여야 한다.

(4) 대위원인을 증명하는 정보 및 신탁재산임을 증명하는 정보

위탁자 또는 수익자가 신탁등기를 대위신청하는 경우에는 대위원인을 증명하는 정보 및 해당 부동산이 신탁재산임을 증명하는 정보를 첨부정보로서 제공하여야 한다.

(5) 신탁설정에 관한 공정증서

「신탁법」 제3조 제1항 제3호에 따라 신탁의 목적, 신탁재산, 수익자 등을 특정하고 자신을 수탁자로 정한 위탁자의 선언에 의한 신탁등기를 신청하는 경우에는 「공익신탁법」에 따른 공익신탁을 제외하고는 신탁설정에 관한 공정증서를 첨부정보로서 제공하여야 한다.

(6) 수익자의 동의가 있음을 증명하는 정보

「신탁법」 제3조 제5항에 따른 재신탁등기를 신청하는 경우에는 수익자의 동의가 있음을 증명하는 정보(인감증명 포함)를 첨부정보로서 제공하여야 한다.

(7) 유한책임신탁 등 등기사항증명서

「신탁법」 제114조 제1항에 따른 유한책임신탁 또는 「공익신탁법」에 따른 공익유한책임신탁의 목적인 부동산에 대하여 신탁등기를 신청하는 경우에는 유한책임신탁 또는 공익유한책임신탁의 등기가 되었음을 증명하는 등기사항증명서를 첨부정보로서 제공하여야 한다.

(8) 지방세 납세증명서

「신탁법」 제3조 제1항 제1호(위탁자와 수탁자 간의 계약) 및 제2호(위탁자의 유언)에 따라 신탁을 원인으로 소유권이전등기 및 신탁등기를 신청하는 경우와 「신탁법」 제3조 제5항(수탁자가 타인에게 신탁재산에 대하여 설정하는 신탁)에 따라 재신탁을 원인으로 소유권이전등기 및 신탁등기를 신청하는 경우에는 「지방세징수법」 제5조 제1항 제4호에 따라 지방세 납세증명서를 첨부정보로서 제공하여야 한다. 다만 등기원인을 증명하는 정보로서 확정판결, 그 밖에 이에 준하는 집행권원(집행권원)을 제공하는 경우에는 지방세 납세증명서를 제공할 필요가 없다.

라. 수탁자가 여러 명인 경우 등

(1) 수탁자가 여러 명인 경우에는 그 공동수탁자가 합유관계라는 뜻을 신청정보의 내용으로 제공하여야 한다.

(2) 위탁자가 여러 명이라 하더라도 수탁자와 신탁재산인 부동산 및 신탁목적이 동일한 경우에는 1건의 신청정보로 일괄하여 신탁등기를 신청할 수 있다.

마. 신탁가등기

신탁가등기는 소유권이전청구권보전을 위한 가등기와 동일한 방식으로 신청하되, 신탁원부 작성을 위한 정보도 첨부정보로서 제공하여야 한다. 신탁가등기의 기록례는 별지 등기기록례 4와 같다.

바. 영리회사가 수탁자인 경우

신탁업의 인가를 받은 신탁회사 이외의 영리회사를 수탁자로 하는 신탁등기의 신청은 이를 수리하여서는 아니된다.

사. 신탁등기의 등기명의인의 표시방법

(1) 신탁행위에 의하여 신탁재산에 속하게 되는 부동산에 대하여 수탁자가 소유권이전등기와 함께 신탁등기를 1건의 신청정보로 일괄하여 신청하는 경우에는 소유권이전등기의 등기명의인은 "수탁자 또는 수탁자(합유)"로 표시하여 등기기록에 기록한다.

(2) 「신탁법」 제27조에 따라 신탁재산에 속하게 되거나 「신탁법」 제43조에 따라 신탁재산으로 회복 또는 반환되는 부동산에 대하여 수탁자가 소유권이전등기와 함께 신탁등기를 1건의 신청정보로 일괄하여 신청하는 경우에는 소유권이전등기의 등기명의인은 "소유자 또는 공유자"로 표시하여 등기기록에 기록하고, 공유자인 경우에는 그 공유지분도 등기기록에 기록한다.

(3) 「신탁법」제27조에 따라 신탁재산에 속하게 되거나 「신탁법」제43조에 따라 신탁재산으로 회복 또는 반환되는 부동산에 대하여 수탁자가 소유권이전등기만을 먼저 신청하여 소유권이전등기의 등기명의인이 "소유자 또는 공유자"로 표시된 후 수탁자가 단독으로 또는 위탁자나 수익자가 수탁자를 대위하여 단독으로 신탁등기를 신청하는 경우에는 이미 마쳐진 소유권이전등기의 등기명의인의 표시는 이를 변경하지 아니하고 그대로 둔다.

(4) 위 (2), (3)항의 경우 등기명의인으로 표시된 "소유자 또는 공유자"는 신탁관계에서는 수탁자의 지위를 겸하게 되므로, 그 "소유자 또는 공유자"의 등기신청이 신탁목적에 반하는 것이면 이를 수리하여서는 아니된다.

2. 신탁의 합병·분할 등에 따른 신탁등기

가. 신청인

신탁의 합병·분할('분할합병'을 포함한다. 이하 같다)에 따른 신탁등기는 수탁자가 같은 경우에만 신청할 수 있으며, 수탁자는 해당 신탁재산에 속하는 부동산에 관한 권리변경등기를 단독으로 신청한다.

나. 신청방법

(1) 신탁의 합병·분할로 인하여 하나의 신탁재산에 속하는 부동산에 관한 권리가 다른 신탁의 신탁재산에 귀속되는 경우에는 신탁등기의 말소등기 및 새로운 신탁등기의 신청은 신탁의 합병·분할로 인한 권리변경등기의 신청과 함께 1건의 신청정보로 일괄하여 하여야 한다.

(2) 「신탁법」제34조 제1항 제3호 및 「신탁법」제34조 제2항에 따라 여러 개의 신탁을 인수한 수탁자가 하나의 신탁재산에 속하는 부동산에 관한 권리를 다른 신탁의 신탁재산에 귀속시키는 경우 그 신탁등기의 신청방법에 관하여는 위 (1)항을 준용한다.

다. 첨부정보

(1) 신탁의 합병등기를 신청하는 경우에는 위탁자와 수익자로부터 합병계획서의 승인을 받았음을 증명하는 정보(인감증명 포함), 합병계획서의 공고 및 채권자보호절차를 거쳤음을 증명하는 정보를 첨부정보로서 제공하여야 한다.

별
첨

(2) 신탁의 분할등기를 신청하는 경우에는 위탁자와 수익자로부터 분할계획서의 승인을 받았음을 증명하는 정보(인감증명 포함), 분할계획서의 공고 및 채권자보호절차를 거쳤음을 증명하는 정보를 첨부정보로서 제공하여야 한다.

(3) 「공익신탁법」 제20조 제1항에 따른 공익신탁 합병의 경우 법무부장관의 인가를 증명하는 정보를 첨부정보로 제공하여야 한다.

(4) 등기기록례

신탁의 합병·분할등기의 기록례는 별지 등기기록례 5와 같다.

라. 「공익신탁법」에 따른 공익신탁의 경우

등기관은 공익신탁에 대한 분할 또는 분할합병의 등기신청이 있는 경우에는 「공익신탁법」 제21조에 따라 이를 수리하여서는 아니된다.

3. 수탁자의 변경

가. 수탁자의 경질로 인한 권리이전등기

(1) 신청인

(가) 공동신청

신탁행위로 정한 바에 의하여 수탁자의 임무가 종료하고 새로운 수탁자가 취임한 경우 및 수탁자가 사임, 자격상실로 임무가 종료되고 새로운 수탁자가 선임된 경우에는 새로운 수탁자와 종전 수탁자가 공동으로 권리이전등기를 신청한다.

(나) 단독신청

① 사망, 금치산, 한정치산, 파산, 해산의 사유로 수탁자의 임무가 종료되고 새로운 수탁자가 선임된 경우에는 새로운 수탁자가 단독으로 권리이전등기를 신청한다.

② 수탁자인 신탁회사가 합병으로 소멸되고 합병 후 존속 또는 설립되는 회사가 신탁회사인 경우에는 그 존속 또는 설립된 신탁회사가 단독으로 권리이전등기를 신청한다.

③ 수탁자가 법원 또는 법무부장관(「공익신탁법」에 따른 공익신탁)에 의하여 해임된 경우에는 등기관은 법원 또는 법무부장관의 촉탁에 의하여 신탁원부 기록을 변경한 후 직권으로 등기기록에 해임의 뜻을 기록하여야 하고(이 경우 수탁자

를 말소하는 표시를 하지 아니한다), 권리이전등기는 나중에 새로운 수탁자가 선임되면 그 수탁자가 단독으로 신청하여야 한다.

(2) 등기원인일자 및 등기원인

위의 경우 등기원인일자는 "새로운 수탁자가 취임 또는 선임된 일자", 등기원인은 "수탁자 경질"로 하여 신청정보의 내용으로 제공한다.

(3) 첨부정보

① 등기신청인은 종전 수탁자의 임무종료 및 새로운 수탁자의 선임을 증명하는 정보를 첨부정보로서 제공하여야 하고, 위 (1) (가)항의 경우에는 종전 수탁자의 인감증명도 함께 제공하여야 한다.
② 「공익신탁법」에 따른 공익신탁의 경우 수탁자가 변경된 경우에는 법무부장관의 인가를 증명하는 정보를 첨부정보로 제공하여야 한다.

나. 여러 명의 수탁자 중 1인의 임무종료로 인한 합유명의인 변경등기

(1) 신청인

(가) 공동신청

여러 명의 수탁자 중 1인이 신탁행위로 정한 임무종료사유, 사임, 자격상실의 사유로 임무가 종료된 경우에는 나머지 수탁자와 임무가 종료된 수탁자가 공동으로 합유명의인 변경등기를 신청한다. 수탁자 중 1인인 신탁회사가 합병으로 인하여 소멸되고 신설 또는 존속하는 회사가 신탁회사인 경우에는 나머지 수탁자와 합병 후 신설 또는 존속하는 신탁회사가 공동으로 합유명의인 변경등기를 신청한다.

(나) 단독신청

여러 명의 수탁자 중 1인이 사망, 금치산, 한정치산, 파산, 해산의 사유로 임무가 종료된 경우에는 나머지 수탁자가 단독으로 합유명의인 변경등기를 신청한다. 이 경우 나머지 수탁자가 여러 명이면 그 전원이 공동으로 신청하여야 한다.

(다) 법원 또는 법무부장관의 촉탁

여러 명의 수탁자 중 1인이 법원 또는 법무부장관에 의하여 해임된 경우에는 등기관은 법원 또는 법무부장관의 촉탁에 의하여 신탁원부 기록을 변경한 후 직권으로 등기기록에 해임의 뜻을 기록하여야 한다. 이 경우 종전 수탁자를 모두 말소하고 해임된 수탁자를 제외한 나머지 수탁자만을 다시 기록하는 합유명의인 변경등기를 하여야 한다.

(2) 등기원인일자 및 등기원인

위의 경우 등기원인일자는 "수탁자의 임무종료일", 등기원인은 "임무가 종료된 수탁자의 임무종료원인"으로 하여 신청정보의 내용으로 제공한다("○년 ○월 ○일 수탁자 ○○○ 사망" 등).

(3) 첨부정보

① 등기신청인은 임무가 종료된 수탁자의 임무종료를 증명하는 정보를 첨부정보로서 제공하여야 하고, 위 (1) (가)항의 전단부의 경우에는 임무가 종료된 수탁자의 인감증명도 함께 제공하여야 한다.
② 「공익신탁법」에 따른 공익신탁의 경우 수탁자가 변경된 경우에는 법무부장관의 인가를 증명하는 정보를 첨부정보로 제공하여야 한다.

4. 신탁원부 기록의 변경

가. 수탁자의 신청에 의한 경우

(1) 수익자 또는 신탁관리인이 변경된 경우나 위탁자, 수익자 및 신탁관리인의 성명(명칭), 주소(사무소 소재지)가 변경된 경우에는 수탁자는 지체 없이 신탁원부 기록의 변경등기를 신청하여야 한다.

(2) 수익자를 지정하거나 변경할 수 있는 권한을 갖는 자의 성명(명칭) 및 주소(사무소 소재지), 수익자를 지정하거나 변경할 방법, 수익권의 발생 또는 소멸에 관한 조건, 「부동산등기법」 제81조 제1항 제6호에서 제12호까지의 신탁인 뜻, 신탁의 목적, 신탁재산의 관리방법, 신탁종료의 사유, 그 밖의 신탁조항을 변경한 경우에도 위 (1)항과 같다.

(3) 위탁자 지위의 이전에 따른 신탁원부 기록의 변경
(가) 「신탁법」 제10조에 따라 위탁자 지위의 이전이 있는 경우에는 수탁자는 신탁원부 기록의 변경등기를 신청하여야 한다.
(나) 이 경우 등기원인은 "위탁자 지위의 이전"으로 하여 신청정보의 내용으로 제공한다.

(다) 위탁자 지위의 이전이 신탁행위로 정한 방법에 의한 경우에는 이를 증명하는 정보를 첨부정보로서 제공하여야 하고, 신탁행위로 그 방법이 정하여지지 아니한 경우에는 수탁자와 수익자의 동의가 있음을 증명하는 정보(인감증명 포함)를 첨부정보로서 제공하여야 한다. 이 경우 위탁자가 여러 명일 때에는 다른 위탁자의 동의를 증명하는 정보(인감증명 포함)도 함께 제공하여야 한다.

(라) 위탁자 지위의 이전에 따른 등기의 기록례는 별지 등기기록례 6과 같다.

(4) 「공익신탁법」에 따른 신탁원부 기록의 변경

(가) 유한책임신탁을 공익유한책임신탁으로 변경하거나 공익유한책임신탁을 유한책임신탁으로 변경하는 경우에는 변경이 되었음을 증명하는 등기사항증명서를 첨부정보로 제공하여야 한다.

(나) 공익신탁을 유한책임신탁으로 변경하는 경우에는 법무부장관의 인가를 증명하는 정보 및 변경이 되었음을 증명하는 등기사항증명서를 첨부정보로 제공하여야 한다.

(다) 신탁관리인의 변경이 있는 경우(법원 또는 법무부장관의 촉탁에 의한 경우는 제외)에는 법무부장관의 인가를 증명하는 정보를 첨부정보로 제공하여야 한다.

나. 법원 또는 법무부장관의 촉탁에 의한 경우

(1) 법원의 촉탁에 의한 경우

(가) 법원이 수탁자를 해임하는 재판을 한 경우, 신탁관리인을 선임하거나 해임하는 재판을 한 경우, 신탁 변경의 재판을 한 경우에는 등기관은 법원의 촉탁에 의하여 신탁원부 기록을 변경하여야 한다.

(나) 법원이 「신탁법」 제20조 제1항에 따라 신탁재산관리인을 선임하거나 그 밖의 필요한 처분을 명한 경우, 신탁재산관리인의 사임결정 또는 해임결정을 한 경우, 신탁재산관리인의 임무가 동조 제2항에 따라 종료된 경우에도 위 (가)항과 같다.

(2) 법무부장관의 촉탁에 의한 경우

「공익신탁법」에 따른 공익신탁에 대하여 법무부장관이 수탁자를 직권으로 해임한 경우, 신탁관리인을 직권으로 선임하거나 해임한 경우, 신탁내용의 변경을 명한 경우에는 등기관은 법무부장관의 촉탁에 의하여 신탁원부 기록을 변경하여야 한다.

별첨

(3) 등기기록의 직권 기록

수탁자를 해임한 법원 또는 법무부장관의 촉탁에 의하여 신탁원부 기록을 변경한 경우에는 등기관은 직권으로 등기기록에 그 뜻을 기록하여야 한다.

(4) 첨부정보

법원 또는 법무부장관의 촉탁에 의한 해임 등의 경우 법원의 재판서 또는 법무부장관의 해임 등을 증명하는 정보를 첨부정보로 제공하여야 한다.

다. 직권에 의한 경우

수탁자의 경질로 인한 권리이전등기 또는 여러 명의 수탁자 중 1인의 임무종료로 인한 합유명의인 변경등기를 한 경우에는 등기관은 직권으로 신탁원부 기록을 변경하여야 한다.

5. 신탁등기의 말소

가. 신탁재산의 처분 또는 귀속

(1) 수탁자가 신탁재산을 제3자에게 처분하거나 신탁이 종료되어(「공익신탁법」에 따른 공익신탁의 인가가 취소되어 종료된 경우 포함) 신탁재산이 위탁자 또는 수익자(「공익신탁법」에 따른 공익신탁의 경우 다른 공익신탁 등이나 국가 또는 지방자치단체)에게 귀속되는 경우에는 그에 따른 권리이전등기와 신탁등기의 말소등기는 1건의 신청정보로 일괄하여 신청하여야 한다. 등기원인이 신탁재산의 처분 또는 신탁재산의 귀속임에도 신탁등기의 말소등기 또는 권리이전등기 중 어느 하나만을 신청하는 경우에는 등기관은 이를 수리하여서는 아니된다.

(2) 신탁재산의 일부를 처분하거나 신탁의 일부가 종료되는 경우에는 권리이전등기와 신탁등기의 변경등기를 1건의 신청정보로 일괄하여 신청하여야 한다. 이 경우의 기록례는 별지 등기기록례 7과 같다.

나. 신탁재산이 수탁자의 고유재산으로 되는 경우

「신탁법」제24조 제2항에 따라 신탁재산이 수탁자의 고유재산으로 되는 경우에는 신탁행위로 이를 허용하였거나 수익자의 승인을 받았음을 증명하는 정보(인감증명 포함) 또는 법원의 허가 및 수익자에게 통지한 사실을 증명하는 정보를 첨부정보로서 제공하여 "수탁자의 고유재산으로 된 뜻의 등기 및 신탁등기의 말소등기"를 신청할 수 있다. 이 경우의 기록례는 별지 등기기록례 8과 같다.

다. 「공익신탁법」에 따른 공익신탁의 경우

(1) 「공익신탁법」 제24조 제3항에 따라 선임된 보관수탁관리인이 신탁재산을 증여하거나 무상 대부하는 경우에는 위 가.의 예에 의한다. 이 경우 보관수탁관리인의 선임을 증명하는 정보 및 법무부장관의 승인을 증명하는 정보를 첨부정보로 제공하여야 한다.

(2) 「공익신탁법」 제11조 제6항에 따라 신탁재산을 처분하는 경우에는 법무부장관의 승인을 증명하는 정보를 첨부정보로 제공하여야 한다. 다만 공익사업 수행을 위한 필수적인 재산이 아님을 소명한 경우에는 그러하지 아니하다.

6. 신탁등기와 타등기와의 관계

가. 신탁목적에 반하는 등기의 신청

신탁등기가 경료된 부동산에 대하여 수탁자를 등기의무자로 하는 등기의 신청이 있을 경우에는 등기관은 그 등기신청이 신탁목적에 반하지 아니하는가를 심사하여 신탁목적에 반하는 등기신청은 이를 수리하여서는 아니된다.

나. 처분제한의 등기 등

등기관은 수탁자를 등기의무자로 하는 처분제한의 등기, 강제경매등기, 임의경매등기 등의 촉탁이 있는 경우에는 이를 수리하고, 위탁자를 등기의무자로 하는 위 등기의 촉탁이 있는 경우에는 이를 수리하여서는 아니된다. 다만 신탁 전에 설정된 담보물권에 기한 임의경매등기 또는 신탁 전의 가압류등기에 기한 강제경매등기의 촉탁이 있는 경우에는 위탁자를 등기의무자로 한 경우에도 이를 수리하여야 한다.

다. 합필등기

(1) 신탁등기가 마쳐진 토지에 대하여는 「부동산등기법」 제37조 제1항 제3호의 경우 외에는 합필등기를 할 수 없다. 다만 다음 각호에 해당하는 경우로서 신탁목적이 동일한 경우에는 신탁토지 상호 간의 합필등기를 할 수 있다. 합필등기가 허용되는 경우로서 위탁자가 상이한 경우의 등기절차는 아래 (2)항에 따른다.

(가) 「주택법」 제15조에 따라 주택건설사업계획의 승인을 얻어 공동주택을 건설하는 경우(2003년 7월 1일 이전에 구「주택건설촉진법」에 따라 승인을 받은 주택재건축사업을 포함한다.)

(나) 「건축법」 제11조에 따른 건축허가를 받아 주택 외의 시설과 주택을 동일 건축물로 하여 「주택법」 제15조 제1항에서 정한 호수(공동주택 30세대, 같은 법 시행령 제27조 제1항 제2호 각 목의 어느 하나에 해당하는 경우에는 50세대) 이상을 건설·공급하는 경우로서 같은 법 제54조 제1항 제1호에 따른 입주자모집공고의 승인을 받은 경우

(2) 위탁자가 상이한 경우의 합필등기

  (가) 첨부정보

    ① 토지대장 등본

    ② 위탁자의 합필승낙서 및 인감증명

      합필승낙서에는 위탁자 전원이 성명, 주민등록번호, 주소, 신탁원부번호, 합필 전 토지의 소재지번, 지목 및 면적(또는 지분), 합필 후의 지분을 표시하고 그 인감을 날인하여야 한다. 법무사나 변호사가 위탁자 전원이 합필승낙서에 직접 서명 또는 날인하였다는 것을 확인한 경우에는 인감증명 대신에 법무사나 변호사의 확인서를 첨부정보로서 제공할 수 있다.

    ③ 2003년 7월 1일 이전에 구「주택건설촉진법」에 따라 주택건설사업계획의 승인을 받았음을 소명하는 자료(주택재건축사업인 경우에 한한다)

  (나) 합필등기절차

    ① 수탁자는 단독으로 합필등기를 신청할 수 있다. 이 경우 신청정보에는 합필 후의 지분을 표시하여야 하고, 위 (가)항의 각 정보를 첨부정보로서 제공하여야 한다.

    ② 등기관은 신청정보에 표시된 합필 후의 공유지분에 따라 별지 등기기록례 9와 같이 변경등기를 하여야 한다.

라. 분필등기

신탁등기가 마쳐진 토지가 분할되어 그에 따른 분필등기의 신청이 있는 경우에는 등기관은 분필된 토지에 대하여 분필 전 토지의 신탁원부와 같은 내용의 신탁원부를 작성하여야 한다. 다만 분필된 토지에 대하여 신탁등기의 말소등기가 동시에 신청되는 경우에는 신탁

원부를 따로 작성하지 아니하여도 무방하다.

부칙 (2021.6.4 제1726호)

이 예규는 2021년 6월 9일부터 시행한다.

(별지 등기기록례 1) 위탁자의 신탁선언에 의한 신탁등기

【갑 구】(소유권에 관한 사항)				
순위 번호	등기목적	접수	등기원인	권리자 및 기타사항
2	소유권이전	2019년 5월 31일 제670호	2019년 1월 8일 매매	소유자 김우리 600104－1056427 서울특별시 서초구 반포대로 60 (반포동) 거래가액 금200,000,000원
3	신탁재산으로 된 뜻의 등기	2019년 5월 31일 제3005호	2019년 5월 30일 신탁	수탁자 김우리 600104－1056427 서울특별시 서초구 반포대로 60 (반포동)
	신탁			신탁원부 제2019-25호

(주)「신탁법」제3조 제1항 제3호에 따라 자신을 수탁자로 정한 위탁자의 선언에 의한 신탁을 설정하는 경우에는 "신탁재산으로 된 뜻의 등기 및 신탁등기"를 신청할 수 있다.

(별지 등기기록례 2) 재신탁에 따른 등기

【갑 구】(소유권에 관한 사항)				
순위 번호	등기목적	접수	등기원인	권리자 및 기타사항
2	소유권이전	2018년 1월 9일 제670호	2018년 1월 8일 매매	소유자 김우리 600104－1056429 서울특별시 서초구 반포대로 60 (반포동) 거래가액 금200,000,000원
3	소유권이전	2018년 3월 5일 제3005호	2018년 3월 4일 신탁	수탁자 대한부동산신탁주식회사 110111-2345671 서울특별시 강남구 테헤란로 15 (삼성동)
	신탁			신탁원부 제2018-25호

별
첨

【갑 구】 (소유권에 관한 사항)				
순위 번호	등기목적	접수	등기원인	권리자 및 기타사항

4	소유권이전	2019년 5월 31일
		제12345호
			2019년 5월 30일
			재신탁
				수탁자 한국부동산신탁주식회사
				  110111-1234563
				  서울특별시 강남구 테헤란로 35
				  (삼성동)

	신탁			신탁원부 제2019-47호

(주) 1. 수탁자가 「신탁법」 제3조 제5항에 따라 타인에게 신탁을 설정하는 경우에는 "재신탁"을 등기원인으로 하고, 수익자의 동의가 있음을 증명하는 정보를 첨부정보로서 제공하여야 한다.
   2. 재신탁등기를 하는 경우에는 원신탁의 신탁등기를 말소하지 아니한다.

(별지 등기기록례 3) 담보권신탁등기에 따른 등기

【을 구】 (소유권 이외의 권리에 관한 사항)				
순위 번호	등기목적	접수	등기원인	권리자 및 기타사항

1	근저당설정	2019년 5월 31일
		제12345호
			2019년 5월 30일
			신탁
				채권최고액 금250,000,000원
				존속기간 1년
				채무자 김우리
				  서울특별시 서초구 서초대로46길
				  60, 101동 201호(서초동, 서초
				  아파트)
				수탁자 대한부동산신탁주식회사
				  110111-2345671
				  서울특별시 강남구 테헤란로 15
				  (삼성동)

	신탁			신탁원부 제2019-38호

(주) 위탁자가 자기 또는 제3자 소유의 부동산에 채권자가 아닌 수탁자를 저당권자로 하여 설정한 저당권을 신탁재산으로 하고 채권자를 수익자로 지정한 담보권신탁등기에 관한 기록례이다.

(별지 등기기록례 4) 신탁등기의 가등기

순위번호	등기목적	접수	등기원인	권리자 및 기타사항
【갑 구】(소유권에 관한 사항)				
5	소유권이전청구권가등기	2019년 5월 31일 제10016호	2019년 5월 30일 신탁예약	수탁자 김우리 600104-1056429 서울특별시 서초구 반포대로 60 (반포동)
	신탁가등기			신탁원부 제2019-25호

(별지 등기기록례 5) 신탁의 합병·분할에 따른 등기

(1) 신탁의 합병

순위번호	등기목적	접수	등기원인	권리자 및 기타사항
【갑 구】(소유권에 관한 사항)				
3	소유권이전	2018년 3월 5일 제3005호	2018년 3월 4일 신탁	수탁자 대한부동산신탁주식회사 110111-2345671 서울특별시 강남구 테헤란로 15 (삼성동)
	~~신탁~~			~~신탁원부 제2018-25호~~
4	신탁합병으로 인하여 다른 신탁의 목적으로 된 뜻의 등기	2019년 5월 31일 제12345호	2019년 5월 30일 신탁분할	
	3번신탁등기 말소			
	신탁			신탁원부 제2019-45호

(주) 신탁의 합병 또는 분할로 인하여 하나의 신탁재산에 속하는 부동산에 관한 권리가 다른 신탁의 신탁재산에 귀속되는 경우 신탁등기의 말소 및 새로운 신탁등기의 신청은 신탁의 합병 또는 분할로 인한 권리변경의 신청과 동시에 하여야 한다.

(2) 신탁의 분할

【갑 구】 (소유권에 관한 사항)

순위 번호	등기목적	접수	등기원인	권리자 및 기타사항
3	소유권이전	2018년 3월 5일 제3005호	2018년 3월 4일 신탁	수탁자 대한부동산신탁주식회사 110111-2345671 서울특별시 강남구 테헤란로 15 (삼성동)
	~~신탁~~			~~신탁원부 제2018-25호~~
4	신탁분할로 인 하여 다른 신 탁의 목적으로 된 뜻의 등기	2019년 5월 31일 제12345호	2019년 5월 30일 신탁분할	
	3번신탁등기 말소			
	신탁			신탁원부 제2019-45호

(별지 등기기록례 6) 위탁자 지위의 이전에 따른 신탁원부 기록의 변경등기

【갑 구】 (소유권에 관한 사항)

순위 번호	등기목적	접수	등기원인	권리자 및 기타사항
2	소유권이전	2019년 1월 9일 제670호	2019년 1월 8일 매매	소유자 김우리 600104-1056429 서울특별시 서초구 반포대로 60 (반포동) 거래가액 금200,000,000원
3	소유권이전	2019년 3월 5일 제3005호	2019년 3월 4일 신탁	수탁자 대한부동산신탁주식회사 110111-2345671 서울특별시 강남구 테헤란로 15 (삼성동)
	신탁			신탁원부 제2019-25호

(주) 위탁자 지위의 이전이 있는 경우에는 수탁자가 위탁자 지위의 이전을 원인으로 하여 신탁원부기록의 변경등기를 신청하므로, 등기기록에는 변경사항이 없다.

(별지 등기기록례 7) 소유권일부이전등기와 신탁등기의 변경등기

【갑 구】 (소유권에 관한 사항)				
순위 번호	등기목적	접수	등기원인	권리자 및 기타사항
5	소유권이전	2018년 3월 5일 제3005호	2018년 3월 1일 신탁	수탁자 대한부동산신탁주식회사 110111-2345671 서울특별시 강남구 테헤란로 15 (삼성동)
	신탁			신탁원부 제2018-5호
6	소유권일부이 전	2019년 5월 31일 제6000호	2019년 5월 30일 매매	공유자 지분 3분의 1 김우리 600104-1056429 서울특별시 서초구 반포대로 60 (반포동) 거래가액 금200,000,000원
	5번신탁등기 변경		신탁재산의 처분	신탁재산 대한부동산신탁주식회사 지분 3분의 2

(별지 등기기록례 8) 신탁부동산의 수탁자 고유재산으로의 전환으로 인한 말소

【갑 구】 (소유권에 관한 사항)				
순위 번호	등기목적	접수	등기원인	권리자 및 기타사항
2	소유권이전	2018년 9월 7일 제15009호	2019년 9월 6일 매매	소유자 김우리 600104-1056427 서울특별시 서초구 반포대로 60 (반포동) 거래가액 금200,000,000원
	~~신탁재산처분 에 의한 신탁~~			~~신탁원부 제2018-52호~~
3	2번수탁자의 고유재산으로 된 뜻의 등기	2019년 5월 31일 제6000호	2019년 5월 30일 신탁재산의 고유재산 전환	
	2번신탁등기 말소		신탁재산의 고유재산 전환	

(별지 등기기록례 9) 생략

|저|자|소|개|

신 관 식

[경력]
- 現 우리은행 신탁부 가족신탁팀
- 前 신영증권 패밀리헤리티지본부 근무
- 前 한화투자증권 상품전략실 근무
- 前 미래에셋생명 방카슈랑스본부·상품개발본부 근무

[학력 및 자격]
- 회사를 다니면서 제53회 세무사 합격
- 중앙대학교 사회복지학과 졸업

[강의 및 상담 문의]
- E-mail : skskt1107@naver.com
- Phone : 02-2002-5984
- 카카오톡 친구 추가(아이디) : skskt1107

최신판 **사례와 함께하는 자산승계신탁·서비스**

2022년 5월 19일 초판 인쇄
2022년 5월 30일 초판 발행

저　　자　신　관　식
발　행　인　이　희　태
발　행　처　**삼일인포마인**
서울특별시 용산구 한강대로 273 용산빌딩 4층
등록번호 : 1995. 6. 26 제3-633호
전　　화 : (02) 3489-3100
F A X : (02) 3489-3141
I S B N : 979-11-6784-086-8　93320

저자협의
인지생략

♣ 파본은 교환하여 드립니다.

정가 50,000원